Albert Speer
Spandauer Tagebücher

Propyläen

Unveränderte Neuausgabe der 1975 erschienenen Erstausgabe

© 1994 by Verlag Ullstein GmbH
Frankfurt/M. · Berlin
Propyläen Verlag
Alle Rechte vorbehalten
Reproduktionen: Haußmann, Darmstadt
Satz: v. Oertzen KG, Frankfurt/M.
Druck und Buchbinder: Wiener Verlag, Himberg bei Wien

Printed in Austria 1994

ISBN 3 549 05214 6

Gedruckt auf alterungsbeständigem Papier
mit chlorfrei gebleichtem Zellstoff

Meiner Frau

Inhalt

Vorwort   Seite 13

Das erste Jahr   15
Die Verurteilung. Im Geschoß der zum Tode Verurteilten. Nacht der Exekution. Fragen der Verantwortung. Hitler. Gefängnisalltag. Selbstprüfungen. Weihnachten im Gefängnis. Rückblick auf Prozeß und Urteil. Hitlers Pläne zur Beherrschung der Welt. Zukunft der Kinder. Tod des Vaters. Görings Verhältnis zu Hitler. Angst vor Spandau. Überführung ins Spandauer Gefängnis.

Das zweite Jahr   115
Spandau. Kassiber mit der Familie. Zeuge für Flick. Hitler und die Industriellen. Zusammenstoß mit Dönitz. Abendliche Meditationsübungen. Verhalten der Wärter. Plan einer Hitler-Biographie. Träume und Bücher. Arbeitsfuror jetzt und früher. Hitler als Musikliebhaber.

Das dritte Jahr   165
Neoklassizismus unter Hitler. Memoirenangebot von Knopf. Korruption im Dritten Reich. Streicher verbannt. Verhältnis der Mithäftlinge untereinander. Pläne zur Umgestaltung des Grunewalds. Hitler und Mussolini. Auf dem Berghof. Gedanken über Treulosigkeit.

Das vierte Jahr   212
Hitlers Stellung zu Adenauer und Goerdeler. Dorian Gray. Ribbentrop und die Verantwortung für den Kriegsbeginn. Pariser Begegnungen mit Vlaminck, Maillol und Cocteau. Hitler: Jede Revolte niedermähen. Die abgelegten Hemden. Depressionen. Morgendlicher Zwischenfall mit Heß. Besuch in Winniza und Hitlers Bruch mit Schirach. Ostvision.

Das fünfte Jahr 244
Waschtag. Roßapfel in Schirachs Zelle. Russen verbieten Weihnachtsbaum. Hitler und die Rotspanier. Heß erfindet Autobahnbeleuchtung. Letzte Fahrt Hitlers nach Linz: Baupläne, eigene Begräbnisstätte, Bruckner-Festspiele, Stahlwerk. Das imaginäre Theater. Subalterne Scherze Hitlers. Mein Steingarten in Spandau. Experimente mit Erbsen und Bohnen.

Das sechste Jahr 271
Parallelen zu Carnot. Düstere Neujahrsgedanken. Meine Tochter Gaststudentin in USA. Hitler als Psychologe. Wir sollen Körbe flechten. Der Begriff der Loyalität. Neuraths Nationalgefühl. Verständigungsprobleme mit Göring. Gewalt gegen Heß. Pan-Europa. Tod der Mutter. Hitler über die Zerstörung deutscher Städte. Das Nürnberger Tagebuch Gilberts. Wieder in der Strafzelle.

Das siebte Jahr 317
Verschärfte Haftbedingungen. Neueste Entwicklung der Flugtechnik. Mein letzter Besuch bei Hitler. Ein Spaziergang im Schnee. Veröffentlichung der Heß-Briefe. Bei Neurath Schokolade gefunden. Entführungsabsichten. Dönitz versteht sich als Staatsoberhaupt. Veröffentlichung über die Flensburger Regierung. Beginn der Niederschrift meiner Erinnerungen. Der Stuhl aus der Reichskanzlei. Cognac in Funks Zelle. Schwerer Anfall Neuraths.

Das achte Jahr 351
Gerüchte über die Entlassung der Kranken: Funk und Heß simulieren. Hitler lobt Tito. Weiterarbeit an den Erinnerungen. Die ›Empire News‹ über Spandau. Betrachtungen über die verfehlte sowjetische Deutschlandpolitik. Einige Erleichterungen. Der Sohn des Herzogs von Hamilton in Spandau. Neuer Herzanfall Neuraths.

Das neunte Jahr 396
Freilassung Neuraths. Mein »gesundes Volksempfinden«. Hitler über das politische Engagement der Künstler. Kanonisierung des Parteitagrituals. Erinnerungen beendet. Lungeninfarkt. Psychischer Kollaps. Fröhlicher Opportunismus. Gedanke der Weltumwanderung. Raeder, Schirach, Dönitz gegen Heß. Meine Stellung zur modernen Architektur. In der Puszta. Raeder wird entlassen.

Das zehnte Jahr   425
Hoffnungen auf Auflösung Spandaus. Gnadengesuch eingereicht. Speidel und McCloy setzen sich für mich ein. Neuerliche Depressionen. Heß zur Arbeit befohlen. Funk erkrankt, Neurath gestorben. »Geschichte des Fensters« begonnen. Auseinandersetzung mit Dönitz. Dönitz entlassen.

Das elfte Jahr   448
Hoffnung für mich aus Washington. Heß täuscht wieder Gedächtnisverlust vor. Funks Spiel mit dem Leben, um Entlassung zu erzwingen. Schirach legt im Garten Sowjetstern an. Chesterton über cäsarische Demagogen. Das Dritte Reich als Romantizismus. Hitlers Desinteresse an der Literatur. Zum ersten Mal abends im Freien.

Das zwölfte Jahr   470
Der erste Satellit und meine Angst. Raeder schafft Legenden. Sanitäter wird als Agent des NKWD für Spandau verpflichtet und muß gehen. Selbstvergottung im Eichenhain Nürnbergs. Schauermären Funks in der deutschen Presse. Betrachtung über eine Falkenfeder. Botschafter David Bruce besucht Spandau, richtet Grüße McCloys aus.

Das dreizehnte Jahr   500
Heß erzählt aus der Vergangenheit. Traum: Wanderung im Ostsektor Berlins. Die industrielle Lenkung in der DDR: eine Katastrophe. Illegale Lektüre der Memoiren von Dönitz: enttäuschend, weil ausweichend. Hitlers Wertschätzung. Spandauer Garten in einen Miniaturpark verwandelt. Karl Barth, der Dogmatiker, läßt Grüße ausrichten. In Peking angekommen. Gedanken über zweite Front im Luftkrieg. Wirksamkeit der Angriffe.

Das vierzehnte Jahr   517
Heß wird hinfällig. Sein Selbstmordversuch, eine Aktion. Über die »Tischgespräche« Hitlers. Blomberg: Hitler, der genialste Stratege. Der Dilettant. In schwierigen Lagen Karl May als Vorbild. Spandau: ein Klosterleben. Gefangenenfreundschaft Schirach-Heß beginnt. Liebesopern nicht gestattet. Eichmann und Hitlers Judenhaß.

Das fünfzehnte Jahr 533
Schirach leugnet zweiten Band von »Mein Kampf« ab. Die »goldenen« zwanziger Jahre. George Ball empfängt meine Tochter. Meine Vorliebe für Renaissancen. Adenauer will sich für meine Entlassung einsetzen. Der zweite versenkte Steingarten. Verschärfter Arbeitsplan.

Das sechzehnte Jahr 545
West-Ost-Kontakte in Spandau während Berlin-Krise. Charles de Gaulle setzt sich ein. Der ästhetische und moralische Verfall erst machte Hitler möglich. Taschentransistor in der Zelle. Spandau zum Zuhause geworden. Heß kämpft um seine letzten Zähne und gewinnt. Nekrophiler Traum um Hitler.

Das siebzehnte Jahr 559
Psychische Versandung. Willy Brandt hat Hilfe zugesagt. Mit Heß über Eigenmächtigkeiten in der Partei. Heß entwickelt einen Schneepflug. Die Haßkomplexe von Heß. Versöhnungsgespräch. An der Beringstraße angelangt. Gespräch über solche und andere Verrücktheiten. Faszination für die Technik in meiner Jugend. Die erste Enkelin. Eine Unglücksserie.

Das achtzehnte Jahr 581
Sartres Figuren noch einsamer. Kennedys Ermordung eine Tragödie für die Welt. Schönheitsbedürfnisse des Regimes. Schirach ins Krankenhaus. Die Gebeine Friedrichs II. in die Berliner Soldatenhalle. Was bleibt an Positivem? Der Genuß von Macht. Heß durch ein Buch irritiert. Minox-Kamera in der Tasche. Adschubejs verheißungsvolle Andeutungen. Das Ende der Architektur.

Das neunzehnte Jahr 619
Zukunftsaussichten als Architekt. Chruschtschow gestürzt. Alle Hoffnungen gescheitert. Heß setzt sich mit französischem General auseinander. Schirach droht französischem Wärter mit Anzeige bei russischem Direktor. Seattle passiert. Was Heß mit seinem Anwalt bei seinem ersten Besuch besprach. Schirachs Augenkrankheit. Hitlers Wille zum Kampf bis zum Ende bezieht sich auf sein geplantes Geschichtsbild. Von der Angst. Meine Lichtarchitektur. Der unwiederbringliche Verlust. Anhaltende Verzweiflung.

Das zwanzigste Jahr   641
Die mexikanische Grenze überschritten. Allerlei Vorbereitungen und Pläne zur Entlassung. Der älteste Sohn gewinnt ersten Preis in Architektur-Wettbewerb. Shawcross erklärt, mit McCloy meine Freilassung seit Jahren verlangt zu haben. Karriere durch Todesfälle bestimmt. Im Traum verbrennt das elterliche Haus. Heß bespricht mit Schirach Pläne, ihn als verrückt darzustellen. Heß von der Richtigkeit einer gegenteiligen Linie überzeugt. Alle Kohlen für Heß.

Epilog   660
Der letzte Gefängnistag. Fahrt aus dem Tor. Fremd in der Familie. Durch Leiden wissend. Wieder zufrieden in Spandau.

Register   665
Bildnachweis   671

Vorwort

Über zwanzigtausend Blätter lagen vor mir, als ich den Koffer öffnete, in dem meine Familie aufbewahrt hatte, was aus Nürnberg und Spandau in über zwanzig Jahren von mir gekommen war: zahllose Seiten Tagebuchnotizen, offizielle Briefe und Kassiber, in möglichst kleiner Schrift geschrieben, auf Kalenderblättern, Zetteln, Pappdeckeln oder Toilettenpapier. Einiges davon war über Monate kontinuierlich, Tag für Tag, notiert, anderes war stockend geschrieben, auf der Suche nach immer neuen Ansätzen, dann wieder abbrechend in Resignation oder Niedergeschlagenheit.
Was sich mir, bei der Wiederbegegnung nach so vielen Jahren, auf diesen Blättern präsentierte, war die Chronik des Gefängnisalltags, der freilich niemals nur dies allein gewesen war. Vielmehr spiegelte sich darin die Vergangenheit, die mich dorthin gebracht hatte. Lese ich alles richtig, sind diese Tausende von Zetteln eine einzige Anstrengung des Überlebens: ein Versuch, nicht nur das Zellendasein physisch und intellektuell auszuhalten, sondern auch das Zurückliegende unter moralische Rechenschaft zu stellen.
Es sollte angemerkt werden, daß die rund sechshundert Druckseiten, auf die ich das Manuskript schließlich brachte, eine Auswahl unter ordnendem und wertendem Aspekt darstellen. Ausgeschieden wurden vor allem die bloßen Wiederholungen, das lediglich Banale sowie die zahllosen fragmentarisch gebliebenen Versuche, sich dem Erlebten zu nähern. Auch wurden gelegentlich Eingriffe vorgenommen, in denen verwandte Ein-

tragungen zusammengefaßt und das vielfältig Verstreute unter gedanklichen Gesichtspunkten vereinigt wurden. Alles, was auf diesen Seiten steht, ist authentisch; die Ordnung dagegen, in die es schließlich gebracht wurde, Ergebnis kompositorischer Bemühung. Verloren ging dabei notgedrungen die unendliche Monotonie jener Jahre, ihre langgedehnten Depressionen, die von kümmerlichen und meist selbsttrügerischen Hoffnungen nur schwach unterbrochen waren. Im übrigen empfahl es sich aus naheliegenden Gründen, einige Namen und manche Daten zu verschleiern; denn viele von denen, die mir in den Jahren der Haft, oft unter persönlicher Gefahr, den Verkehr mit der Außenwelt ermöglicht hatten, sind noch am Leben.

Jahrelang, seit sich am 1. Oktober 1966, 0 Uhr, die Tore von Spandau vor mir öffneten, scheute ich die Begegnung mit jenem Konvolut, das alles ist, was von meinem Leben zwischen Vierzig und Sechzig blieb. Daß ich es jetzt vorlege, hat mancherlei Gründe. Zuletzt ist es der Versuch, dem scheinbar so sinnlos Zerronnenen doch noch Form zu geben und dem Inhaltsleeren Substanz.

Tagebücher begleiten gemeinhin ein gelebtes Leben; dieses hier steht dafür.

Albert Speer

im August 1975

Das erste Jahr

Ein amerikanischer Soldat mit weißem Helm und Schulterzeug führte mich durch die Kellergänge zu einem engen Fahrstuhl. Zusammen fuhren wir hoch. Dann einige Schritte, eine Tür wurde geöffnet, und ich stand auf einem kleinen Podest im Nürnberger Gerichtssaal. Ein Guard reichte mir einen Kopfhörer. Wie benommen stülpte ich ihn über. Dann hörte ich die durch den mechanischen Übermittlungsvorgang unpersönliche, merkwürdig abstrakte Stimme des Richters: »Albert Speer zu zwanzig Jahren Gefängnis verurteilt.« Ich fühlte die Blicke der acht Richter am Tisch, der Ankläger, der Verteidiger, der Journalisten und der Zuschauer. Was ich registrierte, waren aber nur die weit aufgerissenen, erschreckten Augen meines Anwalts, Dr. Hans Flächsner. Vielleicht stand für einen Augenblick mein Herz still. Kaum noch bei Bewußtsein, verbeugte ich mich, ohne diese Geste zu wollen, stumm vor den Richtern. Durch unbekannte, trüb erleuchtete Kellergänge wurde ich zu meiner Zelle gebracht. Der Soldat, an den ich mit einer Handschelle gekettet war, sprach die ganze Zeit über kein Wort.
Kurz darauf befahl mir ein amerikanischer Leutnant schroff, Bettzeug, Tisch und meine wenigen Habseligkeiten in eine neue Zelle im oberen Stockwerk zu bringen. Auf der engen eisernen Wendeltreppe begegnete ich Heß, als er gerade seinen Tisch hochstemmte: »Was haben Sie bekommen, Herr Heß?« Er sah mich abwesend an: »Keine Ahnung, wahrscheinlich die Todesstrafe. Ich habe nicht hingehört.«
Sieben Verurteilte befinden sich im Obergeschoß, von elf Mit-

angeklagten getrennt, die im Erdgeschoß geblieben sind. Noch vor wenigen Stunden, nach dem letzten Mittagessen, wußten wir nicht, ob wir uns nach vielen Jahren gemeinsamer Herrschaft, geteilter Triumphe und wechselseitiger Abneigungen zum letzten Mal sehen. Unabmeßbar lang hatten wir zusammen wie abwesend vor uns hingebrütet und darauf gewartet, zur Urteilsverkündung gemeinsam in den Sitzungssaal geholt zu werden. Aber wir wurden einzeln aufgerufen und von einem Guard nach der Sitzordnung während des Prozesses abgeführt. Zuerst Göring, dann Heß, dann Ribbentrop und Keitel. Sie erschienen nicht wieder. So leerte sich der Keller. Ich war der Vorletzte. Nach mir blieb nur noch Constantin von Neurath, Hitlers Außenminister bis 1938. Noch weiß ich nicht, welche Urteile die anderen erhalten haben. Es scheint, daß nur wir sieben, die nach oben verlegt wurden, mit dem Leben davongekommen sind.
Der Gerichtspsychologe, Dr. Gilbert, besuchte uns in unseren Zellen. Es ist, wie ich vermutete: die im Erdgeschoß Eingeschlossenen sind zum Tode verurteilt. Von uns sieben haben der Reichswirtschaftsminister Walter Funk, der Großadmiral Erich Raeder und Hitlers Stellvertreter Rudolf Heß lebenslänglich erhalten, Baldur von Schirach, der Reichsjugendführer, und ich je zwanzig Jahre, Constantin von Neurath, zunächst Außenminister, anschließend als Gouverneur nach Böhmen und Mähren abgeschoben, fünfzehn und Großadmiral Karl Dönitz zehn Jahre Haft. Der immer auf psychologische Erkenntnisse bedachte Gilbert wollte wissen, wie ich den Richterspruch hinnähme. »Zwanzig Jahre! Nun, sie hätten mir, wie die Dinge liegen, keine leichtere Strafe geben können. Ich kann mich nicht beklagen. Ich will es auch nicht.«
Unser deutscher Gefängnisarzt, Dr. Pflücker, ehemals Badearzt in Wildungen, kam zur Visite. Er hat uns allen durch seinen Zuspruch während der düsteren Prozeß-Monate geholfen. Gegen meine schier unerträglichen Herzrhythmusstörungen hat er allerdings keine Medizin, lediglich einige Aspirin kann er mir geben. Um mich abzulenken, erzählte er, daß die drei Freigesprochenen, Schacht, Papen und Fritzsche, vor einigen Stunden

das Gefängnis verlassen wollten, aber zurückgekehrt seien, weil am Straßenportal eine empörte Menge auf sie gewartet habe. In der allgemeinen Ratlosigkeit hätten die Amerikaner angeboten, Zuflucht im Gefängnis zu gewähren. Sie befänden sich nun im obersten Geschoß. Die Zellentüren seien jedoch offen.
Sie hatten sich nach diesem letzten gemeinsamen Mittagstisch im Keller des Nürnberger Justizgebäudes verabschiedet, um ihre Koffer zu packen: Schacht gab niemandem von uns die Hand, Papen nur den Militärs Keitel, Jodl, Raeder und Dönitz, während Fritzsche gerührt allen das Beste wünschte.
Beim Abschied haderte ich einen Augenblick lang mit meinem Schicksal. Hätte ich nicht eine geringere Strafe verdient, wenn Schacht und Papen freikamen? Gerade habe ich Gilbert das Gegenteil versichert. Ich beneide sie! Lügen, Verschleierungen und unaufrichtige Aussagen haben sich also doch ausgezahlt.

2. Oktober 1946

Heute nacht habe ich mir eine Rechnung aufgemacht: Ich war sechsundzwanzig, als ich Hitler, der mich bis dahin überhaupt nicht interessiert hatte, erstmals reden hörte; ich war dreißig, als er mir eine Welt zu Füßen legte. Ich habe ihm nicht in den Sattel geholfen, habe ihm nicht seine Aufrüstung finanziert. Meine Träume galten immer nur den Bauten, ich wollte keine Macht, sondern ein zweiter Schinkel werden. Weshalb habe ich nur so hartnäckig auf meiner Schuld bestanden. Manchmal habe ich den Verdacht, es könnte Eitelkeit und Großtuerei gewesen sein. Natürlich weiß ich vor mir selber, daß ich schuldig wurde. Aber hätte ich mich damit vor dem Gericht so aufspielen sollen? In dieser Welt besteht man besser mit Wendigkeit und Schläue. Andererseits: Kann mir die Gerissenheit Papens ein Vorbild sein? Wenn ich ihn beneide, so verachte ich ihn doch auch. Aber: Ich war vierzig Jahre, als ich verhaftet wurde. Ich werde einundsechzig sein, wenn ich das Gefängnis hinter mir habe.

3. Oktober 1946

Ein trüber Tag. Ich rechne: Von siebentausenddreihundert Tagen und fünf Schalttagen sind neun vergangen. Wenn die Untersuchungshaft und die Prozeßzeit angerechnet werden, wären es vierhundertvierundneunzig Tage weniger. Als ob ich nun in einen unabsehbar langen, dunklen Tunnel hineingehe.

4. Oktober 1946
Seit dem Urteilsspruch sind unsere Zellen wieder verschlossen, wir haben keine Möglichkeit mehr, miteinander zu sprechen oder uns im Gefängnishof zu erholen. Die Einsamkeit wird unerträglich. Keiner von uns ist bisher auf das Angebot eingegangen, täglich eine Stunde in der Gefängnishalle auf und ab zu gehen. Wie muß es auf die zum Tode Verurteilten wirken, wenn wir vor ihren Zellen promenieren. Sie werden nicht mehr zu Spaziergängen geführt. Gelegentlich wird eine ihrer Zellentüren geöffnet. Vielleicht für den Besuch des Pfarrers oder des Arztes.

5. Oktober 1946
Seit Tagen interesselos. Selbst die Bücher liegen unberührt auf dem Tisch. Wenn ich weiter in diesem Zustand dahindämmere, ist der Tag abzusehen, an dem meine Widerstandskraft zusammenbricht.

6. Oktober 1946
Ich habe mir Bleistift und neues Papier geben lassen. Aufzeichnungen gemacht. Aber der Kontakt zur Außenwelt bleibt auf einige Zeilen in Blockschrift auf vorgedruckten Formularen beschränkt.
Heute mittag merkte ich plötzlich ganz deutlich, daß durch die Gewöhnung an das Gefangenendasein die Empfindungsfähigkeit abstumpft. Nur das macht es aber möglich, die Bedrückungen der Lage zu bestehen. Paradox könnte man formulieren: Die Einbuße an Empfindungsfähigkeit erhöht die Leidensfähigkeit.

8. Oktober 1946
Ich muß mich zu intellektueller Tätigkeit zwingen. Da es nach dem Abschluß des Prozesses keine Herausforderungen dieser Art mehr gibt, bleibt mir nur der engste und banalste Bereich. Ich konzentriere mich auf den Tisch in meiner Zelle, auf den Hocker, auf die Jahresringe im Eichenholz der Tür. Versuche, diese Dinge so präzise wie möglich zu erfassen und für mich zu beschreiben. Eine erste Übung in – ja, in was? Sicherlich nicht in Schriftstellerei; eine Erprobung der Registrierfähigkeit.

9. Oktober 1946

Ich befinde mich seit über einem Jahr im Gefängnis, von dem ich bisher nur das eiserne Eingangstor und den Gefängnisblock gesehen habe. Die Fassaden mit ihren kleinen Fenstern sind durch den Staub und Ruß von Jahrzehnten verschmutzt. Im Hof vegetieren einige Birnbäume und zeigen, daß sich selbst hier über lange Zeiträume hinweg Leben behaupten kann. In den ersten Tagen kletterte ich oft auf meinen Stuhl und klappte die obere Hälfte des Fensters herunter, um einen Blick in den Hof zu tun. Aber das kleine, hochliegende Fenster ist zu tief in die Gefängnismauer eingebettet. Die Scheiben sind durch graues Zelluloid ersetzt, weil man uns die Möglichkeit nehmen will, mit Glassplittern die Pulsadern aufzuschneiden. Selbst bei Sonnenschein wirkt die Zelle düster. Das Zelluloid ist verkratzt, die Umrisse draußen sind nur verschwommen wahrnehmbar. Es beginnt, kalt zu werden; trotzdem kippe ich manchmal das Fenster herunter. Die kalte Zugluft stört den wachhabenden Soldaten. Er fordert mich sofort auf, das Fenster zu schließen.

10. Oktober 1946

Tag und Nacht stehe ich unablässig unter Beobachtung. In jede der schweren, eichenen Zellentüren ist in Augenhöhe eine quadratische Öffnung geschnitten. Das Gitter vor der Öffnung kann auf die Seite gedreht werden, wenn das Essen hineingeschoben werden soll. Abends hängt der Soldat eine Lampe an dieses Gitter, so daß ich lesen kann. Nach sieben Uhr wird sie zur Seite gedreht, die Zelle bleibt die ganze Nacht schwach erleuchtet. Seit es Robert Ley, dem Organisationsleiter der Partei, vor Beginn des Prozesses gelungen ist, sich mit dem abgetrennten Saum seines Handtuchs am Abflußrohr der Toilette zu erdrosseln, sind rigorosere Kontrollen eingeführt worden.

Eine solche Zelle kannte ich bisher nur aus amerikanischen Filmen. Nun habe ich mich fast daran gewöhnt. Ich sehe kaum noch den Schmutz auf den Wänden. Vor Jahren müssen sie einmal grün gewesen sein. Damals gab es auch elektrisches Licht an der Decke, sowie einige Einrichtungsgegenstände, von denen jetzt nur noch die ausgegipsten Löcher zu sehen sind, wo die Holzdübel saßen. Eine Pritsche mit einer strohgefüllten Matratze steht an der Längswand. Als Kopfkissen benutze ich einige Kleidungsstücke, für die Nacht habe ich vier amerikanische Wolldecken, aber keine Bettwäsche. Die Wand ist längs der Pritsche von vielen Vorgängern schmutzig-glänzend geworden. Eine Waschschüssel und ein Pappkarton mit einigen Briefen stehen auf einem wackeligen kleinen Tisch. Ich habe nichts aufzubewahren. Unter dem kleinen Fenster laufen zwei Heizrohre entlang; dort trockne ich die Handtücher.

Der penetrante Geruch eines amerikanischen Desinfektionsmittels verfolgt mich durch alle Lager, die ich bisher passieren mußte. In der Toilette, in der Wäsche, im Wasser, mit dem ich jeden Morgen den Fußboden aufwische, überall riecht es süßlich, scharf und medizinisch.

11. Oktober 1946
Während der wochenlangen Gerichtspause, in der sich die Richter über das Urteil einig wurden, habe ich eine Niederschrift von Erinnerungsfetzen an die zwölf Jahre mit Hitler verfaßt und sie über den Pastor an einen Freund in Coburg gesandt. Sie umfaßt hundert Seiten. »Ich glaube«, so ungefähr schrieb ich im Begleitbrief, »daß ich eher als alle diese widerlichen Bürgerrevolutionäre charakteristisch für eine Seite des Regimes bin.« Tatsächlich kommt es mir so vor, als ob die Himmlers, Bormanns, Streichers den Erfolg Hitlers im deutschen Volk nicht erklären können. Ich und meinesgleichen waren es viel eher, von deren Idealismus und Hingebung Hitler sich tragen ließ. Wir erst, die wir wirklich an uns selbst zuletzt dachten, haben ihn möglich gemacht; die Verbrecher und kriminellen Elemente sind immer da, sie erklären nichts. Im gesamten Prozeß war immer nur von juristisch greifbaren Verfehlungen die Rede. Nachts, in meiner schwach erleuchteten Zelle, frage ich mich manchmal, ob meine eigentliche Schuld nicht ganz anderer Natur ist.

Unter dem Eindruck der fast unertragbaren, unheimlichen Stille, die mich umgibt und deren einziges Zeitmaß die Wachablösung vor der Zelle ist, überfallen mich Zweifel, ob ich Hitler auf jenen hundert Seiten zutreffend gezeichnet habe. In dem Bemühen, mir selber klarzumachen, wie ich so lange seiner Faszination erliegen konnte, habe ich mir allzuhäufig all die kleinen gewinnenden Züge der gemeinsamen Autofahrten, der Picknicks und Bauphantasien in Erinnerung gerufen, seinen Charme, seine hausväterliche Besorgtheit und seine scheinbare Bescheidenheit. Aber ich habe darüber wohl all das verdrängt, was der Prozeß mir unvergeßlich vor Augen geführt hat: die ungeheuerlichen Verbrechen und Grausamkeiten. Am Ende sind sie es doch, die Hitler ausgemacht haben.

13. Oktober 1946

Ein Guard geht von Zelle zu Zelle. Er fragt, ob wir von unserem Recht auf den täglichen Rundgang im Erdgeschoß Gebrauch machen wollten. Denn noch immer ist der Hof gesperrt. Ich muß heraus, da die Zelle mich unerträglich zu belasten beginnt. Ich bitte ihn, mich mitzunehmen. Aber mir graut davor, die Todeskandidaten zu sehen. Der Guard hält mir die verchromten Handschellen entgegen, aneinander gefesselt haben wir einige Schwierigkeiten, die Wendeltreppe hinunterzukommen. Jeder Fußtritt auf diesen eisernen Stufen wirkt in der Stille wie ein Donnerschlag.

In der Halle sehe ich elf Soldaten, die aufmerksam in elf Zellen starren. Darin waren elf der Männer, die von der Führung des Reiches übriggeblieben sind. Der Chef des Oberkommandos der Wehrmacht, Wilhelm Keitel, einst unbeliebt und verachtet, während des Nürnberger Prozesses dann einsichtig und würdig; Generaloberst Alfred Jodl, der engste Mitarbeiter Keitels, ehemals der Typ des intelligenten deutschen Generalstabsoffiziers, der, fasziniert von Hitler, die moralischen Traditionen seines Standes weitgehend verleugnete. Hermann Göring, die Hauptfigur des Prozesses, mit großer Allüre alle Verantwortung auf sich nehmend, um dann mit Schläue und Energie alle Schuld von sich zu weisen; ein Prasser und Parasit, der in der Haft seine Persönlichkeit wiederfand und so wach, intelligent und schlagfertig auftrat wie seit dem Anfang des Dritten Reiches nicht mehr; Joachim von Ribbentrop, Hitlers Außenminister, dessen Arroganz einer Gläubigkeit an Christus gewichen sein soll, die zuweilen groteske Züge annimmt; Julius Streicher, der Gauleiter von Nürnberg, einer der ältesten Gefährten Hitlers, der wegen seines sexuell gefärbten Antisemitismus und seiner schreienden Korruption innerhalb der Partei ein Außenseiter gewesen war und während des Prozesses von allen Angeklagten gemieden wurde. Dann Wilhelm Frick, ein einsilbiger Mann, der als Reichsinnenminister aus Hitlers Ressentiments Gesetze machte; Alfred Rosenberg, der verzwickt denkende und von allen, Hitler eingeschlossen, belächelte Parteiphilosoph, dessen Verteidigung während des Prozesses zu unser aller Erstaunen den Nachweis führen konnte, daß er die haßerfüllte Vernichtungspolitik im Osten für verhängnisvoll gehalten hatte, auch wenn er Hitler ergeben blieb; dann Fritz Sauckel, der als Seemann begonnen hatte, aber zum Gauleiter Hitlers aufgestiegen war und im Kriege mit dem Auftrag, Zwangsarbeiter aus den besetzten Gebieten nach Deutschland zu schaffen, geistig und moralisch überfordert war; und Arthur Seyss-Inquart, Hitlers Reichskommissar für das besetzte Holland, neun Monate lang auf der Anklagebank mein rechter Nachbar: ein freundlicher Österreicher, der den höchsten Intelligenzquotienten von uns allen bekommen hatte und während der Prozeßmonate meine Sympathie gewann, nicht zuletzt, weil er keine Ausflüchte suchte; Hans Frank schließlich, der Generalgouverneur von Polen, dessen eigenes Tagebuch sein rücksichtsloses, fast bestialisches Vorgehen enthüllte, der aber in Nürnberg allen seinen frei bekannten Verbrechen abschwor und ein gläubiger Katholik wurde; seine Gabe, inbrünstig und fanatisch zu glauben, hat ihn nicht verlassen. Wie mir Gilbert neulich erzählte, arbeitet er an seinen Memoiren; und als letzter Mann Ernst Kaltenbrunner, der Gestapo-Chef, der im Prozeß allen Ernstes die Echtheit der von ihm unterschriebenen Dokumente ableugnete, ein großgewachsener Österreicher mit scharfen Gesichtszügen, aber einem merkwürdig milden Licht in den Augen.

Wie es die Hausordnung verlangt, liegen die meisten auf dem Rücken, den Kopf zur Innenseite der Zelle, die Hände auf der Decke. Ein gespenstischer Anblick, sie alle in ihrer Reglosigkeit:

es sieht aus, als ob sie bereits aufgebahrt seien. Nur Frank sitzt an seinem Tisch und schreibt eifrig. Er hat sich ein feuchtes Handtuch um den Kopf gewickelt, um, wie er Pflücker sagte, seinen Geist frisch zu halten. Seyss-Inquart sieht aus der Türöffnung, er lächelt mir bei jedem Vorbeigehen zu; und jedesmal fährt es mir in die Glieder. Ich halte es nicht lange aus. In meiner Zelle zurück, beschließe ich, nie mehr hinunterzugehen.

14. Oktober 1946

Ein amerikanischer Guard lächelte mir zu, als ob er sagen wollte: »Courage!« Er meinte das natürlich im einfachsten Sinne, und tatsächlich werde ich viel Mut brauchen, die zwanzig Jahre zu überstehen. Aber wird es nicht noch schwerer sein, der Familie und den Kindern standzuhalten? Wird es nicht noch mehr Mut brauchen, ihren Fragen zu begegnen, wenn sie mich jetzt oder später besuchen werden und wissen wollen, wie es denn dazu kommen konnte, daß ich an einem Regime teilhatte, das die ganze Welt fürchtete und verachtete; immer würden sie die Kinder eines Kriegsverbrechers sein. Und der Mut vor meiner Frau, wenn sie mir gegenübersitzt und nicht aussprechen wird, was ich mir vorwerfe: daß die zehn zurückliegenden Jahre nicht ihr, sondern Hitler gehört haben, und die zwanzig vor uns liegenden auch. Und schließlich der Mut, mit der Vergangenheit und meinem Anteil daran ins Reine zu kommen. Ich merke, wie schwer, eigentlich wie unmöglich es mir jetzt schon wird, auch nur ganz einfache und unbelastende Episoden mit Hitler zu schildern.

In meinen Gedanken wurde mir plötzlich bewußt, daß durch unsere Stille seit langer Zeit, ganz weit entfernt, ein Hämmern drang. Einen Augenblick lang empfand ich Ärger darüber, daß man zur Nachtzeit Reparaturen ausführen ließ. Mit einem Mal durchschoß es mich: Jetzt werden die Galgen aufgebaut.[1] Mit-

---

1 Ein Irrtum. Die Galgen wurden erst in den letzten Stunden vor der Hinrichtung aufgebaut. Vgl. Colonel B. C. Andrus: The Infamous of Nuremberg, London 1969.

unter glaubte ich, eine Säge zu vernehmen, dann wieder trat eine Pause ein. Schließlich einige Hammerschläge. Merkwürdigerweise kamen sie mir von Mal zu Mal lauter vor. Nach etwa einer Stunde kehrte wieder gänzliche Stille ein. Auf meiner Pritsche wurde ich den Gedanken nicht los, daß die Richtstätte gezimmert worden war. Schlaflos.

15. Oktober 1946
Den ganzen Tag über nervös. Die nächtlichen Vorgänge haben mich aus der Fassung gebracht. Keine Neigung zu Eintragungen.

16. Oktober 1946
Zu unbestimmter Stunde wachte ich auf. Im unteren Flur hörte ich Schritte und unverständliche Worte. Dann Stille, und dahinein der Aufruf eines Namens: »Ribbentrop!« Eine Zellentür wird aufgeschlossen, dann Unruhe, Wortfetzen, Scharren von Stiefeln und hallende Schritte, die sich langsam entfernen. Ich bekomme kaum Luft, sitze jetzt aufrecht auf meiner Pritsche, ich höre mein Herz laut schlagen, gleichzeitig wird mir bewußt, daß meine Hände ganz kalt sind. Schon kommen die Schritte zurück, jetzt der nächste Name: »Keitel!« Wieder geht eine Zellentür auf, wieder Unruhe, und wieder verliert sich der Nachhall der Schritte. Name auf Name wird genannt. Mit einigen verband mich gemeinsame Arbeit und wechselseitige Achtung, einige standen mir fern und haben kaum meinen Weg gekreuzt. Die ich gefürchtet habe, Bormann zuerst, dann Himmler, fehlten, auch Goebbels und Göring waren nicht dabei. Einige habe ich verachtet. Wieder Schritte: »Streicher!« Eine laute, erregte Erklärung folgt. Aus unserem Geschoß ruft es: »Bravo, Streicher!« Der Stimme nach ist es Heß. Unten geht der Aufruf der Namen weiter. Ich kann die Zeit nicht abschätzen; es mögen Stunden gewesen sein. Ich saß mit gefalteten Händen.

Vielleicht ist das Ende dieser elf Männer, so denke ich heute morgen, meiner Lage vorzuziehen. Der deutsche Gefängnisarzt, Dr. Pflücker, hat mir vor einigen Tagen, als ich zu ihm von der Angst der Todeskandidaten sprach, beruhigend versichert, daß ihm gestattet worden sei, jedem der Verurteilten vor der Hinrichtung ein starkes Sedativ zu verabreichen. Der Gedanke daran erfüllt mich jetzt mit fast so etwas wie Neid: Die haben es hinter sich. Mir stehen noch zwanzig Jahre bevor. Werde ich sie überleben? Gestern habe ich versucht, mir vorzustellen, wie ich nach zwei Jahrzehnten, ein alter Mann, das Gefängnis verlassen werde.

17. Oktober 1946
Wir Übriggebliebenen sind heute morgen in das untere Geschoß gezogen. Dort mußten wir die Zellen der Gehenkten aufräumen. Die Eßgeschirre standen noch auf den Tischen, ein paar Reste der kargen Henkersmahlzeit, Brotkrümel, halb geleerte Blechnäpfe. Papiere lagen zerstreut, die Decken waren in Unordnung. Nur die Zelle von Jodl war aufgeräumt, die Bettdecke sauber zusammengefaltet. An einer Zellenwand der Kalender von Seyss-Inquart, auf dem er selbst seinen letzten Lebenstag, den 16. Oktober, mit einem Kreuz versehen hat.
Nachmittags wurden Schirach, Heß und mir Besen und Scheuertücher ausgehändigt. Wir wurden aufgefordert, einem Soldaten zu folgen, der uns in eine leere Turnhalle führte. Es war der Raum, in dem die Hinrichtungen stattgefunden haben. Aber der Galgen war bereits abgebaut, die Stätte gesäubert und aufgeräumt. Trotzdem sollten wir den Boden fegen und aufwischen. Aufmerksam verfolgte der Leutnant unsere Reaktion. Ich bemühte mich, Fassung zu bewahren, Heß nahm vor einer dunklen Stelle auf dem Boden, die wie ein großer Blutfleck aussah, Haltung an und erhob die Hand zum Parteigruß.

18. Oktober 1946
Große Stille im Haus. Aber die Atmosphäre ist merkwürdig verwandelt. Eindruck, als habe sich die Spannung gelöst; als sei dieser 16. Oktober das Ziel all des monatelangen Aufwands von allen Seiten gewesen. Selbst die Wächter scheinen etwas gleichmütiger zu sein.

19. Oktober 1946
Aus ersten Anzeichen schließe ich, daß ich mich umzustellen beginne. Meinen sechs Mitgefangenen geht es offenbar ähnlich. Oft werden nun die Zellen aufgeschlossen und den Häftlingen Anweisungen erteilt. Ohne daß es mich berührt, komme ich den Aufforderungen nach.

Jeden Morgen reinigen wir die Gefängnishalle: Heß, Dönitz, Neurath und Raeder fegen voraus, Schirach und ich wischen den Steinfußboden mit einem übelriechenden Desinfektionswasser auf. Dönitz hat einen blauen Admiralsmantel, Neurath seinen Jagdpelz, Schirach einen wertvollen Pelzmantel mit Zobelkragen und Raeder seinen schwarzen Mantel mit Pelzkragen an, den ihm die Russen in Moskau geschenkt haben, als er in einer Datscha auf den Beginn des Prozesses wartete. Mit dem Besen auf der Schulter wandert Neurath unruhig auf und ab. Sechs Guards in weißlackierten Stahlhelmen sehen geringschätzig zu.
Die Halle ist etwa sechzig Meter lang, hat an jeder Seite sechzehn Zellen mit dunkelgrauen Eichenholztüren in grün-grau gestrichenen Steinumrahmungen. Die letzte Tür führt zum ›prison-office‹, wie ein Ladengeschäft durch ein Schild gekennzeichnet. Nummer dreiundzwanzig ist für Geräte vorgesehen, Nummer siebzehn dient als Duschraum. Eiserne, auskragende Gänge führen zu den leeren Zellen der zwei oberen Stockwerke. Vierundneunzig Zellen für sieben Gefangene. Über die ganze Breite ist Maschendraht gespannt, nachdem in einem anderen Gefängnisflügel ein inhaftierter General durch einen Sprung von der obersten Galerie seinem Leben ein Ende setzte.
Heute nachmittag wurden die Gefängnisregeln verlesen. Beim Ansprechen eines Postens oder eines Offiziers müssen wir Haltung annehmen, beim Annähern des Kommandanten, Oberst Andrus, oder eines prominenten Besuchers wird erwartet, daß wir strammstehen und gleichzeitig wie im Orient die Arme über der Brust kreuzen. Der diensttuende amerikanische Leutnant meinte, wir sollten uns nicht an diesen »Nonsens« halten.

20. Oktober 1946

In Goethes *Wahlverwandtschaften* habe ich heute morgen gelesen: »Alles scheint seinen gewöhnlichen Gang zu gehen, weil man auch in ungeheuren Fällen, wo alles auf dem Spiel steht, noch immer so fortlebt, als wenn von nichts die Rede wäre.« Über solche Sätze las ich früher hinweg. Jetzt bringe ich sie mit meiner Lage in Verbindung. Überhaupt bemerke ich, wie meine Lektüre sozusagen ein beziehungsreicher Kommentar zu meiner

Vergangenheit wird. Seit meiner Primanerzeit habe ich so nicht mehr gelesen.

21. Oktober 1946

Heute wieder lange an die Hingerichteten gedacht. Eigentlich habe ich Jodl und Seyss-Inquart erst während des Prozesses schätzen gelernt. Sie zeigten Haltung, waren nicht ohne Würde und bewiesen sogar gewisse Einsicht. Ich versuchte, mir einige Zusammenkünfte aus früheren Jahren in die Erinnerung zu rufen.

Dabei bemerkte ich, wie sich in mir eine Barriere vor aller Beschäftigung mit der Vergangenheit aufbaut. Merkwürdigerweise fand ich darin Erleichterung.

Morgens liege ich wach und denke an die Familie. Ich fühle mich jedesmal müde und abgespannt hinterher. Vielleicht werde ich heute den Rest des Abends, wie so oft, vor mich hindämmern und mich in die Bilder meiner Jugend vergraben. Meine Frau mit den sechs Kindern lebt nun im Kuhstall des alten Gärtnerhauses, meine Eltern in der Gärtnerwohnung darüber. Wie mögen die Tage verlaufen? Ich unternehme Versuche, mir das auszumalen. Aber es gelingt nicht.

23. Oktober 1946

Unser Gefängnisflügel füllt sich in den oberen Geschossen mit den Angeklagten der Prozesse gegen die Mediziner, gegen das Außenministerium, gegen die SS-Führung. Wir bleiben von ihnen sorgsam separiert.

Vor einigen Tagen hat sich Dr. Gilbert von mir sehr freundlich verabschiedet und mir dabei den Artikel zu lesen gegeben, den er zum Abschluß für eine amerikanische Zeitung geschrieben hat. Nach seiner Meinung sei ich von denen, die im Prozeß Einsicht gezeigt haben, der einzige, der auch in Zukunft dazu stehen werde. Von den anderen, wie Fritzsche, Schirach und Funk, erwartet er das nicht und spricht von zweckgebundener Reue. Nach Überreichung der umfangreichen Anklageschrift hatte Gilbert alle Angeklagten aufgefordert, ihre Auffassung darüber zu formulieren. Ich hatte ihm damals geschrieben, daß angesichts all der Untaten des Reiches ein Prozeß notwendig sei und daß auch in einer Diktatur eine Mitverantwortung existiere, während Dönitz, wie mir Gilbert jetzt erzählte, die Meinung vertreten hatte, es handle sich bei der Anklage um einen üblen Scherz, Heß den Verlust des Erinnerungsvermögens behauptete, Ribbentrop erklärte, der Schuldvorwurf richte sich gegen die falschen Personen, Funk weinerlich meinte, daß er nie in seinem Leben bewußt irgend etwas getan habe, was zu einer Beschuldigung führen könne, und Keitel schließlich versicherte, daß für einen Soldaten Befehle eben Befehle seien. Nur Streicher blieb seiner und Hitlers lebenslangen fixen Idee treu, indem er den Prozeß als einen Triumph des Weltjudentums ausgab.

Ich wollte damals dokumentieren, daß man nicht zur führenden Personengruppe einer, so oder so, gewaltigen historischen Veranstaltung gehören und anschließend mit billigen Ausflüchten davonkommen könne. Ich verstand meine Mitangeklagten nicht, die oft selbst für diejenigen Vorgänge nicht verantwortlich sein wollten, die in ihrem eigenen Bereich geschehen waren. Wir hatten alles verspielt und verloren: das Reich, den guten Namen unseres Landes und auch ein Gutteil der persönlichen Integrität; hier bot sich eine Chance, ein wenig eigene Würde, ein wenig Männlichkeit oder Courage zu bezeugen und deutlich zu machen, daß wir nach allem, was man uns vorhielt, nicht auch noch feige waren. Übrigens hat Gilbert mir, das muß ich sagen, in den oft schwierigen Lagen, wenn ich an dieser Prozeßlinie irre werden wollte, stets beigestanden. Er tat es unaufdringlich und ohne irgendeine Nebenabsicht. Desgleichen bemühte er sich um alle Angeklagten, Streicher eingeschlossen, obwohl er Jude ist. Als er mich verließ, empfand ich so etwas wie Dankbarkeit.

Zuvor hatte Gilbert Einzelheiten über die letzten Minuten der Hingerichteten berichtet. Alle behielten die Fassung. Keitels letzte Worte waren: »Alles für Deutschland. Deutschland über alles!« Auch Ribbentrop, Jodl, Seyss-Inquart äußerten sich auf dem Schaffott in ähnlicher Weise. Gilbert: »Ich habe schon während des Prozesses gesagt, daß Ihr Teufel wart, aber Ihr seid tapfere Soldaten.« Streicher endete mit einem »Heil Hitler! Das ist das Purimfest 1946!«

Nun läuft gelegentlich ein anderer Gefängnispsychologe namens Mitscherlich im Gang herum, mit viel zu weiten dunklen Hosen, einem abgemagerten Gesicht und einem ausgebeuteten Pullover. Man sieht ihm an, daß er Deutscher ist. Geschäftig läßt er sich die Zellen der Angeklagten aufschließen, deren Prozesse nun folgen sollen. Uns sieben meidet er. Wahrscheinlich ist ihm jeder Kontakt verboten.

1. November 1946

Immer wieder schrecken mich die grauenhaften Bilder auf, die wir im Prozeß zu sehen bekamen; das Anklagematerial enthielt Schilderungen von Massenexekutionen oder Vergasungen, die ich nie mehr vergessen werde. Aber dazwischen, wenn ich die Bilderfolgen und Assoziationen sich selbst überlasse, entdecke ich, daß die untere Schicht meines Bewußtseins, wie zum Ausgleich, immer häufiger in freundliche oder idyllische Erinnerungen ausweicht.

Die tief verbrecherischen Züge im Gesicht Hitlers sind mir unterdessen immer schärfer hervorgetreten. Ich frage mich dann: Wie konntest Du das so lange, Seite an Seite mit ihm, übersehen? Aber ist es nicht zu verstehen, daß ich mir auch jetzt noch das Bild des enthusiastischen Hitler vor Augen rufe, den von seiner Aufgabe, der Größe seiner Pläne überwältigten Mann? Unsere Projekte, die Stunden vor dem Zeichentisch, unsere Reisen quer durch Deutschland?

Eine dieser Reisen, etwa im Sommer 1936, trat heute immer wieder, mit offenbarer Beharrlichkeit, in meine Erinnerung. Deutlich stand mir vor Augen, wie Hitler sich während der Fahrt im großen, offenen Mercedes halbwegs zu mir umwandte und sagte: »Im Auto fühle ich mich vor Attentätern noch am sichersten. Selbst die Polizei erfährt nicht, wann ich abfahre und welches Ziel ich habe. Ein Attentat muß von langer Hand vorgeplant werden, Fahrtzeit und Strecke müssen bekannt sein. Deshalb fürchte ich auch, eines Tages bei der Anfahrt zu einer Kundgebungshalle von einem Scharfschützen erledigt zu werden. Dagegen ist kein Kraut gewachsen. Der beste Schutz ist und bleibt aber immer noch die Begeisterung der Menschenmenge. Wenn

einer nur wagen würde, eine Schußwaffe zu erheben, würde sie ihn augenblicklich niederschlagen und zu Tode trampeln.«
Ich weiß nicht mehr, warum Hitler bei dieser Fahrt den Umweg über Kloster Banz nahm. Die Mönche werden über den unerwarteten Besuch nicht wenig erstaunt gewesen sein. Hitler war von dem barocken Gepränge nicht beeindruckt, es entsprach nicht seiner architektonischen Welt. Die Monumentalität der ganzen Anlage jedoch fand seine uneingeschränkte Bewunderung. Nach der Besichtigung verschwand er für lange Zeit in einem Raum des Klostergebäudes. Wir warteten. Wie es hieß, hatte der Abt ihn zu einem Gespräch eingeladen. Wir erfuhren nicht, was gesprochen wurde.
Auf der Strecke nach Bamberg ließ Hitler nahe der Straße einen Picknickplatz in einer Lichtung aussuchen. Decken wurden aus dem Kofferraum gebracht, und wir lagerten uns im Kreis. Nicht lange, und er begann, von der eindrucksvollen Erscheinung des Abtes zu sprechen: »Da haben wir wieder einmal ein Beispiel für die gute Auswahl der katholischen Kirche bei ihren Würdenträgern«, meinte er. »Nur noch bei uns, in der Bewegung, hat der Mann aus den untersten Schichten die Möglichkeit, so hoch zu steigen. Bauernjungen wurden Päpste; schon lange vor der Französischen Revolution gab es in der Kirche keine soziale Voreingenommenheit. Das hat sich gelohnt! Glauben Sie, daß die Kirche sich ohne Grund zweitausend Jahre hat halten können? Aus ihren Methoden, ihrer inneren Freiheit, ihrer Menschenkenntnis müssen wir lernen.« Das alles sprach Hitler in einem ruhigen, etwas lehrhaften Ton und fuhr dann in seiner Rede fort: »Doch sollten wir sie nicht kopieren oder zu ersetzen versuchen. Rosenbergs Träumereien einer arischen Kirche sind lächerlich. Die Partei als eine neue Religion gründen zu wollen! Ein Gauleiter ist kein Bischofsersatz, ein Ortsgruppenleiter kann nie als Priester herhalten. Das findet bei der Bevölkerung keinen Anklang. Wenn dieses Führerkorps versuchen wollte, Liturgie zu treiben und die katholische Kirche auszustechen, wäre es völlig überfordert. Dazu fehlt es ihm an Niveau. Wie kann ein Ortsgruppenleiter eine Ehe weihen, während er in der Bevölkerung

als großer Säufer bekannt ist oder als einer, der Weibergeschichten hat. Es ist nicht so einfach, eine Tradition aufzubauen. Dazu gehört nicht nur ein großes Ideal, sondern Autorität, Opferbereitschaft, Disziplin – und das alles über Hunderte von Jahren.« Hitler hatte übergroße, sprechende Augen. Bisher waren sie gleichsam stumm geblieben. Nun wechselte ihr Ausdruck, und er fügte seinen Bemerkungen noch einige wenige, drohend vorgetragene Worte hinzu: »Die Kirche wird sich angleichen. Dazu kenne ich das Pfaffenpack zu gut. Wie war es in England? Wie in Spanien? Wir müssen sie nur unter Druck setzen. Und unsere großen Kultbauten in Berlin und Nürnberg werden die Dome in den Dimensionen lächerlich machen. Lassen Sie nur so einen kleinen Bauer in unsere große Kuppelhalle in Berlin treten. Da bleibt ihm nicht nur der Atem weg. Der Mann weiß von da an, wohin er gehört.« Das alles sagte Hitler immer noch erregt mit einem merkwürdig schnaubenden Ausdruck, aber nun rissen ihn die Architekturvorhaben wieder mit: »Das sage ich Ihnen, Speer, diese Bauten sind das Wichtigste! Sie müssen alles daransetzen, sie noch zu meinen Lebzeiten fertigzustellen. Nur wenn ich selber noch in ihnen gesprochen und regiert habe, bekommen sie die Weihe, die sie für meine Nachfolger brauchen.« Dann brach er kurz ab, erhob sich, es wurde eingepackt und abgefahren.

8. November 1946

Heute in der primitiven Brausezelle, durch Pappwände abgeteilt. Darin steht ein holzgeheizter Badeofen, und weil die Dusche ohne Druck ist, wird das Ganze »Tröpfelbad« genannt. Zwei Kisten als Sitzgelegenheit vervollständigen die Einrichtung. Heß und ich brausten zusammen, ein Guard führte Aufsicht. Einer der deutschen Kriegsgefangenen schob Holz nach und regelte die Wasserzufuhr. Im Rußlandfeldzug war er Infanterist. Er fand, daß wir 1942 auch einen dem russischen T 34 ähnlichen Panzer und die sowjetische Pak 7,62 Zentimeter hätten haben können. Heß erregte sich: »Auch das war Verrat, nichts als Verrat! Wir werden noch Wunder erleben, was alles verraten und sabotiert worden ist.« Ich entgegnete, daß für die technische Unterlegenheit letzten Endes Hitler selber verantwortlich gewesen sei, der zwar vieles richtig sah, aber durch ständige Umrüstungsbefehle seine eigenen Einsichten zunichte machte. Der deutsche Angestellte und der amerikanische Guard hörten der Diskussion gelangweilt-interessiert zu.

Die Dusche in unserem Zellenblock ist eingerichtet worden, um uns von den im anderen Flügel des Gefängnisses internierten Zeugen der kommenden »kleinen« Prozesse abzusondern. Vor einigen Wochen noch brachten die oft achtlosen amerikanischen Soldaten Angeklagte zukünftiger Prozesse und uns in den Badekabinen des Gefängnisses zusammen. So lag eines Tages neben mir, genauso genüßlich wie ich im warmen Badewasser plätschernd, Sepp Dietrich, Hitlers ständiger Begleiter in den frühen Jahren, nach 1933 Chef der Leibstandarte. Im Kriege machte dieser grobschlächtige Mann, der über einen gesunden Bauernverstand gebot und im ersten Krieg noch einfacher Unteroffizier gewesen war, eine bemerkenswerte Karriere. Ende 1944 war er Befehlshaber der 6. SS-Panzerarmee mit dem Titel eines SS-Oberstgruppenführers, was dem Rang eines Generalobersten entsprach. Gelegentlich nannte Hitler ihn »meinen Blücher«, und wer sarkastisch sein wollte, konnte sagen, daß jener in der Orthographie tatsächlich so schwach war wie dieser. Das letzte Mal hatte ich Sepp Dietrich während der Ardennen-Offensive getroffen. Er zeigte sich an den Ereignissen merkwürdig uninteressiert, die Führung der ihm unterstellten SS-Divisionen hatte er seinem Stab überlassen und lebte zurückgezogen in einer abgelegenen Waldbehausung. Er schien mir zum mürrischen Sonderling geworden zu sein.

In der Wanne liegend, erzählte Sepp Dietrich mir die Hintergründe einer Episode, die ich mir Ende Februar und Anfang März 1945 in Berlin bei den Lagebesprechungen Hitlers nicht hatte erklären können. Nach der verlorenen Schlacht um Bastogne richtete sich die letzte Anstrengung Hitlers nach Südosten, gegen den Balkan. Das neue Angriffsunternehmen sollte unter dem Decknamen »Waldteufel« anlaufen. Vielleicht hatte Hitler dabei an den bekannten Walzer-Komponisten Wald-

teufel gedacht. Der Angriff der 6. SS-Panzerarmee, die in den Kämpfen um Bastogne stark angeschlagen worden war, sollte zuerst das Save-Donau-Dreieck zurückerobern und dann, wie Hitler an seinem großen Lagetisch hoffnungsvoll verkündete, über Ungarn nach dem Südosten vorstoßen: »Wir haben alle Chancen, daß sich die Bevölkerung dieser Gebiete wie ein Mann erhebt und wir mit ihrer Hilfe, in einem Kampf auf Leben und Tod, den ganzen Balkan aufrollen. Denn ich bin, meine Herren, immer noch entschlossen, den Kampf im Osten offensiv zu führen. Die Defensivstrategie unserer Generale hilft nur den Bolschewisten! Ich aber bin in meinem ganzen Leben nie ein Mann der Defensive gewesen. Jetzt werden wir aus der Verteidigung wieder zum Angriff übergehen.« Tatsächlich war Hitler dieser Devise fast immer gefolgt. Offensiv handelte er in den frühen Münchner Jahren, offensiv war seine Außenpolitik der dreißiger Jahre mit der nicht abreißenden Kette von Überraschungsmanövern, ein Beispiel offensiver Politik war die Entfesselung des Krieges gewesen, und offensiv hatte er auch die militärische Auseinandersetzung, so lange er konnte, geführt. Selbst nach der Wende noch, nach der Kapitulation von Stalingrad, hat er bei Kursk das Angriffsunternehmen »Zitadelle« organisiert: als ob ihm bewußt sei, daß er die Wahl zwischen Offensive oder Untergang habe und daß der Verlust der Initiative schon soviel wie die Niederlage selber sei. Daher war Hitler, als nun auch diese Offensive scheiterte, einfach im Lehm steckenblieb, doppelt aufgebracht und befahl, der Leibstandarte sowie den übrigen SS-Divisionen die Ärmelstreifen wegzunehmen. Sepp Dietrich erzählte mir jetzt, er habe seine eigenen Orden in das Feuer hinterhergeworfen, in dem sie verbrannten. »Weißt Du«, so schloß er, »der Hitler war schon lange verrückt. Er ließ seine besten Soldaten einfach ins Feuer laufen!«
Als Frontkommandeur war Sepp Dietrich nur sehr selten der überspannten, im Wortsinne verrückten Atmosphäre des Führerhauptquartiers ausgesetzt gewesen und hatte sich daher einige Nüchternheit sowie Überblick bewahrt. Er hatte sich fast nie den Hitlerschen Tiraden gegenübergesehen, die so viele irre machten

an der Wirklichkeit. Vielleicht sollte ich versuchen, einen dieser Monologe zu rekonstruieren, wenn Hitler, mit zusehends sich belebender Stimme, seine Umgebung ansprach: »Die Russen sind nun fast ausgeblutet!« so begann er dann. »Wir haben nach den Rückzügen der letzten Monate den unschätzbaren Vorteil, nicht mehr diesen Riesenraum verteidigen zu müssen. Und wir wissen aus eigener Erfahrung, wie erschöpft der Russe nach seinem überstürzten Vormarsch sein muß. Denken Sie an den Kaukasus! Daher ist, wie damals für den Russen, nun auch ein Wendepunkt für uns möglich! Er ist sogar durchaus wahrscheinlich! Bedenken Sie! Die Russen hatten ungeheure Verluste an Material und an Menschen. Ihr Maschinenpark ist am Ende. Nach unseren Schätzungen haben sie fünfzehn Millionen Menschen verloren. Das ist ungeheuer! Den nächsten Schlag können sie nicht überleben! Werden sie nicht überleben! Unsere Lage ist nicht mit der von 1918 zu vergleichen. Auch wenn die Gegner das glauben.« Wie so oft hatte sich Hitler in eine autosuggestive Euphorie hineingeredet. »Was jetzt unten liegt, kann morgen oben stehen! Auf jeden Fall kämpfen wir weiter. Es ist wunderbar, mit welchem Fanatismus gerade jetzt die jüngsten Jahrgänge zum Kampf antreten. Sie wissen, daß es nur noch zwei Möglichkeiten gibt: Wir lösen dieses Problem, oder wir alle werden vernichtet. Ein Volk aber, das tapfer kämpft, läßt die Vorsehung niemals im Stich.« Hitler zitierte mit einiger Feierlichkeit das Bibelwort: »Ein Volk, in dem es auch nur einen Gerechten gibt, geht nicht zugrunde«, und es war kein Zweifel, daß er selber sich am Ende doch für diesen Gerechten hielt. Zu seinen Lieblingssätzen während dieser letzten Wochen zählte: »Wer sich nicht selbst aufgibt, setzt sich durch!« Und nicht selten knüpfte er daran die Bemerkung: »Wenn wir aber, meine Herren, diesen Krieg verlieren sollten, tun Sie gut daran, sich alle einen Strick zu besorgen.« Aus Hitlers Augen sprach dabei die wilde Entschlossenheit eines um sein Leben kämpfenden Menschen: »Wir müssen dem Gegner nur einmal noch durch einen großen Erfolg zeigen, daß er den Krieg nicht gewinnen kann. Ohne den fanatischen Willen Stalins wäre Rußland im Herbst 1941 zusammengebrochen. Auch Friedrich der Große hat mit unbezähmbarer Energie in hoffnungsloser Lage weitergekämpft. Er hat sich nicht den Namen der ›Große‹ verdient, weil er am Ende siegte, sondern weil er im Unglück tapfer blieb. Genauso wird die Nachwelt auch meine Bedeutung nicht so sehr in den Triumphen der ersten Kriegsjahre sehen, sondern in der Standhaftigkeit, die ich nach den schweren Rückschlägen der letzten Monate bewies. Der Wille, meine Herren, siegt immer!« – So oder ähnlich, mit einer parolenartigen Formel, pflegte er seine Durchhaltereden zu beenden.

In gewisser Weise wirkte Hitler bei solchen Ausbrüchen, wenn er, zusammengekauert am Tisch hockend, mit müden Handbewegungen zu der hohen, schweigenden Mauer der Offiziere aufblickte, wie ein Fremdling. Wirklich, er kam aus einer anderen Welt. Das machte seine Auftritte in diesem Krieg so bizarr; aber darin lag auch, wie ich immer glaubte, ein Teil seiner Stärke. Diese Offiziere hatten alle gelernt, mit den verschiedenartigsten ungewöhnlichen Lagen fertig zu werden. Auf diese hier waren sie gänzlich unvorbereitet.

9. November 1946

Trüber Tag. Zu dunkel zum Lesen oder Schreiben. Hingedämmert. Die Sprache hat das schöne Wort »gedankenverloren« dafür, das sehr präzise den vagen Bewußtseinszustand beschreibt, in dem ich mich über Stunden befand. Es gehört dazu, daß in der Tat alles verloren ist, was ich während dieser Zeit dachte. Keine Notiz.

Abends dann bei Lampenlicht Perspektive vom Zeppelinfeld gezeichnet. Die alte Fassung mit durchgehenden Seitenpfeilern. Sie war doch besser als die spätere Ausführung. Die erste Idee ist meist die richtige, wenn keine Grundfehler vorliegen.

10. November 1946

Vor dem Krieg sah ich in einem Film einen verzweifelten Menschen sich durch die Fluten einer mannshohen Kloake von Paris zu einem weit entfernten Ausgang durchkämpfen. Oft quält mich in Träumen das Bild dieses Mannes.

11. November 1946
Manches hat sich in den letzten vier Wochen gebessert. Wir dürfen täglich eine halbe Stunde spazierengehen. Allerdings getrennt. Es ist verboten, miteinander zu sprechen. Nur bei der gemeinsamen Arbeit können wir manchmal ein paar Worte wechseln, falls der Wachhabende wohlwollend ist.

13. November 1946
Mehrere Tage des Dahindämmerns. Draußen dicker Nebel. Die Guards sind übereinstimmend der Auffassung, daß Hitler noch am Leben sei.

14. November 1946
Seit Tagen scheuern wir von neun bis halb zwölf Uhr mit Stahlspänen die Rostflecken auf den Eisenplatten der Galerien. Danach werden sie eingeölt. Beim Bücken wird mir schwindlig, ein Zeichen, wie schwach dreizehn Monate Zellendasein machen. Heute beim hindämmernden Sitzen auf der Pritsche der Frage nachgegangen, ob der technische Rückfall Deutschland zum Nachteil ausschlagen werde. Auch, ob Wissenschaft und Kunst in einer untechnischen Welt vielleicht besser gedeihen. Werden wir, so zurückgeworfen und, wenn bestimmte Pläne verwirklicht werden, auf den Status eines Agrarlandes reduziert, glücklicher sein als die Nationen, denen nun die Zukunft offensteht? Ironischerweise waren sich Himmler und Morgenthau in ihren Vorstellungen über den idealen Zustand Deutschlands gar nicht so uneins. Nimmt man das eine wie das andere Konzept als den Unsinn, der es ist, so bleibt doch eine auf kulturelle Aufgaben verwiesene Nation. Wie wird Deutschland nach dieser Katastrophe damit fertig werden? Ich denke an die Rolle Griechenlands im römischen Weltreich, aber auch an diejenige Preußens nach dem Zusammenbruch von 1806.

15. November 1946
Ein wenig gezeichnet. Ansicht eines kleinen Hauses. Die umgebende Landschaft macht mir besondere Freude.

18. November 1946
Schirach und ich luden einen Wagen mit Brettern ab und trugen sie einige hundert Meter weiter. Eine Beschäftigung, die trotz des

Regens warm machte. Das Holz muß frisch von einer Sägerei gekommen sein, denn es roch wundervoll nach Wald.

20. November 1946

Beim Duschen enthüllte Heß heute, daß sein Gedächtnisschwund Schwindel gewesen sei. Während ich unter der Brause stand, sagte er, auf dem Hocker sitzend, wie aus heiterem Himmel: »Die Psychiater haben alles versucht, um mich aus der Fassung zu bringen. Fast hätte ich aufgegeben, als meine Sekretärin vorgeführt wurde. Ich mußte doch vorgeben, sie nicht zu erkennen. Da brach sie in Tränen aus. Es kostete mich große Mühe, keine Miene zu verziehen. Sicherlich hält sie mich jetzt für herzlos.« Diese Bemerkung wird sich schnell herumsprechen, weil uns ein amerikanischer Soldat bewachte, der Deutsch versteht.

21. November 1946

Viel gezeichnet. Perspektive eines Doppelhauses und die Rückseite des Zeppelinfeldes. Mühe mit den Bäumen: die Architektenkrankheit. In zehn Jahren wird es gehen! Vorsatz, malen zu lernen: Architekturphantasien in romantischer Manier als Ersatz für meine Bildersammlung, die verloren ist. Einige der Blätter schenke ich den Soldaten, die mich darum bitten.

22. November 1946

Seit Tagen ist die Zelle kalt. Ich lese und schreibe mit umgehängten Wolldecken. Die Propyläen-Ausgabe der Werke Goethes ist trotz ihrer chronologischen Ordnung sehr nützlich, sofern man soviel Zeit hat wie ich im Augenblick. Sie gewährt einen guten Einblick, wie verschiedenartige Erlebnisse und Eindrücke oft zwei- bis dreimal anklingen, ehe sie im Werk Goethes als Kombination verschiedener Impulse auftauchen. Goethe findet eher, als daß er erfindet. Seinen fertigen Werken sieht man diesen Entstehungsprozeß nicht an. Obwohl wir *Hermann und Dorothea* in der Schule auswendig lernen mußten, ist es neben Kleists *Prinz von Homburg* und dem *Torquato Tasso* eines der mir liebsten Stücke geblieben. Das freundliche, eigentümlich »bürgerlich« klingende Versmaß, aber auch die Häuslichkeit, Bescheidenheit und atmosphärische Wärme dieser Welt rühren mich nicht nur an, weil ich zu ihr gehöre, sondern auch, weil sie den äußersten Gegensatz zu der überdrehten, im Kolossalen inhumanen Welt Hitlers darstellt, in die ich mich verirrt hatte. Hatte ich mich verirrt?

28. November 1946
Um mich abzulenken, notiere ich heute früh die sich täglich wiederholende Geräuschkulisse. Morgens sieben Uhr. Die Angeklagten unseres Flügels werden geweckt: »Get up, get up! Let's go!« Wie ein Hund in seiner Hütte kann ich die Offiziere an ihrer Stimme, die Guards sogar an ihrem Schritt unterscheiden. Dröhnen von vielen Schuhen die Wendeltreppe herunter. Kurz darauf vorsichtiges Schlurfen den Weg zurück; die Angeklagten haben ihr Frühstück geholt, der Kaffee darf nicht überschwappen. Im Erdgeschoß in kurzen Abständen die Stimme des Bauern Joseph Mayr aus Niederösterreich, der zu den deutschen Kriegsgefangenen gehört, die uns betreuen: »Brot, Brot, Brot!« Der Ruf ist jedesmal gefolgt von kurzem Klirren. Beim siebten Mal hält er vor meiner Zelle. Joseph hängt die Nachtbeleuchtung seitlich auf und reicht vier Scheiben Weißbrot herein. Einige Minuten später: »Trinkbecher!« Joseph gießt den schwarzen, ungesüßten Kaffee aus einer Kanne durch die Öffnung in meinen Aluminiumbecher, den ich von meiner Pritsche aus ihm entgegenstrecke.
Frühstück gleichsam im Bett.
Im Obergeschoß: »Wie geht es Ihnen? Na, schön.« Nächste Zelle: »Guten Morgen, alles O. K.?« Oder: »Alles gut soweit? O. K.«, etwa fünfzigmal. Der deutsche Arzt besucht die Angeklagten. Weit entfernt hämmert ein Schmied. Ein amerikanischer Soldat pfeift »Lili Marleen«, ein anderer fällt ein.
Stille.
Neun Uhr. Schritte auf den Galerien, dann in der Halle. Jeden Morgen ordnen sich die dreiundzwanzig Angeklagten des Krupp-Konzerns vor meiner Zelle zu einer Reihe. Durch die Luke lächeln wir uns zu. Obwohl es verboten ist, verhält Alfried Krupp beim Abmarsch regelmäßig einige Sekunden, und wir wechseln ein paar Worte. Zu meinem Erstaunen ist er in dieser Gruppe doch sehr eigenwilliger Leute die beherrschende Gestalt.

Während meiner Besuche in den Essener Krupp-Werken hatte ich oft mit ihm zu tun. Damals machte er einen fast uninteressierten und jedenfalls überaus scheuen Eindruck. Ich hatte das Gefühl, mit einem Menschen zu sprechen, der ganz im Schatten seines Vaters stand und meinen Anstrengungen zur Rüstungssteigerung nur wenig abgewann. Die Nürnberger Erfahrung indessen scheint eine Wandlung bewirkt zu haben. Vielleicht auch, weil er nun zum erstenmal das Haus Krupp zu repräsentieren hat, indem er sich anstelle seines schwerkranken Vaters den Vorwürfen der Alliierten stellen muß. Ein Vorgang, der eine merkwürdige Rechtsauffassung widerspiegelt: Der Vater wird angeklagt, ersatzweise aber wird der Sohn vor den Richterstuhl geholt und verurteilt.

30. November 1946

Heute besuchte uns der amerikanische Gefängnisdirektor, Colonel Andrus, um uns zu eröffnen, daß am 15. Dezember unsere Übersiedlung nach Berlin stattfinden wird. Ich werde mich beeilen müssen, um wenigstens noch ein paar Bände des Propyläen-Goethe zu lesen. Wir rätseln, ob uns in Spandau Lektüre erlaubt sein wird. Die Sowjets sollen strikte Einzelhaft unter scharfen Bedingungen gefordert haben.

Nach einer Stunde wieder eingeschlossen. Jetzt habe ich Zeit bis zum Mittagessen.

Skizze zu »Die Hoffnung« angefertigt: Schneesturm in den Bergen. In einem Gletscherbruch sucht ein Verirrter einen Weg. Er müht sich durch tiefen Schnee, ahnungslos auf einer Gletscherzunge, die in den Abgrund führt.

Halb zwölf Uhr. »Suppe, Essen!« Joseph bringt Griessuppe, Erbsen, Spaghetti, Fleischsauce. Eine halbe Stunde später siebenmal von Zelle zu Zelle der Ruf: »Eßgeschirr!«, das eingesammelt wird.

Wie jeden Tag für zwei Stunden Sanatoriumsstille, die ich ausnutze, weiterzuschreiben: Noch immer läßt mir der Gedanke an die zwei Gesichter Hitlers keine Ruhe und daß ich das zweite so lange hinter dem anderen nicht sah. Erst gegen Ende, in den letzten Monaten, da wurde es mir mit einem Mal bewußt, und

bezeichnenderweise war die Erkenntnis mit einer ästhetischen Erfahrung verbunden: ich entdeckte plötzlich, wie häßlich, abstoßend, unproportioniert das Gesicht Hitlers war. Wie kam es, daß ich das so viele Jahre lang übersah? Rätselhaft!
Vielleicht sah ich viel zu wenig ihn und war von den gewaltigen Aufgaben, den Plänen, dem Jubel, der Arbeit wie betrunken. Erst heute erinnere ich mich, daß wir auf unseren Fahrten über Land wieder und wieder unter Spruchbändern hindurchfuhren, die die antisemitischen Parolen des Mannes wiederholten, der eben erst beim idyllischen Picknick den Liedern und dem Ziehharmonikaspiel seines Intendanten Kannenberg zugehört hatte und dem ich niemals eine so grausame Ausrottungswut zugetraut hätte. Manchmal frage ich mich jetzt: Bemerkte ich überhaupt diese Parolen »Juden hier unerwünscht« oder »Juden betreten diesen Ort auf eigene Gefahr«? Oder übersah ich sie einfach wie das zweite Hitlersche Gesicht, das jene Wirklichkeit darstellte, die ich aus meiner Traumwelt verbannt hielt?
Auch bei strengster Selbsterforschung muß ich sagen, daß ich kein Antisemit war. Auch ansatzweise nicht. Mir kam diese ganze Streicherwelt immer krankhaft, verdreht vor. Hitler selbst hielt sich, zumindest in meiner Gegenwart, mit antisemitischen Äußerungen eher zurück, aber natürlich war mir bewußt, daß er auf eine dunkle, gebundene Weise teil daran hatte. Dennoch bin ich ziemlich sicher, daß ich selbst ihm gegenüber in all diesen Jahren keine einzige judenfeindliche Bemerkung gemacht habe. Auch später als Reichsminister, in meinen offiziellen Reden, sah ich davon ab, mich, und sei es aus opportunistischen Gründen, mit wenigstens einigen Sätzen an der Judenhetze zu beteiligen. Während des ganzen Prozesses ist kein einziges Dokument aufgetaucht, das mich in diesem Zusammenhang belastete.
Und dennoch. Ich fuhr mit Hitler unter den erwähnten Spruchbändern hindurch und empfand die Niedertracht nicht, die da offenbar und sogar vom Staat sanktioniert wurde. Noch einmal: Vermutlich sah ich es nicht einmal. Hatte das, diese partielle Blindheit, doch mit *Hermann und Dorothea* zu tun? Mitunter kommt es mir sogar so vor, als ob meine Unberührtheit, meine

Indolenz mich schuldiger machen. Die Leidenschaft, und seien es Haß oder Ressentiments, ist immerhin ein Motiv. Die Lauheit ist keines.

1. Dezember 1946

Gerade wurden wir wieder einzeln, in einem Abstand von zehn Metern, eine halbe Stunde im Hof herumgeführt. Vier Soldaten mit Maschinenpistolen standen in den Ecken. Habe mir einen der großen Birnbäume genau eingeprägt und anschließend, in der Dämmerung der Zelle, nach diesem Eindruck zu zeichnen versucht. Wenn nur der Bleistift weicher und die Unterlage fester wäre. Sie besteht aus einem Stück Karton, der ehemals zur Verpackung von »Kellog's Rice Crispies« diente. Spielerisch lasse ich dem Bleistift seinen Lauf. Der Baum ist gelungen, immer wieder sehe ich die Zeichnung so begeistert an wie früher die Neuerwerbung eines Romantikers.

Unser österreichischer Koch will sich ein kleines Haus bauen, ich habe ihm eine Entwurfsskizze versprochen.

2. Dezember 1946

Stundenlang gegrübelt. Wirres Trampeln auf dem Holzfußboden des Verbindungsganges zum Gerichtsgebäude. Die Angeklagten vielleicht eines der Industrieprozesse kommen von ihrer Vernehmung und holen eine halbe Stunde später ihr Abendessen, uns wird es von Joseph gebracht. Zwei Scheiben Corned beef, Brot, heißer Tee. Der amerikanische Pastor läßt die Zellentür öffnen: es ist erlaubt, von der Familie Weihnachtspakete zu erhalten. Ich bitte ihn, meiner Frau mitzuteilen, daß mir keine Lebensmittel geschickt werden, denn wir haben es besser als sie.

Fünf Uhr nachmittags. Völlige Ruhe. Der vor meiner Zelle stehende Soldat wird abgelöst. Der neue begrüßt mich freudig wie ein alter Bekannter und versucht, mich durch einige Worte aufzuheitern. Bereitwillig rückt er auf meinen Wunsch die Beobachtungslampe so, daß der Schein nach unten fällt.

Als ich mit sechzehn Jahren aus der hochbürgerlichen Welt des Elternhauses ausbrach, begegnete ich bald überall diesen einfachen Menschen, deren Natürlichkeit ich in diesem Soldaten

wiederfinde. Gretel sollte unsere Kinder mit denen von Arbeitern zusammenbringen, weil sie unverbildet sind.
Täglich werde ich belehrt, wie unmenschlich wir doch waren. Ich meine jetzt nicht die Barbarei von Verfolgung und Menschenausrottung. Vielmehr war die absolute Herrschaft der Zwecke, wie ich sie als Rüstungsminister durchsetzte, nichts anderes als eine Form der Unmenschlichkeit. Die amerikanischen Soldaten, die uns bewachen, sind Kohlenarbeiter, Ölbohrer, Farmarbeiter. Von Divisionen abgestellt, die aktiv am Kampf teilgenommen haben, tragen viele Kriegsauszeichnungen, deren Bedeutung mir unbekannt ist. Die Anweisungen, die sie haben, die rigorosen Bewachungsnormen gleichen sie immer wieder durch Güte aus. Nie gibt es Zeichen von Sadismus. John, ein Grubenarbeiter aus Pennsylvania, ist tatsächlich so etwas wie ein Freund geworden. Auffallend ist dabei, daß ausgerechnet die farbigen amerikanischen Soldaten als erste die feindselige Schranke überwanden. Sie schienen uns, nicht zuletzt aufgrund eigener Erfahrungen, als Unterdrückte anzusehen, denen Mitgefühl zukomme. Noch beeindruckender war das Verhalten einiger jüdischer Ärzte. Sogar Streicher, der von allen, auch von uns Mitangeklagten, verachtet und verletzend behandelt wurde, genoß ihren Beistand weit über das Maß dessen hinaus, was ihnen die ärztliche Pflicht auferlegte. Dr. Levy beispielsweise besorgte für ein albernes Zuzusammensetzspiel, das der »Frankenführer« unentwegt betrieb, in großen Mengen Streichhölzer, deren Besitz zudem verboten war.

6. Dezember 1946

Bei der Morgenarbeit in der Halle trat heute die Abneigung von Raeder, Dönitz und Schirach wegen meiner Einstellung zum Nürnberger Prozeß offen zutage. Der immer anlehnungsbedürftige Schirach folgt nun den beiden Großadmiralen, nachdem er während des Prozesses, zusammen mit Funk und Fritzsche, zu meiner Fraktion gehört hatte. Bewußt provozierend kam er auf mich zu und erklärte: »Sie mit Ihrer Gesamtverantwortung! Dieser Vorwurf ist selbst vom Gericht verneint worden, wie Sie vielleicht bemerkt haben werden! Im Urteil steht kein Wort da-

von.« Die fünf Mitgefangenen nickten beifällig. Schon lange hatte ich beobachtet, wie sie zusammen wisperten und zur Seite traten, wenn ich mich näherte. »Dabei bleibe ich«, antwortete ich erregt. »Selbst im Vorstand eines Konzerns haftet ein jeder für das Geschäftsgebaren.« Betretenes Schweigen. Dann machten die anderen kehrt und ließen mich wortlos stehen.
Zurück in der Zelle. Es ist beschämend, aber in der Tat handelten wir noch nicht einmal wie Vorstandsmitglieder, vielmehr überließen wir, jeden Nachdenkens enthoben, alles dem Konzernherrn. Wie, um eine etwas groteske Formel zu verwenden, ein Vorstand von Entmündigten.
Ich leide unter der Absonderung nicht mehr so sehr wie in den ersten Wochen.

8. Dezember 1946

Ich beginne, mir ein Programm zurechtzulegen, mir meine Existenz als Gefangener zu organisieren. Zwar habe ich erst die Erfahrung von sechs Wochen bei über tausendunddreißig Wochen, die noch vor mir liegen. Aber ich weiß schon jetzt, daß ein Lebensplan wichtig ist, um nicht unterzugehen.
Aber es muß mehr sein als nur die Organisation des Durchhaltens; es muß auch eine Zeit der Rechenschaft werden. Wenn ich am Ende, nach diesen zwanzig Jahren, nicht eine Antwort auf die Fragen weiß, die mich heute beschäftigen, wird diese Haft unter persönlichem Aspekt vertan sein. Dabei bin ich mir bewußt, daß auch im besten Fall alles nur Stückwerk sein wird.

9. Dezember 1946

Im Prozeß habe ich ausgesagt, daß ich von den Ermordungen der Juden keine Kenntnis hatte. Justice Jackson und der sowjetische Ankläger haben im Kreuzverhör diese Erklärung nicht einmal bezweifelt. Ob sie glaubten, ich würde ohnehin die Unwahrheit sagen?
Falsch wäre es zu glauben, daß sich die führenden Leute, wenn sie sich selten genug trafen, mit ihren Untaten gebrüstet hätten. Im Prozeß wurden wir zwar mit den Chefs einer Mafia verglichen. Ich erinnerte mich an Filme, in denen die Bosse der legendären Gangs im Smoking zusammensaßen, sich über Mord

und Macht unterhielten, Intrigen spannen, Coupsausheckten. Doch diese Atmosphäre von Dunkelmännertum, Hinterstube und Verschwörung war von der unseren weit entfernt. Das eigentlich Verbrecherische blieb in allen persönlichen Beziehungen immer ausgeklammert. Unter den Angeklagten des Ärzteprozesses sehe ich manchmal Karl Brandt. Ihn vor dem Todesurteil Hitlers zu retten, war einer der Gründe, deretwegen ich im April 1945 noch einmal in das brennende Berlin zurückgeflogen war. Heute winkte er mir im Vorbeigehen traurig zu. Ich hörte, daß er wegen der medizinischen Versuche an Menschen schwer belastet ist. Mit Brandt habe ich oft zusammengesessen, wir haben uns über Hitler unterhalten, uns über Göring lustig gemacht, wir ärgerten uns über das Sybaritentum um Hitler, über die vielen Parteiparasiten: niemals aber hätte er mir über seine Tätigkeit Auskunft gegeben. So wenig wie ich ihm je offenbart hätte, daß wir an Raketen arbeiteten, die London in Schutt und Asche legen sollten. Selbst wenn wir von den eigenen Toten sprachen, redeten wir nur von Ausfällen und waren überhaupt groß im Erfinden euphemistischer Ersatzvokabeln.
Vom Doktor eine Schlaftablette geben lassen, die erste seit Monaten.

19. Dezember 1946
Seit Tagen draußen zehn Grad Kälte. Überall Koksmangel, eine Folge der herrschenden Versorgungsschwierigkeiten. In den Zellen nur noch Temperaturen um null Grad. An Stelle von Handschuhen ziehe ich ein Paar Strümpfe über die Hände; damit ist sogar das Schreiben möglich.
Die Abstände zwischen den Eintragungen werden länger. Fast vierzehn Tage seit der letzten Notiz. Ich muß mich zwingen, nicht in Apathie zu versinken. Besorgnis vor dem Spandauer Gefängnis. Nun sind zwar fünf Tage seit dem Termin verstrichen, an dem wir verlegt werden sollten, und sind doch noch hier. Pessimistische Stimmungen. Auch fürchte ich, dort nicht mehr schreiben zu können. Denn ich habe unterdessen erkannt, wie wichtig die schriftliche Form für die Auseinandersetzung mit mir selber ist. Das Aufgeschriebene erhält eine ganz andere Verbindlichkeit.

In den letzten Tagen habe ich mir Notizen über manche Bemerkungen Hitlers gemacht. Sie fließen mir inzwischen ohne große Mühe zu, seit dem Prozeß werden meine Gedanken zusehends freier. Es ist verblüffend, was ich dabei alles zutage fördere; und noch verblüffender, daß so viele Äußerungen Hitlers an mir so spurlos vorübergegangen sind. Neulich glaubte ich, daß Hitler sich in meiner Gegenwart mit Bekundungen seines Judenhasses eher zurückgehalten habe. Aber er hat doch mehr gesagt, als ich in meinen Verdrängungszuständen glaubte. Beunruhigender Gedanke, daß auch der entschiedene Wille zur Aufrichtigkeit so situationsabhängig ist.

20. Dezember 1946
Wieder das Kernproblem; alles reduziert sich darauf: Hitler haßte immer die Juden, daraus hatte er zu keiner Zeit ein Geheimnis gemacht. Spätestens 1939 hätte ich ihr Schicksal voraussehen können, nach 1942 mußte ich es wissen. Schon in den Monaten vor dem Ausbruch des zweiten Weltkrieges, der ihm zu diesem Zeitpunkt sicher nicht gelegen kam, häuften sich die Ausfälle. Das Weltjudentum dränge zum Krieg, wiederholte er verbohrt, und später: die Juden allein hätten diesen Krieg angestiftet und seien an ihm schuld. »Sie sorgten auch dafür, daß mein Friedensvorschlag vom Herbst 1939 abgelehnt wurde. Ihr Führer Weizmann hat das damals offen erklärt.« Am deutlichsten wurde Hitler in der Reichstagssitzung vom 30. Januar 1939, als er versicherte, daß bei einem Krieg nicht die Deutschen, sondern die Juden vernichtet würden. Und noch Jahre später, als alles bereits offenkundig verloren war, pflegte er seine Zuhörer an diesen Satz zu erinnern. Immer öfter beklagte er dabei die Tötungen unschuldiger deutscher Frauen und Kinder bei Bombenangriffen. Besonders nach den schweren Angriffen auf Hamburg im Sommer 1943, bei denen Zehntausende von Zivilisten getötet wurden, wiederholte er ein ums andere Mal, daß er diese Opfer an den Juden rächen werde; und hätte ich genauer hingehört, sorgfältiger beobachtet, so wäre mir sicherlich schon damals aufgegangen, daß er mit diesen Bemerkungen das eigene Massen-

morden rechtfertigen wollte: ganz, als käme ihm der Luftterror gegen die Zivilbevölkerung gerade recht und liefere ihm ein spätes Ersatzmotiv für ein lange beschlossenes und aus ganz anderen Persönlichkeitsschichten stammendes Verbrechen. Es wäre im übrigen verfehlt, sich vorzustellen, daß Hitler bei seinen Haßausbrüchen gegen die Juden buchstäblich Schaum vor dem Mund gehabt habe, wie wir immer wieder gefragt wurden. Er konnte zwischen Suppe und Gemüsegericht ganz ruhig hinsagen: »Ich will die Juden in Europa vernichten! Dieser Krieg ist die entscheidende Auseinandersetzung zwischen Nationalsozialismus und Weltjudentum. Einer bleibt auf der Strecke, aber das sind bestimmt nicht wir. Es ist ein Glück, daß ich als Österreicher die Juden so genau kenne. Wenn wir verlieren, vernichten sie uns. Wie soll ich mit ihnen Mitleid haben?«
So etwa pflegte er zu reden; in den Lagebesprechungen oder bei Tisch. Und die gesamte Runde, nicht nur die niederen Chargen, sondern Generale, Diplomatenvolk, Minister und schließlich ich selber, wir alle saßen dabei und sahen ernst und düster vor uns hin. Aber es war auch, wenn ich mich besinne, etwas wie Verlegenheit dabei, wie wenn man einen nahestehenden Menschen bei einer peinlichen Selbstenthüllung beobachtet. Keiner sagte je ein Wort, allenfalls fiel eine beflissen zustimmende Bemerkung. Von heute aus gesehen scheint mir denn auch, als habe sich nicht so sehr Hitler auf peinliche Weise selbst enthüllt, sondern wir. Vielleicht glaubte ich, daß er es nicht buchstäblich meinte, gewiß glaubte ich das. Aber wie konnte ich zweifeln, daß sein ideologischer Fanatismus ausgerechnet vor den Juden haltmachen würde? Es ist also richtig, wenn ich in meiner Vernehmung vor Gericht aussagte, keine Kenntnisse von den Judenmorden gehabt zu haben; aber richtig doch nur auf eine äußerliche Weise. Die Frage und meine Antwort darauf waren der schwierigste Augenblick während der vielen Stunden im Zeugenstand. Es war nicht Angst, sondern die Scham, daß ich so gut wie gewußt und doch nicht reagiert hatte; die Scham über das mutlose Schweigen bei Tisch, die moralische Dumpfheit, über so viele Akte des Verdrängens.

21. Dezember 1946
Und dann dieser minderwertige Jargon! Wie kam es, daß ich mich nie wirklich davon abgestoßen fühlte, nie dagegen aufbegehrte, wenn Hitler, wie er es in den letzten Jahren fast ausschließlich tat, von »Vernichtung« oder »Ausrottung« sprach. Man machte es sich sicherlich zu einfach, wenn man mir Opportunismus oder Feigheit vorwürfe. Das Fatale, mich eigentlich viel stärker Beunruhigende ist, daß mir dieses Vokabular gar nicht auffiel, daß ich niemals wirklich konsterniert war. Erst heute, mich rückerinnernd, bin ich es. Ein nachgeholtes Erschrecken. Sicherlich hat es damit zu tun, daß wir in einer fest geschlossenen, nach außen (oder auch unserem bürgerlichen Selbst gegenüber) isolierten Wahnwelt lebten. Ob in den alliierten Hauptquartieren auch, wie bei uns, nicht vom Sieg über den Gegner gesprochen wurde, sondern von »Auslöschung« oder »Vernichtung«? Wie beispielsweise hat sich Air Marshal Harris ausgedrückt?
Nachmittags. Natürlich hing das auch mit dem ideologischen Fieber zusammen, mit dem Hitler alles Geschehen, insbesondere aber diesen Feldzug gegen den Bolschewismus überzog. Er fühlte sich als der Beschützer Europas vor den roten Horden, wie er zu sagen pflegte. Für ihn handelte es sich in einem ganz buchstäblichen Sinne um Sein oder Nichtsein. Er versicherte das immer wieder. Die Litanei der späten Jahre: »Wir müssen den Krieg gewinnen, oder die europäischen Völker werden erbarmungslos vernichtet. Stalin bleibt nicht stehen. Er marschiert weiter nach Westen, in Frankreich rufen schon die Kommunisten nach ihm. Wenn die Russen erst Europa besitzen, werden alle unsere Kulturdenkmäler zerstört. Eine Wüste wird entstehen, kulturlos, menschenleer, nur noch niederes Gesocks und Chaos überall. Vergessen Sie nicht: Stalin ist der aus den Tiefen der Geschichte zurückgekehrte Dschingis-Khan! Gegen das, was kommt, wenn wir verlieren sollten, ist die Verwüstung unserer Städte ein Dreck, meine Herren! Wir mit unseren zweihundert Divisionen haben die sechshundert der Russen nicht aufhalten können, wie soll das dann einigen alliierten Divisionen gelin-

gen! Die Angelsachsen geben Europa kampflos auf. Da bin ich sicher. Sie überlassen es den Kannibalen. Nach den großen Kesselschlachten haben wir Menschenknochen gefunden. Stellen Sie sich vor: sie haben sich vor Hunger gegenseitig aufgefressen! Nur um sich nicht ergeben zu müssen. Es sind eben Untermenschen.«
Diese letzte Bemerkung hörte ich des öfteren von ihm, und mir fiel damals schon der Widerspruch auf, den sie enthielt. Denn sie tadelte die Russen als Untermenschen für ein Verhalten, das er – was die Kompromißlosigkeit des Widerstandswillens anging – von seinen eigenen Soldaten immer wieder forderte. Doch dieser Widerspruch, der mir heute aufreizend und ärgerlich ist, irritierte mich damals nicht. – Wie war das möglich?
Vielleicht, weil es sich um einen Widerspruch handelte, der in der Person Hitlers aufgehoben war und erst mit seinem Ende offenbar werden konnte. Es gilt ganz allgemein, daß Hitler bewunderte, was er haßte, oder richtiger: nur haßte, was er bewunderte. Sein Haß war verweigerte Bewunderung. Das gilt für die Juden, für Stalin, den Kommunismus überhaupt.
Und auch dieser Radikalismus der Gedanken!
Schon kurz vor Beginn des Krieges, Ende August 1939, hatte Hitler nach dem Entschluß, Polen anzugreifen, in der Nacht auf der Terrasse des Obersalzberges gesagt, daß Deutschland mit ihm in den Abgrund stürzen müsse, wenn dieser Krieg nicht gewonnen werde. Diesmal werde viel Blut fließen, fügte er hinzu. Merkwürdig, daß dies niemanden von uns abstieß; daß wir eher auf eine schicksalsträchtige Weise von solchen Worten wie »Krieg«, »Untergang« oder »Abgrund« uns erhoben fühlten. Jedenfalls kann ich mich genau erinnern: Als Hitler diese Äußerung machte, dachte ich nicht an das tausendfache Unglück, das sie bedeutete, sondern an die Größe der geschichtlichen Stunde.

22. Dezember 1946
Die Zelle ist ein Eiskeller, der Atem dampft. Ich schlage die Decken eng um mich. Die Füße stecke ich in die Unterwäsche, alle verfügbaren Kleidungsstücke ziehe ich an, auch die Winter-

jacke, die 1942 unter meiner Mitwirkung für das Heer entwickelt wurde. Ihre Kapuze ziehe ich weit über den Kopf.

23. Dezember 1946
Von Mitscherlich, dem Gerichtspsychologen, der sich unterdes sichtbar erholt und kräftig zugenommen hat, in der *Fähre* vom 1. April einen Artikel über »Psychoanalyse und Geschichtsschreibung« gelesen. Der Aufsatz ist interessant; die übrige Produktion des Heftes scheint mir jedoch eher mittelmäßig. Es mag aber auch sein, daß ich, aus jener anderen Welt auftauchend, den Wandel nicht begreife. Erstmals erfaßt mich ein Gefühl der Entfremdung.
Oder ist es mehr als das? Wo stehe ich überhaupt? Ich erkenne, was war; ich verurteile, was war. Aber der platte Moralismus, der nun – ja, ich glaube doch eine Art Mode ist, stößt mich ab. Vielleicht muß eine Zeitlang in Deutschland Sonntagsschule sein. Ich will auch meinen Anteil, daß es soweit kam, nicht verringern. Aber ich kann das nicht mitmachen, selbst wenn es manches leichter werden ließe.

24. Dezember 1946
Durch meinen improvisierten Schlafsack habe ich es die Nacht über warm gehabt. Erst jetzt, in der Gefangenschaft, lerne ich die Unzulänglichkeiten der Heereswinterbekleidung kennen. Unsere Windjacke hält selbst hier in der Zelle nicht warm, sie nimmt viel Feuchtigkeit auf und trocknet schlecht. Ein sonst unfreundlicher Guard kommt an das Guckloch und begrüßt mich herzlich. Er reflektiert auf eine Zeichnung vom Zeppelinfeld.
Ach – heute ist Heiligabend.
Wie immer am Vormittag Fegen und Aufwischen der Halle. Unterhaltung mit den Mitgefangenen. Weihnachtliche Wünsche wurden ausgetauscht. Um elf Uhr polterte Dampf in den Heizrohren, jedoch scheint in meiner Zelle die Heizung verstopft zu sein. Oder zu wenig Druck – die Zelle liegt am Ende des Ganges.
Um zwei Uhr im Gefängnishof eine halbe Stunde Spaziergang mit Dönitz, Schirach, Raeder und Neurath. Heß und Funk blie-

ben im Innern. Zwei mit Maschinenpistolen bewaffnete Guards hielten Wache. Wir müssen noch immer einzeln gehen. Es ist starker Frost, ich hatte die Winterjacke an, die Kapuze auf. Dönitz rief mir gutgelaunt zu, ich sähe – er sagte tatsächlich: glücklich und zufrieden aus.

Als ich zurückkomme, liegen auf meiner Pritsche Weihnachtsbriefe meiner Frau und meiner Eltern. Fassungslos, mit großen Pausen, lese ich sie.

In unserer Kapelle im ersten Obergeschoß steht ein mit Kerzen geschmückter Christbaum, auf seiner Spitze ist ein Rauschgoldengel befestigt. Die primitive Atmosphäre in der ausgeräumten Doppelzelle erinnert an die Katakomben urchristlicher Gemeinden. Wir sangen zu sechst Weihnachtslieder, nur Heß nahm nicht teil. Der amerikanische Chaplain Eggers verlas eine Predigt, die der Nürnberger Kirchenrat Schieder für uns verfaßt hat. Bevor wir in unsere Zellen zurückgeführt wurden, überreichte Funk mit einigen Scherzworten, die seine weihnachtliche Rührung überspielen sollten, Dönitz eine Wurst, und Schirach gab mir ein Stück Speck, da Dönitz und ich ohne Geschenkpakete sind. Neurath steckte mir ein Weihnachtsgebäck zu, der amerikanische Chaplain brachte später jedem Schokolade, Zigarren und einige Zigaretten. Ich gab Dönitz eine Zigarre.

In unserem Bau herrscht Stille, jeder ist nun endgültig eingeschlossen. Im Radio singt eine Frauenstimme.

Drei Stunden später. Immer wieder drängt sich der Gedanke auf, daß dies sich noch neunzehnmal wiederholen wird, und immer wieder versuche ich, die Vorstellung zu verdrängen. Ich denke an den Heiligabend von 1925, als ich Margarete bei ihren Eltern in der bürgerlich eingerichteten Wohnung am Neckar besuchte. Ich war zwanzig Jahre alt. Von Ersparnissen meines Wechsels hatte ich ihr eine Nachttischlampe geschenkt, eine farbige Porzellanfigur aus Nymphenburg mit einem Schirm aus Seide. Die Fotografie ihres Geschenktisches hatte ich noch im Frühjahr 1945 in Berlin bei mir. Dann ging sie verloren. Ich hing daran. Nach der Feier bei meinen künftigen Schwiegereltern ging ich den Berg zum Haus der Eltern hinauf, das inmitten eines Waldparks über

dem Neckartal liegt. Ein Haus behäbig-bürgerlichen Zuschnitts. In der Wohnhalle vor einem Kamin mit alten Delfter Kacheln pflegte der Christbaum aufgestellt zu sein. Dieses Bild hat sich Zeit meines Lebens nicht geändert, jedes Jahr fuhren wir über verschneite Straßen nach Hause, Weihnachten zu feiern. Nach gleichbleibendem Ritual wurden zunächst der Diener Karl, das Zimmermädchen Käte und die Köchin Bertha zur Bescherung gebeten. Immer standen neben dem Baum zwei mit Wasser gefüllte Löscheimer, immer intonierte mein Vater mit unsicherer Stimme ein Weihnachtslied, das stimmliche Unvermögen und die Weihnachtsrührung raubten dem Gesang jeden Zusammenhang, und nach der ersten oder zweiten Strophe starb er weg.
Dann kam das Weihnachtsdiner im benachbarten Speisesaal mit dem neugotischen Holzpaneel, wo schon das Festessen anläßlich meiner Taufe stattgefunden hatte. Meine Mutter holte dafür die Tischdekoration meiner Großeltern, einer Mainzer Kaufmannsfamilie, hervor: das kobaltblaue, mit Goldornamenten verzierte Eßservice aus Limoges, geschliffene Kristallgläser, Bestecke mit Perlmuttergriffen sowie Kerzenleuchter aus Meissner Porzellan. Der Diener Karl hatte eine blauviolette Livree mit eigens angefertigten Knöpfen angezogen, die ein nicht ganz legitimes Familienwappen zeigten, das Zimmermädchen trug zum schwarzseidenen Kleid eine Spitzenhaube. Mit weißen Handschuhen servierten sie den traditionellen westfälischen gekochten Schinken mit Salat aus frischen Malteser Kartoffeln. Dazu gab es Dortmunder Bier, weil mein Vater seit langem dem Aufsichtsrat der größten lokalen Brauerei angehörte.
Um sieben Uhr kommt wie jeden Abend Sergeant Richard Berlinger. Wie es die Sicherheitsvorschriften wollen, verlangt er Brille und Bleistift und dreht dann den Beleuchtungskörper an der Türöffnung zur Seite.

25. Dezember 1946
Frostige Nacht. Geschwollene Finger. Vor wenigen Tagen sind im Erdgeschoß die Angeklagten des bevorstehenden Prozesses gegen die SS-Hauptverwaltung einquartiert worden. Ich versuchte, sie mit einigen Worten aufzumuntern, was der

Guard widerspruchslos geschehen ließ. Alles Todeskandidaten.
Um mich abzulenken, trotz der Kälte viel gezeichnet. Gegen fünf
Uhr sind die Finger wieder angeschwollen. Ich wickelte mich in
meine vier Decken und las, die Kapuze auf dem Kopf, Timmermanns *Bauernpsalmen*. Am Abend kam ein heißes Getränk,
doch konnte ich nicht ausmachen, ob es Kaffee oder Tee war.
Schirach schickte mir von seinem Weihnachtspaket ein großes
Stück ausgezeichneten Kuchens und eine Portion Butter.
Selbstgespräche über Napoleon, der von Goethe zunächst als
Monster gezeichnet, zehn Jahre später dagegen als welthistorische Erscheinung gefeiert wurde. Ob der europäische Napoleon-Mythos und der daran anschließende Kult des großen Mannes an
der Kapitulationsgesinnung mitgewirkt haben, mit der sich das
europäische Bürgertum (und die Arbeiterschaft, die ihren Marx
und Engels und Lenin vergötterte, auch) Erscheinungen wie
Mussolini und Hitler ergab? Wir alle waren fasziniert von überragenden historischen Persönlichkeiten, und wenn einer auch
nichts davon war, es vielmehr nur mit einigem Geschick prätendierte, lagen wir schon auf dem Bauch. So im Falle Hitler. Ich
glaube, ein Teil seines Erfolges beruhte auf der Dreistigkeit, mit
der er vorgab, ein großer Mann zu sein.

28. Dezember 1946

Als ich heute vom Duschen kam, wurde mir das Weihnachtspaket der Familie gebracht. Es erschütterte mich durch seine
Dürftigkeit. Wie schlecht muß es draußen gehen! Ich war sehr
bewegt. Der Älteste, der zwölfjährige Albert, schickte zwei Laubsägearbeiten, die übrigen Kinder hatten silberne Sterne auf rotes
Packpapier geklebt. In Betrachtung dieser Stücke verlor ich
einige Zeitlang meine Fassung.
Durch einen Kurzschluß ging dann für längere Zeit das Licht aus.
Eine Wohltat für die Augen, weil wir selbst während der Nacht
im Dämmerlicht leben. Um halb elf Uhr hörte ich, an die Tür
gelehnt, Musik aus dem Radio der Wache.
Selbstgespräche bis tief in die Nacht hinein. Ich muß mir einreden, die Schwierigkeiten der Gefangenschaft als sportliche
Leistung anzusehen.

30. Dezember 1946
Gut geschlafen, die Erfrierung an der Hand geht zurück. Die Zelle ist heute etwas wärmer, der Atem ist kaum noch sichtbar. Um halb elf Uhr wurde ich, mit verchromten Handschellen an einen Guard gefesselt, zu einer Besprechung mit Rechtsanwalt Kranzbühler und Professor Kraus geführt. Kranzbühler verteidigte im Nürnberger Hauptprozeß Dönitz, der Völkerrechtler Professor Kraus war an der Verteidigung von Schacht beteiligt. Beide sind auch in den nachfolgenden »kleinen Nürnberger Prozessen« zur Verteidigung eingesetzt. Anwesend war auch Dr. Charmatz von der amerikanischen Anklage. Natürlich freute ich mich über die Ablenkung: aber das gerade ist es auch, was mich zum echten Gefangenen macht.
Meine Frau hat mir eine neue Nummer der *Bauwelt* geschickt. In ihr ist der von Scharoun entwickelte Plan für den Neuaufbau Berlins veröffentlicht. Der Entwurf ist ohne erkennbare Akzente, das (für das Auge gar nicht sichtbare) Urstrom-Tal der Spree das einzig gestaltende Element. Die Stadt wird in zweckmäßig-rechteckige Flächen aufgeteilt, keine Vorstellung eines »architektonischen« Berlins steht dahinter, keine Entwicklungsidee für die Stadt und kein Hinweis auf das Bahnhofsproblem, das mich einst so nachhaltig beschäftigte: eine Hauptstadt hat ihre Hoffnungen aufgegeben. Dem Extrem der Übergröße folgt das des Verzichts, Kleinmut löst die Megalomanie ab. Das Extreme als der eigentlich deutsche Ausdruck. – Das ist gewiß nicht richtig. Aber eine historische Situation wie diese macht es uns plötzlich glauben, und eigentümlicherweise stellen sich auch die »Beweise« in großer Zahl ein, bis die Wahrheit (die immer schwierig und komplex ist) ganz verdeckt erscheint.

31. Dezember 1946
Heute geht das Jahr zu Ende. »Albert Speer wird zu zwanzig Jahren Gefängnis verurteilt«: Es ist, als sei das gestern gewesen.

1. Januar 1947
Das neue Jahr unmutig begonnen. Halle gefegt, Spaziergang und Kirche. Dönitz und ich sangen lauter als sonst, denn Raeder

ist krank, und Funk soll ins Hospital. Nur der Druck, unter dem ich während des Prozesses stand, hat mich glauben gemacht, ich glaubte. Inzwischen habe ich während der Gottesdienste wieder das Gefühl nichtssagender Rituale. Die perspektivische Blindheit des Menschen. Doch sind dies nur die auffälligsten Bedingungen, die unsere Gedanken verfärben. Wie vielen Bedingungen ist jeder Satz unterworfen, die wir nicht einmal ahnen?

3. Januar 1947

Im Gefängnishof habe ich nach meiner Schätzung unterdes rund vierhundert Kilometer zurückgelegt. Die Sohlen sind durchgelaufen. Daher gebe ich einen illustrierten Antrag an das Gefängnisbüro und empfange ein Paar gebrauchte, aber noch gute amerikanische Militärschuhe.

6. Januar 1947

Die Gefängnisdirektion ist mit unserer täglichen Reinigungsarbeit nicht zufrieden. Wir beschäftigen uns in der Hauptsache damit, die Arbeitszeit durch alle möglichen Umständlichkeiten auf ein bis zwei Stunden zu verlängern, die wir dann meist, auf unsere Besen gestützt, zur Unterhaltung nutzen. Unsere Nachfolger von der SS-Führung schaffen das gleiche Pensum in einer halben Stunde.

7. Januar 1947

In Berlin achtundzwanzig Grad Kälte. Die Menschen sollen ihre letzten Möbel verheizen. Unsere Duscheinrichtung ist eingefroren.

8. Januar 1947

Dr. Charmatz hat mir soeben ein dickes Vernehmungsprotokoll zur erneuten Unterschrift gebracht. Die bereits unterschriebenen Exemplare sind von einem Souvenir-Jäger entwendet worden! Er teilt mir mit, daß Feldmarschall Milch mich als Zeuge für seinen Prozeß verlange. Milch war einer meiner Freunde und als Chef der Luftrüstung viele Jahre lang mein Kollege. Ein kleiner, dicker Mann mit einem runden, bulligen Gesicht; die lange Zigarre, die er häufig im Munde hatte, war, so kam es mir mitunter vor, ein Versuch, sich auf Winston Churchill hin zu stilisieren. Trotz seines manchmal cholerischen Temperaments ist es

uns gelungen, die verschiedenen Versuche seines Vorgesetzten Göring abzuwehren, uns zu entzweien. Es wird schwierig sein, ihm im Prozeß gegenüber zu treten. Milch werden die gleichen Vergehen wie mir vorgeworfen: Bis er im Frühjahr 1944 die Luftrüstung an mich abgab, hat er Zwangsarbeiter und Häftlinge aus den Konzentrationslagern angefordert und beschäftigt. Natürlich sind alle diese Prozesse Gerichte von Siegern über Besiegte. Auf verschiedenen Wegen höre ich, daß auch deutsche Kriegsgefangene, entgegen dem Gesetz, zur Zwangsarbeit in Rüstungs- und Nachschubbasen herangezogen worden sind. Wo ist hier der Richter?
Und natürlich kann man vorbringen, daß unser Verfahren zu eilig durchgeführt, daß die Verteidigung durch das Massenaufgebot von einundzwanzig Angeklagten behindert wurde. Aber alle solche Einwände werden, wie ich auch heute noch ohne Beirrung glaube, von der elementaren Überlegung verdrängt, daß die Führung eines Landes, das einen Krieg beginnt, sich dem gleichen Risiko aussetzen muß, das sie jedem Soldaten ungefragt abverlangt.
Dies ist freilich eine Erkenntnis, die ich erst im Verlauf des Prozesses gewonnen habe. Noch gegen Ende des Krieges hielt ich den Gedanken für absurd, daß ich als Rüstungsminister zu den Angeklagten der von den Alliierten angekündigten Prozesse gehören könnte! Damals ließ ich mir in den vielen beschäftigungslosen Stunden Stöße von Akten bringen: Führerprotokolle, Briefe oder Beschlüsse der Zentralen Planung, die ich in bunter Reihenfolge, meist auf dem Bett liegend, durchblätterte, um Stellen ausfindig zu machen, die belastend wirken könnten. Es war wohl wiederum meine perspektivische Blindheit, die mich hinderte, die Elemente meiner Schuld aus diesen Papierbergen herauszulesen; allenfalls sah ich das Interesse meines Landes als einer kriegführenden Nation, und dieses Interesse sprach mich – allen Traditionen zufolge – frei. Infolgedessen ließ ich nichts von all den Dokumenten vernichten, ausgenommen die Denkschrift eines Industriellen, der den Einsatz von Giftgas gegen die sowjetischen Armeen vorgeschlagen hatte. Im Gegenteil ordnete

ich beruhigt an, daß meine Akten an sicherem Ort verwahrt werden sollten, und ließ sie, einige Wochen später, kurz vor meiner Gefangennahme, den Amerikanern als Studienmaterial übergeben. Im Prozeß verwendete dann die Anklage Teile daraus, um mich des Verbrechens gegen die Menschlichkeit zu überführen.

10. Januar 1947
Dank der Freundlichkeit eines der Wächter bis elf Uhr bei Dunkelheit eine Pfeife geraucht.

11. Januar 1947
Anzeichen von Grippe, feuchte Hände, nachts Ohrenschmerzen. Besorgnis, krank zu werden.

13. Januar 1947
Wieder den ganzen Tag im Bett. Nichts gezeichnet, nichts gelesen, nichts geschrieben. Ich bewundere Funk, wie er es monatelang bettlägerig in der Zelle aushalten kann, ohne verrückt zu werden.

15. Januar 1947
Seit August das erstemal wieder in einen Spiegel gesehen. Während des Prozesses benutzte ich die Glasscheibe zur Dolmetscherkabine. Dort konnte ich mich vor dunklen Kleidern spiegeln. Dieses Mal ist es ein Scherben, aber er reicht aus. Ich bin in Monaten, so scheint mir, um Jahre gealtert.

22. Januar 1947
Ich hatte nie damit gerechnet, zu den Angeklagten des geplanten Kriegsverbrecherprozesses zu gehören. Aber eines Tages im August 1945 stürzte morgens um sechs Uhr einer meiner Mitarbeiter in den Schlafraum des Internierungslagers. Atemlos stand er in der Tür und fand kaum die Worte, mir zu sagen, daß ich auf der Liste der Hauptangeklagten des Nürnberger Prozesses stehe, und zwar an der aussichtslosen dritten Stelle. Ich war wie vom Schlag gerührt.
Im Lager gab es einen Chemiker, von dem es hieß, daß er einige dieser Giftröhrchen besitze, wie sie beispielsweise Himmler bei seinem Selbstmord benutzt hatte. Ich deutete ihm vorsichtig an, daß ich eine solche Ampulle suchte, aber er lehnte undeutlich ab. Warum hatte eigentlich niemand, weder Hitler noch die zustän-

dige Verteilerstelle der SS, daran gedacht, mir das Selbstmordprivileg einzuräumen, das doch sogar Hanna Reitsch und selbst den Sekretärinnen Hitlers gewährt worden war? In jenen Tagen hörte ich dann den Vortrag eines Mediziners, der nebenher erwähnte, daß auch der Sud einer verriebenen Zigarre ausreiche. Aber zu diesem Zeitpunkt war die Anwandlung schon vorüber, und sollte ich je die Kraft zum Selbstmord aufgebracht haben, die Neigung hatte ich nun nicht mehr.

22. Januar 1947

Munter und unbekümmert sprechend, geht ein Kind, vielleicht das des Pastors, durch die Halle. Das erschüttert mich mehr als äußere Ereignisse.

24. Januar 1947

Meinem Anwalt, Dr. Hans Flächsner, einem Berliner von kleiner Gestalt, aber bedeutender Beredsamkeit, verdanke ich neben Dr. Gilbert, daß ich den Prozeß in diesem und jenem Sinne überstanden habe.

Flächsner, der mir vom Gericht zugeteilt worden war, entwickelte mir seine Idee einer Verteidigung: »Sie sitzen als drittletzter auf der Bank. Das ist gleichzeitig eine Einstufung, die bei Göring, Heß, Ribbentrop und Keitel beginnt. Mit Ihrer Absicht, sich für alles Geschehen jener Jahre verantwortlich zu erklären, nehmen Sie sich wichtiger als Sie sind und lenken außerdem ein ungebührliches Maß an Aufmerksamkeit auf sich. Das macht nicht nur einen fatalen Eindruck, sondern kann überdies auch Ihr Todesurteil bedeuten. Warum wollen Sie selber sagen, daß Sie verloren sind? Überlassen Sie das doch dem Gericht!«

Im ganzen haben wir es dann auch so gehalten. Denn natürlich wollte ich mit dem Leben davonkommen. Im Zeugenstand vermied ich alles, was belastend wirken konnte, ausgenommen mein Geständnis, daß die Millionen Deportierter gegen ihren Willen nach Deutschland gekommen seien und daß ich mich für die begangenen Verbrechen generell verantwortlich fühlte. Aber das waren entscheidende Zugeständnisse. Sie trugen mir auch zahlreiche Vorwürfe von seiten der Mitangeklagten ein, besonders Göring tat sich mit der Behauptung hervor, ich hätte versucht, mir durch die Selbstbelastung die Sympathie des Gerichtes zu erwerben – bezeichnenderweise aber hätte ich außer acht gelassen, daß sie alle, einer wie der andere, dafür würden zahlen müssen. Ich weiß es nicht. Immerhin vermute ich, daß diese renommierten Juristen nicht so leicht hinters Licht zu führen waren – weder durch mein Geständnis noch durch das Leugnen der anderen. Das wird schon dadurch bewiesen, daß beispielsweise Hans Frank, der Generalgouverneur Polens, oder Hitlers Generalkommissar von Holland, Arthur Seyss-Inquart, die ebenfalls Einsicht zeigten, dem Todesurteil nicht entgingen.

26. Januar 1947
In der Tat habe ich mir im Gerichtssaal eine gewisse Sympathie oder eher etwas Respekt erworben. Aber Göring irrte, als er meinte, ich hätte diese Achtung aufgrund meiner Selbstbezichtigung vor Gericht erlangt. Erst kürzlich, bei dem erwähnten Zusammentreffen mit dem amerikanischen Ankläger Charmatz, hörte ich von einem Ausspruch Justice Jacksons zu Flächsner, sogleich nach meinem Kreuzverhör: »Tell your client that he is the only one who has won my respect.«[2]) Es waren wohl eher meine prinzipielle Offenheit und die Bereitschaft, auf unwürdige Ausflüchte zu verzichten. Und dann die Sympathie, die ich fast überall erwecke, wohin ich komme: mir fällt mein Lehrer Tessenow ein, der den jungen Studenten so ostentativ förderte, dann Hitler, dann die Richter und heute viele Guards. Aber man macht es sich viel zu leicht, wenn man darin nur den Vorzug sieht, den er sicherlich auch bedeutet. Vielleicht ist es so etwas

---

2 Dean Robert G. Storey, während des Prozesses der Stellvertreter des Hauptanklägers Justice Robert H. Jackson, äußerte am 2. August 1971 in einem Rundfunkinterview mit Merill Frazer: »Ich werde nie vergessen, daß Richter Parker sagte, daß der Angeklagte Albert Speer den größten Eindruck auf das Gericht gemacht habe, weil er die Wahrheit sagte und fair war. Und dann sagte Parker noch: ›Ich persönlich als Richter stellte mir vor, daß ein Maximum von zehn Jahren ein gerechtes Urteil gewesen wäre.‹ Wie ich in Erfahrung brachte, verlangten die Russen die Todesstrafe für alle Angeklagten.«

wie mein Lebensproblem... Irgendwann will ich es einmal zu formulieren versuchen.

28. Januar 1947

Seit einigen Tagen neue Wachen; geflüchtete Litauer. Ungern nahm ich von den amerikanischen Guards Abschied. Aber die Litauer dulden sogar, daß wir im anderen Gefängnisflügel die Zeugen für die neuen Prozesse besuchen: Generale, Industrielle, Botschafter, Staatssekretäre oder Parteifunktionäre. Ich traf viele alte Bekannte. Die Türen standen offen, überall waren lebhafte Gespräche im Gange. Wie ein Expeditionsmitglied, das große Gefahren überstanden hat, werde ich von den ehemaligen Mitarbeitern umringt. Wir tauschen Erlebnisse aus.

In der Ferne bemerke ich auch Otto Saur, meinen ehemaligen Amtschef im Rüstungsministerium, der mich am Ende durch dienernde Schönrednerei bei Hitler ausmanövriert hatte. Erheitert sehe ich, wie beflissen er dem Befehl des gutmütigen Sergeanten Berlinger nachkommt, einen Eimer Wasser heranzuschleppen; unter wiederholten Bücklingen beginnt er zu schrubben. Dabei ein Mann von großer Energie – der Typus, dem das Regime so viel verdankte: Willfährigkeit und Dynamik, eine schreckenerregende Verbindung.

Mir fällt dazu eine bezeichnende Episode ein. Sie ereignete sich im Mai 1943 im ostpreußischen Hauptquartier. Hitler wurde damals das naturgroße Holzmodell eines Panzers von hundertachtzig Tonnen Gewicht vorgeführt, den er selber gefordert hatte. Niemand von der Panzertruppe zeigte Interesse an der Produktion dieses Monstrums, das die Kapazität für den Bau von jeweils sechs bis sieben »Tiger«-Panzern kostete, außerdem unlösbare Nachschub- und Ersatzteilprobleme aufwarf, viel zu schwer, viel zu langsam (zwanzig Stundenkilometer) war und überdies erst vom Herbst 1944 an gebaut werden konnte. Wir, das heißt Professor Porsche, Guderian, Zeitzler, hatten daher vor Beginn der Besichtigung verabredet, unserer Skepsis zumindest durch äußerste Zurückhaltung Ausdruck zu geben.

Porsche erwiderte denn auch auf die Frage Hitlers, was er über das Fahrzeug denke, knapp und reserviert: »Natürlich, mein

Führer, können wir solche Panzer bauen.« Wir übrigen standen schweigend im Kreis. Als Otto Saur daraufhin die Enttäuschung Hitlers bemerkte, begann er eine enthusiastische Suada über die Chancen und die waffentechnische Bedeutung des Ungetüms. Binnen weniger Minuten entspann sich zwischen ihm und Hitler eine dieser euphorisch sich steigernden Wechselreden, wie ich sie zuweilen angesichts unserer architektonischen Zukunftsprojekte erlebt hatte. Unbestätigte Berichte vom Bau überschwerer russischer Panzer förderten den Überschwang noch weiter, und am Ende waren die beiden, von allen fachlichen Hemmungen frei, bei der überwältigenden Kampfkraft eines Panzers mit einem Gewicht von tausendfünfhundert Tonnen angelangt, der auf Eisenbahnzügen in Teilen transportiert und vor dem Einsatz zusammengebaut werden sollte.

Als ein hochdekorierter Oberst der Panzerwaffe, der auf unseren Wunsch von der Front herkommandiert worden war, schließlich einwarf, daß eine einzige Handgranate oder ein Brandsatz die Öldämpfe dieser Fahrzeuge zum Brennen bringen könnten, sofern sie nur nahe der Eintrittsöffnung für die Kühlluft zur Explosion gebracht würden, entgegnete Hitler, ärgerlich über die störende Bemerkung: »Dann werden wir eben diese Panzer mit automatisch von innen gelenkten Maschinengewehren nach allen Richtungen ausrüsten.« In belehrendem Ton fügte er, zu dem Panzeroberst gewandt, noch hinzu: »Schließlich kann ich in aller Bescheidenheit für mich in Anspruch nehmen, auf diesem Gebiet kein Dilettant zu sein, ich habe Deutschland aufgerüstet.« Natürlich wußte Hitler, daß der Fünfzehnhundert-Tonnen-Panzer ein Unding war, aber am Ende dankte er es Saur doch, daß er ihm von Zeit zu Zeit solche Drogen verabfolgte. In dem Testament, das er kurz vor seinem Tode verfaßte, hat er mich denn auch als Rüstungsminister abgelöst und Saur zu meinem Nachfolger ernannt.

Noch eine andere Begebenheit fiel mir ein, als ich Otto Saur so geschäftig den Anordnungen des Guards folgen sah. In den letzten Wochen des Krieges hatte er sich von Hitler die Genehmigung erteilen lassen, mit seinem Stab nach Blankenburg auszuweichen. Immer forsch und scharf gegen die Industrieführer, mangelte es ihm selber jedoch stets an Courage. Infolgedessen ließ ich in die für ihn bestimmte Post einen erfundenen Text legen: »Meldung vom britischen Rundfunk BBC. Saur, der bekannte Mitarbeiter Speers, ist, wie wir erfahren, unseren Bomben nach Blankenburg im Harz entflohen. Wir werden ihn auch dort zu treffen wissen.« Von Panik ergriffen, schlug er unverzüglich sein Quartier in einer nahegelegenen Höhle auf.

29. Januar 1947
Durch eine neuerliche Erkältung geschwächt, oft schwindlig. Die körperliche Kraft nimmt zusehends ab, die Konzentrationsfähigkeit folgt nach.

3. Februar 1947
Morgens schwindlig. Herzstörungen. Ich bleibe im Bett und kann nicht lesen, da die Zeilen verschwimmen. Der Doktor ist fürsorglich. Wie immer. Den ganzen Tag vor mich hingedämmert.

6. Februar 1947
Im Skianzug als Zeuge Milchs zur Vernehmung. Leerer Gerichtssaal. Nur drei Anwesende: Musmano als Richter, ein Mr. Demmey als Ankläger und der Verteidiger. Milch fehlt. Es ist seltsam, sich wieder in einem großen, mit richtigen Möbeln ausgestatteten Raum zu befinden. Sonderbarerweise stärkt er das Selbstbewußtsein. Während ich mechanisch dem prozeßrechtlichen Frage- und Antwortspiel zwischen Anklage und Verteidigung folge, überlege ich, wieviel an Lebenskraft das Bürgertum aus dem Dekor der Welt bezog. Die Sicherheit, die einem die Verläßlichkeit der Umgebung gibt. Der feste Stützpunkt und die gewissermaßen letzte Rückzugslinie vor der Außenwelt war das bürgerliche Haus. Etwas davon suchte auch Hitler unentwegt. Das Übermaß in Bauten bis hin zu seinem Wochenendhaus und selbst noch das monumentale Mobiliar spiegelten die Größe dieses Bedürfnisses wider. – Und welches Licht wirft das auf mich!
Drei Stunden Zeugenaussage am Vormittag überstehe ich frisch; nach dem Essen ist großer Energieaufwand notwendig. Die

Anklage verzichtet auf ein Kreuzverhör, der Verteidiger Milchs ist zufrieden. Denn ich erkläre, daß in der »Zentralen Planung« die Entscheidungen von mir und nicht von Milch getroffen wurden. Dadurch sei ich für die Aushebung der Arbeitskräfte im besetzten Europa, die Sauckel unterstand, stärker als Milch verantwortlich.

8. Februar 1947

Seit sechs Tagen mein erster Spaziergang. Die Schwäche scheint überwunden. War es etwa nur die Angst vor dem Auftritt als Zeuge?

Unter der Überschrift »Milch hat Industriegeheimnisse verraten« las ich abends in der Zeitung zwei Sätze über meine fünfstündige Aussage, die noch dazu unrichtig sind. Milch hat mir oft von dem Befehl Hitlers erzählt, dem Stabschef der Luftwaffe Frankreichs, General Vuillemin, im Spätsommer 1938 auf seiner offiziellen Deutschlandreise auch die geheimsten Flugzeugtypen zu zeigen, neueste Bordwaffen vorzuführen und ihn in unsere Trainingsmethoden einzuweihen. Selbst unsere ersten elektronischen Geräte zur Ortung von Flugzeugen wurden dem Gast nicht vorenthalten. Wahrscheinlich hatte Hitler durch die Demonstration unserer technischen Luftüberlegenheit die französische Regierung mit dem Blick auf die kommende Sudetenkrise gefügig machen wollen. Aber im Jahre 1944 schien Hitler die eigene Anordnung völlig vergessen zu haben. Er behauptete aufgebracht, daß Milch das Radargeheimnis an die Franzosen verraten habe.

Als Zeuge für Milch habe ich erklärt, daß diese Vorführungen der Kampfkraft der deutschen Luftwaffe geschadet hätten. Andererseits durfte Milch daraus den Schluß ziehen, daß Hitler keine kriegerischen Absichten für die nahe Zukunft hegte.

10. Februar 1947

Die litauischen Wärter halten sich weiter nur nachlässig an die strengen Bewachungsvorschriften. Sie lassen immer wieder zu, daß ich mit Eimer und Besen in den Zeugenflügel gehe. Dort habe ich heute nachmittag mit einigen Generalen gesprochen, von denen einer mir Grüße Guderians ausrichtete. Wie erzählt wird, sind Hunderte von hohen Militärs im sogenannten »Generalslager«, nicht weit von Nürnberg, zusammengefaßt. Ein großer Teil von ihnen arbeitet im Auftrag der Amerikaner an kriegsgeschichtlichen Problemen. Ich gewinne aus einigen solcher Gespräche den Eindruck, daß die Tendenz wächst, Hitler als einen teppichbeißenden, selbst bei geringen Anlässen unkontrolliert wütenden Diktator darzustellen. Das halte ich aber für falsch und gefährlich. Wenn in dem Bild Hitlers die menschlichen Züge fehlen, wenn man seine Überredungskraft, die gewinnenden Eigenschaften, ja sogar den österreichischen Charme außer acht läßt, den er entwickeln konnte, wird man der Erscheinung nicht gerecht. Gerade die Generale sind ja ein Jahrzehnt lang nicht einer wüterischen Kraft gewichen, sondern einer oft bezwingenden, mit Gründen argumentierenden Persönlichkeit gefolgt.

Einige bemühen sich auch, wie ich höre, den fehlgeschlagenen Blitzkrieg gegen Rußland als Folge der Führungsfehler Hitlers darzustellen. Der Hintergrund aller solcher Theorien ist, daß es eine materielle, technische und operative Überlegenheit Deutschlands gegeben habe, die allein Hitler verspielte. Auch das ist falsch. Ich räume allerdings ein, daß ich mich lange getäuscht habe, aber heute dürfte es eigentlich keinen Zweifel mehr darüber geben.

Im Nürnberger Zeugenflügel befinden sich, wie ich höre, auch die Sekretärinnen Hitlers. Doch habe ich noch keine von ihnen sprechen können.

14. Februar 1947

Chaplain Eggers gab mir vor einigen Tagen auf meinen Wunsch die gedruckte Urteilsbegründung des Nürnberger Prozesses. Ein Buch! Heute habe ich es zu Ende gelesen.

16. Februar 1947

Wir wissen nicht, was Heß ausbrütet. Bei jeder Gelegenheit fragt er uns nach Versäumnissen, bei Funk erkundete er neulich die Stärken und Schwächen jedes einzelnen: »Alle seine Bemerkungen deuten darauf hin«, meinte Funk, »daß er eine neue Regierung zusammenstellt. Was für ein Aberwitz! Man stelle sich vor, daß eine Regierungsliste unter seinem Strohsack gefunden wird!«[3])

18. Februar 1947

Da sich nichts ereignet, interessiere ich mich weiter für meine Träume, die merkwürdig intensiv am nächsten Morgen gegenwärtig bleiben. Früher konnte ich mich an Traumbilder der Nacht kaum erinnern:
Ich gehe zu einer offiziellen Einladung. Im Vorraum bittet mich ein Bekannter, ihn hineinzuschleusen, da er seine Eintrittskarte vergessen habe. Ich gebe ihm ein Tablett mit Tellern, und als Kellner verkleidet begleite ich ihn durch eine Tür ins Freie, wo übergroße weißgedeckte Tische aufgebaut sind. Am Ehrenplatz hat der Gastgeber mit bevorzugten Gästen bereits Platz genommen. Unglücklicherweise stolpert mein Bekannter über einen Draht und schlägt mit dem Geschirr lang vor dem Gastgeber hin. Ich selber erhalte einen Platz am Nebentisch zugewiesen, an dem die Abstände zwischen den Gästen abnorm groß sind. Jeder ist sonderbar vom Nachbarn isoliert. Schweigend nehmen wir die Mahlzeit ein.

19. Februar 1947

Unter den Offizieren traf ich einen Oberst, mit dem ich 1943 im Pariser Hotel »Majestic« die Einrichtung von Schutzbetrieben gegen den erbitterten Widerstand Sauckels verabredete. Das brachte mir während des Prozesses eine entlastende Erwähnung

---

3 Einige Monate später wurde in der Nürnberger Zelle eine Rundfunk- und Presseerklärung von Heß zur Bildung einer neuen Regierung gefunden, die er veröffentlichen wollte, nachdem er »mit Zustimmung der westlichen Besatzungsmächte die Führung der deutschen Regierung auf dem Gebiet der westlichen Besatzungszonen übernommen hatte«. Punkt zwei dieser Erklärung lautete: »Rudolf Heß gibt Albert Speer den Befehl, dem deutschen Volk zu helfen, alle Lebensmittel und die zu ihrer Verarbeitung nötigen Ausrüstungen sowie alle Transportmittel zu mobilisieren. Dies kann nur in Zusammenarbeit mit den alliierten Streitkräften erfolgen.« Vgl. Eugene K. Bird: Heß, München 1974, Seite 76.

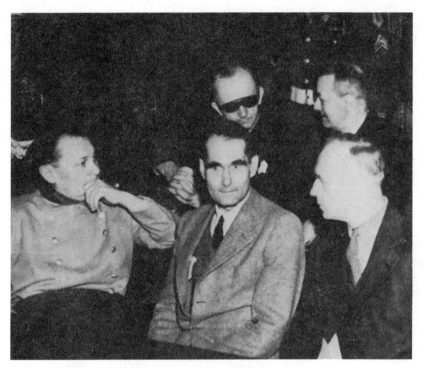

Als ich meine plötzliche Versetzung an die drittletzte Stelle der Angeklagtenliste las, führte ich das auf eine Intervention von hoher amerikanischer Seite zurück. Im Zeugenstand vermied ich alles, was belastend wirken konnte, ausgenommen mein Geständnis, daß Millionen Deportierter gegen ihren Willen nach Deutschland gekommen seien und daß ich mich für die begangenen Verbrechen generell verantwortlich fühlte. Aber das waren entscheidende Zugeständnisse. Sie trugen mir auch zahlreiche Vorwürfe von Seiten der Mitangeklagten ein; besonders Göring tat sich mit der Behauptung hervor, ich hätte versucht, mir durch die Selbstbelastung die Sympathie des Gerichts zu erwerben – bezeichnenderweise hätte ich aber außer acht gelassen, daß sie alle, einer wie der andere, dafür würden zahlen müssen. Ich weiß es nicht. Immerhin vermute ich, daß diese Juristen nicht so leicht hinters Licht zu führen waren – weder durch mein Geständnis, noch durch das Leugnen der anderen.

Mein Anwalt, Dr. Hans Flächsner, ein Berliner von kleiner Gestalt, aber bedeutender Beredsamkeit, entwickelte mir seine Idee einer Verteidigung: »Mit Ihrer Absicht, sich für alles Geschehen dieser Jahre verantwortlich zu erklären, nehmen Sie sich wichtiger als Sie sind und lenken außerdem ein ungebührliches Maß an Aufmerksamkeit auf sich. Das kann Ihr Todesurteil bedeuten. Warum wollen Sie selber sagen, daß Sie verloren sind? Überlassen Sie das doch dem Gericht!«

Getrennt durch ein engmaschiges Drahtgitter und ständig von einem amerikanischen Soldaten bewacht, fanden im Nürnberger Gerichtsgebäude die Besprechungen mit Anwalt Flächsner statt. Im Holzrahmen befand sich unten links ein Schlitz, durch den der Anwalt über den G. I. mit seinem Klienten Dokumente und Schriftsätze austauschen durfte.

Eine solche Zelle kannte ich bisher nur aus amerikanischen Filmen. Nun habe ich mich fast daran gewöhnt. Ich sehe kaum noch den Schmutz auf den Wänden. Vor Jahren müssen sie einmal grün gewesen sein. Damals gab es auch elektrisches Licht an der Decke sowie einige Einrichtungsgegenstände, von denen jetzt nur noch die ausgegipsten Löcher dort zu sehen sind, wo die Holzdübel saßen. Eine Pritsche mit einer strohgefüllten Matratze steht an der Längswand. Als Kopfkissen benutze ich einige Kleidungsstücke, für die Nacht habe ich vier amerikanische Wolldecken, aber keine Bettwäsche. Die Wand ist längs

der Pritsche von vielen Vorgängern schmutzig-glänzend geworden. Eine Waschschüssel und ein Pappkarton mit einigen Briefen stehen auf einem wackeligen kleinen Tisch. Ich habe nichts aufzubewahren. Unter dem kleinen Fenster laufen zwei Heizrohre entlang; dort trockne ich die Handtücher. Der penetrante Geruch eines amerikanischen Desinfektionsmittels verfolgt mich durch alle Lager, die ich bisher passieren mußte. In der Toilette, in der Wäsche, im Wasser, mit dem ich jeden Morgen den Fußboden aufwische, überall riecht es süßlich, scharf und medizinisch.

Ich habe mir einen der großen Birnbäume genau eingeprägt. Spielerisch lasse ich dem Bleistift seinen Lauf. Der Baum ist gelungen, immer wieder sehe ich die Zeichnung so begeistert an wie früher die Neuerwerbung eines Romantikers.

Manchmal kopierte ich aus Büchern, um mich im Zeichnen von Figuren oder Köpfen zu üben.

Oft zeichnete ich in meiner Nürnberger Zelle romantische Burgen, um sie meinen Kindern zu senden.

Seit dem Urteilsspruch sind unsere Zellen wieder verschlossen, wir haben keine Möglichkeit mehr, miteinander zu sprechen oder uns im Gefängnishof zu erholen. Die Einsamkeit wird unerträglich. Der Kontakt zur Außenwelt bleibt auf einige Zeilen in Blockschrift auf vorgedruckten Formularen beschränkt.

Als Architekt gewohnt, den Kubikmeterinhalt des umbauten Raumes auszurechnen, habe ich vorhin überschlagen, daß das von uns sieben in Spandau bewohnte Gebäude etwa achtunddreißigtausend Kubikmeter hat. Mein Anteil von einem Siebentel entspräche einem kleinen Palais von über einer Million Bauwert. Noch nie in meinem Leben habe ich so aufwendig gewohnt.

Unser Leben in Spandau hat sich eingespielt. Es gab Improvisationen, weil sich der für uns eingerichtete Arbeitsapparat zunächst selbst einrichten mußte. Jeden Monat wechseln die Besatzungstruppen, die sich auf Türmen um das Gefängnis und am Tor postieren. Es beginnt mit den Russen, dann kommen die Amerikaner, für uns wechselt dabei

nur das Essen. Der Direktor der wachhabenden Nation übernimmt jeweils den Vorsitz in den Konferenzen der Vier. Aber nichts ändert sich, da der sowjetische Direktor, auch außerhalb seines Vorsitzes, jederzeit ›njet‹ sagen oder persönlich eingreifen kann.

Die Soldaten werden mit skandierendem »Ho, Ho, Ho!« in Tritt gehalten. Jede Wegbiegung wird durch Kommando umständlich befohlen, als ob acht erwachsene Menschen, nur weil sie Uniform tragen, plötzlich nicht mehr bemerken, daß der Weg nach rechts oder nach links geht. Merkwürdige Soldatenwelt! Bei den Briten übrigens der gleiche, eigentlich als preußisch verschriene Drill. Die Franzosen dagegen kommen in lockeren Gruppen, wie bei einem Familienausflug. Die Russen erscheinen in guter Ordnung, aber völlig geräuschlos. Ein Wort des Sergeanten, die Ablösung geht vor sich, der Abgelöste macht einen Witz, Sergeant und Soldaten lachen leise. Überrascht registriere ich, daß die russischen Wärter ihren Vorgesetzten, den außerordentlich strengen Direktor im Majorsrang, wie einen Gleichgestellten mit Händedruck begrüßen. Ähnlich ungezwungen verhalten sich die Franzosen gegenüber ihren Vorgesetzten. Die angelsächsischen Wärter dagegen geben ihrem Direktor kurze Antworten, immer wieder hört man das knappe »Yes, Sir!«

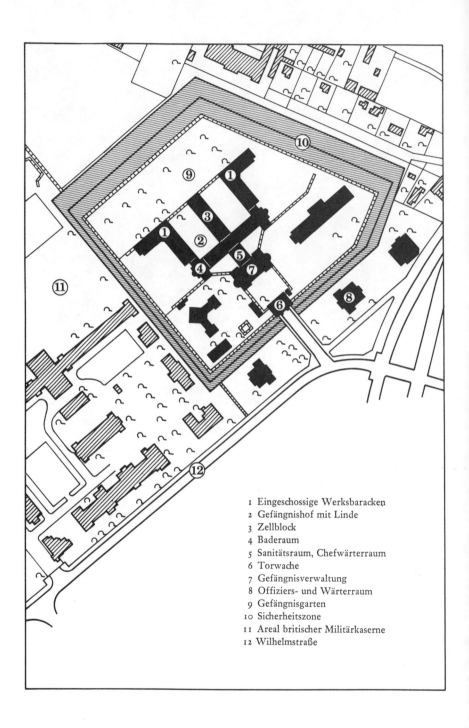

1 Eingeschossige Werksbaracken
2 Gefängnishof mit Linde
3 Zellblock
4 Baderaum
5 Sanitätsraum, Chefwärterraum
6 Torwache
7 Gefängnisverwaltung
8 Offiziers- und Wärterraum
9 Gefängnisgarten
10 Sicherheitszone
11 Areal britischer Militärkaserne
12 Wilhelmstraße

Die Halle ist fünfundsiebzig Meter lang und ist bei einer Breite von fünf Metern eigentlich ein Zellenflur. Vor unserem Einzug wurde eine Zwischendecke aus verputzten Heraklitplatten montiert, die den in Gefängnissen üblichen vielgeschossigen Schacht mit seinen eisernen Umgängen verdeckt.

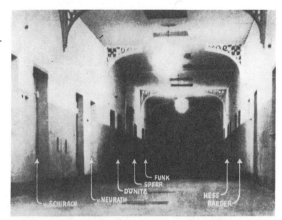

Täglich um sechs Uhr wird an der Tür geklopft. Ich muß dann sofort hoch, denn einige Minuten später wird unter ewigem Schlüsselgeklapper die Tür geöffnet.

Durch Druck auf den in jeder Zelle angebrachten Knopf läßt man die rote Scheibe in der Halle herausklappen. Auf diese Weise rufen wir die Wärter herbei.

in einem Dokument der französischen Anklage ein, dessen Bezeichnung »RF 22« ich bis heute nicht vergessen habe. Mein Anwalt hatte es daraufhin nicht mehr nötig, Beweismittel in diesem Punkt vorzutragen.

Sauckel hatte sich zu exkulpieren versucht, indem er mich als den Initiator der Sklavenarbeit hinstellte. In Wirklichkeit hatte ich es niemals nötig, ihn anzuspornen, denn er war von seiner Aufgabe wie besessen. Außerdem gab es ja neben mir zahlreiche andere Bewerber von Fremdarbeitern: von den etwa sechs Millionen, die im Herbst 1944 in Deutschland beschäftigt waren, arbeiteten nur zwei Millionen für die Rüstung. Die Mehrzahl verteilte sich auf den Bergbau, die Chemie, die merkwürdigerweise bis zum Ende des Krieges unmittelbar Göring unterstand, auf die Landwirtschaft oder auch auf Reichsbahn sowie Reichspost.

20. Februar 1947

Nochmals als Zeuge für Milch. Die Anklage hat ergänzende Fragen. Danach eine interessante Diskussion mit Richter Musmano über den Wert internationaler Prozesse. Es wäre, wie ich sagte, für das Verantwortungsbewußtsein des leitenden politischen Personals hilfreich gewesen, wenn nach dem Ersten Weltkrieg die geplanten Prozesse gegen die Verantwortlichen für die Verschickung von Zwangsarbeitern aus den besetzten Westgebieten nach Deutschland stattgefunden hätten; vielleicht ohne die Urteile zu vollziehen, um die Zweifelhaftigkeit dieser ersten Urteilssprüche eines Siegers über den Besiegten deutlich zu machen. Auch mir hätte dann das Unrechtsbewußtsein sicherlich nicht gefehlt.

Abends den Entwurf für das kalifornische Haus des sympathischen jungen Leutnants fertiggestellt. Es macht Spaß, mit ihm die Probleme des Hausbaues zu diskutieren.

22. Februar 1947.

Produktive Zeit! Um mich auf andere Gedanken zu bringen, ein Sommerhaus in Maine entworfen. Eine übergroße Flagge soll das amerikanische Nationalbewußtsein darstellen, das mir bei Soldaten und Offizieren oft in erstaunlicher Form, nicht selten auch in Auswüchsen, entgegentritt.

24. Februar 1947
Die *Baumeister*-Hefte, die ich vorgestern von zu Hause erhielt, zum wiederholten Male durchgelesen. Details studiert. Ich bekam Lust zu zeichnen und verfertigte eine Skizze zu einem Ruinenfeld mit Eichen. Nachmittags die Amerikafibel von Margret Boveri mit großem Interesse gelesen. Die Entwicklung in den Vereinigten Staaten ist imponierend. Ein riesiges Experiment unter groß gedachten Vorzeichen.
Später kommt es zu einer Auseinandersetzung mit einem der litauischen Guards über mein Recht, aus der Zelle in die Halle zu sehen. Er schlägt. Verzicht auf eine Meldung, weil, wie ich ihm sage, er sein Vaterland verloren habe. Der Litauer zieht ab. Im Falle einer Meldung hätte er seine Stellung verloren.
Draußen erstes Vogelgezwitscher. Warmer Tag. Sonnenbad des Gesichts.

13. März 1947
Vormittags beim freundlichen, klugen Amerikaner Charmatz. Ich lege, wie ich ihm sagte, Wert darauf, bei den Industrieprozessen nicht als Zeuge der Anklage gerufen zu werden. Als ehemaliger Reichsminister sei es meine Pflicht, meinen Mitarbeitern und nicht den Anklägern zu helfen. Mein Gegenüber antwortet ungewöhnlich offiziell: »Wenn Sie von der Anklage als Zeuge gerufen werden und dies vom Gericht genehmigt wird, ist bei einer Weigerung die Verurteilung wegen Mißachtung des Gerichts (›comtempt of court‹) fällig.« Ebenso steif entgegnete ich, daß ich selbst dann auf meinem Standpunkt beharrte.
Schillers *Don Carlos* zu Ende gelesen; Gedanken über die korrumpierende Wirkung von Macht.

14. März 1947
Dr. Charmatz teilte mir mit, daß die Anklage darauf verzichte, mich als Zeugen zu nennen. Eine Zeitung meldet, daß sich die Verlegung nach Spandau aufgrund von Meinungsverschiedenheiten unter den Alliierten erneut verzögere.

18. März 1947
Erstes Grün auf dem Rasen des Gefängnishofes. Seit einigen Tagen dürfen wir beim Spazierengehen miteinander sprechen.

Meist gehe ich mit Dönitz oder Funk zusammen. Unsere Unterhaltungen kreisen um Gefängnisprobleme.

Heute morgen, während wir über die stumpfen Rasierklingen schimpften, sagte Dönitz unvermittelt und aggressiv zu mir, daß das Nürnberger Urteil schon deshalb aller Gerechtigkeit Hohn spreche, weil die richtenden Nationen auch nicht anders gehandelt hätten. Plötzlich sah ich, daß es keinen Sinn hat, ihm beispielsweise die Filmaufnahmen in Erinnerung zu rufen, um ihm die moralische Legitimation des Urteils zu beweisen; folglich argumentierte ich unpolitisch und hielt ihm entgegen, daß unsere Verurteilung vielleicht zur schnelleren Entlassung der deutschen Kriegsgefangenen führe, denn es sei schlecht möglich, uns wegen der Verletzung der Genfer Konvention zu verurteilen und im gleichen Augenblick Millionen von Kriegsgefangenen im Bergbau, in militärischen Depots oder in der Landwirtschaft noch Jahre nach dem Kriege zwangszubeschäftigen. Wie recht ich hätte, zeige die gewundene Erklärung, die der Staatssekretär im britischen Kriegsministerium, Lord Pakenham, kürzlich im Oberhaus abgab, als er versicherte, die Regierung müsse einen Mittelweg zwischen den Vorschriften der Genfer Konvention und den Erfordernissen der britischen Wirtschaft finden. Eine beschleunigte Heimführung der Kriegsgefangenen würde die Einbringung der diesjährigen Ernte gefährden. Dönitz entgegnete, das sei wörtlich Sauckels Argument gewesen. Es bleibt dabei: er sieht die Größenordnungen des Schreckens nicht.

Zurück in der Zelle. Dönitz hat, was ich vor mir nicht bestreite, mit seiner Ablehnung des Nürnberger Urteils teilweise recht. Ein treffendes Beispiel für die Fragwürdigkeit des Prozesses ist der Versuch der sowjetischen Anklagevertreter, in die Anklage gegen Göring eine eingehende Behandlung der Bombardierung gegnerischer Städte einzubeziehen. Das taten sie natürlich nur, weil die Sowjetunion aus rüstungstechnischen Gründen keinen Bombenkrieg hatte führen können. Die amerikanischen und englischen Vertreter übergingen dieses Ersuchen hartnäckig, und noch im Todesurteil gegen Göring findet sich kein Wort über die

Zerstörung Warschaus, Rotterdams, Londons oder Coventrys. Die Ruinen um das Gerichtsgebäude herum demonstrieren zu deutlich, wie grausam und erfolgreich die westlichen Alliierten ihrerseits den Krieg auf die Nicht-Kombattanten ausgedehnt hatten.

Dabei ist zu bedenken: Nicht der Vernichtungswille der Alliierten war größer als der deutsche, sondern die Vernichtungskapazität. Ich denke an einen Tag im Spätherbst 1940, als ich im Wintergarten der Reichskanzlei mit Hitler Pläne für die Berliner Prachtallee durchsprach. Nach dem Sieg über Frankreich hatten diese Projekte wieder verstärkt seine Phantasie erregt. In seiner oft gänzlich leidenschaftslosen Art sagte er: »Wir bauen Berlin nach dem Kriege als weltbeherrschende Hauptstadt aus. London wird ein Trümmerhaufen sein, und zwar in drei Monaten! Mit der englischen Zivilbevölkerung habe ich nicht das geringste Mitleid!«

Vier Jahre später, im Sommer 1944, saßen Keitel, der Generalstabschef des Heeres Zeitzler, der Rüstungsindustrielle Röchling, Porsche und ich mit Hitler zusammen, um die Notlage nach dem Ausfall der deutschen Treibstoffwerke zu besprechen: »Bald können wir die Angriffe auf London mit der V 1 und der V 2 beginnen«, äußerte Hitler auftrumpfend, »eine V 3 und V 4 werden folgen, bis London ein einziger Trümmerhaufen ist. Den Engländern werden die Augen übergehen. Die sollen sehen, was Vergeltung heißt! Terror wird durch Terror gebrochen. Diesen Grundsatz habe ich in den Straßenkämpfen der SA mit Rotfront gelernt.« Jedermann schwieg. Gewiß: Der Haß und die Entschlossenheit, den Gegner mit allen Mitteln zu vernichten, war hier wie dort gleich groß. Das eben macht einen Prozeß von Siegern über Besiegte so problematisch. Aber ich hüte mich, das Dönitz zuzugeben.

19. März 1947

Zweiundvierzigster Geburtstag. Auf dem Boden sitzend, nehme ich in der Zelle ein Sonnenbad. Das kleine Fenster zwingt mich, jede halbe Stunde mitzuwandern. Das Frühjahr macht das Zellendasein schwerer.

Abends ein merkwürdig interessantes Buch von Frederic Prokosch: *Sieben auf der Flucht*. Es schildert unter anderem das Zellendasein einer Gruppe von Sträflingen. Dabei wird mir zum erstenmal bewußt, daß es auch einen Hochmut der Erniedrigten gibt: wie banal und leer kommt mir das Dasein der Menschen vor, die an meiner Zelle in Freiheit vorbeigehen und neugierig hereinsehen.

24. März 1947
Jetzt bin ich bei täglich zwölf Stunden Schlaf angelangt. Wenn ich das durchhalte, verkürze ich – gegenüber meiner normalen Schlafzeit von sechs Stunden – meine Haftzeit um ganze fünf Jahre.

25. März 1947
Dönitz hat Nachrichten von seinem Schwiegersohn Hässler, der während des Krieges in seinem Stab gearbeitet hat. Nun wird er von den Engländern angestellt, um über Details des U-Boot-Krieges Auskunft zu geben. Die Entlohnung erfolgt in britischen Pfund. Dönitz empfindet das als gute Nachricht. Verblüffenderweise kann er dabei einen Anflug familiären Stolzes nicht unterdrücken.

26. März 1947
Mitte August 1942 waren einige Industrielle mit mir nach Winniza, dem Hauptquartier Hitlers in der Ukraine, gefahren. Es war die Zeit des stürmischen deutschen Vormarschs auf Baku und Astrachan. Das ganze Hauptquartier war blendender Laune. Nach einer dieser Besprechungen saß Hitler im Schatten der Bäume, die seinen Holzbungalow umgaben, an einem einfachen Holztisch auf einer Bank. Es war ein friedlicher Abend, wir waren allein. Hitler begann mit seiner tiefen, durch vieles Reden rauhen Stimme: »Seit langem habe ich alles vorbereiten lassen: als nächsten Schritt werden wir südlich des Kaukasus vorstoßen und dann den Aufständischen im Iran und Irak gegen die Engländer helfen. Ein anderer Stoß wird am Kaspischen Meer entlang gegen Afghanistan und gegen Indien geführt. Dann geht den Engländern das Öl aus. In zwei Jahren sind wir an der Grenze Indiens. Zwanzig bis dreißig deutsche Elite-Divisionen genügen.

Dann bricht auch das britische Weltreich zusammen. Singapur haben sie bereits an die Japaner verloren. Ohnmächtig müssen die Engländer zusehen, wie ihr Kolonialreich zusammenbricht.« Das klang nicht überheblich. Tatsächlich schien es für Hitler in Europa keinen Widerstand mehr zu geben. Lakonisch fuhr er fort: »Napoleon wollte über Ägypten und Rußland die Welt erobern. Er wäre zum Ziel gekommen, wenn er nicht große Fehler gemacht hätte. Die werde ich vermeiden. Verlassen Sie sich darauf!«
Die Vorstellung von Macht und Größe des britischen Empire brachte ihn auf seine eigenen Weltreichpläne. Er wolle alle germanischen Völker in sein Reich eingliedern: Holländer, Norweger, Schweden, Dänen und Flamen. Aber er wollte sie, im Gegensatz zu Himmler, nicht eindeutschen, ihre Individualität nicht antasten. So sollten in hundert Jahren die germanischen Völker zur Vielfalt und Dynamik des von ihm begründeten Weltreichs beitragen, die deutsche Sprache aber würde das allgemeine Verständigungsmittel sein, wie das Englische im Commonwealth.
Als Hitler im Jahre 1938 die Maße für ein neues Reichstagsgebäude festlegte, verdoppelte er bei gleichbleibender Stimmenzahl für einen Abgeordneten die Anzahl der Sitze. Das entsprach der Vertretung von einhundertvierzig Millionen Menschen. Wahrscheinlich hätten ihn im Jahre 1942 seine Erfolge und die Zukunftsprognosen zu noch größeren Zahlen ermutigt. »Die weiten Landstrecken Rußlands verführen geradezu dazu, aufgefüllt zu werden. Da mache ich mir keine Sorge. Die deutschen Familien, die dort in unseren neuen Städten und Dörfern leben, erhalten Großwohnungen mit vielen Zimmern, und darin wird es bald von Kindern wimmeln«, sagte Hitler auf der Bank in Winniza, während wir durch die Bäume auf eine weite Ebene sahen. Er berief sich auf die Historikermeinung, daß schon die Ostgoten hier vor sechzehnhundert Jahren Station gemacht hatten, als sie für zweihundert Jahre in der Südukraine seßhaft waren. Über uns bis weit in die Ferne segelten phantastisch schöne Wolkenschiffe, es herrschte völlige Stille, entfernt hörten

wir gelegentlich ein Auto. Durch zehnjährigen, fast privaten Umgang waren wir so vertraut miteinander geworden, daß ich mich fast zwingen mußte, mir klarzumachen, rund fünfzehnhundert Kilometer von Deutschland entfernt mit dem Beherrscher Europas zusammenzusitzen und im Gesprächston von den Panzerspitzen zu reden, die sich weitere zwölfhundert Kilometer im Osten soeben anschickten, in Asien einzubrechen. »Wenn wir im nächsten Jahr«, so versicherte Hitler und wiederholte es am folgenden Tag vor den versammelten Industriellen, »nur die gleiche Entfernung bewältigen, werden wir Ende 1943 unsere Zelte in Teheran, in Bagdad und am Persischen Golf aufschlagen. Die Ölquellen wären damit für die Engländer endgültig versiegt.«

»Im Gegensatz zu den Engländern werden wir aber nicht nur ausbeuten, sondern besiedeln. Wir sind kein Krämervolk, sondern ein Bauernvolk. Erstmals werden wir systematische Bevölkerungspolitik betreiben. Das Beispiel Indiens und Chinas zeigt, wie schnell Völker wachsen.« Dann entwickelte er mir ein Prämiensystem, das gewährleisten sollte, daß in jeder Familie die Kinder eine Art zusätzliche Einnahmequelle würden. 1932 hätte Deutschland praktisch keinen Geburtenzuwachs gehabt, schon 1935 aber sei die Situation völlig verändert gewesen. Neulich hätte er sich ausrechnen lassen, daß, verglichen mit der Zuwachsrate 1932, die nationalsozialistische Bevölkerungspolitik dem Lande fast drei Millionen mehr Menschen verschafft habe[4]). Da spielten die paar hunderttausend Gefallenen dieses Krieges

---

4 Während im Deutschen Reich (altes Reichsgebiet, einschließlich Saarland) im Jahr 1932 993 126 Lebendgeborene gezählt wurden, wurden im gleichen Gebiet (also ohne Österreich) im Jahr 1933 zwar noch 21 000 Menschen weniger geboren, aber 1934 kamen 205 000, 1935: 270 000, 1936: 285 000, 1937: 285 000, 1938: 455 000, 1939: 420 000, 1940: 409 000, 1941: 315 000, zusammen also 2 674 000 mehr Menschen zur Welt, bezogen auf die Geburtsziffern des Jahres 1932. Vgl. Handwörterbuch der Sozialwissenschaften, hrsg. von Beckerath, Beute, Brinkmann u. a., Stuttgart–Tübingen–Göttingen, 1956 ff.

überhaupt keine Rolle. Das machten zwei, drei Friedensjahre wieder wett. Der neue Osten könne hundert Millionen Deutsche aufnehmen, ja, er verlange geradezu danach.

Hitler trug dies alles mit fast mathematischer Kühle vor; er sprach fast monoton. Aber ich hatte das überdeutliche Gefühl, daß er hier und jetzt bei seinem Eigentlichen angekommen war – dies und die Bauten, so schien es mir damals, waren seine wirkliche Obsession. Gemeinsam war beiden das Denken in riesigen Dimensionen, seine Megalomanie galt den Zeiten wie den Räumen.

»Rechnen wir doch einmal aus, Speer, Deutschland hat achtzig Millionen Einwohner, dazu kommen bereits jetzt zehn Millionen Holländer, die eigentlich Deutsche sind, und dazu, schreiben Sie mal auf, auch Luxemburg mit seinen dreihunderttausend Einwohnern, die Schweiz mit vier Millionen. Und dann die Dänen – nochmal vier Millionen; die Flamen – fünf Millionen. Dann zwei Millionen Elsaß-Lothringer, auch wenn ich von denen nichts halte.« Jetzt erst wurde seine Stimme erregt, hektisch, und in immer kürzeren Abständen fragte er, ob ich mitgeschrieben, gezählt, zusammengerechnet hätte. Wenn das Ergebnis seiner Erwartung noch nicht entsprach, holte er die Deutschen in Siebenbürgen oder Mähren dazu, dann die in Ungarn, in Jugoslawien, in Kroatien. »Alle werden sie zurückgeführt. Wie schon die Baltendeutschen und dann die dreihunderttausend Südtiroler.« Hitler addierte weiter: Es gäbe dann die Norweger und die Schweden mit zusammen elf Millionen, außerdem sähe er hier überall diese blondköpfigen, blauäugigen Ukrainerkinder. Himmler habe ihm bestätigt, daß die von den Goten herstammten. Gauleiter Forster und Gauleiter Greiser hätten ihm erzählt, daß gut zehn Prozent der polnischen Bevölkerung eigentlich germanisches Blut besäßen. Das gleiche höre er immer wieder vom Reichskommissar für Rußland-Nord und Rußland-Mitte. Er wisse noch nicht, wie viele Menschen aus der Ostbevölkerung am Ende eingedeutscht würden: »Aber schreiben Sie mal zehn Millionen. Wieviel haben Sie jetzt?« Ich war inzwischen bei nahezu einhundertsiebenundzwanzig Millionen angelangt. Hitler war noch immer nicht befriedigt und beruhigte sich selber, indem er erneut auf die künftigen Geburtenüberschüsse verwies.

Während ich hier versuche, mir die Szene, die für viele andere steht, in allen Einzelheiten in die Erinnerung zurückzuholen, und zahlreiche Details wie beispielsweise das neue, weißliche Holz des Tisches tatsächlich vor mir sehe, kann ich nicht herausfinden, welchen Eindruck dieser Zahlenrausch, in den Hitler sich geredet hatte, damals auf mich gemacht hat. War ich überwältigt oder sah ich das schlechterdings Wahnsinnige dieser Pläne, das ich nun, nur wenige Jahre später, als allererstes empfinde? Ich kann es nicht mehr ausmachen. Sicher ist nur, daß mir das orgiastische Gefühl, das Hitler vor diesen Visionen überkam, ganz fremd war. Aber unsicher bin ich, ob es moralische Bedenklichkeit war, die mich so zurückhielt, oder die Skepsis des Technokraten, für den sich alles auf ein Organisationsproblem reduziert; ob ich in solchen Stunden das Gefühl hatte, die Geburt eines Imperiums zu erleben, oder ob ich wenigstens eine Spur von Grausen empfand angesichts der Willkür, mit der hier Menschen millionenfach auf einem Erdteil herumgeschoben wurden? Liegt nicht in meinem Unvermögen, mich daran zu erinnern, schon die ganze Antwort?

27. März 1947
Von Zelle elf nach Zelle fünf umgezogen. Eine Linde gezeichnet.

29. März 1947
In modernen Kriegen sind es oft die letzten zehn Prozent, die zum Siege fehlen. So fochten im Kaukasus auf beiden Seiten geringe Panzereinheiten, Reste von Panzerdivisionen, gegeneinander. Wäre es Hitler im Herbst 1942 gelungen, mit besserer Bewaffnung und größeren Truppenzahlen eine Stellung vom Kaspischen Meer über die Wolga bis Stalingrad aufzubauen, die im Süden durch das unübersteigbare Massiv des Kaukasus gesichert gewesen wäre, dann hätte er sein strategisches Konzept der schrittweisen Beherrschung der Welt einen großen Schritt vorwärts gebracht.

Was mich verwirrt: Obwohl ich den fatalen, verbrecherischen

Charakter des Regimes inzwischen eingesehen, mich auch dazu bekannt habe, werde ich in dieser armseligen Zelle immer wieder von Gedanken heimgesucht, in denen ich mir ausmale, wie ich in Hitlers Weltregierung einer der angesehensten Männer gewesen wäre. Aber es ist nicht nur eine verwirrende Vorstellung, die mir vielleicht in diesem Gefängnis das Frühjahr nach einem schweren Winter eingibt. Wenn ich mir vergegenwärtige, daß unter meiner Leitung als Rüstungsminister bürokratische Fesseln, die die Produktion von 1942 behinderten, entfernt wurden und daraufhin in nur zwei Jahren die Zahl der gepanzerten Fahrzeuge fast auf das Dreifache, der Geschütze (über $7^{1}/_{2}$-cm-Kaliber) auf das Vierfache stieg, wir die Zahl der Flugzeuge mehr als verdoppelten und so weiter, und so weiter – dann wird mir schwindlig. Unschwer hätte Hitler Mitte 1941 eine doppelt so stark ausgerüstete Armee haben können. Denn die Produktion jener Grundindustrien, die das Rüstungsvolumen bestimmen, war im Jahre 1944 kaum höher als 1941. Was hätte uns gehindert, die späteren Produktionszahlen schon im Frühjahr 1942 zu erreichen? Selbst die Rekrutierung von rund drei Millionen aus jüngeren Jahrgängen wäre schon vor 1942 ohne Produktionseinbuße möglich gewesen. Sogar der Einsatz von Zwangsarbeitern aus den besetzten Gebieten hätte vermieden werden können, sofern nur die gleichen Maßstäbe angesetzt worden wären, wie sie für die Frauenarbeit in England und in den Vereinigten Staaten gültig waren. Rund fünf Millionen Frauen hätten dann für die Rüstungswirtschaft bereitgestanden; und Hitler hätte mit drei Millionen Soldaten zusätzlich zahlreiche Divisionen aufstellen können, die infolge der Mehrproduktion hervorragend bewaffnet gewesen wären.
Feldmarschall Milch war sich mit Generaloberst Fromm, dem Chef des Ersatzheeres, und mir darin einig, daß eine militärische Katastrophe, wie sie die Engländer in Dünkirchen 1940 erlebten, zu Beginn des Krieges auch unsere Energie erhöht und ungenutzte Reserven mobilisiert hätte. Nicht zuletzt aus diesem Grunde erinnerte ich Hitler in meinem Brief vom 29. März 1945 daran, daß der Krieg gewissermaßen durch die Siege des Jahres

1940 verloren wurde. Damals habe die Führung die innere Haltung eingebüßt.

Es ist sonderbar: hier sitze ich in meiner Zelle, bejahe den Prozeß und das Urteil, die mich hierhergeführt haben, und kann doch dem intellektuellen Reiz nicht widerstehen, all den verspielten Chancen, dem durch Unfähigkeit, Arroganz und Egoismus entglittenen Sieg nachzudenken.

Nur durch Unfähigkeit verloren? Auch das dürfte nicht wahr sein. Letzten Endes werden moderne Kriege durch die größere technische Kapazität entschieden, und die lag nicht bei uns.

30. März 1947

Im Traum malte ich ein Ölbild. Graue, von Licht durchbrochene Wolken, eine weite, baumlose Gebirgslandschaft, etwa wie die spanische Hochebene, in starken, rötlich-braunen Farben. Der Vordergrund ist grau und dunstig. Einem Unbekannten will ich ein anderes meiner Ölbilder zeigen und entdecke, daß es mit diesem zusammenklebt.

Nachmittag. Die Aufzeichnungen der zurückliegenden Tage durchgelesen. Heute schicke ich ein großes Manuskript-Paket über den Pastor nach Hause. Nach wie vor ist es stillschweigend gestattet, Erinnerungen niederzulegen. Auch Frank, Rosenberg, Ribbentrop hinterließen, wie ich hörte, Memoiren.

Gestern las ich, was Goethe 1799 über Schillers *Wallenstein* schrieb. Es handele sich bei »Wallenstein um eine phantastische Existenz, welche durch ein außerordentliches Individuum und unter Vergünstigung eines außerordentlichen Zeitmoments unnatürlich und augenblicklich gegründet war, aber durch ihren notwendigen Widerspruch mit der gemeinen Wirklichkeit des Lebens und mit der Rechtlichkeit der menschlichen Natur scheitert und samt allem, was an ihr befestigt ist, zugrunde geht.« Vielleicht dachte Goethe, als er diese Sätze schrieb, an Napoleon, der gerade mit seiner ägyptischen Expedition einen Fehlschlag erlitten hatte. Ich selber kann nicht umhin, an Hitler zu denken, obwohl mir bewußt ist, wie inkommensurabel er ist. Auch sagt mir ein undeutliches Gefühl, daß alle solche historischen Vergleiche hier unstatthaft sind. Was ist es? Die zerstörerische, fast ausschließlich und immer wieder ins Destruktive einmündende Energie dieses Mannes? Oder seine Vulgarität, die mir im Nachhinein immer erkennbarer wird? Und was verbarg sie mir so lange am lebenden Hitler? Fragen über Fragen. Auf die Mehrzahl habe ich noch immer keine Antwort.

31. März 1947

Der Bus, der mich vor eineinhalb Jahren als Gefangenen unter schwerer Bewachung nach Nürnberg brachte, hatte mühsam seinen Weg durch die Ruinen gefunden. Wo und was einst Straßen waren, konnte ich nur ahnen; in aufgetürmtem Schutt sah ich manchmal einzelnstehende, ausgebrannte oder von Bomben durchblasene Häuser. Je weiter ich in die Innenstadt kam, um so verwirrter wurde ich, denn ich fand mich in dieser Riesenschutthalde nicht mehr zurecht, obwohl ich Nürnberg gut kannte, da mir die Planung der Parteitags-Architektur übertragen war. Da stand, inmitten all dieser Zerstörung, wie durch ein Wunder ausgespart, der Nürnberger Justizpalast, an dem ich manchmal nichtsahnend in Hitlers Auto vorbeigefahren war. Wie banal der Gedanke auch sein mag – ich kann mich der Überlegung nicht entziehen, daß dieses Gebäude nicht ohne tieferen Sinn unversehrt blieb.

Ich muß wieder daran denken, daß es natürlich auch auf der Gegenseite zahlreiche Kriegsverbrechen gegeben hat. Aber man kann und darf sie, wie ich fest glaube, nicht zur Rechtfertigung der Verbrechen auf der eigenen Seite benutzen. Verbrechen sind überhaupt nicht aufrechnungsfähig. Überdies ist der Charakter der NS-Verbrechen außergewöhnlich gegenüber allem, was auf der Gegenseite vorliegen mag. Selbst Göring wandte sich irritiert zu Raeder und Jodl, nachdem der KZ-Kommandant von Auschwitz, Rudolf Höss, seine umfangreiche Aussage beendet hatte: »Wenn nur nicht dieses verdammte Auschwitz wäre! Das hat uns Himmler eingebrockt! Ohne Auschwitz könnten wir uns richtig verteidigen. So ist uns jede Möglichkeit verbaut. Alle denken, wenn von uns die Rede ist, immer nur an Auschwitz und Treblinka. Es ist wie ein Reflex. Wie sehr beneide ich die japanischen Generale«, fügte er einmal hinzu. Das hat sich inzwischen aber als Trugschluß herausgestellt, denn die japanischen Führer wurden nicht weniger hart verurteilt als wir.

1. April 1947
Nach dem Schulzeugnis, das mir heute meine Frau sandte, sieht es so aus, als ob Albert, der Älteste, gut zeichnen könne. Er sollte ein Handwerk erlernen. Hilde, meine zehnjährige Tochter, hat ihren letzten Brief mit reizvollen Blumenornamenten ausgeschmückt. Für sie wäre Intarsienschneider ein denkbarer Beruf; jedenfalls male ich mir das in meiner Zelle so aus. Und wenn sie Talent zum Tischlern zeigte, könnte sie wertvolle Einzelmöbel tischlern. Nachdem so viel verbrannt ist, wird man viel davon brauchen. Ohnehin werden noch manche Wirren über Europa kommen. Mit einem soliden Beruf sind Albert und Hilde gut aufgehoben; eine günstige wirtschaftliche Entwicklung vorausgesetzt, könnten sie sich nebenher weiterbilden. Krisen und Zeiten großer Unruhe treffen geistige Berufe empfindlicher als handwerkliche. Wenn es notwendig werden sollte, könnten sie mit einem solchen Beruf ihren Lebensunterhalt sogar im Ausland sichern. Auch fördert die Fähigkeit, ein Handwerk ausüben zu können, die natürliche Selbstsicherheit. Auf den Universitäten dagegen lernen die Kinder vermutlich noch immer vor allem geistigen Hochmut.

Unsere sechs Kinder sollten sich darauf vorbereiten, daß sie in Zukunft von jeder Basis aus ihren Fähigkeiten entsprechend Erfolg haben könnten. Denn die Stagnation der deutschen Produktion scheint überwunden zu sein. Allenthalben kommt, wie ich täglich lese, die Produktion wieder in Schwung. Die wirtschaftliche Vernunft hat, wie schon damals in den von uns besetzten Gebieten, die Absichten durchkreuzt, aus Deutschland eine Ackerlandschaft zu machen.

Nachmittags. In den kühlen Zellen, auf den Knien das leere Papier, eine Wolldecke um die Schultern, kommen meine Gedanken wieder auf das Urteil zurück. Meine juristische Schuld im engen Sinne ist vergleichsweise nicht gravierend, weil die Siegermächte, besonders die Sowjetunion, nun ebenfalls tun, was mir vorgeworfen wurde. Sie beschäftigen Kriegsgefangene ge-

gen ihren Willen, die deutschen Arbeiter sind durch alliierte Gesetze zur Arbeit gezwungen, die Bedingungen in den sowjetischen Lagern und auch in zahlreichen westlichen sollen problematisch und mancherorts einfach unmenschlich sein. Auch werden, wie ich höre, deutsche Arbeiter deportiert, und wenn in unserem Falle die Rechtslage noch nicht ganz klar sein mochte: jetzt, nach den Nürnberger Urteilen, sind solche Maßnahmen ohne Zweifel ein Vergehen gegen internationales Recht. Der Anwalt Sauckels hat zwar versucht, die Zwangsarbeit zu rechtfertigen, um Sauckels Kopf zu retten. Indem der Gerichtshof sie aber als Verbrechen verurteilte, verpflichteten die Alliierten sich dazu, diesen Grundsatz auch ihrerseits zu beachten. Was ich sagen will: Solche Verstöße schließen nicht unsere Verantwortung aus; sie konstituieren jedoch eine der Gegenseite.
Bisher freilich scheint es, als kümmere das die Gegenseite nicht sonderlich.

2. April 1947

Chaplain Eggers bringt seinen vierjährigen Jungen in meine Zelle mit. Er ist so alt wie mein jüngster Sohn Ernst.
Ich sehe es übrigens als einen Fehler des Gerichts an, daß es die Aussage des amerikanischen Oberkommandierenden im Pazifik, Admiral Nimitz, er habe sich in gleicher Weise wie die Deutschen über internationale Abmachungen hinwegsetzen müssen, nicht aufgegriffen hat; obwohl Nimitz dadurch indirekt zugab, den Tod von Zehntausenden von Soldaten, Seeleuten und Passagieren verursacht zu haben. Natürlich empfand ich Genugtuung darüber, daß dadurch Dönitz im wichtigsten Punkt seiner Anklage entlastet wurde. Aber man kann einen Rechtssatz nicht etablieren und gleichzeitig negieren. Auch die Terrorangriffe auf Berlin, Dresden, Nürnberg, Hamburg und zahlreiche andere Städte sind, wie unsere voraufgegangenen Terrorangriffe auch, gravierende Verstöße gegen das in Nürnberg gesetzte Recht, sofern es dort überhaupt »gesetzt« wurde und nicht schon – wovon Anklage und Gericht ja ausgingen – lange, gewissermaßen seit alters her, bestand.
Um angesichts dieser Fragwürdigkeiten nicht zu verbittern,

bleibt mir persönlich als Ausweg nur, mich von der Anerkennung der moralischen Schuld, die mir von Anfang an klar war, immer entschiedener auch zur Bejahung der juristischen Schuld durchzuringen.

Das moralische Verschulden ist unstreitig. Zur Anerkennung einer juristischen Schuld mußte ich mich bisher immer wieder überreden. Aber wurden den meisten Urteilen nicht auch Tatbestände konventioneller Verbrechen wie Mord und Totschlag, Plünderung und Nötigung zugrundegelegt? Wenn ich zum Beispiel Fremdarbeiter anforderte, so war darin der Tatbestand der Freiheitsberaubung enthalten. Das ist unter jedem Recht strafbar. Ich sehe: Ich suche meine Schuld.

Wer könnte zwanzig Jahre Haft überstehen, ohne eine Schuld zu akzeptieren.

3. April 1947

Heute ist Karfreitag. Chaplain Eggers läßt sich die Zelle aufschließen, zieht hinter sich die Tür zu, stellt sich mit dem Rücken zur Türöffnung, um den litauischen Wärter abzudecken. Er händigt mir wortlos ein Telegramm aus. Seine feuchten Augen jagen mir großen Schrecken ein. »Vater am einunddreißigsten März abends zehn Uhr sanft entschlummert. Mutter.« Seinetwegen hatte ich schon lange ein unruhiges Gefühl. Nun ist alles so schnell gekommen.

4. April 1947

Ich quäle mich ab bei dem Versuch, einen Brief an meine Mutter zu schreiben, der ihre Trauer nicht vermehrt. Wenn ich ihr wenigstens durch Anwesenheit helfen könnte. Nie ist das Bewußtsein der Trennung so intensiv und so unerträglich.

Unser Abschied vor unserem Heidelberger Haus vor fast genau zwei Jahren: Vater hatte Tränen in den Augen, als er nach dem letzten Händedruck noch einmal ans Auto kam, um mir Lebewohl zu sagen. Damals waren meine Eltern noch ungebrochene Menschen. Ich bin glücklich, dieses Bild von ihnen zu haben. Vater und ich haben nie über unsere Empfindungen gesprochen. Es war nicht seine Art, und ich habe es von ihm geerbt. Ihm, der so erfolgreich gewesen war, konnte das Leben im Alter von vierundachtzig Jahren nicht mehr viel geben. Allenfalls das Zusammensein mit unseren sechs Kindern in den letzten Monaten. Ich hoffe, daß er ihnen in seiner westfälischen Beharrlichkeit, seiner Standhaftigkeit, seinem Optimismus ein Vorbild sein wird. Abends Teilnahme am großen Gottesdienst in der Kirche, zusammen mit einigen hundert Angeklagten. Wir saßen abgetrennt auf der Empore, fast niemand wagte, zu uns heraufzusehen.

Der Karfreitags-Gottesdienst hat mir geholfen. Aber ich kann mir Vaters Tod nicht vergegenwärtigen. Meine Gedanken klammern sich an unser letztes Zusammensein in unserem Heidelberger Haus.

16. April 1947

Fast zwei Wochen ohne Eintrag. So überflüssig es auch sein mag, zwinge ich mich dazu doch wieder aufs Neue. Es ist die einzige Form der Betätigung, die mir bleibt.

Wir dürfen jetzt länger spazierengehen, oft zweimal am Tag eine Stunde. Die Birnbäume schlagen aus, und unsere Rüstern zeigen einen grünen Schimmer.

Milch, der bisher isoliert gehalten wurde, ist uns zugeteilt worden. Gestern haben sie ihn zu lebenslänglicher Haft verurteilt. Ein strenges Urteil, wenn ich bedenke, daß es ohne die meist verschärfende Mitwirkung der sowjetischen Richter gesprochen wurde. Zum erstenmal konnte ich mich mit ihm unterhalten. Er erzählte von Speckseiten, die ihm seine langjährige Freundin senden kann, weil sie jetzt bei einem Großbauern lebt. Ich traf die zierliche Frau mit dem bleichen Teint und dem zurückhaltenden Wesen mitunter im Jagdhaus von Milch, nahe dem durch Fontane berühmt gewordenen Stechlin-See, sooft Milch und ich dort zu ungestörtem Gespräch zusammenkamen. Dann saßen wir vor dem Kamin in dem rustikalen Wohnraum, an dessen Wänden Bärenfelle, Hirschgeweihe und Büchsen hingen, tranken alte Jahrgänge von »Louis Roederer«, dessen Sektbestände Göring für sich und seine hohen Offiziere hatte beschlagnahmen lassen; der Hofstaat Hitlers dagegen mußte sich mit »Moet et Chandon« zufriedengeben.

Milch hatte eine naive Freude an Erzählungen, wie er dem »Dikken«, das war Göring, Versäumnisse und Bequemlichkeiten vorgeworfen habe. Beide waren Choleriker und saßen sich in Sitzungen über die Luftausrüstung oft mit roten Köpfen gegenüber. Einmal schrie Göring in Anwesenheit zahlreicher Industrieller und hoher Luftwaffenoffiziere Milch an, er sei für das Versagen der Luftverteidigung Deutschlands verantwortlich. Milch entgegnete, ohne auch nur eine Sekunde zu zögern: »Sie, Herr Reichsmarschall, haben die Anordnungen persönlich getroffen, die uns in dieses Desaster gebracht haben. Ich verwahre mich entschieden dagegen, von Ihnen dafür verantwortlich gemacht zu werden.« Milch hätte sein Leben riskiert, um seinen Ruf zu behaupten. Während des Krieges, solange ich mit ihm zu tun hatte, war er für mich der Typus des guten Patrioten gewesen, dessen Vorstellungswelt beherrscht war von den überkommenen und fast schon altmodischen Begriffen wie Reich, Nation, Ehre, Treue, Hingabe. Nun bin ich enttäuscht, daß ihn nur sein persönliches Schicksal und die Speckseiten der Freundin zu interessieren scheinen. Die Zukunft des Landes berührt ihn sichtlich nicht mehr.

18. April 1947

In *Stars and Stripes* lese ich, daß Amerikaner, Engländer und Franzosen für eine menschliche Behandlung von uns sieben in Spandau eintreten; die Sowjets dagegen verlangen isolierte Haft und überhaupt verschärfte Bedingungen. Nachts, im Halbschlaf, geht eine wirre Bilderfolge durch meinen Kopf: Dunkelzellen, Wassersuppen, Leseverbot, Prügelstrafen, Schindereien sadistischer Wärter – all das, was der freigesprochene Angeklagte unseres Prozesses, Fritzsche, uns – noch immer mit vor Schrecken geweiteten Augen – von seinen Monaten in den GPU-Kellern erzählt hatte. Schweißgebadet fahre ich wiederholt hoch.

19. April 1947

Ich sinne dem gestrigen Angstschock nach. Wie tief verwurzelt ist doch die Furcht Europas vor dem unheimlichen und fremden Asien! In solchen Erlebnissen wie dem gestrigen habe ich Anteil daran. In der großen Goethe-Ausgabe fand ich, wie Goethe der

Franzosenangst der napoleonischen Zeit die Kirgisen und Kosaken entgegenhält, die einst Europa überfluten würden.

Im Hitlerschen Zug nach Osten war natürlich der Welteroberungsgedanke vorherrschend. Aber nicht nur in der Propaganda, auch in seinen Instinkten war etwas von jener Urangst des alten Europa vor dem Osten wirksam, die durch die Greuel der bolschewistischen Revolution noch verstärkt wurde. Ich habe immer das Gefühl gehabt, daß er nicht spielte, wenn er sich über die Schrecken der roten Revolution ereiferte und seine Stimme einen fast krächzenden Ton annahm. Ich muß mich fast zwingen, mir trotz der in Nürnberg enthüllten Verbrechen in Erinnerung zu rufen, daß wir nicht nur eine Bande von Welteroberern waren, die von Herrenvölkern und Untermenschen faselte. In vielen von uns lebte auch etwas von einer europäischen Kreuzzugsidee: zum ersten Mal in anderthalb Jahrtausenden flutete die Welle zurück, Europa kam nach Asien. In der Endphase des Krieges hörten wir von Eisenhowers »Crusade«-Idee. Es war eine Idee, die nicht wenige von uns ganz aufrichtig gehabt hatten und die in den Barbareien der Einsatz-Gruppen untergegangen war. Die zahlreichen Verbände aus Flamen, Wallonen, Skandinaviern, Spaniern, Franzosen und anderen, die ja wirklich freiwillig zu uns gestoßen waren, demonstrierten, daß es tatsächlich, wenn auch rasch vorübergehend, eine Aufbruchstimmung dieses Kontinents, ein europäisches Pathos gegeben hatte.

Selbst Hitler sprach gelegentlich bei gewissen Ländern, die er unter seine Herrschaft bringen wollte, von Patronaten mit bedingten Freiheiten. Die Vichy-Regierung in Frankreich stellte er in solchen Momenten als Modellfall dar. Sein Verbündeter Italien schien bei diesen Erwägungen zur Organisation der künftigen Herrschaft keine Rolle zu spielen, Japan war für ihn abwechselnd der beste Bundesgenosse für die Endphase im Kampf um die Weltbeherrschung, und dann wieder, in Stunden erhöhten Machtbewußtseins, die Vorhut der »gelben Gefahr«. Dann bedauerte er, daß die Engländer ihn gezwungen hätten, die Expansion und Stärkung der gelben Rasse voranzutreiben.

20. April 1947
Der amerikanische Gefängnisleutnant hat mich gerade darauf aufmerksam gemacht, daß Hitler heute Geburtstag hätte.
Wie viele Geburtstage hatte ich mit Hitler in der Berliner Reichskanzlei verbracht, mit Abordnungen, die ihm huldigten, mit großartigen Paraden. 1943 hatte er sich trotz der bedrohlichen strategischen Lage auf den Obersalzberg zurückgezogen und am Vormittag die Gratulationen nur der engsten Umgebung entgegengenommen. Mit Blumensträußen in den Händen und feierlich angezogen traten dann die Kinder Bormanns und die meinen auf ihn zu und sagten ihr Sprüchlein auf. Während Hitler die Kinder, mit seinen Gedanken ganz woanders, tätschelte, standen wir mit jenem betretenen Stolz dabei, den Eltern in solchen Situationen zeigen. Anschließend fertigte Heinrich Hoffmann das obligate Foto an, das gelegentlich auch in den Zeitungen veröffentlicht wurde.
Abgesehen von dieser kleinen Gratulationsszene verlief der Tag wie jeder andere Arbeitstag Hitlers.
Kurz zuvor war trotz der ungünstigen Gesamtlage auf Hitlers Befehl der Angriff über Noworossijsk nach Süden begonnen worden, um den Weg nach Tiflis zu öffnen. Gerade an diesem 20. April war eine neue Division angetreten, um die starke feindliche Stellung zu durchbrechen. Sie erlitt schwere Verluste. Fotos der Luftaufklärung, die Hitler vorgelegt wurden, sollten ihn davon überzeugen, wie ungeeignet das Gelände für einen Durchbruch sei. Aber Hitler bestand auf der Fortführung der Operation. Alle Erörterungen abschneidend, wandte er sich an mich mit dem Befehl, eine Eisenbahnbrücke über die Meerenge von Kertsch zu bauen, die den Nachschub für weitere Aktionen nach dem vorderasiatischen Süden sicherstellen sollte. Schon einige Monate später, Ende August, mußte das Brückenprojekt aufgegeben werden. Der Kubanbrückenkopf ließ sich militärisch nicht mehr halten.
Nachdem Hitler diesen Befehl gegeben hatte, bat er Otto Saur und mich zu einer Unterhaltung in sein privates oberes Arbeitszimmer. Er setzte sich an den Tisch und zeigte uns selbstgezeich-

nete Pläne zu einem Bunker für sechs Mann, der mit Maschinengewehren, einem Panzerabwehrgeschütz und Flammenwerfern ausgerüstet werden sollte: »Von diesem Typ bauen wir Tausende von Exemplaren in einer standardisierten Ausführung und bestücken damit den Atlantikwall zusätzlich. Später verwenden wir ihn auch an unserer endgültigen Ostgrenze weit in Rußland.« Hitler schien unser Erstaunen darüber zu bemerken, daß er sich mit Konstruktionszeichnungen beschäftigte, die jedes Ingenieurbüro besser hätte ausführen können. Denn er sagte plötzlich: »Sehen Sie, ich muß alles selber machen. Keiner ist auf diese Idee gekommen! Ich habe hochdekorierte Generale, Fachleute, Rüstungsexperten um mich herum, aber alles bleibt auf meinen Schultern! Das Kleinste wie das Größte! Nun bin ich vierundfünfzig Jahre alt geworden, und Sie sehen ja, wie es mit mir steht. Aber ich werde auch die große Auseinandersetzung mit den USA noch führen müssen. Wenn ich nur noch so lange Zeit habe, soll es nichts Schöneres für mich geben, als auch in diesem Entscheidungskampf an der Spitze meines Volkes zu stehen.« Er verlor sich in längere Ausführungen über die Rolle des Einzelnen in der Geschichte. Immer sei es der Wille eines Einzelnen gewesen: Perikles, Alexander, Cäsar, Augustus, und dann Prinz Eugen, Friedrich, Napoleon. Alle seine Helden holte er sich aus zwei historischen Zeiträumen: der Antike sowie dem achtzehnten und neunzehnten Jahrhundert. Eine Ausnahme bildete nur Karl der Große, dessen Reich er gelegentlich als Vorstufe zu seinen europäischen Machtplänen bezeichnete. Ich kann mich nicht erinnern, daß er in all den Jahren je die Salier oder einen der großen Hohenstaufenkaiser mit Bewunderung oder auch nur Respekt erwähnt hätte. Die Renaissanceherrscher, Frankreichs große Könige wie Franz I., Heinrich IV. oder Ludwig XIV., existierten ohnehin nicht für ihn. Es ist wohl falsch zu sagen, daß er kein Verhältnis zur Geschichte hatte: vielmehr sah er sich und seine Rolle nur historisch. Aber seine Beziehung zur Geschichte war nur romantisch und am Begriff des Helden orientiert, und er konnte nahezu in einem Satz Napoleon und Old Shatterhand nennen.

Im Anschluß an seinen Monolog drückte Hitler auf den Klingelknopf und ließ Bormann kommen: er wolle sich heute abend eine besondere Freude machen und auf Bormanns Apparatur die *Lustige Witwe* hören. Auf die Frage seines Sekretärs, ob er die Aufnahme mit Johannes Heesters und anderen Kräften des Gärtnerplatz-Theaters zu hören wünsche oder die Berliner Aufführung, die Lehár selbst für ihn dirigiert habe, erging sich Hitler in Erinnerungen und Vergleichen, ehe er abschließend befand, die Münchner Aufführung sei doch, wie er wörtlich formulierte, »zehn Prozent besser« gewesen. So endete dieser Geburtstag Hitlers in der Halle des Berghofes.

24. April 1947
Mit Heß unterhalten. Er bleibt stets in seiner Zelle, wenn wir spazierengehen. Er hat sich, wie Hitler in den Zeiten seines Niedergangs, eine Fluchtwelt aufgebaut; und auch diesmal wieder, wie damals bei Hitler, respektieren wir dieses Verhalten, schon weil er nun lebenslänglich Gefangener ist. Manchmal habe ich den Eindruck, diese Existenz hier in der Zelle sei die Rolle seines Lebens. Asketisch aussehend, mit manchmal irren Augen in tiefen, dunklen Höhlen, kann er nun wirklich der Sonderling sein, als der er im Umkreis der Macht so fremdartig wirkte. Jetzt endlich kann er seine Leidensbereitschaft und seine Skurrilität, seine beiden auffallendsten Züge, voll ausleben.

5. Mai 1947
Seit einiger Zeit ist die Postbeschränkung aufgehoben. Wir können beliebig viele Briefe schreiben und erhalten. Meine Frau, der es vor rund einem Jahr gelungen ist, mit den Kindern von Holstein in mein Elternhaus nach Heidelberg zu übersiedeln, wird, wie sie mir schreibt, überall mit Sympathie behandelt. Das mag damit zusammenhängen, daß auch ihre Vorfahren geachtete Bürger dieser Stadt waren. Neulich hat Alberts Klassenlehrer gesagt: »Ihr wißt ja, was mit dem Vater von einem von Euch los ist. Gerade deswegen wünsche ich aber, daß Ihr anständig zu ihm seid.«
Trotzdem sind wir sieben uns ausnahmsweise einig, daß von

allen Frauen meine es am schwersten habe. Schirachs werden von ihren amerikanischen Verwandten unterstützt, Neuraths haben ihr Gut, der Schwiegersohn von Dönitz hilft von London aus. Nur meine Frau ist ganz allein und hat zudem noch sechs Kinder.

6. Mai 1947

An manchen Tagen ist Heß wie verwandelt. Dann kommt er auch in den Garten. Mit einem Anflug von Durchtriebenheit erzählte er mir heute beim Spaziergang von seinem Flug nach England. »Habe ich Ihnen schon gesagt«, wußte er zu erzählen, »was Hitlers letzte Worte zu mir waren, zwei Tage vor meinem Start? ›Fliegen Sie aber vorsichtig, Heß!‹ Er meinte einen Flug von München nach Berlin mit der Ju 52.« Dann prunkte er geradezu von seiner Behandlung in England: Er habe zwei Zimmer mit Bad, einen eigenen Garten gehabt. Täglich sei er mit einem Auto zum Spaziergang abgeholt worden. Der Kommandant habe ihm Mozart und Händel vorgespielt. Das Essen sei reichlich gewesen, viel Hammelfleisch und Puddings, an Weihnachten Gänsebraten. Ein eigener Weinkeller habe ihm zur Verfügung gestanden. Aber dem Essen seien Petroleum und andere Dinge beigemischt worden, setzte er, nun wieder mit diesen irren Augen, fort.

Solche Vorstellungen pflegt Heß noch heute. Mich hat er kürzlich gebeten, für einige Zeit seine Zuckerration zu essen: »Es ist bei mir ein Mittel beigemengt, das Diarrhöe verursacht.« Gestern fragte Heß nach meinen Erfahrungen. »Seltsamerweise ist bei mir, Herr Heß, das Gegenteil eingetreten. Von Ihrem Zucker bekam ich eine heftige Konstipation.« Verärgert nimmt er nun wieder seinen Zucker.

10. Mai 1947

Lese einen Aufsatz von Douglas M. Kelley, der während des Prozesses psychiatrische Studien mit uns trieb. Danach hatte Göring in der Tat zwei Gesichter. Vor Kelley wertete er Hitler ab. Nicht dessen Reden oder das Parteiprogramm hätten ihn zum Eintritt in die NSDAP bewegt, sondern allein der Ehrgeiz, eine Rolle zu spielen. Nach dem verlorenen Krieg sei er überzeugt gewesen, daß irgendeine radikale Rechtspartei die Macht gewinnen werde. Unter fünfzig Organisationen habe er schließlich die Partei Hitlers ausgesucht, weil sie noch so klein war, daß er in ihr am ehesten die Chance hatte, ein großer Mann zu werden. Er habe zwar Hitlers Organisationsgabe und seine Fähigkeit bewundert, die Menschen zu faszinieren, aber geliebt habe er Hitler nie. Seine Bewunderung sei kühl und ganz zweckgerichtet gewesen. Auch brüstete sich Göring vor Kelley, als Einziger zahllose Auseinandersetzungen mit Hitler gehabt zu haben. Uns gegenüber dagegen hat Göring den Nationalsozialismus stets verteidigt. Er hatte seine ganze Überredungskraft dafür eingesetzt, diesen Prozeß zum Anfang eines mythischen Bildes der Ära Hitler zu machen. Manchmal war er sogar soweit gegangen, von uns zu fordern, als Märtyrer für das Weiterleben der nationalsozialistischen Idee freiwillig zu sterben. Einmal, vor Beginn des Prozesses, hatten wir im Gefängnishof zusammengestanden, und Göring hatte sich aufgeführt, als ob er wirklich noch die Macht des zweiten Mannes besitze: »In hundert Jahren ist Hitler wieder das Symbol Deutschlands!«, so etwa sagte er. »Was haben Napoleon, Friedrich der Große oder der Zar Peter anderes getan? Auch sie gelten in der Geschichte nicht als Mörder. Es kommt alles darauf an, daß wir zusammenhalten! Sterben müssen wir alle doch einmal! Aber eine Gelegenheit, als Märtyrer in die Geschichte zu kommen, bietet sich nicht jeden Tag! Jetzt wollen die Deutschen es nicht gewesen sein, aber sie wissen natürlich, daß es ihnen noch nie so gut gegangen ist wie unter Hitler. Verlassen Sie sich darauf: *Sie* können machen, was Sie wollen; *meine* Gebeine kommen in einen Marmorsarkophag, und wenn es meine Knochen nicht mehr geben sollte, dann werden sie sonstwas dafür reinlegen, wie bei den Heiligen!« Unwillkürlich war ich beeindruckt, nicht nur, weil er mit Energie und Überzeugungskraft gesprochen hatte, sondern vielleicht auch, weil es in der Geschichte tatsächlich oft so zugeht. Erst am nächsten Tag, im Gespräch mit Funk, Schirach und Fritzsche, sagte ich: »Jetzt bläst er sich auf. Aber damals, als er sah, daß der Krieg verloren war, hätte er genug Gelegenheit gehabt, sich heldenhaft zu benehmen. Wäre er nur einmal Hitler entgegengetreten. Er war immer noch der populärste Deutsche und zweiter Mann im Staate. Er war aber bequem und verkommen, und keiner hat sich vor Hitler so gebeugt wie er. Jetzt tut er so, als ob ihm sein Leben nichts bedeute.« Einige Tage später brachte Schirach die Antwort: »Göring warnt Sie ausdrücklich. Hitler muß aus dem Spiel bleiben. Er hat mich beauftragt, Ihnen zu sagen, daß er Sie belasten wird, wenn Sie den Führer hineinziehen.« Forscher, als es meine Art ist und als mir auch zumute war, antwortete ich, Göring solle sich mit seinem Geschwätz zum Teufel scheren.

11. Mai 1947
Heute stundenlang im Hof; wir legten uns unter den blühenden Fliederbüschen ins Gras. Ich nehme mir vor, täglich mindestens zehn Kilometer zu gehen, um körperlich nicht herunterzukommen.

Zu Göring bleibt noch nachzutragen: Die von ihm geforderte Geschlossenheit begann schon zu bröckeln, als Schirach seinen Entschluß mitteilte, Hitler öffentlich des Betruges an der deutschen Jugend anzuklagen. Auch Fritzsche, Funk und Seyss-Inquardt distanzierten sich von Hitler, selbst Keitel schwankte, ob er eine Schulderklärung abgeben solle, und ließ sich nur durch die Beschwörungen von Göring und Dönitz davon abbringen. Der Polen-Gouverneur Frank wiederum verdammte zeitweilig das ganze Regime, während Papen und Schacht sich ja ohnehin als schuldlos Betrogene darstellten.

Die niedergedrückte Stimmung in Nürnberg verwandelte sich eines Tages schlagartig. Ich erinnere mich noch, wie wir während einer längeren Sonderberatung der Richter, gemeinsam auf der Anklagebank wartend, erfuhren, daß Churchill in einer Rede die Sowjetunion scharf kritisiert, ihr Expansionsstreben als aggressiv und Stalins Herrschaftsmethoden als grausam und unmenschlich angeprangert hatte. Immerhin war das die gleiche Sowjetunion, deren Vertreter vor uns am Richtertisch saßen. Es herrschte eine unbeschreibliche Aufregung. Es war Heß, der plötzlich seine Rolle als Erinnerungsgestörter aufgab und triumphierend auf seine oft wiederholte geheimnisvolle Vorhersage

verwies, wonach eine große Wende bevorstehe, die den Prozeß beenden, uns alle rehabilitieren und wieder in Amt und Würden bringen würde. Auch Göring war außer sich, er schlug sich mit der flachen Hand ein ums andere Mal auf die Schenkel und dröhnte: »Die Geschichte läßt sich nicht betrügen! Der Führer und ich haben das immer prophezeit! Diese Koalition mußte eines Tages zerbrechen.« Dann äußerte er die Erwartung, daß der Prozeß bald abgebrochen würde.
Nur ein paar Tage, und alle Erregungen und Illusionen waren vor der Alltagspraxis zerstoben. Einige Zeit später verlas Schirach seine beeindruckende Erklärung: Es sei seine Schuld, die deutsche Jugend für einen Mann erzogen zu haben, der ein millionenfacher Mörder gewesen sei. Göring war wütend und rief quer über die Angeklagtenbank, so laut, daß jeder es hören konnte, Schirach sei ein Narr, ein Verräter, ein verluderter Jugendführer, auf den niemand mehr hören werde, wenn in einigen Jahrzehnten diese Demokraten erledigt seien.
Wir dagegen, Fritzsche, Funk und ich, gratulierten Schirach beim anschließenden Mittagessen. Er freute sich: »Damit habe ich mit jeder Hitlerlegende für die Zukunft Schluß gemacht.« Eindrucksvoll war es immerhin, daß der eher weiche und beeinflußbare Schirach dem Druck seines ehemaligen Freundes Göring widerstanden hatte. Demonstrativ bot ich ihm das »Du« an, das er gerührt annahm. »Göring wird der Schlag treffen«, meinte ich schadenfroh.

13. Mai 1947
Milchs Urteil zu Ende gelesen. Seine hemmungslosen Äußerungen, die heute unverständlich sind. Zehn bis zwanzig Jahre nationalsozialistischer Erziehung auch der unteren Schichten hätten eine noch viel größere Katastrophe gebracht. Den letzten Tagebucheintrag von Goebbels abgeschrieben: »Sollte uns der Sprung in die große Macht nicht gelingen, dann wollen wir unseren Nachfolgern wenigstens eine Erbschaft hinterlassen, an der sie selbst zugrundegehen sollen... Das Unglück muß so ungeheuerlich sein, daß die Verzweiflung, der Wehruf und Notschrei der Massen trotz aller Hinweise auf uns Schuldige sich

gegen jene richten muß, die sich berufen fühlen, aus diesem Chaos ein neues Deutschland aufzubauen ... Und das ist meine letzte Berechnung.«

16. Mai 1947
Immer wieder in meinen Träumen suchen mich Bilder heim, die mit Spandau und der Angst vor den Russen zu tun haben. Göring hoffte auf den Konflikt zwischen den Siegern. Für mich ist das ein Alptraum. Denn könnte sich nicht eines Tages eine Situation ergeben, die von den Russen in Berlin ausgenützt würde, um uns endgültig in die Gewalt zu bekommen? Immerhin stehen wir hier in Nürnberg unter der Jurisdiktion der Amerikaner. Die Gefängnisverwaltung hat gerade in den letzten Wochen durch die Zulassung freien Briefverkehrs, Aufhebung des Sprechverbots und durch vorzügliche Verpflegung gezeigt, daß sie die Gefängnisregeln großzügig auslegt.

17. Mai 1947
Es soll bald nach Spandau gehen, höre ich. Zum ersten Mal nehme ich die Nachricht mit Gleichmut auf.

29. Mai 1947
Gestern Versuch gemacht, eine Art von Resümee aus allen meinen Gedanken über Schuld und Verantwortung zu ziehen. Versuch dann abgebrochen. Nicht weil es mich zu sehr erregte und belastete. Plötzlich kam es mir unangemessen und eitel vor, immer wieder dem Maß meiner Verantwortung nachzugrübeln in dieser Katastrophe eines ganzen Erdteils. Es kam mir so vor, als ob ich mich damit nur wieder in die alte Führungsposition drängte: auch als Büßer will ich der erste sein. Wen interessiert es schon, ob ich etwas mehr oder weniger Schuld habe.

2. Juni 1947
Schon aus Selbsterhaltungsgründen zwinge ich mich zur täglichen Tagebucheintragung. Aber ich habe nichts zu sagen. Wozu auch!

14. Juni 1947
Brief von zu Hause. Macht alles nur schlimmer.

28. Juni 1947
Endlich Gefühl, als bekäme ich wieder Boden unter die Füße.

Vier Wochen ließ ich mich gehen. Ich zeichnete nicht, schrieb kaum, las wenig. Für morgen Pläne gemacht. Ich will wieder mit der »Arbeit« beginnen. Um solche Depressionsphasen künftig zu vermeiden und überhaupt eine Art Rhythmus in mein Dasein zu bringen, beschließe ich, von nun an ab und zu so etwas wie Ferien zu machen. Nach fünf bis sechs Monaten, in denen ich schreiben, lesen und lernen will, werde ich künftig Pausen einlegen. Den ersten »Urlaub« habe ich auf die Zeit vom ersten bis fünfzehnten September festgesetzt.

30. Juni 1947

Wir sind noch immer hier. Dönitz, Heß und ich glauben nur an einen vorläufigen Aufschub, alle anderen sind eher davon überzeugt, daß Spandau fallengelassen worden ist. Aber immer brachten viele von uns Wunsch und Wirklichkeit durcheinander.

2. Juli 1947

Heute dreistündiger Besuch meines Bruders Hermann. Kein Gitter. Ein amerikanischer Soldat, der nicht Deutsch versteht, ist die einzige Aufsicht. Die günstigen Prognosen meines Bruders über meine Zukunft machten mich für einige Sekunden hoffen. Aber zurück in der Zelle bin ich ernüchtert.

3. Juli 1947

Über den gestrigen Besuch nachgedacht. Dabei wurde mir deutlich, welche Mühe ich in letzter Zeit habe, einer Unterredung zu folgen. Meine Gedanken und meine Sprechweise sind gleichermaßen zögernd. Auch habe ich beim Wechsel vom Zellendunkel ins Freie manchmal, halbstundenweise, vor beiden Augen einen Schleier und das Gefühl, geblendet zu sein. Nach längerem Lesen wird alles unscharf. Wenn ich zeichne, verschwimmt allmählich jede Kontur. Abends vor dem Einschlafen tränen die Augen.

6. Juli 1947

Raeder sagte mir heute, ich hätte eine glückliche Natur, leichter als alle anderen käme ich mit der Haft zurecht. Als einziger machte ich selbst jetzt, nach zwei Jahren, noch einen halbwegs ausgeglichenen Eindruck.

Das mag tatsächlich mit meinem Naturell zu tun haben. Aber ich sehe darin auch eine Folge meiner Fähigkeit, mein Leben auf allen Ebenen zu organisieren: die moralische Seite durch die Annahme meiner Schuld, die seelische durch Zurückweisung fast aller trügerischen Hoffnungen auf vorzeitige Freilassung, die faktische durch Disziplinierung des Alltags, das heißt durch Planung selbst des Bagatellhaften: von der Reinigung der Zelle über die Lektüre bis hin zur Einteilung der Zeit in Arbeits- und Ferienphasen. Auch das Aufschreiben dieser Gedanken gehört dazu.

8. Juli 1947

In einem bayerischen Lager sind die Frauen von Heß, Funk, Schirach und Göring mit den Frauen anderer Prominenter inhaftiert. Die Frauen von Dönitz, Neurath und Raeder sowie meine Frau blieben bis jetzt noch unbehelligt. Den Briefen nach scheinen die meisten von ihnen noch schlechter miteinander auszukommen als wir. Das ist nicht unbegreiflich. Während wir hier noch eine aufs Banale reduzierte historische Rolle spielen, sind sie nun wirklich nichts als Gefangene. Nicht einmal eine Schuld haben sie für sich. Auch war früher jede von ihnen ein gesellschaftlicher Mittelpunkt, Regentin eines Kreises, der von der Macht des Ehemannes bestimmt wurde. Auch das ist nun vorbei. So blieb ihnen nichts. Die Streitereien, von denen wir hören, gelten vermutlich nur dem Platz in einer imaginär gewordenen Hierarchie. Aber das ist nicht viel anders als bei uns.

9. Juli 1947

Die Frauen von Dönitz und Milch empfingen von Sven Hedin aus Schweden Pakete.

11. Juli 1947

Gerade gelesen, was Kelley über mich zu sagen hat. Ich sei einer der Unterwürfigsten gewesen, aber hochintelligent. Außerdem ein sehr begabter Architekt, der mit knabenhaftem Enthusiasmus sich nur seiner Arbeit hingegeben habe. Ein Rennpferd mit Scheuklappen. Nun im Gefängnis sei ich gehemmt, aber noch immer offenheraus.

16. Juli 1947

Schönes Wetter, lange im Garten. Ich bin zwei Stunden schnell gegangen, um mein Herz zu trainieren. Die anderen zwei Stun-

den habe ich im Gras unter einem der Birnbäume gesessen und mir die Sonne auf den Rücken scheinen lassen.
Der Besuch meiner Frau ist auf den 27. Juli festgelegt worden. Hoffentlich wird sie noch rechtzeitig kommen. Die Zeitungen melden, daß wir bald nach Spandau verlegt werden. Ich sah ein Foto des Spandauer Gefängnishofes. Eine alte, ausladende Linde steht darin. Wenn sie nur nicht abgeschlagen wurde!

17. Juli 1947

Hugh Trevor-Roper will mir ein Exemplar seines Buches über die letzten Tage Hitlers zustellen. Er fragt nach meinem Kommentar. Das Buch soll ein großer Erfolg sein und teilweise auf meinen Berichten basieren. Nur dunkel erinnere ich mich, daß er mich auf Schloß Kransberg besuchte, zurückhaltend meine besondere Lage respektierte. Seine Fragen verrieten, daß er sich in die Materie gründlich eingearbeitet hatte.

19. Juli 1947

Gestern, am Freitag, dem 18. Juli, wurden wir um vier Uhr morgens geweckt. Ein Zug amerikanischer Soldaten stand in der Gefängnishalle, ein junger Leutnant kam in meine Zelle und bezeichnete Stück für Stück, was ich mitnehmen könne. Mit der Uhr in der Hand versuchte er, mich zur Eile zu nötigen, aber mein geringes Gepäck war bereits geordnet. Eine letzte Tasse Kaffee im Gefängnisbüro. Bei allen Militärs besteht ein Hang zum Bilden verschwenderischer Zeitreserven. Eine Stunde lang standen wir sieben tatenlos herum, um uns eine Gruppe amerikanischer Soldaten. Plötzlich fiel ein Schuß. Einen Augenblick lang herrschte große Aufregung, bis sich herausstellte, daß sich einer der Soldaten beim Hantieren mit dem Gewehr in den großen Zeh geschossen hatte. Wir verabschiedeten uns von den deutschen Kriegsgefangenen, die uns gut versorgt hatten. Beim amerikanischen Kommandanten, Major Teich, bedankte ich mich für das freundliche Benehmen seines Stabes. Ich fügte aber rasch hinzu: im Rahmen der gegebenen Gefängnisvorschriften, weil ich ihm keinen Ärger bereiten wollte.
Mit Handschellen an jeweils einen Soldaten gefesselt, verließen wir das Gefängnis, stiegen in zwei Sanitätsautos und fuhren, be-

gleitet von einem Konvoi von Mannschaftswagen, zum Gefängnistor hinaus. Ich war froh, dieses Gebäude, dem die Atmosphäre des Prozesses und der Hinrichtungen anhaftete, hinter mir zu lassen. Vor Freude verspürte ich im Augenblick keine Sorge. Die Fahrt durch Nürnberg und Fürth zeigte noch einmal die gründliche Zerstörung der Häuser und Brücken, aber auch den Neubau einer Straßenbrücke über die Pegnitz mit frisch ausgewalzten Eisenträgern. Dieses kleine Bauwerk erregte mich sehr.

In einer schnellen, komfortablen Reisemaschine bekam ich einen Fensterplatz, neben mir mein Guard. Nach meiner langen Gefängniszeit war dieser Flug bei strahlendem Wetter ein aufregendes Erlebnis. Dörfer und kleine Städte lagen friedlich und wie unzerstört unter uns, die Äcker waren bestellt und die Wälder trotz aller Gerüchte nicht abgeholzt. Weil das Leben um mich die letzte Zeit stillgestanden hatte, war mir das Bewußtsein verlorengegangen, daß es draußen weiterging. Ein fahrender Zug, ein Schlepper auf der Elbe, ein rauchender Fabrikschornstein waren kleine Gefühlssensationen.

Wir kreuzten wohl eine halbe Stunde über dem Häuser- und Ruinenfeld Berlins. Während die Dakota große Schleifen flog, konnte ich die Ost-West-Achse, die ich zu Hitlers fünfzigstem Geburtstag fertiggestellt hatte, erkennen, dann das Olympiastadion mit seinen offensichtlich gepflegten grünen Rasenflächen und schließlich meinen Bau, die Reichskanzlei. Sie war noch erhalten, wenn auch durch einige Volltreffer beschädigt. Den abgeholzten Tiergarten hielt ich zunächst für einen Flugplatz. Der Grunewald und die Havelseen waren unberührt in ihrer alten Schönheit.

Um halb neun wurden die Handschellen mit leichtem Klicken wieder angelegt. Aus dem landenden Flugzeug konnte ich sehen, wie sich auf dem Flugplatz Staaken eine Kolonne von Autos und zahlreiche Soldaten in Bewegung setzten. Wir stiegen in einen Omnibus mit schwarz zugestrichenen Fenstern. Fahrt in hohem Tempo, Bremsen und Anfahren, Kurven und Hupen. Dann eine scharfe Wendung und Halt. Noch immer an unsere Soldaten ge-

kettet, stiegen wir aus. Hinter uns schloß sich im gleichen Augenblick das Tor in einem mittelalterlich aussehenden Eingangsgebäude. Auf einer Freitreppe hatte eine Anzahl alliierter Militärs Aufstellung genommen. Englischer Befehl: »Handschellen weg! Das gibt es hier nicht!« Der amerikanische Guard gab mir zum Abschied fast feierlich die Hand.
Im Inneren des Gebäudes wurde uns bedeutet, auf einer Holzbank Platz zu nehmen. Einer nach dem anderen ging in seiner Zivilkleidung, die uns seit dem Prozeß zum ersten Mal wieder ausgehändigt worden war, in ein Zimmer. Dort vertauschten wir sie wieder mit einer hellblauen Sträflingshose, einer zerschlissenen Sträflingsjacke, einem rauhen Hemd und einer Sträflingsmütze. Die Schuhe sind aus Leinen und haben nur eine dicke Holzsohle. Die Bekleidung von Häftlingen aus Konzentrationslagern, wie uns ausdrücklich gesagt wurde. Als fünfter kam ich an die Reihe. Anschließend wurde ich in einen Sanitätsraum geschoben, wo ein leutseliger sowjetischer Arzt mich gründlich untersuchte. Ich legte Wert darauf, daß die erste Eintragung auf »gesund« lautet, um spätere Erkrankungen als Folge der Gefangenschaft ausweisen zu können.
Danach verschwand ich hinter einer eisernen Tür, die sich lärmend schloß. Die Reihenfolge unseres Eintretens gilt gleichzeitig als unsere Gefangenennummer. Von nun an bin ich also »Nummer fünf«. Im Zellenblock wurde mir eine der vielen leeren Zellen angewiesen. Einer von uns pfiff vor sich hin, um seiner Erregung Luft zu machen. Er wurde sofort angeherrscht.

26. Juli 1947

Nach über zwei Jahren bin ich seit acht Tagen wieder in Berlin, der Stadt, die ich liebte und der meine Lebensarbeit gelten sollte. Ich habe mir die Rückkehr anders vorgestellt. In diesem Jahre 1947 sollten viele meiner Bauten fertiggestellt sein, die Große Halle im Rohbau die Silhouette Berlins beherrschen und die kilometerlange Prachtstraße zur Palastanlage Hitlers in den Konturen erkennbar sein. Erstmals wird mir ganz deutlich: nie wird das alles entstehen. Es bleibt Reißbrett-Architektur.

27. Juli 1947
Unsere Behandlung ist bisher korrekt; aber von kältester Distanz. Täglich werden wir eine halbe Stunde in einen engen Gefängnishof geführt. Wir dürfen kein Wort miteinander sprechen, die Wärter geben uns mit strenger Miene nur die notwendigen Befehle. Die Hände auf dem Rücken, mit zehn Schritt Abstand, marschieren wir um die alte Linde, die doch noch stehengeblieben ist.
Heute zum ersten Mal unterbrach der französische Chefwärter Jean Terray, ein untersetzter Mann, die Atmosphäre der Ächtung. Vernehmlich murmelte er vor sich hin: »Wie kann man sie so behandeln. Es ist eine Schande.«

2. August 1947
Der britische Direktor ist im Gefängnishof erschienen und hat uns das Angebot gemacht, im Garten zu arbeiten: »Nur wer will, und gerade soviel, wie Ihnen bekommt. Es wird Ihr Vorteil sein!« Alle haben zugestimmt.

4. August 1947
Nun sind wir täglich viele Stunden in einem Garten von fünf- bis sechstausend Quadratmetern; es gibt zahlreiche alte Nußbäume und hohe Fliederbüsche. Der Garten ist von meterhohem Unkraut bedeckt; seit dem Kriege hat hier niemand gearbeitet. Das Jäten wird nutzlos sein, weil der französische Gefängnisdirektor sich nicht davon abbringen läßt, das Unkraut als Dünger eingraben zu lassen.
Das Spandauer Gefängnis liegt im äußersten Westen Berlins am Rande der Wälder und Seen. Das Leben ist gesünder als in Nürnberg, und die sechsstündige Arbeit bekommt mir ausgezeichnet. Die Augenbeschwerden sind verschwunden. In Nürnberg hatten wir aber reichlich zu essen; in Spandau erhalten wir auf das Gramm genau die deutschen Rationen.

16. August 1947
Schon einen Monat in Spandau.
Ich bücke mich oft, um Brotreste aufzulesen, die vom Tisch gefallen sind. Abends gehe ich hungrig ins Bett; das erste Mal in meinem Leben erfahre ich, was es heißt, nicht satt zu werden.

Die Verbindung mit der Familie ist schlechter geworden. Nur jede vierte Woche ein Brief, jede achte Woche ein Besuch von einer Viertelstunde. Aber meine Frau kann die Reisekosten nicht aufbringen. Es macht mich ganz elend, daß wir uns in Nürnberg nicht mehr für einige Stunden sehen konnten.

31. August 1947

Ich mache mir Mut, später noch einmal von vorn anzufangen. Immer häufiger überlege ich, wie ich diese Jahre planmäßig bewältigen kann. Ich muß gewissermaßen eine Therapie entwickeln, um über diese neunzehn Jahre hinwegzukommen.

Mein Ausgangspunkt ist, daß ich die zwanzig Jahre absitzen muß. Das heißt, ich komme als Sechzigjähriger hier heraus, in einem Alter, wo andere daran denken, sich zur Ruhe zu setzen. Mir bleiben vielleicht noch zehn Jahre. Wo werde ich wieder ansetzen? Für die Politik habe ich mich nie interessiert, der Aufbau der Rüstung war nur eine organisatorische Herausforderung für mich. Noch auf dem Höhepunkt meiner Macht habe ich Hitler gegenüber darauf bestanden, nach dem Kriege wieder als Architekt zu arbeiten. Auch jetzt hat es noch nichts Verlockendes für mich, eines Tages einen Industriebetrieb zu leiten. Der Flug über Berlin neulich hat mir gezeigt, daß die große Aufgabe, an die ich geglaubt habe, Entwurf geblieben ist. Wenn ich nach diesen zwanzig Jahren noch ein Lebenswerk zustandebringen will, muß ich da wieder ansetzen, wo ich nach der Begegnung mit Hitler abbrach. Diese zwölf Jahre dürfen nur eine Unterbrechung gewesen sein. Mein alter Lehrer Tessenow mit seiner Idee des schlichten und menschlichen Bauens hat eine ganz neue Bedeutung für mich und diese Zeit gewonnen. Damals war seine Predigt ein Protest gegen den Größenwahn des Industriezeitalters; seine einfachen, handwerklich sauberen Häuser stellte er bewußt gegen Wolkenkratzer und Industriebauten. Jetzt dagegen entspricht sein Wollen der Armut der Zeit und der Bedürftigkeit der Menschen. Ich sehe voraus, daß *er* und nicht Gropius, Mies van der Rohe oder Corbusier die Zukunft bestimmen werden. Als sein damaliger Assistent und Lieblingsschüler muß es mir möglich sein, sein Werk fortzuführen. Ich muß mir die melancholischen Anwandlungen angesichts all der gewaltigen Pläne, der nicht gebauten Paläste und Triumphbögen endlich aus dem Kopf schlagen und zu meinen Anfängen zurückfinden. Warum sollte es mir nicht möglich sein, mit Bergarbeitersiedlungen und neuen Konzeptionen für viele der zerstörten Städte doch noch etwas Besonderes zu leisten? Entscheidend wird sein, ob es mir gelingt, in Kontakt mit meinem Metier zu bleiben.

12. September 1947

Zum Glück haben wir keine Gefängnisbibliothek mit zerlesenen, schmutzigen und drittklassigen Unterhaltungsromanen. Vielmehr wird uns von der Spandauer Stadtbibliothek Literatur nach unseren Wünschen geliefert. Ich las Strindbergs *Das rote Zimmer*, jetzt Stendhals *Rouge et noir* auf französisch. Aber ich will mir diese Art Literatur wie im normalen Leben nur zur Entspannung gönnen. Gerne würde ich Bauzeitschriften und Fachliteratur lesen, um auf dem laufenden zu bleiben, also eine Art Architekturstudium wieder aufnehmen. Ich sehe voraus, daß bis zu meiner Entlassung viele neue Baustoffe und Konstruktionsprinzipien in Gebrauch sein werden. Aber leider weist der Katalog der Spandauer Stadtbücherei keine geeignete Fachliteratur nach. Vielleicht gibt es später dazu eine Möglichkeit.

18. September 1947

Auch das Gefängnisreglement trägt jetzt dazu bei, das konturlose Leben zu disziplinieren. Es ist uns ein Arbeitsplan mit einem genauen, auf Minuten festgelegten Programm mitgeteilt worden. Von morgens acht bis halb zwölf und von zwei bis halb fünf haben wir zu arbeiten. Für die verbleibende Zeit stelle ich mir meine eigenen Aufgaben. Ich stehe an einem Anfang. Ich bin nicht unglücklich.

Das zweite Jahr

3. Oktober 1947

Nach zwei Monaten Spandau hat sich unser Leben eingespielt. Es gab Improvisationen, weil sich der für uns eingerichtete Arbeitsapparat zunächst selbst einrichten mußte.

Jeden Monat wechseln die Besatzungstruppen, die sich auf Türmen um das Gefängnis und am Tor postieren. Es beginnt mit den Russen, dann kommen die Amerikaner, dann die Engländer und schließlich die Franzosen. Für uns wechselt dabei nur das Essen. Der Direktor der wachhabenden Nation übernimmt jeweils den Vorsitz in den Konferenzen der vier. Aber das ändert nichts, da der sowjetische Direktor, auch außerhalb seines Vorsitzes, jederzeit »Njet« sagen oder persönlich eingreifen kann.

Meine Zelle ist drei Meter lang und 2,70 Meter breit. Würde ich die dicken Mauern hinzurechnen, so ergäben sich die doppelten Grundmaße. Sie ist vier Meter hoch, was mir das Gefühl der Beengung nimmt. Wie in Nürnberg ist auch hier die Verglasung durch bräunlich getrübtes Zelluloid ersetzt. Wenn ich jedoch auf meinen einfachen Holzschemel steige, den Kippflügel öffne, sehe ich durch ein starkes Eisengitter den Wipfel einer alten Akazie und nachts die Sterne.

Die Wände sind lehmgelb gestrichen, ihr oberer Teil und die Decke weiß gekalkt. Die Platte des Zellentisches ist 0,48 auf 0,81 Meter groß. Das schmutzige Braun blättert bereits ab, die härteren Teile der Jahresringe stehen heraus. Spuren der Abnutzung durch Generationen von Gefangenen. Auf dem Tisch liegen meist meine Utensilien herum: Tabakschachtel, Pfeifen,

Rechenschieber, Fotos, Haarbürste, Aktendeckel, Bleistifte, Briefe, drei Bücher und die Bibel. Ein sowjetischer Wärter rügte mich neulich, der Tisch könne »mehr dschista« (Sauberkeit) zeigen und mehr »kultura« haben. Seine Ermahnung hat keinen Erfolg.

Als Ersatz für einen Schrank hängt in der Zelle ein kleines, offenes Regal von 0,43 auf 0,54 Meter mit einem Zwischenfach. Darauf werden Seife und anderer Krimskrams aufgehoben. An einigen Haken hängen meine Habseligkeiten, Jacke, Mantel und Handtücher. Das Bett ist ein schwarzes Eisengestell von 1,90 Meter Länge und nur 0,79 Meter Breite; die Federn hängen durch. Aber es hat, anders als die Betten in Nürnberg, Kopfkeil, Kopfkissen, Bezug und Laken. Auf fünf grauen Wolldecken steht in großen schwarzen Buchstaben »GBI«; sie stammen folglich aus einem Arbeitslager meiner früheren Dienststelle als Generalbauinspektor für die Reichshauptstadt. Sie sind aus Zellwolle und geben daher keine Wärme, zudem sind sie schwer. Eine mit gepreßter Baumwolle gefüllte Matratze stammt aus St. Antonio in Texas, wie ein Stempel der amerikanischen Heeresverwaltung aussagt.

Am Tage verwandele ich das Bett in eine Couch, indem ich eine Wolldecke über die Matratze lege. Auf dieser Couch frühstücke, lese, schreibe, faulenze ich. Nach einigen Monaten habe ich mich an die kleinen Abmessungen meiner Zelle so gewöhnt, daß ich beschließe, später in meinen Bauten alle Zimmer klein zu machen. Die Vorteile überwiegen die Nachteile. So kann ich beispielsweise auf der Couch liegend mir etwas vom Tisch holen, nur indem ich mich zur Seite drehe und den Arm ausstrecke. Der Arbeitsraum im geplanten Führerpalast hatte sechshundertfünfzig Quadratmeter.

Wie in Nürnberg hat die eiserne Zellentür eine quadratische Öffnung in Augenhöhe. Durch eine Lampe wird die Zelle nachts dürftig von außen beleuchtet. Meist ist die Tür doppelt verschlossen und verriegelt. Wenn das versäumt wird, fühle ich mich merkwürdigerweise unbehaglich.

Täglich um sechs Uhr wird an die Tür geklopft. Ich muß dann

sofort hoch, denn einige Minuten später wird unter ständigem Schlüsselgeklapper die Tür geöffnet. Nur in Hose und Strohpantoffeln gehe ich zum Waschen. Danach ist eine halbe Stunde Zeit bis zum Frühstück. Es wird von der Nation vom Dienst aus der Truppenverpflegung geliefert. Im Juli erhielten wir von den Russen Ersatzkaffee und endlich wieder Schwarzbrot, das wir über zwei Jahre entbehrt hatten. Im August versorgten uns wieder die Amerikaner, im vergangenen englischen Monat bekamen wir zum gezuckerten Tee mit Milch Biskuit. Jetzt sind die Franzosen an der Reihe, aber die Hoffnung auf Brioches und gutes französisches Weißbrot erfüllte sich nicht. In allen Monaten nehmen wir ab. In die vor kurzem noch viel zu enge Gefängnishose mußte ich kürzlich neue Knopflöcher schneiden, weil sie zu weit geworden ist.

Nach dem Frühstück die erste Pfeife. Als Wochenration erhalten wir, unabhängig von der jeweils wachhabenden Nation, eine Büchse amerikanischen »Prince Albert«.

4. Oktober 1947

Durch Druck auf den in jeder Zelle angebrachten Knopf ließ Funk heute die rote Scheibe in der Halle herausklappen. Auf diese Weise rufen wir die Wärter herbei. Monsieur Terray rief in seiner lispelnden Art durch die Kontrollklappe: »Ich habe kein Feuer. Kein Feuer. Nein, nichts in der Tasche.« Funk nörgelte: »Aber Sie haben doch immer Streichhölzer. Sicherlich in der anderen Tasche.« Terray blieb dabei: »Ich habe nichts.« Plötzlich aber: »Doch! Hier.« Ein Spaß, an dem Funk offenbar jeden Morgen neues Vergnügen hat. In der Nachbarzelle hat Heß seinen Magenkrampf und beginnt zu stöhnen: »Oh, oh, oh.«

Halb acht. Unsere Türen werden aufgeschlossen. Nach der Begrüßung jedes Wärters und jedes Gefangenen säubern wir unsere Zellen. Der französische Wärter Terray mahnend zu Heß: »Aufstehen! Putzen! Zelle saubermachen! Haben Sie gehört?« Keine Antwort. Wir fegen unterdessen die Halle. Schirach murmelt dabei häufig ohne jede erkennbare Ursache: »Ja, ja, ja, ja.« Die Tür von Heß ist offen, das Licht an, er liegt im Bett, die Decke bis zum Kinn hochgezogen.

Viertel vor acht kommen wir in die Zellen zurück. Terray: »Fertig?« Er schließt zu.

5. Oktober 1947

Sonntag, aber weiterhin keine Gottesdienste. Raeder hat heute kurz angebunden dagegen protestiert. Major Brésard, der temperamentvolle, beleibte französische Direktor, zuckte nur mit den Achseln und verließ schnell die Halle.

Diese Halle ist fünfundsiebzig Meter lang und bei einer Breite von fünf Metern eigentlich ein Zellenflur. Vor unserem Einzug wurde eine Zwischendecke aus verputzten Heraklitplatten montiert, die den in Gefängnissen üblichen vielgeschossigen Schacht mit seinen eisernen Umgängen verdeckt. An jeder Seite der Halle liegen sechzehn Zellen.

Neulich waren für einige Minuten alle drei Türen offen, die zum Haupttor führen. Ich konnte, geradezu greifbar, das Ziel sehen, das noch so unvorstellbar viele Jahre entfernt liegt.

Nachmittags eine halbe Stunde im Garten, und dann in der Zelle eingeschlossen, viel Zeit bis zehn Uhr abends, wenn das Licht gelöscht wird. Wie kann ich, ohne einen schweren Schaden, noch neunzehn Jahre überstehen?

Ich entwickele eine Art System, nicht weit von dem Coués entfernt: Zunächst rede ich mir ein, daß das Schlimme gar nicht so schlimm sei. Habe ich das geschafft, wird das eigentlich Unerträgliche alltäglich, und schließlich rede ich mir ein, daß die Lage manche Vorteile biete. Mein Leben, so sage ich mir, unterscheide sich kaum von einem normalen, wenn auch primitiven Dasein. Das ist natürlich Wahnwitz, denn es unterscheidet sich vom Leben in der Freiheit in jeder Einzelheit. Aber mit dieser Methode komme ich weit.

Es gibt Empfindungen des Glücks in Situationen, von denen ich früher gesagt hätte, ich würde eher vorziehen, nicht zu leben. Wie dehnbar ist der Begriff »lebenswert«!

11. Oktober 1947

Heute, Samstag, hatten wir den ersten Spandauer Gottesdienst in einer zur Kapelle verwandelten Doppelzelle. Leere, hellbraun gestrichene Wände, ein Gefängnistisch als Altar, darauf eine

Bibel, dahinter an der Wand ein einfaches Holzkreuz. Sechs Gefängnisstühle, denn Heß nimmt weiterhin nicht an den Gottesdiensten teil. In der Ecke die Zellentoilette mit einem Holzdeckel. Auf ihr nahm ein aufsichtsführender sowjetischer Offizier Platz. Der französische Pastor Casalis predigte über das Thema: »Die Aussätzigen waren in Israel von der Gemeinschaft des Volkes durch eine Masse von Rechtsverboten getrennt; diese waren unübersteigbar wie eine Gefängnismauer.« Raeder, Dönitz und Schirach fühlen sich beleidigt, sie behaupten, der Pastor habe sie »Aussätzige« genannt. Im Hof und im Waschraum finden heftige Diskussionen statt, von denen ich mich fernhalte.

Es ist wohl so: sie wollen vom Pastor keine Wahrheiten hören. Die Kirche ist für sie trotz allem, was geschehen ist, ein Versatzstück bürgerlichen Lebens, mehr nicht. Man hat sie zur Taufe, zur Hochzeit, zum Tod, aber sie soll sich nicht in Gewissensfragen mischen. Das zeigt wieder einmal, wie wenig verpflichtend die christliche Lehre in den bürgerlichen Führungsschichten vielfach verstanden wurde. Von da her war in der Tat kein Widerstand gegenüber dem Ungeheuerlichen zu erwarten. Gedanken über den Zusammenhang von christlicher Dekadenz und Barbarisierung. Als ich mich Ende des Krieges zu Widerstandsaktionen entschloß, war es nicht der Widerstand eines Christen, sondern eines Technokraten. Was also trennt mich eigentlich von meinen Mitgefangenen? Wohl doch nur die Tatsache, daß ich solche Zusammenhänge sehe und die Predigt von Casalis als Herausforderung annehme.

14. Oktober 1947
Ich kann es kaum glauben. Vorhin hat mir ein Angestellter des Gefängnisses angeboten, Briefe nach draußen zu schaffen. Der junge Holländer, Anton Vlaer, war während des Krieges nach Berlin deportiert worden und arbeitete in einer Rüstungsfabrik. Als er erkrankte, wurde er in einem Spezialhospital untergebracht, das ich kurz vor dem Kriege für Bauarbeiter gegründet hatte. Während in einer Ecke ein amerikanischer und ein britischer Wärter sich über einen Boxkampf ereiferten, raunte er

mir in der anderen zu, daß es ihm in unserem Hospital gut ergangen sei. Bis Kriegsende war er Operationsgehilfe, und der Chef des Krankenhauses, Dr. Heinz, habe ihn wie einen Sohn in die Familie aufgenommen.

Seither hat unser Toilettenpapier eine ungeahnte Bedeutung für mich und meine Familie erlangt; wie gut, daß niemand auf die Idee gekommen ist, es schwarz zu färben. Die beschriebenen Blätter bewahre ich als Einlage in den Stiefeln auf, was bei der Kälte zudem noch vorteilhaft ist. Noch kam niemand darauf, warum ich Laufbeschwerden habe. Die Körpervisitationen werden glücklicherweise nur flüchtig durchgeführt.

Das ganze Leben oder doch zumindest mein Lebensgefühl ist seither verändert! Zum ersten Mal seit zweieinhalb Jahren habe ich eine unzensierte Verbindung zur Außenwelt. Oft kann ich in Erwartung der nächsten Post nicht schlafen, oft quält mich aber auch die Angst vor Entdeckung. Der Holländer hat mir das Versprechen abgenommen, den Mitgefangenen nichts zu sagen. Er fürchtet ihre Geschwätzigkeit. Um das Risiko gering zu halten, mache auch ich von der neuen Möglichkeit nur selten Gebrauch. Ich will die Zuverlässigkeit dieser Verbindung erst einmal einige Monate erproben und nicht durch allzuviele Briefe gefährden, die doch nur Lappalien enthalten können. Aber ich habe einen abenteuerlichen Gedanken.

Sollte ich tatsächlich einen freien Zugang nach draußen haben, so hätte meine ganze Existenz hier eine neue Dimension gewonnen. In all der bisher vergangenen Zeit bin ich davon ausgegangen, daß es im Gefängnis für mich nur ums Überstehen ginge; etwas Sinnvolles würde ich erst nach den zwanzig Jahren tun können. Jetzt bin ich wie besessen von der Idee, diese Zeit der Abgeschlossenheit für die Niederschrift eines großen Werkes zu nutzen: einer Biographie Hitlers, einer Schilderung meiner Jahre als Rüstungsminister oder einer Darstellung der apokalyptischen Schlußphase des Krieges. Die Gefängniszelle könnte sich dann in eine Gelehrtenklause verwandeln. Beim Spaziergang im Hof muß ich an mich halten, nicht davon zu reden. Nachts kann ich kaum schlafen.

15. Oktober 1947
Vor einigen Tagen wurde ich im Besuchszimmer zwei Tage lang als Zeuge für den Prozeß gegen den Großindustriellen Friedrich Flick vernommen. Ankläger, Richter und Dr. Flächsner, der mich in Nürnberg verteidigte, waren nach Spandau gekommen, da keine Genehmigung für mein Erscheinen vor Gericht erteilt worden war.
Der amerikanische Richter führte diese Vernehmung mit freundlicher Gelassenheit: »Wir sind hierher gekommen, weil wir hoffen, von Ihnen, Herr Speer, Aufklärung über verschiedene Punkte zu erhalten.« Es ging darum, ob der Industrie Vorwürfe wegen der Anforderung von Arbeitskräften gemacht werden könnten. Ich sagte, daß der Unternehmer verpflichtet gewesen sei, diejenigen Arbeitskräfte anzufordern, die das ihm auferlegte Produktionsprogramm erforderte, und daß er grundsätzlich auch keinen Einfluß darauf hatte, ob er Zwangsarbeiter oder Häftlinge zugeteilt erhielt. Tatsächlich konnte er noch nicht einmal die Arbeitszeit oder die Art der Behandlung bestimmen. Dafür sei allein Fritz Sauckel, Hitlers Generalbevollmächtigter, verantwortlich gewesen. Schon aus praktischen Erwägungen hätten sich die Unternehmer im allgemeinen gegen die Beschäftigung von Zwangsarbeitern gesträubt und versucht, ihre Lebensbedingungen zu verbessern. Offene Eigenmächtigkeiten hätten Flick genauso in ein Konzentrationslager gebracht wie den um die Partei verdienten Großindustriellen Fritz Thyssen. Ich hoffe, die Anklage teilweise entkräftet zu haben.
Es ist für mich sehr befriedigend, nach so vielen Monaten Sprechverbot wahrzunehmen, daß ich noch viele Stunden lang Antworten formulieren, schnell auf Einwürfe reagieren, Eindruck machen kann. Abschließend dankte mir der Richter, und Flächsner erhielt die Möglichkeit, sich mit mir eine Viertelstunde lang zu unterhalten. Ein lebhaftes und freundschaftliches Gespräch. Allerdings waren die Wärter aller vier Nationen und ein Direktor dabei anwesend. Meine Genugtuung zeigte mir das Maß meiner Erniedrigung: ich bin den ganzen Tag erhoben, weil ich mit »Herr Speer« angeredet wurde.

19. Oktober 1947
Vor dem Gottesdienst beschwerte sich Raeder bei Pastor Casalis nun offiziell im Namen von fünf seiner Mitgefangenen, weil sie von ihm als Aussätzige bezeichnet worden seien. Sie verlangten von ihm die Verkündigung des Evangeliums und nichts anderes. Im bewußten Gegensatz dazu sagte ich anschließend: »Ich bin kein Nervenkranker. Ich möchte nicht geschont werden. Ihre Predigten sollen mich beunruhigen.« Große Verstimmung.

20. Oktober 1947
Sonntag. Ich habe viel Zeit. Bei der Sitzung im Besuchszimmer ging die Anklage davon aus, daß in Wirklichkeit Großindustrielle wie Flick den Staat beherrscht und den Krieg inszeniert hätten. Sie hätten einmal im Hauptquartier dabei sein sollen! Ich erinnere mich an die Rüstungsbesprechungen in Winniza oder der Wolfsschanze, zu denen ich häufig diese angeblich allmächtigen Männer hinzuzog. Bis auf eine einzige Ausnahme (und dies war bemerkenswerterweise ein Frontalangriff Röchlings auf Göring) wurde ihnen nur zu technischen Spezialproblemen das Wort erteilt. Militärische oder gar politische Fragen kamen in ihrer Gegenwart gar nicht zur Sprache. Die wirklich großen Konzernherren wie Albert Vögler, Friedrich Flick, Günther Quandt oder Gustav Krupp hielten im Kriege sogar bewußt Abstand zu Hitler. Ich selber lud sie zu Rüstungsbesprechungen ins Hauptquartier auch gar nicht erst ein. Es ist eine absurde Vorstellung, daß Hitler mit Friedrich Flick oder einem der anderen gewissermaßen die Gewalt geteilt habe.

Geholfen haben ihm einige von ihnen allerdings, aber sie waren niemals mehr als Gehilfen. In solchen Fällen war Hitler sogar mitunter dankbar. Einen Industriellen verehrte er sogar über den Tod hinaus: Emil Kirdorf. Ich erinnere mich, wie er im »Deutschen Hof« in Nürnberg, als wir anläßlich einer Baubesichtigung in der Stadt waren, während einer Teestunde im kleinen Kreis von den finanziellen Schwierigkeiten sprach, in denen die Partei kurz vor der Wirtschaftskrise stand. Die Gläubiger hätten auf Zahlung gedrängt und wären durch keinerlei politische Argumente mehr davon abzuhalten gewesen, ein Konkursverfahren

gegen die NSDAP zu erzwingen: »Ich habe mir damals geschworen«, meinte Hitler, »einen Bankrott der Partei nicht hinzunehmen. Ich hätte mir eher eine Kugel durch den Kopf geschossen. Da kam im letzten Moment Hilfe durch unsere geliebte Frau Bruckmann. Sie brachte mich mit Emil Kirdorf zusammen, mit dem ich dann in ihrem Hause eine vierstündige Besprechung hatte.« Kirdorf habe anschließend fast alle Schulden bezahlt und die Partei wieder flottgemacht. Bei solchen Erzählungen war man nie sicher, ob sie den tatsächlichen Hergang richtig wiedergaben; aber sie demonstrierten Hitlers Gefühle für den alten Mann. Ihm sah er es sogar später nach, daß er sich ungeniert über Mißstände im neuen Staat verbreitete.
In Einzelfällen konnte Hitler immer wieder einmal großzügig sein. So nahm er beispielsweise die Entscheidung des Aufsichtsrates von Daimler-Benz im Sommer 1942 hin, Dr. Haspel als Nachfolger des verstorbenen Dr. Kissel zum Generaldirektor zu berufen, obwohl Himmler und Franz Xaver Schwarz, der Reichsschatzmeister der NSDAP, versuchten, Haspel und zwei andere Direktoren von Daimler-Benz zu stürzen, weil sie mit Jüdinnen verheiratet waren. Hitler lehnte ab, nachdem er sich bei mir vergewissert hatte, daß Dr. Haspel und seine Kollegen das Werk vorzüglich leiteten; dabei blieb es bis zum Ende des Krieges.
Allerdings erinnere ich mich, daß Hitler schon im Frieden gelegentlich gegen den Aktienbesitz polemisierte, was mich beunruhigte, weil ein großer Teil des elterlichen Vermögens in Aktien bestand. »Damit wird ohne Arbeit viel Geld verdient! Eines Tages werde ich mit diesem Unfug aufräumen und alle Aktiengesellschaften verstaatlichen. Als Entschädigung lasse ich Anteilscheine mit einem geringen Zinssatz verteilen.«
Es ist jetzt viertel vor sieben Uhr. Der Sanitäter Toni Vlaer kommt auf seinem Abendrundgang von Zelle zu Zelle. Man hört Gesprächsfetzen, Gelächter, erregte Beschwerden von Heß. Dann Schlüsselgeklirr, Schritte auf dem Steinfußboden, die Stimme des Franzosen Corgnol zu Vlaer: »Bon, allez!« Nun wieder Stille. Ich will den Rest des Tages lesen. Das Heraufrufen der Erinnerungen, wieder und wieder, beginnt mich zu

langweilen. Meine abendliche Lektüre ist seit einigen Tagen Hemingways *A Farewell to Arms*. Diese amerikanische Art von Schriftstellerei ist in ihrer reportagehaften Präzision neu, etwas fremdartig und faszinierend für mich. Ich kenne nichts Gleichartiges. Allerdings habe ich bis zu meiner Verhaftung praktisch keine Romanliteratur mehr gelesen.
Zwanzig vor acht wurde ich unterbrochen. Dönitz hatte auf seinen Signalknopf gedrückt, der Amerikaner Stokes öffnete. Dönitz klagte laut über seine Augen, er könne nicht mehr lesen. »Gibt es was Besonderes?«, hörte ich ihn dann fragen. Der Amerikaner verneinte. Dann Flüstern und dazwischen manchmal die Stimme von Dönitz: »Wie? Was? Wie?« Das Gespräch nahm offenbar eine Wendung ins Politische. Ich meinte herauszuhören, daß Dönitz Taft lobte, aber er schien nicht die erwartete Begeisterung hervorzurufen, da er es mit einem überzeugten Demokraten zu tun hatte, was Dönitz nicht wußte. Etwas einsilbig hörte ich das Gespräch versickern, dann gab Dönitz seine Brillen ab. Stokes drehte das Licht aus. Kurz danach ging auch Funk schlafen. Dann die Klappe Raeders: »Wieviel Uhr ist es?« Stokes nennt die Zeit. Auch Raeder gibt seine Brillen ab. Zehn Minuten später dasselbe bei Schirach. Ich brauche Feuer für die Pfeife und benutze die Gelegenheit, den Wärter zu rufen.
Nun ist es im Gebäude wunderbar still; die beste Zeit zum Lesen, da alle bis auf Heß und mich schlafen. Ich lege den Hemingway auf die Seite und beginne mit einem Buch über die mittelalterliche Stadt. Gestern habe ich, wie allabendlich, mein heutiges Pensum festgelegt. Ich bin auch hierbei Pedant. Zur Veranschaulichung will ich später ein Buch über das Nibelungenlied lesen. Zwanzig vor zehn Uhr. Klappe Heß, Übergabe der Brille ohne Worte. Licht aus. In fünf Minuten werde auch ich schlafengehen. Ich habe eine Art Meditationsübung erfunden, mit der ich seit neuestem die Nacht beginne. Zwischen Wachen und Schlafen versuche ich, in intensiven Kontakt mit meiner Familie und meinen Freunden zu treten, indem ich sie mir einzeln vorstelle: ihren Gang, ihre Stimme, charakteristische Handbewegungen, die Neigung des Kopfes beim Lesen. Ich habe die Sorge, daß sie mir

sonst entgleiten. Auch stelle ich mir vor, es könnte vielleicht gelingen, auf diese Weise eine Art medialer Verbindung zu ihnen herzustellen. Überdies gibt es sicherlich Menschen, die voller Mitleid oder Sympathie an mich denken; auch wenn ich sie gar nicht kenne. So konzentriere ich mich Abend für Abend darauf, an diesen Unbekannten zu denken, ihm einige Worte zu sagen. Die Ansprache an diesen Unbekannten endet regelmäßig mit einem starken Verlangen nach einer besseren Welt. Die Zeit wird dabei unmeßbar. Oft schlafe ich ein, ohne ein Ende gefunden zu haben. Aber fast immer gelange ich in einen der Trance angenäherten Zustand innerer Harmonie.

26. Oktober 1947

Heute hat Casalis seiner Predigt den Text zugrunde gelegt: »Es sind nicht die Gesunden, die Medizin brauchen, sondern die Kranken. Ich bin nicht gekommen, die Gerechten zur Reue aufzurufen, sondern die Sünder.« Aber weil er gleichzeitig erklärt hat, unter uns Sündern der größte zu sein, sind nun alle Kirchgänger zufrieden.

2. November 1947

Der britische Wärter Long kam heute sichtlich noch unter Alkoholeinfluß zum Dienst. Er renommierte vor seinen Kameraden mit riesigen Biermengen und deutete angenehme Gesellschaft an. Erst vor drei Stunden ging das Gelage zu Ende. Mit Corgnols Billigung stellte ich ihm mein Bett zur Verfügung, promenierte im Gang auf und ab, um ihn bei Annäherung eines Vorgesetzten warnen zu können. Als wir in den Garten gingen, stand er noch immer auf unsicheren Füßen. In der Hand schwang er den Bund mit den großen Gefängnisschlüsseln. Plötzlich rief er aufgeregt: »Hören Sie die Schlüssel? Der russische Direktor! Schnell auseinander!«

In der Tat erschien der sowjetische Direktor, aber erst eine Stunde später. Ich grüßte ihn, wie es die Vorschrift verlangt. Als ich mittags mein Essen in die Zelle trug, rief er hinter mir her: »Nummer fünf! Zurückkommen! Sie haben nicht gegrüßt.« Ich erinnerte ihn an meinen Gruß im Garten. »Sie haben mich jedesmal zu grüßen, wenn Sie mich sehen.«

18. November 1947
Nachts ist das Gelände vor der hohen Mauer von Scheinwerferlicht umflutet. Heute nacht stand ich wieder einmal auf dem Bett, sah lange durch die Finsternis des Gefängnishofes zu diesem Lichtwall, über die eingeschossigen Bauten hinweg. Es schneite in großen Flocken, friedlich und still wie in Märchenfilmen. Im leichten Dunst entstanden Konturen, wo sonst nur Schwärze ist. Gelangweilt richtete der russische Soldat auf dem Wachturm seinen Suchscheinwerfer auf unsere Fassade. Wenige Sekunden später erfaßte mich der Scheinwerfer, ich war geblendet, das Licht warf mich in die Wirklichkeit zurück, schnell verschwand ich im Bett.
Eine ganze Zeitlang lauschte ich noch den herabfallenden Flocken, beobachtete die Schattenrisse von Ästen an dem kleinen erleuchteten Quadrat meiner Zellenwand. Vor mich hinträumend, kamen mir die vielen Nächte im Hochgebirge in Erinnerung, wenn wir auf einer Hütte eingeschneit waren. Wie hatte ich immer den Schnee geliebt, eigentlich nur den Schnee und das Wasser! Und beim Sinnieren fragte ich mich tatsächlich, ob es Temperamente gäbe, die einem bestimmten Element zugeordnet seien. Wenn das stimmt, würde ich im Falle Hitlers keinen Augenblick zögern, ihn dem Feuer als seinem eigensten Element zuzuweisen. Allerdings liebte er daran nicht den prometheischen Charakter, sondern die zerstörerische Kraft. Daß er eine Welt in Flammen setzte und den Kontinent mit Feuer überzog: das mögen nur Sprachbilder sein. Aber es war ganz unmittelbar das Feuer, das ihn stets in tiefe Erregung versetzte. Ich erinnere mich, wie er sich in der Reichskanzlei die Filme vom brennenden London, vom Feuermeer über Warschau, von explodierenden Geleitzügen vorführen ließ und welche Gier ihn dann jedesmal erfaßte. Nie aber habe ich ihn so außer sich gesehen wie gegen Ende des Krieges, als er wie in einem Delirium sich und uns den Untergang New Yorks in Flammenstürmen ausmalte. Er beschrieb, wie sich die Wolkenkratzer in riesige, brennende Fackeln verwandelten, wie sie durcheinanderstürzten, wie der Widerschein der berstenden Stadt am dunklen Himmel stand, und meinte, wie

aus einer Ekstase zurückfindend, Saur solle den Entwurf Messerschmidts für einen vierstrahligen Fernbomber sofort in die Wirklichkeit umsetzen. Mit seiner Reichweite könnten wir in Amerika tausendfache Vergeltung für den Untergang unserer Städte üben. Den Schnee haßte er. Nicht erst seit dem ersten Winter vor Moskau, als die Blitzkriegidee in Schnee und Eis erstorben war. Schon im Frieden reagierte er kopfschüttelnd, wenn Eva Braun, meine Frau und ich zu einer Skitour aufbrachen. Das kalte, unbelebte Element war seiner Natur zutiefst fremd. Fast immer zeigte er sich beim Anblick von Schnee gereizt.

5. Dezember 1947
Die Übergabe meiner Handzettel wird allmählich zur Routine, mitunter bemerke ich erschreckt, wie sich kleine Unachtsamkeiten einschleichen. Aus diesem Grunde habe ich herauszufinden versucht, ob man mich nur in Sicherheit wiegt, um meine Verbindungen und Mittelsleute zur Außenwelt ausfindig zu machen. Vor einigen Wochen habe ich ein Stück gefaltetes Toilettenpapier unter mein Bett gelegt und es mit Staub bestreut, um festzustellen, ob es gefunden und anschließend etwa wieder an den gleichen Platz gelegt wurde. Aber die Staubschicht wurde dicker und dicker, niemand kümmerte sich um das Papier. Eigentlich ist soviel mangelndes Mißtrauen fast beleidigend.

7. Dezember 1947
Heute, um acht Uhr morgens, habe ich beim Schichtwechsel meinen Füllfederhalter sichtbar in der Hand gehalten. Das ist das mit dem holländischen Sanitäter vereinbarte Zeichen, daß ich dünnes Schreibpapier haben oder Briefe »abwerfen«, das heißt zur Beförderung übergeben möchte.

10. Dezember 1947
Mit Dönitz einen Zusammenstoß, der die große Distanz zwischen uns, die vom Alltäglichen meist überdeckt wird, wieder offenlegt. Beim Fegen der Halle waren wir zunächst ganz ungezwungen. Dönitz machte Scherze über meinen Besenstiel, der ganz krumm geworden sei, weil ich ihn mehr als Stütze denn als Arbeitsgerät verwende. Es entspann sich ein freundlich-läppisches Gespräch. Aber dann nahm die Unterhaltung, ich weiß

nicht mehr wie, eine plötzliche Wendung. Es muß wohl an einer absichtslosen Bemerkung von mir gelegen haben, daß Dönitz mich zurechtwies: »Dieser Mann war schließlich das legale Staatsoberhaupt des Reiches! Seine Befehle mußten für mich bindend sein. Wie könnte sonst ein Staat geführt werden!« Bei aller persönlichen Integrität und menschlichen Verläßlichkeit hat Dönitz zu Hitler selber ein ganz ungebrochenes Verhältnis. Noch immer ist er für ihn der oberste Befehlshaber. Mein eigenes Verhältnis zu Hitler war schon Ende der dreißiger Jahre im Grunde problematischer als das von Dönitz heute, nach der Katastrophe und all den Enthüllungen von Nürnberg. Seine naive Loyalität besaß ich nur ganz am Anfang. Als ich in Hitlers Nähe getreten war, bald dann täglichen Umgang mit ihm hatte, war mein Verhältnis zu ihm weit eher das des Architekten zum bewunderten Bauherrn als das des Gefolgsmannes zum politischen Führer. Natürlich hat die Sympathie, die er mir so offenkundig entgegenbrachte, mein Gefühlsleben korrumpiert, und ich fühlte mich ehrlich zu ihm hingezogen. Aber der Politiker trat immer mehr zurück, und ich entsinne mich nicht, je mit ihm ein konkretes politisches Gespräch geführt zu haben. Natürlich redete er oft über seine Pläne; aber das waren sozusagen welthistorische Expektorationen.

Politisch hat er mich nie wieder so wie als Fünfundzwanzigjährigen fasziniert, an jenem Novembertag, als ich ihn zum ersten Mal erlebte. Studenten hatten mich zu einer Massenveranstaltung im Osten Berlins mitgenommen. Junge Menschen in ärmlicher Kleidung strömten unter entlaubten Bäumen einem der großen Bierlokale in der Berliner Hasenheide zu. Drei Stunden später ging ich als ein veränderter Mensch durch den gleichen Biergarten, sah die gleichen Plakate an den verschmutzten Litfaßsäulen, aber nun mit anderen Augen. Ein übergroßes Bild des martialisch posierenden Adolf Hitler, das ich auf dem Hinweg noch leicht amüsiert betrachtet hatte, hatte plötzlich seine Lächerlichkeit verloren.

Heute, nach allem, was geschehen ist, erscheint mir das einst so vertraute Gesicht Hitlers verzerrt. Und das ist der Unterschied zu Dönitz. Auch er macht Vorbehalte, sieht Fehler, aber nach wie vor bleibt Hitler für ihn der Repräsentant des Staates, das legale und legitime Staatsoberhaupt des deutschen Reiches. Die rückhaltlose Verdammung Hitlers erscheint Dönitz wie Vaterlandsverrat. Und darin mag er, wie mir scheint, einen großen Teil der Generalität und vielleicht überhaupt der Deutschen hinter sich haben. Aber sein Begriff von Autorität kommt mir inhaltsleer vor. Dönitz fragt nicht, wofür die Autorität steht, was von ihr angeordnet, was von ihr gedeckt wird. Diese Menschen werden nie begreifen, was eigentlich geschehen ist. Das Reich geht unter, der Staat stürzt von einer Katastrophe in die andere, aber sie halten einer abstrakten Idee die Treue und fragen nie nach den Ursachen.

Das alles wurde natürlich nicht so, wie ich es jetzt hier, wohlgeordnet, niederschreibe, im Gespräch formuliert. Aber während wir, nebeneinandergehend, mit unseren Besen ärgerlich den Boden bearbeiteten, war es dies, was wir nur halb formuliert, kaum auch zu Ende gedacht, vorbrachten. Aber ich glaube, daß ich ihn besser verstanden habe, als er mich.

Das stand alles zwischen uns. Was uns verband oder doch verbunden hatte, war die Faszination durch jenen Mann, dem wir – unpolitisch alle beide – erlegen waren.

12. Dezember 1947

In den ersten Monaten schienen die Wärter uns nicht ohne Haßgefühle zu begegnen. Jetzt zeigen die meisten von ihnen erste Regungen von Mitgefühl und versuchen, uns das Leben nicht zu erschweren. Die Franzosen haben sich als erste umgestellt, seit langem ignorieren sie manche drückende Bestimmung wie beispielsweise das Sprechverbot, auch lassen sie uns nach Belieben arbeiten oder ausruhen, wobei sie jedoch peinlich darauf achten, daß keine russischen Wärter in der Nähe sind. Die Amerikaner folgten in den ersten Monaten der Linie der Russen, doch inzwischen sind sie entgegenkommender geworden. Die Engländer sind kaum beeinflußbar, sie zeigen sich zurückhaltend, nicht unfreundlich, aber reserviert.

Manchen der russischen Wärter fällt es offenbar schwer, ihre

spontane Menschlichkeit zu unterdrücken und ungerührt dem Gefängnisreglement zu folgen. Wenn sie sich unbeobachtet wissen, fangen sie gern ein Gespräch mit uns an. Trotz ihrer Jugend sind sie nicht laut, fast ängstlich. Auffallenderweise sind die sowjetischen Wärter meist klein, ihre höheren Offiziere dick.
Die Gefängnisregeln sind streng. Immer noch ist es uns verboten, untereinander zu reden. Auch mit den Wärtern dürfen wir nur das dienstlich Notwendige sprechen. Nachts müßten sie, der Vorschrift nach, alle zehn Minuten das Licht in den Zellen einschalten, um Selbstmordversuche zu verhindern. Aber nun werden, unter stillschweigender Duldung einiger Russen, diese Bestimmungen nur noch teilweise eingehalten. Auch wird nie gedrillt oder kommandiert, alles geht eher lässig vor sich.
Auch darin übrigens kann ich Dönitz nicht verstehen, der die Wärter der vier Nationen persönlich für seine Haft verantwortlich macht. Im Nürnberger Prozeß hatte er seine Verteidigung auf die Gehorsamspflicht des Soldaten abgestellt. Aber nun in Spandau verübelt er den Wärtern, die am untersten Ende der Hierarchie stehen, was er den Admiralen und Generalen nicht nur zubilligte, sondern zur Pflicht erklärte.

13. Dezember 1947

Alle zwei Stunden wird der Posten auf dem Wachturm abgelöst. Auch heute wieder höre ich, weit entfernt, den amerikanischen Sergeanten einen Trupp von zehn Mann kommandieren. Die Soldaten werden mit skandierendem »Ho, Ho, Ho!« in Tritt gehalten. Jede Wendung wird durch Kommando umständlich befohlen, als ob zehn erwachsene Menschen, nur weil sie Uniform tragen, plötzlich nicht mehr bemerken, daß der Weg nach rechts oder links geht. Merkwürdige Soldatenwelt! Bei den Briten übrigens der gleiche, eigentlich als preußisch verschriene Drill. Die Franzosen dagegen kommen in lockeren Gruppen, wie bei einem Familienausflug. Die Russen erscheinen in guter Ordnung, aber völlig geräuschlos. Ein Wort des Serganten, die Ablösung geht vor sich, der Abgelöste macht einen Witz, Sergeant und Soldaten lachen leise.
Überrascht registriere ich, daß die russischen Wärter ihren Vor-

gesetzten, den außerordentlich strengen Direktor im Majorsrang, wie einen Gleichgestellten mit Händedruck begrüßen. Ähnlich ungezwungen verhalten sich die Franzosen gegenüber ihren Vorgesetzten. Die angelsächsischen Wärter dagegen geben ihrem Direktor kurze Antworten, immer wieder hört man das knappe »Yes, Sir!«

14. Dezember 1947

Schirach sprach mich heute auf meinen Streit mit Dönitz an. Der kleine Zusammenstoß scheint in unserer ereignislosen Welt Gegenstand ausgedehnter Erörterungen zu sein. Dönitz hat Neurath und ausnahmsweise auch Raeder ganz auf seiner Seite, Heß ist völlig teilnahmslos, Funk hält dieses Mal zu mir, Schirach schwankt. Er gibt zu, daß das ganze Dritte Reich mehr auf die Faszination Hitlers als auf die Anziehungskraft einer Idee gegründet war. Das sei ihm gerade an seinen Gauleiter-Kollegen immer wieder aufgefallen. So mächtige Satrapen sie in ihren Bereichen sein mochten, in Hitlers Nähe hätten sie durchweg klein und untertänig gewirkt. Er erinnerte an die Servilität, mit der sie Hitler bei seiner Ankunft in ihrer Gauhauptstadt zu empfangen pflegten, wie sie jeder Wendung Hitlers erbötige Zustimmung erwiesen, selbst wenn sie den Zusammenhängen, sei es einer Operninszenierung, einer Bauplanung oder einem technischen Problem, gar nicht folgen konnten.

Überraschenderweise leitet Schirach daraus gerade ab, daß Dönitz in seinem Streit mit mir in gewissem Sinne recht gehabt hätte. Denn die Identität Hitlers mit dem Staat sei so vollkommen gewesen, daß man sich nicht gegen den einen hätte wenden können, um den anderen zu bewahren. Als stärkstes Argument wirft er mir zum Schluß entgegen: »Du siehst ja, mit Hitlers Tod hat nicht etwa die Regierung, sondern im Grunde der Staat zu existieren aufgehört. Das eine war unlöslich ans andere gebunden!« Ich entgegnete: »Das mußt Du Dönitz sagen. Als Nachfolger Hitlers und letztes Staatsoberhaupt des Reiches wird er das sicherlich gern hören.«

18. Dezember 1947

Fünf Uhr. Wir sind eingeschlossen. Der amerikanische Wärter

Donaho, ein bis zur Albernheit ausgelassener Geselle, und sein hochmütiger britischer Kollege Hawker sitzen an ihrem Tisch und erzählen sich Witze. Viel Gelächter. Der Wagen, auf dem das Essen aufgebaut ist, wird mit Gepolter in den Gang gefahren, unser Blechgeschirr auf den Ausgabetisch gestellt. Einzeln werden wir herausgelassen. Schirach holt das Essen für den bettlägerigen Funk: »Jetzt mal zuerst für Funk. Hier ist sein Blasentee. Das ist alles. Ja, alles.« Schirach kommt vor sich hinredend von Funk zurück: »Kaffee mit Milch, mit Milch, Milch, Milch.« Zehn Minuten später werden die Zellentüren wieder geschlossen. Geklapper von Löffeln auf den neuerdings eingeführten Blechtabletts. Gabeln und Messer aber bleiben uns immer noch vorenthalten. Man sollte meinen, es müßte für Gefangene wünschenswert sein, das Essen gemeinsam einzunehmen und statt der ständigen Zweiergespräche – natürlich nur, wenn kein Russe anwesend wäre – eine allgemeine Unterhaltung führen zu können. Aber wir haben ein entsprechendes Angebot einmütig abgelehnt. Wir suchen keine zusätzlichen Möglichkeiten, zusammen zu sein.
Zwanzig Minuten vor sechs. Nach der vorgesehenen halben Stunde Essenszeit wird wieder aufgeschlossen, werden die Tabletts auf den Anrichtewagen gestellt und hinausgefahren. Schirach scheint das karge Essen gut bekommen zu sein. Er kräht: »Es geht alles vorüber, es geht alles vorbei.« Weiter kennt er den Text nicht, daher bläst er die Melodie. Er wiederholt sie hintereinander singend, blasend oder pfeifend. »Jetzt ist es das zwölfte Mal«, meine ich zu Funk. »Und trotzdem geht nichts vorüber. Gar nichts«, antwortet er.

20. Dezember 1947
Auch ich habe übrigens das Angebot abgelehnt, gemeinsam zu Mittag zu essen. Ich habe mir gesagt, daß die große Runde Korpsgeist vorspiegelt, wo keine Verständigung besteht. Aber auch das Zweiergespräch ist, wie mir immer deutlicher wird, sinnlos. Ich habe keinen Gesprächspartner hier. Gerade die kürzlichen Auseinandersetzungen mit Dönitz und Schirach, all das Gestreite über Autorität, Loyalität und Faszination hat mich

keinen Schritt weitergebracht. Was heißt denn Faszination, von der sie alle reden und hinter der sie sich so gerne verstecken? Wenn ich im Gespräch mit ihnen herausfinden wollte, worin für sie die Faszination bestand, kämen nur Allgemeinheiten zum Vorschein. Meistens reden sie dann von seiner überwältigenden Rednergabe und von seiner rauhen, merkwürdig bannenden Stimme. Natürlich gab es das. Aber es war nicht alles. Mitunter wirkte er durch seine reine Gegenwart. Dies war sogar meine erste persönliche Erfahrung mit ihm. Es war im Frühjahr 1931, im Zusammenhang mit dem sogenannten Stennesputsch, einer Art Revolte der Berliner SA. Nachdem Hitler Stennes abgesetzt hatte, befahl er alle Mitglieder der SA und der angeschlossenen Verbände zum Appell in den Sportpalast. Als Mitglied des NS-Kraftfahrerkorps war auch ich in der Arena angetreten. Es wurden keinerlei Reden gehalten. Hitler hatte sich etwas anderes ausgedacht. Schweigend standen wir Stunde um Stunde. Dann erschien er mit kleinem Gefolge. Von Ferne hörte ich, wie ihm die Angetretenen gemeldet wurden. Aber statt, wie wir alle erwarteten, auf die Rednertribüne zu gehen, trat Hitler in die Reihen der Uniformierten, es wurde atemlos still. Dann begann er, die Kolonnen abzuschreiten. Im riesigen Rund waren nur die Schritte zu hören. Es dauerte Stunden. Endlich kam er in meine Reihe. Seine Augen waren starr auf die Angetretenen gerichtet, er schien jeden durch seinen Blick verpflichten zu wollen. Als er zu mir kam, hatte ich den Eindruck, daß mich ein Paar weit geöffnete Augen für eine unmeßbare Zeit in Besitz nahmen. Was mich beeindruckte, war nicht zuletzt, daß Hitler den Mut hatte, ohne Schutz durch die Reihen der vor Tagen noch rebellierenden SA-Leute zu gehen. Vergeblich suche ich noch heute zu erklären, wie Hitler diese Wirkung offenbar stundenlang ausüben konnte. Später erzählte ich ihm von dieser ersten, für ihn unbewußten Begegnung. Aber er entgegnete: »Ich weiß. Ich kann mich genau an Sie erinnern!«

21. Dezember 1947

Morgens viertel nach acht. Der Sanitäter kommt: »Wie wäre es mit einem Löffel Aludrox?« Die Türen bleiben heute offen, denn wir sind ab acht Uhr russenfrei. Da es regnet, bleiben wir im Gebäude.

22. Dezember 1947

Große Aufregung. Vorhin wäre ich fast entdeckt worden. Ich hatte gerade noch einmal Hitlers Faszination zu ergründen versucht. Denn heute nacht war mir die Frage gekommen, wie es um diese ganze berühmte Faszination bestellt gewesen wäre, wenn die Republik wirtschaftlich und politisch Erfolg gehabt hätte. Ich war gerade dabei, den Zettelkram in meiner Schuhsohle zu verstauen, als plötzlich, ganz übergangslos, Stimmen vor meiner Tür laut wurden. Irgend jemand klapperte mit seinen Schlüsseln vor meinem Kontrollfenster. In höchster Aufregung zerknüllte ich das Papier, machte einen ungeschickten und sicherlich verdächtigen Schritt zur Toilette hin und warf alles hinein. Ich weiß bis jetzt nicht, ob man mich dabei beobachtet hat. Nach ein paar Stunden wurde ich ruhiger. Ich versuchte, das Geschriebene zu rekonstruieren, verlor aber bald die Lust. Das Thema hatte all seinen Reiz verloren. Geheime Hoffnung: daß es so mit allem Vergangenen ist. Befreiung durch Niederschrift.

23. Dezember 1947

Durch das gestrige Vorkommnis ist mein Papiervorrat ausgegangen. Denn natürlich habe ich auch die unbeschriebenen Bogen weggeworfen. Diese Notiz schreibe ich auf der Tabakhülle. Morgen früh, wenn Vlaer kommt, werde ich den Füllfederhalter in der Hand halten.

25. Dezember 1947

Die Kommandanten haben sich Mühe gegeben, uns den Weihnachtstag erträglich zu machen. Zuerst spielte Funk auf dem neuen Harmonium eigene Phantasien, dann hörte ich zum ersten Mal nach zweieinhalb Jahren Bach und Beethoven: Eine Kantate und das Gloria aus der *Missa Solemnis*. Zuerst war es fast unerträglich, aber dann kam vollkommene Ruhe über mich. Dabei hatte ich immer gefürchtet, Musik würde mich in Depressionen versetzen. Tatsächlich aber fühlte ich mich unbeschwert und glücklich.

Weihnachtlich ist mir aber nicht zumute. Die lange Trennung von der Familie drückt heute noch mehr als sonst. Daher bin ich froh, daß es in diesem Jahr keine Weihnachtspakete geben wird.

28. Dezember 1947

Vor einigen Tagen begann ich, den Entwurf eines mittelgroßen Hauses durchzuarbeiten. Die russischen Wärter freuen sich, wenn ich ihnen meine Grundrisse erkläre und sie um ihr Urteil frage. Sie haben immer nur ein Wort »Euchen karascho« (sehr gut). Da ich seit 1942 nicht mehr zum Architektur-Zeichnen gekommen bin, bereitet mir das Detailzeichnen Schwierigkeiten. Obwohl ich von der Monumentalarchitektur genug habe und ganz bewußt an Zweckbauten denke, fällt es mir manchmal schwer, Abschied von den Träumen zu nehmen, in die Architekturgeschichte einzugehen.

Wie werde ich mich fühlen, wenn ich nun eine Turnhalle, ein Umschaltwerk, ein Kaufhaus entwerfen soll, nachdem ich einst die größte Kuppelhalle der Welt geplant habe? Hitler hat einmal zu meiner Frau gesagt: »Ich erteile Ihrem Mann Aufträge, wie es sie seit viertausend Jahren nicht gegeben hat. Er wird Bauten für die Ewigkeit errichten!« Und nun Turnhallen?

3. Januar 1948

Das Essen ist reichlicher geworden, auch wird gut geheizt. Täglich halte ich als »Chefheizer« unsere beiden großen, eisernen Öfen in Gang, montags betätige ich mich dazu noch als Wäscher, und vor einigen Tagen habe ich zum erstenmal mit Erfolg einen Knopf angenäht. Unsere Häftlingskleidung ist ersetzt worden, wir tragen zivilähnliche Anzüge. Die Uniform bedrückte mich, weil sie mich immer erneut an die Häftlinge aus den Konzentrationslagern erinnerte, die sie vor mir getragen haben.

6. Februar 1948

Über einen Monat Schreibpause. Keine Ereignisse, keine Gedanken, keine neuen Eindrücke.

7. Februar 1948

Gestern abend kamen ein paar Fetzen von Musik über den Gang geweht. *Rienzi*. Es ist ganz vertrackt: immer wieder kommt die Vergangenheit auf mich zu. Ich habe die Ouvertüre sicherlich oft gehört, aber die Jahre mit Hitler drängen sich vor alles andere.

Sommer 1938. Wir saßen mit Robert Ley, dem Organisationschef der Partei, im Salon des Gästehauses von Winifred Wagner in Bayreuth zusammen. Ley versuchte, Hitler davon zu überzeugen, daß zur feierlichen Einleitung der Reichsparteitage die Musik eines zeitgenössischen Komponisten verwendet werden sollte.

Die nationalsozialistische Weltanschauung müsse auch musikalisch zum Ausdruck gebracht werden. Ley berichtete, er habe auf eigene Faust an einige Komponisten Aufträge erteilt. Hitler und Winifred Wagner blieben skeptisch, aber Leys Enthusiasmus war nicht zu bremsen.

Das ästhetische Dekor seiner Massenveranstaltungen nahm Hitler aber stets sehr ernst. So gönnte er sich auch diesmal trotz seiner Vorbehalte die Zeit, an einem spielfreien Tag der Bayreuther Festspiele nach Nürnberg zu fahren. Zusammen mit Ley sowie einigen Funktionären saßen wir dann in der leeren Luitpoldhalle, während ein großes Symphonieorchester die neuen Kompositionen zwei Stunden lang immer aufs Neue vorführte. Vergeblich bemühte sich Ley um ein Urteil; aber Hitler blieb stumm. Dann meinte er freundlich: »Gestern habe ich den Wunsch geäußert, auch bei dieser Gelegenheit die Rienzi-Ouvertüre zu hören.«

Ich muß gestehen, daß die vertraute Erhabenheit dieser Komposition, die bisher regelmäßig die Parteitage eröffnet hatte, wie eine Offenbarung wirkte. Amüsiert betrachtete Hitler währenddessen Leys Reaktion und genoß dessen offensichtliche Verlegenheit. Dann wurde er plötzlich ganz ernst und sagte wie erklärend: »Wissen Sie, Ley, ich lasse die Parteitage nicht zufällig mit der Ouvertüre zu ›Rienzi‹ eröffnen. Das ist nicht nur eine musikalische Frage. Dieser Sohn eines kleinen Gastwirts hat mit vierundzwanzig Jahren das römische Volk dazu gebracht, den korrupten Senat zu vertreiben, indem er die großartige Vergangenheit des Imperiums beschwor. Bei dieser gottbegnadeten Musik hatte ich als junger Mensch im Linzer Theater die Eingebung, daß es auch mir gelingen müsse, das deutsche Reich zu einen und groß zu machen.«

8. Februar 1948
Die Direktoren sind vor Wochen auf die Idee gekommen, uns Briefkuverts kleben zu lassen. Raeder führt über die Tagesproduktion gewissenhaft Buch, die fertigen Kuverts werden in einer leeren Zelle zu hohen Haufen gestapelt. Wenn zum Anzünden der Öfen Papier fehlt, erlauben verständnisvolle Wärter, die Kuverts zu verwenden, so daß sich nach und nach unsere Arbeitsleistung in Flammen auflöst. Das verwirrt und peinigt Raeder sehr. Die Direktion ist in gewissem Sinn aber erleichtert; sie hatte Sorgen, daß unsere Handarbeit als Souvenir verkauft werden könnte.
Heß darf meist in seiner Zelle bleiben, auf dem Bett liegend stöhnt und jammert er, wenn ihn ein Wärter zur Arbeit auffordert. Auch ich konnte der Kleberei zeitweise entgehen, indem ich im Auftrag der Direktoren einen Gartenplan aufzeichnete. Dann behauptete ich, malen zu können; schließlich ist es kein Kunststück, mit einem Pinsel zu hantieren. Zuerst strich ich einen Teil des Hallenfußbodens mit Ölfarbe und habe mir jetzt allerlei Möbel vorgenommen. Außerdem beschäftige ich mich als Maurer, klopfe in der Halle mürben Putz ab und ersetze ihn durch neuen.

12. Februar 1948
Gegen uns sieben Gefangene sind zweiunddreißig Wachpersonen aufgeboten: vier hochbezahlte Direktoren, zwei von ihnen im Rang eines Oberstleutnants, zwei in dem eines Majors. Jedem der Direktoren ist wiederum ein Chefwärter beigegeben. Dem französischen Direktor ist damit noch nicht gedient; er hat seinen Chefwärter zum stellvertretenden Direktor ernannt und pflegt auf Wünsche nicht ohne Gravität zu erwidern: »Besprechen Sie die Angelegenheit mit meinem Stellvertreter.«
Außer dem Direktor und den Chefwärtern stellt jede Nation sechs Wärter, die sich in einem komplizierten zwölftägigen Turnus so ablösen, daß immer zwei Wärter und der Chefwärter drei verschiedenen Nationen angehören. Das System läuft, alle haben Arbeit. Sie beschäftigen sich untereinander. Es werden Berichte abgefaßt, Konferenzen einberufen, Streitigkeiten geschlichtet.

Spandau ist so etwas wie die Erfindung des Perpetuum mobile der Bürokratie. Bereits jetzt bewegt sich unser Apparat schon fast von selbst. Wird er weiterlaufen, wenn wir nicht mehr in Spandau sein werden?[1])
Von den typischen Gefangenenneurosen bleiben wir verschont. In einem normalen Gefängnis unter Hunderten von Mitgefangenen wären wir vermutlich längst einer Psychose erlegen. Angesichts der Masse der Gefangenen haben die Wärter dort für den einzelnen kaum Zeit. In Spandau dagegen wird unser Interesse durch ständig um uns besorgte Wärter wachgehalten. Die verschiedenen Nationen, Temperamente, Sprachen und Schicksale bringen Abwechslung und Farbe in das Einerlei des Zellendaseins. Auch werden wir von einigen der Wärter in ihre persönlichen Angelegenheiten eingeweiht, wir hören vom Tod des Vaters, vom Schulabschluß des Sohnes, von der ersten Liebe der Tochter. Als Reynolds heute von der Geburt einer Tochter erzählte, durchzuckte mich der schreckliche Gedanke, daß ich vermutlich noch ihre Heirat hier im Gefängnis erleben werde. So treten fremde Leben an die Stelle der eigenen. Während uns unsere Familien immer ferner rücken, leben wir uns in die der Bewacher ein.

14. Februar 1948
Immer wieder Gedanken an die Hitler-Biographie. Erwägungen zur Komposition. Was ist das Ordnungs-Prinzip? Wie gliedere ich den Wust von Episodischem, das sich über fast anderthalb Jahrzehnte vertrauten Umgangs angehäuft hat? Aber ich muß es schaffen. Ich bin der einzige, der die Voraussetzungen dafür besitzt. Nach dem Selbstmord oder der Hinrichtung fast aller Vertrauten der ersten Jahre: nach dem Tod von Goebbels, Himmler, Ley, Göring, nach dem Ende Streichers, Rosenbergs,

1 In der Tat wurde, als im November und Dezember 1971 der letzte Gefangene, Rudolf Heß, sich in einem britischen Militärhospital befand, der Dienst immer noch von zwanzig Wärtern durchgeführt und die Ablösung der das Gefängnis bewachenden Truppe am ersten des Monats in den unterdes protokollarisch festgelegten Formen vorgenommen.

Ribbentrops und eigentlich aller anderen aus der engsten Umgebung Hitlers bleibt kaum einer übrig, der ihm nahe genug stand. Heß allenfalls noch, aber sein verwirrter Kopf wird weder hinreichend Kraft noch Konzentration dafür aufbringen; Schirach vielleicht, aber er stand Hitler am Ende doch nicht nahe genug, wurde von ihm auch nicht wirklich ernst genommen, er war immer Baldur, der gute Junge.

So bleibe ich. Hitler auf sachliche wie auf emotionale Weise eng verbunden, aber doch nach Herkunft und Erziehung ihm entfernt genug, um das Fremde, Unheimliche, Böse seines Wesens, wenn auch viel zu spät, zu erkennen. Allerdings habe ich immer wieder Zweifel, ob ich über das historische wie das schriftstellerische Vermögen verfüge, ein großes Werk der Geschichtsschreibung zu leisten – ganz abgesehen von der Frage, ob ich genügend Abstand nehmen und Kälte aufbringen kann. Immerhin ist mein Leben stets in seines verflochten. Im Zweifelsfalle bleibt mir immer noch eine Arbeit nach dem Vorbild Caulaincourts, dessen Aufzeichnungen über die Jahre mit Napoleon im Bücherschrank meines Vaters standen. Wenn ich nur präzise und aufrichtig genug meine Erlebnisse niederschreibe, habe ich schon meinen Beitrag geleistet.

Manchmal, wenn mir das Vergangene schon wie hinter einem Schleier vorkommt, frage ich mich, ob mein Erinnerungsvermögen noch stark genug ist, das Erlebte in allen Einzelheiten getreu nachzuzeichnen. Sehe ich ihn noch, wie er sich in ein Auto setzt, wie er einen Menschen anspricht, wie er sich bei Tisch verhält? Ich nehme mir für die nächsten Tage vor, eine Reise mit Hitler herauszugreifen, um daran meine Fähigkeit der Erinnerung und der Darstellung zu erproben. Was ich bisher schrieb, sind nur Bruchstücke.

15. Februar 1947

Im Sommer 1936 übermittelte mir Wilhelm Brückner, Hitlers persönlicher Adjutant, dessen Wunsch, am nächsten Tag nach München in die Prinzregentenstraße zu kommen. Hitlers Wohnung war die eines Privatmannes von mittlerem Einkommen, etwa eines Studienrats, des Filialleiters einer Depositenkasse, eines kleinen Geschäftsmannes. Die Einrichtung war von kleinbürgerlichem Zuschnitt. Reichgeschnitzte, massiv eichene Herrenzimmermöbel, Bücher hinter Glastüren, gestickte Kissen mit zärtlichen Inschriften oder kräftigen Parteiwünschen. In einer Zimmerecke stand eine Richard-Wagner-Büste, an den Wänden hingen, in breiten Goldrahmen, idyllische Malwerke der Münchener Schule. Nichts verriet, daß der Inhaber dieser Wohnung seit drei Jahren deutscher Reichskanzler war. Es roch nach gebackenem Öl und säuerlichen Abfällen. Im Schlafraum pflegte sich Hitler morgens am offenen Fenster zu ertüchtigen. Wie er mir einmal erzählt hatte, zwang er sich seit langem, täglich mit einem Expander zu arbeiten. Auf meine Verblüffung hin zeigte er mir sogar ein Reklamebild aus der *Jugend*, das demonstrierte, wie man auf diese Weise zu einem muskulösen Bizeps kommen könnte. Der Expander sei nicht zuletzt deshalb für ihn so wichtig, hatte er hinzugefügt, weil er bei den Vorbeimärschen der SA und SS seinen Arm stundenlang, ohne zu zittern oder gar abzusetzen, ausgestreckt halten müsse. Das mache ihm heute, dank seines jahrelangen Trainings, keiner seiner Unterführer so schnell nach. Gegen zwei Uhr erschien Hitler in Uniform, bei ihm war nur sein Diener Krause. Ich hatte neue Pläne mitgebracht, aber zu meiner Überraschung begrüßte er mich mit der Mitteilung, daß wir gleich nach Augsburg fahren würden: »Ich will mir mit Ihnen das Theater ansehen.« Dann wandte er sich an Brückner mit der Frage, ob der Gauleiter darauf aufmerksam gemacht worden sei, daß jeder Volksauflauf vermieden werden müsse und daß zum Kaffee in der Halle des Hotels »Drei Mohren« die Ecktische reserviert würden. Während wir die Treppe hinuntergingen, schwärmte er von dem Augsburger Theater, das die beiden berühmtesten Theater-Architekten des neunzehnten Jahrhunderts, Hellmer und Fellner aus Wien, errichtet hätten. Vor dem Eingang stiegen wir in den offenen Sieben-Liter-Mercedes, zwei zufällige Passanten blieben stehen, hoben scheu die Hand zum Gruß, aus einer Seitengasse schloß der Wagen des Begleitkommandos zu uns auf.

In Augsburg warteten vor dem Theater Gauleiter, Oberbürgermeister, Stadtarchitekt sowie der Intendant. Zur Überraschung Hitlers hatten sich darüber hinaus aber auch viele andere eingefunden. Heilrufe, Lärm, fröhliches Durcheinander, aber Hitler schritt mißgelaunt durch das Portal. SS-Wachen drängten die Menge zurück, das Tor schloß sich hinter uns, wir waren allein. »Ist es denn nicht möglich, diese Aufläufe zu vermeiden?«, herrschte Hitler den Gauleiter an. Der Angesprochene, ein gutmütiger, starrköpfiger und blind ergebener Anhänger seit Jahren, stotterte: »Sie wissen, mein Führer ... Wenn Sie ... Wenn Sie schon nach Augsburg kommen ...« Hitler unterbrach ihn gereizt: »Jetzt weiß es natürlich die ganze Stadt. Ich hatte ausdrücklich angeordnet, daß ich das nicht will. So. Und nun zu Ihrem Theater!« Hitler wandte sich um und ging uns voraus durch das Foyer zum Treppenhaus. »Ziemlich verkommen das alles!«, wandte er sich an den Oberbürgermeister. »Warum hat die Stadt dieses Juwel nicht besser gepflegt? Wissen Sie überhaupt, wer die Architekten waren? Hellmer und Fellner aus Wien, die berühmtesten Theaterbauer Österreichs. Mehr als ein Dutzend Opern- und Schauspielhäuser haben die in aller Welt hingestellt, eines schöner als das andere.«

Im Zuschauerraum entzückte sich Hitler über die reichlich neubarocke Architektur der Ränge und Logen. Nahezu eine halbe Stunde hetzte er uns durch die Sitzreihen, über Gänge, Treppenhäuser, Bühnenräume, um uns jede Perspektive, jedes Detail, jedes Ornament vorzuführen. Sichtlich genoß er es, den Augsburgern das eigene Theater erklären zu können. Plötzlich blieb er stehen. Aus dem aufgeregt leutseligen Enthusiasten wurde der Staatsmann. »Gauleiter Wahl«, sagte er, nun ganz formell werdend, »ich habe mich entschlossen, dieses Theater gründlich zu renovieren und umzubauen. Was das kostet, stelle ich aus meinen persönlichen Mitteln zur Verfügung.« Gauleiter und Oberbürgermeister nahmen beide Haltung an. »Ein neues Bühnenhaus ist selbstverständlich. Ich habe mir überlegt, Ihnen Professor Baumgarten, meinen Opernarchitekten, zur Verfügung zu stellen. Es muß alles in Ordnung gebracht werden. Das Theater ist der

Maßstab für die Kultur einer Stadt und eines Landes.« Mit diesem lapidaren Satz machte Hitler kehrt und schritt zum Ausgang. Draußen hatten sich inzwischen Tausende eingefunden, eine brodelnde Menge, die Hitler mit Begeisterung feierte. Nur mit Mühe konnte die inzwischen herbeigerufene SA eine Gasse öffnen, durch die wir im Schrittempo zum Hotel hinüberfuhren.

In der altmodischen Halle saßen wir etwas später unter Palmen bei Kaffee und Kuchen. Wie immer verzehrte Hitler Torten und Strudel, dazwischen mit hausväterlicher Sorge auch uns zum Zulangen nötigend. Er konnte sich kaum beruhigen über die abwechslungsreiche Kulisse des mittelalterlichen Stadtbilds, vor allem die Maximilianstraße hatte es ihm angetan. Mir fiel schon damals auf, daß er in ähnlicher Weise nie von Wien oder gar Berlin geschwärmt hatte, und heute scheint mir, daß er eigentlich immer ein Kleinstädter blieb, fremd und unsicher in den großen Metropolen. Während er politisch fast zwanghaft ins Gigantische dachte und plante, waren die überschaubaren Verhältnisse einer Stadt wie Linz, wo er zur Schule gegangen war, sein soziales Zuhause.

Diese provinziale Mentalität spiegelte sich auch in Hitlers Absicht, die Gaue und Landschaften zur Basis des Reiches zu machen. Er pflegte und förderte die landsmannschaftlichen Eigenarten und wollte die Individualität der deutschen Stämme nicht angetastet wissen: Holsteiner, Sachsen, Rheinländer, Schwaben oder Bayern sollten ihr in Jahrhunderten ausgebildetes Profil bewahren, und er wütete, so oft er auf dieses Thema kam, gegen die »jüdische Gleichmacherei«, die allem die Seele raube.

Ein halbes Jahr später fuhr ich mit Hitler erneut nach Augsburg. Inzwischen war bereits die Baugrube für das neue Bühnenhaus ausgehoben, in die wir lange wortlos starrten. Dann erkundigte Hitler sich über die Fundamente, über Mauerstärken und konstruktive Einzelheiten. Die Parteifunktionäre und die städtischen Beamten traten unauffällig einige Schritte zurück, um nicht in Verlegenheit zu geraten. Sooft er keine befriedigende Antwort erhielt, setzte Hitler sich mit langen technischen Ausführungen in Szene. Mir war unerfindlich, warum das Staatsoberhaupt eines bedeutenden Landes überhaupt so viel Zeit an die Besichtigung von Baustellen wandte. Wahrscheinlich hatte Hitler, mehr noch als an der Demonstration seiner Kenntnisse, Freude daran, sich als die bewegende Kraft von so viel Eifer und Aktivität zu sehen.

Aber dieses Mal hatte die Fahrt einen weiterreichenden Zweck. Als wir wiederum bei Kaffee, Strudel und diesmal auch Unterhaltungsmusik in den »Drei Mohren« saßen, rückte er damit heraus: »Ich habe mir«, so begann Hitler, »den Stadtplan angesehen. Wenn wir die abbruchreifen Häuser in der Altstadt niederreißen, bekommen wir Platz für eine große Prachtstraße. Fünfzig Meter breit und über einen Kilometer lang. Dann haben wir auch eine Verbindung zum Bahnhof und entlasten die mittelalterliche Maximilianstraße. Und ans Ende kommt eine neue Stadthalle. Die wird dann Mittelpunkt des neuen Augsburger Forums. Ein Turm muß auch hin, der alles krönt. Wie hoch ist jetzt der höchste Turm in Augsburg, Wahl?« Der Gauleiter sah verlegen zum Oberbürgermeister, der wiederum hilfesuchend zum Stadtbaurat, der schließlich, nach einigem Überlegen, das Maß nannte. Hitler legte zwanzig Meter hinzu und sagte, der neue Turm müsse auf jeden Fall höher sein als der höchste Kirchturm der Stadt. Auch sollten die Glocken des Forumturms größer und lauter sein als alle anderen. Die großen Handelsstädte wie Gent oder Brügge und auch Augsburg hätten vor Hunderten von Jahren genauso gedacht. Daher auch der sechsgeschossige Barockbau von Elias Holl, das schönste Rathaus Deutschlands. Und nur deshalb sei auch nahebei der Perlachturm mit siebzig Meter Höhe errichtet worden. Wie im Mittelalter die Dome die Bürger- und Handelshäuser überragt hätten, so müßten die Parteihäuser die heutigen Bauten und Bürohäuser übertreffen. »Deshalb bin ich ganz generell gegen Hochhäuser und Wolkenkratzer, unsere Städte dürfen nicht von plutokratischen Zweckbauten beherrscht werden. *Wir* sind es, die dem neuen Staat das Gesicht geben, es ist der Staat der Partei und nicht der Banken.«

Hitler skizzierte mit geübten, sicheren Strichen, so schnell als ob er schreibe, seine Vorstellung in den Stadtplan von Augsburg, verbesserte sich auch und hatte endlich die ihm vorschwebende Form gefunden: »Hier die Gauhalle! Hier der Turm! Hier geben wir vielleicht das neue große Hotel hin, eine neue große Oper muß Augsburg dann auch haben, das jetzige Theater wird Schauspielhaus!« Er werde aus Augsburg eine Stadt machen, so meinte Hitler abschließend, die sich der Nähe Münchens nicht zu schämen brauche. München bevormunde Augsburg ja seit jeher, dabei seien beide noch zur Zeit der Renaissance gleichrangig gewesen. Wenn er seine Pläne für München verwirkliche, bestünde sonst die Gefahr, daß Augsburg erdrückt werde: »Denken Sie nur, daß ich München die größte Oper der Welt geben werde, mit fünftausend Plätzen!« Dann wies er auf das Beispiel Paris hin, das alle Provinzstädte arm gemacht habe; ähnlich sei es ja Linz durch die Nähe Wiens ergangen.

21. Februar 1948
So weit bin ich in den letzten Tagen gekommen. Aber heute morgen, beim Überlesen des Geschriebenen, bin ich nicht mehr ganz sicher, ob Hitler den erwähnten Gedanken von der Hierarchie zwischen Partei- und Geschäftsbauten bei dieser Gelegenheit in Augsburg wirklich formuliert hat. Es könnte auch aus anderem Anlaß in Weimar oder Nürnberg gewesen sein. Auch habe ich vorgestern vergeblich versucht, mir ihn bei diesem zweiten Augsburger Besuch zu vergegenwärtigen. Wie war seine Stimmung, deren Schwankungen ich doch in der Erinnerung an den ersten Besuch ziemlich genau vor Augen habe. Und wer begleitete uns? War Brückner wieder dabei? Trug Hitler Uniform oder Zivil? Das alles ist mir entglitten, während sich anderes, einzelne Sätze, ein unmutiges Räuspern, ein Blick, eine Veränderung der Stimme unverlierbar ins Gedächtnis eingegraben haben. Das scheint mir auch die Schwäche in der Schilderung des zweiten Besuchs von Augsburg zu sein: es fehlen die Details, die anschaulichen Einzelheiten, die die Atmosphäre deutlich machen. Alle Mühe ist umsonst, es will mir nicht gelingen, sie wiederzufinden.

Das hat natürlich damit zu tun, daß sich bei einem zwölfjährigen Zusammensein die Erinnerungsschichten übereinanderschieben, vor allem bei einem Mann wie Hitler, der dazu neigte, Thesen, einzelne Sätze, Wortbilder immer erneut zu wiederholen. So stelle ich fest, daß es Mosaiksteine sind, die ich zu einem Bild zusammensetzen muß. Alles fragmentarisch. Wenn ich mich wirklich daran machen sollte, das Buch zu schreiben, wird meine Hauptanstrengung darauf gerichtet sein müssen, die Bruchstücke des Erinnerten zu einem in sich schlüssigen, bruchlosen Bild zusammenzusetzen. Ob mir das gelingen kann?

Was den zweiten Besuch in Augsburg angeht, so weiß ich eigentlich nur noch, daß Hitler sich irgendwann einem anderen Lieblingsthema zuwandte: seiner nahezu schon manischen Leidenschaft, Opernhäuser zu bauen. Er fand, daß jede große Stadt mindestens zwei Theaterhäuser haben sollte. Alle bestehenden Häuser seien, pflegte er zu sagen, vor dem Weltkrieg gebaut worden, obwohl die Bevölkerung der großen Städte unterdessen aufs Dreifache angewachsen sei. »Wir werden fast ausschließlich Opernhäuser bauen. Theater sind Volksbesitz, deshalb müssen sie groß sein und Platz für die breiten Massen zu billigen Preisen bieten. Vor allem die Jugend muß in die Opernhäuser gebracht werden. Nicht erst von achtzehn Jahren an, sondern schon viel früher. So bleiben sie bis in ihr hohes Alter treue Theaterbesucher. In Berlin will ich mindestens fünf neue Opernhäuser errichten.«

Wie häufig, gab Hitler dieser Äußerung Nachdruck, indem er sie durch eine allgemeine Lebenserfahrung, die er gern in dozierendem Ton vortrug, absicherte. Das brachte zugleich den Vorteil mit sich, daß jeder sachliche Einwand als grundsätzlicher Widerspruch zu seiner Lebenserfahrung wirkte. So begründete Hitler seine exzessiven Opernbaupläne mit der Bemerkung: »Da kommen mir dann Leute daher und rechnen mir vor, daß es in Augsburg nur viertausend Opernliebhaber gäbe. Denen sage ich aber: ›Nicht der Bestand weckt den Bedarf, sondern der Bedarf wird durch die veränderten Umstände geweckt.‹ Hat mir doch jemand vor vier Jahren, als Doktor Todt und ich die Trasse der Autobahn von München nach Rosenheim festlegten, gesagt, daß dort kein Verkehr sei. ›Glauben Sie denn‹, habe ich diesem kleinen Geist geantwortet, ›daß da kein Verkehr ist, wenn wir erst die Autobahn fertig haben?‹ So wird es auch mit den Opern.« Und außerdem, so fuhr Hitler fort, hätte das Ganze noch den Vorteil, daß dann endlich der Mangel an Wagner-Tenören behoben würde, der doch geradezu katastrophal sei. Die vielen Talente, die Deutschland habe, könnten sich dann an kleinen Bühnen bewähren, und aus dem Wettstreit werde auch hier, wie stets, die edelste Stimme als Sieger hervorgehen.

26. Februar 1948
Ich weiß eigentlich nicht, was Bormann, der damals noch Stellvertreter von Heß, aber schon enger Vertrauter Hitlers war, gegen Gauleiter Wahl und den Augsburger Oberbürgermeister hatte. Jedenfalls benutzte Bormann die Theaterangelegenheit zu einer bezeichnenden Intrige. Etwa acht Wochen nach dem zweiten Augsburger Besuch, als wir auf der Terrasse des Berghofes in zwanglosem Gespräch zusammenstanden, berichtete Bormann scheinbar beiläufig, er habe von Wahl einen Brief bekommen, wonach die ersten Kostenvoranschläge für das Bauvorhaben einige hundert Millionen betrügen. Der Oberbürgermeister bitte auf dem Wege über Wahl um eine schriftliche Erklärung, die ihn von der finanziellen Verantwortung befreie. »Soll ich nun«, fuhr Bormann treuherzig fort, »Herrn Lammers ein entsprechendes Schriftstück aufsetzen?« Das war das Stichwort. Hitler verfärbte sich. Einen Augenblick schien er entgeistert. Dann stieß er hervor: »Dieser Wahl war schon immer ein Dummkopf! Jetzt läßt er sich von diesem Tropf, dem Oberbürgermeister – wie heißt er noch? – von diesem Mayr breitschlagen, mir Vorschriften zu machen. Reicht das nicht aus, daß ich mit meinem Namen garantiere? Braucht dieser Bürokrat was Schriftliches? Mir hat auch niemand was Schriftliches gegeben, als ich 1933 begonnen habe!« Hitler wurde nun so laut, daß alle Umstehenden auf der Terrasse es hören mußten, obwohl sie so taten, als plauderten sie unbekümmert weiter: »Er verlangt was Schriftliches! Von mir aus! Das soll er haben! Sofort! Nämlich seine Entlassungsurkunde! Da wird den Augsburgern was hingestellt, was sie aus allen

anderen Städten heraushebt, denn sie sind nach Weimar die zweite Stadt, die ein Gauforum erhält. Da leite ich eine zweite Blüte Augsburgs ein, und diese Schafsköpfe fragen nach den Kosten. Schon damals in Augsburg habe ich bemerkt, wie verständnislos der Wahl und der andere da dreinschauten, als ich meinen Plan entwickelte. Die sind es gar nicht wert. Sagen Sie ihnen das!« wandte er sich zu Bormann.

Wenn ich heute über die ganzen Augsburger Forumspläne nachdenke, die ihn das Jahr 1936 über beschäftigten, so kommt es mir so vor, als ob die offensichtliche Bevorzugung Augsburgs nicht nur mit Hitlers aufrichtiger Liebe zu dem mittelalterlichen Stadtbild und der glanzvollen Vergangenheit der alten Fuggerstadt zusammenhing. Eine Auszeichnung war ihm oft ein Mittel, einen anderen in die Schranken zu weisen, und wie er später mit dem Ausbau von Linz das große Wien für die Unbill seiner Jugend demütigen wollte, so hat offenbar auch hier der Wunsch hineingespielt, München, dem er die Absicht unterschob, Augsburg zu seiner Vorstadt zu machen, zu kränken.

Es bleibt noch nachzutragen, was aus der Intrige Bormanns wurde. Wahl gelang es, in Berlin bis zu Hitler vorzudringen und ihn in einem günstigen Moment umzustimmen. Oberbürgermeister Mayr durfte bleiben, aber das erwünschte Schriftstück erhielt er natürlich nicht. Auch wurden er und Wahl bei der Vorplanung nicht mehr hinzugezogen. In Hermann Giesler fand Hitler einen Architekten, der seine Intentionen aufs genaueste erfaßte und verwirklichte. Der erste Entwurf für das Forum glich allerdings allzu sehr dem geplanten Weimarer Projekt, das auch von Giesler stammte. Als Hitler das monierte, gab Giesler dem Turm eine barocke Bekrönung, und Hitler war begeistert. Beide kamen dann gemeinsam auf den Gedanken, die freien Mauerflächen mit farbigen Fresken zu versehen, und Hitler war jetzt ganz und gar entzückt, daß sein Forum eine alte Tradition schwäbischer Baumeister aufgriff. Finanziert wurde das Projekt übrigens durch eine Zurückstellung aller Wohnbauten. Wahl rechtfertigte das in einem großen Aufsatz, in dem er ungefähr schrieb, daß Miethäuser schließlich immer gebaut werden könnten, Monumente solchen historischen Rangs aber nur zu Lebzeiten des größten Deutschen aller Zeiten.

12. März 1948

Einige Tage nicht geschrieben. Ich fühle mich unsicher und verausgabt. Bin deshalb ganz froh, daß heute die Gartenarbeit wieder begonnen hat. Das Gras grünt, Roßmist und Kunstdünger sind angefahren, die Spatzen lärmen. Ich stürzte mich, als wir heute morgen in den Garten geführt wurden, gleich auf die Arbeit.

Auf der anderen Seite legten Neurath und Dönitz erste Beete an, Raeder streute Kunstdünger, Schirach verteilte ihn mit dem Rechen. Unbeteiligt wie immer saß Heß auf seiner Bank, nur Funk war krankheitshalber im Bett geblieben. Ich selber begann damit, Laub aus den Blumenbeeten zu rechen. Überall kamen erste Unkrautspitzen aus der Erde. Ich trug das Laub zu einer Feuerstelle, Long, Hawker und Dackerman waren unterdessen damit beschäftigt, dürres Gras anzuzünden. Raeder schleppte mit einer Gießkanne Düngemittel aus dem Keller, die Schirach auf die Schubkarre lud und zum Feld karrte.

Nach einer Stunde gab Dönitz die Arbeit auf; anschließend saß er auf der Bank, mit dem Rücken gegen den Nußbaum, und führte mit Dackerman lange Gespräche. Auch ich war schnell müde geworden und ging spazieren. Bei einer meiner Runden besuchte ich Heß auf seiner Bank; er hatte Schmerzen. »Heute nichts mit einem Gespräch?« Heß schüttelte stumm den Kopf.

16. März 1948

Nachts lebhaft geträumt. An einem blauen Abendhimmel steigt eine Lerche hoch. Nach einiger Zeit kommt sie zu mir herübergeflogen. Sonderbar zutraulich setzt sie sich zu mir. Erst beim Aufwachen fällt mir auf, daß sie groß war wie eine Eule. Sie hat übrigens mit mir gesprochen, freundlich natürlich. Aber ich habe vergessen, was sie mir sagte. Gefühl, als sei es eine wichtige Botschaft gewesen.

Früher sind mir Angstträume, in denen ich hundertmeterweise an endlosen Häuserfronten entlang abstürzte, öfter begegnet. Hier in Spandau bleibe ich davon verschont. Meine Träume sind

überwiegend angenehm, schon weil sie meist in der Freiheit spielen. Das Traumerleben schafft offenbar ein Gleichgewicht zur Wirklichkeit. Es hat Kompensationscharakter. Hier träume ich folglich oft von einfachen Spaziergängen in einem anmutigen Phantasieland, vielfach bei farbigen Sonnenuntergängen.
Überhaupt verdrängen Natureindrücke solche der Kunst. In den Palazzo Ducale in Urbino, der einen so überwältigenden Eindruck auf mich gemacht hatte und mir sowohl der Gesamtanlage wie den verfeinerten Einzelheiten nach immer wie die Inkarnation all dessen erschienen war, was ich einst selber zu leisten erhoffte, kehrte ich träumend nie zurück. Aber die Landschaften meiner Jugend, das Neckartal, die Alpengletscher, die melancholischen Havelseen sind mir fast zum Greifen nahe.

26. März 1948
Seit Tagen scheue ich mich, den Augsburg-Bericht zu lesen. Dabei beunruhigt mich, daß ich ihn nun schon so lange versteckt mit mir herumschleppen muß. Aber Unlust, Skepsis und Müdigkeit. Tatsächlich fühle ich mich elend. Auch habe ich ständig an Gewicht verloren. Heute mein bisher tiefstes Gewicht mit 66,5 Kilo. Das sind über vierzig Pfund unter Normalgewicht. Viel weniger darf es nicht werden. Überlege, ob ich es mir weiter leisten kann, dem immer hungrigen Dönitz von meinem Brot abzugeben. An der gereizten Stimmung der anderen kann ich studieren, wie sehr Hunger an den Nerven zehrt.

29. März 1948
Ich lebe in verschiedenen Sphären. Inzwischen habe ich mir angewöhnt, die Spandauer Umgebung in meiner Gefühlswelt zurückzudrängen; sie ist unwichtig. Viel wichtiger ist die Sphäre meiner Wachträume, in der ich mit meiner Familie verkehre, der Zeit und den Plätzen meiner Jugend verbunden bin und durch Gegenden ziehe, die voller Tempel, voller Paläste, Brunnenanlagen und Skulpturen sind. Gegensatz zu meinen Nachtträumen.
Am wichtigsten ist mir aber inzwischen die Welt der Bücher. Der verbannte Macchiavelli hat, von Freunden und Bekannten gemieden, in buchstäblichem Sinne seine Bücher zu Gast geladen, sich zum abendlichen Umgang mit ihnen feierliche Gewänder

angezogen und Kerzen entzündet. Das kann ich zwar nicht. Aber wenn um sechs Uhr nachmittags der Riegel zur Zellentür vorgeschoben ist, bin ich zufrieden. Ich weiß, daß ich für vier Stunden mit meinen Büchern allein bleibe.

2. April 1948
Endlich das Augsburg-Kapitel im Zusammenhang gelesen. Das Papier hat sich durch die Aufbewahrung im Stiefel oder in der Unterhose fast aufgelöst. Das Entziffern macht große Mühe. Verstärkte Unsicherheit. Es scheint mir, daß ich zwar den Verlauf zutreffend erzählt, das Wesentliche aber verfehlt habe. Der erste und äußerlichste Einwand ist: wenn ich an jedes Erlebnis mit Hitler so viele Seiten wendete, bräuchte ich einige tausend Seiten. Gravierender ist, daß ich ganz naiv im Episodischen hängengeblieben bin, im Anekdotischen scheint nur selten und ansatzweise das Typische durch. Auch ist bei jenen Augsburg-Reisen sicherlich über politische Probleme gesprochen worden; doch sind sie mir nicht in der Erinnerung geblieben. Will ich ein Zeuge jener Jahre sein, darf ich mich nicht in jener Architekten-Welt verlieren und Hitler als einen großen Bauherrn zeichnen, der gleichsam nebenbei auch noch Politiker gewesen ist. Wahrscheinlich muß ich mir vorher einen Plan machen, der den Stoff organisiert; vorher sollte festgelegt sein, worauf die Gewichte zu legen sind und welchen Platz ich den einzelnen Ereignissen und Aspekten einräumen will. Das müßte mir, dessen Stärke immer im Organisatorischen gelegen hat, eigentlich möglich sein. Ob es schriftstellerisch reicht? Da bin ich noch am ehesten zufrieden. Wichtig scheint mir, daß ich Spontaneität entwickle und nicht zu abstrakt erzähle. Beispielsweise ist mir unklar, ob die Gespräche in der Hotelhalle für den Leser verständlich und anschaulich sind.

Beruhigend bei alledem ist, daß mir voraussichtlich nahezu zwei Jahrzehnte für dieses Buch zur Verfügung stehen: eine Beruhigung, die mich zugleich lähmt. Jedenfalls aber werde ich einige Zeit warten, um etwas Abstand zu gewinnen. Noch sind die Ereignisse nah und zu quälend.

3. April 1948
Heute Vlaer das Zeichen gegeben. Viele Bogen. Aber alles ging gut.
10. April 1948
Diese Jahre sind nicht nutzlos. Was überhaupt wäre nutzlos? Verlorene Zeit gibt es nicht. Bei der täglichen Lektüre bemerke ich, über welchen geringen Fundus ein zur Technik erzogener Mensch verfügt. Wie wenig er wirklich weiß und wahrnimmt. Sehnsüchtig sehe ich dem Tag entgegen, an dem ich ausfindig machen werde, ob nach diesen Jahren meine Erlebniskraft stärker geworden ist.
Der Ausgang des neunzehnten Jahrhunderts war bisher mein bevorzugtes Gebiet: Zola, Strindberg, Dostojewski, Tolstoi. Jetzt habe ich mich der italienischen Renaissance zugewendet. Ich lese nicht nur kunst- und kulturgeschichtliche Arbeiten, sondern auch zeitgenössische Quellen, Chroniken, Dichtungen und philosophische Abhandlungen. In der Spandauer Stadtbibliothek gibt es vierzigtausend Bücher. Und wie ein Student habe ich einen langfristigen Stundenplan zurechtgelegt: für die nächsten ein bis zwei Jahre will ich bei der Renaissance bleiben, dann Altertum, frühchristliche Zeit, und vielleicht nehme ich mir am Ende das Barock vor. Ein Programm für zehn Jahre! Zum Abschluß möchte ich wohl einen Aufsatz über die Architektur Giottos schreiben, wie er sie in seinen Fresken dargestellt hat. Hundert Jahre vor Brunnelleschi, der für die Kunstgeschichte allgemein als der erste Renaissancebaumeister gilt, sind hier wesentliche Elemente der Renaissancearchitektur vorgebildet. Überhaupt reizte mich das Thema »Architektur in Gemälden«. Denn auch das Nichtgebaute ist Teil der Architekturgeschichte; und wahrscheinlich läßt sich daran der Geist einer Epoche, ihr eigentümlicher Bauwille besser zeigen als am tatsächlich Errichteten, das häufig durch Geldknappheit, eigensinnige oder unbewegliche Bauherren sowie durch Vorurteile verfälscht wurde. Auch die Zeit Hitlers ist reich an ungebauter Architektur. Was für ein anderes Bild wird entstehen, wenn ich eines Tages aus meinen Schubladen all die Pläne und Modellfotos hole, die in diesen Jahren entstanden

sind. Ich ziehe aus den Büchern wöchentlich etwa zehn eng beschriebene Seiten für meine späteren Arbeiten aus.

25. April 1948

Drei Monate lang jeden Sonntag ein bis zwei Stunden an einer größeren Zeichnung gearbeitet. Heute fertig. Zwei Säulen eines zerfallenen Tempels der griechischen Welt, davor eine trauernde Frau. Die Sonne ist aufgegangen und beleuchtet schon die Kapitelle. Bald wird sie mit ihrem Licht die Ruine erfassen, die Frau wird sich aus der Starre der Nacht aufrichten. Die Zeichnung habe ich für den Geburtstag meiner Mutter bestimmt.

27. April 1948

Wir bauen unter der Leitung unseres Gartenmeisters Neurath Gemüse an; Chicorée und Radieschen sind bereits geerntet. Zwei Mistbeete mit Glasfenstern aufgebaut. Nun richte ich einen Teil des Treibhauses her. Dabei bin ich Maurer, Zimmermann, Glaser und Bauleiter. Durch die Arbeit im Freien fühle ich mich gesund, mein Oberkörper ist gebräunt. Nachts schlafe ich fest, wache morgens frisch und ausgeruht auf. Die überlangen Schlafenszeiten während der Nürnberger Untätigkeit sind verschwunden.

Zum ersten Mal in meinem Leben arbeite ich für längere Zeit körperlich. Und schon nach wenigen Tagen sehe ich mich in der Gefahr, weit über das vorgeschriebene und wohl auch zuträgliche Maß hinauszugehen. Abends oft Kreuzschmerzen. Zerschlagen, aber zufrieden.

29. April 1948

Immer noch angestrengt und bis zur Erschöpfung im Garten. Ich wundere mich selber über meinen Furor. Dabei kennzeichnet er schon lange meine Art zu arbeiten. Nur anfangs, als Schüler, als Student und als junger Architekt, war das anders. Aber bald, nachdem Hitler gleichsam von mir Besitz genommen hatte, geriet ich in jenen hektischen und narkotischen Arbeitsrausch, den ich dann wie eine Droge brauchte. Selbst während der kurzen Ferienreisen versuchte ich, durch stundenlanges Herumfahren von Stadt zu Stadt, durch die Besichtigung immer neuer Kathedralen, Museen, Tempel oder Türme den erwünschten Zustand abend-

licher Erschöpfung zu erreichen. Mein Verhältnis zur Arbeit ist ein Suchtproblem.
Natürlich forderte meine Tätigkeit als Rüstungsminister alle Reserven von mir. Nur durch ein Übermaß persönlichen Einsatzes konnte ich den fehlenden Überblick, die unzureichenden Kenntnisse ersetzen. Von morgens bis in die Nacht, selbst während der hastigen Mahlzeiten, hielt ich wichtige Unterredungen ab, diktierte, beriet, entschied. Von Besprechung zu Besprechung sprangen die Themen von einem Problem zum anderen, oft waren Augenblickslösungen, oft Entscheidungen von größter Tragweite zu treffen. Ich überstand diesen Hexenkessel wohl nur, weil ich alle zwei Wochen für einige Tage in bombengeschädigte Betriebe, zu Frontstäben oder Baustellen fuhr, um neue Eindrücke zu sammeln, an die Praxis heranzukommen. Das vermehrte zwar die Arbeitsleistung, gab mir aber frische Energie. Im ganzen liebte ich es, mich zu verausgaben, bis an die Grenzen der Kraft zu gehen. Darin unterschied ich mich im Wesen von Hitler, der die durch den Krieg erzwungene Dauertätigkeit für ein schreckliches Joch hielt, aus dem er sich immer wieder in die Bequemlichkeit früherer Jahre zurücksehnte.

5. Mai 1948
In Spandau können uns ohne Ausweis nur die Vögel besuchen. Die tiefschwarzen russischen Saatkrähen sind krächzend nach Osten abgezogen, ein Dutzend deutscher Nebelkrähen hat die Plätze eingenommen. Sie tragen erbitterte Kämpfe um die Vorherrschaft mit einem Turmfalkenpaar aus, das sich neuerdings in einer Dachnische zum Nisten niedergelassen hat. Ein Wildtaubenpaar, das schon im letzten Sommer hier war, ist erschöpft vom Winter in Marokko zurückgekommen; es gibt einige Kohlmeisen, zwei Elstern, und neulich gingen sogar zwei Rebhühner im Garten spazieren. Ein Nachbar irgendwo in Spandau muß Tauben halten. Von Zeit zu Zeit lassen sie sich auf der sechs Meter hohen roten Backsteinmauer nieder und sehen unserem Treiben zu. Um das ländliche Idyll zu vervollständigen, bellen sich in der Ferne einige Hofhunde an.
»Kommt mal alle her. Ich habe was Wichtiges zu sagen«, ruft

Funk uns zu. »Die Welt ist schlecht. Alles ist Betrug. Selbst hier!« Erwartungsvoll kommen wir heran. »Zweihundert Stück sind garantiert! Aber wer hat es je gezählt? Ich! Ich habe mir die Mühe gemacht. Und – es sind nur hundertdreiundneunzig.« Auf unsere ratlosen Gesichter hin sagt er: »Das Klosettpapier natürlich.« Der sowjetische Gefängnisdirektor, ein kleiner energischer Mann, dessen Namen wir nicht kennen, erscheint. Wir gehen auseinander. »Warum sprechen? Sie wissen, das verboten!« Er zieht ab, taucht aber kurze Zeit danach wieder überraschend im Garten auf. Dieses Mal werden Funk und Schirach beim Sprechen ertappt und verwarnt. Schirach meint höhnisch: »Das ist die ›Diktatur des Proletariats‹.«

11. Mai 1948

In all der Nähe, die das Zusammenleben notgedrungen mit sich bringt, haben wir die privaten Sphären bisher ausgespart. Prinzipiell ist der familiäre Bereich kein Gesprächsgegenstand. Ein Versuch, einen Rest von Distanz zu wahren.

Schirach durchbrach heute erstmals diese ungeschriebene Regel. Während wir gemeinsam ein Mistbeet zubereiteten, erzählte er von seinem Elternhaus in Weimar und seiner Kinderzeit. Sein Vater war dort Theaterdirektor, über Hitlers Theaterleidenschaft kam der Kontakt zum Vater zustande. Schon bald war Hitler, so oft er Weimar besuchte, im elterlichen Hause. Und schon der Halbwüchsige begleitete den Besucher mitunter ins Theater. Eine Gießkanne in der Hand, erinnerte sich Schirach an Hitlers erstaunliche Bühnenkenntnisse, an sein Interesse für den Durchmesser von Drehbühnen, Versenkmechanismen und besonders für die verschiedenen Beleuchtungstechniken. Er kannte alle Steuerungssysteme und konnte sich bis ins Detail über die richtige Beleuchtung für bestimmte Theaterszenen verbreiten. Ich hatte das auch erlebt. Mehr als einmal war ich dabei, wenn er mit Benno von Arent, dem von ihm zum »Reichsbühnenbildner« ernannten Ausstatter von Opern und Operetten, die Szenerie Wagnerscher Werke besprach. Zu gerne hätte Hitler Emil Preetorius, der traditionsgemäß die Ausstattung der Bayreuther Festspiele besorgte, durch den pathetischen, auf stärkere

Effekte abzielenden Arent ersetzt. Aber in diesem Fall blieb Winifred Wagner störrisch und tat, als bemerke sie Hitlers Absichten nicht. Zum Ausgleich erhielt Arent anderswo Aufträge zu Inszenierungen, die Hitler aus seiner Privatschatulle finanzierte. Einmal, in der Reichskanzlei, ließ er aus seinem Schlafzimmer sauber ausgeführte und mit Farbstiften kolorierte Bühnenentwürfe für alle Akte von *Tristan und Isolde* holen, um sie Arent als Anregung zu übergeben. Ein andermal zeichnete er für Arent Entwürfe für sämtliche Szenen des *Ring des Nibelungen*. Voller Genugtuung erzählte er bei der Mittagstafel, wie er drei Wochen lang Nacht für Nacht darüber gesessen habe, was mich besonders verwunderte, weil der Terminkalender Hitlers gerade in diesen Tagen durch Besucher, Reden, Besichtigungen und andere öffentliche Veranstaltungen reich besetzt war. Ein andermal, als Arent damit beauftragt war, die *Meistersinger von Nürnberg* als Eröffnungsveranstaltung des Parteitages zu inszenieren, nahm Hitler erneut besonderen Anteil an jeder Einzelheit, überlegte, welches Mischlicht für die Mondszenen zu Ende des zweiten Aktes am besten geeignet sei, schwärmte im voraus über die vermutete Farbenpracht der Schlußszene auf der Meistersingerwiese und über die Romantik der kleinen Giebelhäuser vor der Schusterstube des Hans Sachs. »Illusionen müssen wir den Massen bringen«, sagte er einmal im Jahr 1938, nachdem er mit dem Beauftragten der SA Einzelheiten des Aufmarsches in der Luitpold-Arena besprochen hatte, »Illusionen brauchen sie nicht nur im Kino und im Theater! Vom Ernst des Lebens haben sie sowieso genug. Gerade weil das Leben ernst ist, müssen die Menschen über den Alltag hinausgehoben werden.«

Zweifellos waren Hitlers Bühnenbildideen nicht auf der Höhe der Zeit, aber sicher gaben sie genau Richard Wagners Anweisungen wieder. So rücksichtslos Hitler störende Traditionen auf die Seite räumen konnte, in der Auslegung Wagnerscher Opern war er konservativ und sah in kaum sichtbaren Modernisierungen bereits gefährliche, gründlich zu überdenkende Eingriffe. Nicht zuletzt, um die Tradition zu wahren und Neuerer nicht zum Zuge kommen zu lassen, schaltete er sich auch in die Besetzung aller wichtigen Theaterposten ein. Noch im August 1942 erzählte er mir, daß er sich gerade für Karl Elmendorff als Direktor der Dresdner Staatsoper entschieden habe. Selbst eine so unbedeutende Angelegenheit wie im April 1936 die Erklärung Furtwänglers, daß er ein Jahr lang (außer in Bayreuth) nicht dirigieren werde, ließ Hitler sich zur Genehmigung vorlegen.

Unser Gespräch, wenn auch der Wachen wegen halblaut geführt, war lebhaft geworden. Nebeneinander im Beet kniend, fielen uns immer neue Anekdoten zur Theatermanie Hitlers ein, die uns einst ein Beweis für sein universales Genie dünkte, heute aber eher fremdartig und unreif vorkommt. Schirach wußte beizusteuern, wie Hitler sich über die Eitelkeit der Dirigenten ereiferte, daß er Knappertsbusch für einen Militärkapellmeister gehalten habe, Karajan ablehnte, weil er ohne Partitur dirigierte und folglich unfähig sei, »Umschmisse« abzufangen; das sei dem Publikum wie den Sängern gegenüber äußerst rücksichtslos. Er meinte auch, Hitler hätte vermutlich eingegriffen, wenn nicht Karajan durch Göring protegiert worden wäre, so wie Knappertsbusch den Schutz Eva Brauns hatte, die für das männliche Aussehen des Dirigenten mädchenhaft schwärmte. Zu den Entbehrungen, die ihm der Krieg auferlegte, zählte Hitler vor allem immer wieder den Verzicht auf diese ganze Theaterwelt; Goebbels fragte er bei seinen Besuchen im Führerhauptquartier, ebenso wie Schaub, wenn er von seinen Reisen nach Berlin zurückkehrte, zuerst nach dem Befinden seiner Lieblingssänger. Er war begierig auf Klatschgeschichten, und die Zerstörung eines Opernhauses schmerzte ihn mehr als die Zerbombung ganzer Wohnviertel. Zu Schirach hatte er sogar einmal gesagt, er liebe Bayreuth so sehr, daß er sich gern der Vorstellung hingebe, wie er in der kulturell so hochstehenden, vom Geist Richard Wagners geprägten Kleinstadt seinen Lebensabend verbringe.

13. Mai 1948

Schirach fragte mich heute, wieder im Beet, woher Hitler eigentlich die außerordentlichen Beträge für seine Privatschatulle genommen habe; ob denn die Einnahmen aus *Mein Kampf* für die

Fülle der Ausgaben gereicht hätten. Immerhin habe Hitler aus diesen Mitteln nicht nur Inszenierungen und Theaterneubauten finanziert, sondern damit auch junge Künstler unterstützt, eine umfangreiche Gemäldesammlung aufgebaut und schließlich den luxuriösen Berghof mit dem Teehaus und dem Adlerhorst auf dem Kehlstein daraus bestritten. Gemeinsam rechneten wir die Einnahmen durch und kamen auf eine Summe, die diesen Aufwand bei weitem nicht deckte. Dann fiel mir die Geschichte mit der Briefmarke ein: sein Leibphotograph Hoffmann hatte Hitler eines Tages darauf aufmerksam gemacht, daß er eine Lizenzgebühr für die Verwendung seines Kopfes auf jeder Marke verlangen könne, und Hitler hatte ohne Zögern zugegriffen. Als dritte Einnahmequelle stand ihm schließlich die von Bormann erfundene »Adolf-Hitler-Spende der Industrie« zur Verfügung, die dem privaten Dispositionsfonds weitere Millionen zuführte. Jedes Jahr einmal lud Hitler diejenigen Unternehmer, die sich besonders generös gezeigt hatten, zu einem abendlichen Fest in die Reichskanzlei ein, wo nach dem Staatsdiner die besten Sänger und Sängerinnen der Berliner Opern ein Galaprogramm vortrugen. 1939 war ich dabei, als ihm einige führende Industrielle eine Kassette mit Originalpartituren Richard Wagners anläßlich von Hitlers fünfzigstem Geburtstag zum Geschenk machten: darunter immerhin die vierbändige *Rienzi*-Handschrift sowie die Partituren von *Rheingold* und *Walküre*. Besonders erregte ihn die Orchesterskizze zur *Götterdämmerung*, die er den Anwesenden Blatt für Blatt, mit kennerischen Kommentaren, vorzeigte.[2]) Bormann verfehlte nicht, Hitler darauf hinzu-

---

2 Wie mir Frau Winifred Wagner am 17. September 1973 mitteilte, hatte sie sich gegen Kriegsende bei Hitler darum bemüht, diese wertvollen Manuskripte nach Bayreuth zu verlagern. Hitler jedoch stand auf dem Standpunkt, daß er sie weit sicherer aufgehoben habe, als sie das je vermöchte.
Es handelt sich um folgende Manuskripte:
1. Original-Partitur der *Feen*.
2. Original-Partitur des *Liebesverbots*.
3. Original-Partitur des *Rienzi* (4 Bände).

weisen, daß die Sammlung fast eine Million Mark gekostet habe.

Schirach beendete unsere Unterhaltung mit einem Seitenhieb auf Göring. Hitler habe immerhin alle seine Mittel für künstlerische Zwecke ausgegeben; Göring dagegen, der die Industrie genauso erpreßte, habe alles immer nur für seine eigenen Luxusbedürfnisse zusammengerafft. Hitler habe bis zum Schluß im persönlichen Bereich etwas Asketisches gehabt; Göring dagegen sei ein nichtsnutziger Prasser gewesen.

Darauf einigten wir uns.

15. Mai 1948

Für den ersten Besuch meiner Frau ist durch Addition der im Spandauer Jahr aufgelaufenen vier Viertelstunden eine Sprechdauer von einer Stunde genehmigt worden. Eine private Atmosphäre wird nach den Erfahrungen, die ich bei dem Besuch von Flächsner gemacht habe, nicht möglich sein. So bleibt das reine Wiedersehen. Kaum habe ich die Genehmigung, als mich Ängste befallen, daß sie bei der Reise durch die Ostzone verhaftet werden könnte. Pastor Casalis bitte ich, meiner Frau auszurichten, daß sie auf keinen Fall kommen dürfe.

16. Mai 1948

Gestern abend im Bett noch einmal über das Gespräch mit Schirach nachgedacht. Sehr befreiend, endlich einmal mit einem Mitgefangenen eine sachliche Unterhaltung geführt zu haben, abseits von allem Gefängnisalltag. Auch war es das erste ungereizte Gespräch über Hitler und die Vergangenheit seit Monaten.

4. Original-Partiturreinschrift des *Rheingold*.
5. Original-Partiturreinschrift der *Walküre*.
6. Original-Zweitschrift der Orchesterskizze des *Siegfried* III.
7. Abschrift der Orchesterskizze der *Götterdämmerung*, von Richard Wagner, Hans Richter und mehreren Kopisten gefertigt.
8. Orchesterskizze des *Fliegenden Holländer*.

Vielleicht wird durch diese Aufstellung ein Leser auf eine Spur gelenkt, die es ermöglicht, wenigstens einen Teil dieser verlorengegangenen Dokumente dem Bayreuther Richard-Wagner-Archiv zuzuführen.

Es kommt mir allerdings so vor, als hätten wir uns allzu ausschließlich auf Hitlers Verhältnis zu Wagner konzentriert. Ebenso wie dessen große Opern liebte er aber die Operette. Für ihn war Franz Lehár in allem Ernst einer der größten Komponisten der Musikgeschichte. Seine *Lustige Witwe* rangierte für Hitler gleichrangig neben den schönsten Opern. Desgleichen waren *Die Fledermaus, Der Vogelhändler* oder *Der Zigeunerbaron* für ihn unantastbares deutsches Kulturgut. Als ihm der siebzigjährige Lehár nach einer Vorstellung der *Lustigen Witwe*, die er vor Hitler dirigiert hatte, vorgestellt wurde, äußerte sich Hitler noch Tage nachher beglückt über dieses bedeutungsvolle Zusammentreffen. Wie die Operette liebte er auch das Ballett, äußerte sich aber mit Abscheu über die Schaustellung der Tänzer in ihren enganliegenden Trikots: »Ich muß da immer wegsehen«, äußerte er angewidert. Den modernen Ausdruckstanz dagegen, wie ihn Mary Wigman oder die Palucca kreiert hatten, nannte er kurzerhand eine Kulturschande. Goebbels habe ihn einmal, so erzählte er mir, dazu überredet, in eine solche Vorführung zu gehen; nie mehr werde er sich dazu hergeben. Da seien doch die Geschwister Höppner von der Städtischen Oper was anderes, geradezu der Inbegriff der Schönheit. Oft lud er sie denn auch zum Tee in seine Privaträume und hielt selbst in meiner Gegenwart wie ein verschwärmter Schüler die links und rechts von ihm auf dem Sofa sitzenden Geschwister bei der Hand. Eine Zeitlang schwärmte Hitler sogar für eine amerikanische Tänzerin, die damals nahezu unbekleidet in München auftrat. Durch den Münchner Gauleiter Adolf Wagner ließ er sie zum Tee ins Künstlerhaus bitten, neben Unity Mitford war sie die einzige Ausländerin, die je in seinem Kreis Aufnahme fand. Hitler ließ keinen Zweifel daran, daß er sie schon erobern wollte, wenn ihn sein verfluchtes Amt nicht daran hinderte.

28. Mai 1948

Traum der letzten Nacht: Unser Dackel kommt aus dem Wald, eine Seite ist aufgerissen, die Knochen schauen heraus. Der Dackel leckt meine Hand, ich weine.

8. August 1948
Einen Monat an einer minuziösen Zeichnung gesessen: Das zerstörte Lebenswerk darf nicht Ende aller Hoffnungen sein. Eine Holzbaracke zeigt meine neuen Maßstäbe. Die Säulen des Portikus der Großen Halle hatten dreißig Meter Höhe. So stellte ich sie mir nun als Ruinen vor. Meine Frau und ich im Vordergrund. Die Köpfe mit einem Trauertuch bedeckt.
Leider haben die Direktoren meinen Antrag abgelehnt, die Zeichnung nach Hause senden zu dürfen. Nur Briefe seien erlaubt.

24. August 1948
Drei Monate lang keine Notiz abgeworfen. Alarmierendes Zeichen. Läßt meine Spannkraft nach? Anhaltender Hunger, Schlappheit. Wieder etwas Gewicht verloren. Immer noch werden die Mahlzeiten nach den deutschen Rationen bemessen. Seit einiger Zeit ist es verboten, die von uns angepflanzten und geernteten Gemüse in die Gefangenenküche zu geben; sie gehen nun an die Angestelltenmesse. Ich helfe mir durch Rohkost. Von Rotkohl, Salaten und Kraut esse ich die jüngsten, zartesten Blätter; Karotten, Blumenkohl und neue Kartoffeln schmecken auch ungekocht. Natürlich ist auch das verboten, aber die Wärter sehen zur Seite, selbst einige der Russen. Neulich aber wurde ich von Taradankin, der besonders scharf ist, beim Entwenden von Blumenkohl zum dritten Mal ertappt. Die Direktoren haben acht Tage Einzelhaft verordnet. Ich darf weder lesen noch schreiben. Heute ist die Strafe abgelaufen.
Robert Dackerman, ein jüdischer amerikanischer Wärter, der besonders fürsorglich ist, bemüht sich, unsere Ernährung auf eigene Faust zu verbessern. Vor einigen Tagen zündete er im Garten ein Feuer an, um Frühkartoffeln zu braten. Sie schmeckten, zusammen mit selbstgezogenen jungen Zwiebeln und Salatherzen, so gut wie einst die besten Delikatessen bei Horcher. Nach einiger Zeit kam Taradankin in den Garten, untersuchte sorgfältig die Feuerstelle und entfernte übelgelaunt die letzten Kartoffeln.

25. August 1948
Heute hat Dackerman dem Koch Pulver für einen großen Topf Erbsensuppe mitgebracht. Den ganzen Nachmittag über glücklich und faul. Wir legten, die Völlerei immer weiter treibend, mit Unterstützung des englischen Wärters Pease wieder ein Feuer an, brieten frische Kartoffeln.

26. August 1948
Seit unserem Tête-à-tête im Mistbeet vor einigen Monaten hat sich meine Beziehung zu Schirach immer mehr entkrampft. Heute erzählte er mir von einem bemerkenswerten Affront Hitlers gegen die HJ im Frühsommer 1938. Nach einem Besuch in Dessau zur Einweihung des neuen Opernhauses hatte Hitler einen Vorbeimarsch abgenommen. Kurz zuvor hatte er aus außenpolitischen Gründen angeordnet, daß die Hitlerjugend an öffentlichen Aufmärschen nicht mehr teilnehmen dürfe: im Ausland waren wiederholt Berichte erschienen, wonach sie eine vor- und halbmilitärische Vereinigung sei. Nun sah er, wie nach dem Vorbeimarsch anderer Organisationen am Ende der Straße Einheiten der HJ heranrückten. Vor allen Würdenträgern habe er, erzählte Schirach weiter, seinen Adjutanten Schaub angebrüllt, dann habe er dem Gauleiter Jordan den Befehl erteilt, die Hitlerjugend auf der Stelle umkehren zu lassen. Kaum hundert Meter vor dem Auto Hitlers wurden daraufhin Tausende von Jugendlichen, die weither vom Lande und aus den Kleinstädten herangefahren worden waren und stundenlang gewartet hatten, angehalten und zurückgeschickt. Der Skandal, die Desavouierung des Gauleiters, die Enttäuschung der Jungen – das alles sei Hitler völlig gleichgültig gewesen. Schirach sah darin einen Beweis für die Unbeherrschtheit Hitlers, aber ich widersprach. Mir scheint viel eher, daß auch das ein berechneter Ausbruch war. Hitler versprach sich davon eine strengere Beachtung seiner Anordnungen, eine peniblere Ausführung seiner Befehle. Denn er konnte davon ausgehen, daß der Vorfall sich mit Windeseile im Führerkorps der Partei herumsprechen würde. Was zählten da ein paar Enttäuschungen und der Skandal in einer sächsischen Kleinstadt!

29. August 1948
Heute, viertel nach fünf, Buchausgabe. Die Bibliothek, eine leere Zelle, wird aufgeschlossen. An einer Seite Regale mit unseren privaten Büchern, die wir von Nürnberg mitgebracht haben. Den Hauptanteil stellt Heß, der sich in England von den Bezügen eines gefangenen Hauptmanns eine stattliche Anzahl sogar bibliophiler Ausgaben kaufen konnte. Raeder nimmt am Tisch Platz, während Heß hinzutritt und meldet: »Nummer sieben! Ich gebe zurück: Zinner, *Sternglaube und Sternforschung.*« Seine Nummer nennt er, weil Raeder ihn mehrmals damit angesprochen hat. Anschließend prüft Heß die Bücherliste. Unterdessen gibt Schirach Bernauers *Theater meines Lebens* zurück. Raeder notiert eifrig. Da Heß sich immer noch nicht entschlossen hat, wird Raeder ungeduldig. »Sind Sie jetzt endlich fertig?«, fragt er. Heß entscheidet sich für ein Buch mit dem Titel *Die Schule der Gefahr,* den Einwand, es enthalte aber nur Berggeschichten, weist er unwirsch zurück: »Macht nichts!« Draußen auf dem Gang sagt Dönitz zu mir, wenn er Wächter wäre, hätte er meine Hosentaschen inspiziert; mein Verhalten sei nervös, auffällig gewesen. Möglichst gleichgültig gebe ich mich erstaunt. Aber vielleicht bin ich wirklich zu sorglos geworden und mache mich verdächtig. Denn in der rechten Tasche, eingewickelt in mein Taschentuch, hatte ich die Aufzeichnungen der letzten Tage.

30. August 1948
Oft höre ich ganz nahe die Dampfpfeifen der Schlepper auf der Havel. Ein Geräusch, das mich wehmütig macht. Gleichzeitig bringt es mich auf den etwas absonderlichen Gedanken, ob einer unserer Söhne nicht Schiffer werden sollte: ich male mir das freie und ungebundene Leben an Bord eines eigenen Schleppzuges aus.
Gerade gestern vor zwanzig Jahren bauten wir etwa tausend Meter von dieser Zelle entfernt am Spandauer Schiffahrtskanal die zwei Faltboote auf und begannen unsere Hochzeitsreise auf der Havel, die uns bis zum mecklenburgischen Müritzsee führte. Das war bezeichnend für unsere Gefühlswelt und zugleich für die Zivilisationsfeindschaft unserer Generation. Immer träumten

wir damals nur von Einsamkeiten, von Fahrten durch stille Flußtäler, von Wanderungen auf eine Hochalm, von Lagerplätzen auf einer abseits gelegenen Obstwiese. Nie zog es uns nach Paris, London oder Wien, und nicht einmal das antike Rom verlockte uns. Wir zogen – bis 1933 – die schwedischen Schären immer den römischen Tempeln vor.
Ein merkwürdiger Zufall führte mich in den letzten Kriegstagen auf den Weg unserer Hochzeitsreise. Am 24. April 1945, in der Nacht, hatte ich mich von Hitler in seinem Berliner Bunker verabschiedet und war gegen Morgen am Brandenburger Tor mit einem Fieseler »Storch« gestartet. Im zweiten Drittel des Fluges tauchten sowjetische Jäger auf, der Pilot drückte den Aufklärer bis einige Meter über der Oberfläche der mecklenburgischen Seen und der sie verbindenden Kanäle; scharf an den Waldrändern entlang sah ich unter mir eine Wegstrecke meines Lebens vorbeihuschen. Weit, weit.

24. September 1948

In einer Woche sind zwei Jahre überstanden. Ein Zehntel. Es verbleibt ein eigenartiges Gefühl der Leere, als ob diese Jahre nicht vorhanden gewesen seien.
Heute hat der britische Arzt nach gründlicher Untersuchung festgestellt, daß ich völlig gesund bin. In der Tat fühle ich mich in vieler Hinsicht besser als früher, in den Zeiten großer Anstrengungen. Manche nervösen Störungen, die mir einst zugesetzt haben, sind verschwunden. Auch war ich in den dreieinhalb Jahren Gefangenschaft noch nicht ein einziges Mal ernstlich krank. Seit Nürnberg habe ich mich nicht mehr im Spiegel gesehen. Nun entdecke ich im Wasser des Brunnens, daß meine Haare weiß werden. Meine Züge haben sich geschärft. Aber schließlich wird jeder Mensch älter.

26. September 1948

Meine ehemalige Sekretärin, Frau Kempf, ließ mich wissen, daß Otto Saur im Prozeß gegen Krupp am letzten Tag der Beweisaufnahme überraschend als Kronzeuge der Anklage aufgetreten ist. Früher war Saur der schärfste Verfechter von Zwangsmaßnahmen zur Erhöhung der Produktion, ein rücksichtsloser

Antreiber im Bereich der Industrie. Sein charakterloser Opportunismus bereitete mir in der Schlußphase ernste Schwierigkeiten. Nun dient er der Anklage; er ist der gleiche geblieben. Ich wünschte es niemandem, aber wenn einer meiner engeren Mitarbeiter einen Prozeß verdient gehabt hätte, dann ist es Saur.

28. September 1948

Nußernte. Seit einem Vierteljahrhundert wohl kletterte ich zum erstenmal in Nußbäumen herum. Der Wind weht. Die fallenden Nüsse werden von Wärtern aufgesammelt. Aber auch ich komme täglich auf zwanzig bis dreißig Stück. Wenn unser Großadmiral Dönitz verbotenerweise Nüsse ißt, sucht er meist unter einem tiefhängenden Ast Deckung. Kopf und Oberkörper sind dabei im Laub des Baumes verborgen. Aber seine geschäftig schälenden Hände bleiben jedermann sichtbar: wie ein Kind, das sich die Augen zuhält, um unsichtbar zu sein. Die taktische Fehlleistung erregt auch bei den Russen so viel Heiterkeit, daß sie nicht eingreifen.

Das dritte Jahr

20. Oktober 1948
Gleich zu Beginn des dritten Jahres hat sich eines der Gerüchte, wie sie uns eigentlich schon seit Beginn der Gefangenschaft begleiten, bei Frau von Mackensen, der Tochter von Neuraths, eingestellt. Meine Frau hat mir mit schwarzer Post den fraglichen Brief vom 10. Oktober zugesandt: »Vielleicht trage ich Eulen nach Athen, wenn ich Ihnen mitteile, daß unsere Leidensgenossen nicht mehr in Spandau sind, sondern anscheinend seit etwa vier Wochen in einer Seitenstraße des Kurfürstendamms in einer vergitterten Villa, vor der englische Wachen stehen. Ich habe diese Nachricht nun von vier verschiedenen Seiten erhalten und heute von einem Herrn aus Nürnberg als authentisch bestätigt bekommen. Die zweite Nachricht, daß sie gestern im Flugzeug abtransportiert wurden, ist vorerst wohl nicht richtig.«
Wir alle knüpfen daran mehr oder weniger kühne Kombinationen.

24. Oktober 1948
Der Sanitäter bringt in einem Korb dreißig neue Bücher der Stadtbibliothek Spandau. Raeder ist mit seinem Hilfsbibliothekar Schirach schon seit einer Stunde damit beschäftigt, die Bücher in ein Register aufzunehmen, das er mit einem Aufwand führt, als ob er statt dreißig Bänden ebenso viele Schlachtschiffe zu verwalten hätte.
Die Auswahl aus dem Spandauer Katalog ist eine der wenigen selbständigen Handlungen, die uns gestattet sind. Funk bestellt meist Werke zur Philosophie, Schirach zur Literatur, Heß zur

Geschichte, die allerdings häufig nicht geliefert werden, ich Arbeiten über Kunst und Architektur.
Zwölf Monate lang lese ich nun täglich vier bis fünf Stunden. Zur Zeit beschäftige ich mich fast nur noch mit der italienischen Renaissance. Es fällt mir immer noch schwer, über allgemeine Wendungen hinweg den Unterschied zu begreifen zwischen der Antike, der Renaissance, dem europäischen Klassizismus und meinen eigenen Bestrebungen. Allenfalls könnte ich sagen, daß Paestum oder die griechischen Tempel auf Sizilien stärker und emotionaler auf mich gewirkt haben als alle italienische Renaissance, ebenso der preußische Klassizismus, allen voran Gilly und Schinkel. Bei Hitler war es ganz anders. Als er von seinem Italienbesuch 1938 zurückkam, erzählte er Abende lang von dem ungeheuren Eindruck, den vor allem die florentinische Renaissance, ihr imperialer Festungsstil, auf ihn gemacht habe. Natürlich hatte er die Schwärmerei von der Antike; einmal im Leben, so sagte er damals, wolle er noch die Akropolis sehen. Aber wie oft fuhren wir über Schinkels Schloßbrücke, an der von ihm geprägten Museumsinsel vorbei, und ich kann mich nicht erinnern, daß er ein einziges Mal die bewunderungswürdige Säulenvorhalle beachtet hätte. Und als ich ihm während des Krieges einmal einen Band über den genial begabten, so früh verstorbenen Gilly überreichte, der mir das eigentliche Genie und Vorbild war, hat er mich nie darauf angesprochen.
Das war das Merkwürdige, daß er selbst in der Architektur mit Preußen nichts anzufangen wußte. Das heute herrschende Vorurteil nennt ihn die Übersteigerung und letzte Konsequenz preußischen Geistes. Nichts ist falscher. Er war auch darin ganz habsburgisch, im Grunde antipreußisch. Am Klassizismus liebte er strenggenommen die Möglichkeit zur Monumentalität. Er war vernarrt ins Riesenhafte. Troost, so scheint mir, hat ihn Anfang der dreißiger Jahre vorübergehend zur Strenge gebracht, und das »Haus der Deutschen Kunst« in München nannte Hitler, seinen wahren Neigungen entfremdet, ein Wunderwerk der neuen Architektur. Aber seine Welt waren Bogengänge, Kuppeln, Geschwungenes, Repräsentation, nie ohne ein Element von Eleganz,

kurz: das Barocke. Das ging bis in die Wiener Ringstraße. So schwärmte er von ihrem architektonischen Reichtum; er griff zu Block und Bleistift, in seinen Skizzen verwandelten sich seine Vorstellungen in gleichbleibende Varianten von sich endlos wiederholenden unprofilierten Gesimsen oder Steinumrahmungen der Fenster, von rechteckigen Säulen und gelegentlich von riesigen Rundbogen-Öffnungen in ungegliederten Baukörpern. Merkwürdig gleichförmig sogar, wenn ich sie mir in das Gedächtnis zurückrufe. Seine Säulen blieben beispielsweise ohne jeden liebenswürdigen Schnörkel, aber er lobte mich wegen der vergoldeten Kapitelle in der neuen Reichskanzlei. Als ich bemerkte, daß ihn mangelnde Phantasie in seinen Skizzen nicht ausdrücken ließ, wovon er in Worten schwärmte, und als er meine »Neue Reichskanzlei« wegen ihres relativen Reichtums über alle Maßen schön fand, versuchte ich, die große Triumphstraße, die der Mittelpunkt der Welthauptstadt Berlin werden sollte, abwechslungsreich zu gestalten, etwa wie ein im Laufe der Jahrhunderte gewachsenes Stadtbild. Es war ein Durcheinander von Stilen. Der von mir konzipierte Führerpalast war eine Abwandlung pompejanischer Ideen zweigeschossiger Säulenhallen mit empirehaften Zugaben aus Gold und Bronze; gleichzeitig entwarf ich für Göring ein Reichsmarschallamt, bei dem mir der Aufbau des florentinischen Palazzo Pitti vorschwebte, mit ausschweifenden barocken Treppenanlagen im Inneren. Die Gruft für die Feldmarschälle war eine Art Nibelungenarchitektur, und beispielsweise das geplante Rathaus mit granitenen Türmen erweckte Erinnerungen an spätmittelalterliche Stadtbilder. Aber, wenn ich es heute überdenke, diese Absicht gelang mir nicht: Eintönigkeit und Leere blieben trotz mancher guter Details vorherrschend. Ungewollte Leere des Ausdrucks. Nichts hätte Hitlers und mein Berlin mit der Strenge und Schmucklosigkeit jenes preußischen Klassizismus zu tun gehabt, der nur aus den Proportionen lebte. Wenn ich es bedenke: er hat mich weit von meinen Anfängen und Idealen weggebracht..

3. November 1948
Wir sind von der Außenwelt abgeschlossen. Keine Zeitungen oder Zeitschriften; selbst historische Bücher werden nur zugelassen, sofern sie die Zeit vor Beginn des Ersten Weltkrieges behandeln. Den Wärtern ist streng verboten, uns über die politischen Ereignisse zu informieren. Es ist ihnen auch nicht erlaubt, uns auf unsere Vergangenheit anzusprechen oder auf unsere Verurteilung hinzuweisen. Trotzdem sind wir ungefähr im Bilde. Gerade eben habe ich durch einen kleinen Trick erfahren, daß gestern bei den Wahlen in Amerika Truman gewählt worden ist. Zu Thomas Letham, dem schottischen Chefwärter mit dem rosigen Kindergesicht, sagte ich beiläufig: »Also ist Truman doch wiedergewählt worden!« Erstaunt sah er auf: »Woher wissen Sie das? Wer hat Ihnen das verraten?« Damit wußte ich es.
Als Weihnachtsgeschenke habe ich mir bei der Familie zwei buntbedruckte Bauerntaschentücher und ein Skizzenbuch bestellt.

21. November 1948
Nun auch im Winter Gartenarbeit. Je nach dem Wetter grabe ich um oder male unsere Halle aus. Zwischen zwei wackelige Leitern lege ich ein Brett, balanciere darauf in zwei Meter Höhe, während die Kalkmilch über Kopf und Hände läuft. Der Spaß vergeht nach kurzem, ich rede mir aber ein, daß es eine Art Gleichgewichtsübung für künftige Wanderungen im Hochgebirge sei. Täglich steige ich wohl hundertmal die Leiter hinauf und herunter. Hundertmal zwei Meter macht zweihundert Meter Höhenunterschied. Gefangenenscherze.
Als ich vor einigen Tagen die Leitern verschob, fiel mir ein schwerer Hammer auf den Kopf, den ich auf die obersten Sprossen gelegt hatte. Die Ärzte schlossen die Wunde mit vier Nadeln.

7. Dezember 1948
Vor sechs Tagen hat uns eine amerikanische Ärztekommission untersucht und anschließend die Rationen erhöht. Wir bekommen Milchsuppen, um uns wieder an kräftige Kost zu gewöhnen. Wegen Widersetzlichkeit erhielt ich wieder einmal für acht Tage Leseverbot. Der Vorteil ist: danach erlebe ich die Welt des *Don Quichotte* um so intensiver. Doch werde ich mich hüten müssen,

im Gefängnis gegen Windmühlenflügel anzugehen. Im ganzen scheint mir der Ton meiner Aufzeichnungen disziplinierter und ruhiger geworden. Auch herrschen die Fragen von Schuld, Verantwortung und Strafe, all diese Selbstrechtfertigungen und Selbstanklagen, nicht mehr wie früher vor. Die abgeleistete Strafe setzt mich zunehmend ins Recht. Während der wochenlangen Beschäftigung mit der Renaissance habe ich nicht ein einziges Mal an Krieg, Rüstung und Verbrechen gedacht. Zugleich wächst das Gefühl, in Spandau eine Art Zuhause zu haben. Auch das ist beängstigend.

28. Dezember 1948

Drei Wochen nichts mehr geschrieben. Aber heute brachte mich eine Neuigkeit ganz durcheinander. Meine Frau schickte mir die Abschrift eines Briefes von Mrs. Alfred A. Knopf vom 28. Oktober aus der Madison Avenue in New York[1]. Die Witwe des berühmten amerikanischen Verlegers, der die Werke von Thomas Mann in den USA herausgebracht hat, möchte meine Memoiren veröffentlichen.

In meiner Isolierung hatte ich ganz das Empfinden dafür verloren, daß die Außenwelt an meiner Person noch interessiert sein könnte. Alles ging so ausgeglichen seinen Gang, und nun diese unglaubliche Unterbrechung. Es stört mich, gibt mir aber zugleich Auftrieb. Nach wochenlangen Träumereien will ich doch in meine Vergangenheit zurückkehren. Durch Vergegenwärtigung und Niederschrift werde ich mir das Material sichern, das ich für das große Buch über Hitler brauche, zu dem jetzt meine Gedanken zurückkehren. In Nürnberg konnte ich eine erste Niederschrift über Hitler abfassen; sie ist bereits durchgesehen und korrigiert. Hier in Spandau muß ich die fertiggestellten Zettel als Kassiber ohne Korrektur absenden. Zu Hause wird

---

1 »Es wird immer klarer, daß zur Zeit von Albert Speer sehr wenig erwartet werden kann und daß die Möglichkeiten, die wir früher diskutierten, nun schwächer sind, als je zuvor. Ich bin immer noch interessiert, aber wenn wir zu lange warten müssen, wird der Stoff nicht mehr die gleiche Wichtigkeit besitzen als noch vor Monaten.«

ein Zettelkasten riesigen Ausmaßes entstehen, den ich später organisieren und als Unterlage verwenden werde.

3. Januar 1949
Aus Andeutungen wissen wir, daß die Allianz zwischen West und Ost zerbrochen ist. Der Konflikt hat zu Streitigkeiten über die Zufahrtswege nach Berlin geführt. Schon seit einiger Zeit soll Berlin blockiert sein. Tatsächlich dröhnen Tag und Nacht die Transportmaschinen über unser Gebäude. Im Garten rätseln wir heute herum, welche Folgen das wohl für uns haben könnte. Dabei setzt sich die Auffassung durch, daß bei einem endgültigen Bruch zwischen West und Ost die Gefangenen an die Nationen zurückfallen würden, die sie gefangengenommen haben. Ich käme folglich an die Engländer. Beruhigende Aussicht.

Mit Funk wusch ich heute im Badezimmer unsere Wäsche. Der Raum war voller Dampf, an den Wänden rann die Feuchtigkeit herunter. Wir gingen lebhaft auf und ab, um uns zu erwärmen, die Holzpantinen klapperten auf dem Steinfußboden. Der britische Wärter Long hatte sich in den Vorraum zurückgezogen. Funks Lieblingsthema ist seit einiger Zeit die Korruption im Dritten Reich. Er erzählte von mehreren Waggons mit Damenstrümpfen und Damenwäsche, die Göring im Sommer 1942 in Militärzügen aus Italien kommen ließ, um sie im Reich auf dem Schwarzmarkt zu verkaufen. Es sei eine regelrechte Preisliste beigefügt gewesen, die den enormen Gewinn erkennbar machte. Ich erinnerte mich dunkel an die Affäre. Aufgebracht hatte Milch mir eines Tages berichtet, daß General Lörzer, der das zweite Luftkriegskommando befehligte, die Großschiebungen zu organisieren hatte. Lörzer war ein enger Freund Görings aus dem Ersten Weltkrieg und hatte wie dieser den »Pour le Merite« als Jagdflieger bekommen. Auch Pilly Körner, Görings Staatssekretär und Stellvertreter im Vierjahresplan, war an diesen Geschäften beteiligt. Das geradezu Erheiternde war, daß es sich meist um Waren handelte, die Deutschland auf Grund seiner Exportverpflichtungen an den italienischen Bundesgenossen zu liefern hatte und die gleich hinter dem Brenner wieder zurückgeleitet wurden. Funk ereiferte sich geradezu, er blieb plötzlich stehen:

»Was für eine Schweinerei!« Mit der Wäsche hantierend, hielt ich ihm entgegen, er als Wirtschaftsminister hätte eigentlich eingreifen und die Schiebungen Hitler melden müssen. »Was glaubst Du?« erwiderte er. »Ich hatte doch keine Ahnung, wo das aufhörte, und überdies hatte Himmler doch sicherlich Dossiers gegen mich in der Schublade.« Ich selber hatte in einer Rede vor den Gauleitern im Herbst 1943 Andeutungen gemacht, daß wir in Zukunft gewisse dunkle Import- und Exportgeschäfte kontrollieren würden. Ich erntete damit große Verstimmung und blieb ohne jeden Erfolg. Heute glaube ich mitunter, daß Hitler die Korruption bewußt duldete oder sogar förderte. Einerseits band sie die Korrumpierten an ihn, wie denn jeder Potentat seine Herrschaft durch Gunstbeweise zu festigen versucht; andererseits entsprach die Korruption seiner Vorstellung vom Zugriffsrecht der Machtausübenden auf materielle Güter. Autorität, so meinte er, brauche auch das äußere Gepränge, die kleinen Leute ließen sich nur vom Aufwand beeindrucken. Seine Satrapen sollten in Schlössern und Palästen wohnen, sie sollten durchaus großspurig auftreten – Mein Kampf dagegen zeugte im Grunde von nichtsahnender Naivität. Wie wenig hatten Funk und ich von Hitlers machttaktischer Gerissenheit je begriffen!

10. Januar 1949

In den letzten beiden angelsächsischen Monaten fünfzehn Pfund zugenommen. Das deutsche Sprichwort: Hinter dem Gitter schmeckt auch der Honig bitter, trifft auf mich nicht zu. Glücklicherweise bringt der russische Monat jeweils eine asketische Phase. Das meine ich nicht nur im Versorgungssinne. Vielmehr verändert die kargere Kost auch das Lebensgefühl. Erstaunlicherweise habe ich den Eindruck, daß mir die Zeit unter den Russen intellektuell besser bekommt. Die Mönchsorden wußten schon vom Zusammenhang zwischen Entbehrung und Vergeistigung.

28. Januar 1949

Die Themen erschöpfen sich. Da wir von der Außenwelt nichts oder nur Zufälliges hören, eine Zukunft nicht sichtbar ist, verstricken wir uns immer erneut in den gleichen Themen-Knäueln.

Man sollte annehmen, daß wir als verurteilte Kriegsverbrecher kein moralisches Verhältnis zur Vergangenheit hätten, sondern das Geschehen vor allem als historischen Vorgang, abgelöst von allen ethischen Kategorien, zu begreifen versuchen. Tatsächlich aber moralisieren wir hier unaufhörlich: über den Prasser Göring; den Hurenbock Goebbels; den Trunkenbold Ley; den eitlen Wicht Ribbentrop. Vor allem Funk. Heute fing er von Streicher an, der allerdings zugegebenermaßen von allen gemieden wurde und schon im Dritten Reich als unappetitlich galt. Wir erinnerten Heß heute daran, daß er es doch war, unterstützt von meinem Freunde Willy Liebel, dem Nürnberger Oberbürgermeister, der Streicher zu Fall brachte. Heß reagierte mit einer Mischung aus Unwillen und Zerstreutheit.
Als Hitler Ende 1938 in Nürnberg war, hatte es für Heß, den erbitterten Gegner Streichers, erste Gelegenheiten gegeben, bei Hitler zu intrigieren, freilich ohne Erfolg. Dabei lieferte die Bereicherung Streichers und seiner Nürnberger Clique an beschlagnahmtem jüdischem Eigentum genügend Material. Nach langem, unausgesetztem Drängen hatte Heß es dann mit Unterstützung von Liebel schließlich durchgesetzt, daß Streichers Verhalten vor das oberste Parteigericht kam. Als das Gericht gegen den Gauleiter entschied, zeigte Hitler sich mit diesem Richtspruch höchst unzufrieden. Er tadelte den Vorsitzenden, Reichsleiter Major Buch; das sei ein starrköpfiger alter Offizier, der schon oft aus politischem Unverstand Fehlurteile gefällt habe. Zeitweilig dachte er sogar daran, Buch abzusetzen. Aber Bormann, der die Tochter Buchs geheiratet hatte, stellte sich vor seinen Schwiegervater. Das war übrigens ein erstes Zeichen, wieviel Einfluß Bormann inzwischen hatte. Am Ende blieb es doch bei dem Urteil über Streicher. Bis zum Ende des Krieges lebte er, als eine Art Verbannter, auf seinem Gut Pleikertshof, einige zehn Kilometer von Nürnberg entfernt. Es war ihm sogar verboten, die Stadt zu betreten. Mit ihm lebte seine fünfunddreißigjährige Sekretärin, eine auffallend hübsche Frau, die er kurz vor Kriegsende heiratete und die dann auch der einzige Mensch war, der den Mut hatte, als Zeuge für Streicher aufzu-

treten. Der Kontrast zwischen beiden war erstaunlich, schlechterdings unverständlich.

Noch während der Kriegsjahre hatte Hitler oft bedauert, daß er nachgegeben und der Verbannung Streichers zugestimmt hatte. Bei nächtlichen Gesprächen im Hauptquartier klagte er, es sei schließlich Streicher gewesen, der durch den geschlossenen Übertritt seiner Nürnberger Gefolgsleute in die NSDAP 1922 einen entscheidenden Schritt zur Konsolidierung der Partei getan habe. Auch vergaß er nicht, wie Streicher während des Durcheinanders am Morgen des 9. November 1923, als der Putsch schon mißlungen war, als einer der wenigen Ruhe bewahrt und auf dem Marienplatz durch eine fanatische Rede versucht hatte, das Schicksal zu wenden. Es zeugt von der Widersprüchlichkeit Hitlers, daß er über eine Sache klagte, die er mit einem Befehl hätte ändern können. Ein Wort zu Bormann hätte genügt, Streicher wieder in seinen Gau zurückzubringen.

Streicher war sich übrigens der Feindschaft Liebels bewußt. Im Jahre 1938 hatte er ihm durch seinen persönlichen Adjutanten zum Geburtstag demonstrativ einen großen Distelstrauß überreichen lassen. In Nürnberg, auf der Anklagebank, wendete er sich eines Tages zu mir um und zischte mir mit einem Ausdruck von Haß und Genugtuung, den ich mein Leben lang nicht vergessen werde, zu: »Ihren Freund Liebel, dieses Schwein, habe ich noch Stunden vor dem Einmarsch der Amerikaner um die Ecke bringen lassen!« Tatsächlich hatte Streicher in den letzten Wochen des Krieges seinen Verbannungsort auf eigene Faust verlassen und die Führung seines Nürnberger Gaus wieder übernommen. Liebel, der die letzten Jahre als Leiter des Zentralamtes in meinem Ministerium gearbeitet hatte, war im März 1945 gegen meinen Rat ebenfalls nach Nürnberg zurückgekehrt, um als Oberbürgermeister in diesen Tagen an Ort und Stelle zu sein. Das Chaos der letzten Kriegstage gab Streicher Gelegenheit zur Rache.

31. Januar 1949

Die Halle ist endlich fertig gemalt. Drei Monate haben wir gebraucht. Nun beginnen wir mit der Renovierung unserer Zellen. Meine Mitgefangenen, die sich zunächst über mein Arbeitsprogramm mokierten, beteiligen sich unterdessen als Gehilfen oder Lehrlinge. Das langweilige Lehmgelb der Zellenwände weicht einem lindgrünen Ton, der durch ein dunkelgrünes Abschlußband von der weißgekalkten oberen Wandhälfte abgegrenzt wird. Die Tür passe ich in einem helleren Ton der Wandfarbe an, die Möbel erhalten ein bräunliches Rot, das Fenster wird in weißem Emaillack gestrichen. Bei Goethe las ich, lindgrün wirke beruhigend und dämpfend. Das kann ich nun an mir erproben.

Früher wandte ich an die Farben der Marmorverkleidungen, die den Führerpalast oder andere Sakralbauten des Regimes auskleiden sollten, die gleiche Sorgfalt, die ich jetzt für unsere Zellen aufbringe. Hitler stimmte regelmäßig zu. Dabei fällt mir jene Episode ein, wie Hitler eines Tages beim Essen seinen Zuhörern erzählte, er habe, um die Farbtöne gut aufeinander abzustimmen, persönlich alle Marmorarten zusammengetragen und ausgewählt. Hatte er dabei nicht beachtet, daß ich an einem Nebentisch saß? Oder war es ihm völlig gleichgültig? Was mich auch heute noch so sehr verblüfft, ist, daß er selbst in solchen Bagatellfragen noch Ruhm suchte, wo er doch längst das Erstaunen der Welt war.

Auch in den militärischen Lagebesprechungen gab Hitler nicht selten technische Details, über die kurz zuvor meine Fachleute, Professor Porsche oder Stieler von Heydekampf, Vortrag gehalten hatten, als Frucht eigener Überlegungen wieder. Oft behauptete er auch, in der letzten Nacht, obwohl die Lagebesprechung erst gegen Morgen zu Ende gegangen war, ein vielhundertseitenlanges wissenschaftliches oder historisches Werk studiert zu haben. Dabei wußte doch jeder von uns aus seinen Erzählungen, daß man seiner Meinung nach ein Buch am Schluß beginnen müsse, weil man dort alles Wichtige finde. Schlimmstenfalls müsse man dann noch einige Seiten durchblättern, hier und da vielleicht sogar einmal sich fesseln lassen, und schon habe man sich in kürzester Zeit alles angeeignet, was ein Buch zu bieten habe. Wie stark und unbezähmbar muß das Bedürfnis dieses Mannes gewesen sein, sich in Szene zu setzen!

3. Februar 1949
Unser Franzose aus der Champagne, Francois Roulet, ungeschickt, aber geradeheraus, begrüßte den mürrischen Dönitz beim Frühstück-Holen: »Mon General, comment ça va?« Sie führten ein langes Gespräch, obwohl Dönitz vor einigen Tagen feierlich erklärt hat, er werde ein ganzes Jahr lang zu keinem Wärter sprechen. Jeder von uns hat übrigens den Wärtern und Direktoren gegenüber ein eigenes Verhalten entwickelt. Heß ist abweisend, betrachtet sie als seine persönlichen Feinde, raunzt herum und nimmt alle Vorhaltungen mit verachtungsvollem Phlegma entgegen. Neurath und Raeder sind reserviert, verbindlich und fast etwas nachsichtig. Dönitz schwankt, mal kehrt er indigniert den hohen Seeoffizier heraus und bricht den Verkehr zur Umwelt ab, mal knüpft er leutselig Kontakte an. Schirach und ich stehen eigentlich mit allen gut, sofern sie sich mit uns gutstellen. Nach einer sich allmählich herausbildenden, stillschweigenden Übereinkunft sind Schirachs engere Freunde jedoch nicht die meinen und die meinen nicht seine. Die Älteren machen ihm und mir Vorwürfe, daß wir nicht zurückhaltender sind. Funk, dem häufig witzige Formulierungen einfallen, meinte heute mahnend: »Auch Wachpersonal ist schließlich Personal!« Wir sieben werden mit fortschreitender Zeit zunehmend schwieriger und eigenwilliger. Die Kontakte unter uns sind auf dem früheren Stand eingefroren, neue Freundschaften haben sich nicht ergeben. Funk und Schirach standen sich von jeher nahe; nun sind sie ein unzertrennliches Paar, das sich streitet und verträgt. Ihre Interessen gelten vorwiegend der Literatur und Musik. Systematisch berichten sie sich aus ihrer Lektüre, suchen Zitate heraus, tauschen Meinungen aus. Raeder und Funk dagegen lieben es, sich beim Rundgang im Garten wie auf der Kurpromenade eines Heilbades über ihre wechselseitigen Unpäßlichkeiten zu unterhalten. Nur Heß und ich gelten als Einzelgänger. Schirach, Raeder und Dönitz sind mir gegenüber deutlich kühl, wenn sie auch gelegentlich einige Worte für mich finden: meine anhaltende und prinzipielle Ablehnung des Dritten Reiches wird von ihnen mißbilligt. Heß dagegen ist so verschro-

ben, daß keiner an ihn herankommt. Aber ich habe ein gewisses Verständnis für seine Verquertheiten und bin nicht ohne Sympathie für ihn; spröde erwidert er sie. Neurath bleibt selbst in dieser Umgebung ein Edelmann alter Schule, immer liebenswürdig, hilfsbereit, anspruchslos. Nie klagt er. Das gibt ihm eine gewisse Würde und eine Autorität, die er freilich nie in Anspruch nimmt.

4. Februar 1949
Neuerdings beginnt Funk alle paar Tage ein freundliches Gespräch mit mir. Doch mein Unvermögen zu leichter Konversation steht dem entgegen. Auch stört Funks Neigung, vom Mitleid mit seinem Schicksal übermannt zu werden. Aber selbst diesem Jammern gibt er mitunter eine ironische Wendung, liebt es auch, seiner einstigen Körperfülle nachzutrauern, desgleichen den entschwundenen sybaritischen Lebensfreuden. Raeder ist manchmal zu einer kurzen, belanglosen Plauderei bereit. Dönitz, mit dem mich einst eine Art dienstliche Freundschaft verband, spricht selten mit mir, und wenn, dann sind es meist versteckte Bissigkeiten. Da er nicht geistesgegenwärtig ist, habe ich ihn im Verdacht, daß er sich seine Ausfälle während schlafloser Nachtstunden zurechtlegt.
Raeder und Dönitz haben ihre Schwierigkeiten miteinander. Der immer noch energische Raeder, der im Frühjahr 1943 als Oberkommandierender der Marine von Dönitz abgelöst wurde, ist nun zweiundsiebzig Jahre alt. Er hält noch heute den fünfzehn Jahre jüngeren Dönitz, der ursprünglich als Chef der U-Boote sein Untergebener gewesen war, für einen allzu ehrgeizigen Offizier. Dönitz wiederum wirft seinem Vorgänger die Politik der Dickschiffe vor; Raeders wegen sei die deutsche Marine nur mit etwa fünfzig U-Booten in den Krieg eingetreten, von denen nur zehn ständig im Atlantik eingesetzt werden konnten. Gerade heute hat er Neurath ausführlich und erregt im Garten auseinandergesetzt, daß England schon im Jahre 1941 in die Knie gezwungen worden wäre, wenn Deutschland die von ihm geforderten dreihundert U-Boote bei Kriegsbeginn gehabt hätte. Durch die Schuld Raeders hätten bis Mitte 1940 monatlich nur

Meine Zelle ist drei Meter lang und 2,70 Meter breit. Würde ich die dicken Mauern hinzurechnen, so ergäben sich die doppelten Grundmaße. Sie ist vier Meter hoch, was mir das Gefühl der Beengung nimmt. Leider kann ich das hochgelegene, etwa einen Meter hohe Fenster nur durch einen kleinen Kippflügel öffnen. Wie in Nürnberg ist auch hier die Verglasung durch bräunlich getrübtes Zelluloid ersetzt. Wenn ich jedoch auf meinen einfachen Holzschemel steige, den Kippflügel öffne, sehe ich durch ein starkes Eisengitter die Wipfel einer alten Akazie und nachts die Sterne.

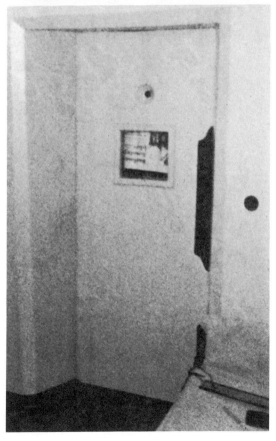

Wie in Nürnberg hat die eiserne Zellentür eine quadratische Öffnung in Augenhöhe. Durch eine Lampe wird die Zelle nachts dürftig von außen beleuchtet. Meist ist die Tür doppelt verschlossen und verriegelt. Wenn das versäumt wird, fühle ich mich merkwürdigerweise unbehaglich.

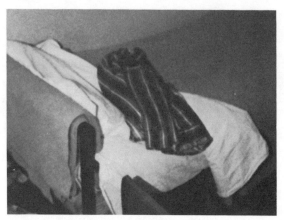

Das Bett ist ein schwarzes Eisengestell von 1,90 Meter Länge und nur 0,79 Meter Breite; die Federn hängen durch.

Am Tage verwandele ich das Bett in eine Couch, indem ich eine Wolldecke über die Matratze lege.

So zeichne ich mich: Die Decken eng um mich geschlagen, die Füße mit aller verfügbaren Unterwäsche umwickelt, um mich gegen Kälte in der Zelle zu schützen.

Anders als in Nürnberg hat das Bett Kopfkeil, Kopfkissen, Bezug und Laken.

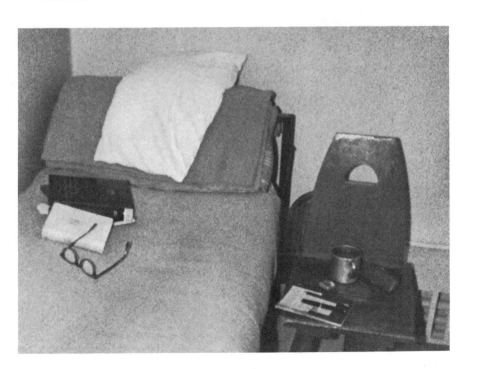

Als Ersatz für einen Schrank hängt in der Zelle ein kleines offenes Regal von 0,43 auf 0,54 Meter mit einem Zwischenfach. Darauf werden Seife und anderer Krimskrams aufgehoben. An einigen Haken hängen meine Habseligkeiten, Jacke, Mantel und Handtücher.

Mein Lesestoff: »Das Leben Friedrichs II« und Jean Cocteaus »Les Parents Terribles«.

Die Platte des Zellentisches ist 0,48 auf 0,81 Meter groß. Das schmutzige Braun blättert bereits ab, die härteren Teile der Jahresringe stehen heraus, Spuren der Abnutzung durch Generationen von Gefangenen.

Ich mache mir nichts vor: Ich bin deformiert. Man hat mich zwar, um deutlich zu machen, daß ich keine lebenslängliche Strafe verdiente, nur zu zwanzig Jahren Haft verurteilt. Aber in Wirklichkeit hat man mich physisch und seelisch zerstört. Ich werde ein Sonderling sein, auf exzentrische Ideen fixiert und alten Träumen nachhängend.

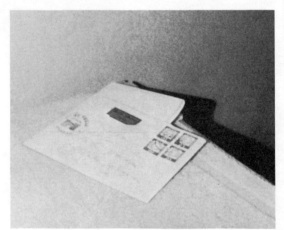

Auf dem Tisch liegen meist meine Utensilien herum: Fotos, Bücher und Briefe.

Seit Tagen arbeite ich an den Memoiren. Jeden Vormittag nach dem Wischen der Zelle ziehe ich einen Pullover über, setze eine wollene Mütze auf, heize meinen Geist mit einer großen Pfeife an und öffne d Klappe des Fensters, um für Sauerstoff zu sorgen.
Auf den angezogenen Knien liegt als Schreibunterlage Mittags großformatige »Baukonstruktionslehre«. So bin i gegen neugierige Betrachter abgedeckt.

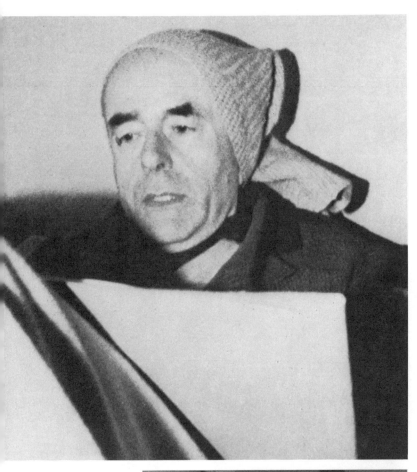

Drei Monate habe ich an einer Zeichnung gearbeitet: Zwei Säulen eines zerfallenen Tempels der griechischen Welt, davor eine trauernde Frau. Die Sonne ist aufgegangen und beleuchtet schon die Kapitelle. Bald wird sie mit ihrem Licht die Ruine erfassen, die Frau wird sich aus der Starre der Nacht aufrichten. Die Zeichnung habe ich für den Geburtstag meiner Mutter bestimmt.

Einen Monat an einer minuziösen Zeichnung gesessen: Das zerstörte Lebenswerk darf nicht Ende aller Hoffnungen sein. Eine Holzbaracke zeigt meine neuen Maßstäbe. Die Säulen des Portikus der großen Halle hatten dreißig Meter Höhe. So stellte ich sie mir nun als Ruinen vor.

Ich holte wieder die Zeichnung hervor, mit der ich im zweiten Spandauer Jahr meine Angst und meine Einsamkeit ausgedrückt hatte – der verlorene Mensch auf dem Gipfel eines eisigen Dreitausenders – absolute Stille um mich.

Ich vertrieb mir die Zeit mit einigen schnell hingelegten Federzeichnungen, die meine Sehnsucht nach süddeutschen Kleinstädten ausdrückten. Tatsächlich gelingt es mir auf diese Weise, eine imaginäre Welt zu erschaffen.

Ich habe das erste Mal seit Jahren einen durchgearbeiteten Entwurf fertiggestellt. Glücklich über diese Betätigung und auch über eine neue Variante zu meinem großbürgerlichen Haus.

Noch immer begeisterte mich der Entwurf für das Reichsmarschallamt Görings, bei dem mir der Aufbau des florentinischen Palazzo Pitti vorgeschwebt hatte.

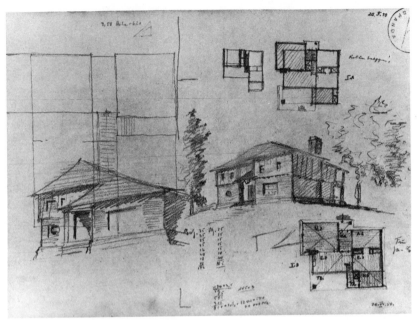

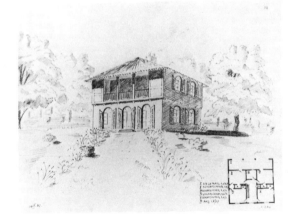

Vor einigen Tagen begann ich, den Entwurf eines mittelgroßen Hauses durchzuarbeiten. Die russischen Wärter freuen sich, wenn ich ihnen meine Grundrisse erkläre und sie um ihr Urteil frage. Sie haben immer nur ein Wort »Euchen karascho« (sehr gut). Da ich seit 1942 nicht mehr zum Architektur-Zeichnen gekommen bin, bereitet mir das Detailzeichnen Schwierigkeiten. Obwohl ich von der Monumentalarchitektur genug habe und ganz bewußt an Zweckbauten denke, fällt es mir manchmal schwer, Abschied von den Träumen zu nehmen, in die Architekturgeschichte einzugehen.

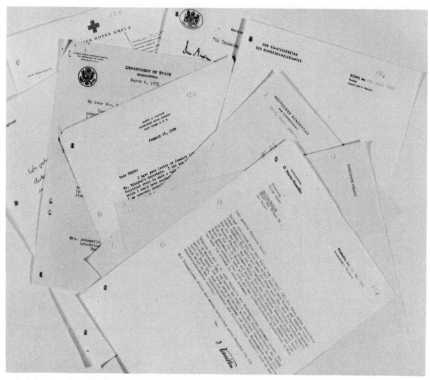

Die Bemühungen meiner Tochter Hilde machen Fortschritte. Adenauer, de Gaulle, Herbert Wehner, Carlo Schmid und Pfarrer Niemöller befürworten meine Entlassung. Alle Bemühungen verfolge ich dankbar, aber unbeteiligt. Ich bin schon zu lange hier.

Am 18. Juli 1947 wurden wir sieben von Nürnberg nach Berlin gebracht. Vom Flughafen Staaken fuhren wir in einem Omnibus, dessen Fenster schwarz zugestrichen waren, zum Spandauer Gefängnis. Dann schloß sich hinter uns das Tor in einem mittelalterlich aussehenden Eingangsgebäude.

Nach mehr als dreiwöchiger Krankheit werde ich vom Krankenzimmer wieder in die enge Zelle gebracht. Ich bin noch sehr schwach, beim Gehen muß ich mich auf einen Stock stützen.

BERLIN

29 August 1957

AP/M(57)35.

MINUTES

of the 583rd Meeting of the Allied Prison Directors, held on 29 August 1957.

PRESENT: Major SPEIRS USA - Chairman
Lt.Col. VICKERS UK
Admin. FARION FR
Lt.Col. MAKARITSHEV USSR

1. **CONFIRMATION AND SIGNATURE OF THE MINUTES OF THE 582ND DIRECTORS' MEETING OF 22 AUGUST 1957.**

   All the Directors approved and signed the minutes of the 582nd meeting.

2. **RECAPITULATION OF EXPENDITURES OF THE MONTH OF AUGUST 1957.**

   The Directors approved the statement of prison expenditures as submitted by the French Director.

3. **OTHER BUSINESS.**

   (A) **EXERCISE HOURS FOR THE PRISONERS.**

   The Directors decided that effective 30 August 1957, because of the shorter daylight hours, that the prisoners would work in the garden from 16.20 hours to 16.50 hours and exercise outdoors from 17.45 hours to 19.00 hours.

   (B) **DISCHARGE OF WAITRESS.**

   The Directors decided to terminate the employment of Frau ECKARDT, effective 7 September 1957.

4. **DATE OF NEXT MEETING.**

   The next meeting will be held at Thursday, 5 September 1957, at 11.30 hours.

USA	UK	FR	USSR
Major Speirs	Lt.Col. Vickers	Admin. Farion	Lt.Col. Makaritshev

Gewöhnlich hielten die vier Spandauer Direktoren einmal in der Woche eine Sitzung ab, über die dann ein ausführliches Protokoll angefertigt wurde.

Trotz aller Beruhigungsmittel, die ich seit Tagen bekomme, verlor ich heute beim Besuch des britischen Arztes die Kontrolle. Ich warf ihm Verlet-

104a

The prisoner was in a highly emotional state this morning. He complained bitterly that he had been moved back from his sickroom to the cell too soon and that, as a sick man, he had he was being unjustly punished. His emotional state was such that he was beyond reason.

Later in the day he had quieted down considerably, apologising for his outburst in the morning and complaining merely of lack of sleep, of worry and of palpitations.

The impression gained was that he has an acute depressive anxiety state and that more than usual care be taken to see that he can in no way injure himself.

Rather quieter this morning
To have 1) Tablets Veronal ɪ b.d.
2) ~~Nembutal~~
    Medinal gr X nocte for 3 nights.

The prisoner must not be left to take these tablets himself. They must be given to him and he must be seen to swallow them. If he were able to collect them and take a great many together it would be a simple way of committing suicide.

To have porridge at night.

Capt.

Make copy for Chief Warder ook
Tablets must be given by a warder or in his presence

---

zung der ärztlichen Pflicht vor, beschuldigte ihn, einen Kranken in die Zelle zurückgebracht zu haben. Den Arzt schien nicht so sehr mein physischer, als vielmehr mein psychischer Zustand zu alarmieren. Jedenfalls durfte ich die Tabletten für die nächsten Tage nur unter Aufsicht einnehmen.

                                No. 5

Am 19.9.1952 hat die Direktion angeordnet, den Gefangenen No. 5 wie folgt zu besrtafen:

(a) eine Woche lang darf er nicht in den Garten gehen,

(b) eine Woche lang wird er vom Wecken bis 17.30 Uhr in eine Sonderzelle eingeschlossen, in der sich nur ein Tisch und ein Stuhl befinden,

(c) eine Woche lang darf er zwischen Wecken und 17.30 Uhr keine Bücher und Schreibmaterial haben.

Die Strafe beginnt am 20.9.1952 (einschl. und endet am 26.9.1952. /etmdel./

Der neue russische Wärter Gurjew hatte meine Zelle durchwühlt. Ich verlor die Nerven und weigerte mich, die Zelle zu betreten. Die Genehmigung für den Besuch meiner Frau machten die Russen daraufhin von meiner vorherigen Bestrafung anhängig. Schon am Abend verkündete mir Le Cornu gleichzeitig Besuchsgenehmigung und Bestrafung. Gewissermaßen als Preis für den Besuch meiner Frau sitze ich nun täglich elf Stunden in einer nur mit Stuhl und Tisch versehenen Zelle.

zwei U-Boote die Werften verlassen. Nicht einmal die Hälfte der im Flottenvertrag mit den Engländern 1935 zugestandenen 24 000-Tonnen-U-Boote habe die Marineleitung gebaut. Über meinen Spaten hinweg beobachtete ich, wie Neurath den Tiraden des Großadmirals mit höflichem Interesse folgte. Immer wenn die beiden auf ihrer Runde an mir vorbeikamen, hörte ich nur die erregte Stimme von Dönitz.
Raeder behandelt Dönitz mit der Herablassung des immer noch Vorgesetzten, was Dönitz besonders erbittert. Er betrachtet die Vorwürfe als nicht existent. Der Gegensatz wird nicht ausgetragen, aber ich habe deutlich das Gefühl, daß Dönitz nur auf den Tag wartet, an dem er seinen Zorn über die Vernachlässigung der deutschen Kriegsvorbereitungen der Öffentlichkeit bekanntmachen und die Schuldigen benennen kann.
Es gibt unter uns den passiven Typus, der sich durch unaufhörliches Reden die Zeit vertreibt. Dazu gehören Funk, Schirach und, als schweigsame, eigentümlich skurrile Variante, Heß. Zum aktiven Typus, der ohne Beschäftigung nervös wird, zählen Raeder, Neurath, Dönitz und ich. Die Titel haben wir zwar abgeschafft, Raeder ist nicht mehr der Großadmiral und Neurath nicht mehr der Außenminister. Aber aus Sorge abzugleiten, achten wir auf ein gewisses Maß an bürgerlichen Umgangsformen. Wir sind ohnehin so reduziert mit diesem groben Schuhwerk, den zerbeulten Hosen, den auf Rücken und Knie gemalten großen Nummern und den von einem schlechten Militärfriseur zurechtgestutzten Haaren, daß wir stärker als je erkennen, wie wenig Formen lediglich Formen sind. In dieser distanzlosen Welt richten wir Schranken gegen die allzugroße Intimität auf. Sie haben Schutzfunktion. Das alles klingt sehr anspruchsvoll, wenn ich nur begründen will, daß wir uns immer noch mit »Herr« anreden, uns nach wie vor Vortritt gewähren und am Morgen begrüßen wie am Abend verabschieden.
Um zwei Uhr schließt Charles Roques von der französischen Mannschaft alle Zellen auf: »Handschuhe und Strümpfe liegen auf dem Tisch!« Sie sind nach einigen Wochen repariert aus einem Frauengefängnis zurückgekommen. Alle wühlen in dem

Haufen. Der Franzose wendet sich tadelnd zu mir, weil ich noch immer auf der Pritsche sitze: »Kümmern Sie sich um Ihre Sachen. Sonst ist wieder alles weg.« Schirach erklärt dem Engländer Long auf dessen Frage wohl zum hundertsten Mal: »Ich habe es Ihnen doch nun wirklich oft genug erklärt, Heß und Speer zeichnen ihre Strümpfe nicht. Sie weigern sich einfach. Wir anderen tun es natürlich alle. Ich sticke meine Nummer sogar hinein.« Als alle wieder in ihre Zellen zurückgekehrt sind, gehe ich zum Tisch. Es sind keine Strümpfe mehr da. Offenbar hat sich wieder einmal Heß eingedeckt. Im vorigen Monat wurden bei ihm zwanzig Paar gefunden.

5. Februar 1949

Die Tage vergehen schnell und hinterlassen wenig Erinnerung. Heute flogen zehn Wildgänse über den kleinen Ausschnitt des Himmels. Erste Zeichen von Frühling. An unserem Flieder sind die Knospen stark.

Casalis hat mir vor einigen Wochen den *Römerbrief* von Karl Barth gegeben. Er formuliert mit großer Entschiedenheit. Das spricht mich an. Ich entnehme seinem Buch, daß die christlichen Gebote gewissermaßen unendliche Werte darstellen, die selbst ein Heiliger nur annähernd erreichen kann. Niemand ist es gegeben, ohne Schuld zu bleiben. Unabwendbar wird jeder Mensch sündig. Im ganzen aber muß ich gestehen, daß ich seitenweise den Sinn der Gedanken Barths kaum erfassen konnte. Zu Casalis sagte ich heute nach dem Gottesdienst, daß der Glaube mir vorkomme wie ein ungeheures Bergmassiv. Aus der Entfernung verlockend, setze es dem Versuch einer Besteigung Schluchten, Steilwände und Gletscherpartien entgegen. Die meisten müßten umkehren, manche stürzten ab. Auf den Gipfel komme fast niemand. Dabei müsse von oben die Welt einen wunderbar neuen und geklärten Anblick bieten.

14. Februar 1949

Neurath hat heute mit Einwilligung der Direktoren den Garten aufgeteilt und jedem von uns eine Fläche zugewiesen. Die Größe der Parzellen ist der Arbeitslust angepaßt. Diese Lösung hat Vorteile, denn bisher mußten die Fleißigen für die Faulen einstehen.

Ein Besuch meiner Frau ist wegen der Blockade nicht möglich. Durch Vermittlung von Casalis kam heute mein Vetter Hildebrecht Hommel, der an der Kirchlichen Hochschule in Berlin lehrt. Ich hatte Sorge vor dem ersten privaten Besuch in Spandau. Hinter mir saßen ein amerikanischer, ein englischer, ein französischer, ein russischer Wärter; ein weiterer Vertreter der Alliierten hatte in einer Ecke Platz genommen und machte über unser Gespräch Notizen. In Begleitung Hildebrechts war ein weiterer französischer Sergeant. Zwei enge Drahtgitter im Abstand von nur zehn Zentimetern trennten mich von dem Besucher, so daß sich unsere Augen kaum begegnen konnten. Mein Vetter, den ich noch nicht kannte, machte einen angenehmen Eindruck. Ich verlor meine Befangenheit. Was hätte unser gemeinsamer Urahne, der alte Graf Pappenheim, Erbmarschall des Heiligen Römischen Reiches Deutscher Nation, gesagt, wenn er seine Nachkommen in dieser Situation gesehen hätte.

15. Februar 1949

Seltsame Anwandlung von Übermut. Als Schirach mich fragte, wozu die vielen Töpfe mit weißer Farbe dienen sollten, antwortete ich: »Das wissen Sie nicht? Von der Direktion ist angeordnet, den Kohlenkeller weiß zu malen, damit besser kontrolliert werden kann, ob die Wände saubergehalten werden. Ist das nicht verrückt?« Ungläubig fragte Schirach: »Ist sowas möglich??« Empört ging er zu Pease und Dackerman, um ihnen die Neuigkeit zu berichten.

Während ich heute im Garten Dung verteilte, errechnete ich, daß ich auf diese Weise täglich neun bis zehn Kilometer zurücklege; Training für zukünftige gemeinsame Wanderungen. Der Schubkarren ersetzt den Rucksack.

18. Februar 1949

Mir träumte von einem ausgedehnten Spaziergang in Wäldern an den nördlichen Ufern der Havelseen, obwohl es dort keine gibt. Große Laubbäume erinnerten mich daran, daß auf meine Initiative vor dem Krieg damit begonnen wurde, den Grunewald umzuforsten, der nach dem Kahlschlag der friderizianischen Zeit mit Kiefern bepflanzt worden war. Aus Zehntausenden von Setzlingen werden nach zwanzig Jahren Laubwälder geworden sein: eine der wenigen Spuren meiner Tätigkeit. Wenn in hundert Jahren der Grunewald wirklich grün sein wird, so ist das mein Werk.

Vom Wandern ermüdet, wünsche ich mir in meinem Traum ein Fahrrad und habe es sofort. Ich fahre nun auf Nebenwegen, bei Steigungen mit kleinem Gang. Endlich komme ich auf eine der breiten Promenaden, die ich für den Grunewald planen ließ, weil ich aus ihm einst einen größeren »Bois de Boulogne« mit Restaurants, Reitställen, Spielwiesen und Skulpturen-Gärten machen wollte. Alsbald verlasse ich die Promenade und schlage einen Weg ein, der hoch am Hang entlang führt und einen unwirklichen Blick über die Havelseen mit den baumbestandenen Inseln freigibt. Vor diesen Anblick schieben sich im Traum romantische Szenerien, wie sie sich auf den Bildern meiner Sammlung fanden: ich sehe Pinien und Zypressen, auf Inseln schimmern weiße Tempel, und zur Seite stehen im Halbrund blasse Skulpturen.

Abends. Seit sechs Uhr, als die Tür hinter mir verschlossen wurde, arbeitete ich an einer Skizze, wie meiner Erinnerung nach Teile des Grunewaldes in einen volkstümlichen Kunstpark umgewandelt werden sollten. Den Anstoß hatte der Besuch der Weltausstellung 1937 in Paris gegeben, für die ich den deutschen Pavillon entworfen hatte. Damals hatten mich französische Freunde in den Bois de Boulogne geführt, und der Wechsel von Waldstücken, Parklandschaften, Rasenflächen und künstlichen Seen: dies alles verbunden durch heiter geschwungene Kieswege, war mir im Vergleich zum kargen märkischen Grunewald mit seinen Sandwegen unvergeßlich geblieben. In dieser Vorliebe für die Kunstlandschaft war ich bestärkt worden, als ich im gleichen Jahr mit meiner Frau und Magda Goebbels in Italien gewesen war und in Rom beispielsweise die Gärten auf dem Pincio und die der Villa D'Este kennengelernt hatte. Hitler, der ohnehin kein Gefühl für den herben Reiz preußischer Landschaften hatte, war sogleich gewonnen; Goebbels dagegen opponierte als Berliner Gauleiter, weil ihm die ganze Idee ein allzu feudales Element für die Arbeiterstadt Berlin

zu enthalten schien, wobei er darauf hinwies, daß die Berliner seit jeher gewohnt seien, sonntags mit Kind und Kegel zum Kaffee »ins Grüne« zu ziehen und nicht in einen verspätet angelegten Aristokratenpark. Aber wie immer gab Hitler den Ausschlag. Ein Jahr später schon begannen wir, einzelne Hagen abzuholzen und statt der Kiefern Laubwaldschonungen anzulegen. Goebbels hatte zudem Unrecht. Keineswegs dachte ich daran, dieses riesige Waldgelände von mehreren Dutzend Kilometern Ausdehnung in einen geordneten Park zu verwandeln. Nur kleine Oasen gärtnerischer Kultur sollten gelegentlich eingestreut werden. Die Eindrücke aus Rom und Paris, aber auch die Gärten von Sanssouci, Schönbrunn und zahlreicher deutscher Residenzstädte hatten mich den unvergleichlichen Reiz empfinden lassen, den Skulpturen vor der Kulisse der Natur entwickeln. Dies traf sich mit Hitlers ständiger Rede, daß man die Bildhauerei aus den Kerkern nackter Museumsräume befreien müsse. Er sei der erste, der seit langer Zeit der Plastik ihren Platz im Gesicht der Städte, auf den Plätzen, den Alleen und den neuen Foren des Volkes zurückgebe. Tatsächlich liebte er nächst der Architektur die Bildhauerei am meisten, und wie das Gelände der Reichskanzlei mit klassischen und zeitgenössischen Skulpturen geschmückt war, so genoß er es, die Ateliers der Bildhauer zu besuchen, um sich von den Fortschritten dessen zu überzeugen, was in seiner Ära entstand.
Sein Favorit war mein Freund Arno Breker; und Breker war es, der mich nach der Eroberung Frankreichs mit seinem alten Lehrer Maillol bekanntmachte, der in den ersten Jahrzehnten dieses Jahrhunderts eine neue Blüte der französischen Bildhauerei heraufgeführt hatte. Es ging ihm schlecht, Bronze gab es nicht mehr, und angesichts der desolaten Zeitläufe waren auch die Sammler rar geworden. So machte Breker den überraschenden Vorschlag, seinen alten Freund für die Neugestaltung des Grunewalds heranzuziehen. Maillol sagte spontan zu, als ich ihm bei einem gemeinsamen Essen im Coq Hardi den Vorschlag machte, für Berlins neuen großen Park einige Skulpturen zu schaffen. Maillol war sogar gerührt; er sei jetzt rund achtzig Jahre alt, und dies sei

sein erster Staatsauftrag. In der Tat hatte der französische Staat ihm in all den Jahrzehnten nie einen Auftrag erteilt. Anfang 1945 hörte ich dann, daß das Originalmodell seiner vielleicht schönsten und bedeutendsten Figur, der aus dem Anfang des Jahrhunderts stammenden »Méditerranée«, von Angehörigen der Résistance zerschlagen worden sei, weil man es für das in meinem Auftrag entstandene Werk gehalten hatte. Andere berichteten, es sei als ein Werk Arno Brekers zertrümmert worden.

25. Februar 1949

Heute regnet es. Als es elf Uhr wird und die Zeit des täglichen Spaziergangs kommt, beginnt Heß zu stöhnen. Offenbar hat er keine Lust. Als wir anderen abziehen, bleibt er auf seiner Pritsche liegen. Stokes befiehlt ihm: »Nummer sieben! Spazierengehen!« Neugierig bleiben wir im Gang stehen und verfolgen eine längere Diskussion. »Sieben, Sie kommen in die Strafzelle! Sie müssen raus!« Heß erhebt sich achselzuckend und geht widerspruchslos in die nur mit Stuhl und Tisch möblierte Strafzelle.

3. März 1949

Heute fragte ich mich, ob der Mann, dem ich gedient, den ich sicherlich über lange Jahre verehrt habe, überhaupt aufrichtiger Gefühle wie Freundschaft, Dankbarkeit, Treue fähig war. Bei Eva Braun habe ich mitunter meine Zweifel, aber Geli Raubal, so sagten seine alten Gefährten, habe er wohl wirklich geliebt. In der Männerwelt gab es neben mir und dem Fahrer Schreck, von dem er sogar ein Gemälde in seinem privaten Arbeitszimmer neben einem Bild seiner Mutter hatte, eigentlich nur Mussolini, dem er echte Zuneigung entgegenzubringen schien; ich glaube wirklich, daß so etwas wie ein Gefühl der Freundschaft zwischen beiden bestand, wahrscheinlich sogar stärker auf seiten Hitlers. Dagegen spricht, daß er ihm in der Endphase die nördlichen Provinzen wegnehmen wollte; aber das hatte mehr mit der Enttäuschung über die mangelhaften Kriegsleistungen des Bundesgenossen und mit einem Wust von Haß-, Rache- und Verratsgefühlen gegen die zum Feind übergelaufenen Badoglio-Italiener zu tun.

In allen Jahren zuvor aber war die Freundschaft offensichtlich eng, und ich hätte eigentlich immer Mussolini genannt, wenn man mich nach einem Menschen gefragt hätte, dem Hitler wirklich Anhänglichkeit erwies. Neulich ist mir der Tag eingefallen, an dem diese Freundschaft begründet wurde. Im September 1937 war Mussolini nach Berlin gekommen. Gemeinsam waren sie über die Ost-West-Achse gefahren, die Benno von Arent zu einer Triumphallee mit einigen Hundert weißen Papp-Pylonen ausgestaltet hatte, von denen Hitler so hingerissen war, daß er beschloß, sie später einmal in Stein auszuführen, und nebeneinander hatten sie auf dem Maifeld zu Hunderttausenden gesprochen. Am Abend, nach dem großen Festbankett in der Reichskanzlei, zeigte sich Hitler, kaum daß Mussolini gegangen war, aufs höchste befriedigt: der Duce sei so von ihm beeindruckt, daß Italien jetzt für immer an Deutschland gebunden sei. Anschließend waren wir im kleineren Kreis noch ein paar Stunden zusammen. Als Hitler erneut die cäsarische Erscheinung Mussolinis zu feiern begann, sagte Goebbels einschränkend, er spreche sicherlich im Namen aller Versammelten, wenn er auf den gewaltigen Unterschied zwischen dem Duce und dem Führer aufmerksam mache. Der Führer sei doch eine ganz andere Persönlichkeit, und in Italien sei Mussolini vielleicht etwas Besonderes, ein Römer, wie der Führer gelegentlich gesagt habe, unter lauter Italienern; aber hier sei er doch nur ein Italiener unter Deutschen. Ihm jedenfalls sei der Duce augenblicksweise ziemlich operettenhaft vorgekommen.

Anfangs schienen in Hitler die Gefühle zu widerstreiten; zwar war der neue Freund bloßgestellt, aber gleichzeitig fühlte er sich geschmeichelt und animiert. Als Goebbels mit zwei, drei geschickten Bemerkungen nachstieß, begann Hitler, einzelne outriert wirkende Gesten Mussolinis zu kopieren: das vorgereckte Kinn, die charakteristisch in die Hüfte gestemmte Rechte, den gespreizten Stand. Dazu rief er, unter dem beflissenen Gelächter der Umstehenden, einzelne italienische oder italienisch klingende Wörter wie »Giovinezza«, »Patria«, »Victoria«, »Makkaroni«, »Bellezza«, »Belcanto« und »Basta«. Es war sehr komisch.

Wieder ernst werdend, erzählte Hitler stolz, wie er Mussolini während seines Münchner Aufenthaltes für die neue deutsche Architektur begeistert habe; er rühmte sich, ihm eine Vorlesung über moderne Baukunst gehalten zu haben: der Duce sei jetzt selber überzeugt, daß die Entwürfe seines Staatsarchitekten Piacentini belanglos seien. Was er in München und Berlin gelernt habe, werde sich bei der römischen Weltausstellung 1940 zeigen.

12. März 1949

Nun ist die Renovierung der Zellen beendet. Wir haben sogar neue Betten mit Stahlfedern bekommen. Die ersten Tage konnte ich vor Aufregung über die ungewohnt angenehme Federung nicht schlafen. Für die Längswand habe ich Fotos von meinen Eltern, unseren Kindern und meiner Frau zusammengeklebt. Daneben hängen Reproduktionen eines Bronzekopfes von Polyklet, Schinkels Entwurf zu einem Schloß auf der Akropolis, ein ionisches Kapitell, ein antiker Fries. Vom Bett aus sehe ich jeden Morgen als erstes das Erechtheion auf der Akropolis.

Pease flüsterte mir heute erneut das Gerücht zu, daß sich durch die politischen Konflikte die Spandauer Gemeinschaft mit den Russen auflösen soll. Für den Besuch meiner Frau wurde eine Stunde genehmigt. Ich möchte ihn daraufhin aber bis Juni hinausschieben. Vielleicht hat sich bis dahin unsere Lage grundsätzlich geändert.

13. März 1949

Übrigens vergaß ich neulich, den Ausgang der Geschichte mit Mussolinis Bauten zu erzählen.

Einige Monate später sah Hitler die ersten Entwürfe für die römische Weltausstellung. Sie sollten später als eine Art Regierungsstadt dienen. »Er hat uns nicht verstanden!« rief Hitler aus. »Eine belanglose Kopie ohne jede Kraft. Aber vielleicht ist es besser so, wir behalten den Vorrang.« Gleichzeitig gab er Hermann Giessler, der bereits mit den Gau-Foren von Augsburg und Weimar, dem Umbau Münchens und der umfassenden Neugestaltung von Linz beauftragt war, Anweisung, ein eindrucksvolles deutsches Ausstellungsgebäude für die Weltausstellung in Rom zu entwerfen.

So merkwürdig es klingt, aber ich selber bin mit Mussolini niemals in Kontakt gekommen. Während seines Aufenthalts in München wurde ich ihm einmal kurz vorgestellt, und wir wechselten einige Worte. Als mir dann später in den Unglückstagen am Gardasee SS-Obergruppenführer Wolff eine Einladung Mussolinis verschaffen wollte, fand ich es geschmacklos, ihn unter diesen erniedrigenden Umständen wie eine Sehenswürdigkeit aufzusuchen. Heute bedauere ich, daß ich diese Möglichkeit ausgeschlagen habe.

14. März 1949

Den Vormittag über habe ich Mistbeetfenster ausgeglast, die ersten Beete mit Erbsen und Karotten gesät, andere mit Stiefmütterchen, Veilchen, Maiglöckchen und Astern bepflanzt. Neurath, Dönitz und die anderen bevorzugen Gemüsekulturen. Die von der Anstaltsleitung gelieferten Blumen bleiben für Schirach und mich. Außerdem habe ich eine Baumschule mit fünfzig einjährigen Nußbäumen angelegt. Bis die zum Tragen kommen, sollen zehn bis fünfzehn Jahre vergehen. Ich hoffe, daß irgendwelche Nachfolger die erste Ernte halten werden.

Wegen des schlechten Wetters mußten wir nach der Mittagspause in den oberen Stockwerken fingerdicken Staub fegen. Immerhin haben diese Ausflüge den Vorteil, daß ich einen Blick über die hohen Mauern werfen kann. Nun erst weiß ich genauer, wo das Gefängnis liegt. Ganz nahe sehe ich die Ausfallstraße nach Nauen, die ich an vielen Wochenenden mit meiner Familie gefahren bin, um Freunde auf Gut Sigrön bei Wilsnack zu besuchen. Von dieser Straße aus mußte auch das Spandauer Gefängnis zu sehen gewesen sein, aber sicherlich habe ich es nie wahrgenommen.

16. März 1949

Gegenüber meinen Nürnberger Bauten, die in ihrer quaderhaften Strenge ein frühorientalisches Element in die Architektur einbrachten, Erinnerungen an Assyrien oder Ägypten, verwendete ich bei den gleichzeitigen Berliner Bauten lebhaftere Gliederungen und reichere Details; ich wagte Rückgriffe auf das verpönte Ornament und profilierte üppiger. Denn inzwischen war Mode geworden, was ich gebaut hatte. Von der wachsenden Schar beflissener Nachahmer versuchte ich mich abzusetzen, indem ich einen neuen Stil entwickelte.

Eine Ideologie nationalsozialistischer Architektur gab es nicht, wiewohl ich das jetzt immer wieder lese. Gefordert war lediglich das Übermaß. Hitler wollte durch riesige Proportionen das Volk beeindrucken, auch einschüchtern, und auf diese Weise seine Herrschaft und die seiner Nachfolger psychologisch sichern. Ideologie wurde in der Aufgabenstellung sichtbar, nicht aber im Stil.

18. März 1949

Zu meiner Überraschung kam gerade eben der sowjetische Direktor in meine Zelle, sah sich um, ob alles in Ordnung sei, sagte nicht unfreundlich, aber distanziert: »Kak di la« (Wie geht's), wartete die Antwort nicht ab und verschwand wieder. Ich war gerade intensiv beim Schreiben. Es ist gut, daß die Tür zweimal verriegelt, das Öffnen folglich mit unüberhörbarem Lärm verbunden ist. Ich lag auf dem Bett, das Gesicht zur Tür, und hatte auf den angezogenen Beinen als Schreibunterlage ein großes Architekturbuch.

Glücklicherweise habe ich vor kurzem ein neues System eingeführt: Meine Papiere stecke ich bei Alarm nicht mehr in die Rocktasche. Der oberste Knopf meiner Hose ist aufgeknöpft, ein durch das Buch abgedeckter Handgriff, und der Brief ist in der Unterhose verschwunden. Hier befinden sich auch meine Reservepapiere sowie zu beantwortende Briefe: mein Schreibtisch! Durch Bandagen, die ich für mein zeitweise geschwollenes Bein benötige, sind in der Höhe des Knies Sperriegel angelegt, damit die Zettel oder Briefe beim Gehen nicht herausfallen. Bevorzugter Platz für das Schreibmaterial ist die Kniekehle, weil beim Arbeiten dort die Hose nicht spannt.

26. März 1949

Natürlich ist es schmerzlich, daß ich bei Alberts Konfirmation nicht dabei sein kann. Wir hatten ein gutes Verhältnis, aber wenn ich von meinen langen Arbeitstagen, gewöhnlich sehr spät, in unser Haus in Berlin-Schlachtensee zurückkam, erwartete mich nur meine Frau; die Kinder waren längst im Bett. Oft habe ich sie während einer ganzen Woche nicht gesehen. Während des Krieges, als Minister, war ich so beschäftigt, daß sie gänzlich ohne Vater aufgewachsen sind. Ich war eben ein Mann, der gelegentlich hereinschaute und ihnen Süßigkeiten mitbrachte. Der Brief, den ich zur Konfirmation Alberts zu schreiben versuche, macht mir klar, daß mir immer schwerer wird, als Vater zu ihm zu sprechen. Ich habe keinen Ton mehr für ihn. Auch fehlen neue Eindrücke, wir sind ohne neue gemeinsame Erlebnisse. Sicherlich wird es auch für die Kinder immer schwerer, eine Vorstellung von mir zu bewahren.

3. Mai 1949

Pause von fünf Wochen, aber nicht aus Lethargie. Ich greife zu Reißschiene und Winkel und habe das erstemal seit Jahren einen durchgearbeiteten Entwurf fertiggestellt. Glücklich über diese Betätigung und auch über eine neue Variante zu meinem großbürgerlichen Haus. Ich war so mitgerissen von der Arbeit, daß ich mich wieder daran machte, maßstäbliche Detailzeichnungen von Fassaden auszuarbeiten. Dieser Entwurf scheint besonders gut gelungen, mit einer abweisenden Straßenfront und aufgelockerter Südseite.

13. Mai 1949

Blauer Himmel, schönstes Frühjahrswetter. John Hawker, der sonst immer kühl ist, erzählte mir, daß in Berlin eine Außenministerkonferenz vorbereitet wird, von der man sich eine Entspannung auch für Berlin erwartet. Wahrscheinlich verfolgte Hawker die Absicht, hartnäckige Gerüchte zu zerstreuen, wonach wir wegen der politischen Differenzen in die Nähe von Hamburg verlegt werden sollen. Ein anderer Wärter, der heitere Amerikaner Donaho, bestätigte die Nachricht. Er ist zuverlässig; bei Hawker wäre denkbar, daß er Neuigkeiten nur erfindet, um uns Hoffnungen zu nehmen.

Der Himmel wirkt heute wie blaugewaschen, und man meint, bis auf seinen Grund sehen zu können; nur noch in den Bergen gibt es das so. Zumindest habe ich es lediglich dort so gesehen: auf Klettertouren, beim Skilaufen, oder auch auf dem Obersalzberg.

Aus der Spandauer Perspektive wird mir erst ganz bewußt, wie ungezwungen, geradezu familiär die Atmosphäre war – dem Sommersitz eines wohlhabenden Industriellen ähnlicher als dem Bergschloß des unzugänglichen, verkrampft ins Staatsmännische stilisierten Führers, der auch in meiner Erinnerung zunehmend die Züge eines historischen Abstraktums annimmt.
Vielleicht versuche ich wieder einmal, ganz aufsatzmäßig, die Szenerie zu schildern. Auf der Terrasse standen wir zwanglos herum, während die Damen auf den korbgeflochtenen Liegestühlen mit den dunkelrot gewürfelten Bauernpolstern lagen. Wie in einem Kurhotel sonnten sie sich, denn Braun war modern. Diener in Livree, aus der Leibstandarte Sepp Dietrichs ausgewählte SS-Leute, boten mit vollendeten, fast etwas zu vertraulich wirkenden Manieren Getränke an: Sekt, Vermouth-Soda oder Fruchtsäfte. Irgendwann kam dann regelmäßig Hitlers Leibdiener und meldete, daß der Führer in zehn Minuten erscheinen werde; er habe sich nach einer langen Besprechung für einige Minuten in das Obergeschoß zurückgezogen. Die Zeit zum Mittagessen war schon um mehr als eine Stunde überschritten. Der kleine, lebendige Dr. Dietrich, Hitlers Pressechef, der Chirurg Karl Brandt, der immer zur Hand sein mußte, damit bei einem Unglücksfall oder einem Attentat erste Hilfe zur Stelle war, dann Oberst Schmundt, der Wehrmachtsadjutant, mit den mir unvergeßlichen weit abstehenden Ohren, und der Heeresadjutant Engel, immer zu Witzen aufgelegt, ferner Wilhelm Brückner und natürlich Martin Bormann, dessen Bemühungen, sich in chevaleresker Tanzstundenmanier den Damen zu nähern, nur von einer jungen Sekretärin Hitlers mit hellem Kichern beantwortet wurde. Auf die Nachricht von dem bevorstehenden Eintreffen Hitlers wurde der Gesprächslärm gedämpfter, das vereinzelte Gelächter hier und da verstummte ganz. Nur noch halblaut plauderten die Frauen über Kleider und Reisen. Eva Braun holte ihre Filmkamera vom Liegestuhl, begleitet von Negus, einem nach dem Kaiser von Abessinien benannten schwarzen Scotchterrier. Sie machte sich bereit, den Auftritt zu filmen.

Hitler erscheint in Zivil, in einem gut geschneiderten Anzug von etwas zu auffallender Farbe; die Krawatte ist nicht gut gewählt. Eva Braun hatte Hitler vor Wochen mehrmals angeboten, ihm aus seiner Krawattensammlung die jeweils passende auszuwählen, aber Hitler hatte nicht darauf reagiert. Trotz des guten Wetters trägt er einen Velourshut mit breitem Rand, etwas breiter noch, als die Mode es vorschreibt, denn er ist für Sonnenbrand anfällig. Vielleicht zieht er auch die Blässe vor. Jedenfalls ist seine Farbe nicht gesund, der leicht gewölbte Bauch gibt der ganzen Erscheinung etwas Ziviles, fast Behäbiges.
Hitler begrüßt jeden der Gäste mit freundlichen Worten, erkundigt sich nach Kindern, privaten Vorhaben und Umständen. Dennoch hat sich von diesem Augenblick an die Szene geändert. Alle Anwesenden sind angespannt, sichtlich bemüht, einen guten Eindruck zu machen. Dabei wünscht Hitler eine Art Ungezwungenheit, die nicht servil wirken darf, sondern betonen soll, daß man hier sein Gast ist, und die vergessen macht, daß die gleichen Personen in Berlin sofort wieder in unterwürfige Ergebenheit zurückfallen werden. Hier dagegen ist Hitler leutselig und ermuntert uns durch sein Benehmen geradezu zur Lockerheit.
Es dauert noch eine halbe Stunde, dann wird zu Tisch gebeten; Hitler allein voraus, Bormann mit Eva Braun hinterdrein, an der Garderobe vorbei. Übermütig setzt sich einer der jungen Adjutanten Hitlers Kopfbedeckung auf, die ein Diener gerade abgelegt hat; der Hut fällt ihm bis über beide Ohren.
Obwohl Hitlers familiäres Interesse an uns offenkundig mehr der Form Genüge tat, als daß er echte Anteilnahme zeigte, gab er sich hier noch am freiesten und versuchte kaum je zu posieren. Gelegentlich behauptete er, daß Frauen in seiner Gegenwart vor Aufregung heiser würden, doch die Damen auf dem Obersalzberg wurden nicht heiser; sie mußten sich viel eher zurückhalten, um ihre harmlosen Späße nicht auch an Hitler auszulassen. In dieser privaten Umgebung konnte er Schwächen nicht verbergen, wie sorgsam er sie auch zu hüten trachtete.
Sonst hatte sein Bestreben, seiner Vorstellung von staatsmännischer Würde gerecht zu werden, mitunter fast erheiternde Züge:

so, wenn er Prinzen mit Durchlaucht anredete oder im Umgang mit Damen der Gesellschaft auf übertriebene Weise kavaliersgemäß auftrat. Ich begleitete ihn im Jahr 1934 nach Weimar, wo er der Schwester Nietzsches seine Aufwartung machte, bei der Begrüßung sich formvollendet verbeugte, ein riesiges Bukett Blumen übergab, das gleich darauf sein Diener wieder abnahm, weil es für die Dame zu voluminös war und das Ungetüm sie sichtlich in Verlegenheit versetzte. Im Salon verwendete Hitler überaus gewundene Floskeln, die mich immer verblüfften und die ich noch heute rekapitulieren kann: »Hochverehrte, gnädige Frau«, konnte er anheben, »welche Freude, Sie wieder in Ihrem geschätzten Hause in bester Gesundheit begrüßen zu dürfen. Mit meiner immer bleibenden Verehrung für Sie und Ihren hochgeschätzten Herrn Bruder verbinde ich gleichzeitig den Wunsch, daß Sie mir gestatten, aus Anlaß dieses Besuchs eine bescheidene Gabe zu überbringen, einen von mir zu spendenden Anbau an dieses traditionsgebundene Heim.« Elisabeth Förster-Nietzsche bot uns einigermaßen sprachlos Stühle an.

Als meine Mutter im Jahre 1939 in unserem Haus auf dem Obersalzberg unsere Kinder hütete, um uns eine Ferienreise zu ermöglichen, wurde sie von Hitler des öfteren eingeladen, an der gemeinsamen Tafel teilzunehmen. Er schien an ihr, wie ich später hörte, Gefallen gefunden zu haben; er muß sie in ähnlich verstaubter Weise mit seiner Verehrung bedacht haben wie die Schwester Nietzsches. Meine Mutter, sonst in politischen Dingen mit Blindheit geschlagen, änderte ihr Urteil über Hitler und seinen Stab nach diesen Besuchen: »Wie neureich es dort zugeht. Schon das Servieren der Mahlzeiten ist eine Unmöglichkeit, die Tischdekoration plump. Hitler war furchtbar nett. Aber eine Parvenü-Welt!«

14. Juni 1949
Seit einem Monat ist die Berlin-Blockade aufgehoben, daher heute der Besuch meiner Frau. Es war eine Quälerei, für sie vielleicht noch mehr als für mich. Unter den Blicken dieser fünf oder sechs fremden Menschen brachten wir kein natürliches Wort heraus. Trotzdem war es ein großes Ereignis. Eine Stunde lang

haben wir uns wenigstens gesehen. Ich freute mich sehr, wieviel besser sie aussah. Vor fast drei Jahren, als wir uns das letztemal kurz vor der Urteilsverkündung in Nürnberg gegenübersaßen, wirkte sie müde und verhärmt. Dieses Bild hatte ich die ganzen drei Jahre hindurch vor mir; es quälte mich.

15. Juni 1949

Ich rauche die Pfeife an, die meine Frau mir als verspätetes Geburtstagsgeschenk mitgebracht hat, und die zugleich eine Erinnerung an den Großvater ist. Er war ein leidenschaftlicher Jäger, und wenn er seinen Enkeln Geschichten von der Jagd erzählte, pflegte er sich umständlich und gründlich eine ähnliche Pfeife zu stopfen.

Vor kurzem habe ich gelesen, daß die Frau des englischen Historikers Carlyle Pfeifenrauch so wenig leiden mochte wie meine Frau. Carlyle setzte sich auf einen niedrigen Hocker vor seinen Kamin und rauchte in den Kamin hinein. Da wir zu Hause keinen Kamin haben, müßte ich einen Trichter bauen lassen, der Abzug ins Freie hat. Einstweilen bin ich aber noch hier.

17. Juni 1949

Neulich wurde mir deutlich, daß wir uns selbst auf dem Obersalzberg häufiger auf dem Berghof Hitlers aufhielten als in unserem eigenen alten Holzhaus, das ehemals eine kleine Bergpension gewesen war, bevor Bormann sie wie alle Anwesen auf dem »Berg« in seinen Besitz gebracht und uns zugewiesen hatte. Wie ausgelassen waren meine Kinder, wenn ich Zeit hatte, sie mit dem schnellen BMW-Sportwagen über Bormanns kurvenreich in den Fels gesprengte Straße mit hoher Geschwindigkeit auf das achthundert Meter höher gelegene Adlernest Hitlers zu fahren. Sie stürmten geradezu die Sitze, wenn ich die Tür geöffnet hielt, und lachten und schrien vor Vergnügen, je mehr die Reifen in den Serpentinen quietschten.

18. Juni 1949

Gestern begann ich die *Orestie* des Äschylos, die in den Jahren geschrieben wurde, als Perikles mit seinem Architekten Iktinos den Parthenon erbaute: Ausdruck athenischen Selbstbewußtseins nach den Perserkriegen.

19. Juni 1949
Manchmal lud Hitler meine und Bormanns Kinder zu Schokolade und Kuchen ein. Sie wurden sauber gewaschen, feierlich gekleidet und ermahnt, freundlich zu sein. Aber sie ließen sich von uns nicht abrichten, traten ganz frei auf, und Hitler fand keinen Anklang bei ihnen. Denn es war ihm nicht gegeben, Kinder an sich zu fesseln; seine Werbungen fielen stets ins Leere. Selbst als er sich einmal die Mühe machte und sich von meiner Tochter auf einer Bank die ersten Schreibversuche zeigen ließ, schaute unser ältester Sohn zwar zunächst interessiert zu, lief dann aber ohne weitere Umstände weg, als Hitler auch ihn an sich heranziehen wollte. So schnell wie möglich versuchten die Kinder, unter sich zu sein; eine normale Reaktion, aber für Hitler eine ungewöhnliche Erfahrung.

Noch etwas anderes fällt mir in diesem Zusammenhang ein: an bestimmten Tagen öffnete die SS die Tore des Obersalzberger Geländes, eine fünf Meter breite Schlange von vielen Tausenden Verehrern und Verehrerinnen defilierte an Hitler vorbei, der für alle gut sichtbar auf einem erhöhten Platz stand. Es wurde gewinkt, Frauen vergossen Tränen der Rührung. Hitler bezeichnete seinem Fahrer Kempka das eine oder andere Kind, das dann von einem SS-Mann aus der Menge gehoben wurde. Dann wurde das arrangierte Gruppenbild aufgenommen, auf das Hitler gleichsam gierig zu sein schien. Die Kinder selber machten mitunter einen unglücklichen Eindruck.

Beim Anrauchen meiner Pfeife wurde mir fast schlecht.

20. Juni 1949
Nachdem er sich vergewissert hat, daß niemand zuschaut, flüsterte Pease mir zu, daß die westlichen Besatzungszonen wieder ein Staat geworden seien und den Namen Bundesrepublik angenommen hätten. Die Ostzone habe sich als Demokratische Republik proklamiert. Wie das auch sein mag, so gibt es anstelle der Besatzungsmächte vier Jahre nach dem Untergang des Reiches also wieder staatliche Gebilde, die von Deutschen regiert werden.

Der verschärften politischen Lage entspricht ein Kleinkrieg, der über unsere Gartenarbeit zwischen West und Ost ausgefochten wird. Der russische Direktor fordert, daß einige kleine Blumenbeete, die in voller Blüte stehen, unverzüglich beseitigt werden. Blumen seien in einem Gefängnisgarten nicht angebracht, zudem seien sie in den Regeln nicht vorgesehen. Unablässig verstießen die Westmächte gegen strikte Vereinbarungen. Nach langen Verhandlungen kommt es zu einem Kompromiß: es dürfen zwar keine neuen Blumen gepflanzt werden, aber was bereits im Garten wächst, bleibt stehen.

24. Juli 1949

Russischer Monat. Fastenzeit. Morgens gibt es $1/3$ Liter dicke Graupensuppe, Zichorienkaffee, einige Scheiben Brot; nachmittags einen Liter säuerlich schmeckende Wassersuppe und die gleiche Menge Brot; abends Kartoffelbrei, ungenießbares Fleisch, ein kleines Stück Butter und wiederum Brot. Das alles Tag für Tag, ohne jede Variation. Als ich mißgelaunt über die Eintönigkeit des Essens schimpfe, erzählt mir der Wärter Mushin: »In Moskau wurde das Material für eine Expedition in den hohen Norden zusammengestellt. Auf der genehmigten Liste befanden sich auch ein Schallplattenapparat und fünfzig Schallplatten. Als die Forscher in ihrem Zelt Musik hören wollten, mußten sie feststellen, daß fünfzigmal die gleiche Platte geliefert worden war.«

26. Juli 1949

Heute, als ich im Hof aus dem Gespräch zwischen Dönitz und Schirach ein paar Worte über Hitler auffing, überfiel mich unvermittelt der Gedanke, wie kalt ich eigentlich an Hitler denke und von ihm schreibe. Immerhin war ich mehr als zehn Jahre immer um ihn herum, verdankte ihm nicht nur Aufstieg und Ruhm, sondern fühlte mich im ganzen auch wohl in seiner Nähe – zumindest in den Friedensjahren. Verstellte ich mich damals bewußt oder unbewußt, wenn ich seine linkischen Übertreibungen, seine falschen Krawatten, seine aufgedonnerten Blumenbuketts nicht bemerkte – oder täusche ich jetzt mich und andere, wenn ich ihn, auch vor mir selber, unaufhörlich abwerte? Wenn ich mich recht erinnere, habe ich während der letzten Monate nicht einen einzigen gewinnenden Zug von ihm berichtet; und in der Tat empfinde ich keine Spur von Loyalität mehr für ihn.

27. Juli 1949

Weiter über mein Verhältnis zu Hitler nachgedacht. Über das Thema Treulosigkeit.

28. Juli 1949

Ich rede mich nicht heraus: ich bin treulos. Und das hat nicht nur damit zu tun, daß Hitler allen Anspruch auf meine Treue verwirkt hat; dergleichen gibt es einem Monster gegenüber nicht. Aber ich frage mich mitunter, ob es nicht einen unerklärlichen Instinkt in mir gibt, der mich immer, ob ich will oder nicht, dem Zeitgeist ausliefert; als trage mich stets die jeweils herrschende Strömung hierhin und dorthin. Mein Schuldgefühl in Nürnberg war sicherlich vollkommen aufrichtig; aber mir wäre lieber, ich hätte es 1942 empfunden. Ich würde meinem Urteil dann auch mehr vertrauen, wenn ich heute, wenigstens von Zeit zu Zeit, in Widerspruch zum Zeitgeist stünde, der Hitler heute total verdammt. Aber auch ich kann unterdessen keine gute Seite an ihm entdecken; keine jedenfalls, die seinen ungeheuerlichen Verbrechen die Waage hielte. Was heißt da Treulosigkeit?

1. August 1949

Ein verregneter Sommer mit kalten Winden, Gewittern und Regenschauern. Trotzdem braungebrannt. Die Russen zogen um zwölf Uhr ab. Jetzt sind wieder amerikanische Soldaten auf den Wachtürmen. Während die Maschinenpistolen der Russen meist auf unsere, die Gartenseite gerichtet waren, stehen die Amerikaner mit der Waffe nach draußen.

Zum Mittagessen gab es Hammelfleisch, Bratkartoffeln und so viele vorzügliche Dinge, daß ich wohl erst um Mitternacht einschlafen werde. Nachmittags wurden wir vom amerikanischen Doktor gewogen. Jeder der Gefangenen hat im vergangenen Monat etwa sechs Pfund verloren.

Auch Heß hat der Wechsel im Essen gutgetan. Einige Minuten nach der Visite saßen wir zusammen auf einer Bank in der Sonne. Ich versuchte ein Gespräch mit ihm. Da politische Themen heikel sind und zu nichts führen, er andererseits nur bei

Gesprächen über die alten Zeiten lebhaft wird, brachte ich das Gespräch auf Eva Braun. Dabei erzählte ich ihm auch eine Episode, die von Hitlers extremer Kontaktlosigkeit zeugt. Eva Braun, die mir manchmal ihr Herz ausschüttete, berichtete mir eines Tages im Frühjahr 1939 verstört, Hitler habe ihr freigestellt, ihn zu verlassen und sich einen anderen Mann zu suchen – er könne ihr doch nicht mehr genügen. Schroff hatte er ihr diese Eröffnung gemacht, aber vielleicht ließ gerade diese Äußerung erkennen, daß er momentweise eine Ahnung davon hatte, was an Opfern es von einem jungen Mädchen verlangte, seine Geliebte zu sein. Heß, der anfangs aufmerksam zugehört hatte, winkte gelangweilt ab, und ich ging an die Arbeit.

11. September 1949
Wieder sind sechs Wochen vergangen. Ein Monat nach dem anderen. Irgendwo habe ich gelesen, daß Langeweile die Höllenqual sei, die Dante vergessen habe.

30. September 1949
Ende des dritten Jahres. Die Sensationen unseres Sommers waren: Hunderte von Spatzen haben die Sonnenblumenkerne gestohlen. Wir hatten eine miserable Gemüseernte. Aber meine Blumen gediehen gut; darunter gibt es jetzt Lupinen aus englischem Samen in einem schönen Rosa. Über Dutzenden von Büchern habe ich mich wieder nur müde gelesen. Sinnlos versuche ich weiter, Englisch und Französisch zu lernen. Nächstens werde ich mit Reißschiene und Winkel beginnen, wieder ein Haus zu zeichnen. Sinnlos.

Das vierte Jahr

18. Oktober 1949
Funk wurde vor einigen Tagen operiert. Die westlichen Ärzte wollten die Operation im amerikanischen Hospital durchführen; ihren Antrag hat der sowjetische Direktor aber abgelehnt. Eine feldmäßige Operationseinrichtung wurde daraufhin nach Spandau gebracht, der schwere Eingriff von einem französischen Chirurgen durchgeführt. Drei Wärter mußten, weil es die Regeln so verlangen, dabei zugegen sein. Einer wurde ohnmächtig. Im Keller stand ein Sarg bereit.
Funk wird durch eine französische Krankenschwester betreut. Wir können sie nicht sehen, da wir, sobald sie auftaucht, eingeschlossen werden. Ich bin aber fast erleichtert darüber, denn nach so vielen Jahren fürchte ich, unsicher und linkisch zu sein.

22. Oktober 1949
Funk ist außer Gefahr. Er schwärmt für Mademoiselle Antissier, doch zu seinem Kummer beantwortet sie seine Gefühle nicht. Allerdings läßt sie ihm seine Illusionen.

24. Oktober 1949
Adenauer, das frühere Stadtoberhaupt von Köln, soll Chef der neuen westdeutschen Regierung geworden sein. Ich erinnere mich noch, daß Hitler ihn, es war wohl im Jahre 1936, beim Tee im Nürnberger »Deutschen Hof« einen fähigen Mann genannt hatte, als Liebel das Gespräch auf die Rolle der Oberbürgermeister gebracht hatte, um seine eigene Tätigkeit für Nürnberg herauszustellen. Adenauer, so meinte Hitler damals, habe durch

seinen vorausschauenden Eigensinn den Kölner Grüngürtel mit seinem Ringstraßensystem geschaffen, wichtige Bauherren nach Köln gezogen, ein einzigartiges Messegelände am rechten Rheinufer gebaut. Ihm imponierten noch heute die Voraussicht und der Mut, mit denen Adenauer die Stadt in Schulden gestürzt habe. Was bedeuteten schon ein paar lächerliche Millionen angesichts einer kühnen städtebaulichen Konzeption. Er bedauere geradezu, diesen Mann wegen seiner politischen Unvernunft nicht heranziehen zu können.
Hitler lobte Adenauer seiner Starrköpfigkeit wegen, in Wirklichkeit wäre er mit dem unbequemen Mann sofort zusammengeraten. Mit einem dieser selbstherrlichen Oberbürgermeister versuchte er einmal ein Arrangement, und obwohl sein Gegenüber der sogenannten »nationalen Revolution« nicht ohne Sympathie begegnete, kam es nach kürzester Zeit zum Konflikt: »Was macht mir dieser Goerdeler in Leipzig für Schwierigkeiten«, griff Hitler eine Klage, die ich oft von ihm gehört hatte, wieder auf, »er weiß genau, wieviel mir an der Errichtung des neuen Nationaldenkmals für Richard Wagner liegt. Ich selber habe ihm gesagt, daß ich den Entwurf von Hipp zur Ausführung bestimmt habe. Aber mit immer neuen Schlichen verhindert er den Abriß des schäbigen alten Standbilds, das ein unfähiger Bildhauer da hingestellt hat. Goerdeler weiß genau«, erklärte Hitler nun in zunehmend schärferem Ton, »ich habe sogar über Einzelheiten mit ihm gesprochen, daß diese herrlichen Riesenreliefs mir besonders gefallen, daß das Ganze in bestem Untersberger Marmor ausgeführt wird. Als Reichskommissar habe ich Goerdeler absetzen müssen, weil er zu bürokratisch arbeitete. Wenn er nicht bald Einsicht zeigt, kann er auch nicht länger Oberbürgermeister bleiben. Erinnern Sie mich in einem halben Jahr daran, Bormann.«
In der Tat verlor Goerdeler im Jahre 1937 alle seine Ämter. Keiner von uns hätte es damals für möglich gehalten, daß der Leipziger Oberbürgermeister sieben Jahre später von den Verschwörern zu Hitlers Nachfolger ausersehen werden würde.

26. Oktober 1949
Im Rahmen meines Durchhalte-Programms habe ich mit einem Training begonnen, das Herz und Muskeln beansprucht. Ein Loch von etwa einhundertfünfzig Kubikmetern werde ich mit Sand füllen, indem ich an einer anderen Stelle des Gartens eine Erhebung abtrage. Außerdem habe ich mir Laufstrecken von zweihundert und hundert Metern Länge abgesteckt, die ich gelegentlich herunterrenne. Turnschuhe wurden mir vom Doktor verordnet. Nach langjähriger Pause sind meine Leistungen entmutigend.

2. November 1949
Nach einigen Tagen Lauftraining ist mein Knie geschwollen. Der Arzt hat mir Bettruhe verordnet. Ich schlucke eine Unzahl Pillen und mache eine Vitaminkur.

Jedem Brief aus Heidelberg liegen Familienphotos bei. Immer wieder halte ich sie in der Hand und vergleiche sie mit älteren Bildern, um die Entwicklung der Kinder wenigstens auf diese Weise verfolgen zu können. Bei einem der Photos von heute rätsle ich: die Stirn ist offenbar die von Fritz, auch die Frisur deutet auf einen der Söhne, aber der Kinnpartie zufolge müßte es Hilde sein. Die Augen wiederum sind ganz die von Margret. Vielleicht hat sie sich die Haare kurz schneiden lassen? Hoffentlich stellt sich nicht heraus, daß es sich um Ernst handelt. Erst neulich habe ich Ernst für Arnold gehalten.

Es sind nun über vier Jahre, daß ich sie das letzte Mal sah. Wenn ich mir vergegenwärtige: Ernst, der jüngste, war damals einenhalb Jahre, heute ist er über fünf Jahre alt, Arnold, der zweitjüngste, steht in den Flegeljahren, und der älteste, Albert, ist schon fünfzehn! Noch fünf Jahre weiter, und drei meiner Kinder sind erwachsene Menschen. Früher hatte ich mich darauf gefreut, diese Jahre mitzuerleben. Jetzt habe ich immer stärker das Gefühl, daß ich die Kinder nicht nur für die Dauer der Haft, sondern für immer verloren habe. Wie sollen sich nach zwanzig Jahren die natürlichen Gefühle einstellen? Manchmal fürchte ich, daß mein vorzeitiges Wiedererscheinen ihre Entwicklung nur stören könnte. Über solchen Grübeleien gerate ich dann mitunter auf den Gedanken, ob es nicht besser wäre, wenn ich gar nicht mehr nach Hause käme. Was sollen sie mit einem sechzigjährigen Fremden?

4. November 1949

Weiter im Bett. Wieder fünf Stunden gelesen. Grüble vor mich hin. Heimweh nach der Familie. Schmerzen in Brust und Herzgegend.

Heute quälte mich, einige Stunden lang, der Gedanke, daß meine Familie mich vergessen habe und meine Frau mich verläßt. Hirngespinste? Oder antwortet in solchen Phantasien mein Unterbewußtsein auf die Ängste vor der Familie, vor der Rückkehr?

5. November 1949

Depressionen. Der Wille zum Durchhalten sehr schwach.

7. November 1949

Über Mittag Traum: Meine Frau und ich streiten uns. Böse geht sie im Garten ein Stück weg. Ich folge ihr. Plötzlich sind nur noch die Augen da. Sie stehen voller Tränen. Dann höre ich ihre Stimme, daß sie mich liebe. Ich sehe weiter unverwandt in ihre Augen, dann umarme ich sie fest. Da wache ich auf und merke, daß ich zum ersten Mal seit dem Tod meines Vaters geweint habe.

8. November 1949

Gestern, nach dem Erwachen, gedämpfte Stimmung, die den ganzen Tag über anhielt. Gleichzeitig das Gefühl, vom kaum tragbaren Druck der letzten Tage befreit zu sein. Meine Obsession, daß ich meine Familie für alle Zeit verloren habe, hat sich verflüchtigt.

18. November 1949

Jack Donaho brachte mir während der letzten Tage jeweils in den Mittagpausen ein gerade draußen erschienenes Buch mit. Der Autor heißt Günter Weisenborn und ist ein Dramatiker, der irgendein Stück über U-Boote geschrieben hat, das ich als Student in Berlin gesehen habe. Unter Hitler ist er dann zu Zuchthaus verurteilt worden, und dieses Buch, mit dem Titel *Memorial*, ist ein Tagebuch dieser Jahre. An einer Stelle erinnert sich Weisenborn daran, wie er vor Ausbruch des Krieges Hitler mit seiner Runde im Münchner Künstlerhaus sitzen sah: »Der Mensch, den sie Führer nannten und der heute abend das schlichte Weltkind mit den gutartig erstaunten Augen spielte, wenn jener Mensch einige Worte sprach, so beugten sich alle umsitzenden Paladine ergeben vor, alle auf denselben Punkt zu, den Mund des Gewaltigen mit der Fliege darüber. Es war, als habe ein warmer Wind der Ergebenheit die stolzen Halme lautlos gebogen, so daß ich nur noch die gefalteten Specknacken unserer Reichsführung zu Gesicht bekam.« Weisenborn fährt fort: »Der dickgesichtige Hitler nahm die Ergebenheitswelle auf, er seinerseits beugte sich diskret jenem Speer entgegen, der rechts von ihm saß und gelegentlich einige artiggelangweilte Worte sprach. Was an Huldigung dem Hitler entgegenwogte, leitete er an Speer weiter: es war eine Art Stafettenlauf der Ergebenheit. Es schien Speer eine Art Bewunderter, Geliebter zu sein, und er war es, der die Huldigungen kassierte, als seien sie Kleingeld.«

Wunderlich, solche Betrachtungen in der Zelle zu lesen. Sie erinnern mich an den Ausspruch meines Mitarbeiters Karl Maria Hettlage, der nach einem nächtlichen Besuch Hitlers in meinem Atelier meinte, daß ich dessen unglückliche Liebe sei. Stolz war es nicht. Auch nicht der Versuch, mich von Hitler abzusetzen. Wenn ich es von heute her überdenke, kann es einerseits jene Distanz gewesen sein, die immer alle meine menschlichen Beziehungen geprägt hat und vielleicht nur eine Spielart der Schüchternheit ist. Andererseits war ich, der Dreißigjährige, dem alle einredeten, er baue für Jahrtausende, von dieser übergroßen Verantwortung wie erdrückt. Ich sah mich historisch. Was das erste angeht, so hätte ich Hitler wahrscheinlich gerne meine unbegrenzte Verehrung gezeigt; aber ich habe Gefühle nie frei ausdrücken können. Selbst in diesem Fall nicht, wo es mir doch nicht selten so vorkam, als stehe er weit über allen Menschen, die ich kannte, wahrscheinlich sogar über meinem Vater, den ich sehr verehrte.

20. November 1949
Weiter über die tieferen Ursachen meiner Reserviertheit gegenüber den Menschen nachgedacht. Natürlich haben mir die zwölf Jahre in Hitlers Machtsphäre jene Unbekümmertheit genommen, über die ich in der Jugend doch verfügt haben muß. Ich sollte mir wohl nicht einreden, daß es nur die Wirkung der großen Persönlichkeit und der historischen Aufgabe gewesen seien, die mich so zurückhaltend machten. Es war auch Unfreiheit im allerbanalsten Sinne, nicht nur im sublim-psychologischen. Schließlich war die Erfüllung meines Ehrgeizes allein von Hitlers Laune abhängig. Gestern noch konnte Hitler mich einen genialen Architekten nennen, aber wer garantierte schon, daß er nicht morgen sagen würde: »Dieser Giessler gefällt mir besser.« Ab 1943 hat er meinen Münchner Gegenspieler wohl tatsächlich mir vorgezogen.
Bezeichnenderweise befielen mich, bald nachdem ich von Hitler die ersten großen Architektur-Aufgaben zugewiesen erhalten hatte, in langen Tunnels, im Flugzeug oder in engen Zimmern mitunter Angstgefühle. Das Herz begann dann hastig zu schlagen, Atemnot setzte ein, das Zwerchfell wurde schwer, ich hatte das Empfinden, als wenn mein Blutdruck heftig ansteige. Nach einigen Stunden ebbten solche Attacken ab. Angstgefühle in aller Freiheit und Macht! Jetzt, in meiner Zelle, bin ich davon frei.
Damals ließ ich mich von Professor von Bergmann, dem berühmten Berliner Internisten, mehrere Tage lang eingehend untersuchen. Er konnte keine organischen Mängel feststellen. Die Beschwerden verschwanden ohne ärztliches Zutun, als sich nach Kriegsbeginn das Interesse Hitlers anderen Dingen zuwandte und ich nicht mehr im Mittelpunkt seiner Aufmerksamkeit, auch seiner Zuneigung, stand.
Kürzlich las ich bei Oscar Wilde: »Jemand zu beeinflussen ist dasselbe, wie ihm eine fremde Seele zu geben. Er denkt nicht mehr seine eigenen Gedanken, er wird nicht mehr von einer eigenen Leidenschaft verzehrt. Seine Tugenden gehören nicht mehr ihm, selbst seine Sünden sind nur geliehen.«

Über *Dorian Gray* durchzuckte mich aber der Gedanke: der Dandy erhielt sich seine Schönheit, indem das Porträt alle häßlichen Züge übernahm. Wie wäre es, wenn ich nun meinem autobiographischen Konterfei alle meine moralische Häßlichkeit zuordnete? Wäre das ein Weg, als Lebender davon freizukommen?

22. November 1949

Seit zwei Wochen bin ich wieder auf den Beinen. Auf Anordnung des sowjetischen Arztes soll ich jeden Tag in Abständen von einer halben Stunde einige Minuten spazierengehen.

Eben schlagen die Kirchtürme in der Umgebung dreiundzwanzig Uhr. Längst wurde das Zellenlicht ausgedreht. Aber durch das große Beobachtungsloch fällt ein Schein auf mein kleines Reißbrett. Während ich schreibe, bin ich mit allen Sinnen auf Alarm eingestellt. Das ist schwieriger geworden, seit ein Teil der Wärter Gummisohlen trägt. Es soll offenbar die Nachtruhe nicht stören, aber es kompliziert jene vier oder fünf Stunden, die wir täglich wirklich für uns haben. Doch jetzt hat der kernlederbesohlte Russe Mushin im Gang Platz genommen. Für heute kann ich in Ruhe arbeiten.

Noch einmal *Dorian Gray* oder die geliehene Existenz. Sicherlich kam durch die Begegnung mit Hitler etwas Fremdes, mir bis dahin sehr Fernliegendes in mein Leben: Ich, der im Grunde blasse, noch ungeprägte Architekturassistent, begann plötzlich, in überraschenden Vorstellungen zu denken. Ich träumte Hitlers Architektur. – Träume, Träume. Ich dachte in nationalen Kategorien, in Großreichdimensionen – alles nicht meine Welt. Jedenfalls habe ich mir das seit Nürnberg eingeredet: Hitler als der große Verführer. Aber war er das wirklich? Hat er mich von mir selber weggebracht? Oder beschreibt es nicht gerade jenes komplizierte Gefühl von Verbundenheit, das doch, was immer ich sagen oder schreiben mag, bis heute anhält, daß er mich gerade zu mir selbst gebracht hat?

Wenn ich einmal neu auf meine Architekturvorstellungen sehe: Was ich in den dreißiger Jahren bauen wollte, kam ja im Grunde genau aus jener Verweigerung der Moderne, die mich als Assistent zu Tessenow geführt hatte. Es kann kein Zufall sein, daß es nicht Gropius oder Mies van der Rohe waren, die mich als jungen Architekten faszinierten, sondern eben Tessenow mit seinem Sinn fürs Gediegene, Schlichte, Handwerkliche. Hitler hat mich nicht von mir selbst abgebracht. Mein Widerwille gegen die Großstadt, den Menschentypus, den sie hervorbrachte, und selbst mein Unverständnis für die Vergnügungen meiner Kommilitonen, dazu meine Leidenschaft für das Rudern, Wandern und Bergsteigen: das alles waren ja schon romantische Protesthaltungen gegen die Zivilisation. In Hitler sah ich vor allem anderen den Bewahrer der Welt des neunzehnten Jahrhunderts gegen jene beunruhigende großstädtische Welt, die ich als unser aller Zukunft fürchtete. So gesehen muß ich auf Hitler geradezu gewartet haben. Darüber hat er dann – und dies rechtfertigt ihn noch mehr – mir eine Kraft vermittelt, die mich über die Grenzen meiner Möglichkeiten weit hinaustrug. Also wäre das Gegenteil richtig: durch ihn erst habe ich eine gesteigerte Identität gefunden. Man könnte noch weiter fragen, ob Hitler – merkwürdiger Gedanke! – nicht die Ursache dafür ist, daß ich jetzt im Gefängnis noch einmal eine neue Identität wiederfinde: Hätte ich ohne die Erfahrungen und Einsichten, die ich durch jene Jahre gewonnen habe, je gelernt, daß alle historische Größe weniger ist als eine bescheidene Geste der Menschlichkeit, alle nationale Ehre, von der wir träumten, nichtiger als schlichte Hilfsbereitschaft? Wie sonderbar sich mir die Perspektiven verschieben!

23. November 1949
Heute erhielt ich einen Brief meiner Mutter, in dem sie daran erinnert, daß Anneliese Henkell während des ersten Weltkrieges mit meinem Onkel Hermann Hommel verlobt war. Wenn der Onkel die energische Anneliese geheiratet hätte, so fragt meine Mutter, wäre dann ihr späterer Mann, Joachim von Ribbentrop, Botschafter in London und anschließend Außenminister geworden?
Als ich mit siebzehn Jahren einmal von meinen Eltern nach Wiesbaden mitgenommen wurde, beeindruckte mich Ribben-

trop, weil er bei wolkenlosem Himmel über dem Arm einen Regenschirm und in der Hand eine sogenannte Melone trug. Der große blonde Mann, der den Kopf stets hocherhoben hielt, machte einen arroganten und unzugänglichen Eindruck. Nur in Witzzeitungen hatte ich bis dahin solche ans Lächerliche reichende Kopie des englischen Gentleman gesehen.
Ribbentrops Staatssekretär Luther erzählte mir eines Tages den Ausspruch der Schwiegermutter des Außenministers, der reichen Mitbesitzerin von Sekt-Henkell: »Seltsam, daß mein dümmster Schwiegersohn den größten Erfolg hat.« Einige Monate später wurde Luther von Ribbentrop in ein Konzentrationslager eingewiesen, weil er, an den geistigen Fähigkeiten seines Chefs zweifelnd, mit Himmler eine Intrige eingefädelt hatte, um den Außenminister zu stürzen. Himmler protegierte seinen ehemaligen Verbündeten und räumte ihm im Konzentrationslager den sicheren Posten eines Bibliothekars ein. Heftig verfeindete Protagonisten der Partei wie Göring, Rosenberg, Goebbels und selbst Bormann stimmten ausnahmsweise überein, sobald die Rede auf Ribbentrop kam: er sei hochnäsig, dumm, ein Narr und wolle alles selbst machen. Die vielberedete Eitelkeit des Ministers wurde auch mir deutlich, als ich in fast jedem der Repräsentationsräume seines mitten im Kriege mit hohem Aufwand umgebauten Dienstsitzes, dem ehemaligen Palais des Reichspräsidenten, immer neue Hitler-Fotografien mit einer langen, schmeichelhaften Widmung in breiten Silberrahmen auf Kommoden, Schreibtischen oder Buffets herumstehen sah. Bei näherem Betrachten löste sich das Rätsel: Ribbentrop hatte sein einziges Exemplar photografisch vervielfältigen lassen.

24. November 1949

Zufällig schnappte ich heute auf dem Gang eine Bemerkung von Dönitz auf, wonach Ribbentrop durch Arroganz und falsche Einschätzung der englischen Reaktionen der eigentlich Schuldige am Krieg gewesen sei. Und während ich Raeder beipflichten hörte, kam mir die Szene in Erinnerung, wie Hitler, es muß im Sommer 1939 gewesen sein, auf der Terrasse des Berghofes mit einem seiner militärischen Adjutanten auf- und abging, woraufhin sich die anderen Gäste respektvoll in die verglaste Veranda zurückzogen. Mitten im eifernden Dozieren forderte Hitler uns aber auf, zu ihm auf die Terrasse zu treten: »Man hätte auf Moltke hören und gleich zuschlagen sollen«, so etwa nahm er seinen Gedanken wieder auf, »als Frankreich nach der Niederlage 1871 wieder stark wurde. Oder in den Jahren 1898 und 1899! Amerika im Krieg mit Spanien, die Franzosen kämpften gegen die Engländer bei Faschoda und waren wegen des Sudans verfeindet, und die Schwierigkeiten durch die Buren in Südafrika zwangen die englische Armee zum Eingreifen. Und was für eine Konstellation auch im Jahre 1905, als Rußland von Japan besiegt war. Der Rücken im Osten frei, Frankreich und England zwar befreundet, aber ohne Rußland dem Reich militärisch nicht gewachsen. Es ist ein alter Leitsatz: ›Wer die Initiative ergreift, hat im Krieg mehr als eine Schlacht gewonnen!‹ Und es war doch Krieg!« Als Hitler unsere verblüfften Mienen bemerkte, warf er fast ärgerlich ein: »Es ist immer Krieg. Der Kaiser hat zu lange gezaudert!« Solche lapidaren Maximen pflegten Ribbentrop in eine geradezu schwärmerische Erregung zu versetzen, und man sah ihm in solchen Augenblicken deutlich an, wie er sich als einziger von uns mit Hitler den innersten Geheimnissen politischen Handelns auf der Spur wußte. Auch diesmal wieder pflichtete er Hitler bei mit jener charakteristischen Mischung von Liebedienerei und Hochmut, die auf Hitler immer noch Eindruck machte. Ribbentrops Schuld lag also nicht in einer eigenen Politik zum Kriege, als vielmehr in dieser Bekräftigungsfunktion, die er mit der Autorität des vorgeblichen Weltmannes auf den provinziellen Hitler ausübte. Der Krieg selber war immer nur die Idee und das Werk Hitlers. »Das eben haben weder der Kaiser noch die kaiserlichen Politiker je wirklich verstanden«, rief Ribbentrop in die Runde. »Es ist immer Krieg. Der Unterschied ist nur, ob geschossen wird. Auch im Frieden ist Krieg. Wer das nicht begriffen hat, kann keine Außenpolitik machen.« Hitler blickte seinen Außenminister fast dankbar an. »Ja, Ribbentrop«, sagte er, »ja!« Er war sichtlich bewegt, daß er hier einen hatte, der ihn wirklich verstand. »Wenn ich einmal nicht mehr bin, muß man das im Auge behalten. Unbedingt!« Und dann, wie fortgetragen von der Einsicht in das Wesen des historischen Prozesses: »Meinem Nachfolger müssen unbedingt Anlässe bleiben, neue Kriege anzufangen! Man darf nie in Verlegenheit sein, wo ein Konflikt herkommen soll. In den kommenden Friedensverträgen müssen wir daher immer einige Fragen offen lassen, die einen Anlaß hergeben. Denken Sie doch mal an Rom und Karthago! In jeden Friedensvertrag immer gleich einen neuen Krieg eingebaut. Das ist Rom! Das ist Staatskunst!« Befriedigt drehte Hitler sich in den Hüften hin und her und blickte herausfordernd in die achtungsvoll erstarrte Runde. Sichtlich genoß er es, sich neben den Staatsmännern des alten Roms zu sehen. Wenn er, wie ich es gelegentlich selbst gehört habe, Ribbentrop mit Bismarck verglich, so kam das aus dem Gefühl, für seine Person die Größenordnungen der bürgerlich-nationalen Politik weit hinter sich gelassen zu haben. Er sah sich in welthistorischen Dimensionen. Und auch wir sahen ihn dort.

Wir traten in die Veranda. Und unvermittelt, wie es seine Art war, begann er plötzlich von ganz Banalem zu reden. Seit Monaten war das Buch von Soschtschenko: *Schlaf schneller, Genosse!* ein Gesprächsgegenstand auf dem Berghof. Wieder erzählte er einzelne Episoden und wurde dabei von Lachen überwältigt. Bormann bekam den Auftrag, einen Fahrer nach München zu schicken und jedem von uns ein Exemplar des Buches zu besorgen. Ich habe übrigens nie herausgefunden, ob er Soschtschenkos Kritik am Sowjetsystem oder Soschtschenkos Humor mehr schätzte. – Aber ich habe damals wohl auch nicht viel darüber nachgedacht.

Abends meinen ersten Cognac seit über vier Jahren. Ich bekam ihn von Jack Donaho. Nur ein kleines Glas. Aber die Folgen waren verheerend. Unsichere Beine, Schwindelgefühl. Ich legte mich auf mein Bett. Dabei hatte ich einige Mühe, Singen oder Pfeifen zu unterdrücken. Nach einer Stunde wieder auf. Im

Hochgefühl beherrschter Unsicherheit ging ich zu Heß hinüber. Der meinte nur: »Was ist denn mit Ihnen los?«

25. November 1949
Noch zum gestrigen Eintrag: Als übrigens einige Monate später der Krieg begann, der all die Sommer- und Herbstmonate des Jahres 1939 der Hintergrund dieser Gespräche gewesen war, war nicht nur psychologisch der Druck von mir genommen. Auch im äußeren Sinne wurde ich zunehmend freier. Jetzt bildeten Adjutanten und Generale Hitlers Umgebung, und ich führte erstmals seit Jahren wieder ein privates Leben. Ohne Hitler fuhr ich mit der Familie in meinem kriegsmäßig grau gestrichenen BMW auf den Obersalzberg. Mein Büro verbesserte und verfeinerte inzwischen die Baupläne und brachte die Holzmodelle auf den letzten Stand.

Wie uns allen schien, näherten wir uns mit jedem Monat auf fast mühelose Weise dem Anlaß für die Triumphbögen und Ruhmeshallen. Die große Halle und das Berliner Palais des Führers erhielten durch die Siege in Polen und in Frankreich, durch die Eroberung Norwegens plötzlich einen realen Hintergrund. In der Krypta der Soldatenhalle waren zahllose Plätze für die Sarkophage der Heerführer dieser Feldzüge reserviert. Wie übermütig gingen wir der Katastrophe entgegen! Einer meiner nächsten Mitarbeiter, Hans Stephan, zeichnete eine Serie von Karikaturen. Auf einer davon ist inmitten riesiger Tempelbauten eine kleine Wochenendparzelle stehengeblieben, letzter Ausdruck einer idyllischen Vergangenheit. Schuttberge, Baugruben und Dampframmen zeigen an, was den Berlinern bevorsteht, wenn die Arbeiten einsetzen. Eine hilflose Fußgängergruppe wird von Polizisten über die neue große Straße geführt, durch die in vierzig Reihen nebeneinander der Verkehr strömt. Ein überdimensionierter Kran hebt aus Versehen statt einer riesigen Säulentrommel für den Portikus der großen Halle das Gebäude des Reichstags hoch. Der Adler auf der Weltkugel steht auf der Spitze der Kuppel in dreihundert Meter Höhe über den Wolken, verrenkt seinen überlangen Hals, um nach unten sehen zu können. Einen Turmfalken fordert er auf festzustellen, was die Heil-Rufe unter der Wolkendecke schon wieder bedeuten. Schwere Haubitzen schießen kurzerhand die Wohnblöcke in Trümmer, die dem Zug der großen Prachtallee im Wege stehen. Zwei Jahre später enthoben die alliierten Bomber uns dieser Sorge.

28. November 1949
Trübes Novemberwetter mit dicken Dunstschleiern über Spandau. Bedrückungen. Seit Stunden versuche ich, mich zum Schreiben zu zwingen, aber die Lustlosigkeit lähmt mich.

3. Dezember 1949
Heute durch Pease erfahren, daß Frau Schirach sich vor über einem Jahr von ihrem Mann gelöst habe und eine neue Verbindung eingegangen sei. Aber schließlich handelte es sich um eine Ehe, in der sie teilweise seine Macht und er teilweise ihr Geld gemeint hatte. Die Kinder sollen die Partei des Vaters ergriffen haben. Zeichen meiner Isolierung von den anderen Gefangenen ist, daß ich erst durch einen Wärter davon erfahre. In einem Gefängnisbrief, den Pease mir gleichzeitig übergab, werden mir Grüße von Arno Breker ausgerichtet. Ihm ist es offenbar besser ergangen als mir. 1941 sah ich ihn das letzte Mal vor meiner Ministerzeit in Paris. Wir trafen uns in einem berühmten Restaurant in Bougival an der Seine und wurden vom Maître Français als alte Freunde bewirtet. Im Sonnenschein saßen wir in einer lockeren deutsch-französischen Runde zusammen auf den Terrassen des ansteigenden Gartens: deutsche Offiziere und französische Aristokraten, Künstler, Industrielle und einige exzentrische Amerikaner: Von Krieg, Feindschaft und Résistance war hier nichts zu spüren.

Manchmal gingen wir nach diesen Abendessen in die kleine, hochgelegene Wohnung Alfred Cortots, saßen auf zusammengerollten Teppichen, weil Sitzgelegenheiten fehlten. Cortot spielte Chopin oder Debussy. Unvergeßlich *La cathédrale engloutie*.

Ganz anders war es bei den offiziellen Veranstaltungen für Breker und mich, die vom deutschen Botschafter in Paris, Abetz, und seiner französischen Frau arrangiert wurden. Dort wirkten die französischen Künstler verschlossen und zurückhaltend. Vielleicht war es, weil hier der Sieger ein Fest gab. Jedenfalls waren sie im kleinen Kreis, wenn sie sich unbeobachtet fühlten, herzlich und offen. Jetzt wirkten sie linkisch. Cocteau zeigte nichts von seinem Charme und seinem Geist; der zierliche Despiau saß bekümmert in der Ecke eines Sofas unter einem der großen Gobelins, Vlaminck, ein feinfühliger Hüne, stand schweigend herum, Derain sprach mit französischen Kollegen, Maillol schien geradezu verlegen, und auch Cortot war sichtlich befangen. Selbst der Städteplaner Grèber, der mir 1937 beim Bau des Pavillons für die Pariser Weltausstellung freundlich beigestanden hatte, reagierte auf mein Angebot, ihm zu helfen, mit keinem Wort.

25. Dezember 1949
Freude über Geschenke von zu Haus: warme Skisocken und ein Kalender haben die Zensur passiert. Unser Weihnachtsessen wurde mit Aufmerksamkeit zubereitet. Wir erhielten einen neuen, guten, dunkelbraunen Anzug aus Samtcord. Zu dem Van-Dyck-Braun passend, werde ich zu Hause zwei Flanellhemden, ein Halstuch und warme Hausschuhe bestellen.

26. Dezember 1949
Jeden Aufstand müsse man im Keime ersticken können, meinte Hitler, als er im Jahre 1940 die Verteidigungsfähigkeit seines geplanten Berliner Palasts überprüfte. Entschlossen wiederholte er einen seiner Lieblingsgedanken, der im Lauf der Jahre zu einer Art Obsession geworden war: »Einen November 1918 wird es nie mehr geben!« Und dann: »Wer sich in Zeiten der Unruhe auf die Straße begibt, wird niedergewalzt; Gegner aus der Systemzeit werden, ob in Konzentrationslagern oder in ihren Wohnungen, sofort erschossen. Dann rechne ich auch mit den Katholiken ab. In wenigen Tagen werden Hunderttausende dran glauben müssen. Das möchte ich doch sehen, ob man durch hartes Durchgreifen eine beginnende Revolution nicht ersticken kann. Alle, die da warten, werden sich wundern!« An solche Äußerungen mag Ribbentrop gedacht haben,

als er Jahre später im Nürnberger Prozeß davon sprach, daß mit Hitler der Krieg 1914–1918 nicht verloren worden wäre.

27. Dezember 1949

Heute überrascht uns Heß mit der Mitteilung, daß er erneut sein Gedächtnis verloren habe. Nach vielen Jahren stellt er an Schirach, Funk und mich groteske Fragen. Unseren britischen Direktor, der fast täglich seine Runde macht, will er nie gesehen haben. Verzweifelt fragt er, was dieser fremde Mensch hier wolle. Im Garten erkundigt er sich bei mir, wer jener Rosenberg sei, von dem Schirach gerade gesprochen habe. Um ihn nicht zu verletzen, gebe ich getreulich Auskunft. Eine halbe Stunde später kommt Funk: »Stell dir vor! Heß hat mich eben gefragt, wer Rosenberg gewesen sei.« Was bringt Heß wohl dazu, gerade jetzt wieder seinen alten Sparren hervorzuholen? Abends kann ich es Heß zurückzahlen. In der Bibliothek hält er die Erinnerungen Schweningers, des Leibarztes von Bismarck, in der Hand. »Wer ist Bismarck?« fragt er mit erstaunlicher Gelassenheit. »Das wissen Sie nicht, Herr Heß? Doch der Erfinder des Bismarckherings!« Alle lachen, Heß geht verletzt aus der Bibliothekszelle. Später gehe ich zu seiner Zelle und entschuldige mich durch das Türfenster bei ihm.

6. Januar 1950

Heute fand in der Halle ein Dreiergespräch statt, das für den Alltagsstumpfsinn im Gefängnis bezeichnend ist. Beteiligt waren: der britische Wärter Long, diesmal halbwegs nüchtern, der Sanitäter Mees und ich. Im Hintergrund stand, schweigsam und mit einer Art von aktivem Desinteresse die Szenerie betrachtend, der Gegenstand des Gesprächs, Rudolf Heß. Vorwurfsvoll streckte mir Long ein zerschlissenes Hemd entgegen: »Was ist das!« Ich gab Auskunft: »Ein Hemd!« Leicht gereizt entgegnete Long: »Das meine ich nicht! Was für ein Hemd?« Ich blieb dabei, seine Fragen buchstäblich zu nehmen: »Ein kaputtes Hemd!« Long wurde unsicher: »Aber wie kommt es in den Eimer?« Ich wies ihn auf eine zurückliegende Anordnung hin, wonach abgenutzte Wäsche in den Abfalleimer geworfen werden solle. »Das verstehe ich nicht«, äußerte Long, »denn die Eimer kommen doch in den Keller, zu dem die Angestellten Zutritt haben.« Jetzt war ich verblüfft: »Aber welchen Schaden soll ein zerrissenes Hemd unter den Angestellten anrichten«, entgegnete ich. »Sie verstehen nicht?« erwiderte der Wärter. »Es ist doch das Hemd von Nummer sieben!« Ich begriff immer noch nicht und sah zu Heß hinüber. »Ja, wenn schon! Es ist das Hemd von Heß! Was ist Besonderes an den Hemden von Heß?« Nun war Long fassungslos. »Das begreifen Sie nicht? Haben Sie nie gehört, was die deutschen Generale nach dem Krieg alles als Souvenir verkauft haben? Nicht nur ihre Orden, sondern auch ihre Pistolentaschen, Reitstiefel, Achselstücke und sogar Taschenmesser oder Familienfotos.« Ich schüttelte den Kopf: »Aber ein zerrissenes Hemd... von Heß!« Ich sah noch einmal zu dem Genannten hinüber, der, auf einen Besenstiel gestützt, uns nicht ohne Geringschätzung stumm betrachtete. »Aber sicher, selbstverständlich«, sagte Long, »was wissen Sie von Souvenirs! Von der Verrücktheit der Leute! Heute schon ist so ein Hemd glatt zehn Mark wert, vielleicht sogar zwölf. Und dann erst in hundert Jahren!« Ich tat überzeugt: »Da haben Sie recht! Das bringt dann bestimmt hundertfünfzig Mark. Und das bei sieben Gefangenen, drei davon sogar lebenslänglich. Das sind doch bestimmt... na, vierhundert Hemden. Wieviel macht denn das in hundert Jahren? Rechnen Sie doch mal!« Jetzt begann Long zu strahlen; triumphierend wandte er sich an den Sanitäter: »Sechzigtausend Mark! Die Hemden sind sechzigtausend Mark wert! Und Sie lassen das in den Angestelltenkeller gehen!« Ich mischte mich ein: »Aber ein Sanitäter ist doch kein Sicherheitsorgan!« Long zeigte sich ungehalten: »Wenn Sie den Eimer ausleeren«, fuhr er zu Mees gewandt fort, »müssen Sie ihn auch kontrollieren! Stellen Sie sich vor, was sonst noch alles mit den Eimern aus dem Gefängnis geschafft werden könnte!« Mees schüttelte den Kopf: »Sie haben recht. Dennoch aber muß ich es für meine Person ablehnen, die ausgehenden Eimer zu überprüfen. Soll ich sie vielleicht durchwühlen. Das ist, wenn überhaupt, Ihre Aufgabe.« Einen Augenblick grübelte Long nach; dann entschied er: »Wir werden es anders machen. Alle zerrissene, verbrauchte Wäsche der Gefangenen muß erfaßt werden. Es war ein Fehler, daß nur die Neuwäsche erfaßt wurde. Die alte ist viel wichtiger. Wir werden ein Buch anlegen. Da wird jeder Wäscheabgang festgehalten. So machen wir es! Ich werde alles Nötige veranlassen.« Energisch verließ Long die Stätte. Aber ich bin sicher: Es wird nichts geschehen. Long ist, wie die anderen Wärter auch, vom jahrelangen Nichtstun phlegmatisch geworden. Ein Gefängnisbetrieb demoralisiert fast unweigerlich Bewacher wie Bewachte.

7. Januar 1950
Letztes Jahr hat uns ein amerikanischer Augenarzt untersucht. Heute hat mir Donaho einen Artikel aus der *Saturday Evening Post* gezeigt, in dem der Arzt über seinen Besuch in Spandau berichtet und dabei äußert: »Speer war so ganz anders als seine Mitgefangenen. Er ist gewiß der Vitalste, vielleicht aber auch der Gefährlichste.« Was in aller Welt mag in einem Besucher, noch dazu in einem Arzt, vorgehen, der einen seit fast fünf Jahren inhaftierten, von Depressionen geplagten Gefangenen für gefährlich und vital hält?

14. Februar 1950
Nach acht Monaten erstmals wieder Besuch meiner Frau. Eine Stunde! Ich bin belebt und fast glücklich.
Trotz all der Briefe, auch der unzensiert geschmuggelten, ist die Vorstellung immer blaß und irreführend. Eine Stunde genügte, um zu zeigen, daß ich ihre Briefe viel zu düster, viel zu verquält gelesen habe. Vermutlich ist immer etwas von meiner eigenen Bitterkeit in diese Briefe eingegangen. Denn sie selber wirkte so gelassen und heiter, daß ich in Zukunft darauf achten muß, auch bei meinen Briefen diesen Eindruck nicht zu vergessen. Eigentlich sollte, wie vor jedem Satz in der Musik, zu Beginn eines Briefes dessen Charakter bezeichnet werden, etwa: »Heiter, aber mit ernstem Hintergrund«, »Düster, aber nicht verzweifelt«, »Con moto«.
Einige Stunden vor dem Besuch meiner Frau ließ ich mir Nadel und Faden geben, um ein paar Knöpfe anzunähen. Als ich ein-

gefädelt und dann meinen Rock geholt hatte, fand ich Nadel und Faden nicht mehr. Ich suchte die Bettoberfläche ab, räumte dann, Zeichen beginnender Kopflosigkeit, unsinnigerweise auch das Kopfkissen ab, dann die Bettdecke. Ich riß das Bett heraus, durchsuchte meine Wäsche und führte fast eine Art Leibesvisitation an mir selber durch. Mir kamen die Tränen. Erschöpft und verzweifelt setzte ich mich aufs Bett – und sehe zu meinen Füßen Nadel und Faden auf dem Boden liegen.

15. Februar 1950

Vielleicht verschiebe ich die nächste Reise meiner Frau auf August; dann würde eine Dreiviertelstunde genehmigt. Oder auf Oktober, dann gäbe es sogar eine Stunde. Bei Kurzvisiten von einer halben Stunde regen wir uns in der ersten Viertelstunde wegen des Wiedersehens auf und in der zweiten wegen des Abschieds.

20. Februar 1950

Seit vier Abenden muß ich Theominal nehmen, weil mein Herz Sprünge macht. Es sind Extrasystolen, die, wie eine medizinische Arbeit berichtet, auf die Monotonie des modernen Lebens und auf die Vereinsamung in der Massengesellschaft zurückgeführt werden. Sie sind weitverbreitet.

Meine Frau hat zwei schöne Flanellhemden mitgebracht. Wie ein besseres Kleidungsstück das Selbstbewußtsein erhöht! Früher saß ich zum gleichen Zweck am Steuer meines fünf Liter starken Sportwagens, jetzt tut es ein Hemd.

1. April 1950

Ich schickte heute morgen Funk in den April. Der amerikanische Arzt, der uns gerade untersucht hat, habe mir, so erzähle ich, als Mittel gegen meine schlechte Blutzirkulation allabendlich eine halbe Flasche Champagner verordnet. Sogar einen Sektpfropfen führe ich vor, den Funk nachdenklich und sehnsüchtig in der Hand dreht. »Ich habe eine noch viel schlechtere Blutzirkulation als Du!« ruft er und ist nur mit Mühe davon abzuhalten, unverzüglich nach dem Arzt zu rufen.

6. April 1950

François-Poncet hat sich heute durch Direktor Brésard bei

Neurath und mir erkundigen lassen, ob wir Wünsche hätten. »Natürlich. Frei zu sein!«, ließ ich ausrichten.

7. April 1950
Heute fiel mir auf, daß Schirach während der Gartenarbeit plötzlich rief: »Von Westen her ziehen Wolken herauf. Es wird wohl Regen geben!« Normalerweise hätte er vermutlich gesagt: »Es bezieht sich. Wir kriegen Regen.« So oder ähnlich jedenfalls. Und während mir dies auffällt, entdecke ich auch an mir, eigentlich an uns allen, daß wir in einer Art stilisierter Literatursprache reden. So nennt Funk den märkischen Sand stets »Erdreich«, Schirach »speist« mit Vorliebe, wenn er seine Häftlingskost ißt, Neurath erklärt, noch »einen Augenblick in der Frühlingssonne verbringen« zu wollen. Vielleicht hat das mit dem noch immer gültigen Sprechverbot zu tun. Seit nahezu fünf Jahren reden wir, wenn Russen anwesend sind, nur ein paar Sätze pro Tag; vier oder fünf Stunden lang sind Bücher unsere intellektuelle Gesellschaft.

Die Bücher über die Renaissance aus den Beständen der Spandauer Bibliothek habe ich unterdes fast ausgelesen, vor allem diejenigen über Architektur. Die Entwürfe De l'Ormes und die Noblesse etwa des Schlosses Ancy le Franc machen mir erstmals klar, daß etwas groß sein kann, ohne massig zu sein, und daß die Wirkung gerade dieses Klassizismus im Verzicht auf Effekte liegt. Im Grund übertrifft diese Verhaltenheit der französischen Frührenaissance die festungsartigen Florentiner Paläste, die in den Jahren, als ich den Führerpalast entwarf, mein Ideal waren. Enttäuschend übrigens ist die Entwicklung der deutchen Architektur jener Epoche. Einem Mann wie beispielsweise Wendel Dietterlin steht De l'Orme gegenüber. Aber bei Dietterlin sind einer manierierten Spätgotik einige antikisierende Elemente aufgezwungen, alles wirkt pittoresk statt klar, es ist keine Freiheit darin. Jetzt wird mir auch deutlich, wo die überwucherten Renaissancefassaden des heimatlichen Heidelberger Schlosses, das wenige hundert Meter neben dem Elternhaus steht, ihren Ursprung haben.

Im Grunde machte die Renaissance einen Bogen um Deutschland, als sie sich von Italien über Frankreich nach England ausbreitete. Vielleicht liegt eine der Wurzeln für die Erfolge Hitlers in dieser unterbliebenen Aneignung der humanistischen Kultur.

9. April 1950

Seit einigen Wochen weigert sich Heß, morgens aufzustehen, sich zu waschen, sein Frühstück zu holen. Er könne es vor Schmerzen nicht aushalten. Verschiedene Male gab es in seiner Zelle Lärmszenen mit den Wärtern. Auf die Rufe: »Aufstehen! Raus, raus!« hörte man Heß wimmern: »Schmerzen! Ich kann nicht! Ich kann nicht mehr! Sehen Sie nicht, wie ich leide. Es ist furchtbar!« Jetzt hat der amerikanische Arzt angeordnet, daß Heß morgens eine Stunde aufstehen, sich waschen und seine Zelle reinigen muß, sich dann aber wieder hinlegen darf. Mir wird es nicht mehr gestattet, ihm das Essen zu bringen. Offensichtlich ist der Arzt der Meinung, daß Heß simuliert. Eine Röntgenaufnahme hat keine Ergebnisse gebracht.

13. April 1950

Mein Geburtstagspaket: ein Pyjama und mehrere Stück Seife. Es wurde mir heute mit vier Wochen Verspätung ausgehändigt.

14. April 1950

Ein amerikanischer Psychiater machte Visite. Heß bemühte sich lange, seine schwindenden Geisteskräfte zu demonstrieren. Wir anderen sahen zu, so schnell wie möglich den zudringlichen Fragen zu entkommen. Mit mir beschäftigte sich der Arzt eine halbe Stunde. Ich würde den Bericht gerne lesen.

17. April 1950

Chefwärter Terray teilt uns mit, daß die Direktoren in Abänderung des bisherigen Reglements übereingekommen sind, allen Wandschmuck in den Zellen zu verbieten. Es ist nur noch erlaubt, einige Familienbilder aufzuhängen.

Niedergeschlagen habe ich die Reproduktionen aus der klassischen Kultur, Erinnerungen an meine eigentliche Welt, entfernt; betroffen mehr über eine sinnlose Schikane nach langer Haft als über den Verlust.

20. April 1950
»Herr Speer, ich habe mein Gedächtnis wieder!« kommt Heß auf mich zu. »Wollen Sie Beweise?« Ungefragt sprudelt er Detailkenntnisse aus Literatur und Geschichte heraus, die mir meist unbekannt sind. Ob das ein Resultat der Bemühungen des Psychiaters ist?

27. April 1950
Nach vierwöchiger Arbeit Entwürfe zu einem größeren Landhaus abgeschlossen. Die Lösung II gefällt mir am besten! Bäume gelingen mir jetzt besser; das habe ich in der Nürnberger Zelle geübt.

26. Mai 1950
Um mich abzulenken, habe ich in den letzten Tagen Jack Donaho ein bescheidenes Haus im Ranch-Stil entworfen. Ein kleiner Bungalow, der seinem geringen Einkommen angepaßt ist. Er will diesen Plan irgendwo im Süden der Vereinigten Staaten verwirklichen. Um mich von diesen kleinen Maßen, die mir als Architekt gar nicht liegen, zu erholen, ging ich anschließend an die Skizze zu einem größeren Haus, wie ich es mir bauen würde, wenn ich eines Tages wieder zu Geld käme.
Unser britischer Chefwärter Letham ist durch ein Dekret der Direktoren für den Garten verantwortlich gemacht worden. Aus seinem Urlaub im heimatlichen Schottland hat er Blumenpflanzen und Samen mitgebracht, denn sein Bruder betreibt dort eine Gärtnerei. Uns macht das Mitbringsel aber Sorgen. Wir fürchten, die Blumenbeete könnten den sowjetischen Direktor veranlassen, uns den Garten zu verbieten. Er hat unlängst erst erklärt, diese Arbeiterei im Garten schade der Disziplin und mache die Bewachung unübersichtlich. Am liebsten sähe er uns wieder, wie vor drei Jahren, täglich eine halbe Stunde hintereinander mit zehn Schritten Abstand, die Hände auf dem Rücken, Runden drehen.

1. Juni 1950
Pastor Casalis, der uns drei Jahre betreut hat, geht nach Straßburg. Er verstand es auf eindrucksvolle Weise, durch seine Predigten Glauben zu vermitteln, er ließ nichts Halbes zu und

wirkte durch Unbedingtheit. Vielleicht hilft mir auch in Zukunft sein Einfluß über die Spandauer Zeit hinweg.
Um während seiner letzten Predigt nicht aus der Fassung zu geraten, bemühe ich mich, seine Worte ins Französische zu übersetzen. Hinterher können wir uns eine halbe Stunde zusammensetzen, weil kein Russe anwesend ist. Aus voller Überzeugung sage ich zum Abschied bewegt: »Gott möge Ihnen Ihre Kraft erhalten.«

7. Juni 1950
Erneuerung des strikten Verbots, bei der Arbeit in den Beeten Obst zu essen. Da ich gerade in den Erdbeerbeeten tätig bin, schickt der Direktor den guten Mushin, mich zu beaufsichtigen. Der aber dreht sich in regelmäßigen Abständen ostentativ und mit militärischer Wende um und zeigt mir seinen Rücken. Ich kann mich darauf verlassen, daß er in dieser Stellung bleibt, bis ich mich an Erdbeeren sattgegessen habe.

18. Juni 1950
Meine Blumen wachsen prächtig. Mit Letham habe ich vereinbart, daß ich im nächsten Jahr, falls ich dann noch in Spandau sein werde, eine größere Fläche in einen Blumengarten verwandele. Letham meint, dafür werde er schon sorgen.
Abends. In einem Kassiber teilt mir meine Frau mit, daß der Tübinger Heliopolis-Verlag, der auch Ernst Jünger verlegt, sich am 25. Mai an sie gewandt habe. Der Verlag möchte später meine Memoiren veröffentlichen. Das ist, nach Mrs. Alfred Knopf, die zweite Anfrage! Ich hätte nicht daran gedacht, daß sich immer noch jemand für mich interessiert. Ich lasse meine Frau freundlich abschreiben, ohne spätere Möglichkeiten zu verbauen. Auch wenn ich hier schon mit den Aufzeichnungen begonnen habe, werden bis zur Fertigstellung eines richtigen Manuskriptes nach meiner Freilassung drei bis vier Jahre vergehen.

22. Juni 1950
Ein spätes Frühjahr geht seinem Ende entgegen. In diesen Wochen des Jahres 1950 sollte auch der erste Bauabschnitt der neuen Welthauptstadt »Germania« fertiggestellt sein. Als ich

1939 Hitler diesen Termin zusagte, schwärmte er von einer großen Weltausstellung, die 1950 in den noch leeren Bauten veranstaltet werden sollte. Wir hatten 1939 mit dem beherrschenden Bauwerk, der »Großen Halle«, begonnen, die Abrißarbeiten für den Bauplatz waren schon im Gange und der Granit bestellt. Mehrere Werften hatten Aufträge erhalten, Spezialschiffe für den Transport der Granitquader aus Skandinavien auf Kiel zu legen. Heute frage ich mich, ob das alles nur ein Täuschungsmanöver war, denn natürlich sprach sich bei Diplomaten und Agenten dieser Termin herum, und es lag auf der Hand, daß selbst der kürzeste Krieg alle unsere Planungen durcheinander bringen mußte. Wie fern ist das alles! Eine andere Welt! Weder Melancholie noch Zorn erfaßt mich, wenn ich sie in die Erinnerung zurückrufe. Sie ist mir nur fremd.

23. Juni 1950

Für mich persönlich änderte erst der 8. Februar 1942 alles. Als Architekt Hitlers wäre mir nach einem verlorenen Krieg nichts geschehen, noch nicht einmal ein ernsthaftes Verfahren durch die deutschen Entnazifizierungsbehörden hätte mir bevorgestanden. Ich wäre etwa ein anderer Breker gewesen, ein bekannterer Gießler. Niemand hätte einen Architekten vor Gericht gestellt. Meine Mitarbeiter, die mit mir an den Berliner Plänen arbeiteten, sind heute, wie mir meine Frau schreibt, wieder tätig, haben Erfolge als Städteplaner und Architekten und können sogar meine Familie unterstützen.

3. Juli 1950

Ein großer Wasserkäfer bewegt sich in Richtung Wannsee. Neurath, Dönitz, Raeder und ich stehen um ihn herum und versuchen mehrmals, ihn von seiner Richtung abzubringen. Nach zwei, drei Kreisen schlägt er immer wieder den gleichen Weg ein. Gespräche über Tierinstinkte. Wir sind tierliebend geworden. In meinem Gartenteil habe ich sogar das Jagen der Mäuse untersagt.

8. Juli 1950

Neulich schrieb ich in den schon abgeworfenen Notizzetteln dem Sinne nach, daß mir die Welt der großen Bauten, die ich für

Hitler plante, sehr ferngerückt sei. Aber heute nacht, als ich schlaflos war, habe ich immer wieder daran denken müssen. Vielleicht fällt mir der Abschied von dieser ganzen Traumwelt doch schwerer, als ich es wahrhaben will. Nach dem Erwachen habe ich dann einige der Berliner und Nürnberger Bauten aus der Erinnerung skizziert. Was ich tatsächlich zuletzt für Hitler baute, waren Baracken und Unterstände, so beispielsweise in Winniza eine weitläufige Bungalow-Siedlung in einem kleinen Kiefernwald; einige verschlungene Promenadenwege deuteten eine parkartige Gartenanlage an: es war ein seltsamer Gegensatz zu den armseligen Dörfern und der verschmutzten eigentlichen Stadt Winniza.

Als Hitler sich einmal, wie es seine Art war, über die Primitivität der Bewohner des Landes mokiert und Göring ihm mit Witzen über Glasperlen beigepflichtet hatte, die man den Einheimischen wie den Negern als Tauschobjekt für schlechthin alles andrehen könne, fuhr ich am nächsten Morgen, an einem ungewöhnlich heißen und trockenen Tag, mit einigen Begleitern aufs Land, um diese Verhältnisse in Augenschein zu nehmen. Wenn ich indessen in eine der Lehmhütten eintrat, wurde mir zum Willkommen Brot und Salz gereicht. In der Ecke eines jeden Häuschens befand sich eine Ikone, die mit Blumen geschmückt war, ähnlich dem Herrgottswinkel. An diesem Tag konnte ich mit dem Auto ohne Begleitschutz über Land fahren; schon ein halbes Jahr später hatte die Brutalität Hitlers diese Welt verwandelt, überall hatten sich Partisanengruppen gebildet, die uns erbittert bekämpften.

10. Juli 1950

Heute früh kam es mit Schirach zum offenen Bruch. Ausgerechnet über einen Besen hat sich seine Feindseligkeit entzündet. Bis zu diesem Zwischenfall duzten wir uns, aber nun fährt er mich an: »Wie kommen Sie dazu, meinen Besen zu nehmen? Unerhört!« Ich verbitte mir seinen unverschämten Ton. »Ich unverschämt?« Er explodiert fast: »Ihr arrogantes Wesen fällt allen hier auf die Nerven. Merken Sie das nicht?« Jetzt grüßen wir uns nicht mehr.

In der Tat warnte Funk mich schon vor Tagen vor seinem Freund Schirach, der mich bei Wärtern und Mitgefangenen anschwärze, meine Verschwiegenheit bezweifle und davor warne, mit mir zu sprechen. Tatsächlich sprechen die Mitgefangenen seither kaum noch mit mir. Von meiner gelegentlichen Absicht, strikt zu schweigen, bin ich abgekommen. Ich scheine dafür nicht geeignet und ergreife jede Gelegenheit zu einem Gespräch mit den Wärtern. Selbst ein Geschwätz über belanglose Dinge empfinde ich als befreiend.

Aber vermutlich wird der Streit mit Schirach nicht lange vorhalten, Spandau ist dafür kein geeigneter Ort. Übrigens haben wir Bruch und Versöhnung schon mehrfach durchgespielt. Das erste Mal bereits kurz nach meiner Ernennung zum Minister, als ich von Oberschlesien nach Wien flog, um Rüstungsfragen zu regeln. Damals ließ ich Schirach, den Gauleiter von Wien, bitten, an den Flugplatz zu kommen, damit wir auf dem langen Weg in die Stadt Fragen der Produktion besprechen könnten. Aber er erschien nicht; er hatte meinem Adjutanten ausrichten lassen, nur Staatsoberhäuptern käme es zu, von einem Gauleiter abgeholt zu werden. Auf seiner Gauleitung sei er jederzeit für mich zu sprechen. Ich meinerseits ließ ihm ausrichten, daß er mich gern im Hotel Imperial besuchen könne.

Dieser protokollarische Streit, der genauso kindisch war wie unser neuestes Zerwürfnis, verhinderte jeden Kontakt mit Schirach bis zum Ende des Jahres 1944. Kam ich bei meinen Besichtigungsfahrten nach Wien, war Schirach angeblich stets verreist. Er ließ seinen Stellvertreter an den Besprechungen teilnehmen, während ich ihm bei solchen Gelegenheiten jedesmal ausrichten ließ, daß ich mich freuen würde, ihn im Hotel Imperial zu empfangen.

Schirach stand zu Anfang des Krieges hoch in Hitlers Gunst. Im Sommer 1942 soll er in engem Kreise einmal bemerkt haben, daß er sich von Schirach noch Großes erwarte. Möglicherweise war die Reaktion des Wiener Gauleiters darauf zurückzuführen, daß er in mir einen Konkurrenten im Wettlauf um die Macht sah.

21. Juli 1950
Trotz Schirachs unverhohlener Mißbilligung hat sich heute Funk zu mir auf die Gartenbank gesetzt. Wir sind beide schlapp von der langweiligen Ernährung des russischen Monats. Fünf Schritte vor uns ein Gurkenbeet. Funk sagt plötzlich, nach einer Pause: »Ich würde gerne eine Gurke essen. Willst du keine?« Ich lehne ab. Lange Pause. Funk bleibt sitzen, bis ich sage: »Das ist psychologisch interessant. Wahrscheinlich fehlt dir der Schwung, allein aufzustehen.« Funk schüttelt apathisch den Kopf: »Nein, das ist es nicht. Aber wenn du's tun würdest, würde ich dich bitten, mir eine mitzubringen.«
Schon um Schirach zu ärgern, der mit einem Rechen in der Hand sich in der Nähe, schlecht gelaunt und mit nervösen Armbewegungen, zu schaffen macht, benutze ich die Gelegenheit, mit Funk ein Gespräch zu beginnen. Wir kommen vom Hundertsten ins Tausendste und landen schließlich bei den Plänen Hitlers für die Besiedlung und Erschließung der eroberten Ostgebiete. Wir sinnieren, wie uns das für den Rest unseres Lebens beschäftigt hätte. Meine Aufgabe wäre gewesen, die Anlage von Städten, Stützpunkten, Autobahnen und so weiter zu planen und zu überwachen, Funk dagegen hätte die Gebiete wirtschaftlich erschließen sollen. Er erzählt mir von Hitlers Absichten, durch ein Wertgefälle der Währungen ein scheinbar legales ökonomisches Ausbeutungssystem zu entwickeln. »Ich bezweifle, ob sich die enormen Kriegsschulden auf diese Weise wirklich hätten abbauen lassen. Denn die ausgedehnten Bauprogramme Hitlers im Osten hätten zu einer riesigen Neuverschuldung geführt.«
Zu den Städtegründungen wären noch gigantische Friedhofsanlagen hinzugekommen, die aussahen wie die Tumuli der antiken Welt, aber mit Höhen von hundert Metern und mehr. Wilhelm Kreis, der auch die Heldenkrypta an meiner großen Straße in Berlin bauen sollte, hatte bereits verschiedene Typen dieser sogenannten »Totenburgen« entworfen, und Hitler hatte sie genehmigt. Über Himmlers Wehrbauernsiedlungen hinaus sollten zahlreiche neue Städte in der Nachbarschaft der

schon vorhandenen russischen entstehen. Als Vorbilder und Patenstädte pflegte Hitler Regensburg, Augsburg, Weimar oder Heidelberg zu nennen. Untereinander sollten sie möglichst variieren. Wir dürften keine Scheu haben, bekannte Bauten zu kopieren, damit sich auch in Rußland ein Heimatbewußtsein entwickeln könne. In der Antike habe man auch nicht versucht, etwa für die Kolonialstädte in Sizilien neue Tempelformen zu entwickeln. Viel Farbe wollte er verwenden. Hitler erinnerte an das theresianische Gelb in allen Einflußgebieten der Habsburger Monarchie bis tief nach Montenegro hinein. Auch unsere Bauten in der Ukraine, in Weißrußland und bis hin zum Ural müßten jederzeit als deutsche Kulturleistung identifizierbar sein.

Eines Morgens gegen vier Uhr, als wir schon alle, völlig übermüdet, kaum noch zuhörten, überraschte Hitler mit der Überlegung, daß diese Städte die verwinkelte Enge der mittelalterlichen deutschen wiederholen sollten: der groteske Gedanke, in die weiten russischen Ebenen mit ihrem unübersehbaren Raumangebot zusammengekauerte Rothenburgs oder Dinkelsbühls zu stellen. Aber Hitler wußte Gründe anzuführen: schließlich müsse doch mit Bandenüberfällen gerechnet werden. Je kürzer die Stadtmauern seien, um so besser könne die Einwohnerschaft sich verteidigen. Die dichte Bebauung der mittelalterlichen Städte sei gerade aus der Unsicherheit und den Fehden dieser Zeiten zu erklären und nicht mit kultureller Rückständigkeit.

In nächster Nähe dieser deutschen Städte wollte Hitler Industrien aufbauen, Rohmaterial und Kohle seien ja in beliebiger Menge vorhanden; auch an Rüstungswerke müsse gedacht werden, damit unsere an der Grenze Asiens postierten Armeen keine Nachschubprobleme hätten.

»Ach, Funk«, sagte ich aufstehend, »nur sieben Jahre ist es seitdem. Und ich hol' dir jetzt deine Gurke.«

Am Spätnachmittag in der Zelle fällt mir noch dies und das zu Hitlers Ostplänen ein: Vor allem wird mir deutlich, wie konkret und greifbar das alles für Hitler gewesen sein muß. Oft zeigte er uns Skizzen, auf denen er gezeichnet und berechnet hatte, wie lange beispielsweise ein deutscher Bauer, der auf einem Erbhof in der Südukraine sitze, für seine Fahrt in die Reichshauptstadt brauche. Bezeichnenderweise ging er vom Volkswagen aus, von dem er nach dem Kriege eine Million Stück pro Jahr bauen wollte. Porsche, so meinte er einmal, habe ihm bei der letzten Panzerbesprechung nochmals versichert, der Wagen halte ein Dauertempo von hundert Kilometern durch. Folglich benötige der Bauer aus Kiew oder Odessa rund dreißig Stunden. In jedem Großdorf müsse es, so meinte Hitler ein anderes Mal, eine Station geben, die immer gleichlautend »Gasthof zur Post« heiße, wie in Bayern auch. Auch hier schlug wieder seine fast zur Manie gewordene Vorstellung durch, der in den Weiten Rußlands verlorene deutsche Bauer müsse überall im Osten Anlaufstellen finden, wo er sich heimisch und geborgen fühlen könne.

An selbstgefertigten Skizzen erläuterte Hitler dem Verkehrsminister Dorpmüller gelegentlich die neuen Trassen eines modernen Zugsystems mit vier Metern Spurbreite. So käme man, meinte er, zu einer Nutzbreite von sechs Metern, also auf beiden Seiten eines Mittelganges seien regelrechte schöne Schlafabteile möglich, Schlafzimmer geradezu. Die Höhe der Wagen habe er auf viereinhalb bis fünf Meter festgelegt, so daß zweigeschossige Wagen mit einer Abteilhöhe von zwei bis zweieinhalb Metern möglich seien. Das seien Maße wie in einem Wohnhaus, und so stellte Hitler sich das Bahnsystem des Ostens offensichtlich auch vor. Es sollte geräumig sein, denn ganze Familien müßten da ja tagelang zusammenwohnen: »Den Speisewagen aber machen wir eingeschossig. Bei sechs Metern Breite und dreißig Metern Länge haben wir dann fünf Meter Höhe. Also, das wäre selbst in einem Palais ein schöner Festraum, wie mir Minister Speer bestätigen wird.« Hitler wollte getrennte Trassen für Personen- und für Güterzüge, gelegentlich wollte er die Trassen auch viergeleisig haben. Zwei Ost-West-Trassen durch ganz Europa, von denen die nördliche am Ural, die südliche am Kaspischen Meer beginnen sollte.

»Das wird der Vorteil unseres kolonialen Reiches sein! Die maritimen Weltreiche brauchten eine Flotte; sie zu bauen und zu unterhalten, kostet Milliarden.« Noch während wir zusammensaßen, beauftragte Hitler Dorpmüller, alles sofort durchzuplanen und durchzurechnen. Er habe überschlagen, daß ein Güterwagen mit diesen Maßen hundert Tonnen oder mehr befördern könne. Ein ganzer Zug müsse so viel transportieren wie ein mittleres Schiff von etwa dreitausend Tonnen. Das seien dann seine Geleitzüge, gegen die es keine U-Boote gäbe. Der greise Verkehrsminister nickte zögernd, der Auftrag schien ihn zu verwirren.

23. Juli 1950

Nachts höre ich manchmal, wie sich die russischen Soldaten von Turm zu Turm einige Worte zuschreien. Sie haben zwar Telefon, aber sie ziehen das laute Rufen vor. Oder sie singen schwermütige Lieder, zuweilen mit einem Vorsänger.

24. Juli 1950

Pease hat mir heute freudestrahlend erzählt, daß ein Herr Siebenhaar, Vorsitzender des Reichsbanners Wittenau, Adressen von fünfundzwanzig ausländischen Arbeitern gesammelt habe, die ich aus dem Konzentrationslager geholt hätte[1]. Vierzig Berliner Arbeiter wollen das beeiden, und auch ein Teil der Ausländer sei bereit, meine Hilfe zu bestätigen. Der alte Sie-

---

1 Laut Protokoll meiner Besprechung mit Hitler vom 3. bis 5. Juni 1944, Punkt 21 (BA R 3, 1509), berichtete ich Hitler von einem Schreiben meines Amtschefs Schieber vom 7. Mai 1944 (Ba R 3, 1631), nach dem die SS immer bedenkenloser unseren Fabriken große Zahlen ausländischer Arbeitskräfte entzöge, indem sie geringfügige Verstöße zum Anlaß nähme, die Delinquenten zu verhaften und in die eigenen Lager zu überstellen. Es handele sich um dreißig- bis vierzigtausend Arbeiter im Monat. Ich forderte von Hitler, daß diese Arbeiter möglichst schnell wieder ihrem ursprünglichen Betrieb zugeführt werden müßten. Hitler sagte zu, mit Himmler zu sprechen, aber Himmler leugnete ab. Es ist möglich, daß meine Mitarbeiter von einzelnen Werken Listen erhielten und es ihnen gelang, diese Arbeiter zurückzuholen.

benhaar war zwar unterdes gestorben, aber sein Sohn habe die Verpflichtung übernommen, diese Bemühungen fortzusetzen. Rührenderweise wollen sie eine Eingabe an die Militärregierung für meine Freilassung machen.

26. Juli 1950

Wir hörten seit einiger Zeit verschiedentlich von einer beunruhigenden Entwicklung in Korea. Unglaublich! Doch Jack Donaho brachte heute eine Zeitung mit. Es ist viel schlimmer, als ich dachte: offener Krieg. Östliche Kräfte im schnellen Vormarsch nach dem Süden, amerikanische Truppen auf der Flucht. Ob das auf Europa übergreift?

Die uns vertrauten russischen Wärter wurden zwar kürzlich ausgewechselt, vielleicht um Beeinflussungen durch die westlichen Kollegen zu vermeiden, die hier eine Lebensstellung gefunden haben. Aber auch die neuen Russen sind ungewöhnlich freundlich. Einer von ihnen, der Tatar Begmu, macht einen besonders gutmütigen Eindruck. »Kamerad, was machst du da«, war in den ersten Tagen seine stehende Redensart. Vielleicht war er für eine Stelle in der DDR eingewiesen worden und durch einen Irrtum der Bürokratie hier gelandet. Aber seine Freundlichkeit hält an, auch nachdem er auf seinen Irrtum aufmerksam gemacht worden ist und »Kamerad« wegläßt.

Heute nahm Corgnol vor Begmu sein Gebiß aus dem Mund; der Tatar schüttelte ungläubig den Kopf, ließ sich die Mundhöhle zeigen, um nachzusehen, ob dort noch Zähne vorhanden seien. Offensichtlich glaubte er, es handele sich um einen Scherz.

28. Juli 1950

Wenn in drei Tagen die sowjetischen Soldaten auf den Wachtürmen abgelöst werden, ist jedenfalls für die nächsten drei Monate viel gewonnen. Wer in Spandau die Bewachung stellt, besitzt im kritischen Fall die Macht; er kann über Nacht das Gebäude besetzen. Ein englischer General soll kürzlich gesagt haben: »Und wenn die Spandauer von den Russen aufgehängt werden, wir könnten nichts machen. Ihretwegen werden wir keinen Krieg anfangen!«

Aufhängen werden sie Dönitz und mich allerdings nicht. Er ist wegen seiner Erfahrungen im U-Boot-Krieg immer noch von gewissem Interesse, bei mir wären es die Erfahrungen im Bombenkrieg, trotz der Bedingungen des Atomzeitalters. Ob ich mich damit überschätze? Immerhin steigert es mein Selbstgefühl, zu denken, daß eine Weltmacht sich plötzlich für »Nummer fünf« interessieren könnte.

3. August 1950

Meine Frau habe ich heute aufgefordert, vor den Sowjets zu flüchten, falls sie Westdeutschland überfluteten. Den amerikanischen Direktor bitte ich, mir die Möglichkeit zu geben, bei der Besetzung Berlins durch die Sowjets Selbstmord zu verüben. Eine ähnliche Bitte hatte ich vor fünf Jahren Justice Jackson vorgetragen, als es gerüchtweise hieß, die Angeklagten von Nürnberg würden den Sowjets ausgeliefert. Ich hatte damals keine Antwort erhalten.

Jetzt gerade trägt der Wind das Lärmen ausgelassener Kinder zu mir herüber. Glücklicherweise kommt der Wind nicht oft aus dieser Richtung.

21. September 1950

Sechs Wochen keine Eintragung. Beunruhigt und deprimiert: Zu welchem Zweck, frage ich mich immer wieder, wenn doch ohnehin alles verloren ist. Heute früh neue Sensation: Pease flüsterte mir zu, daß vorgestern eine Konferenz der westlichen Außenminister die energische Verteidigung der freien Welt beschlossen habe. Für mich am aufregendsten: Deutschland wird aufgerüstet! Fünf Jahre nach Nürnberg. Der moralische Impuls, der aus der Überwindung des Hitlerreiches resultierte, ist wie verloren.

Die große Wende in der Politik gegenüber Deutschland wurde mir im Lauf des Tages noch zweimal erzählt, jeder Wärter natürlich unter dem Siegel der Verschwiegenheit seinen Kollegen gegenüber!

24. September 1950

Heute nacht war ich im Traum Soldat in einer kleinen Einheit. Plötzlich stürzte ein Offizier ins Zimmer: »Alarm! Morgen geht's los! Es ist Krieg! Wir kommen gleich frühmorgens zum Einsatz.« Schlaftrunken erkundige ich mich nach dem Angriffstermin. »Früh um fünf Uhr fünfundvierzig.« Ich bin beruhigt; da darf ich noch schlafen. Verwirrenderweise mischt sich meine jetzige Gefangenenexistenz in mein traumhaftes Gefangenenleben. In Spandau dürfen wir bis um sechs Uhr im Bett bleiben.

28. September 1950

Ich spintisiere auf Gefangenenart: Jeder neue Tag bringt mich zwar dem Tod entgegen, aber diesem Druck steht ein Zugmoment entgegen! So lebe ich, ich kann es mir jedenfalls einbilden, seit Jahren in einem zeitlichen Schwebezustand. Zwar ist meine Zukunft verbarrikadiert, aber sie allein gibt dieser Gegenwart Bedeutung.

Die Zeit fliegt wieder schneller. Die Monate eilen dahin. Gestern, im Garten, fiel mir plötzlich ein, daß schon das vierte Jahr zu Ende geht.

Das fünfte Jahr

6. Oktober 1950
Das Direktorium genehmigte meiner Frau nur einen Besuch von drei Viertelstunden, obwohl mir nach dem Reglement eine Stunde zusteht. Der russische Direktor kann durch sein Vetorecht die Addition der Besuchszeiten verweigern.
Ich bin bescheiden geworden; ich war glücklich, meine Frau auch für die verkürzte Frist durch das Doppelgitter sehen zu dürfen. Die meiste Zeit saßen wir uns aufgeregt und bedrückt gegenüber; die Minuten verstrichen qualvoll.
Der immer heitere Pease winkte mich wortlos zu einem kleinen Beobachtungsloch in unserer eisernen Tür. Ich konnte meiner Frau nachsehen, bis sie im Außentor verschwunden war. Sie hatte es eilig, wegzukommen, und ich kann es ihr nachfühlen. Sie machte aber beim Abschied einen fast gelösten Eindruck.

7. Oktober 1950
In der Nacht nach dem Besuch unruhiger Schlaf mit Angstvorstellungen. Entgegen meinem Rat bestand meine Frau darauf, nicht zu fliegen, sondern durch die sowjetische Zone zu fahren. Ich fürchte, es könnte ihr etwas zugestoßen sein, in einem meiner Halbträume ist sie sogar verhaftet. Aber morgens steht Terray lächelnd an meiner Tür und flüstert beruhigend: »Ein Telegramm für Sie.« Weil im Reglement Telegrammpost nicht vorgesehen ist, werde ich es nie erhalten.

9. Oktober 1950
Nachts höre ich jetzt des öfteren unseren Hahn, ein Zeichen schlechten Schlafes. Zwischen zwei und drei Uhr morgens, in

der Zeit größter Stille, gibt er Signal. Pause. Dann höre ich, kaum wahrnehmbar, aus weiter Ferne einen anderen Hahn antworten. Etwa eine halbe Stunde unterhalten sie sich auf eine Entfernung von vielleicht ein bis zwei Kilometern. Was verbindet diese beiden Hähne? Sind sie zusammen aufgewachsen? Denn hier in der Nähe gibt es zahlreiche andere Hähne, er aber meint offenbar nur den einen, vergleichsweise entfernten.

14. Oktober 1950
Vierzehntägige Schlafkur begonnen.
Die nächsten Ferien dieser Art will ich im März machen und damit den eintönigen Jahresablauf rhythmisieren. Auch dies ein Teil des Versuchs, mein Gefängnisleben zu organisieren. Schirach und Funk sind längst der Versuchung erlegen, jahraus, jahrein jeden Abend eine Schlaftablette zu sich zu nehmen. Das scheint mir in physischer Hinsicht gefährlich, unter psychologischem Aspekt zumindest kurzsichtig.

22. Oktober 1950
Zu Mitte der Schlafkur bereits gesteigertes Lebensgefühl. Angestaute Nervosität und manche Schwierigkeiten sind wie weggeblasen. Ich werde nicht nur unternehmender, sondern im Temperament geradezu übermütig. Sogar meine Traumwelt wird unbescheiden: heute nacht besuchte ich eine große romanisch-normannische Kathedrale, obwohl ich das deutliche Gefühl habe, noch in Gefangenschaft zu sein. Ich treffe den in vollem Ornat gekleideten Erzbischof. Wir lustwandeln gemeinsam durch herrliche Räume. Gelegentlich begegnen wir Gruppen von Besuchern, die den Erzbischof ehrfurchtsvoll grüßen. Ich spüre, wie die Autorität dieses Mannes mir schmeichelt. Wir steigen einige Treppen empor, wobei ich mich unerwartet im obersten Geschoß des Turmes an der Außenwand auf einem brüchigen Fenstersims befinde. Als mir schwindlig wird, gelingt es mir, auf Händen und Füßen wieder ins Innere zu gelangen. Freundlich unterhalten wir uns über mancherlei, schließlich fordert der Geistliche mich auf, an Ostern die Festpredigt zu halten. Hinweise, daß ich Laie, zudem noch Protestant sei, überzeugen ihn nicht. Ich bringe weitere Gründe

vor: die Sowjetunion würde aus meiner Predigt die unerwünschtesten Schlüsse ziehen und daraufhin meiner vorzeitigen Freilassung Widerstand entgegensetzen. Diesem Argument kann sich der Erzbischof endlich nicht verschließen.

30. Oktober 1950
Montag, Waschtag. Dönitz und Schirach wuschen im Zellblock unsere Strümpfe in einem großen gußeisernen Kochtopf, Heß und ich die Leib- und Bettwäsche im dreißig Meter entfernten Baderaum. Teilung der sich gegenseitig beaufsichtigenden Wärter; einer muß auf die fünf anderen Gefangenen aufpassen, die im Zellblock verblieben sind, ein anderer geht mit uns zwei in den Baderaum. Dadurch steigen die Möglichkeiten zu Gesprächen. Das Bad ist der Hauptumschlagplatz für Nachrichten.

Die Nordkoreaner, erzählte mir stolz der sonst schweigsame und unzugängliche Stokes, befinden sich inzwischen in voller Flucht vor den amerikanischen Truppen. Die Verfolger, unterstützt von anderen Verbänden der UNO, stehen kurz vor dem Yalu, dem Grenzfluß zwischen Korea und China. Eine erstaunliche Wende, nichts scheint unmöglich. Während ich unsere schmutzige Wäsche in einen großen Kessel warf und gedankenverloren die dreifache Menge Seifenpulver hinzuschüttete, mit Kohle anheizte und das Wasser aufkochen ließ, erging sich Heß in Vermutungen über den Fortgang der Offensive, die weit nach China hineingetragen werden könne.

Dönitz bat mich, mit ihm zusammen den gußeisernen Topf ins Badezimmer zurückzuschleppen. Auf halbem Weg stellten wir erschöpft die Last ab. »Was machst du eigentlich mit dem schmutzigen Wasser, wenn du drüben bist?« fragte ich Dönitz. »Du hast recht. Weggießen! Also warum nicht gleich im Zellenblock?«

1. November 1950
Nach dreijährigen vergeblichen täglichen Zellendurchsuchungen haben die Russen heute nachmittag im Bett von Schirach einen sorgfältig in Papier eingewickelten Roßapfel gefunden, der vermutlich vom Pferdedung im Garten stammt. Die Wärter

wissen nicht, wer sich diesen Scherz erlaubt hat, doch löste er eine unvorstellbare Aufregung aus. Das Corpus delicti wurde auf Anordnung von Chefwärter Letham in einer leeren Zelle auf den Tisch gelegt, der Raum anschließend doppelt verschlossen. Ein kleiner Scheinwerfer ist darauf gerichtet. Auf Lethams Meldung hin kam der britische Direktor herbeigeeilt, die Zelle wurde aufgeschlossen und der Scheinwerfer eingeschaltet. Wortlos betrachtete die Gruppe den Artikel, dann wandte sich der Direktor zum Gehen, und alles trottete, verwirrt und indigniert, hinter ihm drein. Kaum war die Zellentür wiederum sorgsam verriegelt, erschien der sowjetische Direktor, stellte einige Fragen, wieder wurde aufgeschlossen und das Ärgernis auf dem Tisch stumm in Augenschein genommen. Diese Prozedur wiederholte sich noch zweimal, da nun auch der amerikanische und der französische Direktor, schon aus Protokollgründen, die Sache gesehen haben mußten. Einige Zeit darauf erging aus dem Direktorenzimmer die Entscheidung: der Roßapfel sei in das Gefängnissekretariat zu verbringen. Über seinen endgültigen Verbleib werde noch entschieden. Sicherlich wird im nächsten Vier-Direktoren-Meeting darüber verhandelt werden.

2. November 1950
Groteske Gedankenverbindung. Ich mußte heute, als ich mir die Besichtigungsszene vor dem angestrahlten runden Pferdeapfel in die Erinnerung zurückrief, unpassenderweise daran denken, wie Hitler bei einer Besichtigung der Modelle für das neue Berlin dem riesigen Adler auf der großen Kuppelhalle als Untersatz eine Weltkugel verordnete. »Er soll die Weltkugel in seinen Fängen halten«, sagte Hitler in Gedanken versunken. Hinterher schäme ich mich etwas dieser höchst prosaischen Assoziation. Vielleicht war sie auch durch die Scheinwerferbestrahlung hervorgerufen, die es hier wie da gegeben hat. Wer weiß das?!

3. November 1950
Kürzlich schrieb ich mir aus Hermann Hesses *Steppenwolf* heraus, daß jeder Mensch, wie unscheinbar seine soziale Rolle

auch sei, sich bemühen solle, die Spannungen nicht zu erhöhen, die zwischen den Menschen bestehen.

Aber Spandau! Westliche Wärter führen nach den Erfolgen ihrer Seite in Korea dumme Reden: »Man muß alle Russen totschlagen!« Schon stimmen manche Mitgefangenen ein. Gelegentlich halte ich den einen wie den anderen entgegen, daß sie auf dem besten Wege seien, den Unterschied zwischen der Bekämpfung einer Doktrin und eines Volkes wieder zu vergessen. Jetzt sagt dieser und jener, wie ich beispielsweise heute wieder hören konnte, ich sei prokommunistisch. Die Anschauungen, zu denen ich während des Nürnberger Prozesses unter dem Eindruck eines großen Irrweges gelangte, fangen an, unmodern zu werden.

8. November 1950

Eben kam Funk in die Zelle, um zu erzählen, daß Schirach von seiner Frau geschieden worden sei. Er konnte sich keines Anwalts bedienen, obwohl es ein unpolitisches, ziviles Verfahren war. Ich meine, es wäre Sache der Gefängnisbehörde gewesen, ihm eine angemessene Rechtsvertretung zu beschaffen. Schirach macht den Eindruck, als ob ihm die Sache nicht zu nahe ginge. Aber das kann auch Beherrschung sein. Er tut mir leid.

11. Dezember 1950

Erst heute erfahre ich durch einen Kassiber meiner Sekretärin, daß die militärische Lage in Korea vor Wochen schon umgeschlagen ist. Einer Armee von zweihunderttausend Chinesen gelang es, die UNO-Truppen unter Führung der Amerikaner völlig zu demoralisieren. Fluchtartiger Rückzug und offenbar Erwägung, in dieser verzweifelten Situation die Atombombe einzusetzen. Von alledem haben mir die Wärter der Westmächte, die mich von den Erfolgen ihrer Seite stets unterrichteten, nichts erzählt.

Gut, daß wir keine Zeitungen erhalten! Ihre Lektüre würde uns, wie damals in Nürnberg, sehr beunruhigen. Wenn nur kein Krieg kommt!

12. Dezember 1950
In der Kapelle hängt ein Adventskranz, die dritte Kerze ist angezündet. Noch letzte Weihnachten hatte die Gemeinde von Sankt Nikolai in Spandau uns durch Vermittlung von Pastor Casalis einen reichgeschmückten Weihnachtsbaum gestiftet. Leider machte Casalis dann den Fehler, der Gemeinde in unserem Namen zu danken. Die Berliner Presse griff das auf, garnierte es mit allerlei Sentimentalem, und am Ende war der sowjetische Direktor so verärgert, daß er dieses Jahr den Antrag auf einen Weihnachtsbaum ablehnte. Aber einen Adventskranz hat er schließlich genehmigt.

20. Dezember 1950
Seit Tagen scharfe Auseinandersetzungen um Heß. Er beklagt sich immer wieder über Schmerzen, die ihn hinderten, aufzustehen. Neuerdings heben die Wärter, angeblich auf Anordnung der Direktoren, die Matratze mit dem abgemagerten Heß aus dem Bett und kippen den jammernden Mann kurzerhand auf den Fußboden. Dort lassen sie ihn liegen. Als ich einem Wärter gegenüber die rohe Prozedur rüge, erhalte ich zur Antwort: »Anfassen der Gefangenen ist doch verboten, oder?« Dabei grinst er.

23. Dezember 1950
Heute morgen hat Heß sein Frühstück in der auf eine halbe Stunde bemessenen Frist nicht gegessen. Er behauptet, er habe Magenkrämpfe. Der Russe vom Dienst, der unerbittliche Gurjew, befiehlt mir, das Essen herauszunehmen. Als ich mich weigere, wiederholt er schärfer: »Nehmen Sie es heraus!« Ich verneine erneut, und so geht es sechs- bis siebenmal hin und her: Befehl und Verweigerung, Drohung mit Rapport und Strafe. Endlich wird Heß aufmerksam und fragt, was los sei. Als ich es ihm erkläre, meint er beschwichtigend: »Na, nehmen Sie es schon mit.« Der Konflikt ist beendet. Gurjew fragt interessiert: »Warum nicht herausnehmen?« Ich erkläre ihm, ich wolle nicht die Exekutive gegen einen Kameraden sein. Als er das hört, hält er einen Augenblick nachdenklich inne, sieht mich dann aufmerksam an und nickt zustimmend.

25. Dezember 1950
Weihnachten wird in aller Frühe durch einen Wortwechsel in der Zelle von Heß eingeleitet. Der neue, strenge Chefwärter Kowpak fordert Heß auf, sich zu waschen, doch der erwidert mit lauter Stimme, das habe er gestern abend getan. Als Stockes einwirft, ein normaler Mensch wasche sich dreimal am Tage, erhält er von Heß zur Antwort: »Ich bin normal und wasche mich nur einmal!« Danach muß eine Auseinandersetzung stattgefunden haben, und dazwischen schreit Heß, stöhnt und fleht um Verständnis. Schließlich läßt er sich zum Waschraum führen, weigert sich aber anschließend, das Frühstück zu holen, Speer werde es ihm bringen. Auf die Bemerkung, das sei verboten, entscheidet Heß, großartig wie in alten Zeiten, dann frühstücke er nicht.

26. Dezember 1950
Neurath hatte heute nacht einen leichten Anfall von Angina pectoris. Er berichtete das morgens achselzuckend. Nach Auskunft des Sanitäters befürchten die Ärzte, Neurath könne in Stunden sterben, sein Blutdruck sei viel zu hoch. Jedoch läßt sich der »alte Herr«, wie er allgemein genannt wird, nichts anmerken, er bleibt freundlich und gelassen.

Keine Weihnachtsstimmung, und mir ist das lieber so. Bei unserem fast schon traditionellen Weihnachtskonzert auf Schallplatten spielt Wilhelm Kempff das fünfte Klavierkonzert von Beethoven in Es-Dur. Ich war so ergriffen, daß ich Long fast dankbar war, weil er die Musik im Takt mit seinem Schlüsselbund begleitete.

Nach der Rückkehr in die Zelle sah ich eine unmeßbar lange Zeit durch die Gitterstäbe meines Fensters den russischen Saatkrähen mit ihrem tiefschwarzen, metallisch glänzenden Gefieder zu, wie sie unter tiefliegendem Himmel, nur einige Meter entfernt, kunstvoll herumflogen, ehe sie sich krächzend, mit eigentümlich hüpfender Bewegung niederließen. Ich mußte an die sagenumwobenen, unglückbringenden Raben des Kyffhäuser denken.

Von unserer Mahlzeit habe ich das übriggebliebene Brot gesammelt. Sowie ich an der Tür erscheine, kommt der Anführer des Schwarms mit aufgeregt gespreiztem Gefieder heran. Eine alte Krähe mit abgebrochenem unterem Schnabel folgt mir von Ast zu Ast, weil sie nur in meiner Nähe eine Chance hat, ein Stück Brot zu ergattern. Heß, in seiner spärlichen Begabung zum Witz, nennt mich den Rabenvater.

In düsterer Stimmung sinniere ich über die letzten drei Weihnachtsfeste im Kriege. Damals hielt ich es für meine Pflicht, den Tag bei der Organisation Todt zu verbringen, 1942 an der Biskaya, wo Bunker gebaut wurden, 1943 im Norden Lapplands am Eismeer, und das letzte Mal an der deutsch-belgischen Grenze, die Ardennen-Offensive war noch im Gange, und die OT hatte den Auftrag, zerstörte Brücken herzurichten. Es gab Reden, die zum Durchhalten aufforderten, es gab ein Weihnachtsessen, es wurden Lieder vorgetragen oder gemeinsam gesungen, aber nicht eines dieser christlichen Weihnachtslieder, die wir heute, den Tränen nahe, gesungen haben. Was war es wohl, das mich in jenen Jahren nicht einmal auf den Gedanken kommen ließ, daß die Arbeiter diese Lieder vermissen könnten? Als wir Weihnachten 1942 in der Nähe von Bordeaux feierten, wurde mir während des Essens vom Leiter des Bauabschnitts erzählt, daß eine Gruppe ehemaliger sogenannter Rotspanier, die in einem unweit gelegenen Lager interniert seien, mich eingeladen hätte. Ohne Begleitkommando der SS – denn diese Auszeichnung wurde bis Kriegsende neben Hitler und Himmler nur Dönitz, Bormann, Keitel, Ribbentrop, Funk und Goebbels zuteil – fuhr ich mit kleinem Gefolge in dieses Lager. Die Feier hatte bereits begonnen. Ein Spanier führte mich durch eine kurze Ansprache ein, die Versammlung reagierte mit zögerndem Beifall. Volkstänze und andere folkloristische Darbietungen schlossen sich an, jeweils von stürmischem Applaus begleitet, während ich selber die etwas steife Stimmung mir gegenüber erst auflockern konnte, als ich ein größeres Kontingent von Zigaretten und Wein austeilen ließ. Diese Spanier, die auf seiten der Republik gekämpft hatten, waren am Ende des Bürgerkrieges über die Pyrenäen nach Frankreich geflohen und saßen inzwischen seit fast drei Jahren hinter Stacheldraht fest. Es waren sympathische, tapfere Gesichter, wir blieben bis in den späten Abend zusammen, der Abschied war fast herzlich.

Zwei Wochen später erzählte ich Hitler von dem Vorkommnis und bat ihn, Erlaubnis zu geben, daß diese Spanier bevorzugt behandelt würden. Sie haßten Franco, der sie besiegt hatte, und das demokratische Regime französischer Spielart, das sie festhielt. »Das ist mir sehr interessant«, unterbrach Hitler mich lebhaft. »Haben Sie gehört, Keitel? Sie kennen meine Meinung über Franco. Damals, vor zwei Jahren, als wir uns getroffen haben, dachte ich noch, es handele sich um eine echte Führerpersönlichkeit, aber ich lernte einen kleinen, dicken Sergeanten kennen, der meine weitgespannten Pläne gar nicht erfassen konnte. Wir sollten uns diese Rotspanier, das sind doch viele Tausende, warmhalten. Für die Demokratie sind sie verloren, für dieses reaktionäre Gesindel um Franco ebenfalls, hier haben wir wirkliche Chancen. Ich glaube Ihnen aufs Wort, Speer, daß es eindrucksvolle Männer waren, wie man überhaupt sagen muß, daß der Idealismus während des Bürgerkrieges nicht auf Francos Seite, sondern bei den Roten anzutreffen war. Sicher, sie haben geplündert und geschändet, aber das haben Francos Leute auch, ohne daß sie einen starken Grund dafür hatten, während die Roten einen jahrhundertealten Haß gegen die katholische Kirche abreagierten, die dieses spanische Volk immer unterdrückt hat. Wenn ich daran denke, wird mir manches verständlich. Franco weiß genau, warum er sich noch vor einem halben Jahr gesträubt hat, daß wir diese Rotspanier beschäftigten. Aber eines Tages«, Hitler stieß mit dem Finger in die Luft, »eines Tages werden wir sie brauchen können. Wenn wir mit Franco Schluß machen. Dann lassen wir sie zurück. Und dann sollen Sie mal sehen! Dann wird das Ganze noch mal wiederholt! Aber mit uns auf der anderen Seite. Das ist mir ganz gleichgültig. Er soll mich schon noch kennenlernen!«

So ungefähr Hitler. Es war klar, daß mit »er« Franco gemeint war. Hitler hatte Widerstand nie ertragen können, und er vergaß es dem spanischen Diktator nicht, daß der sich geweigert hatte, auf seine Pläne, vor allem wegen einer Besetzung Gibraltars, einzugehen. Solch persönlich motivierter Haß zählte für Hitler auch durchweg mehr als die Gemeinsamkeiten der Weltanschauung. Er gab noch am gleichen Tag Anordnung, die »Rotspanier« gut zu behandeln.

31. Dezember 1950
Froh gelaunt weckte Corgnol uns um sechs Uhr mit »Martha, Martha, du entschwandest« und öffnet die Tür: »Le dernier jour de l'année!«

1. Januar 1951
Bei der Ablösung um acht Uhr erscheint Long bereits festlich betrunken. Als ich den Wunsch äußere, Heß ein Buch zu bringen, öffnet er meine Zellentür, schließt sie dann aber hinter mir ab und will nicht wahrhaben, daß man eine leere Zelle nicht abschließen müsse. Darüber längerer Disput. Dann schreitet Long mit dem wie einen Spieß vorgehaltenen Schlüssel zur Tür meines Nachbarn. Mit einer Hand sich an der Wand abstützend, zielt er einige Male nach dem Schlüsselloch. Nachdem ich Heß das Buch übergeben habe, kehren wir genauso umständlich zu meiner Zelle zurück, aber dort angelangt, weigert sich der Brite, die Tür aufzuschließen. Nichts kann ihn umstimmen. Endlich läßt er sich auf den Kompromiß ein, daß ich in Funks Zelle gehe; mit einladender Geste öffnet er mir dessen Zellentür.
Funk ist vom Jahreswechsel tief deprimiert; denn als lebenslänglich Verurteilten brachte ihn das abgelaufene Jahr nicht der Freiheit näher. Um ihn abzulenken, erzähle ich ihm einige Episoden aus der Ministerzeit, belanglose, aber unterhaltsame Geschichten wie die von meiner Verhaftung durch einen übernervösen Leutnant in der Gegend von Calais. Schließlich, von unserer aufgeräumten Laune angelockt, kommt auch Heß herbei, dessen Zellentür Long versehentlich offengelassen hat. Mit glänzenden Augen entwickelt er eine Idee zur Beleuchtung von Autobahnen; er habe gelesen, man habe das in Amerika eingeführt. Natürlich, wie alles in Amerika, viel zu verschwende-

risch. In Deutschland, meint er, könne man die Kosten viel einfacher aufbringen, denn alle Autos führen dann ohne Scheinwerfer. Das spare Strom, meinte er, und mit den eingesparten Kosten seien Einrichtung und Betrieb der Flutleuchten ohne weiteres zu finanzieren. Meinen Einwand, daß die Lichtmaschine wegen der Zündung der Kerzen doch ohnehin laufe, fertigt er mit der Bemerkung ab, die Lichtmaschine könne sich automatisch abschalten, sobald die Batterie aufgeladen sei. Dadurch werde Energie gewonnen, somit Treibstoff gespart, und diese Ersparnis könne man zur Finanzierung der Autobahnbeleuchtung einziehen. Auf alle Autos umgerechnet, die man bald haben werde, mache das sicherlich mehr aus, als die ständige Beleuchtung je kosten kann.
Wir hören sprachlos zu, bis Funk schließlich doppelsinnig meint: »Jedenfalls, Herr Heß, freut es mich, daß Sie wieder gesund sind.« Heß denkt noch einen Augenblick nach, blickt mich dann streng an und gibt mir den Auftrag, die Idee im Detail auszuarbeiten. Anschließend kehrt er, mit sich zufrieden, in seine Zelle zurück.

6. Januar 1951

Nach der Mittagspause ging Long vor die Zelle von Heß und rief im Befehlston: »In den Garten!« Als Heß sich nicht rührte: »Come on, come on!« Stöhnend verwies Heß darauf, er habe gerade einen Anfall gehabt. »Nichts Anfall, besser Garten«, meinte Long ungerührt. Schließlich erschien der Chefwärter Terray und lispelte: »Im Garten ist es schön!« Zu unser aller Erstaunen ging Heß widerspruchslos mit.

8. Januar 1951

Ist es belustigend? Soll ich über die phantastische Idee von Heß lachen? Komisch daran ist ja nicht nur die Absurdität des Gedankens selber, den er da in seinem armen Kopf ausgebrütet hat, sondern auch der feste Glaube an die Realisierbarkeit, das ernsthafte Kommandogebaren, mit dem er mich aufforderte, die Idee weiterzuverfolgen. Und darin, so glaube ich, steckt ein wirkliches Relikt der Vergangenheit: die energische Überzeugung, daß alles machbar sei, daß auch das Wahnwitzige der Wirklichkeit zugemutet werden könne. Ich erinnere mich noch deutlich, wie nach 1933 ein Gewimmel von Weltverbesserern, Projektemachern aus tausend Winkeln hervorkam und die Vorzimmer bevölkerte. Alle hatten etwas anzubieten, wovon das Heil abhänge oder doch der Fortschritt. Und dem einen oder anderen gelang es immer wieder, einen einflußreichen Funktionär für sich zu gewinnen, Geld und andere Möglichkeiten zu bekommen, das Dilettantentum blühte, und so harmlos viele dieser Spintisierer waren – einige erwiesen sich als fürchterlich, man braucht nur an die wissenschaftlich unergiebigen Humanversuche, an die Schädelmaßtheorien und an manche andere Experimente zu denken. Himmler war einer der Matadoren auf diesem Felde. Aber manchmal frage ich mich, ob nicht auch die Bauprojekte für Berlin und anderes in diesen Zusammenhang gehören?

13. Januar 1951

Vielleicht. Vielleicht. Aber warum kehre ich in Gedanken immer erneut in jene Zeit zurück? Bin ich Heß näher, als ich denke? Oder ist es nur das Verlangen nach Zeitvertreib, wenn ich immer wieder Vorgänge, Erinnerungsfetzen aus der Vergangenheit heraufhole und hier zu formulieren versuche? Gibt es den schlichten Zeitvertreib überhaupt? Eines Sonntags Anfang April 1943, am späten Abend, bestieg Hitler mit uns im Berchtesgadener Bahnhof seinen Sonderzug, um mit uns nach Linz zu fahren. Aus Sicherheitsgründen wurde der Zug von zwei schweren Lokomotiven gezogen, ein gepanzerter Spezialwagen mit leichten Flakgeschützen folgte hinterdrein. Auf ihm standen vermummte Soldaten, während der ganzen Reise feuerbereit, dann kam Hitlers Wagen, dessen Mittelteil ein großer Salon bildete, die Wände waren in Rosenholz und Palisander furniert. Der verdeckte Beleuchtungsring, rund um die ganze Decke geführt, gab ein bläuliches Licht, das den Gesichtern etwas Leichenfarbenes verschaffte, weswegen die Frauen denn auch den Aufenthalt in diesem Raum nicht liebten. Natürlich war eine Küche vorhanden, Abteile für Hitlers persönliche Bedürfnisse, ein Schlafraum, ein reich ausgestattetes

Bad, Garderobe, Vorraum und Dienerzimmer. Unmittelbar an diesen Wagen schloß sich der »Befehlswagen« an, über den nicht nur die vielfältigen Verbindungen zur Außenwelt liefen, der vielmehr auch einen militärischen Lageraum enthielt und gewissermaßen als »fliegendes« Führerhauptquartier diente. Unmittelbar darauf folgte der Wagen mit dem ständigen Begleitkommando Hitlers, das aus über zwanzig Mann bestand, dann kamen die Gästewagen, in denen dieses Mal auch mir ein Abteil zugewiesen worden war, dann zwei Schlafwagen erster Klasse, ein Presse- und ein Gepäckwagen; ein zweiter Spezialwagen mit Flakgeschützen bildete den Schluß des Zuges.
Als wir gegen sechs Uhr morgens beim Frühstück um den großen Tisch saßen, näherten wir uns Linz. Hitler zeigte sich überaus ungeduldig; immer wieder sprach er von der neuen Nibelungenbrücke, mit der er sich, wie er bemerkte, einen Jugendtraum verwirklicht habe. Am Südende der Brücke wollte er zwei Statuen beurteilen, die von einem mir unbekannten Bildhauer namens Graf Plettenberg errichtet worden waren: »Siegfried« und »Krimhild«, sitzend auf schweren Schlachtpferden. Schon als wir uns den Bildwerken näherten, geriet Hitler ins Schwärmen: »Welche schöne Haltung! Diese Muskulatur – meisterhaft! Und der gerade, aufrichtige Blick, die entschlossene Hand, mit der er sein Schwert umfaßt!« Unter dem Pferdeleib krümmte sich ein Drache. »Wunderbar!« rief Hitler. »Deutsche Kunst! Sehen Sie sich die Details des Pferdekopfes an! Plettenberg ist wirklich ein gottbegnadeter Künstler!« Es war ein anderer Hitler. Die Sorgen um die Panzerproduktion, die er noch am Vorabend mit mir diskutiert hatte, die schwierige Lage an der Ostfront schienen wie weggewischt: »Aber erst Krimhild!« fuhr er fort. »Sehen Sie, welch bildschöner Körper! Da stand sicher die verehrte Frau des Grafen Modell. Meisterhaft die Haltung!« Diese halbnackte »Krimhild« mit den über eineinhalb Meter langen, Sittsamkeit andeutenden Zöpfen wirkte in Wahrheit eher auf eine fatale Weise erotisch. Als ich einem der neben mir Stehenden zuflüsterte, der balkonartige Busen werde vermutlich ein idealer Nistplatz für Tauben sein, fragte Hitler mit

einiger Schärfe: »Was haben Sie da gesagt?« Dann fuhr er fort: »Dort drüben am anderen Ende der Brücke werden Gunter und Brunhild stehen. Plettenberg hat auch hierfür schon ideale Entwürfe vorgelegt. Wenn das alles mal steht, ist der Grundstein für Linz als Stadt der Kunst gelegt, meine Herren. Sehen Sie, wie verwahrlost das Donauufer ist. Giessler muß mir dort eine Reihe von Gebäuden hinstellen. Eins schöner als das andere. Vor allem muß Linz ein neues Museum bekommen, eine neue Oper. Mit den Bergen im Hintergrund ist seine Lage um so vieles schöner als die von Budapest oder Wien. Dort drüben an den Berghang setzen wir ein Stadion, von da aus kann man dann alles mit einem Blick übersehen. Für die Oper ist ein erstklassiges Orchester in St. Florian zusammengestellt, Jochum wird daraus einen der besten Klangkörper der Welt machen.« Und obwohl Hitler mit ernstem, fast feierlichem Ausdruck seine Pläne entwickelte, hatte ich nicht eigentlich das Gefühl, daß da ein Erwachsener redete. Es kam mir eine kleine Sekunde lang so vor, als sei dies alles eine grandiose Spielerei mit Bauklötzchen. Aber das verdrängte ich schnell. Es stimmte ja, daß die Landschaft hier schöner war als weiter stromabwärts bei Wien oder Budapest; Linz machte wirklich einen etwas verschlafenen und heruntergekommenen Eindruck; und was war eigentlich unerlaubt an dem Projekt, die eigene Jugendstadt zu einer kulturellen Metropole zu machen?

14. Januar 1951

Auch die sowjetischen Wärter haben jetzt Schuhe mit Gummisohlen erhalten. Taradankin, der sich seine Sohlen mit Eisen beschlagen ließ, bei Nacht lärmend auf und ab marschierte, ist überdies abgelöst worden. Ich könnte mir denken, daß die neue Besohlung mit Rücksicht auf die Gefangenen angeordnet worden ist, die bis vor kurzem nachts bei jedem Kontrollgang aufwachten. Die vermeintliche Fürsorge bringt mich aber in Schwierigkeiten, da ich jetzt das Nahen der Wärter kaum noch höre.

15. Januar 1951
Noch zu Linz (denn gestern mußte ich abwerfen): Neben einer großen Versammlungshalle, die Hitler errichten wollte, dachte er an den Bau eines riesigen Turms von hundertsechzig Metern Höhe. Nur dem Ulmer Münster mit seinen hundertzweiundsechzig Metern wollte er seine »Rekordhöhe« lassen. Damit werde der Stephansdom, so meinte er, endgültig übertroffen, und zwar ein ganzes Stück: »Auf diese Weise mache ich ein Unrecht wieder gut«, erinnere ich mich an Hitlers Äußerung, »das dem Linzer Bischof Rudigier angetan wurde, als er für die Linzer Kirche einen Turm plante, der höher sein sollte als der des Stephansdoms. Von Wien aus wurde daraufhin angeordnet, daß der Linzer Turm zwei Meter niedriger als der von Wien sein müsse.« Ich glaube, es war an jenem Nachmittag, daß Hitler unter dem Eindruck seiner eigenen Begeisterung erstmals erklärte, daß sein Sarkophag dereinst im neuen Wahrzeichen von Linz, dem höchsten Turm Österreichs, aufgestellt werden solle.

Der tiefe Eindruck, den die Kapuzinergruft der österreichischen Kaiser in Wien, die preußischen Königsgräber in der Potsdamer Garnisonkirche und kürzlich dann der Sarkophag Napoleons I. im Pariser Invalidendom auf Hitler gemacht hatten, ließ ihn immer wieder an sein eigenes Grabmonument denken. Anfangs wollte er unter den Opfern des Putsches vom 9. November 1923 am Königsplatz in München im gleichen gußeisernen Sarg wie jene aufgebahrt werden; eine große Geste, wie Hitler dachte, wieder zu den Parteifreunden der ersten Stunde zurückzukehren. Ihm gefiel aber auch der Gedanke einer Bestattung unter freiem Himmel. In romantischer Anwandlung konnte er davon sprechen, daß Sonnenschein, Regen und Schnee diese Sarkophage mit den ewig waltenden Elementen der Natur verbänden, oder wie es ihn immer wieder berühre, wenn er von seinem Arbeitszimmer am Königsplatz aus sehe, wie die Frühlingssonne die Schneedecke über diesen Sarkophagen wegschmelze. Gelegentlich hatte Hitler auch von einer Beisetzung in der Krypta des Linzer Turms gesprochen.

Aber an jenem Tag in Linz dachte er offenbar daran, hoch über der Stadt im obersten Turmgeschoß seine Ruhestätte zu finden. Gelegentlich, auch später noch, sprach er aber auch von einer eigenen Grabanlage in München, zu der er noch Skizzen machen wollte. Erstaunlicherweise hat Hitler nie auch nur in Erwägung gezogen, in der Hauptstadt des von ihm zusammeneroberten Weltreichs bestattet zu werden. Jedenfalls habe ich ihn in zwölf Jahren nichts dazu sagen hören. Er sprach des öfteren davon, daß von seiner Grabstätte eine nicht zu unterschätzende politische Wirkung auf die Nation ausgehen werde. Und in der Tat hatte ich häufig während dieser Gespräche das Gefühl, daß es weniger banale Ruhmsucht war, wenn er sich ein großartiges Mausoleum erdachte, als vielmehr dieselbe politisch-pädagogische Absicht, die ihn wünschen ließ, vom geplanten Führerpalast in Berlin aus wenigstens ein Jahr noch das Reich regiert zu haben, um dem Bau sakrale Weihe zu geben. Damals kam es mir so vor, als sehe er dabei von sich selber ganz ab; heute weiß ich, daß es die höchste überhaupt denkbare Form der Selbstübersteigerung und historischen Eitelkeit war.

Das eigentliche Ziel dieses Tages waren die Linzer Stahlwerke, wo die größte Fertigungsstätte für unsere überschweren Panzer lag. Aber da wir noch etwas Zeit hatten, fuhr Hitler uns durch das Linz seiner Jugend. Er zeigte uns ein Hotel nahe der Donau, in dem Karl May, wie Hitler sich noch erinnerte, im Jahre 1901 fast zwölf Monate lang gewohnt hatte. Gleich danach fuhren wir am ehemaligen Palais des Herrn von Thun vorbei, in dem Mozart 1783 die *Linzer Symphonie* komponiert hatte. Vor dem Landestheater stiegen wir aus, betraten den großen Zuschauerraum, der aus dem Beginn des achtzehnten Jahrhunderts stammen mußte. Der Raum war ungepflegt, die Plüschbezüge der Bestuhlung waren abgesessen und verschlissen, der Theatervorhang verstaubt. Aber das schien Hitler nicht zu stören. Mit sichtlicher Rührung zeigte er uns im obersten Rang den billigen Platz, von dem aus er *Lohengrin, Rienzi* und andere Opern erstmals gesehen hatte, und gab durch eine knappe Geste zu verstehen, daß er allein sein wolle. Einige Zeit lang träumte er vor sich hin, sein Blick war abwesend, seine Gesichtszüge erschlafft. Unterdessen standen wir leicht betreten herum, keiner wagte sich zu rühren, und erst nach sicherlich mehr als fünf Minuten kehrte Hitler in die Wirklichkeit zurück. »Bitte in den Hof«, sagte er in einer merkwürdigen Verbindung von Hausherr und Museumsführer.

Wir durchschritten eine gewölbte Durchfahrt und standen im berühmten Renaissancehof des »Landhauses« mit seinen dreigeschossigen Steinarkaden. »Hier sehen Sie, was Bürgerstolz und Standesbewußtsein vor vierhundert Jahren zustande gebracht haben! Wenn Sie das damalige kleine Linz mit seinen 3000 Einwohnern vergleichen mit der heutigen Stadt und die zukünftige Entwicklung in Rechnung stellen, werden Sie zugeben, daß meine Pläne für diese Stadt auch nicht aufwendiger sind.«

Wir fuhren einige hundert Meter weiter zum sogenannten Landesmuseum: »Von Bruno Schmitz vor genau fünfzig Jahren erbaut!«, belehrte uns Hitler. »Wie Sie wissen, ein bedeutender Architekt! Wie oft pilgerte ich in meiner Jugendzeit hierher, um diese Pracht zu bewundern. Schauen Sie nur auf dieses reiche Tor! Und erst dieses Relief über dem Hauptgeschoß! Es ist mehr als hundert Meter lang. Und da wollen mir manche Leute einreden, das sei eine dekadente Epoche gewesen! Sogar Verfallskunst. Nein! Solch eine Wirkung schwebte mir vor, als ich nach den Landsberger Gefängnisjahren die Friese an meinem Triumphbogen gezeichnet habe. Brekers Entwürfe dafür sind ausgezeichnet, aber trotzdem nicht besser als diese hier! Es ist wahr, ich habe später unter dem Einfluß von Troost meinen Geschmack geändert. Aber wenn ich diesen Bau nun wieder sehe, muß ich sagen: er ist immer noch ein Gipfelwerk deutscher Baukunst.«

Eine halbe Stunde später kamen wir im Stahlwerk an, das erst nach dem Anschluß Österreichs aus dem Boden gestampft worden war. Guderian, der Generalinspekteur der Panzertruppen, sowie Gauleiter Eigruber erwarteten uns schon.

16. Januar 1951

Gestern abend Linz abgebrochen. Ein paar Mal meinte ich, das Geräusch der Gummisohlen zu hören, und wurde schließlich so nervös, daß ich das Schreibzeug wegtat. Im Dunkeln rief ich mir wieder die heftigen Diskussionen in Erinnerung, die Hitlers schon 1938 gefaßter Plan eines riesigen Industriewerkes bei Linz ausgelöst hatte. Göring begrüßte ihn wegen des Vierjahresplans, aber Todt und vor allem die Raumplaner waren dagegen. Hitler persönlich hatte den Bauplatz nahe der Stadt ausgesucht, alle Einwände wegen der zu erwartenden Belästigung durch Rauch, Abgase und Gerüche auf Grund der ständigen Ostwinde im Stromtal der Donau beiseitegeschoben. Dr. Todts Vorhaltungen, daß Hitler sein schönes, altes Linz auf diese Weise in eine verrußte Industrie- und Arbeiterstadt wie Essen verwandele, wies er ebenso zurück wie meinen Einwand, daß das riesige Werk die Ausdehnung der Stadt zur Donau, dem städtebaulich wertvollsten Gelände, blockieren werde. Er argumentierte dabei keineswegs romantisch, sondern ganz nüchtern und rechnerisch: seine weitreichenden Pläne für Linz seien auf Dauer nur möglich, wenn die Stadt selbst die Unterhaltungskosten für die Neubauten tragen könne. Mit den steuerlichen Einkünften aus den Hermann-Göring-Werken sei die Zukunft von Linz für alle Zeiten gesichert.
Teils gingen wir zu Fuß, teils fuhren wir im Auto durch die ausgedehnte Werksanlage, die mit zehn Quadratkilometern die Größe der Essener Krupp-Werke etwa um das Dreifache übertraf. Wir begannen mit der Besichtigung des Walzwerkes, gingen kurz durch die Stahlgießerei, dann durch das Stahlwerk und andere Werkstätten. Hitler verfolgte die Fertigstellung von Wannen und Geschütztürmen für schwere Panzer, freundlich erwiderte er den Gruß der Ingenieure und Arbeiter, wechselte mit ihnen gelegentlich auch einige Worte oder schüttelte eine Hand.
Als wir die große Stahlhalle verließen, äußerte Hitler wieder einmal Verständnis für die moderne Architektur aus Stahl und Glas: »Sehen Sie sich diese Front von über dreihundert Metern

an. Wie schön sind die Proportionen! Hier liegen eben andere Voraussetzungen vor als bei einem Parteiforum. Dort ist unser dorischer Stil Ausdruck der neuen Ordnung, hier dagegen ist die technische Lösung das Angemessene. Aber wenn einer dieser angeblich modernen Architekten mir daherkommt und Wohnsiedlungen oder Rathäuser im Fabrikstil errichten will, dann sage ich: der hat gar nichts begriffen. Das ist nicht modern, das ist geschmacklos und verstößt überdies gegen die ewigen Gesetze der Baukunst. Zum Arbeitsplatz gehören Licht, Luft und Zweckmäßigkeit, von einem Rathaus verlange ich Würde und von einem Wohnhaus Geborgenheit, die mich für die Härte des Lebenskampfes wappnet. Stellen Sie sich doch mal vor, Speer, ein Weihnachtsbaum vor einer Glaswand! Unmöglich! Wie überall, müssen wir auch hier die Vielfältigkeit des Lebens berücksichtigen.«

Vom Stahlwerk fuhren wir einige Kilometer östlich nach dem »Nibelungenwerk«, dem größten Panzerhersteller unserer Rüstung, um uns nach den Fortschritten beim Bau des siebzig Tonnen schweren Porsche-Tigers zu erkundigen, mit dem Hitler in wenigen Monaten die Offensive bei Kursk eröffnen wollte; er war von den Vorzügen dieses Panzers so überzeugt, daß er sich von wenigen Dutzend Exemplaren die Wende im Sommerfeldzug 1943 und damit in diesem Kriege überhaupt versprach. Eine halbe Stunde später war das alles ferngerückt, und mit der gleichen Intensität erörterte er mit dem Intendanten des in Gründung befindlichen Bruckner-Orchesters, Dr. Heinrich Glassmeier, die Idee jährlicher Bruckner-Festspiele nach Art von Bayreuth. Als wir wieder zum Sonderzug zurückkehrten, wurde er nach diesen Architekturphantasien, Musikträumen und Schlachtenvisionen hart in die Wirklichkeit gestoßen. Ein Adjutant meldete den bisher schwersten Angriff auf Paris. Er war bei vollem Tageslicht unter starkem Jagdschutz durchgeführt worden, die deutsche Luftabwehr hatte kaum etwas ausrichten können.

23. Januar 1951
In den letzten Wochen habe ich viel gelesen, ziemlich kunter-

bunt durcheinander Maupassant, D. H. Lawrence, Gerhart Hauptmann, Theodore Dreiser, Schnitzler, Swift.
Der eigentliche Gewinn ist aber eine neue Idee! Ich lese keine Dramen mehr, sondern gehe einmal in der Woche ins Theater. Ich löse mir Billets, lege Garderobe an, stelle Besetzungslisten zusammen, gehe, ein imaginäres Programmheft in der Hand, im Foyer umher. Immer wenn der Vorhang sich öffnet, genieße ich den kühlen Luftzug aus dem Bühnenraum mit dem Geschmack nach Leim, Staub und Pappmaché. Neulich war ich im *Schinderhannes* von Zuckmayer, für morgen habe ich mir Nestroys *Einen Jux will er sich machen* aufs Programm gesetzt. Die Phantasiewelt, die ich mir da für ein paar Stunden errichte, ist so vollkommen, daß ich beim Zuckmayer am Ende fast Beifall geklatscht hätte.

30. März 1951

Trostlose Gespräche über das Essen, wie in jedem russischen Monat. Wie schnell sich, nur durch eine geringfügige Änderung im Speiseplan, die Banalität in unserem Leben breitmacht! Gerade habe ich den Unwillen von Dönitz erregt, als ich im Garten erzählte, wie Hitler Ende 1939 sein viermotoriges Flugzeug nach Posen sandte, um Weihnachtsgänse abzuholen. Hitlers Pilot Baur rechtfertigte das damit, daß das fast unbenutzte Flugzeug gelegentlich aufsteigen müsse. Die Gänse waren für Pakete bestimmt, die Hitler an seine Bekannten schikken ließ. Eine merkwürdige Mischung von Mittelstandsfürsorge und Potentatentum; für Dönitz aber eine Unkorrektheit. Er erregte sich, fand aber schließlich den Ausweg, mir die Geschichte nicht zu glauben.

2. April 1951

In den letzten Tagen meines Halbjahresurlaubs mit einer Doromalette jeden Abend. Aber heute helle Aufregung durch einen Brief meiner Sekretärin, Frau Kempf. Paul H. Nitze, der mich in Flensburg intensiv über Rüstung und Bombenkrieg befragte und der jetzt den wichtigen Posten eines »Director Policy Planning Staff« im State Department ausübt, äußerte in einem Brief sein Mitgefühl für meine Situation in Spandau.

4. April 1951
Dieses Zeichen der Anteilnahme ist eine Sensation für mich, obwohl der Brief im ganzen eigentlich nur bedauernd erklärt, daß Nitze keine Möglichkeit habe, sich für mich zu verwenden. Was ist es, das mich daran tagelang so alarmiert? Vermutlich doch, daß inmitten dieser Subalternwelt von Wärtern und Kommandanten ein Mann meines Herkommens und meiner Stellung zu mir spricht; und überdies ein ehemaliger Gegner, der mir auf diese Weise seinen Respekt bezeugt. So freundlich viele der Wärter sind: ich bin glücklich, einmal nicht »Number Five« zu sein.

5. April 1951
Als Architekt gewohnt, den Kubikmeterinhalt des umbauten Raumes auszurechnen, habe ich vorhin überschlagen, daß das von uns sieben Gefangenen bewohnte Gebäude etwa achtunddreißigtausend Kubikmeter hat. Die Baukosten müßten bei den heutigen Preisen bei sieben bis acht Millionen Mark liegen. Mein Anteil von einem Siebentel entspräche also einem kleinen Palais von über einer Million Bauwert. Noch nie in meinem Leben habe ich so aufwendig gewohnt.

Wir haben drei Küchen: eine für uns, eine für die Wärter und eine für die Direktoren. Wärtern und Direktoren wird das Essen durch Serviermädchen aufgetragen; uns natürlich nicht, obwohl die Presse berichtet hat, daß jeder von uns drei Mädchen zu seiner Bedienung habe. Es gibt Sekretäre, Elektriker, Heizer, Putzfrauen und Wäscherinnen. Unseren Gefängnisteil halten wir natürlich selbst sauber, waschen die Wäsche und holen das Essen. Immerhin arbeiten aber zwei Köche und zwei Sanitäter für uns.

Vor zwei Jahren wurde dem Berliner Magistrat zugesagt, die Kosten von jährlich vierhunderttausend DM auf rund die Hälfte zu senken. Die Zahl der Angestellten wurde daraufhin von fünfzig auf etwa dreißig reduziert. Trotzdem betragen die Ausgaben, wie ich schätze, immer noch rund dreihunderttausend Mark. Die Kosten für die vierundzwanzig Mann westlichen Wachpersonals dürften bei vierhunderttausend Mark liegen.

Die Reparaturen am Gebäude sowie die Ausgaben für Neuerungen, für den Unterhalt und für die Heizung werden mit einhunderttausend DM nicht zu hoch angenommen sein. Für unseren Unterhalt sind in den letzten vier Jahren mehr als drei Millionen Mark aufgewendet worden. In fünfzehn Jahren, wenn meine Entlassung bevorsteht, hat Spandau gut und gern fünfzehn Millionen verschlungen. Plötzlich denke ich, daß der jährliche Aufwand für Spandau etwa den Unterhaltskosten des Berghofs entspricht.

8. April 1951
Nachmittags sitze ich bei schönem Sonntagswetter mit Funk im Garten zusammen, manchmal bleibt Neurath bei uns stehen, denn Funk weiß gut zu erzählen, und der russische Direktor hat sich seit Wochen nicht im Garten blicken lassen. Heute hat Funk die Geschichte mit dem Hausintendanten Kannenberg zum besten gegeben, wie Hitler sich mit uns den Scherz ausdachte, dem kugelrunden Mann im Winter 1939 einen Stellungsbefehl zur »Nebeltruppe« zuschicken zu lassen. Kannenberg geriet darüber in Panik und strich zum Ergötzen Hitlers, der uns immer wieder heimlich feixend darauf aufmerksam machte, um ihn herum. Nach Tagen endlich nahm Kannenberg allen Mut zusammen und wurde bei Hitler vorstellig: ob da nichts zu machen sei. Hitler aber trieb den Scherz noch etwas weiter. Nein, er könne keine Ausnahme zulassen, in diesem Staat gebe es keine Günstlingswirtschaft, keine Privilegien, damit habe der Nationalsozialismus nach der korrupten Systemzeit aufgeräumt. Kannenberg traten fast die Tränen in die Augen, aber Hitler weidete sich an seiner Verzweiflung. Am Ende versuchte es Kannenberg mit dem Argument, seine Fürsorge für das Wohl des Führers sei vielleicht wichtiger als ein Nebelwerfer mehr oder weniger an der Front. Da begann Hitler zu lachen und zerriß vor den Augen des befreiten und verblüfften Hausintendanten den amtlichen Stellungsbefehl.
Neurath, zehn Jahre deutscher Botschafter in Rom und London, dann von 1932 bis 1937 Reichsaußenminister, war sprachlos. Er konnte weder den Spaß damals noch unser heutiges

Amüsement verstehen; der Aristokrat alter Schule war erschüttert: »So ging es also zu? Das waren die Späße des Staatsoberhauptes?! Wer mir das erzählt hätte! Was für ein Niveau! Das ist der Stil gewesen, mit dem das Reich regiert und verspielt wurde.« Schockiert und mit einem Achselzucken wandte Neurath sich ab: »Mir gegenüber hat Hitler immer den korrekten Staatsmann herausgekehrt.« Betroffen sahen wir ihn weggehen. Die schmal gewordene Greisengestalt ging ab wie die Epoche, die sie verkörperte.

20. April 1951
Immer wieder dieses Haus, das mich ganz euphorisch stimmt. Viele Monate Arbeit. Wieder mit Reißschiene und Winkel, auch mit Details gezeichnet, etwa zwölf Blatt auf dem Reißbrett fertiggestellt. Eine Arbeit, die ich wegen der Beleuchtung in den Mittagsstunden machte, wenn draußen schönes Wetter war.

25. April 1951
Der Besuch meiner Frau hat wieder alles durcheinander gebracht. Erst ihre Gegenwart macht mir klar, daß nicht nur ich in Nürnberg verurteilt wurde, sondern gewissermaßen auch sie. Es ist gar nicht ausgemacht, wer von uns beiden mehr leidet. Tagelang bin ich nach einem solchen Besuch für Gespräche untauglich, laufe allein mit mir und meinen Gedanken herum. Auch Neurath hat Besuch gehabt. Seine betagte Frau sowie seine Tochter sind diesmal zusammen gekommen. Völlig verändert kehrt er zurück. Mit Mühe habe er einen Herzanfall unterdrückt, um seiner Frau nicht auch noch diese Sorge zu machen. Aber sie habe alles bemerkt und sich bleich wie der Tod verabschiedet. Sonst immer gefaßt, wirkte Neurath heute verstört. Mehrfach wiederholt er, daß er endgültig alle Hoffnungen aufgegeben habe. Müde fügt er hinzu, daß seine Frau im August wiederkommen wolle. »Aber bis dahin ist es mit mir wahrscheinlich zu Ende!« Der erste unter uns, der aufgegeben hat. Neurath ist achtundsiebzig Jahre alt.
Um auf andere Gedanken zu kommen, beschließe ich, heute abend in Kleists *Amphytrion* zu gehen; das Textbuch liegt

schon seit einiger Zeit auf meinem Tisch. Für die Dauer des ersten Aktes stellt sich die Illusion her. Aber dann fängt es an zu bröckeln. Alles fällt auseinander. Gretel im Besuchsraum. Ich bemerke, daß ich gar nicht mehr weiterblättere. Repetiere Teile unseres Gesprächs. Dazwischen wieder Zeus mit Alkmene. Es hat keinen Sinn. Abgebrochen. Ob mein Experiment mit der Flucht ins Theater damit zu Ende ist?
Ich lasse mir eine Schlaftablette für die Nacht geben. Gedankenlos schlucke ich sie sogleich herunter. Nach einer halben Stunde beginnt sie zu wirken.

28. April 1951

Der Rasen ist grün geworden, die Kastanienknospen kommen, in den Blumenbeeten blühen bereits gelbe und blaue Stiefmütterchen, die ich vorgestern eingepflanzt habe. Nach der frischen Luft im Garten schlief ich zum ersten Mal wieder gut. Auch Neurath hat die Gartenarbeit gutgetan. Dönitz steht ihm bei. Jedoch häufen sich während der Nacht Anfälle von Atemnot und Beklemmung.

Pease kommt mit der Nachricht, die Engländer würden uns gern von Spandau nach dem Westen bringen; dort könnten wir wie Internierte untergebracht werden. Aber mir ist eine kurze Haft unter schweren Bedingungen lieber als eine längere zu erleichterten Bedingungen. Im übrigen ist es gleich, was er oder ich meinen. Nichts ändert sich.

4. Juni 1951

In meinem Gartenteil kann ich nun walten wie ich will. Im Frühjahr habe ich eine Grube ausgehoben, darin einen versenkten Steingarten angelegt und mit vielen tausend Backsteinen in der etwa einen halben Meter tiefen Mulde rechteckige Terrassen von zwanzig bis vierzig Zentimeter Höhe gebaut, die ich, um Bewegung zu haben, aus einem unbenutzten Teil des Gefängnisgeländes herankarrte. »Was wollen Sie mit den Steinen?« fragte Neurath. »Ich habe noch nie gesehen, daß man Backsteine in einen Garten fährt.«

Wenn ich nun, wie heute vormittag, in der Mitte auf der Rasenfläche liege, sehen diese Backsteinterrassen aus wie eine

kleine Stadt. Blumen umgeben mich. Zur Zeit blühen einige Gartenlupinen in Rosa und einige in Blau; vierzig bis fünfzig Iris werden in einigen Tagen folgen. In einer Ecke entrollten sich die Farnkräuter in frischem Grün. Saxifragen, Zwergmoos, kleine Glockenblumen, Mombretien hängen über die Kastenwände oder balancieren auf der Steineinfassung entlang. Manchmal schießt ein Blütenstengel der Saxifragen hoch, in der Form einer Kiefer mit winzigen weißen Blüten besät.
Tatsächlich hat meine Entschlossenheit, etwas anzufangen, aus meiner Zeit etwas zu machen, nun einen neuen Gegenstand gefunden. Ich bin es satt, immer nur zu registrieren und aufzuschreiben und das Geschriebene möglichst schnell fortzuschaffen. Nichts Faßbares bleibt, vor jedem Anfang wieder die gleiche Leere. Dieser Garten, diese lächerliche Ziegelarchitektur, hat den unschätzbaren Vorteil, konkret anfaßbar und jeden Morgen immer noch vorhanden zu sein.

14. Juni 1951

Als ob er Essig schmecke, stand Heß mit saurem Gesicht vor meinem Steingarten: »Ich kann keine Freude daran haben, Blumen erinnern mich an draußen!« Meine Gärtnerkollegen sind für nützliche Gewächse: in ihren Beeten wachsen Radieschen, Erbsen, Zwiebeln, Erdbeeren und Tomaten. Für Tomaten ist Dönitz Spezialist geworden. Er hat Tomatenstöcke, an denen vierzig bis fünfzig Früchte hängen. Es freut ihn, wenn man sie in seiner Gegenwart zählt.

18. Juni 1951

Gestern hat mir Pease einen Lippenstift besorgt, um einige grüne Erdbeeren rot anzumalen. Denn ein neuer amerikanischer Wärter ißt jeden Morgen vor unseren Augen mit Genuß die über Nacht gereiften Erdbeeren. Jetzt steht er da, spuckt und flucht. Als er alle, seine Kameraden eingeschlossen, lachen sieht, stimmt er schließlich ein.

25. Juni 1951

Vor vier Wochen habe ich drei Erbsen in sieben, fünfzehn, fünfundzwanzig und vierzig Zentimeter Tiefe gelegt und reichlich gewässert. Heute vorsichtige Exkavation. Selbst wenn der

Keimansatz nach unten lag, begab sich der Trieb in einem scharfen Bogen senkrecht nach oben. Keiner der vielen Triebe verließ die Senkrechte auch nur um einige Grade, selbst nicht diejenigen, die in einer Tiefe von vierzig Zentimetern keimten. Lediglich eine Erbse aus fünfundzwanzig Zentimetern Tiefe verlor den Richtungssinn und verwirrte sich zu einem Knäuel dicker Fäden.
Nachträglich fällt mir ein, daß in Gewächshäusern durch Heizkabel die Temperatur unter der Wurzel oft höher ist als an der Erdoberfläche. Die Sonnenwärme kann es also nicht sein. Eine zwanzig Meter hohe Schwarzwaldtanne an schattigem Felshang wächst nicht dem Licht zu, sondern senkrecht nach oben. Ist es also die Schwerkraft? Gerade für die Technik, die ähnliche Reaktionen wie die der Erbse festzulegen trachtet, ist es wichtig, solche Steuerungsmechanismen zu erforschen.
Neues Experiment. Ich hebe eine Grube von vierzig Zentimetern Tiefe aus, auf deren Grund ich in einer Reihe abwechselnd Bohnen und Erbsen lege. Die nach Süden gerichtete Seite verschließe ich mit einer Glasplatte. Dann fülle ich Muttererde auf. Die Anlage ist so konstruiert, daß die Oberfläche der Erde ebenso weit von den Pflanzen entfernt ist wie die Glasscheibe. Wärme sowohl wie Licht wirken also von beiden Seiten gleich intensiv. Wird das Wachstum durch einen dieser Werte bestimmt, dann müßten die Erbsen der Scheibe zuwachsen. Ich nehme jedoch immer noch an, daß die Pflanze das Bestreben hat, der Schwerkraft entgegenzuwirken.

22. August 1951

Wieder sind die Erbsen mit erstaunlicher Zielstrebigkeit nach oben gewachsen, ohne auf die von der Seite angebotenen Sonnenstrahlen zu reagieren. Von dreißig Erbsen haben elf den langen Weg von vierzig Zentimetern zur Oberfläche gefunden, zwei Erbsen gaben in zwanzig Zentimeter Höhe auf, und einige andere wurden bei dieser langen Wachs-Strecke ungeduldig. Sie setzten etwa acht Zentimeter unter der Erdoberfläche Seitentriebe mit Blattbildungen an. Aber auch sie waren diszipliniert genug, diese energievergeudenden Triebe nach einem halben Zentimeter wieder aufzugeben. Welche Lebensenergie zeigt sich in der physischen Leistung, aus dieser kleinen Erbsenkugel einen Schlauch von ein bis eineinhalb Millimeter Stärke und von vierzig Zentimetern Länge zu entwickeln. Wie ich vermutet habe, kann den Bohnen nicht der gleiche biologische »Instinkt« zugesprochen werden. Von sechs Bohnen versuchte eine einzige, den Weg zur Oberfläche anzutreten, und auch sie gab einige Zentimeter vor dem Ziel auf, während andere, sichtlich verwirrt, vom Keim aus Triebe in verschiedenen Richtungen entwickelten. Wie kommt es zu den verschiedenen Verhaltensweisen so nahe verwandter Pflanzen?

25. September 1951
Wochenlang durch erschöpfende Gartenarbeit abends so müde, daß ich kaum noch Lust habe zu schreiben. Die Gartenarbeit wird allmählich, wie Heß mißbilligend bemerkt, zu einer Obsession. Zuerst habe ich sie als Befreiung empfunden. Aber jetzt habe ich manchmal Angst vor der trivialisierenden Wirkung solcher mechanischen Tätigkeit. Bei der ausdauernden Gartenarbeit werde ich womöglich auch intellektuell und seelisch zum Gärtner. Das Überleben in der Haft ist ein Balanceproblem.

Das sechste Jahr

23. November 1951
Zwei Monate Schreibpause, davon vier Wochen »Urlaub«. Unterdessen haben die Westmächte den Kriegszustand mit Deutschland für beendet erklärt. Bald wird es wieder deutsche Soldaten geben.

25. November 1951
Heute habe ich in meinem offiziellen Gefängnisbrief meine zwei Töchter gebeten, mir zu Weihnachten ein Paar Pulswärmer und einen Kopfschützer zu stricken. Der Kopfschützer soll ein fünfunddreißig Zentimeter langer Schlauch von sechzig Zentimetern Umfang und an beiden Seiten offen sein. Ich habe etwas Ähnliches auf meinen Skitouren getragen.

4. Dezember 1951
Weil ich einen Befehl des französischen Direktors zur Arbeit nicht befolgt habe, wurde mir ein Familienbrief entzogen. Niemand außer Major Brésard nimmt diese Bestrafung ernst. Ich ärgere mich nur, weil es mir schwerfällt, so zu tun, als ob ich durch nichts berührt werden könne. Das kostet zuviel Nervenkraft.

5. Dezember 1951
Einen Artikel in der *Revue* konnte ich in der Eile nur teilweise lesen. Er war zudem zweieinhalb Monate alt. Denn selbst die Wärter hielten diese Veröffentlichung vor uns geheim, was uns allerdings auch vor lästigen Fragen bewahrte. Über unser Spandauer Leben wird darin auf oft entstellende Weise berichtet. Mit Neurath bin ich mir einig, daß polemische Artikel dieser

Art die Neigung der Westmächte verringern müssen, sich für unsere vorzeitige Entlassung einzusetzen. Die Gruppe Schirach, Funk und Dönitz dagegen scheint sehr befriedigt. Aus kleinen Anzeichen schließe ich, daß das Material zu jenem Artikel von Funk stammt. Wahrscheinlich steht auch ihm ein Kanal nach draußen zur Verfügung, wie überhaupt zu vermuten ist, daß jeder der Gefangenen unterdes über eine illegale Nachrichtenverbindung verfügt.

6. Dezember 1951
Gestern abend las ich im Bett eine Nummer der *Revue*; die Serie hat den Titel »Hinter den Mauern von Spandau«. Der Verfasser ist Jürgen Thorwald, er will erfahren haben, daß ich noch nicht zerbrochen sei, und fährt fort: »Er glaubt noch an sich und an irgendeine Aufgabe, die die Zukunft verborgen hält. Er will sich noch nicht um die Erkenntnis bringen, daß sein Leben und seine unbestrittenen Fähigkeiten erledigt seien. Als einziger unter den Gefangenen kämpft er mit allen Mitteln seines beweglichen Geistes, seiner Selbstbeherrschung und seines Einfallsreichtums darum, die Mauern der Unkenntnis, die ihn umgeben, zu durchbrechen. So wie er eisern und unerschütterlich der Erhaltung seiner Gesundheit dient, so wie er im Garten läuft, angespannt in seinem Steingarten arbeitet und als einziger seinen Körper während der Gartenarbeit bei jeder Gelegenheit Luft und Sonne aussetzt, so kämpft er darum, die Fühlung mit der Wirklichkeit nicht zu verlieren. Wenn er zum weltfremden Spinner werde, habe er keine Chance mehr.« Ich las diese Sätze mit gemischten Gefühlen.
Tatsächlich zieht der neue Amerikaner aus dem Artikel den Schluß, daß ich der gefährlichste Häftling sei: »Wenn wir Sie entlassen, wird man Sie gleich wieder holen für die Aufrüstung Deutschlands. Die Generäle sind auch schon wieder alle da.« Das sagt er aber nicht bösartig, sondern interessiert und im Grunde respektvoll. Es schmeichelt noch seiner Eitelkeit, einen so wichtigen Gefangenen zu bewachen.

9. Dezember 1951
Heute morgen goß ich aus einer Kanne warmes Wasser in das

Waschbecken und sah geistesabwesend zu, wie es im Abfluß verschwand. Solche Fehlreaktionen häufen sich seit einiger Zeit. Gefühl von Beunruhigung.

10. Dezember 1951

Wie ich soeben bei Gaxotte las, hat während der Französischen Revolution der Kriegsminister Carnot in kurzer Zeit Rüstung und Ausbildung der französischen Armee so erfolgreich organisiert, daß die junge Republik 1792 bei Valmy die überlegene preußisch-österreichische Koalition überwältigen konnte. Auch Lazare Carnot war wie ich ein »Diplom-Ingenieur«, er gehörte also zur Zunft der Techniker, und er hat ebenfalls vorwiegend Techniker eingesetzt. Er verlangte und erhielt die Zusage der Revolutionspolitiker, daß seine Mitarbeiter vor Zugriffen revolutionärer Eiferer geschützt würden. Erstaunliche Parallele.

11. Dezember 1951

Dönitz hofft, in Kürze frei zu sein. Die Aufstellung einer deutschen Armee sei unmöglich, solange unsere neuen Alliierten in Spandau hohe Offiziere festhielten. Er erörtert mit uns bereits, was er seinem Anwalt über die hiesigen Verhältnisse berichten solle. Funk dagegen glaubt an astrologische Nachrichten, die ein Ende unserer Gefangenschaft für das kommende Jahr prophezeien. Aber selbst westliche Direktoren und Wärter geben Spandau höchstens noch zwei bis drei Jahre; bis dahin sei die westliche Aufrüstung abgeschlossen, dann könne auch dieses heikle Thema angepackt werden. Das ist auch meine Meinung. Zwar ist mir jeder Tag zu viel, aber ich muß mich hüten, jetzt die Nerven zu verlieren.

Der sowjetische Direktor, ein Major, soll dagegen, wie ich gestern hörte, gesagt haben: »Hier kommt keiner raus, bevor er nicht seinen letzten Tag abgesessen hat oder gestorben ist!«

15. Dezember 1951

Vielleicht hing es mit der Auskunft des russischen Direktors zusammen, daß ich einen unerfreulichen Traum hatte: Ich finde mich im zehnten Stock eines Hotels. Herrlicher Ausblick auf die See. Unter mir ein leerer Badestrand. Das smaragdgrüne Meer hebt sich von einem intensiv gelben Sand ab. Hoher Seegang.

Da beginnt mein Zimmer zu schaukeln. Der Meereshorizont steht für einen Augenblick schief. Wieder ein heftiges Schwanken, ich kann aber nicht ausmachen, ob sich der Horizont oder die Lage des Zimmers verschoben hat. Nach weiteren starken Erdstößen neigt sich nun aber das Gebäude ganz offenkundig mehr und mehr zur Seite. Der Boden wird so schräg, daß ich abzurutschen beginne. Ein Donnerschlag, dann ist alles dunkel. Das Haus bricht zusammen, ich gleite immer schneller eine steile Bahn hinunter und schlage zuletzt auf einen Trümmerhaufen aus Staub und Schutt; Wandteile und Balken poltern mit in die Tiefe.

Am Morgen dann frage ich Pease: »Hat es heute nacht einen Zwischenfall gegeben?« Er sieht mich überrascht an. »Ja, natürlich. Roques ist im Schlaf vom Stuhl gerutscht und auf dem Boden gelandet. Sind Sie aufgewacht?«

25. Dezember 1951

Am Weihnachtstag schmuggeln Wagg und Roulet Whisky und Chianti ein, leider morgens um sechs. Wir müssen auf nüchternen Magen trinken, dürfen aber nicht durch Heiterkeit auffallen. Schwierig wird es, als etwas später der britische Gefängnisdirektor, Colonel Le Cornu, uns einen Besuch macht. Aus Sorge, nach Alkohol zu riechen, beantworten wir alle seine Fragen mit gesenktem Kopf. Er schließt daraus auf besondere Rührung und ist nun seinerseits ganz bewegt. Nur zögernd bringt er seine Wünsche an.

1. Januar 1952

Am Nachmittag Neujahrsspaziergang. Immer das gleiche: Dönitz geht mit Neurath, Schirach mit Raeder und Funk. Für mich bleibt Heß. Ich bin deprimiert, und vielleicht ist es falsch, jetzt eine Art Zwischenbilanz zu ziehen. Aber die Versuchung dazu ist an solchen Tagen groß. Der Gedanke, daß nun das achte Kalenderjahr begonnen hat, ist nur bei totaler Abstumpfung gefaßt zu ertragen. Wenn ich mir ausmale, was ich in den zurückliegenden Jahren, einem Jahrzehnt fast, dieses kurzen Lebens angefangen habe, so galt alle meine Anstrengung, all mein Interesse weniger der Gegenwart als vielmehr der Vergangenheit und der Zukunft: es war immer Auseinandersetzung mit dem einen, Vorbereitung auf das andere. Aber worauf eigentlich Vorbereitung? Ob ich Sprachen lernte, Bücher las, Fachzeitschriften studierte, mich körperlich trainierte – immer habe ich mir eingeredet, daß ich durchstehen müsse, mich nicht fallenlassen dürfe, daß es gelte, physisch und psychisch ungebrochen ins eigentliche Leben zurückzukehren. Aber ist dies hier nicht mein eigentliches Leben? Alles spricht doch dafür, daß ich die noch ausstehenden fünfzehn Jahre in Spandau bleiben werde. Was mache ich mir da eigentlich vor?! Als alter Mann werde ich diese Haft verlassen. Was heißt da neuer Anfang! Und dann: die Kinder werden aus dem Hause sein und die Familie, in der ich in meiner Phantasie lebe, längst in alle Winde zerstreut. In Gedanken mache ich Bergtouren, Flußfahrten, strapaziöse Reisen. Aber wenn ich rauskomme, werde ich Gicht haben, und ein Spaziergang wird mir rasch zuviel sein. Ein alter Mann aus einer versunkenen Zeit wird wieder auftauchen, eine Verlegenheit für die Nachbarn und Freunde. Alles andere ist Betrug. In der Auseinandersetzung mit der Vergangenheit versuche ich, das unterscheidet mich gerade von den anderen hier, alle Illusionen zu vermeiden. Aber die ganze Basis meiner Existenz hier ist Selbstbetrug. Ich tue, als hätte ich noch ein Leben vor mir, und das hier sei nur ein Zwischenspiel. Aber diese Zelle hier, dieser armselige Steingarten, meine Bohnenexperimente und Wärterspäße sind alles, was mir noch bleibt. Jenseits davon erwartet mich nur noch eine Art Epilog.

3. Januar 1952

Noch ganz in den Gedanken vom Neujahrstag. In allen Einzelheiten mache ich mir klar, was das bedeutet. Strenggenommen endete im Mai 1945 mein Leben. In Nürnberg sprach ich meinen Nachruf. Das ist es.

12. Januar 1952

Albert und Hilde waren auf ihrem ersten Ball. Sie haben bis vier Uhr morgens gebummelt. Ihr Brief strömt über von Glück und Erwartungsgefühlen. Sie haben das Leben wirklich noch vor sich.

8. Februar 1952
Da ich kein Papier habe, schreibe ich auf einem Blatt des Kalenders, der in der Zelle hängt. Die Direktoren versorgen uns auf diese Weise unwissentlich mit Schreibpapier, während sonst jedes uns ausgelieferte Stück Papier peinlich registriert wird.
Funk erzählte nach dem Waschen von einer Prophezeiung, der zufolge noch in diesem Jahr ein großer Staatsmann sterben werde, den die westliche Welt betrauern, und ein weiterer, dessen Tod sie freudig begrüßen werde. »Vor zwei Tagen«, so schloß er, »ist der Tod des englischen Königs betrauert worden.« Heß sagte darauf ernsthaft und düster: »Dann werde ich bald sterben.«

20. Februar 1952
Auf die Nachricht, daß Bonn dem deutschen Truppenbeitrag zur Verteidigung zugestimmt habe, erklärte Funk heute triumphierend, nun sei nach sieben Jahren genau eingetroffen, was der Führer in den letzten Monaten des Krieges prophetisch vorausgesehen habe: daß das »widernatürliche Bündnis« zwischen West und Ost zerbrechen und eines Tages die Deutschen an der Seite der Amerikaner und Engländer gegen die Russen kämpfen würden. Als ich ihn darauf aufmerksam machte, daß die Voraussage nur zu einem Teil eintrete, da die andere Hälfte Deutschlands doch vermutlich mit den Russen gegen die Westmächte kämpfen werde, war er verdutzt, sah mich ungehalten an und ging wortlos ab.

22. Februar 1952
Als wolle der sowjetische Direktor deutlich machen, daß er kein Alliiertenverhältnis im Gefängnis wünsche, erscheint er seit kurzem wieder öfter unvermutet im Garten, verbietet das Reden und fordert, daß wir beim Spaziergang einzeln gehen. Außerdem verlangt er, daß das Licht in den Zellen erst um zweiundzwanzig Uhr gelöscht wird, selbst wenn ein Gefangener früher schlafen möchte. Gestern hat es eine heftige Auseinandersetzung darüber in Gegenwart der Gefangenen gegeben. Die Westmächte, die Funk seit neuestem ironisch unsere »Ver-

bündeten« nennt, sind mit großer Entschiedenheit aufgetreten. Einzig die Engländer taktierten vorsichtiger.
Der russische Chefwärter Kowpak hat Antrag auf Bestrafung gestellt, weil Dönitz mit Neurath gesprochen hat.

25. Februar 1952

Hilde ist durch eine Kommission des American Field Service unter neunhundert Bewerbern ausgesucht worden, für ein Jahr als Gastschülerin nach Amerika zu fahren, wo sie in einer Familie leben wird. Ob ich sie als erstes der Kinder für einen Viertelstunden-Besuch kommen lasse? Schirach sieht alle zwei Monate einen seiner Söhne, aber nach jedem Besuch gehen sie weinend fort. Ich verzichte.

9. März 1952

Mit welchen Gefühlen wird Hilde nach Amerika gehen? Wie werden die Menschen ihr entgegentreten? Werden sie es ihr deutlich machen, daß sie die Tochter eines verurteilten Kriegsverbrechers ist? Natürlich wird sie mich in ihrer kindlichen Treue verteidigen. Aber wie denkt sie wirklich über mich? Was bin ich überhaupt für meine Kinder? In den geheimsten Gedanken, die sie sich vielleicht selbst nie eingestehen.

Und was wird sie schwerer ankommen: daß ich Hitlers Architekt war, der ihm nicht nur seine Paläste und Ruhmeshallen entwarf, sondern mit den Reichsparteitagsdekorationen auch die Kulisse für seine Massenhypnosen schuf – oder daß ich sein Rüstungsminister war, Dirigent einer Kriegsmaschinerie und Arbeitgeber einer Sklavenarmee. Die Architektur, die ich dem Regime entwarf, bedrückt mich am wenigsten, manchmal kommt es mir sogar vor, als sei sie immer noch besser als das Trocadero in Paris oder die Lomonossow-Universität in Moskau. Mir selber macht am stärksten die Teilhabe am Unrecht im ganzen zu schaffen. Das habe ich nicht nur öffentlich, sondern auch in den Briefen an die Familie gesagt, und ich bin eigentlich sicher, daß dies den Kindern ähnlich geht. Daß ihr Vater zum innersten Kreis der Gewalthaber gehörte, ist auf lange Zeit ihr Lebensproblem.

Ich sollte Hilde vielleicht ein paar Sätze dazu schreiben, damit sie für Amerika gewappnet ist. So kann ich ihr wenigstens aus meiner Lage helfen. Bin ganz erleichtert.

10. März 1952

Notiz an Hilde entworfen. Beim Schreiben gemerkt, daß alles etwas komplizierter ist, als ich dachte. Wie helfe ich ihr am besten?

12. März 1952

Gestern habe ich alles zerrissen. Es wird keinen Brief an Hilde geben. Denn je tiefer ich mich, auf Zetteln über Zetteln, in das Problem verbohrte, desto deutlicher wurde mir, daß ich für die Kinder vermutlich weniger ein Gegenstand von Schuldkomplexen als von Schamgefühlen bin. Denn die Verwicklung in das große Unrecht ist für sie wahrscheinlich Historie geworden. Es muß doch für sie viel belastender sein, daß ich Hitlers Günstling und Vertrauter war, der zusammen mit Adjutanten und Sekretärinnen seine banalen Abende teilte, seine platten Späße belachte und seinen öden geschichtsphilosophischen Theorien lauschte. Und darüber, weiß Gott, kann ich keinen Brief schreiben. Nicht einmal mir selber.

14. März 1952

Meine Neigung, mich zu verkleinern, mich anzuklagen, führt mitunter wohl doch zu weit. Schließlich erlag nicht nur ich Hitlers Behandlungsmagie, sondern Politiker bedeutenden Ranges, Leute wie Hindenburg, Simon, Lloyd George, Mussolini und viele andere. Er spielte eben nicht nur auf dem Instrument der Masse, sondern war auch ein meisterlicher Psychologe gegenüber einzelnen. Er kannte die geheimsten Hoffnungen und Befürchtungen eines jeden Gegenübers. Er war vielleicht wirklich kein so großartiger Staatsmann, wie uns das damals schien, und sicherlich, wie die zweite Phase des Krieges bewiesen hat, kein großer Feldherr. Aber ein Psychologe, wie ich keinen je wieder traf, ist und bleibt er doch. Ich könnte mir denken, daß die Geschichtsschreibung ihn einmal nur insoweit groß nennen wird.

Selbst als Kriegsherr dachte er eher an die psychologische als an die militärische Leistung einer Waffe. Das zeigte sich schon,

als er die Sirene für die Stukas erfand und die demoralisierende Wirkung des Geheuls höher einschätzte als die Sprengkraft der Bomben; es nahm verwunderliche und militärisch nachteilige Formen an, als er die Einführung der produktionsreifen Maschinenpistolen Monat um Monat hinauszögerte, weil der Karabiner den Soldaten zum gezielten Einzelfeuer sowie zum Bajonettkampf zwinge und ihm auf diese Weise soldatische Tugenden abverlange. Grotesk aber wurde diese Psychologisierung aller Kriegstechnik, als er Rommel und mich beschwor, nach Art der Rasensprenger selbstdrehende Flammenwerfer zu entwickeln. Sie seien das wichtigste Mittel für die Verhinderung einer Invasion. Nichts sei nach seinen Erfahrungen im ersten Weltkrieg für den Soldaten niederschmetternder gewesen als ein auf ihn gerichteter Feuerstrahl. Die Aussicht auf einen Verbrennungstod verbreite Panik, während ein Ende durch die Kugel stets unerwartet käme und ehrenvoll sei.
Über zwanzigtausend Flammenwerfer standen denn auch im Frühsommer 1944 zur Verfügung. Ein Teil davon sollte in den Minenfeldern der Atlantikküste automatisch ausgelöst werden, Ölbehälter sollten zudem ferngezündet werden und das Landungsgebiet in ein riesiges Flammenmeer verwandeln. Die Einwände der militärischen Experten kümmerten ihn nicht, wenn er einmal von der verheerenden psychologischen Wirkung zu schwärmen begann.

27. März 1952
Wie mir heute Pease erzählte, steht auf der Potsdamer Chaussee in Wannsee, mitten im amerikanischen Sektor, als Monument des Sieges über Berlin ein sowjetischer T 34. Ähnliche Denkmäler gebe es überall in Europa. Es ist im Grunde eine Hitlersche Idee, die mir allerdings immer fremd war. Im Sommer 1941, drei Tage vor dem Angriff auf die Sowjetunion, gingen Hitler, sein Leibarzt Karl Brandt und ich auf den breiten Kieswegen des kleinen Parks der Reichskanzlei spazieren. Zur Linken lag hinter Bäumen die lange hellgelbe Gartenfassade der Reichskanzlei mit den grauen Muschelkalkumrahmungen der großen Fensteröffnungen. Zu Seiten der zweihun-

dert Meter langen Promenade stand die von mir aufgestellte übergroße Plastik von Louis Tuaillon, die einen Stierbändiger darstellt, dann war da ein Akt von Fritz Klimsch, während vor dem Wohnflügel Hitlers, unserem Wendepunkt, eine griechische Bronze placiert war, Poseidon, den Welterschütterer, darstellend, wie er zornig seinen Dreizack ins Meer schleudert; sie war einige Jahre zuvor bei Kap Sunion aus der See gefischt worden. Aber wir passierten auch jedesmal einige Modellpanzer des Typs IV, die Hitler an seine große Berliner Siegesstraße denken ließen. Denn rechts und links der Prachtallee sollten kilometerweit, in der Art der Widderallee von Karnak, Beutewaffen auf marmornen Sockeln aufgestellt werden. Meine immer vorhandene, mehr instinktive Abneigung gegen diese Idee wurde durch das anschauliche Nebeneinander klassischer Skulpturen und technischen Geräts erneut bestätigt und bestärkt. In Form eines Fragesatzes unterbreitete ich Hitler meine Zweifel. Aber er schien gar nicht hinzuhören, sondern schüttete einen wahren Redeschwall aus, der von der imponierenden, geradezu erschlagenden Wirkung handelte, die von der Zurschaustellung militärischer Triumphe ausgehen müsse. Daß seine – und meine – Architektur mit überlieferten Stilelementen arbeitete, mit Säulen, Arkaden, Gesimsen, Pilastern, die sich schlecht mit den Radketten von Panzerfahrzeugen, Kanonenrohren und Lafetten vertrugen, schien ihn wenig zu stören. Weil er nur Effekte im Auge hatte, dachte er ganz und gar eklektizistisch und stellte unbefangen Kuppeln neben Motoren und Bogengänge neben Granatwerfer. Ich habe mir hier noch einmal die Frage vorgelegt, worin der Grund für meine Aversion zu suchen sei, weshalb die Widder und die Sphinxen in Ägypten oder selbst eine so späte Skulpturenreihe wie das Löwentor von Hoetger nahe meiner Vaterstadt mir ästhetisch zulässig, ja sogar ausdrucksvoll scheinen. Die Antwort ist wohl, daß das Industrieprodukt nicht denkmalsfähig ist. Um wirklichen Eindruck und nicht nur den von Hitler (oder den Russen) gesuchten äußeren Effekt zu machen, bedarf ein Monument der mythischen Qualität. Die Technik ist immer gegen den Mythos;

so wie man zwar den Federkiel Goethes, nicht aber die Schreibmaschine Zuckmayers oder Hemingways in einem Museum ausstellen kann. Das Schwert des Achill ist kein Karabiner und der Speer Hagens kein Flammenwerfer. Hitlers Siegesallee wäre eine Peinlichkeit geworden.

1. April 1952

Gestern hat Neurath einen schweren Herzanfall gehabt. Auf dem Gang herrschte aufgeregtes Kommen und Gehen, dazwischen unterdrückte Rufe. Heute hörten wir, er sei dem Tode nahe gewesen. Inzwischen scheint eine leichte Besserung eingetreten zu sein. Jedenfalls bleibt alles verhältnismäßig ruhig. In letzter Zeit meinte ich, ihm etwas näher gekommen zu sein, obwohl er immer aristokratisch und distanziert blieb. Aber er ist der einzige Mithäftling, dessen Fehlen ein Verlust für mich wäre.

2. April 1952

Der amerikanische Direktor hat mitgeteilt, daß er uns zum Korbflechten heranziehen will. Das ist in unseren Augen diskriminierend und mit dem Urteil von Nürnberg nicht zu vereinbaren. Wir sind nicht zu Zuchthaus oder Zwangsarbeit verurteilt.

Nach gemeinsamer Beratung sind wir uns alle darin einig, daß wir hartbleiben müssen. Ich erhalte den Auftrag, meinem Coburger Freund zu schreiben, er solle den Anwalt von Dönitz fragen, ob eine Weigerung Bestrafung rechtfertigen würde oder gar die Aussicht auf eine Amnestie beeinträchtigen könnte.

8. April 1952

Kranzbühlers Antwort traf heute ein: Wir sollten zwar keine Zwischenfälle provozieren, aber Strafen seien für eine eventuelle Amnestie bedeutungslos. Der Anwalt scheint sich über unsere Lage Illusionen zu machen, wenn er uns gleichzeitig mitteilt, es sei wesentlich, daß die Westdirektoren uns als Herren ansehen!

11. April 1952

Als wir heute vormittag aufgefordert wurden, in die Halle zu kommen, um das Korbflechten zu lernen, erklärten wir übereinstimmend, daß uns diese Arbeit ausdrücklich befohlen werden müsse. Aber unter den anwesenden Wärtern fand sich niemand, der das Machtwort sprechen wollte. Darauf zogen wir uns wortlos in unsere Zellen zurück und ließen den mürrischen John Hawker mit seinen Weidenruten allein. Hawker war während der letzten Woche ausgerechnet im Irrenhaus Wittenau in die Kunst des Korbflechtens eingewiesen worden. Einige Stunden später teilte uns der amerikanische Direktor mit, daß wir keine Körbe flechten müßten. Der russische Direktor dagegen, der die ganze Idee ursprünglich abgelehnt hatte, änderte angesichts unseres Widerstands seine Meinung: jetzt setzte er alles daran, uns Körbe flechten zu lassen.

15. April 1952

Ratlos. Immer wieder neue Probleme. In allen bisherigen Auseinandersetzungen über mein Verhalten in der Vergangenheit, Auseinandersetzungen nach innen wie nach außen, mußte ich mir zwar eingestehen, daß ich Recht und Unrecht oft verkannt, aber doch nie illoyal gehandelt hatte. Die Loyalität war gleichsam der letzte sichere Grund, auf den sich meine Selbstachtung zurückziehen konnte. Heute wird mir der Brief einer Engländerin, einer Mrs. Anne Fremantle, an meinen Coburger Freund zugesteckt. Was sie schreibt, schmeichelt auf den ersten Blick meiner Eitelkeit: sie und ihre Freundinnen, die Witwen der nach dem 20. Juli hingerichteten Verschwörer Freytag von Loringhoven und Adam Trott zu Solz, hielten mich für den einzigen Nürnberger Verurteilten, dem sie Respekt und sogar eine gewisse Sympathie entgegenbrächten. Sie, Mrs. Fremantle, trage sich mit dem Gedanken, einen Vorstoß für mich zu unternehmen, und habe ihr Vorhaben unlängst ihren Freunden Bertrand Russell und Jacques Maritain erzählt. Aber beide hätten ihr gesagt, sie zweifelten nicht daran, daß ich der Typus des loyalen Menschen sei, aber Loyalität sei eine mindere Tugend, ja, genau betrachtet, sogar eine schlechte Sache; denn Loyalität setze immer eine gewisse ethische Blindheit auf seiten des Loyalen voraus; wisse einer wirklich, was gut und böse sei, habe die Loyalität keine Chance.

Stundenlang aufgewühlt. Ich kann gar nicht mehr denken. Gegen diese Art Logik komme ich nicht an. Sie zieht mir den Boden unter den Füßen weg. Ein gewisser Trost ist mir allerdings, daß ich nicht nur Hitler, sondern auch den Verschwörern gegenüber loyal war. Ich sehe mich noch mit Stauffenberg nach einer Besprechung auf dem Berghof, an der außer uns beiden nur noch Hitler, Himmler, Göring, Keitel und Fromm teilgenommen hatten, am Fuß der großen Freitreppe stehen – vierzehn Tage vor dem Attentat. Stauffenberg trug seine schwere Aktenmappe, in der auch damals vermutlich schon die Bomben waren, und mir fiel am Tag nach dem 20. Juli, als die Umstände des Anschlags bekannt wurden, ein, daß er diese Tasche während der ganzen Zeit der Besprechung an meinem Sessel abgestellt hatte. Jetzt, nach der ermüdenden Sitzung, in der Hitlers Monologe durch Göring, Himmler und Keitel nur benickt worden waren, meinte Stauffenberg, es seien alles Opportunisten und Psychopathen hier. Keiner wage, den Mund aufzumachen: »Mit Ihnen unterhalte ich mich noch ganz gern, aber mit diesen anderen Idioten hat es gar keinen Zweck mehr.« Er sagte wirklich »Idioten«, und einen Augenblick lang war ich entsetzt. Denn wir übten alle gelegentlich Kritik, hatten manches auszusetzen, aber solche Worte versagten wir uns. Ich blieb Stauffenberg denn auch eine Antwort schuldig, eben die Reste meiner Loyalität zu Hitler hinderten mich daran. Aber ich habe ihn immerhin nicht verraten, desgleichen Stieff nicht, auch nicht Fromm und die vielen anderen, die sich mir in ihrer Kritik über die Unzulänglichkeiten der Führung anvertraut hatten.

17. April 1952

Immer noch: Loyalität. So einfach, wie ich vorgestern meinte, ist es nicht. Jetzt, wo ich mich damit beschäftige, will es mir plötzlich scheinen, als hätte ich keine Vokabel im Dritten Reich so häufig gehört wie diese. Alle haben sie immer im Munde geführt, nicht nur die Keitels und Kesselrings, sondern auch die Blombergs, Mansteins und Kluges haben alle ihre Zweifel damit totgeschlagen, von den Gauleitern, sofern sie überhaupt urteilsfähig waren, ganz zu schweigen. Selbst Göring, heruntergekommen und süchtig, wie er am Ende war, sagte mir in einem langen Gespräch in Karinhall, daß ich es leichter hätte als er, mich von Hitler zu lösen; er müsse loyal sein.

Aber jetzt frage ich mich doch, ob Loyalität nicht nur der Fetzen war, mit dem wir unsere moralische Blöße bedeckten: unsere Entschlußlosigkeit, Verantwortungsscheu, Feigheit, all das, was wir hochtrabend als unsere Pflicht ausgaben. Jetzt plötzlich kann ich das Wort nicht mehr hören. Die Loyalität nach allen Seiten hin, die ich übte, zu Hitler wie zu Stauffenberg, zu den Zwangsarbeitern, die ich gut behandelte, und zu Sauckel, der sie mir zutrieb – was war das anderes als eine Form der Lauheit. Viel zu spät beginne ich zu begreifen, daß es nur eine Loyalität gibt: die der Moral gegenüber.

18. April 1952
Ich hatte ursprünglich vor, Mrs. Fremantle zu antworten. Ich nehme davon Abstand.

19. April 1952
Oft werden Anfälle von Heß durch Kleinigkeiten, die ihm zuwider sind, ausgelöst. Die Aufforderung, in den Garten oder zum Baden zu gehen, die Zelle zu säubern sowie überhaupt alles, was nach körperlicher Betätigung aussieht. Auch die Drohung der Korbflechterei hatte ihn zu erhöhter Aktivität gebracht. Obwohl sie vorbei ist, stöhnt und jammert Heß weiter stundenlang. Auch nachts. Durch die leere Halle klingt es schrecklich. Niemand weiß, ob er tatsächlich Schmerzen hat. Selbst jene Ärzte, die ihm glauben, bestreiten eine organische Ursache, denn die Röntgenaufnahmen haben wieder nichts ergeben.

20. April 1952
Jeder von uns hat Phasen von schlechter Stimmung und von Haftpsychose. Zur Zeit scheint Schirach tief darin untergetaucht zu sein. Mit mir hat er offen gebrochen; er erwidert nicht einmal mehr meinen Gruß. Warum, weiß ich nicht. Dafür hat sich in der letzten Zeit mein Verhältnis zu Dönitz gebessert.

Die Wäsche ist fertig, es regnet. Heute übrigens Hitlers Geburtstag.

22. April 1952
Im Garten geht der wiedergenesene Neurath zum Eingang eines Kaninchenbaus. Das Treiben von Wildkaninchen zu beobachten, ist das letzte, was dem begeisterten Jäger geblieben ist. Vor ein paar Wochen hat ihm seine Familie seine alte Jagdweste geschickt, ein melancholischer Trost. »Wie oft habe ich sie auf meiner Jagdhütte in Balderschwang getragen«, meint er und erzählt anschaulich über Landschaft, Wälder und Wild. Über seine Tätigkeit als Außenminister und über seine Auseinandersetzungen mit Hitler dagegen schweigt er sich aus; unseren gelegentlichen Berichten hört er ausdruckslos zu. Mitunter scheint mir, sein Verhalten zeuge ebenso sehr von Nachsicht wie von Interesselosigkeit. Er mag sich seine Gedanken machen. Heute erzählte Neurath, wie er als junger Kammerherr die spätere Königin von England, Queen Mary, bei einem Schloßbrand in Stuttgart gerettet habe und wie er ihr später als Botschafter in London regelmäßig Äpfel von einem bestimmten Obstgarten bei Kirchheim/Teck besorgte: sie hatte sie in ihrer Jugend gern gegessen.
23. April 1952
Neuraths Schweigsamkeit hat auch etwas Ärgerliches; es steckt ein Stück Arroganz darin. Woher nimmt er das Recht dazu? Schließlich sind wir alle in nahezu gleichem Maße durch die Vergangenheit belastet, und jedem von uns wäre es leichter, dem Gewesenen auszuweichen. Auch ich könnte es mir bequem machen.
Abends. Beim Spaziergang heute im Garten deutete ich das Neurath gegenüber vorsichtig an. Fast abrupt blieb der alte Mann stehen und wandte sich dann langsam zu mir. Ganz emotionslos, nicht unfreundlich, sagte er. »Ach, für Sie alle sind ja nur Hitler und das Dritte Reich untergegangen!« Er sagte das zugleich müde und abschließend, so daß ich keinen Mut hatte zu fragen, wie er das meine. Er nickte mir fast gütig zu und setzte seine Runde fort. Ich blieb zurück.
Natürlich stimmt nicht, was Neurath sagte. Es ist sogar ungerecht. Denn von uns allen hier bin ich schließlich der einzige,

der, wenn auch sehr spät, einen Unterschied zwischen Deutschland und dem Dritten Reich gemacht und daraus sogar Konsequenzen gezogen hat. In Nürnberg ist ja schon in aller Breite dargelegt worden, wie ich den Zerstörungsbefehlen Hitlers entgegengetreten bin. Weiß er denn nicht mehr, daß ich ab November 1944 auch Bormann gegenüber auf dieser Unterscheidung beharrt habe? Zu Göring fuhr ich sogar eigens nach Karinhall, um dem Beauftragten für den Vierjahresplan offiziell mitzuteilen, daß ich den Befehl Hitlers, die Rüstung in Zukunft über die Versorgung der Bevölkerung zu stellen, nicht mehr befolgen würde. Göring saß in einem Phantasiewams mir gegenüber und entgegnete fast väterlich: »Mein lieber Speer, ich verstehe Sie schon, aber wo kämen wir hin, wenn das einreißt, daß Befehle nicht mehr durchgeführt werden. Das greift um sich, und bald stehen auch Sie ohne Autorität da.« Meinen Einwand, daß man jetzt an das Überleben des Volkes denken müsse, schob Göring mit einem entwaffnenden Argument beiseite: »Aber Sie können doch nicht Ihr Gehalt als Minister einstecken und die Befehle des Führers mißachten. Werden Sie doch krank! Oder gehen Sie ins Ausland, ich würde sogar über Bernard für Sie Geld nach Spanien transferieren lassen.« Ich bin ein bißchen abgekommen. Morgen weiter.

24. April 1952

Nachts nachgedacht. Vielleicht hat Neurath nicht ganz unrecht. Jedenfalls fiel mir auf, daß hier in Spandau jeder für sich oder gegen den anderen mit den eigenen Zuständigkeiten und Verantwortlichkeiten beschäftigt ist. Wir sprechen von Fehlern, die wir gemacht, von Verlusten, die wir erlitten haben. Wir denken an Freunde, an die Familie, und wenn es allgemein wird, grübeln Funk und Schirach, ob sich nicht die Alliierten, wie Hitler voraussagte, entzweien werden. Aber das Wort, das wir immer so groß im Munde geführt haben, nämlich »Deutschland«, fällt überhaupt nie. Vielleicht liegt das daran, daß bis auf Neurath keiner von uns ein wirklicher Konservativer ist. Wir sind in den verschiedensten Schattierungen Technokraten, Militärs, Jugendbewegte, Karrieristen. Nur für Neurath bedeuten Worte wie »Deutschland«, »Nation« oder »Reich« und die Aura, die sie besitzen, wirklich etwas konkret Erlebtes. Die melancholische Verschlossenheit, mit der er unseren Diskussionen beiwohnt, auch das, was ich als Arroganz empfand, stammt vielleicht aus dem Bewußtsein, daß Deutschland nicht einen Krieg verloren hat, sondern sowohl in der Wirklichkeit wie als Idee eine mehr als tausend Jahre alte Geschichte verspielt hat. Irgendwann, es war wohl in den ersten Wochen des Krieges, hörte ich Hitler einmal, ich weiß nicht mehr in welchem Zusammenhang, hypothetisch vom »Finis Germaniae« sprechen. Neurath ist der einzige von uns, für den das eingetreten ist. Unsere Streitereien, unsere Beschuldigungen, unser ganzes wortreiches Getue wird ihm subaltern erscheinen. Uns hilft es. Ihm nicht.

28. April 1952

Von der Spandauer Bibliothek sind sechzig Bücher angekommen, unser Lesestoff bis zum nächsten Wechsel in sechs Wochen. Meine Auswahl aus dieser Sendung: eine Biographie über Jean Paul, das dreibändige Werk von Lord Carter über Tut-ench-Amon, ein Roman von Schnitzler, Hölderlins *Hyperion*, seine Briefe und eine Biographie über ihn, Dauthendeys Briefe an seine Frau, die Schilderung einer Nordpolexpedition, das Leben Dschingis-Khans, Bücher über Lucas Cranach, Manet und Friedrich Preller. Zwei Bücher über Mailand und Genua müssen das Reisen ersetzen.

Nun werden wir auch von der Berliner Zentralbibliothek in Wilmersdorf beliefert, deren Bestände nach den uns überlassenen Karteikästen unerschöpflich sind.

1. Mai 1952

Göring forderte mich nach dem neulich erwähnten Gespräch übrigens auf, im angrenzenden Waldpark ein paar Schritte zu gehen. Es war Nacht. Eine Weile gingen wir schweigend nebeneinander her. Dann sagte er unvermittelt: bis zum Ende des Kampfes müsse er zum Führer stehen. Wie um meine Offenheit zu belohnen und sich zugleich festzulegen, setzte er aber hinzu: was danach komme, sei eine andere Sache. Bei den

Amerikanern könne er mit einigen Sympathien rechnen, die letzten Jahre sei er immer in der Presse des Auslandes günstiger behandelt worden als irgendein anderer politischer Führer in Deutschland. Zahlreiche wirtschaftliche Bindungen über die Deterdings und General Motors würden ihm zweifellos helfen. Er habe Zeugen, daß er den Krieg verhindern wollte. In Nürnberg tat es mir dann eigentlich leid, daß ich mit Göring keine Verständigung finden konnte, und als wir uns im Verlauf des Prozesses endgültig zerstritten hatten, dachte ich immer wieder daran zurück, wie er mich nach unserem nächtlichen Spaziergang mit den Worten verabschiedet hatte: »Seien Sie übrigens unbesorgt, Herr Speer. Ein Denunziant bin ich nicht.«

20. Mai 1952

Brief meiner Frau. Meine Mutter ist durch einen Schlaganfall einseitig gelähmt, sie liegt bewegungslos im Bett, hat die Sprache verloren und ist nicht mehr ansprechbar. Ich muß mich auf das Schlimmste vorbereiten.

27. Mai 1952

Depression durch einen Besuch meiner Frau gesteigert. Weitere schlechte Nachrichten von meiner Mutter. Nur wenig und stockend gesprochen. Was bleibt auch zu sagen?!

10. Juni 1952

Der Aufseher Wagg, der sonst nie eine Nachricht übermittelt, zeigte mir schadenfroh eine Pressenotiz, wonach das State Department es abgelehnt hat, Hilde das Einreisevisum zu erteilen.

13. Juni 1952

Vor drei Tagen hat sich Raeder beim französischen Direktor über das nächtliche Stöhnen von Heß beschwert. Es ruiniere seine Nerven. Major Brésard fragte Neurath, Dönitz und mich, ob Heß auch unseren Schlaf störe; aber wir verneinen.
Heute morgen um neun Uhr geht der sonst hilfreiche Major Brésard in die Zelle von Heß und schreit: »Allez, allez, raus!« Heß steht auf, Brésard befiehlt den Wärtern, Decke und Matratze bis zum Abend aus der Zelle zu nehmen. Heß sitzt auf seinem Stuhl und jammert. Um halb zwölf Uhr läßt mich Pease das Bettzeug zurückbringen. Eine halbe Stunde danach gibt mir

Der Garten ist von meterhohem Unkraut bedeckt; seit dem Kriege hat hier niemand gearbeitet. Das Jäten wird nutzlos sein, weil der französische Gefängnisdirektor sich nicht davon abbringen läßt, das Unkraut als Dünger eingraben zu lassen. Das Spandauer Gefängnis liegt im äußersten Westen Berlins a Rande der Wälder und See Das Leben ist gesünder als i Nürnberg, und die sechsstü

lige Arbeit bekommt mir ausgezeichnet.

Wir bekommen einen genauen
Arbeitsplan. Der Montag ist
Waschtag. Dönitz und Schirach
waschen im Zellblock unsere
Strümpfe in einem gußeisernen
Kochtopf, Heß und ich die
Leib- und Bettwäsche im dreißig Meter entfernten Baderaum. Anschließend wird alles
im Garten zum Trocknen aufgehängt.

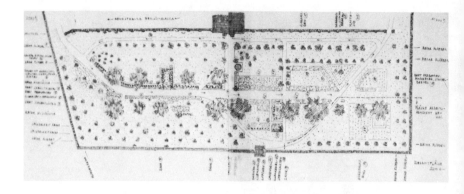

Vor rund zwei Jahren nun habe ich, einer Aufforderung Cuthills nachkommend, systematisch versucht, unseren Garten in eine Parklandschaft umzuwandeln. Unebenheiten habe ich in sanfte, belebende Böschungen verwandelt, Rasen gesät, Forsythien, Lavendelbüsche, Hortensien und Rosenstöcke gesetzt. Dazu pflanzte ich fünfundzwanzig selbstgezogene Fliederbäume. Entlang der Wege habe ich zweieinhalb Meter breite und fünfzig Meter lange Blumenbeete mit Iris angelegt. Heute wurden junge Kiefern, Birken und Linden geliefert. Bei dieser Fülle kann ich beginnen, einen Landschaftsgarten anzulegen.

Bei schönster Sonne und frischer Wannsee-Brise mache ich einen Sonntagsspaziergang von mehreren Stunden. Ich rechne nach, daß ich die letzten Kilometer nach Wien zurückgelegt habe. Vom Kahlenberge aus sehe ich die Stadt vor mir liegen.

Durch ständige Erhöhung meiner Tagesleistung habe ich die Folgen der wochenlangen Bettlägerigkeit im Winter überwunden. Mein Tagesrekord steht bisher bei 24,7 Kilometern, der beste Stundendurchschnitt bei 5,8 Kilometern.

Wie versteinert schaut Dönitz
oft lange Zeit ins Leere.

Nun sind wir täglich viele
Stunden in einem Garten von
fünf- bis sechstausend Quadratmetern; es gibt zahlreiche
alte Nußbäume und hohe
Fliederbüsche.

Wir sieben werden mit fortschreitender Zeit zunehmend schwieriger und eigenwilliger. Die Kontakte unter uns sind auf dem früheren Stand eingefroren, neue Freundschaften haben sich nicht ergeben. Funk und Schirach standen sich von jeher nahe; nun sind sie ein unzertrennliches Paar, das sich streitet und verträgt. Ihre Interessen gelten vorwiegend der Literatur und der Musik. Systematisch berichten sie sich aus ihrer Lektüre, suchen Zitate heraus, tauschen Meinungen aus.

Raeder und Funk lieben es, sich unablässig über ihre wechselseitigen Unpäßlichkeiten zu unterhalten. Nur Heß und ich gelten als Einzelgänger. Schirach, Raeder und Dönitz sind mir gegenüber deutlich kühl, wenn sie auch gelegentlich einige Worte für mich finden: Meine anhaltende und prinzipielle Ablehnung des Dritten Reiches wird von ihnen mißbilligt. Heß dagegen ist so verschroben, daß keiner an ihn herankommt. Aber ich habe ein gewisses Verständnis für seine Verquertheiten und bin nicht ohne Sympathie für ihn; spröde erwidert er sie. Neurath bleibt selbst in dieser Umgebung ein Edelmann alter Schule, immer liebenswürdig, hilfsbereit, anspruchslos. Nie klagt er. Das gibt ihm eine gewisse Würde und Autorität, die er freilich nie in Anspruch nimmt.
Es gibt unter uns den passiven Typus, der sich durch unaufhörliches Reden die Zeit ver-

treibt. Dazu gehören Funk, Schirach und, als schweigsame, eigentümlich skurrile Variante, Heß. Zum aktiven Typus, der ohne Beschäftigung nervös wird, zählen Raeder, Neurath, Dönitz und ich. Die Titel haben wir zwar abgeschafft, Raeder ist nicht mehr der Großadmiral und Neurath nicht mehr der Außenminister. Aber aus Sorge abzugleiten, achten wir auf ein gewisses Maß an bürgerlichen Umgangsformen.

Mitunter stelle ich mir meine Mitgefangenen in den Zeiten Ihres Glanzes vor und vergegenwärtige mir unsere früheren Zusammentreffen. Neuerdings beginnt Funk alle paar Tage ein freundliches Gespräch mit mir. Doch mein Unvermögen zu leichter Konversation steht dem entgegen. Auch stört Funks Neigung, vom Mitleid mit seinem Schicksal übermannt zu werden. Aber selbst diesem Jammern gibt er mitunter eine ironische Wendung, liebt es auch, seiner einstigen Körperfülle nachzutrauern, desgleichen den entschwundenen sybaritischen Lebensfreuden.

Raeder und Dönitz haben ihre Schwierigkeiten miteinander. Der immer noch energische Raeder, der im Frühjahr 1943 als Oberkommandierender der Marine von Dönitz abgelöst wurde, ist nun zweiundsiebzig Jahre alt. Er hält noch heute den fünfzehn Jahre jüngeren Dönitz, der ursprünglich als Chef der U-Boote sein Untergebener gewesen war, für einen allzu ehrgeizigen Offizier. Dönitz wiederum wirft seinem Vorgänger die Politik der Dickschiffe vor; Raeders wegen sei die deutsche Marine nur mit etwa fünfzig U-Booten in den Krieg eingetreten, von denen nur zehn ständig im Atlantik eingesetzt werden konnten.

Dönitz, mit dem mich einst eine Art dienstliche Freundschaft verband, spricht selten mit mir und wenn, dann sind es meist versteckte Bissigkeiten.

Das Verhältnis zu Schirach hat sich in den letzten Monaten entkrampft. In einem Gespräch über Hitlers Leichtgläubigkeit dozierte er: »Hitlers Gutgläubigkeit war eher romantischer Art, wie wir sie auch in der Hitler-Jugend systematisch gepflegt haben. Wir hatten das Ideal der verschworenen Gemeinschaft, wir glaubten an Treue und Aufrichtigkeit.«

Hermann Göring ist die Hauptfigur des Prozesses in Nürnberg gewesen. Erst nahm er mit großer Allüre alle Verantwortung auf sich, um dann mit Schläue und Energie alle Schuld von sich zu weisen; ein Prasser und Parasit, der in der Haft seine Persönlichkeit wiederfand und so wach, intelligent und schlagfertig auftrat, wie seit dem Anfang des Dritten Reiches nicht mehr.

Neurath wirkte inmitten vieler zweideutiger Existenzen, inmitten der zahlreichen Condottieri-Typen, die den Hofstaat Hitlers bevölkerten, wie eine Gestalt aus einer anderen Welt. Seine Welt war die der Monarchie geblieben; stellvertretend büßte er für das gemeinsame Spiel, das die Konservativen mit Hitler getrieben hatten.

Mit einem Anflug von Durchtriebenheit erzählte Heß mir heute beim Spaziergang von seinem Flug nach England. »Habe ich Ihnen schon gesagt«, wußte er zu berichten, »was Hitlers letzte Worte zu mir waren, zwei Tage vor meinem Start? ›Fliegen Sie aber vorsichtig, Heß!‹ Er meinte einen Flug von München nach Berlin mit der Ju 52.«

Noch Ende 1944 betonte Göring mir gegenüber, er müsse bis zum Ende des Kampfes zu seinem Führer stehen. Er setzte aber hinzu: Was danach komme, sei eine andere Sache.

Robert Ley, der Organisationsleiter der Partei, entzog sich seinem Prozeß, indem er sich in seiner Zelle mit dem abgetrennten Saum seines Handtuchs am Abflußrohr der Toilette erdrosselte.

Ablichtung aus Schreibmaschinenübertragung des Originals Linge-Journal in Inst. f. Zeitgesch. (München) [handwritten]

15

Sonnabend, den 3. April 43   //   „Berghof"

12:00 wecken
12:40 Frühstück
13:00 Lage (Reichsmarschall)
15:15 Essen
16:00 Gaul. Terboven, anschl. dazu Gaul. Kauf- //
      Dir. Blohm, Min. Speer.
18:30 privat
20:15 Essen
21:00 Reichsl. Bormann
21:30 Abf. z.Sonderzug
21:45 Lage
22:10 Privat
23:20 Schluß

Sonntag, den 4. April 43   [keine Ortsangabe]

5:30 wecken
6:00 Fahrt durch Linz, Besichtigung der H. Göring- //
      Werke, Steyr u. St.Florian
13:30 Abfahrt v. Linz
19:40 Ankunft in München
1:40 Schluß

          //   Heinz Linge
          //-Oberstuf.

= 7½ M. [handwritten margin note]

Eines Sonntags, Anfang April 1943, am späten Abend, bestieg Hitler mit uns im Berchtesgadener Bahnhof seinen Sonderzug, der aus Sicherheitsgründen von zwei schweren Lokomotiven gezogen wurde; ein gepanzerter Spezialwagen mit leichter Flak folgte hinterdrein. Dann kam Hitlers Wagen, dessen Mittelteil einen großen Salon bildete. Unmittelbar an diesen Wagen schloß sich der »Befehlswagen« an, über den nicht nur die vielfältigen Verbindungen zur Außenwelt liefen, der vielmehr auch einen militärischen Lageraum enthielt und gewissermaßen als »fliegendes« Führerhauptquartier diente.

Geheime Kommandosache

Führerzug

1. Lokomotive
2. Lokomotive
3. 2 cm Flakzug .... 26 Mann Besatzung
4. Gepäckwagen
5. Führerwagen .... Oberstleutnant a.D.Schmundt
   Obergruppenführer Brückner
   1 Diener
6. Befehlswagen .... 1 Heeres-Nachr.Offz.
   2 Schreiber Unterstab
7. Begleitkommandowagen .... 22 Mann Begleitkommando
   (11 Abteile) und K r i p o
8. Speisewagen
9. 1. Gästewagen, Kabine 1 .... Hauptmann v. Below
   (10 Abteile)
   Kabine 2.......... Sturmbannf.Dr.Brandt
   Kabine 3.......... Hauptmann Engel
   Kabine 4.......... Korv.Kapitän Albrecht
   Kabine 5.......... Generaloberst Keitel
   Kabine 6.......... Adjutant Chef O K W
   Kabine 7.......... Generalstabsoffz. O K W
   Kabine 8.......... Generalstabsoffz. Heer
   Kabine 9.......... Generalstabsoffz. Luft
   Kabine 10......... Luftwaffenverbindungs-Offz.

10. 2. Gästewagen, Kabine 1 .... Brigadeführer Bormann
    (10 Abteile)
    Kabine 2.......... Führer Flakzug
    Kabine 3.......... Prof.Dr.Moerell
    Kabine 4.......... Gruppenführer Schaub

- 2 -

noch 2. Gästewagen
   Kabine 5 .... Reichsminister d.Auswärtigen
   Kabine 6 .... Leg.Rat Hewel (Ausw.Amt)
   Kabine 7 .... Reichsleiter Bormann
   Kabine 8 .... Reichsführer SS Himmler
   Kabine 9 .... Gruppenführer Wolff
   Kabine 10........ Professor Hoffmann

11. Speisewagen
12. 1. Schlafwagen .... Obersturmf. Bahls
    (11 Abteile) Obersturmf. Darges
    2 Sekretärinnen d.Führers
    Unterstab u.Nachr.Staffel
    (14 Mann)
13. 2. Schlafwagen .... Rest N.chr.Staffel
    (11 Abteile) (4 Mann)
    Mitropa (14 Mann)
14. Pressewagen .... Reichspr.Chef Dr. Dietrich
    Obersannführer Lorenz
    2 Funker
    2 Fernschreiber
15. Gepäckwagen
16. 2 cm Flakzug .... 26 Mann Besatzung.

- 2 -

Unmittelbar darauf folgte der Wagen mit dem ständigen Begleitkommando Hitlers, das aus über zwanzig Mann bestand, dann kamen die Gästewagen, in denen dieses Mal auch mir ein Abteil zugewiesen worden war, dann zwei Schlafwagen erster Klasse, ein Presse- und ein Gepäckwagen; ein zweiter Spezialwagen mit Flakgeschützen bildete den Beschluß des Zuges.

der sowjetische Direktor betont freundlich den Befehl, Decke und Matratze wieder wegzunehmen. Ich erkläre ebenso freundlich, daß ich mich an der Exekution einer Maßnahme gegen einen Mitgefangenen nicht beteilige. Aber Heß löst die Schwierigkeit und bittet mich darum.
Zustand meiner Mutter unverändert.

14. Juni 1952
Als ich um sechs Uhr morgens zum Waschen gehe, sehe ich Brésard in der Zelle von Heß gestikulieren. Das Bettzeug liegt wirr durcheinander auf dem Fußboden. Pease rührt keinen Finger, dem Befehl des Direktors nachzukommen und Heß mit Gewalt aus dem Bett zu holen. Pease, nachdem Brésard gegangen ist: »So etwas ist mir in meiner langen Gefängnispraxis noch nicht vorgekommen!« Auch der russische Direktor, der kurz danach die Decken auf dem Fußboden liegen sieht, scheint Bedenken zu haben: »Keine Kultura. Das ist nicht mein Befehl, ich weiß nichts von diese Maßnahme.« Aber bald danach wird Heß mitgeteilt, daß bis auf weiteres von morgens halb sieben Uhr bis abends halb zehn Uhr Bett und Bettzeug aus seiner Zelle genommen werden.
Die Firma Schirach-Funk-Raeder habe ich im Verdacht, ein raffiniertes Spiel zu treiben. Einerseits bestärken sie Heß in seiner Renitenz, andererseits hetzen sie die Aufseher gegen »den Simulanten« und nächtlichen Störenfried auf. Wenn Heß aber scharf angefaßt wird, schreibt Funk Berichte nach draußen, wobei er häufig die Leiden von Heß übertreibt. Als ich ihm heute morgen meine Entdeckung mitteilte, daß die Schilderungen von Heß sich durch Querfragen als übertrieben herausgestellt hätten, antwortete er lakonisch, das sei jetzt zu spät; er habe schon alles an seinen Gewährsmann weitergeleitet.

15. Juni 1952
Heute wurde durch Anschlag an der Zellentür angeordnet, daß der Gefangene Nummer sieben jeden Morgen bis halb zehn Uhr im Bett bleiben dürfe, sofern er Schmerzen habe. Damit wird anerkannt, daß Heß krank ist. Ernst wird die Krankheit allerdings nicht genommen, da der Sanitäter berichtete, daß er

nur Aqua destillata spritze, ein bei Hysterikern häufig angewandtes Mittel.
Ärgerlich erklärte Raeder heute vormittag im Sanitätsraum den Aufsehern Hawker und Wagg gegenüber, daß ihr Nachgeben völlig verkehrt sei. Heß müsse hart angefaßt werden. Er habe gar keine Schmerzen. Als Dönitz das hörte, regte er sich auf. Im Waschraum erklärte er zu Neurath und mir: »In einem Kriegsgefangenenlager würde es Raeder übel ergehen. Und, wie ich finde, zu Recht. Das ist aufs höchste unkameradschaftlich. Denn es steht Heß frei, Krankheiten zu simulieren. Wir müssen ihn dabei unterstützen. Um ihn nicht zu verstören, sollten wir ihm nicht einmal den Schwindel mit der Beruhigungsspritze aufdecken. Man weiß nicht, was er dann anstellt.«

17. Juni 1952
Nach vier Tagen hat Heß aufgegeben. Er steht nun pünktlich auf, unterwirft sich peinlich genau der Routine des Tages. Heute geht es in den Garten, um unsere Decken in der Sonne aufzuhängen. Heß trägt nur eine seiner Decken über dem Arm. Hinter ihm trottet der Chefwärter Terray als eine Art Butler mit den restlichen fünf Decken.
Um Heß abzulenken, unterhalte ich mich mit ihm auf der Bank. Neurath kommt mit Dönitz quer durch den Garten auf uns zu und fragt: »Wer war doch noch der Mann, der ein Pan-Europa wollte?« Ich antworte: »Coudenhove-Kalergi.« Nach einiger Zeit fragt mich Heß: »Wieso erinnern Sie sich eigentlich an Coudenhove-Kalergi?« Ich erwidere, daß mein Vater Pan-Europäer gewesen sei. »Pan-Europa ist eine gute Idee«, meint Heß nachdenklich. »Aber leider will es immer nur die europäische Nation, die gerade an der Tete ist.« Ich erzähle Heß, wie ich im Herbst 1943 ein europäisches Produktionssystem aufbauen wollte. Aber Ribbentrop stellte sich erfolgreich dagegen, weil er als Außenminister die ausschließliche Zuständigkeit für alle Fragen der Zusammenarbeit nach außen habe. Heß ist wißbegierig: »Was wollten Sie denn machen?« Ich setze ihm auseinander, daß ich parallel zur Organisationsform meines Ministeriums die einzelnen Produktionszweige ganz Eu-

ropas in Ringen zusammenschließen wollte, beispielsweise einen für Kohle, einen anderen für Stahl, wiederum einen für Maschinenbau oder Elektrotechnik. Präsident sollte jeweils der hervorragendste Fachmann sein, ganz gleich ob Franzose, Belgier, Italiener oder Norweger. Aber der Sekretär jedes Ringes sollte ein Deutscher sein. Heß, der ehemalige Sekretär des Führers, meint dazu versonnen: »Sie sind gar nicht so dumm!«
Einige Minuten gehen wir schweigend nebeneinander her, dann sagt Heß: »Der Sekretär macht doch alles!« Das Gespräch wendet sich der Frage zu, ob ein solches gemeinsam organisiertes Europa alles hätte daransetzen müssen, autark zu sein. Ich verneine das und verweise auf das holländische oder dänische System, bei dem trotz hoher Bevölkerungsdichte durch Einfuhr von Futtermitteln Eier, Butter und Käse ausgeführt werden können. Heß ist gegen jede Form der Abhängigkeit, man brauche dann ja in einem Kriege Europa nur die Futtermittel zu sperren, und schon sei es erledigt. Ich demonstriere, was ich meine, am Beispiel des Neurathschen Gutsbetriebes, der einzigen Quelle meiner Weisheit. Dort werden durch Einkauf von Futtermitteln statt der früheren zehn nun hundert Schweine und ein Mehrfaches der Kühe aufgezogen. Das Gut floriert. »Tja«, sagt Heß gedehnt, »das stimmt schon. Aber Neuraths Gut führt ja auch keine Kriege!«
Pause von fünf Minuten. In die entstandene Stille sagt Heß ohne jeden Zusammenhang: »Ich bin über mich selbst ärgerlich. Ich habe keine Lust mehr zu widersprechen. Jetzt tue ich, was von mir verlangt wird. Es ist ein Abfall, ein moralischer Niedergang. Glauben Sie mir!« Ich rede ihm gut zu und mache ihn auf die Vorteile des Nachgebens aufmerksam. »Mag sein«, antwortet er. »Aber ich bin nicht mehr der alte.«
Spätabends kommt Pease in meine Zelle. »Hier, Stars and Stripes meldet, daß Ihre Tochter nach Amerika darf! Gratuliere!« Die Zeitungnotiz besagt, daß McCloy bei Außenminister Acheson interveniert habe. Außerdem habe eine angesehene jüdische Familie Hilde eingeladen. Merkwürdigerweise bewegt mich die Nachricht so sehr, daß ich kaum die Tränen

zurückhalten kann. Als sich die Tür wieder geschlossen hat, lasse ich mich aufs Bett fallen und drehe den Kopf der Wand zu.

18. Juni 1952
Über den gestrigen Zusammenbruch nachgedacht. Was erschütterte mich so an der Nachricht, daß Hilde das Visum erhalten hat? Ist es eher, daß mir der ganze Vorgang meine totale Hilflosigkeit als Vater vor Augen geführt hat? Ich, dem die Kinder es doch zuschreiben müssen, daß sie nicht einmal wie andere unbehelligt ins Ausland reisen können, sitze hier in der Zelle und bin außerstande, ihnen auch nur einen Ratschlag zu geben; oder überwältigte mich der Gedanke, daß die Fürsprache McCloys und mehr vielleicht noch die Verwendung jener mir unbekannten jüdischen Familie auch für mich ein Stück Rehabilitierung bedeutet? Meine Tochter, der ich nicht helfen kann, hilft mir bei einem ersten Schritt zurück ins bürgerliche Leben.

29. Juni 1952
Heute, nach dem Gottesdienst, teilte mir der Pastor schonend mit, was ich lange erwartet hatte: meine Mutter ist vor vier Tagen gestorben.
Wir werden in den Garten befohlen. Ich beuge mich über die Blumenbeete und zupfe gedankenverloren etwas Unkraut, damit niemand mein Gesicht sehen kann. Kurzes Bedauern der Mitgefangenen. Sie vermeiden, Beileid auszudrücken, was unserer Gewohnheit entspricht, nicht in die Gefühlswelt des Nachbarn einzudringen.

4. Juli 1952
Heute wurde ich nach einer harmlos gemeinten Äußerung über Hitlers Menschenverachtung unerwartet heftig von Raeder zurechtgewiesen. Schirach stimmte ein, Dönitz und merkwürdigerweise auch Funk sahen mit offenbarer Genugtuung zu. Schirach insbesondere warf mir Treulosigkeit vor; daß Hitler nie aufgegeben, sondern bis zum letzten Tag durchgehalten habe, könne man ihm wirklich nicht vorwerfen. Es sei schließlich fast das einzige, was man bewundern müsse. Noch als Wrack von einem Menschen habe er das Schicksal zu wenden versucht,

sagte er mit spitzer Betonung, und sei sich nicht untreu geworden.
Wie immer trugen wir den Streit nicht aus, jeder ging in seine Zelle zurück. Ich versuchte, nachdem der Schlüssel im Schloß herumgedreht ist, mir Klarheit zu verschaffen, wann das anfing, was sie Verrat nennen. War es in den ersten Tagen nach dem 20. Juli 1944, als ruchbar wurde, daß mein Name auf der Ministerliste der Verschwörer figurierte? Oder war es, als ich im September in einer Denkschrift Hitler erstmals auseinandersetzte, daß es keine materielle Basis für den Sieg mehr gebe? Oder schließlich jener Monolog Hitlers in der Reichskanzlei Ende November 1944, als er zynisch und voller Menschenverachtung über die Zerstörung Deutschlands sprach?
Ich erinnere mich noch, wie er mit einem rohen Scherz begann, kaum daß er mich aufgefordert hatte, Platz zu nehmen. Mit einer großen Armbewegung wies er auf die Zerstörungen draußen: »Was hat das alles schon zu sagen, Speer!« Er tat, als wolle er meinen Arm ergreifen. »Für unseren neuen Bebauungsplan hätten Sie allein in Berlin achtzigtausend Häuser abreißen müssen. Leider haben die Engländer diese Arbeiten nicht genau nach Ihren Plänen durchgeführt. Aber immerhin ist ein Anfang gemacht!« Er machte einen Versuch zu lachen, als er mich ernst sah. »Wir werden unsere Städte schöner aufbauen, als sie waren! Dafür stehe ich ein. Mit monumentaleren Gebäuden, als es sie je gab. Aber dazu müssen wir siegen!« Selbst jetzt noch riß ihn die alte Leidenschaft für Prunkbauten fort. Er hatte ganz vergessen, daß er mir ein Jahr zuvor zugestanden hatte, nach dem Kriege zunächst Wohnungen zu bauen. Aber ich konnte Hitler nicht widersprechen, wie er da erschöpft in seinem Sessel saß und seinen zitternden Arm hielt. Es war inzwischen ohnehin nicht mehr wichtig, was er über die Zukunft zu sagen hatte.
Hitler fuhr fort: »Diese Fliegerangriffe können mich nicht aufregen. Darüber lache ich nur. Je weniger die Bevölkerung zu verlieren hat, um so fanatischer kämpft sie. Das haben wir doch bei den Engländern und mehr noch bei den Russen gesehen!

Gerade wer alles verloren hat, muß alles gewinnen. Der Vormarsch des Gegners ist geradezu eine Chance für uns. Erst wenn die Menschen den Krieg vor der Haustür haben, kämpfen sie fanatisch. Sie sind nun mal so. Jetzt begreift auch der Dümmste, daß sein Haus nie wieder aufgebaut wird, wenn wir nicht siegen. Schon deswegen werden wir dieses Mal keine Revolution haben! Das Gesindel soll seine Feigheit nicht durch eine sogenannte Revolution verdecken. Dafür garantiere ich! Keine Stadt wird dem Feind überlassen, bevor sie nicht ein Trümmerhaufen ist!« Hitler ließ den Kopf sinken, aber dann richtete er sich wie mit einem Ruck auf: »Ich denke nicht daran zu kapitulieren! Die Vorsehung prüft den Menschen und gibt den Lorbeer an denjenigen, der unbeirrt bleibt. Solange ich lebe, werden wir diese Prüfung aushalten! Der Rücksichtslose, nicht der Feige gewinnt! Merken Sie sich, nicht die technische Überlegenheit entscheidet. Die haben wir lange verloren. Das weiß ich auch! Außerdem ist der November schon immer mein Glücksmonat gewesen! Jetzt haben wir November.« Hitler steigerte sich immer mehr: »Ich dulde keinen Widerstand, Speer! Wenn der Krieg vorbei ist, dann kann das Volk von mir aus über mich abstimmen. Wer aber jetzt anderer Meinung ist, kommt unwiderruflich an den Galgen! Wenn das deutsche Volk für mich kein Verständnis hat, kämpfe ich diesen Kampf eben allein. Sollen sie mich doch verlassen! Die Belohnung kommt immer nur von der Geschichte. Vom Volk erwarten Sie gar nichts! Das hat mir gestern zugejubelt und hißt heute die Bettlaken. Gauleiter Florian hat es mir selber erzählt. Das Volk weiß nichts von der Geschichte. Sie glauben nicht, wie satt ich das alles habe!«

Ich hatte Hitler oft davon reden hören, daß immer nur die großen Einzelnen die Geschichte entscheiden, und daß er mit seinen angeblich eisernen Nerven unersetzlich sei, hatte er bis zum Überdruß wiederholt. Damit hatte er schon vor dem Krieg die Notwendigkeit begründet, die Auseinandersetzung noch zu seinen Lebzeiten zu beginnen. Aber immer hatte ich geglaubt, daß er seine immense Energie für das deutsche Volk einsetze,

und unaufhörlich hatte er doch beteuert, wieviel lieber er Musik hören, bauen und auf seinem Berg sitzen würde. Jetzt waren alle diese Masken des Ästheten und Volksmannes von ihm abgefallen. Nichts als Kälte und Menschenverachtung war zum Vorschein gekommen. Und die Vertraulichkeit, mit der er mich in diese Gedanken hineinzog, war mir geradezu körperlich widerwärtig. »Mein lieber Speer«, so schloß er mit einem Versuch, zur alten Intimität zurückzufinden, »lassen Sie sich nicht von den Zerstörungen durcheinanderbringen. Und das Gejammer der Leute darf Sie nicht kümmern!«
Das war zwar ein Gespräch unter vier Augen gewesen, aber Ausbrüche dieser Art hatte jeder von uns erlebt; auch Funk, auch Raeder, auch Dönitz. Aber ihnen ist dieser Hitler, soviel sie auch sonst an ihm kritisieren, immer noch imponierend. Sie bewerten als soldatische Tugend, was in Wirklichkeit doch nur eine armselige Bereitschaft zur totalen Zerstörung ist. Ihnen ist er, wenigstens in dieser Hinsicht, eine Art Friedrich der Große; mir nur noch Attila.

10. Juli 1952

Rodins *Die Kathedralen in Frankreich*. Seitenlang lese ich, ohne zu wissen, was ich gelesen habe. In Gedanken viel im Elternhaus. Tiefpunkt.

22. Juli 1952

Eben verteilte Donaho in aller Ungeniertheit an jeden von uns eine Tafel Schokolade und eine Flasche Bier. Heß lehnte wie immer ab, die Sachen seien illegal. Hastig stürze ich das erste Bier seit sieben Jahren herunter, die Schokolade aber verberge ich in einem Strumpf, um sie heute nacht in Ruhe essen zu können.

24. Juli 1952

Hilde auf dem Atlantik. Im letzten Augenblick wurde sie mit einigen anderen Schülern von einem Frachter auf die »United States« umdisponiert. Chefwärter Felner erzählte, daß auch McCloy, der sein Amt als Hoher Kommissar in Deutschland beendet hat, auf diesem Schiff zurückfährt.
Mit Brésard Gespräch über das Verdienst meiner Frau bei der

Erziehung unserer Kinder. Tiefe Empfindung der Dankbarkeit. Ich überlege mir eine Geste. Vielleicht drückt es ohne große Worte aus, was ich empfinde, wenn ich ihr am Tage meiner Freilassung genau die gleiche goldene Uhr schenke, die ich als Student von meinem Wechsel erspart hatte und die ihr in den Wochen nach Kriegsende abhanden gekommen ist.

30. August 1952

Donaho hat das *Nuremberg-Diary* des damaligen Gefängnispsychologen Gilbert mitgebracht. Ich muß gestehen, er gibt die Atmosphäre erstaunlich objektiv wieder. Die Beurteilungen sind im ganzen korrekt und fair, ich hätte mich nicht viel anders geäußert. Dennoch bleibt es ein merkwürdiges Erlebnis, die Augenblicke höchster Lebensangst so wissenschaftlich rekonstruiert zu sehen. Dies ist eine neue Erfahrung: man liest über sich, als sei man ein längst Gestorbener.

Gleichzeitig erhielt ich über meine Sekretärin ein Buch von Donald Robinson: *The hundred most important people in the world today*. Robinson war von 1943 bis 1945 Chefhistoriker im Stabe Eisenhowers und führt auch mich auf. Natürlich sehe ich mich gern als großen Mann. Aber ich habe meine Zweifel an der Vorhersage Robinsons, daß die Welt bald wieder von mir hören dürfte. Er glaubt an meine Entlassung in fünf Jahren; dann wäre ich zweiundfünfzig. Eine zweite Karriere?

3. September 1952

Spätabends Hildes erster Bericht. Für ein Jahr ist sie von einer wohlhabenden amerikanischen Quäker-Familie aufgenommen, die in Hastings on Hudson wohnt. Ihre Gastgeber haben gleichaltrige Kinder, mit denen sie sich gut zusammengefunden hat. In Boston ging man gleich an Bord einer Yacht, um zusammen mit der Familie nach New York zu kreuzen. Das nahe Beieinander auf dem Schiff hat die Befangenheit der ersten Tage beseitigt.

7. September 1952

Von der Gartenarbeit zurückkehrend, sehe ich den neuen russischen Wärter Gurjew meine Zelle verlassen. Er hat die tägliche Untersuchung dazu benutzt, Bettzeug, Kleidungsstücke und alle Habseligkeiten zu einem Berg aufzutürmen. Auf dem Tisch liegen Papier- und Zeichenmaterial in wirrem Durcheinander. Ich verliere die Nerven und weigere mich, die Zelle zu betreten, obwohl der Koch bereits mit dem Essen vor der Eisentür unseres Zellenblocks wartet und erst eintreten darf, wenn alle Zellentüren verschlossen sind. Letham redet mir gut zu, Vernunft anzunehmen, während Gurjew interessiert meinen Ausbruch beobachtet. Nach Minuten gebe ich nach, lege mich erschöpft auf die Bettstelle. Mein Essen hole ich nicht.

10. September 1952
Schon wieder Chaos in meiner Zelle. Es ist noch schlimmer als das Durcheinander vor drei Tagen. Ich frage mich, was Gurjew gegen mich haben könnte. Auf mein Verlangen erschien der diensttuende britische Direktor, Le Cornu. Er mißbilligte offensichtlich das Vorgefallene; auch der neue Wärter Eburne schüttelte den Kopf. Heß dagegen wurde grob zu mir, vielleicht, weil ich ihm von dem Buch Donald Robinsons erzählt hatte. Ich versuchte, ihn zu beruhigen, aber er wurde nur noch böser und ausfallender.

19. September 1952
Vor elf Tagen, am achten September, hatte ich beantragt, daß mir im Oktober eine Besprechung mit meiner Frau genehmigt werde. Auf meine Frage heute, warum ich noch keinen Bescheid erhalten hätte, vertraute mir Le Cornu an, daß die Russen die Genehmigung von meiner vorherigen Bestrafung abhängig machen. »Das ist mir ganz egal. Auf jeden Fall will ich den Besuch!« Schon am Abend verkündete mir Le Cornu gleichzeitig Besuchsgenehmigung und Bestrafung, »for hesitating to go into his cell«. Wie er erzählte, soll der russische Direktor außerdem einen Bericht vorgelegt haben, daß ich während einer amerikanischen Schicht für einige Stunden verschwunden gewesen sei. Das stimmt aber nicht.
An meiner Tür wird ein offizieller Anschlag angebracht: »Am 19. September 1952 hat die Direktion angeordnet, den Gefangenen Nr. 5 wie folgt zu bestrafen: a) Eine Woche lang darf er nicht in den Garten gehen. b) Eine Woche lang wird er vom

Wecken bis 17.30 Uhr in eine Sonderzelle eingeschlossen, in der sich nur ein Tisch und ein Stuhl befinden. c) Eine Woche lang darf er zwischen Wecken und 17.30 Uhr keine Bücher und Schreibmaterial haben. Die Strafe beginnt am 20. September 1952 (einschl.) und endet am 26. 9. 1952 (einschl.). Gez. Le Cornu, Lt. Col.«

22. September 1952
Gewissermaßen als Preis für den Besuch meiner Frau sitze ich nun täglich elf Stunden in einer nur mit Stuhl und Tisch versehenen Zelle. Bis jetzt ist der in der Heizung versteckte Bleistift nicht entdeckt worden, Toilettenpapier steht in beliebiger Menge zur Verfügung. So vertreibe ich mir die Zeit. Heute ist der dritte dieser sieben Tage. Aber der verständnisvolle britische Arzt hat mir auf meinen Wunsch insgeheim täglich drei Tabletten Theominal verschrieben. Der psychische Effekt der Strafe ist dadurch ausgelöscht. Zum Erstaunen aller bin ich frisch wie am ersten Tag, während bei der gleichen Strafe Heß sich nach vier Tagen am Boden wälzte.
Terray schließt auf und murmelt: »Ich mache es Ihnen leichter. Gehen Sie Wäsche waschen!« Lächelnd bitte ich ihn, den Anschlag an der Tür zu lesen. Ich will keine Vergünstigung in einer ungerechten Strafe.

24. September 1952
Fünfter Tag. Während Neurath und Heß offen ihre Sympathie zeigen und Dönitz vorsichtig seine Teilnahme bekundet, werde ich von Funk, Schirach und Raeder gemieden. Für heute haben sie den Wärtern meinen Kollaps angekündigt. Offensichtlich ärgert sie meine Gelassenheit. Sonderbar, wohin es mit uns gekommen ist. Welche Animositäten gedeihen bei übergroßer Nähe!
Soeben ist Funk an meine Zelle gekommen. »Funk, wie steht's mit deiner Prophezeiung?« frage ich durch die Tür. »Du bist wieder einmal unzuverlässig! Für meine Berichte brauche ich Dramatisches. Du mußt schreien, stöhnen und zusammenbrechen. Statt dessen lachst du und machst Witze!« In diesem Moment macht mir Neurath Visite an der Zellentür und erzählt,

daß er ab 1935 auf Verordnung seiner Ärzte täglich zwei bis drei Theominal eingenommen habe, weil er Herzbeschwerden hatte. Er empfiehlt mir dieses Mittel, weil es zugleich eine beruhigende Wirkung habe. Sicher wurden Neuraths damalige Beschwerden durch Hitlers Außenpolitik ausgelöst, denn der Außenminister zählte zu denjenigen, die Hitler zu bändigen versuchten. Aber gleichzeitig haben die Tabletten Neurath auch nach Spandau geführt! Denn sie nahmen ihm zwar die Herzbeschwerden, gleichzeitig aber auch die Bedenken.

26. September 1952

Letzter Tag der Strafe. Ein Käuzchen hat sich zwei Meter von mir zum Tagesschlaf auf einem Baum niedergelassen. Nebenan im Waschraum wird Dönitz vom Sanitäter rasiert: »Nicht so aufdrücken, bitte. Ich bin kein Rhinozeros!« Pause. »Nein, nein, Löwenjagd ist nicht so einfach. Ich habe auch Antilopen und Buschböcke gejagt.« Pause. »So, was bin ich Ihnen schuldig?« Dönitz macht Schirach Platz. »Gerüchte über Hafterleichterungen? Hoffentlich vermehren sie nicht die Zahl der Briefe und Besuche, denn dann haben wir keinen Grund mehr, uns zu beschweren. Was gibt es sonst Neues?« fragt er Mees.
Funk schleicht im Gang herum. Ein französischer Wärter schnarcht. Entfernt höre ich jemand eine Tür aufschließen. Zu Funk: »Schnell, wecke Monsieur Corgnol auf.« Aufwecken von schlafenden Wärtern ist Anstandspflicht. Was sollen sie auch machen, außer schlafen. Es war blinder Alarm. Corgnol schließt bei mir auf: »Wollen Sie im Gang promenieren? Wenn jemand kommt, gehen Sie sofort zurück.« Um mich aufzuheitern, erzählt er, mit mir auf- und abgehend, daß oft morgens zwischen drei und fünf Uhr Major Brésard versucht, Wärter im Schlaf zu überraschen. Die letzten fünfzig Meter rennt er, was bei seiner Korpulenz und Kleinheit komisch aussehen soll. Aber immer trifft er die Wärter wach an. Sowie der Dicke am Tor erscheine, läßt der dort diensttuende Kamerad, auch wenn er ein Russe ist, das Telefon klingeln.
Um fünf Uhr Essensausgabe. In einer halben Stunde ist die Strafzeit zu Ende. Zum letzten Mal esse ich in der Sonderzelle.

27. September 1952
Der Wärter Long hatte mich vor einiger Zeit gebeten, ihm die Route einer Schwarzwaldreise auszuarbeiten. Nun ist er zurück und erzählt. Namen voller Erinnerungen tauchen auf: Hundseck, Titisee, Höllental, Konstanz. Ich frage nach dem alten Marktplatz in Freudenstadt. »Die ›frogs‹, Sie wissen, das sind für uns die Franzosen, haben ganz Freudenstadt abgebrannt, als sie einmarschierten. Aber alles ist wieder aufgebaut, viel schöner als früher.«

Das siebte Jahr

3. Oktober 1952
Im Garten verteile ich die neuesten Nachrichten, die ich von Long erhielt: Sowjetkongreß eröffnet, Geheimverbindungen zwischen den Sowjets und der französischen Verwaltung in Berlin aufgedeckt. Auch Heß will das Neueste hören, doch hinter seinem Rücken stellt sich Gurjew auf, ohne daß Heß es bemerkt. Ich frage rasch: »Herr Heß, können Sie mir mal den Balken halten?« Über diese Zumutung erschrocken, verschwindet er wortlos und setzt sich auf eine Bank. Später sage ich zu ihm: »Nur so konnte ich Sie warnen!« Heß entgegnete trocken: »Das war aber auch eine besonders ausgefallene Frage.«

5. Oktober 1952
Bei Dönitz wurden vor einer Woche unter der Matratze neun Seiten Notizen gefunden; glücklicherweise waren sie auf offiziellem Papier geschrieben. Man vermutete, sie seien für seine Memoiren bestimmt. Im Abfalleimer fand ich im Gegenzug Bruchstücke des Berichts von jener Direktorenkonferenz, auf der der Vorfall behandelt wurde. Der neue sowjetische Direktor hat vierzehn Tage Lese- und Schreibverbot für Dönitz verlangt, weil in den Notizen Aktivitäten des faschistischen Deutschlands geschildert seien. Man kam jedoch zu keinem Urteil.
Dann hat der neue sowjetische Direktor, rührig, wie Anfänger zu sein pflegen, bei Schirach die »Losungen« beschlagnahmt, ein Kalenderbuch mit Bibeltexten für jeden Tag. Schirach hatte darin über verordnete Medizinen und über Familien-

geburtstage Buch geführt. Und schließlich hat der sowjetische Offizier, der während der Gottesdienste im Hintergrund auf der Toilette sitzt, die immer noch die Kapelle verunziert, vor einer Woche während der Predigt mehrmals die Formel »Seid gerüstet!« gehört. Meldung, der Pastor habe über Rüstung gesprochen. Nun soll er seine Predigten vorher schriftlich einreichen.

6. Oktober 1952
Schon wieder Ärger. Heute nachmittag war Major Andrejew im Garten. Ich hatte gerade Maiglöckchen verpflanzt. Er ließ mir durch seinen Dolmetscher sagen: »Das neue Blumen!« Ich erwiderte, sie seien verpflanzt und Verpflanzen sei erlaubt. Er schüttelte ärgerlich den Kopf: »Nein! Auch Verpflanzen verboten. Bitte! Die Pflanzen werden sofort herausgenommen und zerstört!«
Die russischen Offiziere haben sich entfernt, da meint der Schotte Letham lehrerhaft: »You know, orders are orders. My experience is to obey all orders. Don't think, just obey. That's best.« Ich antwortete ein wenig skeptisch: »I don't understand you and this world anymore. In Nürnberg I was praised for disobeying Hitler's orders and here I get punished, if I don't obey.« Er verstand das nicht, weil es über seinen Horizont geht.

7. Oktober 1952
Heute nachmittag kletterte Donaho auf einen Nußbaum und krähte. Er wurde von den Direktoren bereits einmal verwarnt, »weil er auf einem Baum saß und die Laute eines Raben von sich gab«, wie es im Sitzungsprotokoll der Direktorenkonferenz heißt. Selinawow, ein neuer, beliebter Russe, den die Generallinie seines Direktors wenig kümmert, lacht über den krähenden Amerikaner und erzählt dann in gebrochenem Deutsch von Bären, Auerhähnen, Füchsen, vom Polarlicht, das die Nacht hell mache, und von viel, viel, viel Schnee. Nun schütteln Wärter und Gefangene gemeinsam Nüsse. Nach einiger Zeit hängen alle unsere Gartengeräte oben in den Ästen. Selinawow holt den Gartenschlauch und beginnt, die Nüsse einzeln herunterzuschießen.

Wie manchmal trug mir der Zufall einen Kommentar zu. In einem Brief, den Goethe nach dreiwöchiger schwerer Krankheit an seine Freundin Kätchen Schönkopf schrieb, steht der Satz: »Ein närrisch Ding um uns Menschen. Wie ich in munterer Gesellschaft war, war ich verdrießlich. Jetzt bin ich von aller Welt verlassen und bin lustig.«

12. Oktober 1952

Lange Kassiber Hildes aus Hastings. Sie ist glücklich, der Unterricht macht ihr Freude. Die Schwiegereltern John McCloys wohnen am gleichen Ort und luden Hilde zum Tee ein. Dabei traf sie mit McCloy und dessen Frau zusammen. Wenn ich vor einem amerikanischen Gericht gestanden hätte, so äußerte sich McCloy, wäre ich längst frei.
Die Russen sollen einen Vorschlag der westlichen Hohen Kommissare angenommen haben, uns mehr Briefe und Besuche zu gestatten. So erzählte Pease. Vielleicht ein Ergebnis der Adenauer-Demarche. Funk regte sich auf: »Ich will nicht mehr Briefe, ich will, daß nachts nicht jede halbe Stunde das Licht eingeschaltet wird.« Roulet fragte mich aus: »Woher wissen Sie immer das Neueste! Wer verrät Ihnen alles?« Ich gab ihm meine oft erprobte Antwort: »In diesem Falle doch Sie selbst, wissen Sie das nicht mehr?« Auch er hat ein schlechtes Gewissen, uns gelegentlich mit Nachrichten versorgt zu haben.

14. Oktober 1952

Großer Krach zwischen allen wegen des Beleuchtungsproblems. Jeder will etwas anderes. Dönitz, Neurath, Heß und ich sind gegen Schirachs Vorschlag, eine schwache blaue Birne einzuschrauben, da man dann nicht mehr lesen könne. Heftige Diskussion. Funk nimmt zehn Schritte Abstand, beschimpft Neurath und bald uns alle. Als er ordinäre Kraftausdrücke gebraucht, rufe ich ihm zu: »Benimm Dich nicht wie ein Droschkenkutscher!« Da räumt er das Feld. Die erste Szene dieser Art in sieben Jahren, und dazu in Gegenwart eines Wärters.

15. Oktober 1952

Als wir von der Gartenarbeit zurückkommen, hat der Gefängniselektriker eine der zwei Hundert-Watt-Birnen durch eine

Birne von vierzig Watt ersetzt. Da der Beleuchtungskörper in drei Meter Höhe angebracht und aus Sicherheitsgründen durch Drahtglas geschlossen ist, wird die Leuchtkraft noch einmal reduziert. Heß empört sich: »Das ist inhuman! Soll ich mir meine Augen verderben?«

22. Oktober 1952
Donaho hat mir endlich die gewünschte Zeitschrift mit den neuesten Flugzeugtypen eingeschmuggelt. Zu meiner großen Überraschung sehe ich, daß auf dem Gebiet der Jagdflugzeuge seit 1945 nichts grundsätzlich Neues entstanden ist, wenn ich an das »Nur-Flügel«-Projekt von Lippisch denke, das die Amerikaner in Kranzberg so faszinierte und das nun von den Engländern in einem vierstrahligen Bomber verwirklicht wurde. Im Januar 1945 besprach ich mit Messerschmidt die Möglichkeit eines Überschall-Flugzeuges, und er meinte, daß wir nicht mehr weit von ihrer technischen Verwirklichung entfernt sein dürften. Jetzt ist man, wie ich lese, schon bei zweitausendzweihundert Kilometern angelangt. Sieben Jahre ist das nur her! Sonderbar, hier in der Zelle den alten Projekten zu begegnen, mit denen ich mich Jahre herumschlug und die andere nun verwirklichen. Ich erinnere mich noch, wie ich – wann war es nur? – auf dem Versuchsfeld von Rechlin mit den Piloten der Me 163 sprach, die von schwerem Schütteln des Rumpfes berichteten, sowie sie sich der Schallgrenze näherten.
Aufregender noch sind für mich die Konstruktionszeichnungen und Berichte über die britische »Comet«, mit der das Zeitalter der Düsenflugzeuge im Verkehr anfangen könnte. Im Frühjahr 1945 hatte ich den Ehrgeiz, den ersten Passagierflug in einem Strahlflugzeug zu absolvieren. Eine Me 262 sollte mich von Berlin nach Essen bringen. Der General der Jagdflieger, Galland, untersagte das Vorhaben aus Sicherheitsgründen.
Nie wieder habe ich von Wankel gehört. Er arbeitete damals an einer Art Rotationsmotor, und ich mußte Mittel und Materialien bereitstellen, da es Techniker gab, die sich viel davon versprachen.
In Nürnberg hatte ich von der Dämonie der Technik gesprochen

und die sonderbare Wendung meines Lebens beklagt, die mich aus der idealen Welt der Kunst in die Technik verschlug. Und immer wieder habe ich mich zur Architektur zurückgesehnt. Aber jetzt, während ich diese Zeitschrift in der Hand hielt, überwältigte mich erneut die Faszination jenes Lebensabschnitts. Wenn ich ehrlich bin, muß ich mir eingestehen, daß mich das Durchblättern der neuen Bauzeitschriften mit all ihrer Eintönigkeit viel unbeteiligter läßt.

23. Oktober 1952

Der dicke und gemütliche Engländer Eburne hat mir für heute die Zeitschrift *Time* versprochen. Um das Magazin in Ruhe lesen zu können, komme ich mit ihm überein, wegen eines Schnupfens nicht in den Garten zu gehen. Der französische Arzt schlägt bei seinem täglichen Rundgang ein chinesisches Mittel dagegen vor: »Ich steche für einige Minuten mit einer Goldnadel in diese Ader Ihrer rechten Hand, und schon ist der Schnupfen weg.«

Vorgestern nacht aufgewacht, weil Gurjew jede Viertelstunde das Licht drei- bis viermal kurz hintereinander einschaltete. Ich beschwere mich bei Terray, während Gurjew Tordienst machte. Hilfsbereit verfaßte Terray einen Bericht an die Direktoren. Heute erzählte er aufgeregt, daß Gurjew einen Gegenbericht abgegeben habe. Der französische Chefwärter habe ihm seine Vorhaltungen im Pullover und sogar mit Pantoffeln an den Füßen gemacht. Dienstliche Befehle hätten aber nur Gültigkeit, wenn sie in korrekter Uniform erteilt würden.

24. Oktober 1952

Nach vierundzwanzig Stunden habe ich meine Erkältung für beendet erklärt. Der Arzt ist mit seiner Akupunktur zufrieden. Im Lampenkrieg gibt es eine erfreuliche Wendung: gestern war ein britischer Augenarzt im Range eines Oberstleutnants von Hannover da, hat sich bei Tag das Licht zeigen lassen und nur gesagt: »That's proved.« Nachmittags wechselte Terray insgeheim die Birnen aus: »Aber keine Freude zeigen, auch nicht vor den anderen Wärtern. Die drei westlichen Direktoren haben es stillschweigend erlaubt.«

30. Oktober 1952
Der rotblonde Kowpak lächelt mir freundlich zu: »Heute kommt Frau!« Eine Erkältung macht mich jedoch apathisch. Jedenfalls verläuft die Unterhaltung noch schleppender als sonst. Hinzu kommt, daß mir meine Frau von den Kindern, von Hildes amerikanischen Erlebnissen und manchem anderen erzählt, was ich aus der Geheimpost längst weiß. Brésard hat sich zudem dicht neben meine Frau gesetzt und mich unentwegt fixiert.
Abends. Der neue französische Wärter, Petry, ist Elsässer. Er macht einen verständnisvollen Eindruck – macht uns auch zu Vertrauten seiner Kümmernisse. Heute klagt er über Hühneraugen und Liebeskummer. Die Kombination erheitert mich besonders. Sein Besuch dauert eine Stunde. Das einzige, was ich ihm raten kann: »Seien Sie ein Mann! Und zwar hinsichtlich des einen wie des anderen!«
Um neun Uhr nehme ich die letzte Schlaftablette meines Herbsturlaubs, lege mich zu Bett, wache aber bald durch eine laute Diskussion auf dem Gang auf. Major Andrejew will alle, die schon schlafen, aufwecken; Petry widersetzt sich umsonst. In allen Zellen wird das Licht angeschaltet. Andrejew ruft mit lauter Stimme: »Warum schlafen? Noch nicht zehn Uhr! Schlafen vor zehn Uhr verboten. So steht geschrieben! Bitte, stehen Sie auf!« Er entfernt sich als Sieger. Aber drei Minuten später dreht der Franzose das Licht wieder aus. Ich schlafe weiter.
18. November 1952
Petry hat eine Nummer der Zeitschrift *Carrefour* mitgebracht. Georges Blond berichtet darin in erfundener Dialogform über meinen letzten Besuch bei Hitler am 23. April 1945, ein paar Tage vor dessen Selbstmord. Der Artikel trägt die Überschrift »L'extravagant M. Speer«. Ich zeigte ihn Heß mit den Worten: »Eines Tages wird die Episode einen guten Farbfilm abgeben.« Heß erwiderte lachend: »Aber lassen Sie sich garantieren, daß der Darsteller Ihrer Rolle einen Heiligenschein trägt.« Dann malten wir uns gegenseitig die dramatische Wirksamkeit der Versöhnungsszene zwanzig Meter unter der Erde aus. Im

Grunde ist Heß der einzige von den Häftlingen hier, der für meine melodramatische Unternehmung Sympathie hat, vielleicht weil diese Idee eines letzten Abschiedes seinen romantischen Vorstellungen von ehrenhaftem Benehmen am nächsten kommt.

Vielleicht war Romantik tatsächlich das bestimmende Motiv. Auch eine Spur der alten Loyalität, sogar Dankbarkeit spielten mit. Sicherlich aber war auch die Absicht dabei, dem Schicksal eine Entscheidung zuzuschieben. In diesen letzten Tagen des Krieges hatten uns so viele Schreckensmeldungen erreicht, Berichte von Vergewaltigungen, Massenmorden, von spontanen Ausbrüchen von Lynchjustiz und selbst solche Episoden wie die über das Ende des Gauleiters Mutschmann, der bei beißender Kälte nackt auf einem Karren durch Dresden gefahren und dann totgeschlagen worden war; sie verfehlten ihren Eindruck auf uns nicht. Die Aussicht, nach der Eroberung Berlins am nächsten Laternenpfahl aufgehängt zu werden, schien mir noch den Vorzug zu verdienen vor der Sklavenarbeit in sibirischen Bergwerken. Indem ich Hitler ganz offen entgegentrat und ihm eingestand, seine Vernichtungsbefehle sabotiert zu haben, suchte ich auch eine Art Gottesurteil. Ganz sicher weiß ich nur, daß mich nicht die Enttäuschung über alle meine dahingegangenen Träume trieb, auch nicht die Verzweiflung über den Untergang Deutschlands. Ich wollte im Grunde nur die Entscheidung über mein künftiges Leben loswerden.

Wenn ich damals gewußt hätte, daß mir zwanzig Jahre Spandau bevorstanden, wäre ich Hitler sicherlich noch entschiedener entgegengetreten. Wenn ich jetzt manchmal am Ende meiner Kraft bin, möchte ich darüber verzweifeln, daß Hitler müde und in versöhnlicher Stimmung, wie er war, das Eingeständnis meines offenen Ungehorsams mit Rührung statt mit einem Erschießungsbefehl beantwortete. Mein Leben hätte einen besseren Abschluß gehabt.

19. November 1952

War alles überlegt, was ich gestern schrieb? Es sagt sich leicht, daß man den Tod einer langen Gefangenschaft vorzieht. Aber wie erleichtert war ich in Nürnberg, als es in meinem Kopfhörer hallte: »Albert Speer, zwanzig Jahre.« Selbst wenn ich hier all diese zwanzig Jahre bleiben müßte: es ist doch wenigstens das Leben.

20. November 1952
Hitler. Er ist plötzlich wieder gegenwärtig geworden. Ich hatte ihn fast aus meinen Gedanken hinausgedrängt. Wie lange habe ich nicht über ihn geschrieben! Außer Anekdotischem und der einen oder anderen Randbemerkung seit Jahren, so glaube ich, fast nichts. Ich kann es nicht kontrollieren. Wenn ich mich prüfe, muß ich sagen, daß das weniger darauf zurückzuführen ist, daß ich ihn losgeworden bin. Es kommt mir eher so vor, als ginge ich ihm aus dem Wege, weil er mich noch immer zu sehr besitzt. Welche Wege das Leben noch mit mir gehen wird – stets wird den Menschen bei meinem Namen derjenige Hitlers einfallen, nie werde ich eine selbständige Existenz haben. Und mitunter sehe ich mich als Siebzigjährigen, längst mit erwachsenen Kindern und heranwachsenden Enkeln, und wo immer ich hinkomme, wird man mich nicht nach mir, sondern nach Hitler fragen.

Was würde ich erzählen, wenn man mich fragte. Ich hatte Hitler bei Triumphen und in Depressionen, im Hauptquartier und über das Reißbrett gebeugt erlebt, auf dem Montmartre über Paris und tief unter der Erde im Bunker. Aber wenn ich eine einzige Szene schildern soll, wo er alles zugleich war und seine vielen Gesichter zu wirklich einem wurden, denke ich an ein vergleichsweise beiläufiges Ereignis, an nichts anderes als einen Spaziergang im Schnee.

Es war wohl in der zweiten Hälfte des Novembers 1942, die Lage bei Stalingrad entwickelte sich schlecht, als Hitler angesichts der deprimierenden Nachrichten sein ostpreußisches Hauptquartier verließ und auf dem Obersalzberg Zuflucht suchte. Dr. Morell war, wie schon verschiedentlich, dafür gewesen, einige Ruhetage einzuschieben, und zu unser aller Überraschung hatte Hitler augenblicklich nachgegeben. Durch seinen Adjutanten hatte er in meinem Ministerium anrufen und mich nach Berchtesgaden bitten lassen. Auf dem Berghof suchte er gern die alte Umgebung zusammen, deren vertraute Gesichter und harmlose Späße ihn aus seinen düsteren Stimmungen befreiten. Die militärische Umgebung war unterdessen unten im Dorf einquartiert.

Als ich abends auf dem Berghof eintraf, begrüßten wir uns nur kurz. Hitler saß, wie jetzt häufig, still vor dem großen Kamin und starrte stundenlang in das Feuer. Auch am folgenden Tag war er müde und lustlos. Gegen Mittag forderte er uns auf, an dem täglichen Spaziergang in das unterhalb gelegene »Teehaus« teilzunehmen.[1]) Es war einer jener unwirtlichen Obersalzberger Tage, in denen westliche Winde tiefliegende Wolken von der oberbayerischen Ebene in das Tal trieben, die sich an den umliegenden Berghängen drängten und zu anhaltenden Schneefällen führten. Trotz der Mittagsstunde war es dunkel, aber wenigstens das Schneegestöber hatte aufgehört. Hitler kam in seiner ärmlichen, feldgrauen Windjacke aus dem oberen Stockwerk. Sein Leibdiener reichte ihm den abgetragenen Velourshut und einen Spazierstock. Freundlich, mit etwas abwesender Herzlichkeit und als suche er mein wortkarges Verstehen, wendete er sich zu mir: »Kommen Sie. Ich möchte etwas mit Ihnen besprechen.« Zu Bormann gewandt, fuhr er fort: »Bleiben Sie mit den übrigen zurück.« Wir gingen den frisch geräumten Weg hinunter. Rechts und links niedrige Schneewälle, im Hintergrund der Untersberg. Die Wolken hatten sich aufgelöst, die Sonne stand bereits niedrig und warf lange Schatten, und der Schäferhund rannte bellend durch den Schnee.

Plötzlich, nachdem wir ein paar Minuten schweigsam nebeneinander gegangen waren, begann er: »Wie ich diesen Osten hasse. Schon der Schnee macht mich deprimiert. Manchmal

---

1 Es gab unterhalb des »Berghofes« dieses »Teehaus«, das Hitler fast täglich als Ziel seiner Spaziergänge benutzte. Das hochgelegene »Adlernest« dagegen, oft fälschlich als Teehaus bezeichnet, besuchte Hitler höchst selten.

glaube ich, ich werde im Winter selbst auf diesen Berg nicht mehr kommen. Ich kann den Schnee nicht mehr sehen.« Ich sagte nichts, was hätte ich auch antworten sollen. Bedrückt ging ich neben ihm her. Er sprach tonlos weiter, von seiner Abneigung gegen den Osten, den Winter, den Krieg. Seit einiger Zeit klagte er immer wieder, und zwar so überzeugt wie überzeugend, wie sehr er darunter leide, daß das Schicksal ihn zwinge, immer nur Krieg zu führen. Er blieb stehen, stemmte den Stock in den Boden, drehte sich zu mir um: »Speer, Sie sind mein Architekt. Sie wissen, daß es immer mein Wunsch war, selbst Architekt zu werden.« Mit leiser, fast etwas kraftlos wirkender Stimme fuhr er fort: »Der Weltkrieg und die verbrecherische November-Revolution haben das verhindert. Sonst wäre ich vielleicht heute, wie Sie jetzt, der erste Architekt Deutschlands. Aber die Juden! Der 9. November war die Folge ihrer planmäßigen Zersetzungsarbeit.« Hitler ereiferte sich. Man konnte geradezu beobachten, wie die Mechanik zu greifen begann und er sich in den alten Zorn hineinredete. Auch die Stimme gewann Kraft, sie wurde zusehends lauter, bis sie schließlich in ein heiseres Stakkato überging: ein alter, eigentlich schon geschlagener Mann, der im Schnee stand und ohnmächtig seine Verbitterung, seine vergifteten Ressentiments herauspreßte: »Die Juden sind es schon damals gewesen. Sie haben auch den Munitionsstreik organisiert! Allein in meinem Regiment haben damals Hunderte von Soldaten das Leben verloren. Die Juden haben mich in die Politik gebracht.«
Er hatte schon oft geäußert, daß die Niederlage des Reiches, die Demütigung der Nation und die ehrlose Revolution von 1918 ihn zum Politiker gemacht hätten; aber so hatte er es noch nie formuliert. Dabei hatte ich deutlich das Gefühl, daß der Spaziergang von ihm nur unternommen worden war, um ein wenig Ablenkung zu finden und die deprimierenden Nachrichten von den Fronten zu vergessen. Wahrscheinlich hatte er, als wir aufbrachen, an die Juden noch gar nicht gedacht. Aber der Schnee hatte ihm die winterlichen Ebenen im Osten wieder vor Augen geführt, und vor diesen verhaßten Bildern war er zu

jenem alten Widersacher geflohen, den er von Beginn an hinter allen Zwistigkeiten, Mißerfolgen und Bedrohungen seines Daseins gesehen hatte. Nie habe ich so deutlich wie in diesem Augenblick empfunden, wie unbedingt notwendig die Figur des Juden für Hitler war – Haßobjekt und Fluchtpunkt zugleich. Was die Landschaft seines geliebten Berges, was der Winterspaziergang ihm nicht geben konnte, das hatte er nun gefunden. Den sich schließenden Kessel bei Stalingrad, den sich verschärfenden Luftkrieg, Montgomerys Durchbruch bei El Alamain: das alles war nun sichtlich vergessen, und die dahinter dämmernde Erkenntnis, daß der Krieg schon endgültig verloren sei, auch.

Als habe der Ausbruch ihn erschöpft, sprach er ohne Erregung, müde und energielos weiter: »Wissen Sie, Speer, eigentlich habe ich nie richtig gelebt wie andere Menschen. In den letzten dreißig Jahren habe ich meine Gesundheit drangegeben. Vor dem ersten Weltkrieg wußte ich oft nicht, wovon ich am nächsten Tag leben sollte. Im Krieg war ich ein ganz gewöhnlicher Frontsoldat. Dann kamen die Revolution und mein Auftrag, und damit begannen die Schwierigkeiten, zehn Jahre lang. Ein anderer hätte kapituliert. Aber das Schicksal hat es so gewollt, die Vorsehung hat mir geholfen.«

Wir gingen wieder zu einer etwas schnelleren Gangart über: »Als ich dann an die Spitze der Nation berufen wurde, wollte ich Deutschland neu schaffen, mit Ihnen, Speer, Bauten über Bauten errichten. Es sollte das schönste Land der Welt werden. Denken Sie nur, was hätten wir aus Berlin gemacht! Paris wäre nichts dagegen gewesen. Aber sie haben mir alles verdorben. Aus meinen Angeboten haben sie immer nur Schwäche herausgelesen. Sie glaubten, ich sei ängstlich. Ausgerechnet ich! Was weiß dieses Pack vom Führer des nationalsozialistischen Deutschlands! Wir werden ihrer habhaft werden! Dann wird abgerechnet! Sie sollen mich kennenlernen! Diesmal kommt keiner davon! Ich bin immer zu milde gewesen! Jetzt nicht mehr! Jetzt wird abgerechnet!« Er rief Blondi, den Schäferhund, heran, der vorausgelaufen war.

Ich habe damals oft überlegt, ob Hitler zu diesem Zeitpunkt noch an den Sieg glaubte. Es spiegelt etwas von der Atmosphäre an der Spitze, daß ich selbst mit den wenigen hohen Militärs, mit denen ich über das Dienstliche hinaus persönlich befreundet war wie dem Generaloberst Guderian und dem Großadmiral Dönitz, oder mit denen ich gar das vertraute Du benutzte wie mit dem Feldmarschall Milch, darüber allenfalls in besorgten Andeutungen, aber niemals offenheraus gesprochen hatte. Heute kommt es mir so vor, als ob, trotz aller verbissenen Beschwörung der Vorsehung, sogar Hitler keine eindeutige Antwort darauf mehr hatte. Dieser Spaziergang mit den ständigen Stimmungsschwankungen von der Depression in die Aggression, vom Selbstmitleid zu wahnhaften Zukunftsprojekten war bezeichnend für die labile Verfassung Hitlers, nicht nur an diesem Tag, sondern im allgemeinen. Im Krieg wurde dergleichen nahezu täglich sichtbar.

Als wolle er sich selber noch stärker überreden, zog er Beispiele aus der Geschichte heran: »Jetzt weiß ich«, sagte er, »warum Friedrich der Große nach dem dritten schlesischen Krieg endgültig genug hatte. Auch mir reicht es für mein Leben. Dieser Krieg nimmt mir meine besten Jahre! Nicht mit gewonnenen Schlachten, sondern mit den Bauten, die wir gemeinsam entworfen haben, wollte ich Geschichte machen. Schon einmal fast hätten diese Barbaren das Reich erobert und standen vor Wien. Aber auch hier stellte sich ihnen ein Großer entgegen und schlug die Asiaten zurück. Wie blühte dann nach dem Sieg des Prinzen Eugen unser altes Reich auf! Denken Sie nur daran, daß das schöne barocke Wien unmittelbar nach der Stunde der höchsten Gefahr entstanden ist! So wird es auch bei uns sein, wenn wir gesiegt haben. Wie damals werden wir Paläste und monumentale Bauten errichten. Das werden unsere Denkmäler des Sieges über die Bolschewisten sein.«

Habe ich das ungefähr korrekt wiedergegeben? Ist die Figur glaubwürdig geworden? Ich muß bedenken, daß ich ja immer noch seine Stimme höre, sein Räuspern vernehme, seine leicht gebeugte Gestalt vor mir sehe. Nach der Entlassung muß ich mir einmal Schallplatten anhören, Filme ansehen, ob er sich in meiner Erinnerung verschoben hat und die düsteren oder abstoßenden Züge sich zu sehr in den Vordergrund gedrängt haben. Denn wenn das der ganze Hitler war, wie ist es dann möglich, daß er mich so gefangennahm, länger als ein Jahrzehnt?

26. November 1952
Gestern mußte ich viele Briefe schreiben, aber komischerweise ist heute mein linkes Handgelenk so angeschwollen, daß der Knochen nicht mehr zu sehen ist. Im Sanitätsraum meinte Dönitz: »Es ist höchste Zeit, daß eine Blutprobe gemacht wird.« Funk, immer eine Nuance pessimistischer: »Die Hand ist blau und rot! Sehr schlecht! Sieht nach schwerem Nervenleiden aus!« Der russische Arzt bandagierte die Hand und verordnete viermal täglich Salizyl. Außerdem darf ich nicht in den Garten. Ich mußte so viel schreiben, weil seit einigen Tagen zwei Wege nach draußen zur Verfügung stehen. Ein neuer Amerikaner, der Frederik genannt werden will, hält angesichts meiner großen Familie die erlaubte Zahl von Briefen bei weitem nicht für ausreichend; über ihn kann ich nun so viel schreiben wie ich will. Ihm hätte ich soviel aktives Mitgefühl gar nicht zugetraut, eigentlich hat er ein unempfindliches Gesicht, und überdies ist er ängstlich, der Schweiß bricht ihm aus, wenn er nur daran denkt, welche Risiken er eingeht.
Ich hätte denn auch sein Angebot gern abgelehnt, weil meine Möglichkeiten ausreichen. Aber Frederik hätte mißtrauisch werden und vermuten können, ich hätte bereits eine Verbindung nach draußen. Das muß nicht sein. Ich weiß aber nicht, was werden soll, wenn noch ein dritter und vierter sich anbietet. Dann muß ich jeden Abend Brief auf Brief schreiben, bis auch meine rechte Hand völlig lahm geworden ist.

29. November 1952
Erster Advent. In der Kapelle wird der Adventskranz aufgehängt. Abends trägt Major Andrejew ihn wieder eigenhändig aus dem Zellenblock. Kurz danach kommt der britische Direktor: »This fool didn't ask permission.« Über seinen russischen Kollegen dagegen regt sich Oberst Le Cornu nicht auf.

Wie allabendlich richtet Heß mein Bett, weil ich meine noch dick verpackte Hand nicht bewegen darf. Bei dieser Gelegenheit unterrichte ich ihn, daß seine Frau seine Briefe als Buch herausgegeben habe. Heß ist über diese Nachricht ganz aus dem Häuschen. Als er zu erkennen gibt, daß es doch ganz in Ordnung sei, wenn er auch als Autor uns voraus sei, gebe ich ihm einen kleinen Dämpfer: »Sie sollten dem Zensor dankbar sein, daß er so beharrlich Ihre verrückten Ansichten über Politik herausschneidet. Auf diese Weise erscheinen Sie gereinigt, fast wie eine Art Patentdemokrat.« Heß lacht und spielt schockiert. Immerhin haben meiner Frau die veröffentlichten Briefe an den Sohn von Heß gefallen. Da sie mir in ihrem letzten geheimen Brief auch sonst manches über Heß geschrieben hat, lese ich ihn vor, während Heß mein Bett macht. »Hat Ihre Frau von diesen Dingen gewußt, die Sie zuletzt gegen Hitler unternommen haben?« fragt er. »Nein«, antworte ich, »ich wollte sie nicht hineinziehen. – Vielen Dank für das Bett.« Heß antwortet generös: »Der Brief war Dank genug für viele Betten. Würden Sie Ihrer Frau herzlichste Grüße ausrichten.« Sympathisch ist mir an Heß, daß er meine Anschauungen, die ihm ein Greuel sein müssen, nicht wie Dönitz zum Anlaß nimmt, verstimmt zu sein.

2. Dezember 1952
Dönitz hatte heute eine halbstündige Besprechung mit seiner Frau. Nach der Rückkehr sagte er sarkastisch: »Es war ganz gemütlich, fast intim. Nur der russische Dolmetscher, der französische Sous-Chef, ein Wärter und abwechselnd einer der Direktoren waren anwesend.«

4. Dezember 1952
Im Garten erzählte mir Heß, er habe in seinem letzten Brief seinen Sohn aufgefordert, stets die Pflichten der Ritterlichkeit und Ehre zu üben. »Ah«, sagte ich, »Sie haben schon ganz die Nachwelt im Auge.« Heß lachte vergnügt, wurde aber nachdenklich, als ich ihn fragte, ob wohl unter Hitler die Frauen von Severing oder Thälmann die Briefe ihrer Männer als Bücher hätten herausgeben dürfen. »Natürlich nicht«, antwortete

er mit Nachdruck. Ich fragte weiter, was er dazu sagen würde, wenn die Bundesrepublik die Veröffentlichung seiner Briefe verbieten würde. »Das geht gar nicht«, erwiderte Heß kopfschüttelnd. »Die haben doch eine Demokratie. Und die hätten sie dann nicht mehr.«

5. Dezember 1952
Dönitz hat illegal einen Auszug aus dem offiziellen Geschichtswerk der britischen Admiralität gelesen. Er ist außer sich vor Genugtuung, daß die Engländer seinen Standpunkt teilen, die Unterlassung des Baus von Hunderten von U-Booten vor Beginn oder doch wenigstens in den ersten Jahren des Krieges sei der entscheidende strategische Fehler gewesen. Immer wieder betont er, daß er alle diese Punkte gegen Raeder in aller Öffentlichkeit vorbringen werde, wenn er und Raeder frei seien. Er erregt sich sehr dabei.[2])

6. Dezember 1952
Kranzbühler hat mit wichtigen Persönlichkeiten des westlichen Auslandes gesprochen, wie er in einem Kassiber an Dönitz schreibt. Es sei das beste, wenn wir mit der vollen Strafzeit rechnen würden. Über diesen Bescheid sprechen wir mit merkwürdiger Gelassenheit. Der Gedanke, daß wir einmal frei sein könnten, hat sich unterdes ins Irreale verloren.

11. Dezember 1952
Le Cornu, unser langjähriger britischer Direktor, verabschiedete sich. Er kommt von Neurath und Dönitz, hat Tränen in den Augen, seine Stimme klingt unsicher: »That's your new governor«, und deutet auf einen hinter ihm stehenden Offizier. Dann wünscht er auch mir mit verbotenem Händedruck alles Gute. Ich danke ihm »for all you did, but more for what you wanted to do«. Sogar Heß hat dem scheidenden Direktor bestätigt, daß er sich wie ein Gentleman betragen habe, gibt ihm aber aus Grundsatz nicht die Hand.

---

2 In seinem Buch *Zehn Jahre und zwanzig Tage* (Frankfurt–Bonn 1964) hat Dönitz diese scharfe Kritik an Raeder unterdrückt.

15. Dezember 1952
Es ist für die Wärter verboten, Bücher in den Zellenblock mitzunehmen. Nachts hat der unermüdliche Major Andrejew einem amerikanischen Wärter die obersten Knöpfe seines Rokkes geöffnet und ein Buch herausgezogen. Eine Art Grenzzwischenfall, weil ein russischer Offizier einen amerikanischen Soldaten nicht anfassen darf.

16. Dezember 1952
Mister John Egerton, der neue englische Direktor, früher ein britischer Richter, geht von Zelle zu Zelle. In ein Notizbuch schreibt er unsere Wünsche. Soviel Gründlichkeit und Aufmerksamkeit haben wir in diesen fünf Jahren Spandau noch nicht erlebt. Bei der Ausgabe des Abendessens ordnet er an, daß alle Türen gleichzeitig aufgeschlossen werden. Zum ersten Mal stehen wir am Anrichtetisch zusammen. In der Tat ist nicht einzusehen, warum wir immer noch einzeln herausgelassen und wieder eingeschlossen werden, da wir doch viele Stunden im Garten zusammen sind.

Herein aber kommt sein Kollege Andrejew und herrscht uns an: »Sofort alle zurück in die Zellen. Nur einer nach dem anderen!« Wir trotten zurück; was sollen wir auch tun? Ich höre Bruchstücke einer hitzigen Auseinandersetzung zwischen den beiden Direktoren. Der Engländer: »Aber das Essen wird doch kalt!« Der Russe bleibt ungerührt: »Macht nichts. Verboten ist verboten!« Der Engländer erklärt kalt: »Wir sprechen uns auf der Konferenz!«

Aus dem offiziellen Brief an Dönitz geht hervor, daß seine Frau vom Papst empfangen wurde; er sei freundlich und teilnehmend gewesen. Dönitz hat dadurch mächtigen Auftrieb. Vor Jahren waren schon Neuraths Tochter beim Papst und Frau Funk beim Kölner Erzbischof. Eine wahre Pilgerei hat da begonnen, obwohl wir alle Protestanten sind. Ich bin froh, daß meine Frau den Papst nicht besuchen wird.

22. Dezember 1952
Kowpak war heute zu achtsam. Zweimal mißlang die Übergabe. Ich muß das Geschriebene über Nacht bei mir behalten.

In der letzten Zeit war es ziemlich viel. Redselige Weihnachtszeit.

23. Dezember 1952

Es hat geklappt. Am Vormittag meine Notizen abgeworfen. Nachmittags inspizierte der unsympathische Gurjew Neuraths Taschen. Triumphierend zog er zwei kleine Stücke Schokolade heraus. Seit vor vielen Monaten der Roßapfel gefunden wurde, ist das der erste Erfolg der täglichen Untersuchungen. Ich warf sofort Ballast ab, einige Blatt Papier wanderten in die Toilette. Aber wir wurden nicht untersucht.

Gleich darauf kam der sowjetische Direktor Andrejew zusammen mit seinem Dolmetscher, um Neurath noch in seiner ersten Aufregung zu befragen. Aber der erklärte im Verhör ruhig: »Schokolade? Die habe ich auf meinem Tisch vorgefunden, als ich vom Garten kam. Ich dachte, sie wäre aus meinem Weihnachtspaket.« Der neue englische Direktor schien verstimmt, als er in den Zellengang kam. Den selbstzufriedenen Gurjew herrschte er so deutlich an, daß auch wir es hörten: »Stehen Sie nicht mit den Händen in den Hosentaschen herum! Und nehmen Sie die Zigarette aus dem Mund, wenn Sie mit einem Offizier zusammen sind. Das ist kein Benehmen! Haben Sie mich verstanden? Außerdem will ich allein mit den Gefangenen sprechen. Gehen Sie hier weg!« Dönitz meinte: »Wie bescheiden wir geworden sind! Wir freuen uns, wenn ein Offizier sich wie ein Offizier beträgt.«

1. Januar 1953

Um Mitternacht war ich wach, dachte an Frau, Kinder und Freunde. Ich wußte, daß sie in der gleichen Minute auch an mich denken. Durch das offene Fenster kamen Schießen, Schreien und Glockengeläut. So ging das alte Jahr zu Ende.

Am Morgen freundliche Begrüßung im Waschraum. Schirach und Raeder gaben mir seit langem zum ersten Mal mit besten Wünschen die Hand. Schirach: »Was halten Sie vom neuen Jahr?« Ich entgegnete: »Ich habe die feste Absicht, nie ärgerlich zu werden.« Erstaunt fragte Heß: »So? Ich bin es schon.«

Der französische Chefwärter kam und erklärte feierlich, trotz seiner Sprachhemmung: »Ich wünsche, daß dieses Jahr die Mauern des Gefängnisses auseinanderbrechen.« Auch andere westliche Wärter äußerten erstaunlich freundliche Wünsche auf ein baldiges Ende.

7. Januar 1953

In den letzten Tagen versuchte Major Brésard vergeblich herauszufinden, wer die Schokolade an Neurath gegeben hat. Er soll sogar die Untersuchung der Mülleimer beaufsichtigt haben, weil er Reste des Schokoladenpapiers zu finden hoffte. Heute traten die vier Direktoren deshalb zu einer Sondersitzung zusammen. Zehn Zeugen waren, wie uns erzählt wird, zur Vernehmung geladen und mußten im Vorzimmer von zwei bis sechs Uhr warten, unter ihnen auch der Russe, der den Fund gemacht hat. Allein in einer Ecke sitzend, wurde er von seinen Kameraden geschnitten, teils weil sie durch ihn einen freien Nachmittag verloren, teils weil sie dem fast achtzigjährigen Neurath die Schokolade gönnen. Abends wird dem Delinquenten vom britischen Direktor das Urteil verkündet: »Die Konferenz hat entschieden: Sie sind nicht für schuldig befunden, weil Sie die Schokolade nahmen. Aber Sie werden verwarnt, weil Sie diesen Fund nicht sogleich dem nächsten Wärter übergeben haben.«

20. Januar 1953

Die Schokoladenaffäre hatte viele Wärter verschüchtert, die Nachrichtenquellen waren einige Tage lang versiegt. Aber jetzt beginnen sie wieder zu sprudeln.
Und gleich große Aufregung. Funk erzählt im Garten: »Eine Verschwörung wurde aufgedeckt. Skorzeny, der Mussolini-Befreier, wollte uns, wie man hört, mit zwei Hubschraubern und hundert Mann entführen. Gleichzeitig sollte ein Putsch stattfinden. Wir waren alle als neue Regierung vorgesehen! Dönitz an der Spitze als Nachfolger Hitlers. Der englische Geheimdienst hat den Staatssekretär von Goebbels, Naumann, den ehemaligen Pressechef Sündermann und Gauleiter Scheel verhaftet. Die Zeitungen bringen Schlagzeilen!«
Dönitz scheint mir diese Nachricht verschweigen zu wollen.

»Aber ich habe doch gehört«, sage ich, »wie Du dich vorhin mit dem Amerikaner unterhalten hast. Wie ich gehört habe, bist Du Numero eins der neuen Reichsregierung!« Aufgeregt unterbricht er mich: »Was für ein Unsinn! Man soll mich rauslassen, damit ich erklären kann, daß ich nichts damit zu tun habe. Ich verurteile das System Hitlers, und mit SS-Leuten wie Skorzeny hatte ich noch nie etwas zu tun.« Dann, nach einer kleinen Pause: »Aber das legale Staatsoberhaupt bin und bleibe ich doch! Bis ich sterbe!« Ich zeige mich erstaunt: »Aber es gibt doch längst ein Staatsoberhaupt! Heuß ist doch gewählt worden!« »Entschuldige!«, beharrt Dönitz: »Der ist unter Besatzungsdruck eingesetzt! Solange nicht alle Parteien, auch die Nationalsozialisten, zugelassen sind und solange diese keinen anderen wählen, solange besteht meine Legitimität. Daran ist nun mal nichts zu ändern. Auch wenn ich es gar nicht wollte.« Ich versuche, ihm zuzureden: »Ich an Deiner Stelle würde auf meine Rechte verzichten.« Über soviel Unverstand schüttelt Dönitz verzweifelt den Kopf: »Du willst das einfach nicht verstehen! Selbst wenn ich verzichtete, würde ich Staatsoberhaupt bleiben, weil ich gar nicht verzichten kann, ohne einen Nachfolger ernannt zu haben.« Nun werde auch ich starrköpfig: »Aber wenn selbst Kaiser und Könige nach einer Revolution verzichten?« Dönitz belehrt mich: »Die haben immer einen Nachfolger ernannt. Oder ihr Rücktritt hat keine Gültigkeit.« Jetzt trumpfe ich auf: »Dann hast Du aber Glück gehabt, daß der Kronprinz gestorben ist. Sonst wärt ihr drei.« Dann fällt mir ein, daß Prinz Louis Ferdinand ja lebt, und ich frage: »Wie hast Du Dich eigentlich damals, 1945, mit dem Chef des Hauses Hohenzollern arrangiert?« Neurath meint achselzuckend: »Er kommt von dieser Idee nicht mehr los.«

24. Januar 1953

Beruhigende Nachricht, daß McCloy in Amerika das Komplott als eine Seifenblase bezeichnet, Adenauer sich scharf gegen die sogenannten Enthüllungen gewendet hat. In der Tat ist herausgekommen, daß die ganze »Affäre« um Skorzeny mehr oder weniger eine journalistische Erfindung ist.

26. Januar 1953
Ein Buch über Baukonstruktionen ist angekommen. Es ist konzentriert abgefaßt und klein gedruckt wie ein Konversationslexikon. Durch die Hilfe des britischen Direktors wurde das Buch von meiner Frau an die Wilmersdorfer Zentralbibliothek gegeben und mir dann angeblich aus den Beständen dieser Bücherei geliefert. Zum ersten Mal erhalte ich einen systematischen Einblick in die Fortschritte der letzten fünf Jahre. Zur Zeit arbeite ich den Abschnitt über die Holzverbindungen durch. Es ist mir vor lauter Dübeln, Nuten und Federn, Zinken und Schwalbenschwänzen ganz durcheinander im Kopf.

3. Februar 1953
Wir bekamen Anweisung, die unterdes grau und unansehnlich gewordene Halle anzumalen. Wann war es das letzte Mal? Ich weiß es nicht, die Jahre geraten mir durcheinander. Unverzüglich machten wir uns an die Arbeit und begannen mit dem Weißen der Decke. Welcher Trieb doch in den Menschen steckt, sich nützlich zu machen! Die Direktoren beschafften eine Spritzpistole, Dönitz und Schirach pumpten, während ich das Gerät auf die Decke richtete. Der russische Direktor sah interessiert zu. Aber es passierte nichts. Als ich versuchte, die verstopfte Düse abzuschrauben, schlug mir nach einigen Umdrehungen ein Strahl weißer Kalklösung ins Gesicht. Das erste Mal sah ich den russischen Direktor lauthals lachen. Als ich empört, aber wie versehentlich den Strahl in die Halle drehte, ergriffen alle, auch er, die Flucht. Gleich darauf war die Düse wieder verstopft. Von der Leiter rief ich Dönitz zu: »Mach die Mischung dünner! Mehr Wasser in den Topf!« Nun machte es geradezu Spaß. In ein paar Stunden war die Halle fertig. Vor Jahren brauchte ich mit dem Pinsel einige Wochen.

Doch als ich einige Stunden später die getrocknete Decke betrachte, ist sie nur mit einem blaßgrauen Nebelschleier überzogen. Dönitz hat zuviel Wasser in die Kalksuppe gegeben.

5. Februar 1953
Unterdessen ist Ölfarbe angekommen. Sie ist grau, oder, wie Letham stolz erklärt, »battleshipgrey«. Mir ist sie zu triste. Mit

Hilfe des Farbpulvers, das für die oberen Wandteile gedacht ist (ocker, gelb und umbra), mische ich in einem Farbtopf eine frischere Phantasiefarbe zusammen, die von Dönitz und Schirach positiv beurteilt wird. Nach diesem Rezept rühre ich daraufhin den gesamten Farbvorrat an.

6. Februar 1953

Um neun Uhr wie immer Beginn der Arbeit. Letham sieht die Farbprobe: »Oh, what sort of colour is that? That's not grey, is it?« Ich räume das ein. Beunruhigt sagt er: »Oh, but don't change the colour. You know, the American governor decided battleshipgrey. Don't do that.« Er spricht mit weinerlicher Stimme, etwa wie zu einem Kind, das mit Güte zur Besserung angehalten werden soll. »Yes, I understand. But I mixed already all the paint in that colour.« Letham ist verzweifelt: »Oh, oh! What did you do? Really?« Bekümmert geht er ab. Wir beginnen mit der Arbeit.

12. Februar 1953

Des öfteren inspiziert einer der vier Berliner Stadtkommandanten das Gefängnis. Heute kam der neue französische Stadtkommandant von Berlin, begleitet von einem Rattenschwanz von Direktoren, Adjutanten und Wärtern. Vor meiner Tür hörte ich sagen: »Das ist Speer.« Er ließ sich einführen: «Darf ich Ihnen den neuen Kommandanten des französischen Sektors, General Demiau, vorstellen.« Er grüßte militärisch korrekt; Kleinigkeiten, die auffallen. Dann wollte er mein Skizzenbuch sehen, fand einige anerkennende Worte und verließ mich mit einem Kompliment über mein Französisch.

17. Februar 1953

In der Mittagspause steckte mir Frederik die erste Folge einer Serie über die Regierung Dönitz zu, die unter dem Titel »Das vierte Reich der dreiundzwanzig Tage« erscheint. Dönitz muß sie bereits gelesen haben, er machte einen sichtlich befriedigten Eindruck, als er sich mit dem amerikanischen Überbringer unterhielt. Ich dagegen las das Ganze mit eher ärgerlichen Gefühlen, denn vieles ist falsch gesehen, das meiste wird heroisiert, und nahezu alles ist verzerrt. Der Tenor des Artikels wird

an dem Ausspruch von Dönitz, der als Motto über der ersten Folge steht, deutlich: »Ich habe nichts zu entschuldigen und müßte alles genauso wieder tun.« Es reizte mich, viele Einzelheiten, die mir wieder einfielen, sofort niederzuschreiben.
Als ich nach der Lektüre in den Garten kam, trat Dönitz auf mich zu und stellte sich neben mich. Beide sahen wir über das Schneefeld auf die acht Meter hohe rote Gefängnismauer. Natürlich nahm er an, daß ich die *Illustrierte Post* gelesen hätte. Aber er fragte mit gespielter Gleichgültigkeit: »Gibt es etwas Neues?« Ich machte ihm die Freude nicht und sagte nur knapp: »Nein!« Nach einer Pause von einigen Minuten, in der wir scheinbar gelangweilt den winterlichen Garten betrachteten, fragte ich: »Und Du, hast Du was Neues?« Längere Denkpause des Admirals: »Nein.« Belustigt bemerkte ich: »So führen wohl bei Euch die Schiffer an der Waterkant ihre Gespräche?«

26. Februar 1953
An Neuraths Tür ein Anschlag: »Wegen seines Gesundheitszustandes erhält Nummer drei einen Armlehnsessel.« Neurath brummt: »Den brauche ich gar nicht«, aber anscheinend werden seine gelegentlichen Anfälle von Atemnot ernster genommen, als es ihm lieb ist. Heute nachmittag wurde der Sessel geliefert. Ich traue meinen Augen nicht: er stammt aus der Reichskanzlei und wurde 1938 von mir entworfen.
Der Damast ist zerschlissen, die Politur vergangen, das Furnier zerkratzt, aber die Proportionen, besonders die Kurve des rückwärtigen Stuhlbeins gefallen mir immer noch. Was für ein Wiedersehen! Wagg erzählt, daß der Sessel aus einem Möbelmagazin der Stadt Berlin geholt wurde.
Abends. Ich bin dem Zufall eigentlich ganz dankbar, der mir diese Wiederbegegnung mit einem Stück meiner Vergangenheit ermöglicht hat. Es ist überdies eine Vergangenheit, die noch ganz unbelastet ist durch Krieg, Verfolgung, Fremdarbeiter, Schuldkomplexe. Nichts Peinliches ist auch an dem Möbel selber, nichts Übertriebenes, nichts Pompöses; ein schlichter Stuhl, gute Handwerksarbeit. Ob ich das heute noch könnte? Vielleicht würde ich später Möbel lieber entwerfen als Häuser.

Erst im Nachdenken wird mir allmählich klar, daß dieser banale Stuhl in der Zelle von Neurath möglicherweise das einzige ist, was ich von meiner Arbeit jener Jahre wiedersehen werde. Die Reichskanzlei ist schon abgetragen, das Nürnberger Aufmarschgelände soll gesprengt werden, nichts anderes existiert mehr von all den grandiosen Plänen, die das architektonische Gesicht Deutschlands verwandeln sollten. Wie oft hatte Hitler mir gesagt, daß unsere Bauten noch nach Jahrtausenden von der Größe unserer Epoche zeugen würden – und nun dieser Stuhl; ach ja, und ein kleines Häuschen, das ich als Student für meine Schwiegereltern in Heidelberg baute. Sonst nichts.
Werden jene Pläne wenigstens als Idee sich behaupten? Wird in einer Darstellung über das Bauen in unserer Zeit wenigstens eine Tafel eine Arbeit von mir vorzeigen? Sicherlich, es war späte Architektur, ein nochmaliger – der wievielte? – Versuch, klassisch zu bauen. Aber das habe ich immer gesehen, es hat mich nie gestört.
Manchmal kommt es mir so vor, als ob ich ein Schlußpunkt gewesen sei; eine Art letzter Klassizist. Dies meine ich weniger vom Formalen oder Stilistischen her. Ich habe den Neuerern nie geglaubt, daß Säule und Portal heute nicht mehr erlaubt seien. Sie haben viertausend Jahre durchgehalten, und wer legt denn fest, daß sie von irgendeinem Tage an nicht mehr möglich sind?
Etwas anderes bringt diesen Stil und alle überlieferten Stile vermutlich an das Ende: die handwerklichen Traditionen sterben aus, auf denen die Formen der Vergangenheit beruhten. Es gibt keine Steinmetze mehr, die ein Gesimse aus dem Stein hauen können, bald keine Zimmerleute mehr, die eine Treppe fügen können, keine Stukkateure mehr, die ein Plafond anfertigen können. Und wenn ein Palladio, ein Schlüter, ein Schinkel in hundert Jahren kämen – sie müßten mit Stahl, Beton und Glas hantieren. Unsere Epoche, wie gut oder wie schlecht sie gebaut haben mag, war wirklich der Abschied von einer langen und ehrwürdigen Tradition. So mag es denn nicht nur ein Zufall sein, daß von unseren Plänen nichts blieb: nichts als ein Stuhl.

4. März 1953

Um Bettwäsche zu holen, ging ich heute an der Zelle von Dönitz vorbei. Seine Tür war offen. Dönitz winkte mich aufgeregt herein. Sein Gesicht war plötzlich um einige Jahre jünger geworden. Wie verwandelt deutete er aufgeregt auf sein Foto mit der Unterschrift: »Der Mann, der Hunderttausenden das Leben gerettet hat.«

8. März 1953

Vor ein paar Tagen habe ich, ausgelöst vielleicht durch die Serie, damit begonnen, meine Erinnerungen niederzuschreiben. So lange hatte ich gezögert, Ansätze gemacht, Proben verworfen, schließlich meine Fähigkeit dazu ganz und gar bezweifelt. Jetzt fing ich wie selbstverständlich an zu schreiben. Es macht bisher wenig Mühe, ich bin voller Schreiblust und glücklich, für Jahre eine Aufgabe zu haben. Allerdings habe ich es mir leichtgemacht. Ich fing nicht mit Hitler an, sondern mit dem Elternhaus und der Kindheit.

Ich setze mir ein Tagesprogramm, das ich nicht unterschreiten möchte: täglich will ich im Durchschnitt eine Seite eng beschreiben. Das gäbe in vier Jahren rund vierzehnhundert Seiten – ein richtiges Buch.

9. März 1953

In der Mittagspause war es heute verdächtig ruhig. Da ich weiter am Auftakt meiner Erinnerungen schreiben wollte, vergewisserte ich mich, ob niemand spioniere. Ich stopfte also meine Pfeife und ließ das Signal klappen, um mir Feuer geben zu lassen. Dabei sah ich Selinawow an der Abschlußborde malen. Beruhigt setzte ich meine Arbeit fort.

Abends kam die Nachricht, daß Stalin tot sei. Seit ein paar Tagen schon. Nun ist der zweite Mann, dessen Gestalt das Jahrhundert verdüstert hat, dahin. Es bedeutet mir nichts.

17. März 1953

Schon zehn Tage an den Memoiren gearbeitet. Jeden Vormittag nach dem Wischen der Zelle ziehe ich einen Pullover über, setze eine wollene Zipfelmütze auf, heize meinen Geist mit einer großen Pfeife an und öffne die Klappe des Fensters, um für Sauerstoff zu sorgen. Auf den angezogenen Knien liegt als Schreibunterlage Mittags großformatige *Baukonstruktionslehre*. So bin ich gegen neugierige Betrachter abgedeckt.

Einen Vorteil habe ich darin entdeckt, daß ich, von einigen eingeschmuggelten Büchern abgesehen, keine zeitgeschichtliche Literatur lesen kann. Ich schreibe gewissermaßen blind.

18. März 1953

Casanova hätte, wie ich kürzlich bei Stefan Zweig gelesen habe, niemals seinen Lebensbericht verfaßt, wenn er nicht die letzten Jahre seines Lebens in einer armseligen Kleinstadt Böhmens verbracht hätte. Für mich ist Spandau die böhmische Kleinstadt: hier finde ich meine Abgeschiedenheit, um Bilanz zu ziehen. Während die anderen sich stundenlang im Garten über die Vergangenheit einig sind, grüble ich über ihren Verlauf nach.

19. März 1953

Den ganzen Abend meines Geburtstages schreibe ich, um mich abzulenken, an den Erinnerungen. Über Cellini hat man gesagt: »Ein Künstler, von dem fast nur eine Selbstbiographie übriggeblieben ist.«

Unterbrechung. Funk an meinem Guckfenster: »Komm zu mir, ich muß Dir etwas Interessantes zeigen!« Ungehalten über die Störung, die gegen unsere Umgangsformen verstößt, reagiere ich nicht. Nach einer Viertelstunde steht Funk wieder da: »Komm doch, es ist wirklich interessant.« Ich lasse meine Zelle aufschließen. »Mach das Licht aus!«, fordert Funk, »siehst Du den Mond mit den Sternen davor? Das ist das türkische Glückszeichen.« Long langweilt sich, weil Funk ihm vor einigen Minuten das gleiche gezeigt hat, und verschwindet. In der Dunkelheit schiebt Funk mir einen Becher zu und flüstert: »Schnell! Trink! Auf Deinen achtundvierzigsten Geburtstag! Was Du heute Nacht träumst, geht in Erfüllung!« Wo mag er nur den guten Cognac herhaben?

21. März 1953

Funk sagte heute beim Pflanzen eines Kastanienbäumchens: »Wir werden noch im Schatten des Baumes sitzen.«

Nachrichten, daß Malenkow Stalins Nachfolger wurde. Schon an Bormann ließ sich beobachten, wie vorteilhaft der Posten eines Sekretärs sich dazu eignet, die Nachfolge eines Diktators anzutreten. Nach Lenin dessen Sekretär Stalin, nach Stalin nun dessen Sekretär Malenkow. Malenkow soll eine Friedensrede gehalten haben. Heß meint lakonisch: »Ich weiß, ich weiß! Dann ist die Kriegsgefahr am größten!«

3. April 1953
Unvermittelt fiel mir heute ein, daß 1942 die Steigerung der Rüstungsprogramme an der Beschaffung von Schrauben zu scheitern drohte. Solche Details übersieht der Historiker leicht. Ich muß auf solche Punkte achten. Deshalb notiere ich es hier.

11. April 1953
Dönitz erhielt von seinem Schwiegersohn einen Kassiber mit dem Ergebnis einer Umfrage des Allensbacher Instituts vom Juli 1952. Darin steht er selber mit sechsundvierzig Prozent an der Spitze der ehemals Prominenten, von denen die Deutschen noch eine gute Meinung haben. Ihm folgen Schacht mit zweiundvierzig, Göring mit siebenunddreißig, ich mit dreißig, Hitler mit vierundzwanzig Prozent; Schirach und Heß liegen mit zweiundzwanzig Prozent im abgeschlagenen Feld. Keine gute Meinung haben von Dönitz sieben Prozent, von mir neun, von Schacht zehn, von Schirach und Heß neunundzwanzig, von Göring sechsunddreißig und von Hitler siebenundvierzig Prozent. »Weil mich das deutsche Volk im Herzen trägt, komme ich bald heraus«, meinte Dönitz auftrumpfend, als er sich heute neben mir die Hände wusch.

Trotzdem hat der Brief Dönitz keine Freude gemacht. Denn sein Schwiegersohn hat ihm unverzeihlicherweise mitgeteilt, daß er jetzt so populär wie Rommel sei. Voll ablehnender Schärfe äußerte Dönitz sich daraufhin über Rommel, der doch nur ein Propagandaheld sei, weil er am 20. Juli teilgenommen habe. Dann ging er ab.

Einen Augenblick hatte ich überlegt, ob ich Rommel verteidigen sollte, mit dem ich immerhin gut gestanden habe. Dann ließ ich davon ab. Denn schon verschiedentlich hat sich gezeigt, daß mit allen Mitgefangenen ein Gespräch über diese Fragen sinnlos ist. Obwohl Dönitz sich in seiner Erregung eine offensichtliche Blöße gab, als er verbittert äußerte, von Rommel spräche alle Welt immer noch als vom »Feldmarschall«; er und Raeder dagegen seien immer nur die »ehemaligen Großadmiräle«: »Das ist lachhaft; selbst nach internationalem Recht ist der Rang des Großadmirals ebenso unverwirkbar wie der eines Feldmarschalls!« Ich verzichtete darauf, ihn daran zu erinnern, daß er diese Meinung nicht geäußert hatte, als seinen Kameraden nach dem 20. Juli nicht nur der Rang aberkannt, sondern sie auch aus der Armee ausgestoßen wurden, damit Hitler sie aufhängen konnte.

14. April 1953

Angeregt durch die gestrige Auseinandersetzung, versuchte ich mir heute den anderen Dönitz in die Erinnerung zu rufen. Für die Memoiren habe ich daher heute eine Skizze über unsere erste Begegnung in seinem Pariser Hauptquartier gemacht. Dem damaligen Befehlshaber der U-Boote ging der Ruf voraus, ein ruhiger, fähiger, objektiv denkender Offizier zu sein. Sein Hauptquartier in einem bescheidenen, modernen Appartementhaus unterschied sich durch seine Nüchternheit von dem Prunk, den Generalfeldmarschall Sperrle am Vortage im Pariser Palais Luxembourg bei einem durch livrierte Diener servierten Gelage entfaltet hatte. Gerade griffen zahllose U-Boote einen Geleitzug im Atlantik an. Von Paris aus wurden durch Kurzwelle die Tausende von Kilometern entfernten Boote in jeder Kampfphase gelenkt.

Kurz vor meinem Zusammentreffen mit Dönitz war ein britisches U-Boot erbeutet worden, das zur allgemeinen Überraschung mit stählernen Torpedo-Ausstoßrohren ausgerüstet war. Die deutschen U-Boote waren mit bronzenen Torpedorohren versehen, und es galt als ausgemacht, daß anderes Metall unverwendbar sei. Nach Versuchen mit dem Beuteschiff erklärten deutsche Ingenieure, auch wir könnten künftig Stahlrohre verwenden, was um so wichtiger war, als für Bronze ein gravierender Engpaß bestand. Zusammen mit Dönitz setzte ich schließlich die neue Fertigungstechnik bei Hitler durch. Raeder fühlte sich daraufhin in seiner Zuständigkeit als Oberbefehlshaber der Marine mißachtet und untersagte Dönitz von nun an jeden weiteren Verkehr mit mir; auch mich verwies er auf den Dienstweg über sein Oberkommando.

Als Dönitz dann im Frühjahr 1943 Nachfolger Raeders wurde, habe ich eng mit ihm zusammengearbeitet. Er blieb immer loyal und verläßlich, machte einen hervorragenden Eindruck. Trotz der Trübung unseres Verhältnisses in unserer gemeinsamen Gefangenschaft denke ich gern an unsere Zusammenarbeit zurück. Ich verstehe, warum er sich von mir entfernt hat, und respektiere seine Gründe. Ihn hat zudem die Psychose eines gegen sein Urteil anrennenden Gefangenen erfaßt; daraus entstehen oft unerwartete, unkontrollierbare Reaktionen.

24. April 1953

Allabendlich trägt der Sanitäter von Zelle zu Zelle ein großes Tablett, auf dem sich einige Medizinflaschen und unzählige Glasröhrchen mit Tabletten befinden. Ihn begleitet heute Gurjew, der Russe, der an Weihnachten in hellseherischer Anwandlung Schokolade aus Neuraths Tasche gezogen hatte. Kurz nachdem die beiden in Funks Zelle verschwunden waren, hörte ich auf dem Gang erregten Lärm. Der Sanitäter Vlaer rief: »Dann probieren Sie doch!« Gurjews tiefe Stimme antwortete: »Alle Flaschen sind von mir beschlagnahmt!« Dann wieder empört Vlaer: »Was, Sie untersuchen mich? Fassen Sie mich nicht an!« Türenschlagen, Kommen und Gehen von anderen Wärtern.

Einige Stunden später erzählte Funk: »Ja, eine tolle Geschichte! Habe ich Schwein gehabt! Der Sanitäter zieht aus seiner Tasche blitzschnell eine Flasche heraus und gießt den Inhalt in meinen Becher. Cognac! Der Russe steht draußen vor der Tür, hat aber was gesehen. Er greift sich den Becher, riecht zuerst mit dem einen Nasenloch, dann mit dem anderen und rennt dem Sanitäter nach! Weil er es so gewohnt ist, schließt er mich natürlich ein. Ich mit meinem Cognac allein! Der Becher fast voll, ein Riesending! Mehr als ein Viertelliter! Ich setze an und trinke in einem Zug aus. Rumms! Es war nicht leicht. Aber getrunken mußte sein! Ich wurde ganz wacklig auf den Beinen. Gleich darauf schüttete ich Kaffee vom zweiten Becher in diesen. Das alles im Handumdrehen. Denn schon war der Russe wieder an der Tür und stand im Zimmer. Roch erneut an dem Becher. Stell Dir sein Gesicht vor! Kaffee! Er war ganz entgeistert. Eine Transfiguration! Er konnte es gar nicht fassen. Einen Augenblick stand er mit dummem Gesicht da. Dann sauste er mit dem vollen Becher weg.«

Lachend kam der Sanitäter hinzu: »Habe ich ein Glück gehabt! Zuerst hat er an allen Flaschen gerochen, dann meine Taschen durchsucht.« Auf die Frage, wo denn die Cognacflasche gewesen sei, antwortet er listig: »Die habe ich immer in der hinteren Hosentasche. Da hat sie noch keiner gefunden. Sowas kennen die Russen anscheinend nicht.«

26. April 1953

Das beschlagnahmte Getränk ist in der Direktorensitzung vorgeführt worden. Es wurde festgestellt, daß es sich um kalten Kaffee handelt.

2. Mai 1953

In Coburg werden von der Sekretärin meines Freundes die engbeschriebenen Seiten in Maschinenschrift übertragen. Natürlich liest der Freund das Geschriebene mit. Nun hat er sich in einem Brief, den ich heute erhielt, darüber beschwert, daß ich Hitler einen Verbrecher genannt habe. Aber daran ist kein Vorbeikommen. Entweder schreibe ich, wie ich es heute sehe, oder ich lasse es. Bestimmt werde ich dabei manchen Freund verlieren. Und vielleicht keinen neuen hinzugewinnen.

6. Mai 1953

Seit langem markiere ich an meiner Tür die Größe meiner Kinder. Die Skala macht mir grausam deutlich, wie sie mir buchstäblich entwachsen. Im heutigen offiziellen Brief lese ich, daß Ernst im letzten Jahr zwölf Zentimeter größer geworden ist und nun 1,35 Meter mißt. Albert ist 1,77 Meter, Hilde 1,69 Meter, Fritz 1,74 Meter, Margret 1,63 Meter und Arnold 1,64 Meter groß.

9. Mai 1953
Zu seinem Geburtstag hat Schirach abends eine halbe Flasche Cognac ausgetrunken. Ich sehe ihn teilnahmslos auf seinem Bett sitzen.

16. Juni 1953
An die Kinder geschrieben, daß ich zu ihren Gunsten auf die Erbschaft meiner Eltern verzichte, um so einer Beschlagnahme zu entgehen. Jedes Kind erhält seinen Teil, von dem es aber studieren muß. Wenn das Studium jedes Kindes rund dreißigtausend DM kostet, bleibt ihm nochmals die gleiche Summe als Reserve. Es handelt sich dabei um eine inflationssichere Anlage.

21. Juni 1953
Vor einigen Tagen sensationelle Gerüchte über einen Aufstand im Osten Deutschlands. Schockartig wurde mir heute klar, wie desinteressiert ich all die Jahre hindurch gegenüber dem sowjetisch besetzten Teil Deutschlands war. Seltsam! Da sitzen wir, allesamt führende Leute eines Systems, das unablässig von Deutschland gesprochen hat, und haben nie von Weimar, Rostock, Dresden oder Frankfurt an der Oder gesprochen und wie die Menschen in diesem Gebiet leben mögen. Es war wie eine versunkene, unwirkliche Welt. Nicht ein einziges Mal habe ich mir vorzustellen versucht, wie die Anwesenheit der Russen das Leben verändert haben mag, ob sie das Straßenbild beherrschen, ob die Menschen sich arrangiert haben? Offenbar doch nicht. Denn daß sie einen Aufstand versucht haben, zeugt bei dem deutschen, zur Ordnung neigenden Temperament von einem außerordentlichen Maß an Erbitterung und Verzweiflung.

Im Garten wurden Neurath und Dönitz einen Augenblick lang verhältnismäßig heftig: wir nähmen keinen Anteil, benähmen uns wie jeden Tag, fast scheine es, als ob wir nicht einmal darüber reden wollten. – Ich schwieg.

22. Juni 1953
Heute wehen aus einem Lautsprecher Töne des Liedes vom »Guten Kameraden« zu uns herüber. Aus keiner Zelle kommt ein Laut.

8. Juli 1953
Heute Nachricht erhalten, daß zu Beginn des russischen Monats und zwei Wochen nach den Ereignissen des 17. Juni Major Andrejew seine drei Kollegen zu einem opulenten Essen eingeladen hat. Der amerikanische Direktor blieb dem Essen fern.

16. Juli 1953
Ein Antrag, mein Urteil einsehen zu dürfen, ist aufgrund eines russischen Vetos abgelehnt worden. Auf meine Bemerkung, daß jeder Gefangene ein Recht habe, sein Urteil zu kennen, erklärt Brésard: »Sie haben genug Drähte nach außen!« Was weiß er? Sind unsere Geheimverbindungen gar nicht geheim?

22. Juli 1953
Seit kurzem müssen wir, einer Entscheidung der Direktoren zufolge, auch bei tropischer Hitze die offizielle Gefängniskleidung aus dickem braunem Cord tragen. Nach Jahren sind die Shorts plötzlich verboten. Pease, der mir diese Entscheidung mitteilt, ist überrascht, wie ruhig ich diese Entscheidung hinnehme: »Was ist mit Ihnen los?«, fragt er mich. Die Wahrheit ist, es interessiert mich kaum.

2. August 1953
Neurath hatte in den frühen Morgenstunden des 28. Juli einen erneuten Anfall von Angina pectoris. Ein englischer und ein französischer Wärter leisteten mit kalten Umschlägen erste Hilfe. Nach vier Tagen Bettruhe geht es ihm besser, obwohl er gleichzeitig unter einem heftigen Bronchialkatarrh mit erhöhter Temperatur leidet.
Heute vormittag kamen auf seinen Wunsch die drei westlichen Direktoren an sein Krankenlager. Neurath bat sie, ihren Regierungen mitzuteilen, daß sie einen alten, hilflosen Mann festhalten. Einige Stunden später erscheint Monsieur Laudry, der französische Rechtsoffizier, und eröffnet Neurath unhöflich, daß er an seinem schlechten Gesundheitszustand selbst schuld sei. Neurath hat im Juli vier Kilo abgenommen, weil ihm das eintönige russische Essen widerstrebt.

5. August 1953
In den letzten Tagen sind auffallende Nachrichten über Neurath zu uns gedrungen. Die drei westlichen Hohen Kommissare sollen sich mit seinem Fall beschäftigt haben. Nach Neuraths Meinung ist Optimismus aber nicht angebracht, denn mit dem guten Willen der drei sei nicht viel gewonnen, solange der Russe als vierter nein sage. Ich habe ihm versprochen, über meinen Weg seine Tochter fragen zu lassen, ob etwas im Gange sei. Der Achtzigjährige ist zu nervös, unsicher und hilflos, um selbst Kassiber zu schreiben.

6. August 1953
Soeben wurde Neurath mitgeteilt, daß er in seinem Brief vom zweiten August diesen Satz weglassen muß: »Vor einigen Tagen hatte ich einen Schwächeanfall. Dieses Mal nicht im Kopf, sondern in den Beinen. Es geht mir aber schon besser und ich hoffe, bis Ihr mich besucht, bin ich wieder ganz in Ordnung.« Darauf verlangt Neurath, den neuen britischen Direktor Cuthill zu sprechen, der unfreundlich und kurz angebunden feststellt: »We prefer to inform your family ourselves about your health.«
Abends befällt Neurath ein Weinkrampf.

2. September 1953
Lange habe ich mir überlegt, ob ich die Kinder kommen lassen soll, zumal uns inzwischen jeden Monat eine halbe Stunde Besuchszeit zusteht. Jetzt habe ich mich dazu entschlossen, und vorgestern kam nun Albert, heute Hilde. Ihr Wunsch, gemeinsam zu kommen, wurde abgelehnt, da Kinder über sechzehn Jahre nur einzeln zum Besuch zugelassen sind.
Albert war zehn Jahre, Hilde neun Jahre alt, als ich verhaftet wurde. Nun, acht Jahre später, saßen gereifte Menschen vor mir. Ich mußte ihre Gesichtszüge studieren, um das Altbekannte wiederzufinden. Wie unzureichend können Fotos und Briefe einen Menschen darstellen. Albert war erregt und gerührt, was mich sehr mitnahm; Hilde ließ sich ihre Aufregung nicht anmerken. Wie wir in unseren Briefen abgesprochen hatten, entwickelte sich eine Plauderei über ihre amerikanischen

Erlebnisse. Es war, als seien ihre Freuden die meinen, obwohl ich nicht daran teilhabe.
Weil mein Pullover am Kragen durchgescheuert ist, zog ich ihn zum Besuch mit dem Rücken nach vorn an.

3. September 1953
Raeder kehrte vom Besuch seiner Frau zurück. Er hat ihr erzählt, daß er im amerikanischen Monat sechs Pfund zugenommen habe. Als sie fragte, wieviel er im russischen verloren habe, unterbrach der sowjetische Dolmetscher: »Halt! Das dürfen Sie nicht sagen.« Neurath hat während des Besuches seiner Frau berichtet, daß es ihm nicht gutgehe. Auch diesmal unterbrach der russische Dolmetscher, aber Neurath fuhr ungerührt fort: »Du siehst, daß hier alles Lüge und Heuchelei ist.«

7. September 1953
Von der gestrigen Wahl zum Bundestag wußten wir um halb sieben Uhr die ersten Resultate, um zwölf Uhr stand das ungefähre Ergebnis fest. Dönitz äußerte sich nicht, was Schirach mit den Worten kommentierte: »Er kann nicht verwinden, daß die Rechte durchgefallen ist.« Heß wundert sich: »Die Rechtspartei hat keinen Sitz bekommen? Sie sagen, das sei eine Nachfolgepartei der NSDAP? Haben die Leute das gewußt?« Als ihm das bestätigt wurde, meinte er kopfschüttelnd: »Dann kann ich das nicht verstehen.« Ich selber habe vom Sieg Adenauers mit Befriedigung gehört.

9. September 1953
Nach der Direktionssitzung sprach Colonel Cuthill außerordentlich freundlich mit Neurath. Wie sich herausstellt, wurde ihm aber nur der Beschluß der Direktoren mitgeteilt, daß er auch bei Besuchen keine Auskunft über seinen Gesundheitszustand geben dürfe. Neurath tonlos: »Nächstens werden Sie mir noch verbieten, über meine Krankheit nachzudenken.«

10. September 1953
Heute abend konnte ich Neurath ein viele Seiten langes Gutachten von Professor Erich Kaufmann geben, das ich von der Tochter Neuraths erhielt. Kaufmann war hochgeschätzter Professor für Völkerrecht und emigrierte dann. Nach seiner Rück-

kehr bald nach dem Kriege wurde er vom Deutschen Auswärtigen Amt häufig als Rechtsberater herangezogen. In dieser Eigenschaft hat er ein Gutachten erstellt, das aus juristischen Gründen die sofortige Freilassung Neuraths verlangt. Trotzdem bleibt Neurath resigniert: »Aber es klingt immerhin positiver, als ich mir gedacht habe.«
Wenn Neurath liest, muß ich bei ihm Wache stehen, damit ich bei Gefahr die Papiere sofort an mich nehmen kann. Denn er hört und sieht schlecht und könnte sich zudem durch Erregung verraten. Deswegen betätige ich mich nun als sein ständiger Sekretär. Neurath bittet mich, seiner Familie mitzuteilen, daß sich sein Befinden seit seinem letzten schweren Anfall erheblich gebessert habe; nur die Beine seien noch wacklig. Sie solle aber jeden Bittgang zu den Russen unterlassen.

30. September 1953
Heute forderte mich der Zensor auf, der Familie mitzuteilen, daß Abkürzungen für Worte wie »Doktor« (Dr.), »und« (u.), »besonders« (bes.) oder für Vornamen nicht gebraucht werden dürften. Falls die Familie mehr als die uns erlaubten Worte schreibe, werde der Brief zurückgesandt. Er empfahl gleichzeitig, statt der genehmigten dreizehnhundert Worte nur zwölfhundert zu benutzen. Manchmal beständen über das Zählen verschiedene Auffassungen. In der Tat! Ist beispielsweise »Himmelkreuzdonnerwetter« ein Wort?

Das achte Jahr

2. November 1953

Ich organisiere unser Nachrichtenwesen. Zweimal im Monat lasse ich mir von meiner Sekretärin eine Zusammenstellung der interessantesten Neuigkeiten schicken. Heute erfahren wir beispielsweise, daß der amerikanische Präsident den Konstrukteur Messerschmitt und andere deutsche Flugsachverständige empfangen hat; Heusinger ist militärischer Berater Adenauers geworden. An den blassen, zurückhaltenden Mann kann ich mich aus Hitlers Lagebesprechungen gut erinnern, mit Messerschmitt arbeitete ich eng zusammen. Kurioserweise hatte er, um die Freistellung seiner Mitarbeiter zu sichern, in den letzten Wochen des Krieges noch die Idee entwickelt, viermotorige Düsenbomber zu bauen, mit denen man angreifen könne. In Norwegen, geht das Sekretariats-Bulletin weiter, wurden die letzten deutschen Kriegsgefangenen entlassen. Ein deutsch-alliierter Gnadenausschuß überprüft alle Fälle der noch in Deutschland inhaftierten Kriegsverurteilten, für uns soll das aber nicht gelten. Immerhin hat Adenauer in seiner Regierungserklärung die Hoffnung ausgesprochen, daß die Bemühungen der Bundesregierung um die alten und kranken Gefangenen in Spandau Erfolg haben werden.

14. November 1953

Nach der Erklärung Adenauers vor dem Bundestag verdoppeln Heß und Funk ihre Bemühungen, als ernsthaft krank zu gelten. Donaho erzählte heute fast bewundernd: »Funk kam gegen Mittag vom Arzt zurück, leise vor sich hinjammernd saß er im Sanitätsraum: ›Es war schrecklich, ich fühle mich so schwach!‹ Da erkannte er mich und fuhr hoch. ›Sie hier? Und allein? Geben Sie mir rasch einen Cognac, Jack! Schnell! Ah, das schmeckt!‹ Plötzlich hörten wir Schritte auf dem Flur, augenblicklich ließ Funk sich auf den Stuhl fallen und setzte mit erlöschender Stimme sein Stöhnen fort: ›Alles ist schwarz um mich! Es ist furchtbar! Furchtbar! Hilft mir denn niemand?‹ Kaum war der Eindringling fort, sagte er hastig: ›Jetzt noch einen Schnaps und dann eine Zigarre!‹ Genießerisch machte er ein paar Züge und drehte die Zigarre kennerisch zwischen den Fingern. Da kamen schon wieder Schritte: ›Los, die Zigarre ins Glas da und Handtuch drüber!‹ Gleichzeitig ging erneut das Gejammer los.«

Auch Heß ist wieder in Form. Unmittelbar nach Adenauers Rede ist bei ihm die totale Vergeßlichkeit ausgebrochen. Etwa alle acht Tage läßt er sich von mir erklären, wer Malenkow oder wer Adenauer ist. Als er von Direktor Cuthill verwarnt wird, weil er seine Wolldecken nicht ordentlich gefaltet habe, demonstriert er sein schlechtes Gedächtnis, indem er an die Wand seiner Zelle schreibt: »Decken in Ordnung bringen!« Auch verstärkt er seine Anfälle. Heute nacht stöhnte er stundenlang und schrie immer wieder: »Ich halte es nicht mehr aus! Mein Gott, mein Gott! Ich werde wahnsinnig!« Er machte, als ich ihn morgens in seiner Zelle besuchte, zwar einen geistig klaren Eindruck, betonte aber, auf dem Bett liegend, nicht ohne Pathos: »Eine meiner schwersten Attacken! Es geht mit mir zu Ende! Ich habe wie ein Mann gelebt und werde wie ein Mann zu sterben wissen. – Wer übrigens ist Adenauer?«

20. November 1953

Neuerdings fängt Heß an, mich als seinen Kammerdiener zu betrachten und ohne »Bitte« oder »Danke« zu befehlen: »Bringen Sie mir den Besen!« Das fällt sogar unseren Bewachern auf. »Dieser große Herr da drüben«, sagte Major Brésard vor einigen Tagen im Garten und wies dabei auf mich, »spielt mit dem Feuer! Bringt dem Heß dies, bringt ihm das. Wir wissen alles! Wir wären mit unserer Strenge durchgekommen, aber er durchkreuzt alles! Dieser große Herr!« Wenig später wurde ich offiziell verwarnt, weil ich den Mantel von Heß in den Garten brachte, als dieser bei kaltem Wetter stöhnend auf einer Bank saß.

28. November 1953
Wie mir aus Coburg geschrieben wurde, sind bereits dreihundertfünfzig Schreibmaschinenseiten mit meinen Erinnerungen gefüllt. Dreihundertfünfzig Seiten in acht Monaten; jeden Tag im Durchschnitt eineinhalb Seiten. Bei vielen Ereignissen fehlen mir jedoch Daten und Auszüge aus Denkschriften. Nach dieser Niederschrift wird es daher noch eine neue Fassung geben müssen, aber erst nach meiner Entlassung.
Übrigens bin ich nicht chronologisch vorgegangen. Von der Jugendzeit bin ich zu den Jahren als Minister gesprungen, das Jahrzehnt als Hitlers Architekt will ich mir zuletzt vornehmen, heute begann ich den Abschnitt über den 20. Juli 1944. Eine der Folgen dieses Tages war die Einsetzung von Goebbels zum »Generalbevollmächtigten für den totalen Kriegseinsatz«. Durch Funk, der guten Kontakt zu Goebbels hatte, erfuhr ich, wie unaufrichtig der »kleine Doktor« zu mir war, selbst in den Jahren, als wir gemeinsame Interessen zu haben glaubten: »Mit dir hat er es nie ehrlich gemeint«, sagte Funk. »Natürlich wußte er, daß du ihn für diesen Posten vorgeschlagen hast. Aber er war so voller Tücke und Ressentiments gegen dich, gegen die ganz persönliche Stellung, die du dir mit deinen dreißig Jahren bei Hitler erworben hattest, gegen die solide bürgerliche Herkunft, vielleicht auch gegen deinen Künstlerruhm – vergiß nicht, daß er selber von einer Laufbahn als Künstler, als großer Dichter geträumt hatte! – kurz, er war so voller Eifersucht und Aversion, daß nicht einmal gemeinsame Interessen euch hätten zusammenbringen können.« Funk lag, während er das sagte, auf seinem Bett, mir hatte er seinen Holzschemel angeboten. Sichtlich genoß er es, wenigstens gesprächsweise in die Zeiten seiner Macht zurückzukehren. Er ahnte nicht, daß mir dieses Gespräch Hintergrundmaterial liefern sollte. Er fragte: »Warum hast du ihn eigentlich selber zum Generalbevollmächtigten vorgeschlagen?«

Ich wies Funk darauf hin, daß das noch vor dem 20. Juli war und ich nicht hätte ahnen können, daß mein Name auf der Kabinettsliste der Verschwörer Goebbels Gelegenheit geben werde, auch offen als mein Feind aufzutreten. Auch war ich überzeugt, daß Goebbels der beste Mann sei, um Einschränkungen in der Heimat durchzusetzen. Funk lachte: »Da spielst du immer den Naiven, und wenn man dich in der Gesellschaft der Gauleiter und Alten Kämpfer gesehen hat, wirktest du immer wie ein Parsifal. In Wirklichkeit warst du raffinierter als wir alle. Denn nun wird mir plötzlich klar: Du wolltest nicht Goebbels stärken, sondern alle Folgen des totalen Kriegseinsatzes ihm in die Schuhe schieben. Der Mißmut der Leute über die Versorgungsschwierigkeiten sollte sich gegen ihn richten.« Ich war amüsiert, und obwohl es sich etwas anders verhielt, sagte ich: »Genau!« Funk dachte einen Augenblick nach. »Vielleicht hast du Goebbels unterschätzt. Er war noch gerissener als du, und ich halte es nicht für unmöglich, daß er deine Absichten durchschaut hat. Von diesem Augenblick an nämlich hat er sich ganz offen gegen dich gewandt, im Führerhauptquartier, auf Gauleitertagungen, wo du willst.« Ich wußte das, und da auch Bormann und Himmler damals mit mir verfeindet waren, bemerkte ich: »Sicher wäre ich verloren gewesen, wenn mich Hitler nicht weiter gehalten hätte.«

8. Dezember 1953
Die letzte Nacht hat mir geträumt: In größerer Gesellschaft, irgendwann gegen Ende des Krieges, erkläre ich, daß alles verloren sei. Es gäbe keine Chance mehr, und die Geheimwaffen existierten gar nicht. Die Teilnehmer bleiben im Traum anonym. Plötzlich taucht aus ihrer Mitte Hitler auf, ich habe Angst, daß er meine Bemerkung gehört haben und mich verhaften lassen könnte. Die Sorge steigt, weil das Gefolge Hitlers äußerste Kälte zeigt. Keiner spricht ein Wort mit mir. Plötzlich wechselt die Szenerie. Wir befinden uns in einem Haus an einem Hang mit enger Zufahrt. Erst allmählich erkenne ich, daß es das Haus von Eva Braun ist. Hitler kommt zum Tee, sitzt mir gegenüber, bleibt aber frostig und abweisend. Er kaut, wie so oft, an den

Ecken seiner Fingernägel. Wo sie angewachsen sind, hat er blutige Stellen. Als ich in sein aufgeschwemmtes Gesicht sehe, erkenne ich zum ersten Mal, daß er vielleicht durch seinen Schnurrbart die Aufmerksamkeit davon hat ablenken wollen, daß er eine übergroße, unproportionierte Nase hat. Ich fürchte nun, jeden Moment verhaftet zu werden, weil ich das Geheimnis seiner Nase erkannt habe. Mit Herzklopfen und schwachem Puls wache ich auf.

25. Dezember 1953
Dieses Jahr wurde für den Weihnachtstag zum erstenmal ein Sondergottesdienst genehmigt. Weihnachtslieder und das Gefühl, daß die Familie an mich denkt.
Geschenke und Briefe erhalten wir erst übermorgen. Denn dann erst ist der offiziell festgelegte Ausgabe-Termin der Verwaltung.
Im Vormichhingrübeln erinnere ich mich an Weihnachten vor zwanzig Jahren: Um mich bei Hitler für die ersten Architekturaufträge erkenntlich zu zeigen, übergab ich ihm damals ein kleines Ölgemälde von Karl Rottmann, eine Vorstudie zu dem großen Landschaftsbild von Kap Sunion, das später als Freskogemälde für den Münchner Hofgarten ausgeführt wurde. Ich hatte Gerüchte gehört, wonach Hitler Rottmann schätzte. Tatsächlich zeigte er sich auch freundlich interessiert, dankte jedoch nur kurz. Später ließ er das Geschenk, das mit 1000 Reichsmark eine große Ausgabe für mich bedeutet hatte, im oberen Geschoß der Treppenhalle des Berghofs aufhängen. Als Gegengabe erhielt ich zu Weihnachten des darauffolgenden Jahres von Hitler eine goldene Glashütten-Uhr. Er überreichte mir das recht belanglose Stück mit eingebautem Läutewerk ziemlich formlos, ich tat es in meinen Raritätenschrank. Nach dieser Erfahrung schenkte ich Hitler nichts mehr, und auch er nahm künftig davon Abstand. Von da an kamen nur noch vorgedruckte Weihnachtskarten mit seiner Unterschrift, im Krieg hin und wieder ein Pfund Kaffee aus einer Spende, die er aus dem Orient erhalten hatte. Ich erinnere mich, daß es Eva Braun nicht viel anders ergangen war. Zu ihrem dreiundzwanzigsten Geburtstag hatte

Hitler ihr durch seinen Adjutanten einen Briefumschlag mit 100 Reichsmark schicken lassen. Und auch das schien mir eher ein Beweis für seine Schlichtheit als ein Zeichen von Gefühllosigkeit.

Gerade als ich mich um sieben Uhr verdrossen schlafen legen will, höre ich ein kurzes »Kräh«, ich antworte in gleicher Weise. Donaho hastet in meine Zelle, stellt eine kleine Flasche Cognac und eine Tafel Schweizer Schokolade hin. Mit Blitzesschnelle hat er das Gleiche auch bei den Mitgefangenen verteilt, bis auf Heß, der wie immer ablehnt. Nicht viel langsamer habe ich den Cognac ausgetrunken, Fläschchen und Verpackung der Schokolade zurückgegeben. Ich fühle mich beschwingt. Weihnachten!

3. Januar 1954

Empire News bringt unter dem Titel: »The seven men of Spandau« eine sensationell aufgemachte Serie. Heute lesen wir, um Wochen verspätet, den Text mit der Überschrift: »The woman who got behind the iron curtain«. Es handelt sich dabei um Frau Funk, die ihren Finger durch das Drahtgitter steckte, das die Besucher von uns trennt, um den Finger ihres Mannes zu berühren. Der Versuch wurde augenblicklich von dem anwesenden Russen unterbunden. »Was wird der englische Zeitungsleser sagen, wenn er erfährt, daß unsere Frauen uns nicht einmal die Hand geben können?«, fragte ich Pease. Allen westlichen Wärtern ist es unangenehm, ihr Gefängnis bloßgestellt zu sehen.

»Das Schiff hat ein Loch«, meint Hawker heute mißmutig; »Nachrichten schlüpfen hinaus und herein.« Wahrscheinlich hat Hawker den direkten Hinweis in *Empire News* vom 27. Dezember 1953 gelesen: »Die Verantwortlichen in Spandau wissen, daß es eine organisierte Verbindung von geschmuggelten Briefen gibt, die durch Gegenmaßnahmen bis jetzt nicht unterbunden werden konnte.«

Wenn Hawker ahnen würde, daß ich bereits viele hundert Buchseiten aus dem »bestbewachten Gefängnis der Welt« geschmuggelt habe! Aber Gegenmaßnahmen werden nicht ergriffen. Während die Verwaltung annimmt, daß die übergroße Zahl

der zur Überwachung angestellten Wärter die Sicherheit erhöht, würde sich bei einer energischen Reduzierung des Personals die Wahrscheinlichkeit verringern, unter den Beschäftigten Vertraute zu gewinnen.
Fühle ich mich zu sicher und werde ich eines Tages überrascht, oder – schrecklicher Gedanke – wird die geheime Post geduldet, um kontrolliert zu werden, um unsere Geheimnisse zu erfahren? Diese Möglichkeit kalkuliere ich seit langem ein. Aber sie wiegt die Vorteile bei weitem nicht auf.

4. Januar 1954

Deswegen auch setze ich meine Erinnerungen fort. Ich bin unterdes bis zur Schilderung der Ardennen-Offensive gekommen. An der Lagebesprechung, auf der ihr endgültiges Scheitern konstatiert werden mußte, war ich dabei. Es war in jenem Hauptquartier bei Bad Nauheim, das ich 1939 gebaut hatte. Auf Hitlers Gerede von einer Pechsträhne, die für den Sieg aber nichts zu bedeuten habe, da er mit neuen Offensiven das Kriegsglück bald wenden werde, blieben die Generale wortlos und eisig. Ich sehe noch den siebzigjährigen Feldmarschall v. Rundstedt vor mir, wie er zu dem um Zustimmung beinahe bettelnden Hitler nur eine knappe, steife Verbeugung machte. Hitler mußte die Reserve um sich herum geradezu physisch gespürt haben, denn unvermittelt verließ er die Lage auf dem westlichen Kriegsschauplatz und spielte Tito gegen seine eigenen Marschälle aus. An ihm müsse man sich ein Beispiel nehmen. Aus dem Nichts habe er in seinem Gebiet neue Verbände aufgestellt und mit primitivster Bewaffnung in Jugoslawien zwanzig deutsche Divisionen gebunden. »Und was diese Schlawiner vom Balkan können, das soll uns unmöglich sein? Was heißt denn technische Überlegenheit der Amerikaner, meine Herren! Sie müssen nur dahin kommen, mit der gleichen Entschlußkraft, Kühnheit, Zähigkeit und vor allem mit der gleichen eisernen Sturheit zu kämpfen. Dann kann der Krieg niemals verlorengehen.« Aber Tito sei eben, so schloß er, ein Schuhmachergeselle mit eisernen Nerven und kein Generalstabsoffizier.
In den Jahren vor dem Krieg hatte Hitler die Gesellschaft des

gehobenen Bürgertums gesucht, und vielleicht verdanke ich selber meinen Aufstieg, teilweise zumindest, diesem Bedürfnis. Nun war er zum Verächter dieser Schicht geworden, und in der Art, wie er ihre Vertreter hier abkanzelte, kam ein tiefsitzender Groll zum Vorschein. Jetzt waren Schuhmachergesellen als Ausdruck von Kraft, Energie und Rücksichtslosigkeit das Vorbild geworden. In den dreißiger Jahren hatte er die Rabauken unter seinen Alten Kämpfern kaum noch empfangen und statt dessen Leute der feinen Gesellschaft vorgezogen. Es ist kein Zufall, daß Bormann jetzt auf den Höhepunkt seiner Macht kam und der vulgäre Trunkenbold Ley, der nach dem 20. Juli einen kreischenden Hetzartikel gegen den Adel veröffentlicht hatte, wieder in den engsten Kreis zurückkehrte.

7. Januar 1954
Abends wieder bei Funk in der Zelle. Ich lenke das Gespräch auf die letzte Kriegsphase und frage, wie er das Ende erlebt habe. Funk grinst und greift unter die Matratze. Er hält eine Taschenflasche in die Höhe und sagt nur: »So! Es war eine einzige Sauferei!« Ich bin über seinen Leichtsinn beunruhigt, denn er bringt nicht nur sich, sondern auch unsere Wärter in Gefahr. »Ehrlich!« sagt er mit leicht verklärtem Ausdruck, »in den Sitzungen der letzten Monate wußte ich oft nicht, ob ich es mit Verhandlungsfähigen zu tun habe. Erinnere dich doch selbst, wie wir uns im Frühjahr 1945 zur Besprechung mit Terboven, dem Reichskommissar für Norwegen, in dessen Appartement im Hotel ›Adlon‹ getroffen haben.« Ich erinnerte mich. An das unaufgeräumte Zimmer, an den Mann, der mit offener Uniformjacke auf dem Sofa saß, um sich herum ein Durcheinander von Wein- und Schnapsflaschen. Anstatt mit uns über seine Probleme zu verhandeln, machte er makabre Witze über das bevorstehende Ende. Ein paar Wochen später, berichtet Funk, habe er sich auf eine Kiste Sprengstoff gesetzt und die Lunte angezündet, während rings um ihn wiederum geleerte Flaschen standen. Mir scheint es ganz bezeichnend für einen Alten Kämpfer: Aus dem Gefühl der verratenen Idee in den Suff geflohen, und dann Sprengstoff.

9. Januar 1954
Weil Funk seit Tagen bettlägerig ist, bin ich mit Heß zum Baden eingeteilt. Er ist besorgt wegen der Nachricht in der *Empire News*, wonach er der zukünftige Führer einer deutschnationalen Partei sei. Bekümmert sagte er: »Das schiebt gerade während der Außenminister-Konferenz vor meine Entlassung einen kräftigen Riegel.« Ich fragte treuherzig: »Wäre es Ihnen denn lieber gewesen, wie ich als reuiger Sünder dargestellt zu werden?« Heß zögerte. Nach einigem Überlegen meinte er niedergeschlagen: »Im Augenblick ja. Ich möchte rauskommen. Wie und warum, das ist mir gleichgültig.«
Abends in der Bibliothek zeigte sich auch Dönitz besorgt über die ihm zugeschriebenen Ambitionen, nach seiner Entlassung Staatsoberhaupt zu werden. »Die Zeitung hat aber auch geschrieben, daß ich ein Kinderheim aufmachen möchte«, sagte er trostsuchend. »Meine Frau will mir aber den Gedanken ausreden, weil ich zu alt sei. Vielleicht hat sie recht.« Heß tut liebenswürdig: »So, so! Zum Kinderheim zu alt, aber für das Staatsoberhaupt würde es noch reichen. So meinen sie doch?«

2. Februar 1954
Der erste Besuch vom jüngsten Sohn, dem kleinen, jetzt zehnjährigen Ernst, hat mich niedergeschlagen. Aber ich ließ es mir nicht anmerken.

8. Februar 1954
Gleich nach dem Bericht der *Empire News*, wonach bei uns Post geschmuggelt werde, legte ich wieder einmal ein Stück gefaltetes Toilettenpapier unter mein Bett, bestreute es mit Staub, um feststellen zu können, ob es aufgehoben und, um mich zu überführen, wieder an seinen Platz gelegt würde. Das ist nun fünf Wochen her.

10. Februar 1954
Weiter an den Erinnerungen gearbeitet, obwohl ich die Sache manchmal als mißlungen ansehe. Ist es mehr als eine historische Anekdotensammlung? Jedenfalls gelingt es mir nicht, die Zeit im ganzen darzustellen, es ist mehr der Versuch einer Selbstergründung. Wenn es schon kein Buch der Geschichte ist,

werden hoffentlich die Historiker etwas damit anfangen können.

14. Februar 1954
Heute las ich einen Satz von Karl Jaspers, wonach es eine objektive Wahrheit nicht geben kann. Selbst nicht für den Historiker, der es unternimmt, geschichtliche Ereignisse leidenschaftslos festzuhalten. Das gab mir etwas von meiner Ruhe zurück.

18. Februar 1954
Diese Lebensaufzeichnungen bedrücken mich mehr und mehr. Meine Sehnsucht nach einem unbelasteten Lebensabschnitt, über den ich mit Freude berichten könnte, steigt ins Unermeßliche. Ich will demnächst die Kapitel über die Jugendjahre weiterschreiben.

28. Februar 1954
Frederik bringt echten Hennessy und Canadian Club in unbeschränkten Mengen. Vorübergehender Stimmungsumschwung. Über meinen ausgelassenen offiziellen Brief werden sich die Kinder wundern. Dönitz faßte seinen Sonntagsbrief sogar in Versen ab. Einen aufmerksamen Zensor müßte diese Heiterkeit mißtrauisch machen.

1. März 1954
Heute nacht zwischen zwei und drei Uhr gab mir Frederik Gelegenheit, eine unglaubliche Stelle in den Erinnerungen des Feldmarschalls Kesselring zu lesen, über die wir uns neulich unterhalten haben. Hitler hat ihm also noch im Frühjahr 1945, nach dem Erliegen der Rüstung, neue Wunderleistungen der Produktion in Aussicht gestellt, und das, obwohl ich ihn in den Denkschriften vom 30. Januar und 15. März 1945 in allen Einzelheiten über den Zusammenbruch der Rüstung unterrichtet hatte. Er täuschte also nicht nur das Volk, er belog selbst seine Heerführer! Ob sie es wohl glaubten? Oder sogar dankbar dafür waren, weil sie ihre mangelnde Bereitschaft zum Widerspruch damit entschuldigen konnten? Hatte Hitler aber Mitarbeiter aus der Rüstung vor sich, sprach er von neuen Offensivaktionen nicht vorhandener Divisionen. Auf diese Weise betrog er die einen mit den anderen. Auch sich selbst?

3. März 1954
Weil es vormittags regnete, wechselte ich die Hose und hängte das nasse Zeug über meinen Stuhl. Wieder im Garten. Ein Franzose untersuchte unterdessen die Zelle. Erst heute abend fällt mir ein, daß die Blätter mit den Notizen über Kesselring in der Hose waren. Aber es ist nichts gefunden worden.
Vor einigen Tagen war ich in noch größerer Verlegenheit. Ich hatte die Blätter auf ihren Platz geschoben, den obersten Hosenknopf zugeknöpft und ging zum Essenholen. Auf dem Weg zum Anrichtetisch fiel mir ein, daß ich kurze Unterhosen anhatte. Nur weil die Blätter durch den Hosenbund festgehalten wurden, legte ich sie nicht am Anrichtetisch dem anwesenden französischen Direktor zu Füßen. Glücklicherweise habe ich in diesen drei westlichen Monaten vier Kilo zugenommen.
4. März 1954
Neurath sagte heute: »Wenn wir je nach Hause kommen sollten, müssen wir uns unsere Unsitten abgewöhnen. Hier werden wir zur ständigen Unwahrheit erzogen.« Trägheit, Egoismus und Desinteresse breiten sich unter uns aus. Wir werden zu Schauspielern und Heuchlern. Zweimal autoritäre Erfahrungen, ehemals auf der obersten Ebene, jetzt auf der untersten. Ich wüßte nicht zu sagen, was mehr korrumpiert.
5. März 1954
Eine dreiköpfige Sowjetkommission besuchte uns heute. Nach der Beflissenheit des russischen Direktors zu urteilen, müssen die Besucher hohe Ränge bekleiden. Übrigens die ersten freundlichen russischen Inspizienten in sieben Jahren. Sie grüßten mit »Guten Tag, wie geht's?«, fragten nach der Gesundheit und erkundigten sich, ob es nicht zu kalt sei. Die ungenügenden Essensrationen umgingen sie mit der scheinbar teilnehmenden Frage: »Haben Sie guten Appetit?« Dann zu meinen Photos: »Ach, Sie haben sechs Kinder? Wie alt? Und das sind Ihre Eltern?« Auch mein Rechenschieber erregte Interesse.
Ändern wird sich nichts.

25. März 1954
Unsere Hoffnungen wieder einmal auf einem Tiefpunkt, weil die Berliner Außenminister-Konferenz in der Deutschlandfrage gescheitert ist. Von einer Einigung hätten wir uns immerhin positive Auswirkungen auf das Problem Spandau erwartet. Als Schirach und Funk heute die ausgebliebene Verständigung beklagen, erinnere ich sie unfreundlicherweise daran, daß sie erst neulich fast triumphierend auf Hitlers Prophezeiung hingewiesen hätten, die Koalition der Kriegsgegner müsse zwangsläufig zerfallen. Nun bedauerten sie jeden Konflikt, da er ihr persönliches Schicksal berühre.

27. März 1954
Wir alle sind gleichermaßen überrascht, als Frederik mir heute eine Notiz aus der *Frankfurter Allgemeinen Zeitung* zusteckte. Danach werden formelle Verhandlungen zwischen den vier Hohen Kommissaren über das Schicksal der im Spandauer Gefängnis Inhaftierten stattfinden. Molotow soll seinen Botschafter Semjonow zu Gesprächen über Spandau autorisiert haben. Die Meldung verursacht Unruhe und fast eine Art Euphorie. Im Garten ist keiner zu irgendeiner Arbeit zu bringen. Auch ich muß an mich halten, um meine Fassung zu bewahren. Immerhin ist es das erste Zeichen, daß es nicht ewig so weitergehen muß. Etwas scheint in Bewegung gebracht.
In Gruppen zusammenstehend, halten wir eine unserer großen Kannegießereien, die schon bald ins Grundsätzliche übergeht: die sowjetische Deutschlandpolitik. Dabei verfügen wir nur über ein paar Zeilen einer Meldung und wissen so gut wie nichts über Motive und Hintergründe dieser Politik in all den vergangenen Jahren. Schirachs wortreich vorgetragene Theorie, daß die Sowjetunion, nicht zuletzt nach dem Desaster des 17. Juni 1953, eine Geste in die deutsche Richtung machen müsse, ist doch sehr vage und identifiziert unser Wohlergehen auf etwas allzu naive Weise kurzerhand mit dem Interesse des deutschen Volkes. Aber soviel scheint auch mir richtig: verblüffend bleibt, daß die Sowjetunion noch immer zögert, die deutsche Karte auszuspielen. Als ich in Nürnberg erstmals von

Stalins Satz hörte, daß die Hitlers kommen und gehen, während das deutsche Volk bestehen bleibe, sah ich darin so etwas wie eine ausgestreckte Hand, und wenn mich das auch nicht von Stalins Großmut überzeugte, so schien es mir doch ein Zeichen seiner taktischen Schlauheit.
Die Sowjetunion hatte sich nach dem Ersten Weltkrieg sehr um Deutschland bemüht, doch wohl in der treffenden Erkenntnis, daß die Vorherrschaft über Deutschland zugleich die Herrschaft über Europa bedeute. Aber alle ihre Agenten, ihre Putsch- und Aufstandsunternehmungen waren gescheitert. An der Sozialdemokratie, der alten Armee, der Bürokratie, der noch intakten bürgerlichen Gesellschaft. Jetzt war das alles nicht mehr vorhanden, der Großgrundbesitz vernichtet, die Industrie zerbombt, die Schichten beseitigt und im Elend alle einander gleich geworden. So oft ich in den letzten Monaten des Krieges und dann auch noch vereinzelt danach die Menschen auf den Straßen sah, und wie sie verzweifelt und am Ende aller Kraft waren, da dachte ich: wer jetzt käme und ihnen eine Zukunft zeigte, von einer Hoffnung spräche, wie klein sie auch sein mochte, könnte leichtes Spiel mit ihnen haben. Nie, so schien mir, war Rußland näher daran, die deutsche Seele zu gewinnen als in jenen Monaten, und Stalins Wort deutete darauf, daß er das begriffen hatte. Aber darin war er – und sind vielleicht alle Gewaltherrscher – wie Hitler. Wie dieser nach dem Sieg über Frankreich nicht die Franzosen, sondern deren Provinzen gewinnen wollte, so strich Stalin erst einmal Ostpreußen, Schlesien und Pommern ein – teils für sich, teils zur Bestechung der anderen osteuropäischen Völker. Dann errichtete er seine Herrschaft über Zentraldeutschland, mit Panzern und Satrapen. Und nun erst, als er alle psychologischen Chancen verspielt hatte, ließ er die klein und chancenlos gewordene kommunistische Partei um die Massen werben. Als er sich Königsberg nahm, verlor er Deutschland.
Was war es? War es das tiefeingewurzelte Mißtrauen des Georgiers, der in seiner ganzen Karriere niemals Vabanque gespielt hatte? Oder doch die Einsicht des Realisten, der nie daran

geglaubt hatte, daß es von Moskau aus je gelingen könne, die deutsche Arbeiterschaft für die Sache der Weltrevolution zu gewinnen? Oder war er seiner Sache angesichts des verelendeten Kontinents so sicher? In jedem Fall zeugt sein Verhalten vom Zweifel in die triumphierende Macht der kommunistischen Weltanschauung. Bezeichnenderweise schickte er nach diesem Kriege nicht mehr wie 1918 die Radeks und Levinés, sondern seine grobschlächtigen Sowjetmarschälle. Die Deutschlandpolitik Stalins ist strenggenommen der Abschied vom Glauben an den Sieg der kommunistischen Idee.

28. März 1954

Noch zum Gestrigen: Vielleicht habe ich zu politisch gedacht. Mit der Abtrennung der Ostprovinzen vom deutschen Reich hat Stalin in ganz anderem Sinne noch die Chance auf Deutschland verspielt. Denn jene Gebiete waren doch auch in kultureller, handelspolitischer und allgemeinpsychologischer Hinsicht die Verbindung Deutschlands mit Rußland sowie überhaupt mit dem Osten. Es ist kein Zufall, daß alle deutsche Allianzpolitik nach Osten, ob von Friedrich, Yorck oder Bismarck bis hin zur Reichswehrführung, von Ostelbiern gemacht wurde. Ich weiß noch, welchen Eindruck es mir als Schüler machte, als ich im Programmheft einer Hauptmann-Aufführung las, daß die erste Gesamtausgabe der Werke des Dichters, noch vor der deutschen, in russischer Sprache in Moskau erschien, wie die ersten westlichen Ausgaben der großen russischen Dichter zumeist, wenn ich mich recht erinnere, in Berlin. Der Osten Deutschlands war das große europäische Durchgangstor zwischen westlichem und östlichem Geist. Das ist nun nicht mehr.

Noch etwas kommt hinzu. Deutschland hatte dem Westen, dem Geist blanker Aufklärung, immer mißtraut, ihn als seicht, rationalistisch zurückgewiesen. Stalins Politik hat Deutschland dem Westen gewaltsam in die Arme getrieben. Das Mißtrauen endet. Jetzt wird Deutschland, das sich dem so lange widersetzt hat, vom Westen auch innerlich erobert, und die Sowjetunion hilft unwillentlich und vielleicht sogar unwissentlich dabei.

Abends, beim nochmaligen Überlesen: viel davon wohl eher

auf unsicherem Grund. Das Geschriebene läuft fatalerweise darauf hinaus, daß ich hier noch sehr lange sitzen werde, wenn ich recht habe. Ich muß ganz und gar unrecht haben, um bald hier herauszukommen.

29. März 1954

In meinem Lebensbericht bin ich nun Ende März 1945 angelangt. Jodl hatte nach dem Sturz Mussolinis bemerkt, daß das faschistische Regime wie eine Seifenblase geplatzt sei. Welches Bild ist wohl für das Ende des Hitlerschen Regimes angemessen? Wäre es zu hart, wenn ich sagte, daß die Ereignisse der letzten Monate mit dem Aufbrechen einer Eiterbeule zu vergleichen sind?

30. März 1954

Manchmal beneide ich meine Mitgefangenen. Ihr ungebrochenes Verhältnis zur Vergangenheit muß ihnen das Leben erleichtern. Die Form wird unter uns natürlich weiterhin gewahrt. Aber sie haben ihre eigene Welt, in die ich nicht gehöre. Wenn ich mich nähere, verstummen sie und drehen sich um. Ich kann nur vermuten, womit sie sich beschäftigen. Denn was ich hier über uns berichte, setzt sich aus gelegentlichen Gesprächsfetzen scheinbarer Unterhaltungen zusammen, die einen gemeinsamen Grund nur vorspiegeln. Der Gefangene ist immer ein Außenseiter der Gesellschaft; ich bin ein Außenseiter unter Gefangenen. Görings Wort im Nürnberger Prozeß: »Wir hätten ihm nie vertrauen sollen«, gilt auch hier noch.

Natürlich stehe ich nicht gern abseits. Oft fühle ich mich versucht nachzugeben. Ein paar Worte, und sie würden mich in ihren Kreis aufnehmen. Das würde mir vieles leichter machen. Aber es käme doch einer Selbstaufgabe gleich. Ich gehöre einfach nicht zu ihnen, ich bleibe der Defätist. Aber ich muß mich hüten, daraus eine Frage moralischer Überlegenheit zu machen; vielleicht ist es nur eine Sache des einzelgängerischen Temperaments. Nie habe ich irgendwo ganz dazugehört. Als ich mir neulich in der Bibliothek eine englische Grammatik holte, meinte Dönitz spitz: »Du willst dich wohl beim Secret Service anstellen lassen!«

31. März 1954
Neurath, den ich von dem gestern Gesagten doch ausnehmen möchte, kam heute mit verjüngtem Gesicht vom Besuch seiner Frau zurück: »Sie machte viele Andeutungen.« Aber eine Stunde später war er wieder skeptisch: »Ich glaube es erst, wenn ich auf der anderen Seite des Tores stehe.«
Wenn Funk für einige Stunden nicht bettlägerig ist, geht er mit Schirach im Garten auf und ab. Der amerikanische Aufseher Felner nannte sie neulich »the evil spirits«. Aber nun liegt Funk fast immer im Bett. Heute wurde der Doktor geholt, weil Funk angeblich kurz vor einer Urämie stand und nahezu das Bewußtsein verloren hatte. Dönitz nennt das einen »Ausbruchsversuch«. Auch Raeder ist neidisch über die Chance Funks, ins Krankenhaus zu kommen. Als er an der Zelle vorbeigeht, meint er leichthin zu Felner: »Na, ist noch ein Funken Funk in ihm?«

9. April 1954
Fünf Stunden sollen die Rechtsvertreter der vier Hohen Kommissare im Kontrollratsgebäude zusammengesessen haben.
Neurath würde ich sehr vermissen. Aber auch Raeder und Funk gehören zu den Kranken. Ohne sie würde ich schon auskommen. Allerdings wären wir dann nur noch vier, und wenn Dönitz in zwei Jahren seine Strafe beendet hat, verbleiben lediglich Schirach und Heß. Unerfreuliche Aussichten!
Raeder setzt seine Chancen mit fünfzig zu fünfzig an und vermutet, daß einige noch ein paar Krankheiten entdecken werden. Funk meint apathisch und mit leiser Stimme: »Für mich ist es zu spät. Es ist mir alles gleichgültig.« Der Bedauernswerte müht sich krampfhaft um die Gunst der russischen Wärter, redet sie mit freundlichem Lächeln an, aber sie reagieren nicht. Der sonst so distanzierte Heß äußert zu unserer Überraschung, seine Magenkrämpfe seien auch ernst zu nehmen: »Furchtbar, auf die Entscheidung zu warten. Ich kann nicht mehr. Es sind jetzt schon dreizehn Jahre!« Und Dönitz verweist auf seine gute Führung: »Bei einem Drittel Strafverkürzung müßte ich schon seit neun Monaten frei sein!« Ich entgegne, daß dies nicht das

Wichtigste sei; Kranzbühler habe uns doch sagen lassen, daß die Alten und Kranken zuerst kämen. Die anderen sollten diesen Plan nicht vereiteln. Dönitz ist aufgebracht: »Das hat er nie geschrieben!« Mit leichtem Knall schlägt er hinter sich die Zellentür zu. Schirach sagt böse hinter ihm her: »Dabei vermasselt er uns alles mit seinem Präsidentengetue! Der sitzt wie ein Pfropfen vor der verfrühten Freilassung von uns beiden.« Da in meinem Schuh seit Tagen zehn Blatt unbeschriebenen Papiers drücken, beginne ich mit dem ausstehenden Teil der Erinnerungen, der Zeit als Architekt. Mit dem Tod Hitlers habe ich letzte Woche die Schilderung der Ereignisse ab 1942, Teil zwei und drei, abgeschlossen.

2. Mai 1954

Hilde und Margret waren zweimal zusammen hier. Voller Charme im Gespräch wie in den Bewegungen. Für eine halbe Stunde verwandelten sie die bedrückende Besuchsatmosphäre. Noch nie in den letzten neun Jahren war ich der Gefängniswelt so völlig entkommen. Obwohl ich Margret seit dem Frühjahr 1945 nicht mehr gesehen habe, begrüßte sie mich fröhlich: »Du siehst noch genauso aus wie früher!« Sie war damals sechs Jahre alt.

Aus einem Tierasyl wollen sie sich einen Hund besorgen. Als ich dann versprach, ihnen den Hund herbeizuzaubern, lachten sie. Noch abends an den Coburger Freund geschrieben, daß er von meinem Guthaben mit einigen hundert Mark, in das Architekten und Bekannte aus der Industrie einzahlen, den Kindern einen Dackel aus guter Zucht kaufen soll.

11. Mai 1954

Wir werden in die Kapelle gerufen. Der britische Direktor kommt allein und verkündet der vor ihm sitzenden Versammlung der sieben, daß die Direktoren verschiedene Verbesserungen beschlossen hätten, die er verlesen werde. Er vermeidet alle Wichtigtuerei. Zwei, drei Punkte hebt er mit einem »but probably that will please you« hervor.

Das Licht kann nun ab Viertel vor sieben Uhr ausgeschaltet werden, das Sprechverbot ist aufgehoben. Zweimal im Monat gibt es zusätzlich eine halbe Stunde klassische Musik auf Schallplatten. Es ist erlaubt, über die Gesundheit und über das Leben im Gefängnis zu schreiben, aber das sind alles Dinge, die eigentlich schon seit einiger Zeit geduldet wurden. Wichtiger ist, daß wir nun mit dem Anwalt Briefe wechseln können, aber nicht über Fragen des Nürnberger Prozesses. Mit der gleichen Einschränkung können wir ihn sehen, wir dürfen Testamente oder andere Dokumente ausfertigen. Für Weihnachten wird ein zusätzlicher Besuch von einer halben Stunde genehmigt, und das Gitter im Besuchszimmer fällt. Aber bei irgendwelchen Berührungen wie Händeschütteln oder Umarmen wird der Besuch sofort unterbrochen. Jede der vier Nationen wird uns mit einer Zeitung versehen, die Amerikaner bestellen die *Frankfurter Allgemeine Zeitung*, die Engländer *Die Welt*, die Franzosen den Berliner *Kurier* und die Russen die *Berliner Zeitung*. Jeder Direktor ist für die Zensur seiner Zeitung zuständig.

Das ist also das Ergebnis der großen Konferenz. Und mit jeder Erleichterung, die uns verkündet wurde, wuchs unsere Niedergeschlagenheit. Nun habe ich keine Hoffnung mehr. Denn eine solche Chance kommt nicht wieder.

Bei Carnac in der Bretagne habe ich 1942 einen Granitblock gesehen, den unsere prähistorischen Vorfahren so auf einen anderen montiert hatten, daß man ihn mit den Fingerspitzen zum Wiegen bringen kann. Wer neigt unser versteinertes Geschick mit leichtem Druck zur anderen Seite?

14. Mai 1954

Selbst ihren westlichen Kollegen gegenüber reagierten die russischen Wärter schroff, als die neuen Erleichterungen bekannt wurden. Sie schlugen die Türen zu, klingelten mit den Schlüsseln, rannten eifrig auf und ab. Nun haben sie sich beruhigt, halten sich korrekt an die neuen Regeln.

Während abends eine Amsel auf einer Akazie sitzt und vor meinem Fenster singt, lese ich Thomas Mann: *Josef und seine Brüder*. Zweitausend Seiten. Ich lese jeden Tag dreißig. Ich habe Zeit.

Heute habe ich erstmals mit dem neuen Rasenmäher gemäht. Der Widerstand der Maschine entspricht, wie ich errechnet habe, einem Höhenunterschied von vierhundert Metern; es ist so, als ob ich einen mittleren Berg im Schwarzwald hinaufstiege. In Wirklichkeit habe ich viertausend Quadratmeter gemäht.

Die Gartenarbeit wird allmählich, wie Heß mißbilligend bemerkt, zu einer Obsession. Zuerst habe ich sie als Befreiung empfunden, aber jetzt habe ich manchmal Angst vor der trivialisierenden Wirkung solcher mechanischen Tätigkeit. Bei der ausdauernden Gartenarbeit werde ich womöglich auch intellektuell und seelisch zum Gärtner. Das Überleben in der Haft ist ein Balanceproblem.

Im Garten ist heute heiße Glut. Kaum ein Windhauch. Gelegentlich gehe ich durch die Wasserwolke des Gartensprengers. Einige Stunden schleppe ich Wasser für die Obstbäume; den größeren werden drei Kannen, den kleineren ein bis zwei zugebilligt.

Bei großer Hitze schleppe ich jeden zweiten Tag fünfzig Kannen Wasser zu je zehn Liter zu meinen im Frühjahr neu eingesetzten Pflanzen.

In meinem Gartenteil kann ich walten, wie ich will. Im Frühjahr habe ich eine Grube ausgehoben, darin einen versenkten Steingarten angelegt und mit vielen tausend Backsteinen in der etwa einen halben Meter tiefen Mulde rechteckige Terrassen von zwanzig bis vierzig Zentimeter Höhe gebaut.

Wenn ich in der Mitte auf der Rasenfläche liege, sehen diese Backsteinterrassen aus wie eine kleine Stadt. Blumen umgeben mich. Dieser Garten, diese lächerliche Ziegelarchitektur, hat den unschätzbaren Vorteil, konkret anfaßbar und jeden Morgen immer noch vorhanden zu sein.

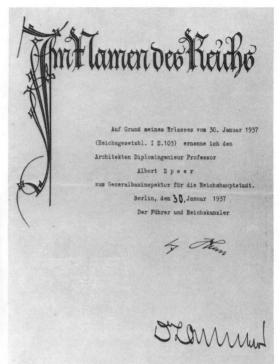

Mit zweiundzwanzig Jahren führte mich die Verweigerung der Moderne als Assistent zu Tessenow. Es kann kein Zufall sein, daß es nicht Gropius oder Mies van der Rohe waren, die mich als jungen Architekten faszinierten, sondern eben Tessenow mit seinem Sinn fürs Gediegene, Schlichte, Handwerkliche. Mein Widerwille gegen die Großstadt, den Menschentypus, den sie hervorbrachte, und selbst mein Unverständnis für die Vergnügungen meiner Kommilitonen, dazu meine Leidenschaft für das Rudern, Wandern und Bergsteigen: Das alles waren ja schon romantische Protesthaltungen gegen die Zivilisation.

Am 30. Januar 1937 wurde ich der Architekt der Welt, der bei riesigen Bauten unbeschränkt aus dem vollen schöpfen konnte.

Warum hatte Hitler gerade mich zu seinem Architekten gewählt? Er selbst ließ bisweilen durchblicken, er habe nur einen jungen begabten Architekten gewollt, so unbeschrieben noch, daß er ihn formen konnte. Wahrscheinlich war es so.

In Linz besichtigten wir das sogenannte ›Landesmuseum‹: »Von Bruno Schmitz vor genau fünfzig Jahren erbaut!« belehrte uns Hitler. »Wie Sie wissen, ein bedeutender Architekt! Wie oft pilgerte ich in meiner Jugendzeit hierher, um diese Pracht zu bewundern. Schauen Sie nur auf dieses reiche Tor! Und erst dieses Relief über dem Hauptgeschoß! Es ist mehr als hundert Meter lang. Und da wollen mir manche Leute einreden, das sei eine dekadente Epoche gewesen!«

Das mit Bronze verkleidete Gerippe des von mir errichteten Wintergartens der Reichskanzlei erinnert mich noch heute entfernt an Arbeiten von Peter Behrens und Bruno Paul.

Im Sommer 1941, drei Tage vor dem Angriff auf die Sowjetunion, gingen Hitler, sein Leibarzt Karl Brandt und ich auf den breiten Kieswegen des kleinen Parks der Reichskanzlei spazieren. Zur Linken lag hinter Bäumen die lange hellgelbe Gartenfassade der Reichskanzlei mit den grauen Muschelkalkumrahmungen der großen Fensteröffnungen.

Neurath erhält wegen seines angegriffenen Gesundheitszustandes einen Armsessel. Ich traue meinen Augen nicht: Er stammt aus der Reichskanzlei und wurde 1938 von mir entworfen.
Der Damast ist zerschlissen, die Politur vergangen, das Fournier zerkratzt, aber die Proportionen, besonders die Kurve des rückwärtigen Stuhlbeins, gefallen mir immer noch.

Als Architekt Hitlers hatte ich mich in nicht allzu langer Zeit zu einer bewunderten und unangefochtenen Stellung heraufgearbeitet. Für Göring entwarf ich ein repräsentatives Reichsmarschallamt.

Für Nürnberg, die Stadt der Reichsparteitage, waren umfangreiche Stadtumbauten vorgesehen.

Seiner Vaterstadt Linz wollte Hitler ein neues Museum und eine neue Oper geben und sie zu einer kulturellen Metropole machen.

Der Reichsparteitag 1939 war zu Ende gegangen. Wir gingen die Tribüne des von mir erbauten Zeppelinfeldes hinunter. Hitler verteilte Lob und Tadel.

Ich schloß heute das Buch von August Koehler über Lichttechnik ab, in dem ich als einer der Väter der Lichtarchitektur genannt werde. Wenn ich es richtig sehe, habe ich den ersten Schritt in diese Richtung anläßlich der Weltausstellung in Paris getan, als ich den deutschen Pavillon nachts durch kunstvoll gruppierte Scheinwerfer in blendende Helle tauchte. Das Bauwerk selber wurde dadurch zugleich scharf aus der Nacht herausgeschnitten und unwirklich gemacht. Immerhin war es noch die Kombination von Architektur und Licht. Wenig später verzichtete ich dann ganz auf gebaute Architektur. Auf dem Reichsparteitag ließ ich erstmals 150 Flakscheinwerfer, senkrecht zum Nachthimmel gerichtet, ein Rechteck aus Licht formen. Im Innern fand das Ritual des Parteitags statt – eine märchenhafte Kulisse, gleich einem der kristallenen Phantasieschlösser des Mittelalters. Der britische Botschafter, Sir Nevil Henderson, hat diesen sogenannten Lichtdom, hingerissen von der unirdischen Wirkung, »Kathedrale aus Eis« genannt. Merkwürdig berührt mich der Gedanke, daß die gelungenste architektonische Schöpfung meines Lebens eine Chimäre ist, eine immaterielle Erscheinung.

Manchmal blieb Hitler stehen und lobte meine hellroten Säulen des Portikus und die grünlichen, mit Gold abgedeckten Kapitelle.

Noch einmal wollte ich, bei meinem Flug zu Hitler am 23. April 1945, durch die benachbarte, von mir erbaute Reichskanzlei gehen. Ich ließ die Trümmerstätte nicht nur meines Baues, sondern auch die wertvollsten Jahre meines Lebens zurück.

Thorak war gewissermaßen »mein« Bildhauer, der die großen Bauten des Nürnberger Parteitaggeländes auszuschmücken hatte, die doch noch in Jahrhunderten ein Gegenstand der Bewunderung und Verehrung sein sollten. Eines Tages erzählte Gauleiter Wagner Hitler, daß Thorak kurz vor der Machtergreifung ein kommunistisches Manifest unterschrieben habe. Hitler antwortete wie wegwerfend: »Künstler soll man nie nach ihrer politischen Auffassung beurteilen. Sie sind die reinsten Toren. Heute unterschreiben sie hier, morgen da, sie schauen gar nicht mal hin, wenn's ihnen nur gut gemeint vorkommt.«

Hitlers Favorit war mein Freund Arno Breker, und Breker war es, der mich nach der Eroberung Frankreichs mit seinem alten Lehrer Maillol bekanntmachte, der in den ersten Jahrzehnten dieses Jahrhunderts eine neue Blüte der französischen Bildhauerei herbeigeführt hatte.

20. Mai 1954
Unsere Briefe werden zurückgegeben, weil wir, auf die Zusicherung Colonel Cuthills vertrauend, über die Neuerungen unseres Gefängnislebens geschrieben haben. Als einziger braucht Dönitz nicht neu zu schreiben, weil er über die Erleichterungen verärgert ist und sie nicht erwähnte.

21. Mai 1954
Seit einigen Tagen erhalten wir die vier unzensierten Zeitungen. Unser Großadmirals-Bibliothekar ist von der Verwaltung mit der Aufgabe betraut, sie zu verteilen. In seiner Pedanterie verkündet er: »Alle vier Zeitungen werden in einem Aktendeckel zusammen in Umlauf gebracht. Auf diesen Aktendeckel klebe ich ein weißes Papier, jeder trägt zunächst die Uhrzeit des Empfangs ein und dann die der Weitergabe. Außerdem zeichnet jeder ab.« Dönitz protestiert: »Das dauert doch zu lange, bis einer alle vier Zeitungen gelesen hat!« Raeder beharrt eigensinnig: »Das macht nichts. Sie haben doch genug Zeit!«

24. Mai 1954
Heute hat Pease mir anvertraut, daß selbst Sterbende nicht entlassen würden. Im Todesfall werde der Leichnam unter Beistand des Pastors im Gefängnishof beigesetzt. Es sei sogar schon entschieden, daß die Angehörigen dann an die Grabstätte kommen dürften. Auch Dönitz hat davon erfahren, wir haben aber verabredet, vor allem Neurath diese Nachricht vorzuenthalten, da wir ihm Aufregungen ersparen möchten; denn es ist seine ganze Sehnsucht, zu Hause bestattet zu werden. Doch wenige Tage später kommt Neurath zu mir, entgegen seiner Art nahezu fassungslos: »Dönitz hat mir etwas Unglaubliches erzählt! Nicht einmal nach meinem Tode will man mich freigeben! Was haben sie von dem Leichnam eines alten Mannes?« Nicht nur ich ärgere mich über Dönitz. Auch Schirach ist aufgebracht und erzählt ausnahmsweise auch mir, in bester Spandau-Manier: »Ich habe gehört, wie der Großadmiral auf den alten Herrn eingeredet hat. Es sei doch alles nutzlos. Keiner käme vor Beendigung seiner Strafe hier heraus.« Dö-

nitz hat leicht reden, wenn er den anderen die Hoffnung nimmt. Er geht in zwei Jahren nach Hause.

25. Mai 1954

Eine Einheit jenes Garderegiments, das vor dem Buckingham Palace Dienst tut, bewacht nun auch uns. Ihre hohen Bärenmützen allerdings haben sie zu Hause gelassen. Vor einigen Stunden machte der wachhabende Leutnant seine Runde. An der Spitze ein Sergeant mit geschultertem Gewehr, im Gänsemarsch gefolgt von dem Leutnant, der wiederum von zwei hintereinandergehenden Soldaten gefolgt ist. Zunächst dachte ich, daß der in der Mitte abgeführt werde, aber die drei hörten zu meiner Verblüffung auf sein Kommando. Pease erklärte: »Wissen Sie, wer dieser Leutnant ist? The Marquess of Hamilton, heir of the Duke of Hamilton.« 1941 war Heß zu dessen Vater nach Schottland geflogen.

26. Mai 1954

Raeder hat nun doch sein System geändert. Die Zeitungen werden einzeln verteilt.

30. Mai 1954

Obwohl wir weiter keine zeitgeschichtlichen Bücher erhalten dürfen, wird uns nun in der *Welt am Sonntag* die Serie Theodor Pliviers über die letzten Tage Hitlers in Berlin unbeanstandet gegeben. Denn der britische Direktor, der für die Zensur seiner Zeitung allein verantwortlich ist, hat keine Einwände; und nur bei den Büchern kann der sowjetische Direktor ein Veto einlegen.

Die übertreibende Schilderung meiner Widerstandstätigkeit in den letzten Monaten des Krieges stieß auf gehässige Bemerkungen der meisten Mitgefangenen. Besonders Raeder war sozusagen persönlich erbost, da der Bericht von dem ehemaligen Matrosen Plivier stammt. Abgesehen von Neurath ist Heß der einzige, der mich nicht angreift. Wegen seines Englandfluges ist auch er sozusagen ein »Illegaler«.

6. Juli 1954

Der russische Direktor verbietet wieder einmal, daß wir im Hemd im Garten arbeiten. Trotz Juli-Hitze müssen wir die

Cordjacke anziehen; sie sei unsere Uniform. Kurz danach beschlagnahmte er in der Zelle von Dönitz einen Papprahmen um ein Foto, bei Neurath eine Erinnerungskarte der Frau von Bismarck. Beides war seit Jahren geduldet. Funk mußte gestern von seinem Pyjama ein gesticktes »W. F.« entfernen.

8. Juli 1954

Wieder fand ein sowjetischer Wärter bei Neurath ein Stück westliche Schokolade; sie wurde ihm zur Aufbesserung der Kost im russischen Monat zugesteckt. Der russische Direktor vernimmt Neurath: »Sagen Sie, wer sie Ihnen gab. Wir wissen es ohnehin schon.« Neurath müde: »Dann wissen Sie mehr als ich.« Der Russe droht: »Ich lasse Ihre Zelle jede Stunde durchsuchen, bis Sie es gesagt haben.« Neurath schüttelt den Kopf: »Tun Sie, was Sie wollen.«

Long zu mir: »Ich würde die Russen russische Schokolade finden lassen.«

9. Juli 1954

Gestern nacht um Viertel nach elf Uhr wurde der Achtzigjährige vom Russen Kowpak aus dem Schlaf geweckt, seine Zelle durchsucht und das Bett durchwühlt.

11. Juli 1954

Diese Nacht mußten wir alle um Viertel nach eins aufstehen und in den Gang treten. Nur Funk durfte im Bett bleiben. Zellen und Gefangene wurden gründlich untersucht, aber nichts gefunden, auch nicht bei mir! Meine Notizen hatte ich abends unter die abgelöste Zwischensohle meines Pantoffels geschoben.

13. Juli 1954

Wieder stehen wir um Viertel nach zwölf im Pyjama oder Nachthemd, eine Decke umgehängt, im Gang. Decken, Bettwäsche und möglichst noch die Matratzen werden von Gurjew zu einem wüsten Haufen aufgetürmt, das sonstige Inventar wirft er obendrauf. Bei Neurath haust er noch schlimmer als bei den anderen. Die Alten wie Neurath und Raeder klagen morgens, daß sie vor Aufregung keinen Schlaf mehr finden konnten.

15. Juli 1954
General Dibrowa, der sowjetische Stadtkommandant von Berlin, inspizierte heute in strahlender Uniform, vom sowjetischen, französischen und amerikanischen Direktor begleitet, das Gefängnis. Beim Eintritt in meine Zelle grüßte er militärisch, sein Direktor erklärte, wobei ich mehrmals »Architekt« verstand. Höflich erkundigte er sich nach Frau und Kindern, ließ sich auch zeigen, was ich gerade lese. Er fragte nach Einzelheiten, nahm meine Zeichenrolle, die aber leer war, blätterte mein Skizzenbuch durch. »Haben Sie keinen Wunsch?« fragte er. Ich zuckte die Achseln. Er grüßte mit der Hand an der Mütze, ich verbeugte mich. Das war alles.

1. August 1954
Das Essensprogramm im russischen Monat hat sich in den letzten sieben Jahren fast nicht geändert. Weiter besteht es jeden Tag aus Ersatzkaffee, Graupen- und Nudelsuppe. Am Abend sehniges Fleisch mit gekochten Kartoffeln und einigen Karotten. Das Fleisch dieses Monats riecht und schmeckt abscheulich. Schirach meinte angewidert: »Wenn ich im Gulasch Schnurrbarthaare einer Katze entdecke, wissen wir Bescheid.« Andere vermuten Pferde- oder Hundefleisch. Als Delikatesse gibt es zum Mittagessen allerdings ein Drittel stark gesalzenen Hering, zudem reichlich Brot, Butter und Zucker. Dann, nach dem Besuch von Dibrowa, wurde als Variante für einige Tage statt des Herings Rogen geliefert.
Demgegenüber der Küchenzettel des ersten Tages dieses amerikanischen Monats: Zum Frühstück zwei Spiegeleier mit Speck, Apfelmarmelade. Mittags Tomatensuppe mit Reis, Schweineschnitzel, Paprika- und Kartoffelsalat mit Mayonnaise, zwei Scheiben Ananas, ein halber Liter Vollmilch und abends gebratener Truthahn mit Bohnen, Käse, eine Scheibe Melone und zu allen Mahlzeiten Kaffee mit Sahne und wunderbares Weißbrot.

2. August 1954
Nächtliche Untersuchungen mit abflauender Tendenz. Am 20. Juli um Viertel nach elf, am 23. und 24. Juli um Viertel nach zwölf, am 30. Juli um halb zwölf Uhr.

10. August 1954
Seit einer Woche Aushang an Neuraths Tür, unterschrieben vom Oberstarzt des Berliner amerikanischen Sektors, seinem Vertreter und vom amerikanischen Gefängnisdirektor: »Vollkommene Bettruhe von einundzwanzig Uhr bis sechs Uhr morgens. Alle Wärter werden aufgefordert, den ärztlichen Anordnungen nachzukommen.« Eine Neuerung, denn bisher hatten die Russen im komplizierten juristischen Getriebe unseres Gefängnisses durchgesetzt, daß nur die vier Direktoren gemeinsam Regeln wie das Durchsuchen der Zellen außer Kraft setzen können. Nächtliche Kontrollen finden nicht mehr statt.

18. August 1954
Weiter allgemeine Mattigkeit. Keine Lust zu Aufzeichnungen. Auch die Erinnerungen bleiben liegen.

21. August 1954
Beim Wachliegen während der letzten Nächte wurde mir deutlich, daß Schirach und ich immer, obwohl er nun doch schon siebenundvierzig und ich neunundvierzig Jahre alt geworden sind, die Jüngsten bleiben; wir könnten noch so alt werden. Der Gedanke hat etwas Erschreckendes und zugleich Beruhigendes. Wir werden nicht merken, daß Jüngere, neue Vierzigjährige längst an unsere Stelle getreten sind.

22. August 1954
Abends bringt der hilfsbereite britische Chefwärter Letham freudestrahlend den Jahrgang 1953 der Zeitschrift *Baumeister* und den Jahrgang 1951/52 des *Glasforum*. Die Bibliothek der Technischen Universität hat sich nun bereit erklärt, mir in Zukunft alle gewünschten Fachbücher zu leihen. Dadurch bleibe ich auf dem laufenden. Zur rechten Zeit!

24. August 1954
Beim Durchblättern der Bauzeitschriften überdachte ich heute die von mir entworfenen Bauten und meine verheißungsvolle Ausgangsstellung ab 1933. Dabei überraschte mich, wie wenig Aufträge ich übernommen hatte. Mein Vorsatz war, nicht mehr als drei große Bauten gleichzeitig auszuarbeiten. Auf keinen Fall wollte ich eine Architekturfabrik gründen.

26. August 1954
Seit drei Monaten erhalten wir jetzt Zeitungen. Die Lektüre erwies sich als eine anstrengende und verwirrende Beschäftigung. Die Neuigkeiten kommen aus einer Welt, die mir ganz und gar entfremdet ist, weit mehr jedenfalls, als ich bisher glaubte. Häufig kann ich Details nicht mehr zu einem ganzen Bilde zusammenfügen – wie bei einem Puzzle, von dem gut die Hälfte der Stücke verlorenging. So muß es den Emigranten gegangen sein, die sich keine Vorstellung mehr von der Heimat machen konnten. Auch mir fehlt die plastische Anschauung. Die Phantasie kann das Fehlende nicht ersetzen. Die rasche Umstellung von einem Thema zum anderen fällt mir verblüffend schwer. Wenn sich die Zeitungen auch nur um einen Tag verspäten, ist merkwürdigerweise ihr Inhalt selbst hier in Spandau uninteressant geworden. Wenn ich also die Energie aufbrächte, die Zeitung vierundzwanzig Stunden liegenzulassen, würde ich eine halbe Stunde oder mehr täglich einsparen. Jefferson schreibt irgendwo, daß er in den Jahren nach seiner Präsidentschaft grundsätzlich Zeitungen nur in größeren Abständen gelesen habe; dadurch seien die politischen Zusammenhänge deutlicher hervorgetreten.
Zuerst lese ich die *Frankfurter Allgemeine*, sie unterrichtet am solidesten. Nach ihrer Lektüre, die etwa zwanzig Minuten dauert, kommt die *Welt* dran. Den *Kurier* und die Ost-*Berliner Zeitung* kann ich jeweils in drei bis fünf Minuten abtun.

28. August 1954
Dönitz ist überraschend zum Anhänger Adenauers geworden: »Er ist zwar ein sturer Kompanieführer, aber er hält damit die Regierung zusammen. Das ist immer noch besser als so ein Intellektueller, dessen Minister in alle Richtungen laufen.«
Uns allen fällt auf, daß in der Ostzeitung immer wieder Begriffe wie »Vaterland« oder »Deutschland« beschworen werden. Schirach meinte heute zu Dönitz über Ulbrichts Rede auf einer Jugendtagung, die mit Zitaten Schillers gespickt war: »Die müssen Sie lesen! Eine der besten Reden, die ich kenne. Einfach fabelhaft.« Und Raeder echote: »Einfach fabelhaft!«

Unser Schubkarren wurde übrigens mit Luftbereifung versehen.

2. September 1954

Gestern abend gegen halb elf Uhr schloß ein Wärter in großer Eile Neuraths Zelle auf und alarmierte den Sanitäter. Röcheln und Würgen in der nächtlichen Stille. Toni Vlaer schleifte ein Atmungsgerät mit dazugehöriger Sauerstoffflasche herbei. Nach einer halben Stunde erschien der britische Arzt, bald gefolgt von einem französischen Kollegen. Beide bemühten sich bis in den frühen Morgen. Ich saß aufrecht im Bett, hörte schließlich: »Es geht besser.« Wieder Totenstille im Zellenblock.

Am Morgen saß Neurath mit hochrotem Gesicht und leblosen Augen im Lehnstuhl, hilflos und gebrochen. In dieser sitzenden Stellung fällt ihm das Atmen leichter. Einige Stunden später war über seinem Bett ein Sauerstoffzelt aufgebaut. Eine sympathische britische Krankenschwester übernahm die Pflege: »He is very, very ill«, sagte sie zu Pease. Der britische Direktor fragte Neurath, ob seine Familie telegrafisch benachrichtigt und der Pastor geholt werden sollte. Neurath stimmte zu.

6. September 1954

Vorgestern waren Neuraths Frau und Tochter zu einem Besuch im Krankenzimmer. Wie uns von zuverlässigen Wärtern erzählt wurde, müssen die Umstände entwürdigend gewesen sein. Sechs Personen, ein Amerikaner, drei Russen, ein Franzose und Colonel Cuthill, vertraten die Gefängnisautorität; ein britischer Militärarzt und eine englische Krankenschwester beobachteten unterdessen den Schwerkranken. Während den beiden Besucherinnen verweigert wurde, dem alten Mann die Hand zu geben, und man sie aufforderte, am Fußende des Bettes auf zwei Stühlen Platz zu nehmen, fühlte die Schwester den Puls. Als er schwächer wurde, gab sie ihm eine Injektion. Genau nach den vorgeschriebenen dreißig Minuten mußte der Besuch abgebrochen werden. Auch beim Hinausgehen wurde den Besuchern untersagt, dem Schwerkranken die Hand zu geben.

Noch zwei Tage nach dem Besuch lag Neurath unter dem Sauerstoffzelt, zwei britische Ärzte lösten sich ab. Heute ist er in den Zellenblock zurückgekommen.

15. September 1954
Gestern ist Funk in das britische Militärhospital überführt worden, um operiert zu werden. Das erste Mal befindet sich einer von uns sieben außerhalb der Mauern. Vier britische, mit Militärpolizei besetzte Jeeps sorgten für den militärischen Schutz des Sanitätswagens. Zahllose Kraftwagen mit den vier Spandauer Direktoren, mit den Leitern der Rechtsabteilungen und anderen Vertretern der Gewahrsamsmächte folgten. Da jeder sein eigenes Auto benutzte, soll es eine Schlange von fast einem Kilometer Länge gewesen sein. Etwas viel Aufwand für einen alten Mann. Im Hospital angekommen, erwartete Funk gleich an der Tür ein Tragstuhl. Vier starke Männer ergriffen ihn und trugen ihn im Geschwindschritt die Treppe hoch in sein Zimmer, wo er ankam, bevor er richtig wußte, was mit ihm geschehen war.
Long meinte trocken: »Hätte man Funk fünfundzwanzig Pfennige für die Straßenbahn gegeben, er wäre auch hingekommen.«

22. September 1954
Schon eine Woche später stand Funk vergnügt in seiner Zelle und kaute mit Appetit ein Butterbrot. Schirach fragte ihn: »Ist die Operation verschoben?« Funk schüttelte den Kopf: »Ein junger amerikanischer Chirurg vom Frankfurter Militärhospital hat mich mit einer neuen Methode, einem elektrischen Draht, ohne Blasenschnitt, bei örtlicher Betäubung operiert.« Funk erzählte von seinem Aufenthalt begeistert wie ein soeben in das Büro zurückgekehrter Ferienreisender: »Ich wurde wie ein Privatpatient behandelt. So eine Art Mischung zwischen Napoleon und Al Capone! Die Wache im Vorraum wurde von zwei Russen und von Sergeanten der westlichen Nationen gestellt. Tag und Nacht sorgten Schwestern für mich. Eine war blond. Ich bekam englische Offiziersverpflegung, Eis, nachmittags sogar Tee mit Kuchen.«

26. September 1954
Unterdessen habe ich auf einem Foto meinen Nachfolger für den östlichen Teil Berlins, den Chefarchitekten Henselmann, gesehen, der die Stalinallee entworfen hat. Er zeigte wie einst ich prominenten Besuchern Berlins Stadtmodelle. Dabei habe ich den Eindruck, daß die Stalinallee unserem geplanten Ostdurchbruch folgt. Und im westlichen Berlin werden die von mir vorgesehenen Ringstraßen ausgebaut. Vielleicht wird man auch dahinkommen, irgendwann den neuen Südbahnhof in vereinfachter Form zu errichten und eine große Nord-Süd-Verbindung an Stelle der toten Geleise durchzuschlagen. Wie ich in der *Welt* las, nimmt mein alter Mitarbeiter Hans Stephan nun in West-Berlin meine Stelle ein. Hoffentlich hält er wenigstens die Fluchtlinien der von uns geplanten Straßendurchbrüche frei, denn so schlecht war dieses städtebauliche Gerippe nicht.

28. September 1954
Der törichte Artikel in *Quick* hat Folgen. Die Fotos können, so fand man heraus, nur aus der Nähe gemacht sein. Der Verdacht fiel auf Monsieur Gerhardt, einen anderen elsässischen Franzosen. Der Mann war durch ungewöhnlich hohe Ausgaben für seine Geliebte aufgefallen. Der Verdacht verdichtete sich, als jemand feststellte, daß eines der Fotos Raeder mit seinem Spazierstock zeigt, den er nur sonntags benutzt. Zudem schien auf diesem Foto eine verschleierte Sonne während eines regnerischen Sommers. Mit Hilfe der Wetterberichte konnte der Tag der Aufnahme herausgefunden und im Tagesjournal festgestellt werden, daß eben dieser Franzose damals Dienst hatte. Die genierten Franzosen veranstalten daraufhin eine Revanche. Ihr Direktor hat angeordnet, daß über die geringste Verfehlung englischer und amerikanischer Wärter schriftlich zu berichten sei. Eine ungemütliche Atmosphäre. Beispielsweise wurde gemeldet, daß ich Wagg, als er vom Urlaub aus Amerika zurückkehrte, in englischer Sprache begrüßte, obwohl nur Deutsch als Gefängnissprache zugelassen ist. Ein anderer Amerikaner wurde angezeigt, weil er nachts geschlafen hatte. Die Anzeige

ist um so kleinlicher, als der betreffende Franzose ebenfalls von uns oft geweckt werden muß.
Auch wurde Funk, der den Fotografen kennen muß, da er zu den aus der Nähe Fotografierten gehört, zu der Aussage bewogen, daß kein Franzose die Fotos gemacht habe. Da die Russen kein Verdacht trifft, wurden die Amerikaner von ihrer Militärverwaltung unter Eid vernommen. Sie mußten gleichzeitig beschwören, keine schwarzen Briefe befördert zu haben. Sicherlich gab es mehrere Meineide. Bei Frederik soll der Lügendetektor angewandt werden, wie er mir mit angstvoll aufgerissenen Augen sagt: »I am afraid! I am afraid!«

30. September 1954

Der Zustand Neuraths und Raeders, auch die Gefährdung des Freundes, sind Belastungen, die ich verdränge. Eine neue Idee, um mich zur regelmäßigen Betätigung bis zur Erschöpfung zu zwingen: Ich habe begonnen, neben der Gartenarbeit die Entfernung von Berlin nach Heidelberg abzuwandern. Das sind sechshundertsechsundzwanzig Kilometer! Dazu im Garten eine Rundstrecke ausgemessen; mangels eines Bandmaßes Schritt für Schritt die Größe des Schuhes mit der Schrittzahl multipliziert. Achthundertsiebzigmal einen Fuß vor den anderen zu je einunddreißig Zentimeter ergibt für eine Runde zweihundertsiebzig Meter. Eine andere Route, an der Gefängnismauer entlang, hätte dreihundertfünfzig Meter erbracht. Aber wegen der besseren Aussicht bewege ich mich lieber mit einigem Abstand von der Mauer. Dieses Marschieren auf ein Ziel zu ist ein Willenstraining, Kampf gegen die maßlose Langeweile, aber auch Ausdruck letzter Reste meines Dranges nach Geltung und Tätigkeit.

Heß sitzt oft für Stunden auf seiner Gartenbank. Die Wärter lassen ihn seit einiger Zeit in Ruhe. Vor dieser Gartenbank hielt ich heute kurz an. Heß meinte: »Ich bin übrigens davon abgekommen, daß man mein Essen präpariert, um Magenkrämpfe hervorzurufen. Denn es ist mir ja freigestellt, eine der sieben Schüsseln zu nehmen, die für uns alle auf dem Tisch stehen.« Ich nickte anerkennend: »Na also, dann ist es endlich

Schluß mit Ihrer fixen Idee.« Heß lächelte: »Nein, natürlich nicht. Denn sonst wäre es ja keine fixe Idee.« Ich war so verblüfft über die Logik seiner Antwort, daß ich ihm ein Eingeständnis machte: »Na ja, ich habe auch meine Wunderlichkeiten«, sagte ich. »Wissen Sie, daß ich Kilometer sammele? Ist das nicht verrückt, jeden Tag die gelaufenen Kilometer aufzuschreiben?« Heß schüttelte den Kopf: »Warum? Wenn es Ihnen Spaß macht!« Ich beharrte auf meinem Sparren: »Aber ich zähle jede Woche die Kilometer zusammen, rechne den Wochendurchschnitt aus, trage die Kilometer der Woche in eine Tabelle mit verschiedenen Spalten ein, wobei eine Spalte den Gesamtdurchschnitt, eine andere die Gesamtzahl der Kilometer festhält.« Heß meinte tröstend: »Das ist eben Ihr Zeitvertreib! Andere haben andere.« Ich fuhr fort: »Außerdem müssen es, zusätzlich zur Gartenarbeit, sieben mal sieben Kilometer am Wochenschluß sein. Erreiche ich dieses Ziel nicht, lege ich fest, daß es in der nächsten Woche nachgeleistet werden muß. Und das mache ich nun seit zehn Tagen.«

Dann bat ich Heß, weil er so bequem auf seiner Bank säße, an meiner Stelle jede meiner Runden auf meinem Weg nach Heidelberg im Sand durch einen Strich zu vermerken. Er stand auf, ging langsam zu unserer Bohnenpflanzung und gab mir dreißig Bohnen: »Die tun Sie in Ihre linke Tasche und bei jeder Runde eine davon in die rechte. Abends zählen Sie ab. Verstanden?« Dann ging er ins Gebäude zurück.

Das neunte Jahr

6. Oktober 1954
Brésard soll über seine Anordnung gestolpert sein, den vier Direktoren Verfehlungen der englischen und amerikanischen Wärter zu melden. Sein Nachfolger, Monsieur Joire, kommt von der Zivilverwaltung des französischen Sektors und ist kein Offizier. Er hat sofort diesen Berichtsunfug eingestellt. Nun ist wieder Ruhe eingekehrt. Der Postbetrieb setzt wieder ein.

16. Oktober 1954
Wie meist, wenn ein Russe im Dienst ist, hatte ich mir heute nacht die Papiere mit einer elastischen Binde ums Bein gewickelt. Durch meinen unruhigen Schlaf ging die Binde auf, beim Aufwachen lagen die Papiere im Bett verstreut. Aber keines war auf den Fußboden gefallen, wo es der russische Wärter beim Blick durch den Spion hätte sehen müssen.

18. Oktober 1954
Zu Hause ist der junge Langhaardackel eingetroffen. Große Freude bei den Kindern. Der Zensor erklärt streng: »Es sind Photos eines Hundes gekommen. Die können Sie aber nicht erhalten! Nach dem Reglement sind nur Photos von Familienmitgliedern gestattet.« Ich habe daraufhin im offiziellen Brief nach Hause geschrieben, sie sollten sich mit dem Dackel auf den Knien und mit dem Kater auf den Schultern photographieren lassen.
Von den sechshundertvierundzwanzig Straßenkilometern bis Heidelberg habe ich in einem Monat zweihundertvierzig Kilometer zurückgelegt. Bisheriger Tagesrekord: einundsechzig Bohnen oder sechzehneinhalb Kilometer.

26. Oktober 1954
Auf der Pariser Konferenz wurde beschlossen, die deutsche Bundeswehr in die NATO aufzunehmen. In der *Welt* steht ein Bericht über den Aufbau der neuen deutschen Armee und über die Methoden der Ausbildung. Dönitz äußerte sich kritisch: »Ein Fehler, nicht auf den Traditionen der Wehrmacht aufzubauen. Sie sägen sich den Ast ab, auf dem sie sitzen.« Und Schirach: »Unerhört! Nur einmal am Tag die Offiziere grüßen? Dann der Wegfall der Knobelbecher. Ich kann es gar nicht fassen! Das Beste, was es gibt.« Dönitz interessierten mehr die Konsequenzen, die das für uns haben könnte: »Ich habe noch nie prophezeit, aber dieses Mal prophezeie ich: wir alle werden im nächsten Frühjahr nach Hause kommen. Die Westmächte können uns jetzt einfach nicht länger gefangenhalten. Das machen in meinem Falle schon meine Marineoffiziere nicht mit.«
Neurath konnte sich an dem Gespräch nicht beteiligen. Seit dem letzten Anfall sitzt er allein in seiner Zelle im Lehnstuhl, liest oder starrt ins Leere. Er darf nicht besucht werden, angeblich, um ihn nicht aufzuregen. Einige der Wärter öffnen trotzdem die Zellentür, um uns zu einem Gespräch hineinzulassen.

4. November 1954
Nachmittags geschah etwas Unerhörtes. Raeder schickte die Zeitungen nicht im normalen Umlaufverfahren durch die Zellen, sondern stürzte geradezu aus dem Bibliotheksraum in den Gang. »Meine Herren, kommen Sie«, rief er aufgeregt, »es ist unglaublich. Hier, lesen Sie!« Dann mit gedämpfter Stimme, damit Neurath es nicht hören konnte: »In der Zeitung steht, daß Neurath freigelassen wird.« Eine nicht zensierte AP-Meldung in der *Welt* von heute besagt, daß der sowjetische Hohe Kommissar Puschkin seinen drei westlichen Kollegen vorgeschlagen hat, Neurath wegen seines Alters und seines schlechten Gesundheitszustandes zu entlassen. Die endgültigen Verhandlungen sollen von den Hohen Kommissaren geführt werden.
Gurjew ist auf den Lärm hin nähergetreten. Als er bemerkte, daß Dönitz die Zeitung an sich reißen wollte, verlangte er sie

selber. Er sah sich die Überschrift an, starrte, während er das Blatt sinken ließ, einen Augenblick lang entgeistert ins Leere, um sich dann sorgfältig in den Text zu vertiefen.
Kurz darauf kam die Anordnung, Neurath dürfe die Zeitung nur nach Verabfolgung einer Dosis Theominal in Gegenwart des Sanitäters gegeben werden. Aber Neurath blieb ruhig. Nach wie vor meint er, er müsse erst auf der anderen Seite des Tores stehen, bevor er daran glaube. Er rechne mit drei Wochen, bis die Bestimmungen für die Beschränkungen seines Lebens in Freiheit ausgearbeitet seien.
Heß zeigte sich exaltiert: »Sie müssen Neurath sofort klarmachen«, rief er mir über den Gang zu, »daß es sich um eine Propagandalüge handelt! Ich kenne doch die Taktik der Kommunisten!«

6. November 1954
Samstag. Neurath war heute ärgerlich, weil über Nacht sein Kleiderspind geleert worden war: »Wie kommen die Russen dazu, meinen Spind auszuräumen?« Später merkte er, daß auch seine Bücher abgeholt worden sind. Unwirsch wiederholte er immer wieder: »Wie kommen die dazu!«
Um elf Uhr kam ich vom Baden. Im Gang sah ich den amerikanischen Chefwärter Felner, der mir ein Zeichen machte. Ich begriff aber nicht, was er wollte. Während ich noch dastand, betrat Felner Neuraths Zelle. Ich sah, wie der alte Mann in seinem Lehnstuhl langsam den Kopf hob: »Kommen Sie mit zum Magazin!«, sagte der Amerikaner. Ich ging zu meiner Zelle hinüber und sah Neurath in seinen Pantoffeln unsicher hinter Felner herlaufen. Am Ende des Ganges schloß sich hinter beiden die Eisentür. Einen Augenblick war es still. Plötzlich stand Charles Pease neben mir und meinte trocken: »Er ist weg!« Das war alles. Keine Verabschiedung, kein Protokoll, nicht einmal ein Händedruck. Nur ein Verschwinden durch die Eisentür. Einer von uns war in Freiheit.
Noch nach Stunden waren wir wie benommen. Dönitz hatte feuchte Augen. Auch bei mir versagte dieses Mal das Rezept, mir auf die Zunge zu beißen. Heß räumte kopfschüttelnd ein: »Wirk-

lich, ich hätte das nie für möglich gehalten.« Vor dem Gottesdienst übermittelte der Pastor Neuraths Wünsche. Er sei traurig, daß er sich nicht habe verabschieden können. Ohne Erklärung sei er in das Magazin geführt worden, wo ihm anstelle seines mottenzerfressenen Anzugs eine unnumerierte Gefängniskleidung ausgeliefert worden sei. Neuraths Tochter habe den Vater im Besuchszimmer empfangen und dann, ohne Ausweispapiere und ohne Entlassungsschein, zu dem im Gefängnishof haltenden Auto gebracht. Beschränkungen seiner Freiheit seien ihm nicht auferlegt worden.
Nach dem Tedeum Bruckners wird der Psalm 126 verlesen: »Wohl schreitet man weinend dahin... doch jubelnd kehrt man heim.« Der Pastor betet für Neurath. Dann für unsere Freilassung.

8. November 1954
Heute nachmittag lasen wir die Berichte über Neuraths Entlassung. Adenauer hat noch am gleichen Abend seine Glückwünsche telegrafiert, und Heuß hat ihm sogar geschrieben. Die Teilnahme der Vertreter des neuen Deutschland macht auf uns alle – selbst auf Dönitz und Heß – tiefen Eindruck.
Nach der Entlassung hat Neurath einen Reporter beunruhigt gefragt: »Was wird wohl ohne mich aus meinem Garten?«
Raeder hat bei der Ausgabe des Abendessens den Kaffee statt in seinen Becher in den Zuckertopf gegossen.

10. November 1954
Immer noch Erregung über die Entlassung Neuraths. Um mich zu beruhigen, lief ich neunundachtzig Bohnen oder 24,1 Kilometer mit einem Durchschnitt von 4,65 Kilometer die Stunde. Funk sah mit gerunzelter Stirn zu: »Du willst wohl Landbriefträger werden.«

12. November 1954
Zwei Tage nach meinem Lauf liege ich im Bett. Das rechte Knie ist angeschwollen, das Bein geschient. Wie sich das Zeitgefühl im Erinnerungsnebel verzerrt! Nicht zwei Jahre, wie ich dem Sanitäter gegenüber vermute, sondern fünf sind laut Krankenbuch seit meiner letzten Knieerkrankung vergangen. Die unge-

gliederte Zeit ist nicht meßbar: Wo keine Ereignisse sind, ist auch keine Zeit.

24. November 1954

Die letzten Tage waren in den Zeitungen kurze Meldungen an untergeordneter Stelle zu lesen, wonach in der UNO immer noch über die formelle Anerkennung der Nürnberger Prinzipien als verpflichtender Grundlage des internationalen Rechts gestritten wird. Natürlich machen Dönitz, Schirach und Raeder hämische Bemerkungen, als handele es sich um eine persönliche Niederlage für mich. In der Tat gebe ich zu, daß mein Selbstverständnis davon berührt ist. Denn Nürnberg war für mich niemals nur die Abrechnung mit vergangenen Verbrechen; vielmehr habe ich meine Kraft bis heute ebensosehr aus der Hoffnung gezogen, daß die Prinzipien des Prozesses Völkerrecht würden. Nun stellt sich heraus, daß offenbar nur wenige Nationen sie anerkennen wollen. Was bleibt mir übrig, als zu schweigen.

25. November 1954

In den Augen meiner Mithäftlinge, sofern sie mir nicht ohnehin nur Opportunismus unterstellen, habe ich einen dostojewskihaften Schuldkomplex entwickelt, einen Masochismus, der nicht nur mich belastet, sondern das ganze deutsche Volk. Auch wenn sie es nicht sagen – obwohl sie es oft genug sagen –, meinen sie doch, ich wollte mich mit alledem nur aufspielen.

Aber ist denn so ungewöhnlich, so exzentrisch, worauf ich bestehe? Der Begriff des »gesunden Volksempfindens« ist nach dem Schindluder, der in der Vergangenheit damit getrieben wurde, heute diskreditiert. Aber die Sache selbst gibt es doch weiterhin. Unbestreitbar existiert, fern aller Paragraphen, ein Gefühl für das Erlaubte; jedermann weiß, was nicht geht – wie laienhaft ich das auch hier sagen mag. Manchmal glaube ich sogar, daß der einfache Sinn des Volkes für einen Anstand eine bessere Richtschnur ist als jedes Gesetz.

Im Grunde leugnen die hier das Selbstverständliche: Dönitz und Schirach und Funk. Ein Erlebnis, das ich Ende 1941 hatte, zeigt das ziemlich anschaulich. Damals nahm ich an einem der langweiligen und sich ewig hinziehenden Mittagessen in der Reichskanzlei teil. Im Verlauf der Unterhaltung begann Goebbels plötzlich, sich bei Hitler über die Berliner zu beklagen: »Die Einführung des Judensterns hat genau das Gegenteil von dem bewirkt, was erreicht werden sollte, mein Führer! Wir wollten die Juden aus der Volksgemeinschaft ausschließen. Aber die einfachen Menschen meiden sie nicht, im Gegenteil! Sie zeigen überall Sympathie für sie. Dieses Volk ist einfach noch nicht reif und steckt voller Gefühlsduseleien!« Verlegenheit. Hitler rührte stumm in seiner Suppe. Wir, die wir da um den großen, runden Tisch saßen und lieber von dem Vormarsch im Osten hörten, waren in der Mehrzahl gar keine Antisemiten. Auch Dönitz und Raeder ja eigentlich nicht. Aber wir gingen damals drüber hinweg. Mir ist das wenigstens in Erinnerung geblieben, und jetzt ist es mir eine Art Beweis für das natürliche, fast angeborene Rechtsempfinden der Menschen. Das meinte ich in Nürnberg, das meine ich heute noch, weiter nichts.

26. November 1954

Bereits vierzehn Tage wegen des geschwollenen Knies im Bett. Der sowjetische Arzt macht jeden Tag Visite. Auffallende Teilnahme der anderen. Schirach hat das Essenholen und Säubern übernommen, Raeder kommt täglich zum Büchertausch, Heß macht Krankenbesuche und plaudert. Auch die meisten Wärter versuchen, mich aufzumuntern. Nur Funk und Dönitz scheinen krankenscheu zu sein.

Durch täglich acht Aspirin mobilisiert, schreibe ich jeden Tag rund zwanzig Seiten meiner Erinnerungen. Immer noch über meine Zeit als Architekt.

Hat Hitler eigentlich je bemerkt, daß ich in all den Jahren vor meiner Zeit als Minister nie einen politischen Satz gesagt habe? Ich glaube, es ist ihm nicht einmal aufgefallen. Genauso, wie er erst nach Jahren überrascht, aber ohne sonderliches Interesse erfuhr, daß ich schon seit 1931 Parteimitglied war. Ob die von ihm geschätzten Künstler von Breker und Thorak über Hilz und Peiner bis zu Furtwängler und Eugen Jochum der NSDAP angehörten, war ihm höchst gleichgültig; er hielt sie allesamt für politisch unzurechnungsfähig. In gewissem Sinne galt das sicherlich auch für mich. Im Jahre 1938, wenige Tage vor der Eröffnung der jährlichen Ausstellung im Haus der Deutschen Kunst, saßen wir im kleinen Kreis in Hitlers italienischem Lieblingsrestaurant »Osteria Bavaria« in München. Wie aus heiterem Himmel begann Adolf Wagner, der Gauleiter von Bayern, plötzlich zu erzählen, daß er kürzlich einen kommunistischen Aufruf entdeckt habe, der von zahlreichen Künstlern unterschrieben gewesen sei; das Manifest sei gar nicht so lange vor der Machtergreifung veröffentlich worden und habe unter anderem die Unterschrift Josef Thoraks getragen. Ich erstarrte, denn Thorak war gewissermaßen »mein« Bildhauer, der häufig Statuen und Reliefs für meine Bauten entwarf und gerade im zurückliegenden Jahr die Figurengruppe für den deutschen Pavillon auf der Pariser Weltausstellung geschaffen hatte. Als Wagner fortfuhr, ein solcher Mann sei nicht tragbar, um ausgerechnet die großen Bauten des Nürnberger Parteitaggeländes auszuschmücken, die doch noch in Jahrhunderten ein Gegenstand der Bewunderung und Verehrung sein sollten, war ich überzeugt, daß Thorak ganz für mich verloren sei. Hätte er ein Parteiamt ausgeübt, würde Hitler tatsächlich sofort die Entlassung angeordnet haben. Aber in diesem Falle antwortete er wie wegwerfend: »Ach wissen Sie, das nehme ich gar nicht ernst. Künstler soll man nie nach ihrer politischen Auffassung beurteilen. Jene Phantasie, die sie für ihre Arbeit brauchen, nimmt ihnen die Möglichkeit, real zu denken. Lassen wir Thorak für uns arbeiten. Künstler sind die reinsten Toren. Heute unterschreiben sie hier, morgen da, sie schauen gar nicht mal hin, wenn's ihnen nur gut gemeint vorkommt.«

28. November 1954

Heute machte ich Toni Vlaer eine Freude und skizzierte ihm aus dem Gedächtnis die Haupttribüne des Zeppelinfeldes in Nürnberg. Zum Dank dafür erzählte er mir begeistert von dem großen Eindruck, den dieses Bauwerk kürzlich auf ihn gemacht habe. Wie entschieden ich mich auch von der Welt, die von dem Parteitagsgelände repräsentiert wird, getrennt habe: merkwürdigerweise bin ich glücklich, daß das Zeppelinfeld noch nicht zerstört ist. Wie nah ist mir das alles noch!

Der Reichsparteitag 1938 war gerade zu Ende gegangen, als Hitler mich zu einer Nachbesprechung rufen ließ. Er ging den Ablauf der zurückliegenden Woche Tag für Tag durch und verteilte Lob oder Tadel. »Einige Kundgebungen«, so erklärte er dabei, »haben bereits ihre endgültige Form gefunden: dazu zähle ich die Veranstaltung der Hitler-Jugend, den Aufmarsch des Reichsarbeitsdienstes und die Nachtkundgebung mit den Amtswaltern auf dem Zeppelinfeld. Auch die Totengedenkfeiern der SA und SS in der Luitpold-Arena zählen dazu. An diesem Ablauf dürfen wir nichts mehr ändern, damit die Form, so lange ich noch lebe, zum unabänderlichen Ritus wird. Dann kann später niemand daran rühren. Ich habe Angst vor der Neuerungssucht derer, die nach mir kommen. Irgend ein Führer des Reiches verfügt vielleicht einmal nicht über meine Wirkungen, aber dieser Rahmen wird ihn stützen und ihm Autorität verleihen.« Bis dahin hatte ich den Satz vom Tausendjährigen Reich als leere Formel genommen, als Anspruch, etwas über die eigene Lebenszeit hinaus zu begründen. Aber bei dieser Festlegung, ja fast Kanonisierung des Rituals wurde mir erstmals bewußt, daß das ganz buchstäblich gemeint war. Lange hatte ich immer geglaubt, daß alle diese Aufmärsche, Umzüge, Weihestunden Teil einer virtuosen propagandistischen Revue seien; jetzt wurde mir klar, daß es für Hitler fast um die Gründung einer Kirche ging. Als er beispielsweise zwei Jahre früher für den 9. November in München den Ablauf der Totengedenkfeier festlegte, sprach denn auch das schriftliche Protokoll ganz offen von einer »nationalsozialistischen Prozession«.

Ich weiß noch, wie ich überrascht war, weil das alles ja die Person Hitler zurückdrängte. Tatsächlich begann er sich zu Gunsten des Ritus einzuschränken, die Möglichkeiten der Selbstdarstellung in Nürnberg nicht mehr ganz voll auszuspielen, Architektur und Massenelemente in den Vordergrund zu rücken, bis die gewaltige Szenerie der Feier gewissermaßen zur Feier selber geworden war. Meine anfängliche Verwunderung hatte vielleicht damit zu tun, daß ich soviel bescheiden wirkendes Zurücktreten mit dem ungeheuren Anspruch, den Hitler erhob, nicht recht in Einklang bringen konnte. Wahrscheinlich kommt mir unterdessen vor, daß er den kleineren Anspruch des gefeierten Volkshelden aufgab, um den weit größeren des Religionsgründers zu erringen.

30. November 1954
Immer weiter Erinnerungen. Im Augenblick komme ich gar nicht los davon. Heute lange nachgedacht, warum Hitler gerade mich zu seinem Architekten gewählt und mir den Auftrag gegeben hat, seine sakralen Kulissen zu bauen. Nach Herkommen und Schule war mir die verstiegene, etwas schwülstige Welt Hitlers eigentlich fremd. Er selber ließ durchblicken, er habe nur einen jungen, begabten Architekten gewollt, so unbeschrieben noch, daß er ihn formen konnte. Wahrscheinlich war es so.
Der britische Stadtkommandant ging heute von Zelle zu Zelle. Irgend etwas muß los sein! Ende Oktober war schon der amerikanische Stadtkommandant hier gewesen, obwohl es nicht sein Monat war; und vor vierzehn Tagen hatten wir hohen sowjetischen Besuch.
Heß schwieg den General indigniert an; Schirach, zur Zeit auf guten Eindruck bedacht, machte eine formvollendete Verbeugung: »I thank you for your visit.« Funk dankte für den Krankenbesuch des Generals im Hospital, Dönitz drängte auf eine baldige Operation seines Blasenleidens, bei mir beschränkte sich der Besucher auf einige mitfühlende Worte über meine Krankheit. Raeder schließlich attackierte Colonel Cuthill, der vor fast zwei Jahren Erleichterungen wie Anwaltsbesuche, Briefe von Freunden angekündigt hatte, die aber nicht verwirklicht worden seien.

1. Dezember 1954
Heute kam Cuthill aufgebracht zu Raeder: »Der General hat Ihre Beschwerde geprüft und sie als unberechtigt zurückgewiesen.« Raeder, der aus Protest sitzenblieb: »Aber recht habe ich doch!« Wütend machte Cuthill kehrt: »Impertinent! Impertinent!« Am Abend teilte der amerikanische Direktor mit, daß Raeder auf Beschluß der vier Direktoren verwarnt werde, weil er die Unwahrheit behauptet habe.

Raeder wiederholte aber unbeirrt: »Deswegen habe ich doch recht!« In der Tat war ich dabei, als diese Zusagen gemacht wurden.
Trotz aller meiner Distanz stört es mein Gefühl, wie man mit Raeder umspringt, ihn wie einen aufsässigen Schuljungen abkanzelt. Wenn man schon seinen militärischen Rang nicht achtet, sollte ein Jahrzehnte Jüngerer wenigstens die Würde des Alters respektieren.

9. Dezember 1954

Sehr schwach und fiebrig. Blutauswurf. Ein junger Leutnant des »Medical Corps« besteht auf Bronchitis. Ohne Untersuchung verordnet er alle zwei Stunden zwei Aspirin.
Gestern nacht bekam ich plötzlich keine Luft mehr. Gleichzeitig hatte ich stechende Schmerzen in der Brust. Aufrecht im Bett, der beunruhigte Russe schaltete alle zehn Minuten das Kontrollicht ein, als ob bei Fiebernden erhöhte Fluchtgefahr bestünde. Sonst tat er nichts.

10. Dezember 1954

Heute selbst die Brust abgeklopft. Wie vor zehn Jahren hört man dumpfe Töne. Ob es wieder ein Lungeninfarkt ist? Auch der Leutnant, durch den Blutauswurf endlich alarmiert, klopft mich ab. Obwohl auch er die dumpfen Töne wahrnimmt, beharrt er auf »Bronchitis«. Ich selber bin apathisch und lasse die Sache laufen. Kein Schrecken, fast keine Verärgerung; eher so etwas wie Erlösung.

12. Dezember 1954

Long wurde gestern todernst, als er die Spuren meines Blutauswurfs sah. Zwei Stunden später schon kam ein hoher amerikanischer Arzt, der sofort Flüssigkeit im Brustkasten feststellte. Mit einem transportablen Gerät vom amerikanischen Hospital wurde ich geröntgt. Das Resultat lautete: Lungeninfarkt.

16. Dezember 1954

Tagelange Apathie, keine Bücher, keine Zeitungen, keinen Appetit. Nur wie durch einen Schleier nahm ich wahr, daß mein Zustand zu Auseinandersetzungen geführt hatte. Cuthill machte dem ein Ende, indem er befahl, mich trotz des russischen Protests sofort in das Krankenzimmer zu verlegen. Hawker beaufsichtigte die Durchführung, Terray ist ratlos: »Nur alle Direktoren können das bestimmen.« Hawker erwiderte ungerührt: »Für mich gelten nur die Befehle meines Direktors.«

19. Dezember 1954

Nun befinde ich mich seit drei Tagen im sieben auf fünf Meter großen Krankensaal, einem hellen Raum mit zwei richtigen Fenstern. Gutes Krankenbett.

24. Dezember 1954

Mehrmals am Tag eine Viertelstunde in dem von mir gezeichneten Reichskanzleisessel verbracht. Gut, darin zu sitzen. Es werde jetzt schnell aufwärtsgehen, meinte heute der Arzt.

Auf einer Tragbahre wurde ich in die Kapelle gefahren. Während des Gottesdienstes mußte ich aber liegenbleiben.

Vorgestern war meine Frau hier. Sie besuchte mich im Krankenzimmer und hat eine kleine, privat aufgenommene Schallplatte einer Bachschen Sonate mitgebracht: Hilde spielt die Flöte, Albert das Cello und Margret das Klavier.

29. Dezember 1954

Ungefähr hatte ich richtig geschätzt. Am ersten Januar wollte ich die Erinnerungen abschließen. Heute habe ich sie recht und schlecht zu Ende gebracht, der Abschluß kam etwas abrupt, aber immer deutlicher ist mir geworden, daß das nur ein Rohentwurf ist. Auch habe ich sie, entgegen der ursprünglichen Absicht, mit dem Tod Hitlers enden lassen. Verhaftung, Prozeß und Verurteilung sind eher Nachspiel. Mir scheint auch, daß die Spandauer Jahre nicht an das Ende jenes Lebensabschnittes gehören, sondern an den Anfang eines neuen. Es ist das Ende einer mühseligen, zweijährigen, oft aufregenden Arbeit. Die Rückerinnerung für sich genommen hätte schon viel Kraft verlangt; hier, unter diesen Umständen, mit der ständigen Angst vor der Entdeckung durchgehalten zu haben, rechne ich mir an. Fast ein Wunder, daß alles glattging. Aus Heidelberg höre ich, daß es rund elfhundert Schreibmaschinenseiten sind.

1. Januar 1955
Noch immer darf keiner der Mitgefangenen das Krankenzimmer betreten. Wohltuende Isolierung, keine Reibereien, keine Gegensätzlichkeiten.

6. Januar 1955
Lange vor Weihnachten hatte ich mir schon Gedanken gemacht, wie ich mich den Kindern, die keine wirkliche Vorstellung von mir haben, als Vater nahebringen könnte. Ich überlegte, was mich als Kind besonders gerührt hatte, und mir fiel die Wurst ein, die mein Vater für unseren Hund an den Weihnachtsbaum zu binden pflegte.
Heute nun erhielt ich einen Brief, der von der Begeisterung der Kinder zeugte. Sie berichteten mit allen Details, wie der Dackel in einer Anwandlung von Wohlerzogenheit mehrmals vor der Wurst Männchen gemacht habe, bis er schließlich der Aufforderung gefolgt sei zuzuschnappen. Das eigentlich Rührende war, daß der elfjährige Ernst, der mich doch nur von Briefen kennt, an den Dackel eine Ansprache hielt, die Hilde zufällig hörte: Ob er wüßte, von wem er die Wurst bekommen habe? Die wäre vom Papa! Der hätte das geschrieben. Dem müsse er dafür dankbar sein. Zum ersten Mal hatte ich in den Verlauf des Heiligen Abends eingegriffen. Eine Art von Dabeisein.

7. Januar 1955
Zurück in die Zelle. Vorher ein letzter Blick auf das Gefängnistor, dem ich bis auf wenige Meter nahegerückt war.
Die ersten Stunden in der engen Zelle wirkten wie ein Schlag vor den Kopf. Mein Herz schlug unruhig, der Puls erhöhte sich oft sprunghaft bis auf hundertzwanzig.

13. Januar 1955
Trotz aller Beruhigungsmittel, die ich seit Tagen bekomme, verlor ich heute beim Besuch des britischen Arztes die Kontrolle. Ich warf ihm Verletzung der ärztlichen Pflicht vor, beschuldigte ihn, einen Kranken in die Zelle zurückgebracht zu haben, ich könne nicht mehr. Ich steigerte mich immer weiter und rief schließlich, hier hätten alle immer nur Strafen im Sinn. Ich müsse wieder in die Krankenstube. Der Arzt hörte meinem Ausbruch geduldig

und offenbar beunruhigt zu. Es war das erste Mal in nahezu einem Jahrzehnt, daß ich die Nerven verloren hatte. Nicht so sehr mein physischer, als vielmehr mein psychischer Zustand schien ihn zu alarmieren. Jedenfalls durfte ich die Tabletten, die er mir für die nächsten Tage verschrieb, nur unter Aufsicht nehmen.[1])

22. Januar 1955
Freundliche Unterhaltung mit einem anderen britischen Arzt. Wie sich später herausstellt, ist er Psychiater. »Ihr Anfall«, so meinte er, »war ein Schock, ausgelöst durch Ihre Verbringung in die Zelle und Ihre durch lange Krankheit angegriffenen Nerven.« Auch Heß hatte eine einstündige Unterredung. Wie ich flüchtig im Krankenbuch lesen konnte, trug der junge Psychiater ein: »Wahrscheinlich hat er hysterische Schmerzen. Keine psychiatrische Behandlung notwendig. Sollte freundlich, aber entschlossen behandelt werden.«

1 Im ›Krankenbuch des Gefangenen Nr. 5‹ ist vermerkt: »13. 1. 1955. Der Gefangene war diesen Morgen in einem hochemotionalen Zustand. Er beschwerte sich, daß er zu früh vom Krankenzimmer in seine Zelle gebracht wurde und daß er, als kranker Mann, zu Unrecht bestraft sei. Sein emotionaler Zustand brachte ihn außer sich. Später am Tag hatte er sich erheblich beruhigt, sich für seinen Ausbruch am Morgen entschuldigend und bloß über Mangel an Schlaf, über Niedergeschlagenheit und über Herzklopfen beklagend. Nach dem gewonnenen Eindruck ist er in einem akuten depressiven Zustand. Mehr als üblich sollte Sorge dafür getragen werden, daß er in keiner Weise sich selbst verletzen kann.
14. 1. 1955. Eher ruhiger diesen Morgen. Zu geben: 1. Tabletten, 2. Medicinal gr. X nocto für 2 Nächte. Dem Gefangenen soll es nicht überlassen sein, diese Tabletten selbst zu nehmen. Sie müssen ihm gegeben werden, und es muß gesehen werden, wenn er sie schluckt. Wenn er sie sammeln und sehr viele zusammen nehmen könnte, würde das ein einfacher Weg sein, Selbstmord zu begehen. Soll Porridge am Abend haben. Unterschrift (Captain)

Kopie für den Chefwärter anfertigen. Tabletten müssen ihm durch einen Wärter oder in dessen Gegenwart gegeben werden.
(Unterschrift des englischen Direktors)«

7. Februar 1955
Der erste amerikanische Berufswärter ist eingetroffen. Er war bisher in einer Anstalt für geistig umnachtete Gefangene. Ein ehemaliger Rugbyspieler mit rundem, gutmütigem Gesicht. Er lacht den ganzen Tag und reißt jene traurigen Witze, die ihre Wirkung mehr aus der Physiognomie als aus dem Witz selber beziehen. Er erhält den Spitznamen Moby Dick.
Ein Russe hat für den Neuen den Namen Sancho Pansa vorgeschlagen. Die meisten westlichen Wärter kämen aber bestimmt in Verlegenheit, wenn man sie nach der Herkunft dieses Namens fragen würde. Während sie sich mit Kriminalromanen und Kreuzworträtseln begnügen oder nur vor sich hindösen, beschäftigen die Russen sich mit Chemie, Physik, Mathematik; sie lesen Dickens, Jack London oder Tolstoi und kennen sich in der Weltliteratur bemerkenswert gut aus.

5. März 1955
In der Mittagspause bringt Gurjew die Zeitungen. Schirach nimmt den *Kurier*, die Zeitung der französischen Besatzungsmacht, streicht seine Nummer vergnügt durch und gibt sie auf der Stelle dem Russen zurück: »So«, sagt er, »eine Zeitung wäre schon fertig.« Dann greift er zur *Welt*, streicht die Nummer ebenfalls durch und strahlt: »Auch schon fertig! Das hätten wir schnell erledigt.« Mit der russisch lizenzierten *Berliner Zeitung* unter dem Arm begibt er sich dann befriedigt in seine Zelle zurück.
Wenn ein westlicher Wärter einem von uns die *Berliner Zeitung* übergibt, macht man möglichst eine abfällige Bemerkung, bei einem Russen ein interessiertes Gesicht; und umgekehrt. Funk sagt zu westlichen Wärtern bei der *Berliner Zeitung* meist auf der Stelle: »Nehmen Sie die nur gleich wieder mit!« Dabei streicht er demonstrativ seine Nummer aus. Aber zum russischen Wärter sagt er mit fast flötender Stimme: »Oh, recht herzlichen Dank!« und zieht sich, scheinbar hochbeglückt wegen des bevorstehenden Genusses, mit der Zeitung in die Zelle zurück. Die Ideallösung hat Schirach gefunden. Zu westlichen Wärtern sagt er bei der Übergabe der Ostzeitung: »Ich löse nur die Kreuz-

worträtsel, das ist das einzig Gute an diesem Käseblatt!« Er löst sie tatsächlich. Zu den östlichen Aufsehern sagt er dagegen: »Wie interessant!«
Da unterbricht Funk, Gurjew schließt auf. Funk kommt aufgeregt mit der *Berliner Zeitung* zu mir herüber: »Das ist ja fabelhaft!«, ruft er mit geheucheltem Enthusiasmus aus. »Die ganze Rede von Molotow ist drin, die mußt Du heute aber unbedingt lesen!« Ich tue ganz ungeduldig: »Gib mal her, das interessiert mich aber wirklich! Die ganze Rede, sagst Du?!« Dönitz, der behauptet, er sei immer gerade und offen, meinte zu Gurjew, als er die *Berliner Zeitung* vor einigen Tagen aus Versehen noch einmal angeboten bekam: »Nein danke, ich habe sie schon ganz genau durchgelesen. Alles sehr, sehr gut!« In Verlegenheit kam er neulich mit den Westalliierten. Long stand in der Nähe, als Dönitz zu Seminalow sagte: »Die *Welt* hat einen schlechten Ruf, hat mir meine Frau erzählt. Die ist ganz unter englischem Einfluß. Man kann ihr eigentlich kein Wort glauben.« Long kam herbei und fragte scheinheilig: »Was ist so schlecht an uns?« Dönitz fuhr entsetzt herum und wand sich einen Moment vor Verlegenheit. Schließlich trompetete er ohne Übergang sinnlos heraus: »Die englische Demokratie ist die älteste von allen!« Kaum war Gurjew weg, fügte er hinzu: »Und natürlich auch die beste! Meine tiefe Überzeugung!« Damit ging er ab. In der Zellentür wandte er sich um und beteuerte noch: »Ich sage immer, was ich denke!«

19. März 1955

Mein fünfzigster Geburtstag.
Durch reinen Zufall habe ich an diesem Tage die Strecke bis Heidelberg zurückgelegt. Während ich noch im Garten meine Runden drehte, kam Heß und setzte sich auf seine Bank. Sie besteht aus zwei aufeinandergeschichteten Backsteinsockeln, über die ein fünfzehn Zentimeter schmales Brett gelegt ist. Er lehnte sich gegen zwei Tomatenstöcke, um Abstand von der kalten Mauer zu halten. »Jetzt mache ich mich auf nach München«, sagte ich, als ich auf der vorletzten Runde an ihm vorbeikam. »Dann nach Rom und weiter bis Sizilien. Um Sizilien ist das

Mittelmeer. Da geht's dann nicht weiter.« Als auch diese Runde geschafft war, machte ich bei ihm halt und setzte mich neben ihn. »Warum nicht über den Balkan nach Asien?« setzte Heß das Gespräch von vorhin fort. »Da ist alles kommunistisch«, antwortete ich. »Aber vielleicht geht es über Jugoslawien nach Griechenland? Von da aus weiter über Saloniki, Konstantinopel, Ankara nach Persien.« Heß nickte: »Da könnten Sie bis nach China.« Ich schüttelte den Kopf: »Auch kommunistisch!« Heß überlegte: »Dann aber über den Himalaja nach Tibet.« Ich winkte erneut ab: »Auch kommunistisch. Aber über Afghanistan nach Indien und Burma, das ginge. Der interessantere Weg wäre dann über Aleppo, Beirut, Bagdad und durch die Wüste nach Persepolis, Teheran. Ein bißchen heiß, ein bißchen trocken, viel Wüste. Hoffentlich finde ich Oasen! Jedenfalls habe ich jetzt ein gutes Programm. Ich glaube, es reicht für's erste. Das sind ja mehr als viertausend Kilometer. Jedenfalls haben Sie mir aus einer ziemlichen Verlegenheit geholfen. Herzlichen Dank, Herr Heß.« Als ob wir uns auf einem Diplometenempfang befänden, antwortete Heß mit einer verbindlichen Bewegung: »Freut mich, Herr Speer, daß ich helfen konnte.«

Versuche abends vergeblich, mir den Verlauf früherer Geburtstage ins Gedächtnis zurückzurufen. Nur einer davon ist bemerkenswert spannend verlaufen: Es war der vierzigste, im Jahre 1945, vor nunmehr zehn Jahren; denn an diesem Tage überreichte ich Hitler eine Denkschrift, von der dann später in Nürnberg viel die Rede war. Lege mich früh zu Bett, werde wie oft für das Glück der Familie und der Freunde beten.

25. März 1955

Mein Verhältnis zu Dönitz hat sich weiter verschlechtert. Dönitz seinerseits versucht neuerdings, sich mit Raeder zu arrangieren, nachdem die beiden, der frühere Oberbefehlshaber der Kriegsmarine und sein Nachfolger, ihre einstige Kontroverse bis hierher gerettet hatten. Raeders fast grotesk anmutender Haßkomplex gegen Heß dagegen überdauert alle Zeitläufe.

16. April 1955
Heute vor zehn Jahren, vier Tage vor dem letzten Geburtstag Hitlers, weckte mich bald nach Mitternacht mein Verbindungsoffizier zum Generalstab, Oberstleutnant von Poser. Wir hatten verabredet, in den Oderbruch zu fahren, um uns die letzte entscheidende Offensive auf Berlin anzusehen. Seit längerem hatte ich auf meinem Besitz, einem Waldgut bei Eberswalde, einen Hügel ausgewählt, von dem das Odergebiet übersehen werden konnte. Dort wollte ich mir vor dem Kriege einen kleinen Herrensitz bauen. Nun hatte ich auf dem Gelände einen Deckungsgraben ausheben lassen.
Fast zwei Stunden fuhren wir im Wagen durch die östlichen Vorstädte Berlins und dann ins karge, noch vom Winter gezeichnete Land hinaus. Wir begegneten vereinzelten Fuhrwerken mit Flüchtlingen, bepackt mit Habseligkeiten. Einmal trottete ein Hund nebenher und blieb, als wir uns näherten, unbeweglich auf der Straße stehen, die Augen schimmerten weißlich-stumpf im Spalt der abgeblendeten Scheinwerfer. Wir hatten den hektischen Betrieb im Rücken einer Hauptkampflinie vermutet, mit Kradmeldern, Nachschubkolonnen, Truppenbewegungen. Statt dessen herrschte eine unheimliche Stille, alles war Leere und Lethargie. Stellenweise passierten wir dichte, flach aufliegende Nebelfelder. Dann und wann mußten wir den Scheibenwischer betätigen. Als wir uns der Oder näherten, setzte vereinzeltes Artilleriefeuer ein, doch brach es bald wieder ab. Unweit von meinem Besitztum stießen wir auf den Förster, er hatte erfahren, daß die deutschen Truppen sich seit den Morgenstunden zurückzögen; die Russen müßten bald hier sein. Merkwürdigerweise waren wir nicht einer der sich absetzenden Einheiten begegnet. Alles war unwirklich, geisterhaft, und nie habe ich so wie hier die Bedeutung des Wortes »Niemandsland« erfaßt. Der Förster drängte aber zum Aufbruch, wir dürften hier nicht bleiben, wiederholte er. Eilig packten wir unsere Zeltbahnen ein und fuhren, die Straßen vermeidend, durch leere Wälder wieder nach Westen.

20. April 1955
Der vierschrötige Rostlam fragte mich heute: »Wissen Sie, was heute für ein Tag ist?« Ahnungslos entgegnete ich: »Ja, der zwanzigste.« Er sah mich aufmunternd an, wie jemand, der eine Überraschung parat hat: »Na und? Heut' ist doch was Besonderes los?« Ich begriff noch immer nicht; dann endlich sagte ich: »Ach, natürlich, der englische Direktor hat sich angemeldet.« Jetzt war Rostlam fast ungehalten: »Stellen Sie sich doch nicht so dumm!«, herrschte er mich an. »Sie wissen schon!« Nun erst ging mir ein Licht auf. Aber was ich auch sagte, er wollte mir nicht glauben, daß ich an die zehnjährige Wiederkehr des letzten Geburtstages von Hitler nicht gedacht hatte. Dabei erscheint es jetzt, im nachhinein, auch mir merkwürdig. Und ich habe nicht einmal eine einleuchtende Erklärung dafür: Mehr noch: nicht einmal Lust, eine zu suchen.
Immerhin: Wer von uns hätte sich noch vor wenigen Jahren, beispielsweise bei Hitlers feierlicher Geburtstagsparade von 1939, vorstellen können, daß sich zwischen zweien der prominentesten Gäste, zwischen Heß und Raeder, einige Zeit später diese Szene abspielen werde: Heß nimmt vom Tomatenfeld Raeders eine Stange, um sie als Rückenlehne seiner Bank an die Mauer zu stellen. Raeder hat das beobachtet und eilt aufgeregt, seinen Stock schwingend, auf den grüblerisch dasitzenden Heß zu und überhäuft ihn mit Vorwürfen. Der meint mit einem Ton ironischer Begütigung: »Ihre Gefängnispsychose, lieber Herr Raeder, wird sich geben, wenn Sie frei sind.« Raeder wird noch wütender: »Bei mir ja, aber nicht bei Ihnen! Sie werden immer verrückt bleiben!«
23. April 1955
Heß ißt kaum noch, beklagt sich über unerträgliche Schmerzen. Niemand beachtet seine Klagen, Schirach äffte ihn heute sogar zur allgemeinen Erheiterung nach, während Raeder und Dönitz die allgemeine Antipathie gegen Heß benutzen, um die Beziehungen nahezu abzubrechen. Vermutlich widerstrebt den beiden aufgrund ihrer militärischen Erziehung die larmoyante, unbeherrschte Art von Heß, seine charakterliche und intellektuelle

Wirrheit. Es ist denn auch weniger Bösartigkeit, was die Zusammenstöße verursacht, zumindest ist Raeder ein Mensch ohne Arg. Aber er verlangt Ordnung, Haltung, Gewissenhaftigkeit – alles Dinge, die Heß nicht viel bedeuten, und so kann es dann passieren, daß er, wie heute beim Säubern der Halle, plötzlich auf mich einzureden beginnt: »Er tut nichts mehr. Er bleibt einfach liegen. Sehen Sie nur, wie faul er ist! Ich verstehe die Wärter nicht! Jeder muß hier arbeiten! Aber Heß – nichts als faul! Das ist es! Magenkrämpfe! Haha! Daß ich nicht lache! Magenkrämpfe habe ich auch!« Den Besen in der einen Hand, schwang er mit der anderen empört eine nasse Bürste. Peinlicherweise waren Wärter dabei. Dönitz kam, vom Lärm angelockt, hinzu und fiel ein: »Alles nur Opposition! Er könnte schon, wenn er nur wollte!« Als Hawker sich abwendet, fährt er in Gegenwart von Petry fort: »Er ist immer noch am liebsten Stellvertreter. Wir tun die Arbeit, er vertritt uns nur.« Als das Lachen über den mageren Scherz ausbleibt, wendet sich Dönitz mit dem Bemerken ab: »Völlig falsch, Heß nachzugeben. Er muß erzogen und hart angefaßt werden.«

26. April 1955
In der Nacht auf seinen Geburtstag kam bei Heß nach einem Anlauf von etwa einer Stunde ein schwerer Anfall. Sein Jammern: »Ach, ach! Oh, oh!« steigerte sich allmählich zu: »Mein Gott! Mein Gott! Wer soll das ertragen?« Dazwischen, wie um den aufsteigenden Wahnsinn zu beschwören: »Nein, nein!« Raeder begleitete Heß von seiner Zelle aus parodistisch und im gleichen Rhythmus: »Ach Herrje! Ach Herrje!« Eine düstere Groteske in der Nachtstille des großen Gebäudes. Erst nach einer Injektion schläft Heß ein.
Zum Frühstück besuchte ich Heß in seiner Zelle. Er machte einen verwirrten Eindruck, mit seltsamen Augen sagte er vor sich hin: »Ich flehe zu Gott, dem Allmächtigen!« Als ich ihn fragte, worum er denn bitte, sagte er tonlos, ohne mich anzusehen: »Daß er mit mir Schluß macht oder mich wahnsinnig werden läßt. Wahnsinnige spüren nichts von ihren Schmerzen.« Ich bin mir nicht sicher, ob er nicht lediglich ein exzentrisches

Spektakel veranstaltet. Funk, dem ich meine Zweifel mitteilte, meinte: »Nein, das ist echt. Und die Ursache dieser Anfälle sind unsere zwei Großadmiräle. Erinnerst Du Dich, wie Raeder ihm gesagt hat, daß er verrückt bleibe? Sowas läßt Heß nicht los, und irgendwann kommt das dann zum Ausbruch.« Anschließend gingen wir zu Heß und gratulierten ihm zum Geburtstag. Die anderen nahmen davon keine Notiz.
Beim Wiegen stellte sich heraus, daß Heß nur noch siebenundfünfzig Kilo hat. Als er dann das Mittagessen zurückwies, kam der Sanitäter mit Schlauch und Spritze und drohte Heß an, ihm Milch in den Magen zu pumpen. Zwei Wärter hielten ihn bereits fest, da gab Heß endlich nach: »Dann werde ich die Milch lieber trinken.«
Nachmittags, im Garten, setzte ich mich zu Heß und ließ ihn von seinem Sohn erzählen, der sein Idol ist. Aber schließlich brach es bei ihm durch: »Ich kann nicht mehr! Glauben Sie mir, Herr Speer, ich kann nicht mehr!« Ich beruhigte ihn: »Herr Heß, diese Anfälle gehen vorüber. Jedes Jahr kommen sie vielleicht zweimal.« Heß wandte sich mir überrascht zu: »Was? Hatte ich das wirklich schon mal? Wann denn?« Dann kam er wieder auf seinen Tick zurück, die Milch müßte vergiftet sein. »Unsinn, Herr Heß!« sagte ich. »Ich trinke die gleiche Milch.« Bedrückt antwortete Heß: »Ich weiß, Sie haben recht, Herr Speer. Aber ich werde nun mal die Idee nicht los.«
Nach dem Abendessen machte Raeder den Vorschlag: »Wenn Heß heute nacht wieder Theater macht, fangen wir alle an. Jeder von uns jammert markerschütternd. Das gibt vielleicht eine Katzenmusik! Sie werden sehen, meine Herren, er hört sofort auf.«

2. Mai 1955

Seit einigen Tagen bringen die Sanitäter Heß das Frühstück ans Bett. Raeder ist empört und sagte zu Roulet: »Jetzt auch das noch! Es wird ja immer schöner! Wie ein Prinz läßt er sich behandeln! Der Herr Gefangene!« In seiner Erregung fügt er hinzu: »Wir sind ja schließlich nicht zum Vergnügen hier!« Dann erst merkt er, was er da gesagt hat, und guckt verdutzt.

Und wie um den Lapsus auszugleichen, fügt er erklärend hinzu: »Wo er sich heute wieder nicht gewaschen hat! Absolut falsch, dieses Nachgeben! Da hilft nur Strenge!«
Aber Raeder hat Unrecht. Denn seit dem Entgegenkommen der Direktion ißt Heß wieder normal. In fünf Tagen hat er zwei Kilo zugenommen.

4. Mai 1955

Hilde und Arnold waren zu Besuch. Hilde sieht sehr gut aus. Ich habe Gefühle väterlichen Stolzes. Besonders fallen ihre schlanken, langen Hände auf. Wir vergleichen und entdecken, daß die meinen dagegen fast plump wirken. Sie ist jetzt neunzehn Jahre alt, ein erwachsener, selbständiger Mensch, der zu einem anderen Erwachsenen spricht. Wenn ich aus Spandau herauskomme, wird sie dreißig sein. Wir erörtern Berufsprobleme.

Mit dem fünfzehnjährigen Arnold dagegen komme ich kaum ins Gespräch. Vielleicht ist es Befangenheit, daß er sich eher für die Einzelheiten des Besprechungszimmers interessiert. Mein Bemühen um Kontakt fällt etwas ins Leere. Unglücklich.

5. Mai 1955

In früheren Jahren grüßten die britischen Offiziere trotz aller Distanz bei ihren Rundgängen im Garten freundlich. Seit drei Tagen zeigen sie ein eisiges Benehmen. Wie wir heute hörten, wurde ihnen letzte Woche ein Film über den Nürnberger Prozeß vorgeführt.

7. Mai 1955

Vor Monaten hat sich durch Vermittlung Colonell Cuthills die Berliner »Gedenkbibliothek« bereiterklärt, alle vier Wochen zwei Architekturbücher an uns auszuliefern.

In dem Buch von Ebinghaus: *Der Hochbau*, Ausgabe 1953, stieß ich auch auf die ersten Repräsentationsbauten der Nachkriegszeit an Düsseldorfs Luxusboulevard, der Königsallee. Der »Benrather Hof« ist gute Mittelware. Das Bankhaus Trinkaus, von Hentrich entworfen, der einst zu meinen Architekten gehörte; mit den vierkantigen, durch Glasflächen ausgefachten Doppelsäulen erinnert der Bau an die für Berlin geplante OKW-Fassade.

Außerdem ein Jahrgang des *American Builder*. Mit Verblüffung registriere ich die vielen deutschen Namen: Gropius, Mendelssohn, Neutra, Breuer, Mies van der Rohe. Natürlich kenne ich sie alle. Als ich in Berlin bei Tessenow studierte, arbeiteten viele von ihnen sozusagen einige Korridore weiter, und zumindest machten ihre Entwürfe hier und da Furore.

Mir schien auch immer, manche dieser Arbeiten seien darauf angelegt, die Öffentlichkeit zu provozieren – ob sie nun die Alpen mit einer Glashaut überspannen oder Theater im Tropfsteinhöhlenstil bauen wollten. Es nahm im Grunde auch niemanden wunder, daß das meiste davon Plan, Skizze, Idee blieb; es schien gar nicht auf Verwirklichung angelegt und ging an den sozialen Problemen der Krisenjahre unbewegt vorbei.

Jetzt sehe ich, daß aus der extravaganten Experimentalarchitektur jener Jahre so etwas wie der Stil der Epoche geworden ist. Wenn ich der Zeitschrift glauben kann, ist zum ersten Mal so etwas wie ein Universalstil im Entstehen, der von London bis Tokio, von New York bis Rio reicht. Das ganz und gar Erstaunliche für mich aber ist, daß er aus Berlin kommt, sozusagen vom gleichen Flur der Kunstakademie. Vor allem Mies und Gropius scheinen in den USA die Wirkung in die Breite gehabt zu haben, die ihnen in Deutschland versagt blieb.

Täusche ich mich, wenn ich an der Kargheit einer ganz auf Proportionen abgestellten Architektur, die statt ornamentaler Zutat ihre Wirkung aus der Gliederung zieht, die spröde und konstruiert ist, etwas sehr Preußisches zu erkennen meine? Immer war es mein Ehrgeiz, der legitime Erbe der Berliner Klassizisten zu sein, und noch heute kommt es mir vor, als sei die Gartenfront der Neuen Reichskanzlei mitsamt dem Gewächshaus von jenem maßvollen Pathos, das ich am preußischen Klassizismus immer so verehrt habe. Aber die Umstände haben meinen Weg zum Scheitern verurteilt. So fern mir der deutsche Mies van der Rohe mit seinem gläsernen Hochhaus am Alexanderplatz, dem ersten der Welt, auch war, so zeigen mir die Photos von Arbeiten des amerikanischen Mies im *American Builder*, daß auch das aus dem Geist Schinkels entwickelt ist. Mit Hitler war ich der Meinung, daß die Glas- und Stahl-Konstruktionen Mies van der Rohes eher zur technischen als zur staatlichen Welt gehörten und sich für eine Fabrik eher eigneten als für ein Opernhaus. War das zu eng, zu traditionalistisch gedacht? Sicher ist, daß ich mit achtundzwanzig Jahren das Bauhaus nicht verstand. Aber auch jetzt noch, als Fünfzigjähriger, bin ich tief davon überzeugt, daß das gläserne Hochhaus außerhalb der industriellen Sphäre falsch ist. Mag nun gut oder schlecht sein, was wir im Sinn hatten, so glaube ich doch, daß die Menschen ein Bedürfnis nach ummauertem Raum haben und daß ein Haus vor allem ein Haus sein soll. Es läuft auf die Frage hinaus, ob die Wohnbedürfnisse der Menschen wirklich veränderbar sind und ob ihr Glück stärker von der Geborgenheit oder von der Luxzahl abhängig ist.

12. Mai 1955
Für einige Stunden hatte Raeder eine Sprachstörung. Wie Neurath in den letzten Monaten darf er nicht mehr arbeiten. Er sitzt für zweimal eine Stunde im Garten auf seinem Hocker und starrt gedankenverloren vor sich hin. Die übrige Zeit ist er in seiner Zelle eingeschlossen. Trotz all unserer Meinungsverschiedenheiten in diesen Jahren rührt mich das Bild des gezeichneten, alten Mannes sehr. Raeder will seinen Gesundheitszustand nicht mehr beschönigen; ich habe ohnehin nicht verstanden, warum er es bisher getan hat.

15. Mai 1955
Routinebesuch des britischen Generals. Er wirkt nicht so sympathisch wie sein Vorgänger. Raeder, dem es bessergeht, wollte etwas über seine Krankheit sagen, brachte aber vor Erregung kein Wort hervor. Der britische Direktor forderte ihn auf, sich zu setzen. Zum Glück machte Schirach, statt einen persönlichen Wunsch vorzubringen, den General auf die Gefahr aufmerksam, in der Raeder schwebt.
Mich verwies Colonel Cuthill mit grundloser Schärfe in die hinterste Ecke meiner Zelle: »Stand here!« Kurzangebunden fragte der General, ob ich Wünsche vorzubringen hätte. Angesichts des

Auftritts der beiden erwiderte ich knapp, mit einer förmlichen Verneigung: »Was sich jeder Gefangene wünscht! Es versteht sich von selbst.«
Sie gingen wortlos und abrupt.

24. Mai 1955

Gestern, am zehnten Jahrestag unserer Verhaftung, sollen Reporter und einige Anhänger von Dönitz vor dem Gefängnis gestanden haben; denn es wurde erwartet, daß Dönitz, dessen zehn Jahre abgelaufen sind, entlassen werde. Schirach, dem es am schwersten fällt, daß draußen das Leben weitergeht, meinte: »Nur einige? Dieses Volk ist nichts wert! Warum stehen nicht Zehntausende da und demonstrieren?«
Colonel Cuthill hat Dönitz aber heute erklärt, daß nach englischem Recht die Untersuchungshaft nicht angerechnet wird; Dönitz hat empört protestiert. Schirach kommentiert das boshaft, aber nicht unzutreffend: »Bis vor kurzem hat er erklärt, daß sein Urteil so rechtsunwirksam sei wie der ganze Prozeß. Eigentlich ist er inkonsequent, wenn er jetzt auf die Beendigung seiner Strafzeit hinweist.«

3. Juni 1955

Niemand bedauert, daß der langjährige sowjetische Direktor uns verlassen hat. Nachfolger wurde ein freundlicher Major, der sich monatelang als Chefwärter verkleidet unseren Betrieb auf unterer Ebene angesehen hat. Heute gab er seine erste Änderung bekannt: Wir dürfen nun auch während der russischen Monate am Wochenende vor- und nachmittags je zwei Stunden im Garten spazierengehen.
Weitere professionelle Wärter sind aus amerikanischen Gefängnissen hierher abgestellt worden, einer kommt sogar aus dem berüchtigten Alkatraz. Wir begrüßen das. Denn inzwischen wissen wir, daß berufsmäßige Wärter sich in den Sorgen und Bedrückungen langjähriger Häftlinge auskennen. Sie reagieren aber auch empfindlich, wenn sie nicht hofiert werden, weil das Gefühl persönlicher Allmacht im Umgang mit Generationen unterwürfiger Gefangener sie verwöhnt hat.

17. Juni 1955
Seit Tagen Mißstimmung. Ohne unsere Admiralität zu fragen, hatte ich neulich meine Wäsche einen Tag zu früh gewaschen. Noch heute, vier Tage danach, standen Dönitz und Raeder zusammen: »Wieder einmal einer seiner explosiven Entschlüsse! Da huscht so eine Idee durch seinen Kopf, und schon muß er sie ausführen! Er überlegt gar nicht!«

19. Juni 1955
Bei schönster Sonne und frischer Wannsee-Brise machte ich einen Sonntagsspaziergang von mehreren Stunden. Ich habe die letzten Kilometer nach Wien zurückgelegt und vom Kahlenberge aus die Stadt vor mir liegen sehen. Ich sah, in meiner Vorstellung natürlich, jene Stelle, wo Hitler nach dem Anschluß eine Tafel hatte anbringen lassen, wonach Wien eine Perle sei, der er eine richtige Fassung geben wolle; die Wiener waren damals empört.
Durch ständige Erhöhung meiner Tagesleistung habe ich die Folgen der wochenlangen Bettlägerigkeit im Winter überwunden. Mein Tagesrekord steht bisher bei 24,7 Kilometern, der beste Stundendurchschnitt beträgt 5,8 Kilometer.
Mein Coburger Freund hat mir die weiter zurückzulegenden Kilometer besorgt: Wien – Budapest – Belgrad 615 Kilometer, Belgrad – Sofia – Istanbul 988 Kilometer. Ich habe mir vorgenommen, am ersten Januar in Istanbul zu sein, wozu ich, wie ich mit Hilfe des Rechenschiebers festgestellt habe, trotz Schnee und Winter einen Tagesdurchschnitt von 8,3 Kilometern einhalten müßte.
Auf der Strecke von Salzburg nach Wien hatte ich mehrmals mit Unlust zu kämpfen; ein paar Mal stand ich kurz davor abzubrechen. Die reine Kilometerleistung befriedigt mich nicht mehr, sie ist zu abstrakt. Ich muß sie mir anschaulich machen. Sollte ich nicht die Idee der Weltumwanderung ganz wörtlich nehmen und mir die Strecke in allen Einzelheiten vor Augen halten? Ich müßte mir dazu Karten und Bücher besorgen und mir den jeweils bevorstehenden Abschnitt ganz präsent machen: die Landschaft, das Klima, die Menschen mit ihrer Kultur, ihrem Erwerb, ihrer Lebensweise. Ich würde damit zwei Fliegen auf einmal schlagen:

zunächst brächte das Ordnung in meinen etwas wahllosen Bücherkonsum, und wenn ich genug Phantasie der Vergegenwärtigung entwickle, müßte sogar so etwas wie Vorfreude auf die Wanderung selbst herstellbar sein; dann aber, das wäre der andere Vorteil, würde das stumpfsinnige Rundendrehen an Mechanik verlieren. Das Bohnenspiel mit Heß fände endlich sein Ende. Überlebensversuche!
Nach einer Prostatabehandlung bekam Raeder vor Tagen heftigen Schüttelfrost. Wir glaubten, daß es mit ihm zu Ende ginge. Heute macht er aber wieder einen etwas erholten Eindruck. Denn als Heß wieder sein Nachtgejammer anstimmte, fiel der alte Herr, wenn auch noch mit schwächlicher Stimme, ein: »Ach, Herrjeh.« Abwechselnd hörte man aus unterschiedlicher Entfernung »Oh, oh!« – »Ach, Herrjeh!« – »Oh, oh!« – »Ach, Herrjeh!« Nach rund fünf Minuten wurde die Stimme Raeders zunehmend schwächer. Am Ende behauptete Heß doch das Feld.

6. Juli 1955

Der neue sowjetische Direktor verkündete freundlich, daß auf meinen Antrag meinen Kindern sechs Extrabesuche von einer halben Stunde genehmigt seien. Eine wesentliche Hilfe.

27. Juli 1955

Nach der gescheiterten Genfer Konferenz fällt beim russischen Essen der grüne Salat weg. Es gibt aber weiter Tomaten mit Zwiebeln.

1. August 1955

Erster Tag des amerikanischen Monats. Im Garten wurde Funk plötzlich ganz verschwörerisch und sagte zu Schirach: »Also, Du gibst auf den Soldaten auf dem linken Turm acht! Wenn er auf die andere Seite geht, machst Du ein Zeichen!« Und zu mir gewandt: »Du stellst Dich ein wenig mehr nach rechts. So, jetzt kann mich nämlich der Soldat vom anderen Turm nicht sehen. Und wo ist der Wärter? Ah, der hat da hinten mit der Admiralität zu tun.« Dann rief er unterdrückt: »Schirach! Was macht Dein Mann auf dem Turm?« Schirach gab das verabredete Zeichen. Funk holte tief Atem. Dann griff er in die Tasche und sagte: »Also dann, Prost!« Wohlig ächzend nahm Funk einen tiefen Schluck und reichte dann die Flasche weiter. Schnell war sie geleert. »Hervorragend!« stöhnte Funk, »von meiner Frau. Achtzigprozentiger, ganz alter Rum. Da sehen wir erst, was wir entbehren! Über manches andere käme man schon hinweg!« Dann sah er sich um. »Aber wohin mit der Flasche?« Wir schaufelten ein tiefes Loch und versenkten darin die Flasche. Auf dem Etikett stand »Tussamag-Hustensaft«.

4. August 1955

Funk hatte sich eine Art Laube konstruiert, indem er zahlreiche Sonnenblumen im Viereck gepflanzt hat. Heute kam der Befehl, diese Sonnenblumen zu entfernen, weil sie die Beobachtung hinderten. Die Anordnung verursachte so etwas wie einen Nervenkollaps bei den meisten. Funk legte aus Empörung formell sein Amt als Gartenmeister nieder, Schirach kappte seine Blumen, die niemand beanstandet hatte, und Dönitz verwüstete seine Bohnenbeete. Rostlam sah fassungslos zu und schien wirklich betroffen: »Like children! In our prisons, one week solitary confinement with bread and water.« Der Vorfall zeigte, wie brüchig unser Gleichmut ist und wie dünn geworden unsere Haut.

6. August 1955

Flimmernde Hitze über der Pußta, während ich, einige Kilometer von der Donau entfernt, die Strecke von Budapest nach Belgrad zurücklegte. Die Wege waren sandig, selten gab ein einzelner Baum Schatten, unangenehm waren die Fliegen, die keine Ruhe gaben. Von der nahen Havel hörte ich das Geräusch der Schleppkähne, die mir zu Donauschiffen wurden. Aus unserem Kräuterbeet riß ich eine Zitronenmelisse und zerrieb die Blätter zwischen den Fingern; der intensive Geruch verstärkte die Illusion von Fremde, Wanderung und Freiheit.

28. August 1955

In englischen Gefängnissen soll man, wie Hawker erzählt, immer noch die Angewohnheit haben, von »corpses« zu reden, wenn Gefangene gemeint sind. Wenn es stimmte, würde mir das einiges im Verhalten von Colonel Cuthill erklären.

17. September 1955
Vor dem nachmittäglichen Gang in den Garten verspätete sich Heß heute. Als er schließlich eintraf, fuhr ihn Schirach giftig an: »Eine Schande, den alten Großadmiral warten zu lassen! Sie Flegel!« Heß nahm den Anwurf gelassen hin. Mich wundert schon lange die Unempfindlichkeit, mit der er die Abneigung erträgt, die ihm von allen Seiten entgegenschlägt. Immer gibt er sich ungekränkt, und nach heftigen Ausfällen ist es stets er, der einlenkt. Doch ist mir fraglich, ob es wirkliche Überlegenheit ist oder nur die Präokkupation mit seinen eigenen Leiden, den wirklichen und den eingebildeten.

26. September 1955
Als ich heute vormittag mit Raeder im Sanitätsraum war, machte der britische Doktor seinen Routinebesuch. Raeder erhielt seine tägliche Medizin; Vitamine und Theominal. »Aber heute müssen Sie meine Haare schneiden; ich habe nämlich morgen Besuch«, meinte er. Danach ging er in die Bibliothek, um neu eingetroffene Bücher zu registrieren. Seminalow sah ihm mit anerkennendem Kopfnicken nach. »Nummer vier immer arbeiten. Immerzu. Will nicht aufhören zu arbeiten.«
Eine Viertelstunde später kam der britische Arzt erneut in den Zellenblock und ging zu Raeder: »Sagten Sie nicht was von Schwindelanfällen? Kommen Sie bitte zu einer Untersuchung in den Sanitätsraum mit.« Beide verschwanden aus dem Zellenblock. Die eiserne Tür schloß sich hinter ihnen mit einem metallenen Knall. Als nach einer Stunde, bei der Essensausgabe, Raeder noch immer nicht zurück war, sahen wir Pease an. Niemand sagte ein Wort, keiner wagte zu fragen. Aber als erriete er, was wir wissen wollten, sagte Pease nur: »Ja!«
Nachmittags erzählte Vlaer, daß dem überraschten Raeder von Cuthill eröffnet wurde: »You are entirely free and you may go wherever you want!« Aber Raeder wollte zurück in unseren Zellenblock. Er müsse seinem Nachfolger doch die Bibliothek übergeben. Er wisse noch nicht einmal, wer das eigentlich sei. Die Bitte wurde abgelehnt. Über den Sanitäter ließ er daraufhin Grüße ausrichten.

Leid tat mir Dönitz. Raeders Entlassung hat ihn mitgenommen. Seit vielen Monaten gehe ich das erste Mal mit ihm spazieren und versuche ihn aufzurichten; Schirach schließt sich an.
Raeder will, wie er Schirach anvertraut hat, in der Freiheit vor allem zwei Menschen angreifen: Heß, weil es eine psychische Folter gewesen sei, mit ihm jahrelang zusammenleben zu müssen, und den britischen Direktor, seiner vollkommenen Gefühllosigkeit wegen. »Ach was!«, sagte Dönitz. »Das hat er sich vielleicht vorgenommen. Aber seine Frau hat immer bestimmt. Natürlich muß er mich attackieren!«

28. September 1955
In den Zeitungen sehen wir Bilder über die ersten Schritte Raeders in der Freiheit. Wie seinerzeit Neurath ist auch er nicht nur durch die zivile Kleidung, sondern auch durch seine entspannten Züge ganz verändert. Merkwürdig, wie einer von uns in Freiheit aussieht. Aber aufregend ist es eigentlich nicht.

29. September 1955
Raeders Entlassung hat auch unsere Hoffnungen wiederbelebt. In Moskau hat Adenauer vor wenigen Tagen die Rückkehr aller festgehaltenen Deutschen, auch der zu Höchststrafen verurteilten Generale und Parteifunktionäre, durchgesetzt. Uns beschäftigt jetzt, ob Zugeständnisse, die er erwirkte, irgendwelche Folgen für uns haben werden. Einer der neuen Amerikaner, Charles Hardie, hat, wie er heute berichtet, unlängst im amerikanischen Rundfunk gehört, daß die Russen gegen eine Freilassung der Spandauer Häftlinge grundsätzlich nichts einzuwenden hätten. Ich habe in der vergangenen Nacht nicht geschlafen.
Aber: Ich legte heute neue Erdbeerbeete an. Als Dönitz das sah, fragte er: »Für wen pflanzt Du denn noch die Erdbeeren?« Ich hob die Schultern. »Weiß nicht! Vielleicht für mich!« Dönitz runzelte die Stirn: »Wieso? Willst Du denn nächstes Jahr noch hier sein?« Ich gab, über das Beet gebeugt, keine Antwort. Die Pflanzen tragen sogar erst in zwei Jahren!

Das zehnte Jahr

18. Oktober 1955
Eine Notiz im *Spandauer Volksblatt* vom 5. Oktober besagt, daß unter Führung des Generalstaatsanwalts der Sowjetunion, Brochungoff, in Berlin eine Delegation angekommen sei, die sich über Fragen zur Bereinigung des Spandauer Problems informieren will. Auch sie gehöre zum Schlußstrich, den Moskau unter die Vergangenheit ziehen wolle. Schirach und Heß allerdings seien nationalsozialistisch Hauptbelastete, sie sollten der deutschen Justiz übergeben, die anderen Gefangenen aber entlassen werden.
Ist es ein Zufall, daß die Gefängnisverwaltung gerade jetzt die hölzernen Wachtürme durch steinerne ersetzt, den Waschraum streichen läßt und neue Kopfbedeckungen aushändigt? Je nach Stimmungslage bin ich hoffnungsvoll oder skeptisch.
19. Oktober 1955
Heute schrieb ich einen Kassiber nach Hause, wie ich mir die Freilassung vorstelle: Flächsner holt mich ab, gibt mir siebenhundert Mark, damit ich mich einkleiden und die Flugkarte kaufen kann. Die Familie trifft mich am Flugplatz in Frankfurt. Man soll mir die Heidelberger Telefonnummer schicken.
20. Oktober 1955
Um die Wendung zum Günstigen nicht zu gefährden, werde ich vorsichtiger. Als Warnsignal, wenn ich Gefahren vermute, sage ich zum Sanitäter das Wort »Baldrian«. Wenn ich Papier brauche, verlange ich von ihm »Kohletabletten«. Heute vormittag beispielsweise, beim Bestrahlen meines Knies, sagte ich zu

Vlaer: »Ich habe mir den Magen verdorben. Vielleicht fragen Sie den Doktor, ob ich Kohletabletten haben kann.« Er sah mich einverständig an: »Nicht notwendig, Nummer fünf. Das macht keine Schwierigkeiten. Was meinen Sie? Sollten vier Stück reichen?« Außerdem habe ich Vlaer gebeten, kurzangebunden und grob zu mir zu sein. Er macht sich einen Spaß daraus, mich anzuherrschen. Als ich heute meine Medizin vergaß, schimpfte er los: »Können Sie nicht Ihre Gedanken zusammenhalten! Wir sind nicht Ihre Bedienung! Hier ist Ihre Medizin!«

22. Oktober 1955

Große Aufregung! Unsere Notizhefte wurden beschlagnahmt. Ausgerechnet jetzt. Wir vermuteten sofort, man wolle Material gegen uns finden.

Schirach enthüllte, er habe seit Jahren ein Tagebuch geführt. In den letzten zwanzig Monaten allein neunhundert Seiten! Aber niemand könne es lesen, es sei auf englisch und gleichzeitig in deutscher Schrift geschrieben. Ich vermute, daß die Notizen das Material für die psychologische Studie enthielten, die er später über die Häftlinge von Spandau schreiben wollte. Unverkennbar ist sein schlechtes Gewissen. Er geht vornübergebeugt mit hektischen Schritten und laut singend an der Hofmauer auf und ab; immer die gleiche Strecke hin und her. Aus den Augenwinkeln, so scheint mir, beobachtet er uns dabei. Je länger er läuft, desto leichter wird sein Schritt. Am Ende hüpft er fast und beginnt auch noch zu pfeifen. Unerträglich! So gutgelaunt gibt man sich nicht, wenn man gut gelaunt ist.

2. November 1955

Noch einmal werden die Besuchszeiten verdoppelt. Zweimal kam Fritz, der mich durch seinen Ernst irritierte. Ich bemerkte, noch während wir uns gegenübersaßen, uns anlächelten und nach Gesprächsthemen suchten, daß keines meiner Worte ihn erreichte. Ich habe vermutlich auch sehr ungeschickt gefragt, blasse Allerweltsfragen, auf die es kaum Antworten gibt. Der stockende Verlauf, die sichtliche Befangenheit des Jungen lähmten mich immer mehr. Dabei hätte ich ihn fragen können, wie es in der Schule mit dem Englischen geht, was die Radtour in den

Schwarzwald macht, ob er sich mit seiner Freundin wieder vertrage, wem sich der Hund am meisten angeschlossen habe. Es fiel mir nicht ein. Und während die Gesprächspausen immer größer und quälender wurden, dämmerte mir, daß die Hoffnung des Vaters getrogen hatte, mit den Jahren werde die Verständigung mit den Kindern leichter werden. In Wirklichkeit entgleiten sie mir. Und plötzlich wird mir verzweifelt klar, daß die Mauern von Spandau mir nicht nur meine Freiheit, sondern eigentlich alles nehmen.

10. November 1955

Täglich nur eineinhalb Stunden im engen Innenhof. Der Garten ist für uns gesperrt, weil schon seit drei Wochen an den massiven Wachtürmen gemauert wird. Ein Ende ist nicht abzusehen.

Der dicke Seminalow, der bald abgelöst wird, kommt plötzlich im Gefängnishof auf mich zu und setzt sich neben mich, fängt an zu plaudern: »Wie geht es?« Offensichtlich will er, bevor er uns verläßt, noch einmal freundlich sein. »Nur noch vier Tage«, sagt er, »dann ich nach Hause.« Sein gutmütiges Seehundsgesicht sieht mich erschrocken an, als ihm klar wird, daß ich hier weiter sein werde, und unvermittelt zeigt er mit einem Ast auf ein paar Stellen Moos in der Mauer: »Was für leuchtende Farbe! Schön! Grün wie zu Hause!« Er bemerkt, wiederum erschrocken, daß er mich getroffen haben könnte. Ich begütige ihn und sage: »Ja, russische Wälder sehr schön!« Wir verständigen uns pantomimisch über Tiere, die er gejagt hat; denn die Namen sind ihm nicht geläufig: Kaninchen, Rebhühner und Füchse. Dann sprechen wir, wiederum auf Gesten gestützt, über seine Familie; wenn ich recht verstand, hat seine Schwester ein Kind bekommen. Irgendwann beginnt er zu lachen, der ganze riesige Körper schüttelt, aber ich finde nicht heraus, worüber; dennoch lache ich mit. Wer vertreibt hier wem die Langeweile? Am Ende denke ich plötzlich, daß die Unterhaltung mit ihm leichter geht als mit meinem Sohn.

15. November 1955

Heute kam wieder der sowjetische Stadtkommandant von Berlin, General Dibrowa, zur Inspektion. Er begann bei Heß, der sich

über seine Gesundheit beklagte. Dönitz behandelte ihn kühl, denn ihm und seinesgleichen verdanke er, hier noch immer festgehalten zu werden. Der General fragte den Admiral: »Wer ist auf diesem Foto?« Dönitz knapp: »Mein Sohn.« Dibrowa freundlich: »Was macht er?« Dönitz: »Er ist gefallen.« Dibrowa wies auf ein zweites Foto: »Und dieser da?« Dönitz: »Mein zweiter Sohn.« – »Und wo ist er?«, versuchte er das Gespräch fortzusetzen. »Auch gefallen.« Darauf soll der General eine teilnehmende Verbeugung gemacht haben.
Dann kam er zu mir: »Ah, der Architekt!« Im Hintergrund die vier Direktoren, zwei Wärter, ein Chefwärter; neben dem General ein junger Dolmetscher. »Erinnern Sie sich noch, daß ich Sie schon einmal besucht habe? Haben Sie unterdessen neue Zeichnungen gemacht?«, fragte er leutselig. »Nein, das Licht ist zu schlecht«, erwiderte ich. »Ich will meine Augen schonen. Ich hoffe, sie bald zu brauchen.« Sein Lächeln deutete an, daß er verstanden habe. »Nun . . .« Dibrowa wollte augenscheinlich das Gespräch fortsetzen, aber ich schwieg. »Wie meinen Sie das mit dem besseren Licht?«, fing er wieder an. »Wenn ich in meinem Atelier . . ., wenn ich frei bin.« Mit einem sehr freundlichen Lächeln in den Augen fragte er: »Und wann glauben Sie, frei zu sein?« Ich wich aus: »Jeder Gefangene hat seine Hoffnungen.« Er überlegte und wandte sich den Fotografien zu: »Sechs Kinder? Sie sind glücklich, so viele Kinder zu haben. Kinder sind das beste Kapital!« Eine verabschiedende Verbeugung. Der General sagte ein Wort, das der Dolmetscher mit »angenehm« übersetzte. Verwirrt und von der ungewohnten Herzlichkeit etwas außer Fassung gebracht, entgegnete ich: »Ich danke für Ihren Besuch.«
Gefolgt von seiner Begleitung begab sich der General zu Schirach und fragte kurzangebunden: »Haben Sie Beschwerden?« Ich hörte Schirach sagen: »Nein!« Es klang, als sei Dibrowa konsterniert darüber, daß Schirach diesmal nichts auszusetzen hatte: »Warum beschweren Sie sich nicht?«, entgegnete er unfreundlich. Ich fragte mich, ob er wohl den Inhalt des Tagebuchs von Schirach kannte.

Am Nachmittag schilderte uns Funk immer erneut seinen großen Auftritt: »Wie geht es Ihnen, Herr Funk?«, habe der General gefragt und gleich selber geantwortet: »Ich sage Ihnen, besser! Sie sehen aus wie ein junger Held!« Er, Funk, habe daraufhin ausführlich seine drei unheilbaren Krankheiten ins rechte Licht gerückt, denn wahrscheinlich sei dem General ja gar nicht gemeldet worden, wie bedenklich es mit ihm stünde. Einmal am Zuge, habe er die Gelegenheit ergriffen, dem Kommandanten klarzumachen, daß er ganz zu Unrecht hier sei. Die amerikanische Anklage in Nürnberg habe ja durch Mißhandlung eines deutschen Zeugen, wie er jetzt wisse, die entscheidende Aussage gegen ihn erzwungen. Obwohl er noch lebe, stehe er nicht an, das Ganze einen Justizmord zu nennen, zumindest werde es dazu kommen, wenn er noch lange hier festgehalten werde. Der sowjetische General habe daraufhin gelächelt: »Das müssen Sie schreiben!« »Ich darauf zum General«, fuhr Funk fort: »Das habe ich ja getan. Mehrmals sogar. An den Kontrollrat.« Dibrowa habe den Kopf geschüttelt: »Auch an den Sowjetbotschafter? Kontrollrat gibt es nicht mehr! Sie haben das Recht, Ihren Fall vorzubringen. Verlangen Sie, daß er von einer Kommission behandelt wird.« Beim Verabschieden habe der General Funk gute Besserung gewünscht. Funk ist von der Wirkung seines Auftretens so überzeugt, daß er wieder Hoffnung auf eine bevorstehende Freilassung schöpft. Er setzt sich wieder einmal Termine.

18. November 1955

In Vallentins Buch über Leonardo da Vinci las ich heute, daß der Künstler nach der Flucht seines Mäzens, des Herzogs Lodovico von Mailand, lediglich schrieb: »Der Herzog verlor den Staat und sein Gut und die Freiheit, und keines seiner Werke wurde von ihm vollendet.« Dazu bemerkte der Autor: »Das ist alles, was Leonardo da Vinci nach einer engen Schicksalsverflechtung von sechzehn Jahren zu sagen weiß. Es ist wie eine Grabinschrift von gleichgültiger Hand.«

22. November 1955

In die zwischen Hoffnung und Verzweiflung schwankende Stimmung dieser Tage kam ein Schreiben von General Speidel, dem ersten deutschen Offizier mit hoher Funktion in der NATO. Es ist aus Washington an meine Frau gerichtet und läßt sie wissen, daß er hoffe, durch Kontakte mit einer wichtigen Persönlichkeit zu meiner baldigen Freilassung beitragen zu können. Speidel erinnert an mein Verhalten nach dem 20. Juli 1944, als er im Keller des Reichssicherheitshauptamtes einsaß. Es bewegt mich zu lesen, daß ich mich trotz eigener Schwierigkeiten »in selbstloser, mutiger und echt freundschaftlicher Weise« für ihn eingesetzt und seiner Frau »mit Rat und Tat beigestanden« hätte.

26. November 1955
Neues Anzeichen für eine Wendung der Dinge. Wir erhielten die Anweisung, unsere Habseligkeiten auf Listen aufzuführen. Die Arbeit muß in drei Tagen fertig sein. Am gleichen Abend noch wird uns Papier ausgehändigt. Diesmal ist Schirach optimistisch: »Was hätte das für einen Sinn, wenn nicht unsere Entlassung bevorstünde.« Ich selber mache mir Gedanken über Vorwort und Epilog meiner Erinnerungen. Draußen werde ich keine Zeit mehr dazu haben.

30. November 1955
Heute morgen wurde bekannt, daß Cuthill in einer Stunde erscheinen werde, um uns eine wichtige Mitteilung zu machen. Funk wurde schwach vor Aufregung, Heß begann hastig seine Zelle aufzuräumen, ich versuchte, meiner Nerven Herr zu werden, indem ich meine Zeichnungen ordnete und numerierte. Um zehn Uhr wurden alle Zellentüren geöffnet, dann erschien Cuthill mit Letham und dem sowjetischen Chefwärter. Wie knarrend postierte er sich in jeder einzelnen Zellentür und sagte dann knapp zu Letham: »Go ahead!« Mechanisch und wie ein Uhrwerk betete Letham herunter: »Nummer Eins! Wir hören, daß man sich Hoffnungen macht. Die verlangten Listen sind jedoch eine reine Verwaltungsmaßnahme. Alle Erwartungen, daß Sie bald entlassen werden, sind absolut falsch!« Bevor der erste begriffen hatte, sagte Cuthill nur: »Next door!« Dort wiederholte sich der Vorgang. Fünfmal das gleiche.

Abends. Immer noch wie benommen. Während des ganzen Tages fiel kein Wort. Alle waren wie vor den Kopf geschlagen. Ich sah, wie Funk mit kraftlos herabhängenden Armen auf seinem Hokker saß und tonlos schluchzte. Schirach saß da, starrte ins Leere und schüttelte immer wieder, plötzlich wie ein alter Mann wirkend, den Kopf. Die zahlreichen Anzeichen und scheinbaren Winke der letzten Zeit hatten uns alle, wie sehr wir auch eine skeptische Attitüde bewahrten, so sicher gemacht, daß die heutige Mitteilung uns wie eine zweite Verurteilung vorkam. Einen Augenblick lang durchzuckte mich in der Niedergeschlagenheit dieses Nachmittags der Gedanke, daß alles vielleicht nichts zu bedeuten habe; daß Cuthill, verärgert über die Unruhe und den Disziplinverlust, uns lediglich auf seine etwas rauhe Weise zur Ordnung rufen wollte. Wer weiß?

2. Dezember 1955
Nach über einem Jahr zweiter Besuch des Jüngsten. Neugierig sieht der nun Zwölfjährige mich an: wie einen Fremden, und wohlerzogen beantwortet er meine Fragen. Meine Frau, die ihn begleitet, sieht abgearbeitet und müde aus. Schmerz. Apathie.

8. Dezember 1955
Anlauf zu einer Eintragung genommen. Eine halbe Stunde vor diesem Bogen gesessen. Nach Gedanken gesucht. Was soll ich schreiben?

14. Dezember 1955
Vor Monaten habe ich ein Gnadengesuch entworfen. Ließ es dann sein. Heute nun doch eingereicht. Wenn ich nachdenke: es sind die traurigen Augen des Jüngsten. Ich war bisher immer gegen ein Gnadengesuch. Aus Gründen der Würde. Aus Verachtung gegen alle diejenigen, die sich aus ihrer Verantwortung weggestohlen haben – sei es durch Selbstmord, sei es durch winselnde Ausflüchte. Vor allem aber schien es mir inkonsequent, erst Verantwortung zu übernehmen und dann Gnade zu verlangen.

Manchmal, aus dem Abstand von zehn Jahren Haft, kommt es mir vor, als sei es unüberlegt gewesen, mich zur Gesamtverantwortung des Regimes zu bekennen. Immerhin war es für mich der Versuch einer entschiedenen Abkehr vom Geist der Vergangenheit. In den letzten vierzehn Tagen des Grübelns ist mir

aber selbst diese Gewißheit, zumindest zeitweilig, geschwunden. Denn war mein Auftreten vor Gericht wirklich die begriffene Absage an das verstiegene Pathos jener Jahre? War es nicht vielmehr nur eine andere Art blinder Selbstaufopferung, wieder ein Stück romantischer Hingabesucht, jugendbewegt und kopflos? Und manchmal schreckt mich der Gedanke, Hitler selber, wie sehr ich ihn und seine ganze Welt vor Gericht desavouierte, hätte seine helle Freude an dem Angeklagten Albert Speer gehabt. Denn die Gefühlswelt, aus der meine Selbstbezichtigungen kamen, war ganz nazistisch – ich hatte meine Lektion gut gelernt. Nur die Inhalte waren andere. Du bist nichts, deine Schuld ist alles.
Zwei Stunden später: Beim Wiederlesen erfüllt mich tiefes Mißtrauen, ob diese ganze Gedankenakrobatik nur meinen Umfall rechtfertigen soll. Sei es wie immer auch: Das Gnadengesuch ist raus. Ich bin erleichtert.

15. Dezember 1955
Noch zu gestern: Ich lese bei Martin Buber, daß man »Gewalt über den Alp bekommt, wenn man ihm seinen wirklichen Namen zuruft«.

24. Dezember 1955
Nach der Verzweiflung der letzten Wochen habe ich die Wanderung wieder aufgenommen. Heute früh verließ ich Europa und ging über die Schiffsbrücke nach Asien. Es will mir nicht gelingen, mir das großartige Panorama vorzustellen: Moscheen und Minarette inmitten des Gewirrs von kleinen Häusern. Wieviel Türme hat die Hagia Sofia? Auch bringe ich Goldenes Horn und Bosporus durcheinander. Schwierigkeiten der Imagination.
Vor dem Schlafengehen im Römerbrief des Apostels Paulus gelesen. Trotz aller geistlichen Hilfe lebe ich, wenn ich es recht betrachte, seit vielen Jahren in einer Art geistlichen Isolierung. Manchmal denke ich an den Tod. Aber es ist eher, weil ich vom Leben genug habe. Nur der Gedanke an die Kinder hält mich. Und dann das Buch! Es verdrängt allmählich die Architektur. Es wird zur einzigen Aufgabe, die ich noch vor mir sehe. Sonst erwarte ich nichts mehr.

25. Dezember 1955
Gestern um sieben Uhr abends das Licht ausdrehen lassen.
14. Januar 1956
Drei Wochen keine Eintragung. Die steinernen Wachtürme sind inzwischen bezogen; wir sind wieder im großen Garten. Anhaltende Unlust. Noch immer Cuthills Auftritt.
20. Februar 1956
Wiederum fünf Wochen ohne Eintragung. Was passiert schon? Ist es erwähnenswert, daß Dönitz seinen Lieblingsbesen hat und böse wird, wenn ein anderer ihn benutzt? Lohnt es sich festzuhalten, daß wir seit Jahren in genau der gleichen Abfolge die Halle fegen – zuerst Schirach und ich die Seiten, er immer von rechts, ich immer von links, nach der Mitte zu, während Dönitz sich dann die Mitte vornimmt? Daß anschließend die von Dönitz zusammengefegten Haufen von Funk und Heß aufgenommen werden? Heß mit Eimer und Schaufel kommt, Funk immer den Besen hat?
Wortlose Tätigkeit. Wie sehr haben wir uns unserer Umgebung angepaßt!
15. März 1956
Ein gesellschaftlicher Höhepunkt Spandaus: Dibrowa hat die drei westlichen Stadtkommandanten trotz der Aufkündigung des Viermächtestatus in die Gefängnismesse eingeladen. Einige Stunden mußten wir aus diesem Anlaß in unseren säuberlich aufgeräumten Zellen warten. Dann endlich kam auch unser Essen. Der sowjetische Direktor präsentierte sich in großer Uniform. Aber er war offensichtlich in schlechter Laune. Heß wurde angefahren, weil er Krämpfe hatte und sein Essen nicht holen wollte; ich, weil ein Jackenknopf offenstand. Später erfuhren wir dann, daß der Gastgeber Dibrowa zu seinem eigenen Essen nicht erschienen sei; seine drei westlichen Kollegen hätten sich dadurch aber nicht stören lassen und ganz ungerührt ohne ihn getafelt. Friedlich seien sie um drei Uhr wieder abgefahren. Vermutlich sind wir aus diesem Grund nicht vorgeführt worden. Längst haben wir uns übrigens daran gewöhnt, lebendes Inventar eines Panoptikums zu sein. Gästen, die man auszeichnen möchte,

führt man ein paar alte Männer in ihren Zellen vor: »Das ist der Admiral . . . ! Das ist der Architekt . . . !«

18. März 1956

Im Garten haben wir drei Feuerstellen gemacht und heute Laub verbrannt. Auch Heß hält ein Feuer in Gang, meist aber steht er davor und starrt in die Flammen. Fünfzig Schritte von ihm entfernt stochert Schirach in einem anderen Feuer herum. Auch ich verbrenne Laub. Während ich in die Flammen sehe, weiß ich plötzlich nicht mehr, ob ich die Freiheit noch will.

28. März 1956

Fomin ist unter den neuen Russen der einzige, der darauf besteht, als Respektsperson behandelt zu werden. Häufig haben wir den Eindruck, daß er ohne jeden Anlaß in den Zellenblock oder Garten kommt, um Tribut einzukassieren. Im Garten erwies ich ihm heute korrekt den Gruß, indem ich die Hand an den Schirm meiner Skimütze hob. »Nummer Fünf, Sie haben mich nicht richtig gegrüßt.« Ich sah ihn erstaunt an und wiederholte den Gruß um eine Spur förmlicher. »Nein«, sagte Fomin, »so nicht. Gehen Sie zurück, und kommen Sie dann wieder auf mich zu!« Ich tat, wie er verlangte. Als ich auf seiner Höhe erneut die Hand zum militärischen Gruß hob, schob Fomin die eigene Mütze sprachlos ins Genick. »Er weiß es nicht! Nummer Fünf, warum nicht richtig grüßen? Die Mütze muß ab. Runter von Kopf! Nochmal zurück!« Die Schilderung, so wie sie hier steht, scheint nicht ganz ohne Komik, als hätte ich eine ironische Überlegenheit bewahrt. Ich hatte sie nicht. An Demütigungen gewöhnt man sich nie.

5. Mai 1956

Heute sagte der freundliche Bokow zu mir, als ich über Blumenbeete gebückt Unkraut zupfte: »Was, immer rabotte, rabotte? Warum arbeiten? Jetzt immer zehn Minuten Arbeit, fünfzig Minuten Pause.« Dann lachte er breit: »Das kommunistische Arbeit! Und kommunistische Arbeit besser als deutsche Arbeit!« Durch das zutrauliche Verhalten einiger Russen angeregt, hat Funk unterdessen eine slawische Großmutter entdeckt; ein russischer Urgroßonkel findet sich etwas später auch, und allmählich nimmt er, mit wachsender Kühnheit, eine genealogische Verschiebung nach Osten vor. Schirach kommentierte bissig: »Es ist wohl purer Zufall, daß Deine Familie nach Deutschland verschlagen wurde.« Funk blieb aber bei seinem fröhlichen Zynismus. Er schlug sich gutgelaunt mit seinem russischen Vokabelheft aufs Knie und sagte: »Ich geh jetzt mal ein bißchen Muttersprache lernen.«

12. Mai 1956
Meine Kastanienbäume sind unterdes zwei Meter hoch geworden. Vor genau einer Woche klappte die harte Winterhülle einer sieben Zentimeter hohen Knospe nach unten. Gestern noch hatte die unterste der drei Etagen die Form einer Zuckerzange, während die oberste einem ägyptischen Kapitell ähnelte. Nun hat sie wie auf einem gut organisierten Bau im gegenseitig sich ergänzenden Rhythmus sinnvoll sechzehn Kastanienblätter entwickelt, von denen jedes Blatt in sieben Einzelteile zerfällt. Hundertzwölf Einheiten. Die Blätter hängen heute schlaff herunter, wie ermüdet vom schnellen Wachstum.
Man braucht keine Victoria regia, um zu bewundern.

12. Juni 1956
Über Hilde einen Brief John McCloys an meine Frau vom 21. Mai erhalten. Er verspricht, sich mit dem State Department in Verbindung zu setzen, und fährt fort: »Ich habe die feste Überzeugung, daß Ihr Gemahl entlassen werden sollte. Ich wäre sehr glücklich, wenn ich zur Beschleunigung seiner Entlassung irgend etwas beitragen könnte.«

14. Juni 1956
Unsere Halle wird neu gemalt, dieses Mal von Angestellten des Gefängnisses. Uns verbleibt die Reinigung des Fußbodens. Wir wenden unter Anleitung des Großadmirals ein vereinfachtes Verfahren an, schütten unter der Parole: »Rein Schiff!« kübelweise Wasser aus und moppen diese Wassermengen in die Absaugöffnungen der neuen Luftheizung. Pease und Bokow haben ihre Dienströcke ausgezogen und helfen mit, als plötzlich, wie aus dem Boden gewachsen, Colonel Cuthill hinter ihnen steht. Eilig ziehen die Wärter ihre Kittel wieder an. »Who got that idea

with the water?« fragte Cuthill streng. Keine Antwort. Ich versuchte zu beruhigen: »That will run through. The system isn't watertight.« Cuthill blitzte mich an: »You won't tell me that it isn't watertight when it is airtight?« So viel von hoher Autorität abgesicherter Logik setzt ein Gefangener keinen Widerspruch entgegen.

15. Juni 1956

Die Unlust zu Eintragungen wird immer größer. Nur noch selten, und als müßte ich einer lästigen Verpflichtung nachkommen, suche ich in meiner Zelle Zettel und Bleistift zusammen. Denen draußen habe ich eigentlich nichts mehr mitzuteilen, und mit der Niederschrift der Erinnerungen ist auch die Vergangenheit abgetan. Die Bücher, die ich lese, sind nur noch Zeitvertreib. Längst sind die Pläne vergessen, ein großes Buch über das Fenster in der Baukunst oder die ungebaute Architektur in den Gemälden von Giotto zu schreiben, Sprachen zu lernen, bautechnisch auf der Höhe der Zeit zu bleiben. Was habe ich eigentlich in den letzten Monaten zu Papier gebracht? Wenn ich mich recht erinnere, außer dem Epilog zu dem Buch nur ein paar läppische Anekdoten; Geschichten von Funks Großmutter, Ärger mit den Wärtern, die Magenkrämpfe von Heß. Leide ich weniger oder mehr? Wenn es so weitergeht, fürchte ich unterzugehen. Ich könnte wirklich ein Strafgefangener werden. Aber obwohl ich das deutlich sehe, bin ich zu müde, zu schlapp für einen Entschluß. In drei Monaten wird Dönitz uns verlassen. Es gab viele Spannungen zwischen ihm und mir, aber auch diese Spannungen haben dazu beigetragen, mich lebendig zu erhalten. Vom Oktober an werde ich mit Heß, Funk und Schirach allein sein. Welch ein Gedanke! Wenn ich nicht untergehen will, muß ich spätestens bis dahin einen neuen Anlauf nehmen.

15. Juli 1956

Nichts. Vier Wochen lang nichts.

17. Juli 1956

Heute saß Heß verkrampft auf seinem Hocker im Schatten des Nußbaumes und stöhnte erbarmenswert. Offenbar geht es ihm wieder schlechter. Seit Dezember hängt an seiner Zellentür ein

Anschlag des amerikanischen Arztes, wonach »Numero 7 täglich mindestens eine halbe Stunde im Garten unter Aufsicht der Wärter arbeiten muß«. Diese Anordnung wurde in den folgenden drei Monaten durch die Unterschriften der britischen, französischen und sowjetischen Ärzte bestätigt. Seitdem ist Heß zweimal mit verschärfter Haft bestraft worden, »to cool him off«, wie Cuthill gelegentlich bemerkte. Auch heute ordnete Letham an, daß Heß sofort arbeiten oder in die Strafzelle verbracht werden müsse. Für die hundert Meter zum Maisfeld benötigte er fünf Minuten, gebeugt, verkrampft blieb er nach jedem zweiten Schritt stehen, begann unter Stöhnen und Klagen zu hacken, machte, auf die Hacke gestützt, lange Pausen, jammerte ununterbrochen. Nach zehn Minuten ließ er sich mühsam auf den Boden nieder, zog die Knie an und legte den Kopf darauf. »Sie müssen weiterarbeiten! Los! Stehen Sie auf!«, sagte ein hinzukommender Wärter. Heß schüttelte winselnd den Kopf: »Ich habe eine Herzattacke. Melden Sie mich, bestrafen Sie mich. Bringen Sie mich doch um, wenn Sie wollen!« Drei Wärter standen mit uninteressiertem Gesicht um ihn herum, wir hielten uns abseits. Längst sind wir, in dieser oder anderer Form, solche Zwischenfälle gewohnt und gehen darüber hinweg. Erst nach einer Viertelstunde gab Heß dem Zureden nach, mühsam erhob er sich und nahm mit verzerrten Zügen seine Arbeit wieder auf. Als er seine halbe Stunde hinter sich gebracht hatte, wankte er zum Hocker, saß dort zusammengefallen, den Kopf wiederum auf den Knien. Auf seine Bitte hin holte ich ihm seine Jacke.

20. Juli 1956

Der neue sowjetische General für Ost-Berlin, Tschamow, inspizierte die Anstalt. Im Gegensatz zu dem verbindlichen Dibrowa ließ er lediglich übersetzen: »Haben Sie eine Beschwerde?« Als wir verneinten, sah er seltsamerweise in jeder Zelle längere Zeit die Decke an und ging wortlos.

21. Juli 1956

Ich stand am Nachmittag zufällig im Gang. Da kam Heß entspannt und heiterer Stimmung aus seiner Zelle. Als er mich sah, veränderte sich im Bruchteil einer Sekunde sein Gesichtsausdruck. Ich erschrak. Plötzlich war das da ein gequälter, leidender Mann. Auch sein Gang verwandelte sich schlagartig. Der leichte Schritt wurde staksig, schlenkernd, wie bei einem Invaliden, der beinamputiert ist.

Kein Wort darüber, weder zu Heß noch zu anderen; aber ich bin tief bestürzt. Diese Verstellung hält er seit fünfzehn Jahren durch. Welcher Energieaufwand! Welche Konsequenz in der Vergewaltigung! Aber auch welche Verwirrung des Gemüts!

23. Juli 1956

Heute morgen las Dönitz in seiner Zelle, wie es seine Gewohnheit ist, halblaut aus einem französischen Buch. Fomin klopfte an das kleine Fenster in der Tür: »Nicht laut lesen! Verboten! Lesen Sie nicht vor!« Dönitz sagte folgsam: »Jawohl.« Stille. Fomin, der einige Zeit etwas freundlicher war, hat einen Rückfall.

1. August 1956

Dönitz hatte eine halbstündige Besprechung mit seinem Anwalt, Otto Kranzbühler: »Mit den drei Westmächten wird verhandelt, um einen Weg für eine unauffällige Prozedur bei meiner Entlassung zu finden.« Er ist wieder ganz »Staatsoberhaupt«, wenn er sich offenkundig darüber freut, daß seinetwegen mit drei Mächten verhandelt werde. Uns teilte er leutselig mit, daß Gespräche über die Auflösung Spandaus schwebten; das Gefängnis sei ja zuletzt nur noch gehalten worden, weil bei den Briten Ressentiments gegen ihn vorlägen. Etwas hochnäsig fügte er hinzu: »Das heißt aber nicht unbedingt, daß Sie freikommen!« Dann sagte er: »Der neue Marine-Generalinspekteur, Admiral Ruge, ist übrigens einer der Offiziere, die ich aufgezogen habe. Er hängt geradezu an meinen Lippen. Auch jetzt noch.« Er sprach wieder einmal von »meinem Offizierskorps«, als sei die Marine sein Familienunternehmen. Manchmal kommt er mir wie ein zu schnell beförderter Kapitänleutnant vor.

2. August 1956

Seit einigen Tagen ist Funk an Gelbsucht erkrankt. Er hatte zuvor über Gallenschmerzen geklagt und sich oft übergeben müssen. Im Krankenzimmer des Gefängnisses wird er in Quarantäne gehalten, da Gelbsucht ansteckend sein kann. Es scheinen Komplikationen eingetreten zu sein.

6. August 1956

Mit den Zeitungen bin ich seit neuestem immer rasch fertig. Den anderen geht es ebenso. Es gibt keinen Streit mehr, wenn einer sie weiterzugeben vergißt. Die Teilnahme an den Ereignissen draußen wird geringer, hat fast ganz aufgehört. Oft ertappe ich mich dabei, wie ich die Nachrichtenseiten nur noch auf Meldungen hin durchsehe, die auf unser Schicksal Bezug haben.

12. August 1956

Heute, über Mittag, wurden alle Zellenfenster mit Moskitonetzen versehen. Zum ersten Mal kann ich bis zehn Uhr abends bei offenem Fenster lesen, während ich draußen die Schnaken höre, die sich vor dem Gitter abmühen.

13. August 1956

Seit gestern ist Funk im britischen Hospital. Lächerlicherweise versuchen die Wärter, auch vor uns die Verlegung streng geheim zu halten. Letham kneift die Lippen zusammen, als ich auf die leere Zelle hinweise. Nur der einfältige Fomin sagt in aller Unschuld: »Sechs in Hospital gefahren!«

16. August 1956

Morgens kam Rénard und sagte gefühllos: »Le Numero trois est mort.« Wir waren betroffen. Neurath tot. Unter uns war in den vergangenen Monaten deutlich zu spüren, wie der Respekt vor dem alten Edelmann seit seiner Entlassung ständig zunahm. Er war der einzige gewesen, der sich nie hatte gehen lassen. Älter und kränker als alle anderen und vielleicht auch weniger schuldig, hatte er einen Maßstab gesetzt, wie diese Zeit, ihre Härten und Demütigungen mit Haltung, ja sogar mit Würde zu bestehen waren. Ich hatte gehofft, ihn noch einmal sehen zu können.

Die Rolle Neuraths in der deutschen Außenpolitik kann ich kaum beurteilen. Aber sicher wirkte er inmitten vieler zweideutiger Existenzen, inmitten der zahlreichen Condottieri-Typen, die den Hofstaat Hitlers bevölkerten, wie eine Gestalt aus einer anderen Welt. Eigentlich unverständlich, daß er sich zur Mitarbeit hergegeben hat. Darin lag seine Schuld, gerade weil er diese

Camarilla um Hitler immer verachtete und daraus kein Geheimnis machte. Seine Welt war die Monarchie geblieben; stellvertretend büßte er für das gemeinsame Spiel, das die Konservativen mit Hitler betrieben hatten.

23. August 1956
Abends sehe ich in der *Frankfurter Allgemeinen* ein Photo von Kars, einer Bergstadt der Türkei, die ich vor Monaten auf dem Weg zur persischen Grenze passiert habe. Eine Skizze von der Karser Burg gezeichnet. Gegenüber eine Wiese erfunden, auf der unter drei zerzausten Tannenbäumen mein Zelt aufgeschlagen ist. Wilde Berge im Hintergrund. Vor dem Zelt zwei Männer an einem Feuer. Habe ich einen Wärter als ständigen Begleiter? Abends lächle ich über die zeichnerische Verbindung von Anatolien und Allgäu.

24. August 1956
Schirachs einzige Reaktion auf ein Bild von der Beerdigung Neuraths in der *Welt*: »Haben Sie den Cut von Papen gesehen? Sitzt tadellos, muß ein erstklassiger Schneider sein. Wahrscheinlich von Knize in Wien gearbeitet.«

26. August 1956
Von Funk kommen erfreuliche Nachrichten. Der britische Direktor teilte mit, daß Funk operiert worden sei und die Operation gut überstanden habe. In vierzehn Tagen sei er wieder »all right«. Das heißt also: Rückkehr in die Zelle.

28. August 1956
Mit der »Geschichte des Fensters« doch begonnen. Die Arbeit, für die ich in den vergangenen Jahren Dutzende von Büchern durchgearbeitet und zahlreiche Exzerpte gemacht habe, soll den stilbildenden Einfluß des Fensters in den verschiedenen Epochen untersuchen, Klimabedingungen, Konstruktionsweisen und ästhetische Vorstellungen berücksichtigen. Als erstes berechne ich das Verhältnis der Fensterfläche zur Grundfläche in Palästen der Renaissance. Mit diesem Fensterthema hat auch meine Sammelleidenschaft Nahrung erhalten. Ich sehe jedes geschichtliche Buch auf alte Fenster durch.

30. August 1956
Dönitz hatte um zwölf Uhr nachts aus dem Schlaf heraus einen Schwindelanfall. Alles drehte sich um ihn, er mußte sich erbrechen. Der professionelle Wärter Pemberton: »Ich kenne das. Bei Gefangenen, die lange in Haft waren, treten vor der Freilassung sehr häufig Kreislaufstörungen auf.« In der Mittagspause vertrieb ich mir die Zeit mit einer schnell hingeworfenen Federzeichnung, die meine Sehnsucht nach süddeutschen Kleinstädten ausdrückt. Tatsächlich gelingt es mir auf diese Weise, eine imaginäre Welt zu erschaffen. Befreiungsgefühle.

2. September 1956
Zwei Stunden vor dem Besuch von Margret und Ernst wird mir eine neue Anklageschrift zugespielt: Vor der Berliner Spruchkammer ist ein Verfahren gegen mich eingeleitet worden. Aber daß meine Nerven wieder etwas stabiler sind, zeigte der fast heitere Verlauf des Besuchs. Ernst will Geograph werden; ich erzählte von meiner Weltreise. Als ich ihn gegen Ende auf die Möglichkeit hinwies, die zum Wachwechsel mit karierten Röcken, Quasten und allem traditionellen Zubehör aufmarschierenden Schotten zu betrachten, erklärte er mit großer Bestimmtheit: »Nein, die will ich nicht sehen!« Fomin sagte: »Noch eine Minute!« Der Junge verstummte sofort. Schweigend saßen wir uns gegenüber. Dann Abschied.

4. September 1956
Zwischen zwei Bäumen hat eine Spinne ein Netz gezogen. Vor ein paar Tagen suchte Schirach den halben Vormittag eine zweite Spinne, die er in das Netz setzen wollte. Er erwartete einen scharfen Kampf, doch erklärte er sich, als er endlich eine Spinne gefunden hatte, außerstande, sie anzufassen. Long setzte sie daraufhin ins Netz, aber die fremde Spinne war friedliebend und verließ es auf kürzestem Wege wieder. Nun fingen Schirach und Pemberton Motten, die sie der Spinne ins Netz warfen, dann Grashüpfer, und beobachteten, wie die Spinne sie betäubte und nach einigen kunstvollen Umwicklungen am Netz befestigte. Seither ist die Spinnenfütterung zur Manie Schirachs geworden. Alles gerät hier ins Extreme. Das gilt nicht nur für die Gefange-

nen. Gemeinsam im Gras auf den Knien verfolgten heute ein amerikanischer, ein französischer, ein russischer Wärter und Schirach einen Grashüpfer!

Dönitz meinte dazu: »Jeder von uns hat in der letzten Zeit seinen Tick bekommen. Schirach muß den ganzen Tag reden, singen und jetzt Spinnen fangen, Du zuckst beim Gehen mit dem Mund.« Er hat, glaube ich, recht.

7. September 1956

Nachmittags vor dem Hinausgehen in den Hof mußten wir heute auf Heß warten. Als Heß endlich eintraf, meinte Dönitz: »Wenn ich, Herr Heß, für jede Viertelstunde, die ich in den elf Jahren auf Sie warten mußte, eine Mark bekommen hätte, wäre ich ein reicher Mann.« Worauf Heß ohne Zögern erwiderte: »Und wenn ich, Herr Dönitz, für jedes unnütze Wort, das Sie in den elf Jahren an mich gerichtet haben, nur einen Pfennig bekäme, wäre ich viel reicher als Sie.«

Neuerdings zeigt Dönitz seine Verärgerung über die Vorzugsbehandlung von Heß, indem er vom »Herrn Baron« spricht. In den letzten Tagen hat er sogar die Gewohnheit angenommen, sich zehn Schritte vor Heß hinzustellen und ihn minutenlang zu fixieren. Manchmal stelle ich mich dann neben Heß und fixiere ihn meinerseits, worauf er mit dieser Ungezogenheit aufhört.

14. September 1956

Der britische Direktor, gefolgt von seinem Stellvertreter Letham, fragte mich während der Gartenarbeit sein rituelles »All right?« Erst beim Weggehen zog er nachlässig zwei Papiere aus der Tasche: »That's for you.« Es sind die Unterlagen über die Eröffnung eines Sühneverfahrens gegen mich. Der Brief ist vom 18. August; er hat also für eine Entfernung von einigen Kilometern siebenundzwanzig Tage benötigt. Hardie trocken: »A retired turtle would envy it!«

17. September 1956

Der Druck weicht in diesen letzten Wochen seines Spandauer Aufenthalts von Dönitz. Oft sitzt er mit Wärtern auf einer Bank. Erzählungen, Scherze, Erinnerungen.

18. September 1956
Heute habe ich mein zweites Wanderjahr beendet. Ich bin 3326 Kilometer, also, den Winter eingerechnet, täglich 9,1 Kilometer gelaufen. Solange ich meinen Marsch fortsetze, bleibe ich im Gleichgewicht.

22. September 1956
Kurz vor dem Aufwachen träumte ich, daß Funk zurückgekommen sei. Geschwächt lehnte er an der Wand, merkwürdig klein und knittrig geworden.
Ich traute meinen Augen nicht, als eine halbe Stunde später vier britische Soldaten Funk auf einer Bahre in seine Zelle tragen. Voran unser Sanitäter im weißen Kittel, dahinter ein britischer Sergeant und Mister Letham.
Kurze Zeit danach steht Funk bereits in eifriger Unterhaltung vor Schirachs Zelle. Dönitz wird hinzugezogen. Auf Heß verzichtet man. Auf mich auch.

23. September 1956
Nachmittags wird mir Papier zur Verfügung gestellt, damit ich an meinen Anwalt Flächsner schreiben kann. Es quält mich, nach einem Jahrzehnt der Haft noch einmal alles durchzugehen. Was soll das alles?! Es gibt mich doch schon gar nicht mehr. Das zerbombte Grundstück in Wannsee sollen sie in Gottes Namen haben.

28. September 1956
Noch drei Tage für Dönitz. Es herrscht eine merkwürdige Hochspannung, da immerhin die Möglichkeit besteht, daß die Entlassung vorgezogen wird, um Demonstrationen vor dem Gefängnistor zu vermeiden. Auch die Wärter teilen die Ungewißheit. Fast alle westlichen Aufseher wünschten Dönitz heute mit Händedruck alles Gute; sogar Bokow ging quer durch den Garten auf ihn zu, um sich von ihm zu verabschieden. Es ist das erste Mal, daß einer von uns nach Verbüßung seiner Strafe entlassen wird.

29. September 1956
Funk und Schirach stehen nun fast immer bei Dönitz. Schirach entwickelt dabei Spuren einstiger gesellschaftlicher Allüren, als er eine Stange, die zum Abstützen der Tomaten dient, elegant

in die Hand nimmt, sie in einen leichten Spazierstock verwandelt und mit unnachahmlichem Chic aus dem Handgelenk nach vorn schnellen läßt. Beim Nachmittagsplausch verwendete Schirach heute die Stange als Stütze für sein Hinterteil. Früher habe ich das bei eleganten Filmhelden gesehen, die lässig einem Pferderennen zusahen. Ich beobachtete, wie Schirach heftig auf Dönitz einredete; schon seit dem frühen Morgen hatte das Programm der rechtsradikalen DRP, das heute in der Zeitung stand, Furore gemacht. Im Vorbeigehen hörte ich unseren Großadmiral sagen: »Das steht jedenfalls fest: es ist das einzig hochwertige Parteiprogramm!« Tomatenstangen aber sind keine hochwertigen Bambus-Spazierstöcke; die Stange brach, Schirach fiel hin.
Mir gegenüber hält sich Dönitz zurück. Wahrscheinlich erwartet er, daß ich ihn anspreche; aber da er geht und ich bleibe, sollte er den Anfang machen.

29. September 1956
Vor dem Tor sollen dreißig Autos mit Reportern warten, weil immer noch an eine verfrühte Entlassung von Dönitz geglaubt wird. Dönitz erklärte großmütig: »Wenn ich draußen bin, werde ich als erstes mit Kranzbühler besprechen, wie ihr hier alle rauskommen könnt.« Er schien ganz vergessen zu haben, daß seine Verbindungen ihm selber gar nichts geholfen hatten und er seine Strafe bis zum letzten Tag hatte absitzen müssen. Ich sagte ihm daher: »Davon verspreche ich mir nichts, außer neuen Mißverständnissen. Ich habe es mir überlegt. Es gibt bereits einige wichtige alliierte Persönlichkeiten, die sich für mich einsetzen. Da kann Deine Bemühung nur schaden.« Dönitz stutzte, er schien überrascht, zweifellos hatten Funk und Schirach ihn beschworen, für sie tätig zu werden. Beim Spaziergang geht mir Dönitz nun aus dem Weg. Auch ich suche keine Begegnung mehr. Mittags übermittelte Cuthill den sibyllinischen Beschluß der vier Direktoren, Dönitz werde am 1. Oktober nicht mehr in Spandau sein.

30. September 1956
Der letzte Tag von Dönitz.
Wieder das gleiche Bild. Dönitz in langem Gespräch mit Schirach und Funk, ich auf meiner Wanderung und Heß einsam auf einem

Schemel am Nußbaum. Mit ihm hat Dönitz noch kein versöhnliches Wort gewechselt.
Unvermittelt wandte sich Dönitz mir zu. »Ich möchte Dich noch etwas fragen«, sagte er. Ich erwartete, daß Dönitz endlich mit einem versöhnlichen Wort noch vor seiner Entlassung die Mißstimmung dieser Jahre aus der Welt schaffen wollte. Bereitwillig griff ich seine Bemerkung auf: »Ja, gern. Laß uns zur Bank gehen!« Als wir nebeneinander saßen, begann Dönitz: »Du hast mir einmal erzählt, daß Du mich bei Deinem letzten Besuch im Führerbunker als Nachfolger Hitlers empfohlen hättest. Es sei über sein Testament und über meine Einsetzung gesprochen worden. Wie war das eigentlich?«, fragte er interessiert. »Ganz so war es nicht!«, widersprach ich. »Vielmehr hat Hitler mich eingehend befragt, wie Du Dich als sein Bevollmächtigter im Nordraum machtest, und ich habe mich sehr positiv darüber geäußert. Natürlich war mir ziemlich klar, daß Hitler mit dieser Frage bestimmte Absichten verband. Aber wie es seine Art war, hat er das nicht zu erkennen gegeben. Als einige Stunden später Göring abgesetzt wurde, hatte ich das Gefühl, daß nun Du drankommst. Wen hatte er denn sonst noch? Infolgedessen hat mich Deine Ernennung auch nicht sehr überrascht. Aber vorgeschlagen habe ich Dich nicht.« Dönitz wiegte den Kopf: »Das wollte ich nur wissen. Denn wenn ich meine Erinnerungen schreibe, muß ich Klarheit haben, wie es zu meiner Ernennung gekommen ist.«[1])
Einen Augenblick lang saßen wir schweigsam nebeneinander

---

1 In seinen Erinnerungen allerdings führt Dönitz entgegen den wahren Zusammenhängen aus: »Speer erzählte mir später im Winter 1945/46, er sei bei diesem Besuch zufällig dabei gewesen, als Hitler die Abfassung seines Testaments überlegt habe. Speer selbst habe angeregt, mich zum Nachfolger Hitlers zu ernennen. Hitler wäre daraufhin sichtlich nachdenklich geworden, wie es bei ihm der Fall war, wenn ihn etwas besonders beschäftigte. Nach dieser Erzählung Speers halte ich es für möglich, daß Hitler erst auf Grund der Speerschen Anregung den Gedanken gefaßt hat, mir das Amt seines Nachfolgers zu übertragen.« (*Zehn Jahre und zwanzig Tage*, Frankfurt a. M. 1967, S. 434)

und starrten ins Leere. Ich machte einen Versuch, mir die Szene im Bunker in Erinnerung zu rufen, aber es gelang mir nicht. Plötzlich hörte ich Dönitz mit völlig veränderter, schneidender Stimme sagen: »Durch Dich habe ich diese elf Jahre verloren! Du hast mir das eingebrockt! Du bist an allem schuld! Daß man mich wie einen gemeinen Verbrecher angeklagt hat! Was hatte ich denn mit der Politik zu tun! Ohne Dich wäre Hitler nie auf die Idee gekommen, mich zum Staatsoberhaupt zu machen! Alle meine Leute haben wieder Kommandos. Aber ich? Wie ein Verbrecher! Meine Laufbahn ist zerstört!« Dönitz stand auf, fixierte mich und fuhr gereizt fort: »Noch eine Frage: War das mit Kranzbühler Dein letztes Wort? Kranzbühler leitet die ganze Aktion wegen der Kriegsverurteilten, er kommt oft zu Adenauer. Und auch ich habe einigen Einfluß! Ich will nach meiner Entlassung sagen: ›Laßt die vier Spandauer frei!‹ Soll ich nun einschränken: ›Laßt drei von ihnen frei?‹« Ich schüttelte den Kopf: »Du kannst ruhig alle vier nennen. Aber vielleicht hast Du nun Zeit, Dir auch etwas von mir anzuhören?« Dönitz machte eine auffordernde Geste und sagte knapp: »Bitte!« Ich sagte: »Du hast mich hier zehn Jahre lang verleumdet, herabgesetzt und boykottiert. Neurath hatte mir ganz früher schon den Rat gegeben, darüber hinwegzugehen, einfach zu schweigen. Die Haft selber sei schlimm genug. Ich habe mich daran gehalten. Auch wenn Du mir immer wieder vorgeworfen hast, ich hätte in den letzten Monaten des Krieges und im Nürnberger Prozeß unehrenhaft gehandelt.[2]) Aber einmal wenigstens solltest Du es wissen: Unablässig habt Ihr hier von Ehre geredet. Jedes zweite Wort

---

2 Zehn Jahre später, am 7. Oktober 1966, hat Dönitz in einem Interview in *Christ und Welt* seine Meinung revidiert. Auf die Frage: »Zum Nürnberger Prozeß haben Sie geäußert, es war nicht die beste Lösung, aber es war immerhin der Versuch einer Reinigung und als solcher besser, als gar keinen Versuch. War dies das Ja des damaligen Angeklagten zum Prozeß oder besser zu den Grundgedanken dieses Prozesses?« antwortete er: »Ja, genau, was die Verbrechen gegen die Menschlichkeit betrifft.«

von Dir, von Schirach ist Würde, Haltung. Millionen hat dieser Krieg umgebracht. Weitere Millionen haben diese Verbrecher in den Lagern ermordet. Wir alle hier waren doch das Regime! Aber Deine zehn Jahre hier regen Dich mehr auf als die fünfzig Millionen Toten. Und Dein letztes Wort hier in Spandau: Deine Karriere! Nein, ich will nichts. Von Dir und Deinem Kranzbühler nichts. Natürlich will ich hier raus! Aber wenn es davon abhängt, sitze ich hier lieber nochmal zehn Jahre!«
Dönitz hatte starr zugehört. Dann sagte er beiläufig: »Na schön! Wie Du willst!« Dann ging er zu den anderen zurück. Wir hatten zuletzt etwas laut gesprochen. Sie erwarteten ihn gespannt.
Nach dem Sonntagsspaziergang wurden die Zellen untersucht, sinnloserweise auch die von Dönitz. Währenddessen gingen wir im Zellenblock auf und ab. Um einzulenken und Dönitz zu zeigen, daß ich heute vormittag die Nerven verloren hatte, mache ich mich über die Gründlichkeit der Wärter lustig; Dönitz ging freundlich darauf ein. Wenigstens der äußere Friede ist wiederhergestellt.
Nach dem Abendessen ließ Dönitz sich ein Theominal geben und ging dann, kurz bevor wir wieder eingeschlossen wurden, zu Heß: »Auf Wiedersehen, Herr Heß. Ich wünsche Ihnen alles Gute.« Heß blieb gleichmütig: »Auf Wiedersehen, Herr Dönitz. Alles Gute, und erholen Sie Ihre Nerven.« Bei Funk und Schirach dauerte die Verabschiedung etwas länger. Zu mir kam er dann doch sichtlich gerührt: »Auf Wiedersehen, Speer, laß es Dir gutgehen!« Ich gab ihm die Hand: »Auf Wiedersehen, Dönitz. Mach's gut!« Ich wandte mich schnell ab.
Kurz vor dem Schlafengehen rief ich Dönitz durch das Türfenster zu: »Ich vergaß ... Noch einen schönen Gruß an Deine Frau.« Aus der Zelle hörte ich nur: »Danke.« Dönitz machte einen verstörten Eindruck, er weinte.
Draußen sollen Menschen mit Blumensträußen warten.

Das elfte Jahr

1. Oktober 1956
Bis zur letzten Minute wurden die Regeln durchgehalten: Wie jeden Abend vor dem Schlafengehen verlangte Godeaux von Dönitz kurz vor zehn Uhr dessen Brille. Auch der Wunsch, das Licht anzulassen, wurde nicht erfüllt, um zehn Uhr, hieß es unnachsichtig, müßten alle Zellen dunkel sein. In der Stille hörte ich Dönitz manchmal in seiner Zelle auf und ab gehen.
Kurz nach elf meinte Pease aufmunternd zu Dönitz: »Noch eine halbe Stunde!« Bald danach, so etwa zwanzig Minuten vor zwölf, ließ Cuthill die Tür der Zelle aufschließen. Dönitz erhielt seinen Zivilanzug ausgehändigt, an dem Vlaer und Mees drei Tage lang geputzt hatten, so fest saß der Staub. Und während Cuthill ging, hörte ich Dönitz sagen: »Ist diese Untersuchung denn notwendig?« Dann fragte er: »Kann ich jetzt gehen?« Offenbar war er nun umgezogen. »Aber nein«, kam die Stimme von Letham honigsüß, »noch fünf Minuten, noch fünf Minuten!« Wieder hörte man Dönitz auf und ab gehen. »Ist meine Frau schon da?« Letham antwortete: »Ja, sie ist schon gekommen. Warten Sie nur noch fünf Minuten.«
Die letzten fünf Minuten vergehen mit freundlichen Worten. Letham meint: »Paßt denn nach soviel Jahren der Anzug noch? Wir dachten schon, er sei vielleicht zu eng geworden.« Er lacht. »Der paßt genau wie früher«, hörte man Dönitz gutgelaunt erwidern. »Bei uns Soldaten bleibt die Figur immer gleich.« Dann ist wieder Stille. »Weiß mein Fahrer...«, setzt Dönitz an, als man plötzlich Schritte vernimmt. Cuthill kehrt zurück:

»Jetzt ist es soweit.« Dann wurden die Stimmen schwächer, die erste Tür schlug zu, die zweite. Kurz danach hörte man draußen ein Auto scharf anfahren, ein zweites folgte. Einige Rufe, dann herrschte wieder Stille.
In der Ferne zog ein Gewitter hoch, das sich schließlich mit einigem Krach über Spandau entlud.
Am Morgen stand ich heute lange vor der Pappel, die Neurath mit Hilfe von Dönitz vor neun Jahren gepflanzt hatte. Sie ist unterdes fünfzehn Meter hoch und für mich das wohl erschreckendste Symbol für die Zeit, die mir hier verrinnt. Pease wollte mich wohl aus meinen Gedanken scheuchen, als er mir erzählte: »Nach der Auslieferung seiner Habseligkeiten hat der russische Direktor zu Dönitz gesagt: ›Quittieren Sie bitte, Numero Zwei!‹, um sofort danach fortzufahren: ›Damit ist das beendet, Admiral Dönitz!‹«

3. Oktober 1956
Wie ich in der *Welt* lese, hat Dönitz in Düsseldorf eine Pressekonferenz abgehalten. Er versicherte, daß er heute und auch weiter schweigen möchte, bis er sich seine eigene Meinung über alle Probleme gebildet habe. Am meisten beschäftige ihn das Schicksal seiner Leidensgefährten, zu denen seine Gedanken stündlich zurückwanderten.

6. Oktober 1956
Vorgestern nahmen wir die neue Aufteilung der Reinigungsarbeiten vor. Dabei kam es zu einem erbitterten Streit zwischen Heß und Schirach, weil Heß es kategorisch ablehnte, an zwei Tagen in der Woche die Toilette der Aufseher zu reinigen. Als ich zu vermitteln versuchte, fuhren Schirach und Funk mich heftig an, daß meine ewige Nachgiebigkeit Heß soweit gebracht habe.
Im Gottesdienst predigte der Pastor zu Galater 5: »Ihr seid doch zur Freiheit berufen, liebe Brüder ... Wenn Ihr aber Euch untereinander beißt und freßt, so sehet zu, daß Ihr nicht voneinander verschlungen werdet.«

9. November 1956
In Ungarn ist der Aufstand gegen die sowjetische Besetzung endgültig niedergeschlagen. Vierzehn Tage lang gab es hier kaum ein

anderes Gesprächsthema. Es teilte Spandau in drei Lager. Die rissige Front der Gewahrsamsmächte brach in dieser Zeit völlig auseinander. Die Russen waren so lange betreten, bis die Engländer und Franzosen die Landung in Ägypten unternahmen. Und plötzlich waren wir, zum ersten Mal, in einer integeren Position. Schirach sagte heute zu dem Amerikaner Rostlam: »Seit wann sind eigentlich Angriffskriege erlaubt? Waren die nicht mal verboten?« Der Amerikaner wußte nichts zu sagen. Funk, der Schirachs Worte gehört hatte, kam hinzu und sagte: »Da haben wir's wieder! Was Moral ist, bestimmen immer die Sieger!« Schirach pflichtete ihm bei: »Wie kann man uns hier noch festhalten!« Ich stand dabei und sagte nichts. Aber ich fand auch, daß der moralische Anspruch von Spandau gelitten hat. Wie will man unsere Haft noch rechtfertigen! – Erst jetzt, während ich dies niederschreibe, wird mir klar, daß ich mich vor allen Aufrechnungen hüten muß. Aber von heute an ist es schwerer, hier zu sein.

18. November 1956

Vor ein paar Jahren, so dachte ich heute, hätten uns Ereignisse wie die von Budapest oder Suez vielleicht Hoffnungen gemacht. Heute sind wir alle resigniert. Nicht nur hat die Welt angesichts der Dramatik der letzten Tage anderes zu tun, als sich um ein paar vergessene »Nazis« zu kümmern; vielmehr sind wir für sie auch peinlich geworden.

Jede Diskussion über die Fortdauer unserer Haft kann nun auch in den eigenen Ländern die Frage provozieren: »Warum eigentlich nur die?! Warum nicht Bulganin? Warum nicht Eden? Warum nicht Mollet?« Funk sagte heute weinerlich: »So hoffnungslos war ich noch nie!«

1. Dezember 1956

Noch immer Depression über Ungarn und Suez. Alle sind gedämpft. Selbst Schirach unterläßt die sonst üblichen aufreizenden Bemerkungen. Damit ist aber gleichzeitig das letzte belebende Element verschwunden. Nun ist wirklich Kirchhofsruhe. Schirach spricht mit mir nur noch das Notwendigste; ein »Guten Morgen« gehört nicht dazu. Auch sein Trabant Funk hat alle

Unterhaltungen mit mir eingestellt. Heß weist mich gelegentlich schroff und herrisch an: »Kommen Sie mal her!« oder »Sagen Sie mir, was heute in der Zeitung steht.« Neulich rief er mich an: »Sie da!« Das war mir denn doch zu viel. Seine Kommandoneurosen soll er nicht an mir auslassen. Ich sagte es ihm.

2. Dezember 1956

Heute befinde ich mich dreihundertdreiundfünfzig Kilometer vor Kabul. Ich rechne damit, daß ich, wenn keine Schneestürme auftreten, Mitte Januar in der Hauptstadt von Afghanistan ankommen werde. Ich hoffe zwar, daß ich nicht mehr bis Kalkutta zu laufen brauche, aber das dachte ich vor einem Jahr von Kabul auch.

3. Dezember 1956

Vor einigen Stunden war meine Frau zu Besuch. Ich bringe nicht mehr die Energie auf, ihr Mut zuzusprechen. Sie war sehr weit weg. Wir tauschten Monologe.

4. Dezember 1956

Heute war Flächsner hier. Wir begrüßten uns lebhaft. Er meinte: »Sie haben sich in diesen zehn Jahren überhaupt nicht verändert.« Er selbst war ziemlich dick geworden. Wir sprachen über das Spruchkammerverfahren. Als Taktik empfahl er eine Verschleppung des Verfahrens, er könne das mit meiner Inhaftierung auch einleuchtend begründen. Dabei fuhr ihm unversehens heraus: »Wenn es gelingt, haben wir erst einmal viele Jahre gewonnen.« Also gar keine Hoffnung? Ist er so sicher, daß ich bis zum Ende hierbleiben muß?

Trotzdem bin ich durch die Dreiviertelstunde sehr belebt. Ich hätte auch noch stundenlang weitersprechen können. Ich muß nur ein Thema haben. Und mein einziges Thema ist meine Vergangenheit.

24. Dezember 1956

In der Dämmerung zog ich heute einsam meine Runden, es schneite weihnachtlich. Von Spandau her läuteten die Glocken, fetzenweise war ein Bläserchor zu hören. Nach dem Abendessen ließ ich mich mit zwei Büchern einschließen: ich wollte das Gefühl der Geborgenheit. In einem Schinkelwerk entdeckte ich

den Steindruck »Schloß Prediama«, von dem mir mein Professor der Kunstgeschichte, Daniel Krenker, nach einem Referat über die »Baukunst der Germanen« einen Abzug geschenkt hatte. Auf dem Bett liegend, dachte ich, wie oft wir als Studenten im »Romanischen Café« an der Gedächtniskirche gesessen hatten; an den kleinen Eisentischen mit den weißen Marmorplatten, an denen George Grosz und Käthe Kollwitz, Dix und Pechstein, Lesser Ury oder Liebermann auch sitzen mochten. Jedermann pflegte seine Einfälle auf die Marmorplatte zu kritzeln, und wie oft haben wir Zwanzigjährigen, nicht ohne Scheu, zu den Nachbartischen hinübergesehen. Sonderbar! Es war für uns aufregend, mit so berühmten und umstrittenen Männern in einem Raum zu sitzen, aber was sie machten, ging uns eigentlich nichts an. Schloß Prediama war uns ganz nahe; der »Schützengraben« von Dix dagegen weltenweit, und nicht das Bild, sondern der Skandal, den es auslöste, machte Eindruck auf uns. Wenn ich jetzt die Zeitungen betrachte und den Triumph all der Kunst sehe, die doch diejenige meiner Generation ist, wird mir erst nachträglich deutlich, wie wenig ich ein Zeitgenosse war. Einen Pechstein oder Kirchner wollte ich nie besitzen, einen Blechen konnte ich mir nicht leisten, und mein Traum wäre ein Caspar David Friedrich gewesen. Den Rottmann schenkte ich Hitler nicht, weil der zu seinen Lieblingsmalern zählte, sondern weil er meinem Geschmack entsprach. Und jetzt erst, wenn ich die Zeichnungen aus der Zelle durchblättere, wird mir ganz bewußt, daß alles, was ich mache, mir romantisch gerät, und daß eine Revolution in der Kunst an mir spurlos vorbeigegangen ist.
Eben war der neue Franzose Godeaux hier. Als er sich unbemerkt wußte, kam er in jede der Zellen, schüttelte uns verlegen und wortlos die Hand und überreichte uns ein kleines Päckchen Kekse.

26. Dezember 1956
Gestern abend sinnierte ich im Dunkeln: Da gab es das Weihnachten 1945 in der Nürnberger Zelle. Mitten im Prozeß. Dann Weihnachten 1946 nach der Verurteilung. Und 1947 war es schon Spandau, es war mir damals sehr hart. Dann folgte 1948,

es wird nicht viel anders gewesen sein als 1947. Und 1949 dasselbe. Und 1950. Und 1951. Das ist eine lange Reihe, wenn man es sich vorsagt. Und 1952. Es kam mir eigentlich nie zum Bewußtsein, wie oft das schon war. Und 1953. Und 1954. Und 1955... und 1956... Und wie oft noch?
Später Morgenspaziergang im Schnee. Ich zog meine alten Skistiefel an, Colonel Cuthill machte gerade seinen Rundgang. Funk wünschte ihm »Merry Christmas«, und der Direktor entgegnete, er möge nächstes Jahr ein schöneres Weihnachten zu Hause verleben. Schirach schmetterte sein »Merry Christmas« wie einen Befehl heraus, und Cuthill antwortete höflich-distanziert: »Thank you very much indeed!« Ich hielt mich im Hintergrund, so daß es in aller Freundlichkeit bei dem üblichen »Allright?« und meinem Dank blieb. Heß verfuhr ebenso.
Als Weihnachtsgeschenk genehmigten uns die Direktoren einen neuen Schallplattenapparat. Der Pastor brachte uns zwei neue Platten, die große C-Dur-Symphonie von Schubert sowie das Violinkonzert von Beethoven. Erstmals kam dabei zu unser aller Überraschung, vom Pastor freundlich eingeladen, Heß in unser Konzert; bisher hatte er es sich stets von seiner Zelle aus angehört. Und dann die eigentliche Sensation: Abends holte er sich aus der Bibliothek das Neue Testament. Funk fragte ihn verblüfft: »Aber, Herr Heß, wie kommen Sie denn darauf?« Heß lächelte mokant: »Weil ich mir dachte, daß Sie das fragen würden!«
Solange Neurath noch lebte, hat er uns jede Weihnachten durch den Pastor Grüße ausrichten lassen. Raeder und Dönitz bleiben stumm.

27. Dezember 1956

Funk ist nach seiner Operation erschreckend alt geworden, man könnte ihn mit seinen sechsundsechzig Jahren für einen Achtzigjährigen halten. Er wirkt auch ungewohnt apathisch. Bei Freundlichkeiten treten jetzt leicht Tränen in seine Augen. Er hat das Interesse am Leben fast aufgegeben. Meist starrt er, auf seiner Pritsche wie auf einem Sarkophag liegend, die Decke an.

28. Dezember 1956
Schirach im Garten: Geistesabwesend, mit nicht zu erklärenden, plötzlichen Bewegungen der Arme läuft er eilig den Weg auf und ab. Gelegentlich bleibt er stehen, geht dann abrupt weiter, bläst plötzlich laut ein paar Takte. Sein Auftritt erinnert an eine der nicht ganz geheuren Figuren bei E. T. A. Hoffmann. Statt des improvisierten Spazierstocks hat er sich einen Stab zugelegt, der in Größe und Dicke genau dem Befehlsstab britischer Offiziere entspricht. Das Holz kommt keine Sekunde zur Ruhe und zeigt wie ein Seismograph seine Spannung an. Als Funk heute trotz der Kälte auf einer der Gartenbänke saß, stand Schirach, unentwegt hüpfend und stockschnippend, vor ihm und redete heftig auf ihn ein. Geduldig, den Kopf halb herabhängend, saß sein Gegenüber da und ließ alles unbewegt über sich ergehen. Er scheint tatsächlich mit seiner Kraft am Ende. Manchmal versuche ich, in seine Innenwelt einzudringen; aber es existiert, so scheint mir, kein Zugang mehr dahin.

31. Dezember 1956
Heute, am Sylvestertag, habe ich die Nachricht erhalten, daß mein ehemaliger Mitarbeiter Willy H. Schlieker in Washington einen Abend mit Bob Murphy, dem Unterstaatssekretär im State Department, zusammen war. Murphy habe Schlieker unterrichtet, daß er Mitte Januar im State Department den Beschluß durchsetzen wolle, Spandau aufzulösen. Nachdem die Sowjetunion vor rund 13 Monaten geneigt schien, Funk und mich zu entlassen, könnte nun eine positive Entscheidung tatsächlich bevorstehen.

Schlieker. Beim Lesen des Kassibers denke ich an die vielen Sitzungen in den letzten Monaten des Krieges. Als alles zu Ende ging, war er ganze zweiunddreißig Jahre alt. Die Spitzenmitarbeiter, deren Namen ich mir von der Industrie nennen ließ und mit denen ich die Rüstung des Reiches organisierte, waren alle ungewöhnlich jung: Ernst Wolf Mommsen, Josef Neckermann, Stieler von Heydekampf, Hans Günther Sohl. Man nannte sie daher auch den »Speer'schen Kindergarten«.

1. Januar 1957
Ein neues Jahr, ein neues Lied. Schirach muß gestern in einem Liederbuch den Text zu »Lili Marlen« entdeckt haben. Seit heute früh um sieben singt er fast ohne Unterlaß in seiner Zelle sämtliche vier Strophen herunter. Wenn er sich unterbricht, dann nur, um eine Trompetenvariation über das gleiche Thema herauszuschmettern.

8. Januar 1957
Ich habe in Spandau eine Art Meinungsbefragung veranstaltet, um unser Prestige bei den Wärtern zu messen. Das Besondere daran ist, daß keiner der Betroffenen etwas davon weiß – weder die, deren Beliebtheit gemessen werden soll, noch die Befragten. Die Sache ist so: Die Reihenfolge, in der wir das Essen abholen, liegt im Ermessen der Wärter. Ihnen ist bekannt, daß jeder von uns merkwürdigerweise der erste sein möchte. Das Maß der Sympathie entscheidet darüber, wen sie zuerst aus der Zelle lassen. Infolgedessen erhielt der erste von mir drei, der zweite zwei, der dritte einen Punkt, während der letzte punktlos ausgeht. Meine Strichtabelle zeigt nun, daß Funk nach einer Woche mit neunundvierzig Punkten führt, Schirach liegt mit neununddreißig Punkten knapp vor mir. Ich erreiche sechsunddreißig Punkte, während Heß, dem nur einmal als zweitem und sonst immer als letztem aufgeschlossen wurde, lediglich zwei Punkte gutgeschrieben wurden. Zum ersten Mal wird mir bewußt, daß der schwierige, kranke Mann seit zehn Jahren sein Essen als letzter bekommt.

12. Januar 1957
McCloy hat einem Vertrauten in der Industrie geschrieben, daß das State Department meiner Entlassung positiv gegenüberstehe. Er glaube, daß in absehbarer Zeit meine Entlassung bei den Sowjets erreicht werden könne. Warum regt mich das nicht mehr auf?
Von drüben noch immer Lili Marlen.

13. Januar 1957
Noch vor einigen Monaten konnte mir Heß die Namen seiner Mitarbeiter Klopfer und Friedrich nennen, die ich für mein

Spruchkammerverfahren benötigte. Heute befahl er mich auf seine Gartenbank: »Sagen Sie, Funk hat eben einen Herrn Leitgen erwähnt. Wer ist denn das nun wieder?« Einen Augenblick lang war ich wirklich verwirrt: »Aber das war doch Ihr Adjutant!« Heß schien angestrengt zu grübeln. Dann verfiel er in seinen jammervollen Ton: »Aber das ist furchtbar! Das weiß ich nicht mehr? Um Gottes Willen, wie ist denn so etwas möglich? Können Sie mir das erklären? Mein Adjutant! Wirklich?! Da muß ich ja mein Gedächtnis verloren haben!« Seine Augen behielten einen listigen Ausdruck. »Beruhigen Sie sich, Herr Heß. Auch in Nürnberg, während des Prozesses, hatten Sie Ihr Gedächtnis verloren. Nach dem Prozeß kam es dann wieder.« Heß tat erstaunt: »Was sagen Sie da? Das kommt wieder?« Ich nickte. »Ja, und dann geht es auch wieder weg. Bei mir ist es ganz ähnlich.« Heß war irritiert: »Was, bei Ihnen auch? Was wissen Sie denn nicht?« Ich sah ihn nachdenklich an, als versuchte ich, etwas zu ergründen. Dann hob ich resigniert die Achseln: »Im Moment kann ich mich doch einfach nicht erinnern, wer Sie eigentlich sind und was Sie hier wollen.«
Einen Augenblick war Heß perplex; dann begannen wir beide zu lachen.

23. Januar 1957

Vor einigen Wochen bat ich einen der Direktoren, mir Leinwand und Ölfarben zu genehmigen. Wie ich heute morgen erfuhr, ist die Bitte abgeschlagen. Verrannt in die Idee zu malen, habe ich zwei imaginäre Gemälde aufs Papier gebracht. Genaugenommen zwei Skizzen in romantischer Manier, die meine Fluchtwelt versinnbildlichen. Mit äußerster Konzentration habe ich mir die Farbwerte des Gemäldes vor Augen geführt und sie schließlich nach den Nummern eines Farbenkatalogs in die Zeichnung eingetragen. Die Anstrengung war so intensiv, daß ich Fehler zu bemerken glaubte und, nur mit Nummern operierend, Korrekturen vornahm.

12. Feburar 1957

Seit Wochen umgeht Funk seine strenge Diabetikerdiät und schüttet in unüberwachten Momenten fast den ganzen Inhalt unseres Zuckertopfes in seinen Becher; zur Tarnung gießt er Kaffee nach. Ich habe es eben mit dem Rechenschieber nachgeprüft: fast zweihundert Kubikzentimeter. Dieses widerlich süße Gebräu nimmt er in der Nacht vor einer Urinprobe ein. Oft leiste ich ihm Hilfestellung, indem ich mich zwischen Wärter und Zuckertopf stelle.

Der französische Oberstarzt hat auch eine geschwollene Leber bei Funk festgestellt. »Ich bekomme wieder die Gelbsucht!« sagte Funk bedrückt. »Mein Arm ist schon gelb, meine Augen sind es auch.« Von dem humorvollen Mann, der uns alle in seiner clownesken Mischung von Lustigkeit, Opportunismus und Wehleidigkeit so oft über Spandauer Bedrückungen hinweggeholfen hat, ist allmählich alle Komik abgefallen. Jetzt ist er nur noch ein Kranker, der weiß, daß es mit ihm zu Ende geht. Und doch vergiftet er sich für die geringe Chance, ein wenig vorzeitiger nach Hause zu kommen. Wie ein Hund, der in seinem vertrauten Winkel sterben möchte.

18. März 1957
Der sowjetische Arzt fertigt, wie wir von Mees hörten, Auszüge aus den drei Krankenbüchern an, in denen Funks nahezu zehnjährige Krankengeschichte aufgezeichnet ist. Sein Fall wird also diskutiert. Aber als heute der sowjetische Direktor mit einem Arzt zu Funk kam, der sich sofort wieder über seine verschiedenen Leiden zu verbreiten begann, herrschte der Russe ihn an: »Machen Sie nicht solches Theater! Und stehen Sie gefälligst auf! Sie wirken lächerlich, Nummer Sechs!« Funk schrie cholerisch zurück: »Dann erschießen Sie mich doch! Warum lassen Sie mich am Leben?« Man hörte, wie Funk plötzlich zu schluchzen begann. Dann war es einen Augenblick lang still, und in die Stille hinein sagte der russische Direktor eisig: »Sie sind Gefangener auf Lebenszeit und müssen sich so benehmen.« Als die beiden die Zelle verließen, setzte Funk wieder ein: »Bringt mich doch um! Bringt mich doch um!« Vlaer sagte mir neulich, Nervenkrisen dieser Art seien für Diabetiker typisch.

Der russische Direktor begab sich anschließend zu Heß. Ich hörte einen Wortwechsel, und nur einmal war über dem Durcheinander die laute Stimme des Russen zu verstehen: »Wenn Sie nicht alles essen, werden Sie bestraft!«

19. März 1957

Vor meiner Tür hatten sich heute beim morgendlichen Aufschließen die Vertreter dreier Nationen eingefunden: Godeaux, Pemberton, Bokow. Godeaux zählte leise und rhythmisch: »Eins, zwei, drei!« und im Chor riefen alle mit tiefem Diener: »Herzlichen Glückwunsch zum Geburtstag!« Ich mußte meine Rührung verbergen.

Die Gratulationscour wurde dann im Waschraum fortgesetzt. Heß kam auf mich zu: »Ad multos annos!« und setzte hinzu: »Wenn auch nicht unbedingt in Spandau.« Später folgte Funk, er wollte etwas sagen, aber bevor er ein Wort heraus hatte, kamen ihm die Tränen, und er brach ab. Er hat seine Gefühle nicht mehr unter Kontrolle. Schirach brachte mir eine Zeitung, sagte zwar »Guten Morgen«, verschwand aber sofort mit einem geräusperten »Hmm!« Er kann nicht über seinen Schatten springen, aber es berührt mich nicht. Was für eine Versteinerung des Wesens! Jeder von uns wird offenbar deformiert: Heß wurde hysterisch, Funk weinerlich, Schirach unverträglich. Und ich?

26. März 1957

Heß war fünf Tage in der Isolierzelle, weil er nicht, wie im Arbeitsplan vorgesehen, die Tische im Gang und den Waschraum gesäubert hat. Stoisch hat er seine Strafe abgesessen. Kaum war Heß zurück, lief Schirach zu Fomin: »Nummer sieben hat heute den Waschraum noch nicht gereinigt.« Heß wurden neue Strafen angedroht.

Unterdessen setzt Funk, gelblich und zitternd, sein Spiel mit dem Leben fort. Er hat mich gebeten, künftig seinen Becher bei jeder Mahlzeit halb mit Zucker zu füllen; er selber sei zu nervös dafür geworden.

6. April 1957

Funk ist seit zwei Tagen bettlägerig. Jetzt ist auch seine Blase entzündet. Außerdem stellte das Ärztekollegium neuerdings eine geschwollene Leber fest. Drei Monate hat er seine Zuckerkur durchgehalten. Nun stellte er sie ein.

Schirach ist daraufhin ohne Gesprächspartner. Gemeinsam mit Fomin legte er heute vormittag ein rundes Beet mit dem Samen rot und weiß blühender Lupinen so aus, daß ein Sowjetstern sichtbar werden soll. Heß, der sich in der entgegengesetzten Ecke des Gartens aufhält, fragte ich: »Was sagen Sie dazu? Ihr Reichsjugendführer schmückt ein Beet mit dem Sowjetstern.« Heß lächelte nur.

7. April 1957

Den errechneten Tagesdurchschnitt von zehn Kilometern konnte ich während der Wintermonate nicht durchhalten, jetzt ist ein Rückstand von 62,9 Kilometern aufzuholen. In den letzten drei Wochen habe ich davon 43,3 Kilometer abgearbeitet, allein die letzte Woche lief ich insgesamt 99 Kilometer. Ich laufe die Route im Augenblick nur mechanisch und verbissen herunter, die Vergegenwärtigung der jeweiligen Gegend ist fast ganz entfallen. Dabei befinde ich mich bereits weit in Indien und muß, dem Plan zufolge, in fünf Monaten in Benares sein.

Funks Frau schreibt seit einigen Wochen in jedem Brief, daß sie in kurzer Zeit mit ihrem Mann zusammenleben werde. »Eigentlich merkwürdig«, äußerte Funk dazu, »daß die Russen diese Bemerkungen nicht zensieren. Entweder sie sind an mir nicht mehr interessiert, oder sie sind sicher, daß ich bald sterben werde.« Gelegentlich setzt er seine Zuckerkur wieder fort. Neuerdings läßt er sich auch, trotz starker Gallenschmerzen, von Schirach oder mir große Würfel übriggebliebener Butter zustecken.

In den letzten Tagen viel gelesen. Schon 1904 beschäftigte sich Chesterton in *The Napoleon of Nothing-Hill* mit den erschreckenden Folgen einer Massenpsychose. Einem willkürlich aus dem Londoner Adreßbuch gewählten englischen Pseudokönig gelingt es in dieser Erzählung ähnlich wie später Hitler, ein ganzes Volk zu fanatisieren und zu den absurdesten Taten und Reaktionen zu bringen. Solche Bücher liest man immer erst post festum.

Abends noch einmal über Chesterton nachgedacht. Sonderbar, wie sich solche cäsarischen Demagogen, die doch eigentlich eine

atomisierte Gesellschaft benötigen, literarisch schon in der hierarchisch streng geordneten, stabil wirkenden Welt des Fin de siècle ankündigen. Ich dachte daran, wie oft Hitler von Kellermanns *Tunnel,* ebenfalls der Geschichte eines Demagogen, als einem seiner großen jugendlichen Leseeindrücke schwärmte. Bezeichnenderweise sind ja auch die Gesetze der Massenpsychologie schon um die Jahrhundertwende weitgehend erforscht worden. Le Bons Studie ist, wenn ich es richtig weiß, bis heute unübertroffen. Er brauchte nicht die Anschauung der großen Demagogen von Lloyd George über Lenin und Mussolini bis zu Hitler, um die Mechanik der Massenseele zu ergründen.
Wie mag man Chesterton zu seiner Zeit gelesen haben: als eine Art Prophetie oder eine unterhaltsame Groteske? Nach einem halben Jahrhundert wird jedenfalls deutlich, daß es mit den Nerven eines großen Künstlers erspürte Zukunft war. Die Kunst braucht, so viel scheint mir sicher, die Wirklichkeit nicht, um die Wahrheit über eine Epoche ans Licht zu bringen.

8. Mai 1957

Ein Brief des deutschen Außenministers Heinrich von Brentano wurde in Abschrift hereingeschmuggelt. Es werde von deutscher Seite, schreibt er, bereits seit längerem versucht, eine Begnadigung von Funk und mir zu erreichen.

17. Mai 1957

Gestern abend erzählte Hardie, daß vorgestern, gestern und heute Sondersitzungen der Direktoren stattgefunden hätten. Bei Raeder begann es damals ähnlich. Der Wärter ging zu Funk, um auch ihn darüber zu informieren.
Lange konnte ich nicht einschlafen, denn ich fühlte, daß das auch mich betreffen könnte. Heute morgen in den *Losungen* nachgeschlagen: »Es ist ein köstlich Ding, geduldig zu sein und auf die Hilfe des Herrn zu hoffen.« Albern, darauf etwas zu geben. Um neun Uhr gingen wir in den Garten; Funk blieb eingesperrt. Nach einer Viertelstunde erschien er dann doch noch mit Pease, kam aber nicht zu uns, sondern saß allein an der Gefängnismauer auf einem Stuhl. Wie versteinert starrte er auf seine Schuhe. Ich ging zu ihm, doch er schickte mich weg, weil Fomin

uns sehen könnte. Funk war so erregt, daß seine Hand unentwegt zitterte.
Einige Minuten später ging Fomin zu ihm und forderte ihn auf, ihm zu folgen. Zögernd, mit unsicheren Schritten ging Funk, ohne sich umzusehen, hinter dem Russen her. Wir anderen unterbrachen unsere Arbeit auf der gegenüberliegenden Seite des Gartens und sahen ihm nach. Nichts an diesem Vorgang war ungewöhnlich, aber jeder spürte, daß etwas im Gange sei. Zwei Stunden später erzählte uns Godeaux, daß Funk zunächst eingeschlossen wurde. Wie zerbrochen habe er sich auf sein Bett fallen lassen. Nach einer Dreiviertelstunde aber sei er in den Sanitätsraum gerufen worden, wo ihn Cuthill, Letham und ein Arzt erwarteten. Man gab ihm ein Beruhigungsmittel, dann forderte Cuthill ihn auf, sich zu setzen; man habe ihm etwas mitzuteilen: Er sei frei.
Wie Godeaux weiter berichtete, waren im Besuchsraum schon Kleider und Schmucksachen bereitgestellt. Funk habe sogleich seinen Ring angelegt und seine goldene Uhr in die Westentasche gesteckt. Im Hof habe in einem Auto unterdessen seine Frau gewartet. Der am Tor diensthabende amerikanische Wärter Hardie sei der letzte gewesen, dem Funk aus dem fahrenden Wagen noch einmal zugewinkt habe. Kein Pressemann sei dagewesen. Die Nachricht wurde überhaupt erst Stunden nach der Entlassung durchgegeben. Unsinnigerweise erschien daraufhin, mit ein paar Stunden Verspätung, die deutsche Polizei mit zwei Wagen vor dem Gefängnis.
Ich freue mich für Funk, bin aber auch deprimiert. Jetzt werden Monate verstreichen, bevor man sich wieder mit Spandau beschäftigt.

17. Mai 1957

Nun nur noch zu dritt. Eigentlich allein. Schirach und Heß zählen nicht. Wovor mir graute, das ist jetzt eingetreten.

21. Mai 1957

Neue Hoffnungen. In *Stars and Stripes* soll eine Nachricht über die Auflösung von Spandau gestanden, der Rundfunk soll Ähnliches gemeldet haben. Alle drei westlichen Zeitungen weisen auf

der ersten Seite eine zweispaltige Lücke auf, die ich starr und lange betrachte. Selbst Heß glaubt diesmal an eine Wende. Ich beschäftige mich in allen Einzelheiten mit der Organisation der Heimkehr: ein Plan von zwei engbeschriebenen Seiten.
Aber ich schicke ihn nicht ab.

23. Mai 1957
Vlaer brachte mir heute, am Morgen der zwölfjährigen Wiederkehr meiner Gefangennahme, die vor zwei Tagen ausgeschnittenen Zeitungsmeldungen. Man hat die Absicht, Heß in eine Irrenanstalt, Schirach und mich in die deutsche Strafanstalt Tegel zu überweisen. Als ich mein Erschrecken über diese Nachricht zu ergründen versuche, wird mir deutlich, daß Spandau trotz allem eine Art Heimat für mich geworden ist. Wenn ich schon nicht freikomme, will ich hierbleiben. Am Nachmittag pflanzte ich in der Nähe des Steingartens einen kleinen Fliederbaum. Er wird nicht vor drei bis vier Jahren blühen.

4. Juni 1957
Besuch des neuen amerikanischen Generals. Auftakt zur Verlegung nach Tegel? Die Inspektion war bemerkenswert kurz und unpersönlich. Türöffnen, Auftritt des Generals: »This is number Five, Speer. This is the new General.« Kurze Verbeugung und Tür zu. Zwei Sekunden. Im Eilschritt zur Kapelle. Weitere zwei Sekunden. Im Garten eine Minute. Dann im Eilmarsch zur Offiziersmesse. Die drei Schlüsselhalter konnten mit Auf- und Zuschließen kaum nachkommen.

18. Juni 1957
Das Vorstellungsvermögen der meisten Wärter geht weiter, als man denkt. Auch ohne daß wir ein Wort darüber verloren haben, merken sie, was der Weggang von Funk noch nach einem Monat für uns und vor allem für Schirach bedeutet. Auch wir erkennen, wie sehr wir jetzt aufeinander angewiesen sind. Täglich gehen wir seit kurzem einige Runden. Ich muß mich allerdings jedesmal dazu überwinden, weil mein Bedürfnis nach Einsamkeit größer ist. Außerdem habe ich Sorge, daß die zahlreichen Depressionen und Ängste, unter denen Schirach leidet, ansteckend wirken könnten.

Dennoch stimuliert mich gerade seine verquere und schwierige Natur. Er sieht fast alles anders als ich. Aber auf diese Weise weckt er den Widerspruch, während ich bei Büchern doch dazu neige, dem jeweils Gelesenen zuzustimmen.
Ich bemerke wieder einmal, daß kein Buch den lebendigen Menschen ersetzen kann. Bei Schirach mag hinzukommen, daß ich voller Vorbehalte ihm gegenüber bin. Oft widerspreche ich sichtlich weniger dem Argument als dem mir eher unsympathischen Menschen.
Irgendwie kamen wir darauf, als wir beide eigentlich schon gestürzt waren, als das Reich unterging: Schirach seit seinem Besuch auf dem Berghof Anfang 1943, in dessen Verlauf es zu einer heftigen Auseinandersetzung über die Judenverfolgung gekommen war; ich seit Anfang 1944. Wir sprachen darüber, welche Rolle wohl Intrigen hier wie da gespielt haben mochten, und kamen dann auf Hitlers Leichtgläubigkeit, die so auffällig von seinem generellen Mißtrauen abstach. »Ob er wohl nur aus Eitelkeit und Selbstüberhebung nicht wahrhaben wollte, wie sehr er immer wieder hintergangen wurde?«, fragte ich. »Nicht so«, antwortete Schirach in seiner Neigung zum Dozieren: »Hitlers Gutgläubigkeit war eher romantischer Art, wie wir sie auch in der Hitler-Jugend systematisch gepflegt haben. Wir hatten doch das Ideal der verschworenen Gemeinschaft, wir glaubten an Treue und Aufrichtigkeit. Hitler am allermeisten. Eigentlich hat er dazu geneigt, die Wirklichkeit zu poetisieren.« Ich stutze einen Augenblick. Daran hatte ich nie gedacht. Aber dann fiel mir Göring mit seiner Kostümierungsmanie, Himmler mit seinem Folklorefimmel ein, von mir selber mit meiner Vorliebe für Ruinen und Naturidyllen ganz zu schweigen, und ich sagte: »Nicht nur Hitler! Eigentlich wir alle!« – »Schon gut«, meinte Schirach fast unwillig, weil ich seinen Gedankengang unterbrochen hatte. »Wenn Hitler aber eine widersetzliche Meinung vermutet hat, war es bei ihm mit aller Gutgläubigkeit vorbei. Damals, als ich in Wien die ›Junge Kunst‹ ausstellen ließ – das war so ein Augenblick.« Ich erinnerte mich an das Essen in der Reichskanzlei, zu dem Goebbels mit dem Katalog der Ausstellung in der

erhobenen Hand gekommen war und süffisant bemerkt hatte: »Entartete Kunst unter der Schirmherrschaft des Reiches und der Partei! Das ist doch mal was Neues!« Dann erzählte ich Schirach, wie Hitler den Katalog durchgeblättert und zunehmend verärgert gesagt hatte: »Schon der Titel ist grundverkehrt! ›Junge Kunst‹! Das sind doch lauter alte Leute, Narren von vorgestern, die immer noch so malen. Der Reichsjugendführer sollte mal bei seiner eigenen Jugend nachfragen, was sie gern hat, und nicht Propaganda gegen uns machen!«

Aber Schirach kannte den Vorgang, sein Schwiegervater, Hitlers Hofphotograph Heinrich Hoffmann, war bei dem Essen dabei gewesen und hatte ihn gleich anschließend angerufen. »Erledigt hat es mich aber noch nicht«, griff Schirach den Faden des Gesprächs wieder auf, »aber mein Kunsturteil galt von nun an nichts mehr.« Schirach schloß einige melancholische Bemerkungen an, daß er in jenen Jahren zwar offiziell gefeiert und mit Literaturpreisen überhäuft worden sei; aber Hitlers Interesse habe er gleichwohl nie zu erringen vermocht. Er wisse nicht einmal, ob Hitler je einen seiner Gedichtbände gelesen habe: »Er machte sich eben nichts aus Literatur«, schloß er; »Sie haben es da besser gehabt! Aufs Bauen war er geradezu versessen.«

20. Juni 1957

Beim Versuch, mein Gespräch mit Schirach in knapper Form festzuhalten, fiel mir auf, daß ich Hitler tatsächlich nicht ein einziges Mal über einen der repräsentativen Dichter des Dritten Reiches habe sprechen hören. Ich kann mich auch nicht entsinnen, daß er je zu einer Sitzung der Reichsschrifttumskammer gegangen wäre oder gar mit prominenten Schriftstellern wie Kolbenheyer, Grimm oder Blunck verkehrt hätte. Breker dagegen nahm er nach Paris mit, bei Troost verbrachte er Stunden im Atelier, er eröffnete jährlich die Große Kunstausstellung, und von den früheren zwanziger Jahren bis in die erste Kriegszeit fehlte er nie in Bayreuth. Die Literatur war wirklich die ihm fremde Kunst. Und merkwürdig, daß mir dies nie aufgefallen ist.

Woran mag das gelegen haben? Wahrscheinlich in erster Linie

daran, daß Hitler alles als Instrument nahm und die Literatur dem machtpolitischen Zweck am wenigsten entgegenkommt. Schon daß sie von lauter einzelnen aufgenommen wird, muß ihn mißtrauisch gemacht haben, ihre Wirkungen sind immer unberechenbar. Alles konnte man mit Regiekünsten steuern – den einsamen Leser in seinen vier Wänden nicht. Außerdem war Kunst für ihn immer mit dem großen Aplomb, mit dem Knalleffekt verbunden, er liebte die erschlagenden Wirkungen – und die Literatur erschlug nicht. Eigentlich war doch wieder einmal alles falsch gewesen, was Schirach gesagt hatte, so treffend es zunächst klang. Auch das mit dem Romantischen. Denn vom zwiespältigen Wesen der Romantik, ihrer Zerrissenheit und Dekadenz, hatte Hitler keinen Begriff. Von ihrer Heiterkeit auch nicht. Er kannte nur ihre Schwärze, den destruktiven Zug und ihre populäre Verdünnung: den Hang zur Pfadfinderei. Wilhelm Hauff, Richard Wagner und Karl May.

23. Juni 1957

Schirachs Schwester hat, wie er mir heute berichtete, als Schlußsatz ihres letzten Briefes geschrieben: »Der Sekt ist kaltgestellt.« Da sie im August eine Reise plant, wird seine Entlassung vorher stattfinden. Für den Empfang ist bereits alles organisiert.

14. Juli 1957

Unser Gefängnisdach, dessen Holzwerk teilweise verfault ist, wird seit Wochen repariert. Das spricht nicht für Tegel.
Weil die Arbeiter die Höfe und den Garten einsehen können, werden wir erst um sechs Uhr abends in den Garten gelassen. Hitzewelle. Aber von den Berliner Seen weht eine frische Brise. Die über der Stadt liegende Dunstglocke kommt selten heran.
Zum erstenmal nach zehn Jahren erlebe ich Abende im Freien. Farben, die ich schon vergessen hatte: Das Grün wird kräftiger, das Blau und Rot der Blumen lebhafter, und der Gartenraum wirkt weit größer. Schon beleuchtet die Sonne mit ihren letzten Strahlen skurril geformte Blätter, die bald wie Kupfer, bald wie rotes Gold vor einem dunkelblauen Nachthimmel glänzen. Blätter wie stilisierte Farne.
Wie gern möchte ich einmal im Mondschein spazierengehen.

30. Juli 1957
Flächsner machte bei seinem zweiten Besuch einen verwirrten Eindruck. Vielleicht weil ihm die Dokumente, die er mit mir durchgehen wollte, vor der Besprechung abgenommen worden sind.

2. August 1957
Nachdem der Pressechef der Bundesrepublik erklärt hat, daß die Beziehungen zur Sowjetunion auf einem Tiefpunkt angelangt seien, besteht unser Gulasch aus Abfallfleisch, von dem nur einige Gramm genießbar sind.

10. August 1957
Bereits im April wurde Heß von einem amerikanischen, bald darauf von einem französischen und vor drei Tagen wieder von einem amerikanischen Psychiater untersucht. Alle Untersuchungsergebnisse laufen, wie Vlaer mir versicherte, darauf hinaus, daß Heß zwar hysterisch gestört, seine Einweisung in eine Nervenheilanstalt aber nicht gerechtfertigt sei.
Schirach ist über diese Diagnose nicht glücklich. Er hatte sich für den Fall einer Verlegung von Heß Chancen ausgerechnet.

12. August 1957
Heute nacht, ich weiß nicht warum, mußte ich an die Prophezeiung einer Wahrsagerin denken, die mir als Dreizehnjährigem zu Ende des Ersten Weltkrieges auf einem Kriegsbasar die Worte mitgab: »Du wirst früh zu Ruhm kommen und Dich früh zur Ruhe setzen.« Als ich mit dreißig Jahren so etwas wie Hitlers Chefarchitekt wurde, erinnerte mich meine Mutter bei einem Besuch in Heidelberg an jene Prophezeiung. Ich erinnere mich noch, wie die ganze Runde über den zweiten Teil der Vorhersage lachte. Ich lache nicht mehr.

16. August 1957
Heute einen absonderlichen Traum: Ich breche mir beim Essen einen Zahn ab, fasse in den Mund und halte plötzlich ein größeres Stück morschen Kieferknochens in der Hand. Neugierig betrachte ich ihn, als ob er nicht zu mir gehörte.
Schirach äußerte, als ich ihm den Traum erzählte, lapidar: »Ausfall des Kieferknochens bedeutet Unglück.«

17. August 1957
Noch immer ziehe ich meine Runden und habe inzwischen Benares passiert. Jetzt sind es noch siebenhundertachtzig Kilometer bis Kalkutta, wo ich am 23. Oktober eintreffen möchte. Dann habe ich gleichzeitig meinen zehntausendsten Kilometer zurückgelegt.
Bokow erzählte mir, daß die Bahnentfernung von Berlin nach Wladiwostok zwölftausend Kilometer betrage.

21. August 1957
Letzte Nacht wurde ich um drei Uhr wach. Die Wärter auf dem Gang lachten und schrien, schlugen dröhnend auf den Tisch, als seien sie in einem Bierlokal. Ich erkannte die Stimme Fomins, auch Godeaux schien dabei. Trotz meiner Müdigkeit stieg mir die Galle hoch. Ich drückte auf meinen Knopf und hörte, wie das Geräusch der herunterfallenden Klappe die Lärmkumpanen verstummen ließ. Gemeinsam kamen sie an mein Türfenster: »Was wollen Sie?«, fragte Fomin barsch. »Schließen Sie auf, ich will etwas sagen.« Fomin erwiderte: »Erst muß ich meine Schlüssel holen.« Nach einiger Zeit wurde aufgeschlossen. Fomin, Hardie und Godeaux sahen mich neugierig an. Ich begann: »Machen Sie doch nicht...« Fomin unterbrach: »Numero Fünf, warum grüßen Sie nicht?« Ich absolvierte eine Verbeugung zu jedem der drei Radaubrüder: »Guten Morgen! Guten Morgen! Guten Morgen! Machen Sie nicht so viel Lärm. Ich kann nicht schlafen. Wenn Sie nicht aufhören, werde ich mich beschweren!« Sie starrten mich entgeistert an. Godeaux machte ein unglückliches Gesicht, Hardie lachte verlegen. Als erster fand Fomin die Sprache zurück: »Gehen Sie sofort zurück in Ihre Zelle, Numero Fünf!« Aber Sie unterhielten sich von da an nur noch flüsternd.

22. August 1957
Seit Wochen lese ich den Band: *Lehre von der Schöpfung* der Karl Barthschen Dogmatik. Neugierig nahm Bokow das Buch in die Hand: »Was ist das für ein Buch?« Ich erklärte ihm, es sei ein theologisches Buch. »Ist Theologie etwas Realistisches?«, fragte er. Ich verneinte. »Warum dann lesen?« Ich sagte: »Es gibt

auch Dinge außerhalb der Realität.« Bokow schüttelte den Kopf: »Steht in dem Buch etwas Neues?« Ich lächelte: »Nein, nicht unbedingt.« Er sah mich erstaunt an: »Warum dann lesen?« Hätte ein Russe vor der Revolution auch so gefragt?

3. September 1957

Margret, inzwischen achtzehn, besuchte mich, bevor auch sie jetzt für ein Jahr nach Amerika fährt. Wir hatten vorher vereinbart, allen offenen Abschiedsschmerz beiseite zu lassen. Es machte keine Mühe.

17. September 1957

Mehrere Wärter wurden in letzter Zeit ausgewechselt. Petry kam neulich in meine Zelle, um sich zu verabschieden. Vor Erregung wiederholte er immer wieder das Wort »Freiheit«. Wieviel Jahre war Petry eigentlich hier? Eine Denkaufgabe, die ich vergeblich zu lösen versuche.

Sein Nachfolger, ein Berufsboxer der Mittelgewichtsklasse, hat zahlreiche Kämpfe hinter sich, die, seinem Gesicht und den verformten Ohren nach zu urteilen, nicht übertrieben erfolgreich verlaufen sind. Aber er ist, wie solche Leute häufig, weichherzig und voller Mitgefühl. Der neu angekommene Russe Naumow streckt mir vor einigen Tagen bei seinem ersten Dienst unbekümmert zur Begrüßung die Hand hin. Ich zögerte einzuschlagen, damit Bokow Zeit hatte, ihn auf das Reglement hinzuweisen. Rostlam, der die Szene beobachtete, biegt sich noch heute vor Lachen darüber, daß man einem Gefangenen die Hand geben könnte. In welchem Maße doch der Häftling für den professionellen Aufseher zur Nummer wird.

Gestern nach zweijähriger Pause einen dreiwöchigen Schlafurlaub begonnen. Ich hatte in letzter Zeit bedrückende Träume.

30. September 1957

Den britischen Direktor, Colonel Jérome Cuthill, hat der Schlag getroffen. Er liegt mit einer Koronar-Thrombose im Hospital. Es geht ihm besser, aber niemand rechnet mit seiner Rückkehr. Er war immer offen und geradeheraus. Bis zum Verletzenden. Aber man wußte bei ihm, woran man war. Er trug, wie ich erst spät erfuhr, die zweithöchste Auszeichnung des Ersten Weltkrieges, »D. S. O.«, die etwa unserem »Pour le mérite« entspricht. Ich habe ihm durch Pease gute Besserung gewünscht. Er hat mir danken lassen.

Das zwölfte Jahr

5. Oktober 1957
In der Zeitung heute die große Schlagzeile, daß der erste Satellit die Erde umkreist. Einige Minuten mit Herzbeschwerden auf dem Bett gelegen. Es gibt doch noch Ereignisse, die mich wirklich mitnehmen. In den ersten vierzig Jahren meines Lebens habe ich die Technik bewundert. Wenn Wernher von Braun mir von seinen Zukunftsprojekten, wie dem Flug zum Mond, erzählte, war ich fasziniert. Aber Hitler, seine technisch fundierte Gewaltherrschaft und die fabrikmäßig betriebene Judenausrottung haben mir einen so tiefen Schock gegeben, daß ich der Technik nie mehr unbefangen gegenübertreten kann. Jeder Fortschritt erschreckt mich nur noch. Und eine Meldung wie die Nachricht vom ersten Satelliten läßt mich nur an neue Vernichtungsmöglichkeiten denken und erweckt Angst in mir. Wird man morgen zum Mond fliegen, wird meine Angst nur noch größer sein.

12. Oktober 1957
Ein Brief Hildes, der heute eintraf, beunruhigt mich; er klingt sehr fremd. Ich kann mir seit langem kein Bild mehr von ihr machen. Andererseits habe ich aber auch den Eindruck, in der Familie weiß niemand, was es heißt, gefangen zu sein. Sie können sich nicht vorstellen, wieviel Anstrengung jeder Besuch, jeder Brief mich kostet, sie nicht zu deprimieren.
Zufällig gerät mir eine elegische Zeichnung in die Hände, die ich vor wohl acht Jahren anfertigte. Sie gibt meine derzeitigen Gefühle treffend wieder. Verloren auf dem Gipfel eines Dreitausenders, und absolute Stille um mich.

15. Oktober 1957
Funk teilte Schirach insgeheim mit, daß sich noch im Oktober die vier Mächte auf Referentenebene in Berlin treffen werden, um die Auflösung Spandaus vorzubereiten. Schirach ist überzeugt, daß Spandau nach dem 31. Dezember nicht mehr existieren wird; erst kürzlich noch sollte es im August damit zu Ende gegangen sein. Heß gibt sich pessimistisch: »Aufgelegter Unsinn! Spandau bleibt!«
Einige Wärter bemühen sich, alle unsere Hoffnungen im Keim zu ersticken; vielleicht wollen sie uns aber auch nur Enttäuschungen ersparen. Rostlam fragte mich heute, ob er schon jetzt die Maiskörner für das Frühjahr besorgen solle. Als ich erwiderte, es sei doch gar nicht ausgemacht, daß wir im kommenden Jahr noch hier seien, meinte er ungerührt: »Sie werden noch hier sein! Und in neun Jahren auch noch! Seien Sie ganz sicher!«

31. Oktober 1957
Letham teilte heute den freundlichen Bokow, der kaum Deutsch versteht, zur Begleitung in das Besprechungszimmer ein. Der Russe freute sich: »Ich Ihre Frau sehen!« Zum erstenmal ist zum Besuch meiner Frau kein protokollierender sowjetischer Dolmetscher anwesend; auch die Direktoren fehlen. Die erste lockere Unterhaltung seit Jahren nahezu zeigte mir, daß es nicht so sehr die Entfremdung als vielmehr die aufwendige Kontrolle ist, die jeden Kontakt erschwert. Übermütig und gegen alle Regeln stellte ich Bokow meiner Frau vor: »Das ist ein besonders freundlicher russischer Wärter.« Lachend fügte ich hinzu: »Wenn er nachts Wache hat, stört er uns oft durch lautes Schnarchen.« Bokow antwortete gutgelaunt: »Wenn Sie bald frei, Sie schreiben Geschichte von Spandau. Und von Schnarchen von Bokow.«

1. November 1957
Auch beim zweiten Besuch meiner Frau ist der sowjetische Dolmetscher nicht erschienen. Dagegen tritt nach einigen Minuten der amerikanische Direktor ein, setzt sich an die Seite meiner Frau und studiert ungeniert ihren Gesichtsausdruck.

7. November 1957
Heute pfiff Schirach – ich traute meinen Ohren nicht – plötzlich

wieder Lili Marlen. Rund acht Monate hatte er damit Ruhe gegeben. Wenn es nur nicht wieder ausbricht!

17. November 1957
Schirach erzählte beim Spaziergang von Ausschnitten aus den Memoiren Raeders, die er zu lesen bekommen habe. Raeder schaffe nun Legenden über Spandau. Er berichte unter anderem über seine freundschaftlichen Beziehungen zu Dönitz und Neurath während der Haftzeit. In Wirklichkeit hat ihn Jahre hindurch eine erbitterte Feindschaft von Dönitz getrennt: »Mit dem Kerl sollten Sie überhaupt nicht sprechen«, habe, wie Schirach mir jetzt anvertraut, Raeder ihm mehrfach vorgeworfen, wenn er sich mit Dönitz unterhielt.

In der Tat war es Schirach gewesen, der Raeder bei Depressionen Zuspruch erteilt, bei Krankheiten Hilfe geleistet hatte; mehrmals hatte er sich auch bei den Stadtkommandanten aus eigenen Stücken für die Freilassung des schwerkranken Raeder eingesetzt; am Ende waren die beiden nahezu befreundet. Aber nachträglich sind für Raeder der Großadmiral Dönitz und der Diplomat Neurath die einzigen, mit denen er, ohne seine eigene Reputation zu schädigen, in Spandau verkehrt haben möchte. Der Außenminister und der Marinechef sind sozusagen standesgemäß, die übrigen nur Zuchthäusler. Schirach sagte jetzt bitter: »So ist es! Sowie einer draußen ist, legt er möglichst viel Abstand zwischen sich und die Zurückgebliebenen.«

4. Dezember 1957
Erneuter Besuch Flächsners. Obwohl bisher die Russen an Anwaltsbesuchen besonders interessiert waren, ist keiner von ihnen anwesend. Ein englischer und ein französischer Wärter überwachen den Verlauf der Besprechung. Ich fragte Flächsner, wann er mich mit dem Auto abhole. »Am liebsten morgen!« antwortete er. Der temperamentvolle Sadot fiel ein: »Sehr gut! Sehr gut!« und beteiligte sich auch sonst am Gespräch. Eine volle Stunde Konversation habe ich ohne merkbare Erschöpfung durchgehalten.

Nach dem Besuch fragte der neue russische Chefwärter Jeschurin, der fließend deutsch spricht: »Sind Sie mit dem Besuch zu-

frieden? Haben Sie Ihre Freilassung besprochen?« Ich verneinte. »Sie sollten ein Gnadengesuch einreichen. Schließlich haben Sie doch am Ende des Krieges verhindert, daß Hitler alles kaputtmachte.« Als ich ihm sagte, ich hätte schon ein Gesuch eingereicht, meinte er skeptisch: »Es ist aber möglich, daß es nicht weitergegeben worden ist. Bei uns kommt das oft vor.«
Tatsächlich scheine ich vergessen zu sein. Immer seltener höre ich von Bemühungen zu meiner Freilassung. Die wenigen Freunde haben resigniert. Bald bin ich am Ende meiner Widerstandskräfte. Wenn erst der Verfall beginnt, brauche ich keine Zukunftspläne mehr zu machen.
Schirach rätselte heute über sechs Stück Seife, die ihm seine Schwester geschickt hat: »Selbst wenn sie annimmt, daß ich mit einem Stück immer nur zwei Wochen auskomme, reichte das ja bis März!« Kopfschüttelnd ging er in seine Zelle zurück.

10. Dezember 1957
Heute früh großer Putztag im Zellenblock; denn morgen kommt der amerikanische General. Vor allem müssen wir die Oberlichter im Gang säubern, weil der russische General bei seinem letzten Besuch immer so auffällig nach oben gesehen hat, allerdings ohne etwas zu beanstanden.

17. Dezember 1957
Zum Nachfolger Cuthills wurde der Chef des Protokolls beim britischen Stadtkommandanten, Colonel Procter, bestimmt. Ein Mann mit Manieren, was von seinem Vorgänger nicht behauptet werden konnte. Der neue Direktor behält seine Tätigkeit beim Stadtkommandanten bei, wird also seine Spandauer Aufgabe nebenher bewältigen. Das dürfte ihm nicht schwerfallen.

24. Dezember 1957
Kommen und Gehen auf dem Zellengang. Die Wärter summen Weihnachtslieder, aber das stört mich nicht mehr. Abends Gottesdienst. Seit Funk entlassen ist, sind wir ohne Harmoniumbegleitung und singen daher keine Choräle mehr. Statt dessen dürfen wir am Ende des Gottesdienstes eine halbe Stunde Schallplatten hören. Aber auch Platten mit weihnachtlicher Musik lehnten wir ab. Ich tat es weniger aus Angst, ins Sentimentale zu

fallen, als vielmehr, weil mich die Festtagssentimentalität gar nicht mehr erreicht.

25. Dezember 1957

Als eine Art Weihnachtsgeschenk verriet uns ein Wärter, daß die Direktoren einen Beweis für die Existenz illegaler Kanäle nach draußen hätten. Wenig später wurde Schirach zu ihnen gerufen: Ein bayerisches Gericht hatte an die Gefängnisverwaltung ein von ihm unterschriebenes Dokument gesandt und um Bestätigung der Unterschrift gebeten. Kaltblütig leugnete Schirach, daß die vorgelegte Unterschrift echt sei. Bei der Rückkehr sagte er nur: »Gottseidank war ich vorbereitet!«

26. Dezember 1957

Gestern ist Toni Vlaer in den Ostsektor gefahren, um seine Schwiegermutter zu besuchen. Zwei unserer Russen baten ihn, sie bei dieser Gelegenheit nach Karlshorst mitzunehmen. Vor dem Haus, wo er sie absetzte, wurde er kurzerhand gebeten mitzukommen. Mehrere Stunden lang wurde er dann von Offizieren des NKWD verhört; schließlich rückten sie mit der Sprache heraus: Sie suchten einen Agenten, der für sie arbeite, und da er sich immer gut mit den Russen in Spandau vertragen habe, hätten sie an seine Hilfe gedacht. Als er auszuweichen versuchte, wurden sie energisch, legten ihm einen vorbereiteten Brief vor, in dem er sich zur Mitarbeit und zum Schweigen verpflichten mußte. Aus Angst unterschrieb Vlaer schließlich. Nun soll er, wie er mir berichtete, am 15. Januar seine ersten Aufträge abholen. Er ist ratlos und verzweifelt.

29. Dezember 1957

Gestern riet ich Vlaer, sich den alliierten Behörden, trotz aller Sorgen um seine Schwiegermutter, zu eröffnen. Er hat daraufhin der britischen Militärpolizei sowie dem holländischen Konsulat einen Bericht gegeben. Man hat ihm nahegelegt, Berlin zu verlassen und nach Holland zurückzukehren. Zu viele Entführungen seien in der letzten Zeit vorgekommen. Nun hat er gekündigt und wird in wenigen Tagen abreisen. Mir hat er geholfen, die vergangenen zehn Jahre durchzustehen.

30. Dezember 1957
Das letzte Jahr war bisher das schwerste. Mehr als alle anderen enthielt es enttäuschte Hoffnungen. Immer häufiger kommt die Angst in mir hoch, nicht mehr lange Zeit durchhalten zu können. Die Briefe von zu Hause zeigen, daß die Festtage abliefen wie zu meiner Kinderzeit auch; nur etwas einfacher, schlichter. Aber im ganzen fühlte ich mich, als ich das las, in jene Jahre zurückversetzt. Einige der Kinder sind über Neujahr zum Skifahren verreist, Margret wird die Sylvesternacht bei Freunden verbringen. Auch daraus steigt die vertraute Atmosphäre von gestern auf. Wie sonderbar!
Als sich gegen Ende des Krieges, weit über die Niederlage hinaus, der Zusammenbruch abzeichnete, hatte ich immer das Gefühl, daß hier nicht nur dieses Regime und dieses Reich, sondern eine ganze Welt zusammenbräche. Nicht umsonst sprach man, um den umfassenden Charakter des Vorgangs zu bezeichnen, von einer Katastrophe. Alles schien zu Ende, nichts hatte seine Unschuld mehr. Wir waren völlig sicher, daß nicht nur die Funktionäre des Regimes abtreten würden, sondern auch die alten tragenden Schichten. Eine ganze Welt mit ihrer Bildung, ihrem Besitzanspruch, ihrer Strenge, ihrer Moral – kurz, ihrem Zauber – würde einfach zu bestehen aufhören. Wir gewärtigten eine Zeit unterschiedsloser Armut und innerer Bescheidenheit. Ich, romantisch wie stets, knüpfte sogar Erneuerungshoffnungen daran, moralische wie geistige. Autos, Flugzeuge, technischer Komfort würde es nach diesem Untergang für Deutschland nicht mehr geben; dafür Musik, Dichtung, Kunst. Wie nach Jena und Auerstedt würde Deutschland seine kulturelle Mission wiederentdecken.
Aber die Revolution, die wir alle erwarteten und die damals so sicher schien, hat offensichtlich nicht stattgefunden. Ich kann nicht darüber urteilen, ob es eine geistige und moralische Neubesinnung gegeben hat. Aber daß die Formen des Lebens, das ganze bürgerliche Zeremoniell, eine Wiederauferstehung erlebt haben, scheint mir unbestreitbar. Das sagt mir jeder Brief von zu Hause, ob er von Studentenbällen oder dem Leben im Heidelberger

Ruderclub, den Freundschaften der Kinder oder von Weihnachten berichtet, und selbst der Handkuß sowie die »gnädige Frau« sollen wiedergekehrt sein. Am überraschendsten ist für mich, welchen Wohlstand es schon wieder gibt, die Kritik daran scheint das Haupt- und Vorzugsthema der Literatur der Gegenwart zu sein. Auch die Trennung in gesellschaftliche Schichten ist, wenn ich recht sehe, eher größer als im Dritten Reich, sie gleicht offenbar den Weimarer Verhältnissen, aus denen ich doch damals schon auszubrechen versuchte. Auch die Technik ist wiedergekehrt, triumphaler denn je, alle Warnungen vor ihren Gefahren sind verhallt. Manchmal machen die Zeitungen geradezu den Eindruck, als sei die ganze Bundesrepublik ein einziges Industrierevier, unablässig Requisiten des Wohlstands produzierend. Die Bewältigung der Vergangenheit ist, wie ich hier glaube, nicht mit dem Blick in die Zukunft unternommen worden; vielmehr ist man einen Schritt nach hinten gegangen. Man hat die Zeit der Republik wiederhergestellt. Wie zählebig sind doch die Verhältnisse!

1. Januar 1958
Neujahr. Ich habe mir ein Zitat von Cocteau herausgeschrieben: »Die Menschen haben aus mir einen Mann gemacht, den ich nicht wiedererkenne... Schrecklich, diesem Wesen auf der Straße zu begegnen.«

12. Januar 1958
Vor Wochen habe ich den Ganges passiert. Nun geht die Wanderung über ein hohes, wildes Bergmassiv. Es sind noch vierhundert Kilometer bis Mandalay in Indochina und tausendeinhundert bis Kumning in China! Ich plane einen Abstecher nach Pagan: Ein kleines Dorf mit über zweitausend Pagoden und Stupas von beachtlichen Ausmaßen. Die ganze Stadt hat ausschließlich der Verehrung Buddhas gedient und ist zwischen dem 11. und 13. Jahrhundert n. Chr. entstanden. Unwillkürlich mußte ich, als ich unlängst darüber las, an die Nürnberger Planungen denken: Auch das Parteitagsgelände sollte im Laufe der Generationen zu einem weitläufigen kultischen Stadtgelände zusammenwachsen. Das Aufmarschgelände war nur die erste Stufe

und der Mittelpunkt des Ganzen. Eichenhaine waren schon angelegt oder vorgesehen. In ihnen sollten alle möglichen Bauten sakralen Charakters entstehen: Monumente zur Feier der Idee und der Siege, Erinnerungsstätten an herausragende Persönlichkeiten. Heute kommt es mir wie ein Akt unreifer Selbstvergottung vor, daß ich mein eigenes Grabmal an der großen Paradestraße, dort, wo sie den künstlichen See überqueren sollte, insgeheim festgelegt und mit dem Nürnberger Oberbürgermeister Liebel durchgesprochen hatte. Hitler hatte ich aber doch nichts davon erzählt. Mein Ruhm, so schien mir damals, wäre erst nach der Fertigstellung meiner Pläne groß genug gewesen.
Heute dreizehneinhalb Kilometer zurückgelegt. Ich habe einiges aufzuholen, denn ich kam letzte Woche nur auf siebenundfünfzig Kilometer! Ohne pedantische Selbstkontrolle würde die Streckenleistung bei meiner augenblicklichen, depressiven Stimmung abfallen.

25. Januar 1958

Im Garten haben sich einige hundert Stare niedergelassen, die im Herbst den Abflug nach dem Süden versäumt hatten. In einer Art Geschwaderflug können sie Wendungen so präzise vornehmen, daß ein Luftwaffenkommodore vor Neid erblassen könnte. Heute beim Plattenkonzert saßen sie dicht nebeneinander auf den Ästen einer Akazie. Es schien mir, daß sie uns neugierig durch das Fenster betrachteten. Mehr hat sich nicht ereignet. Seit vier Wochen.

29. Januar 1958

Um die Eintönigkeit zu überwinden, habe ich in den letzten beiden Tagen dreißig Seiten Notizen über »Die Geschichte des Fensters« verfaßt.
Bei Leverhouse (1952) betragen nach meinen Berechnungen die Fensterflächen sechzehn Prozent der zu beleuchtenden Grundfläche. Aber Fischer von Erlach kam vor über zweihundert Jahren auf wesentlich höhere Zahlen. Im Palais Graf Starhemberg in Engelhardstetten (1694) sind es siebenundzwanzig Prozent, im Palais Gallas in Prag (1713) ebenso viele, im großen Saal der Hofbibliothek in Wien (1719) sogar vierunddreißig Prozent.

Natürlich werden diese Ausleuchtungskoeffizienten in Barockschlössern durch die hohen Fenster hoher Räume ermöglicht. Diese Werte galten aber nicht nur für herrschaftliche Bauten. David Gilly, der preußische Baudirektor für Pommern, entwarf gegen Ende des 18. Jahrhunderts einfache Bürgerhäuser, die ebenfalls achtzehn bis zweiundzwanzig Prozent Fensterfläche aufweisen. Selbst bei seinen Bauern- und Försterhäusern oder bei Katen für Kossäten in Pommern kommt man immerhin noch auf acht bis dreizehn Prozent. Diese statistischen Werte sind es allerdings nicht, was mich wirklich interessiert. Ich habe sie nur gesammelt als Material für meine eigentliche Frage. In welcher Beziehung, so möchte ich untersuchen, steht das offensichtlich wachsende Lichtbedürfnis einer Gesellschaft zum Geist der Epoche? Manches schien mir anfangs dafür zu sprechen, daß Zusammenhänge zwischen Fensterfläche und Rationalismus bestehen. Inzwischen bin ich davon weitgehend abgekommen. Wie alle allzu plausiblen Theorien wirkt sie im ersten Augenblick schlagend, hält aber dann nicht stand. Die Kaufmannsarchitektur der holländischen Städte des 16. und 17. Jahrhunderts hat die Fassaden oft ganz in Glas aufgelöst. Und trotz allem protestantischen Rationalismus geht diese Entwicklung der Aufklärung um hundert Jahre voraus. Die Gotik dagegen scheint kein ausgeprägtes Lichtbedürfnis gehabt zu haben, obwohl sie über die technischen Mittel dazu verfügte, wie das Beispiel etwa der Sainte Chapelle zeigt, wo man auf so extreme Fensterflächen-Werte wie einhundertsechzig Prozent der Grundfläche kommt. Denn die gotischen Glasfenster holten das Licht nicht einfach in den Kirchenraum herein, sondern schlossen es gerade aus oder verwandelten es doch in mystische Stimmung. Die farbigen Glaskombinationen hatten aber darüber hinaus auch noch die Aufgabe, den Andächtigen von der Außenwelt abzuschirmen; eigentlich waren es leuchtende Mauern.
Zu untersuchen wäre auch, was in Mythos, Dichtung und Legende der Kristallpalast bedeutet, von dem beispielsweise Wirnt von Gravenberg bei der Beschreibung des Palas der Gemahlin König Arthurs phantasiert; auch bei einer Burg im

Herzog Ernst. Auch der Palas der Königin Candacis von Merovis besteht ganz aus durchsichtigem Material. In jedem Fall, soviel scheint mir sicher, haben die mittelalterlichen Traumgebilde nichts zu tun mit dem gläsernen Wolkenkratzer, den Mies van der Rohe 1921 für Berlin plante, oder mit dem »Kristallhaus in den Bergen«, das Bruno Taut entwarf und das, »ganz aus Kristall errichtet, in der Schnee- und Gletscherregion Andacht, unaussprechliches Schweigen« erwecken sollte; Taut dachte, wie seine Zeichnungen zeigen, an Gebäude von vielen hundert Metern Höhe.

2. März 1958

Wieder vier Wochen vergangen. Nichts weiter.

21. März 1958

Nach neun Monaten Pause kann ich endlich wieder im Garten arbeiten. Meine Pflanzungen mußte ich unter einer Wildnis von Unkraut hervorholen. Die Arbeit gab mir Gelegenheit, mich in unauffälliger Weise von Schirach zu distanzieren. Nur noch gelegentlich gehe ich mit ihm einige Runden. Sein anhaltender Mißmut und die ewigen Quengeleien machen mich nervös. Ich bin erleichtert, daß ich das nun nicht mehr anzuhören brauche. Es verdirbt den Tag. Ich versuche, mich abzuschirmen.

4. April 1958

Vor Monaten schrieb ich meiner Frau, sie möge die Zeitschrift *Quick* beschwören, eine beabsichtigte Serie über Spandau nicht zu veröffentlichen. Aber ohne Erfolg. Nun hatte ich die vier Hefte kurz in meiner Zelle: Als Cover-Bild der ersten Nummer ein erschreckendes Photo von mir, das in Spandau aufgenommen wurde. Im Text zahllose Lügen, so beispielsweise, daß das Sprechverbot strikt eingehalten werde; daß die Wärter grobe Kommandos gäben, täglich peinliche Leibesvisitationen stattfänden und anderes mehr. Funk und seine Freunde haben Schauermärchen erzählt. Letham und Terray, die sich gerade in den schlimmen Zeiten sehr um uns gekümmert haben, werden durch haltlose Behauptungen angegriffen. Ich selber komme ganz gut dabei weg. Das Blatt zitiert Telford Taylor, den amerikanischen Hauptankläger in Nürnberg: »Ich würde mich zur Frage einer

Entlassung Speers günstig stellen. Schirach hat meiner Ansicht nach reichlich jedes Jahr verdient, zu dem er verurteilt wurde.« Und Louis P. Lochner meint sogar: »Von allen ist Speer der Mann, der seine Freilassung längst verdient hat.« Das wird die Russen nicht günstiger stimmen.
Als Folge dieser Veröffentlichung sollen in Spandau dreihundert Geburtstagsglückwünsche für mich eingetroffen sein. Natürlich erhalte ich sie nicht.

19. April 1958
Heute hörten wir eine Schallplatte mit gregorianischen Gesängen. Mögen sie auch in erster Linie Ausdruck frühmittelalterlicher Frömmigkeit sein, so sind sie doch gleichzeitig, in ihrer leicht monotonen Grundstimmung, ein Zeichen für die unverbrauchte Empfindungsfähigkeit der Menschen; stärkerer Reize bedurfte es nicht. Auch in der Malerei jener Zeit genügten kleine Gesten, um ein Drama anzudeuten. Und kürzlich las ich, daß die Menschen beim Anhören der frühen Mehrstimmigkeit ohnmächtig wurden. So läßt sich der Fortschritt auch als Verarmung verstehen.

9. Mai 1958
Gegen abend zwei Rebhühner beobachtet, außerdem einen Regenwurm gesehen. Vielleicht finden die Rebhühner den Regenwurm und fressen ihn auf. Dafür lauern die Falken schon auf die Rebhühner.

12. Mai 1958
Heute fand ich im Garten einige Falkenfedern. Ich habe sie in der Zelle an der Wand befestigt.

22. Mai 1958
Lange Betrachtung der Falkenfedern. Sie sind aus unzähligen kleinsten Teilen zusammengesetzt, die nach einem offensichtlich komplizierten Plan wachsen. Um die begrenzende Kurve zu erhalten, wird bei zwei benachbarten Federteilen die Differenz kaum Bruchteile eines Millimeters betragen. Diese Kurven sind geometrisch komplizierte Gebilde, wir könnten sie nur mit einer elektronischen Rechenmaschine bestimmen. Wer gibt beim Wachstum diese Befehle?

Vor einigen Tagen wurde mir angeboten, mit der Familie Kassiber zu wechseln. Seither hat unser Toilettenpapier eine ungeahnte Bedeutung für mich und meine Familie erlangt; wie gut, daß niemand auf die Idee gekommen ist, es schwarz zu färben. Die beschriebenen Blätter bewahre ich als Einlage in den Stiefeln auf, was bei der Kälte zudem noch vorteilhaft ist.

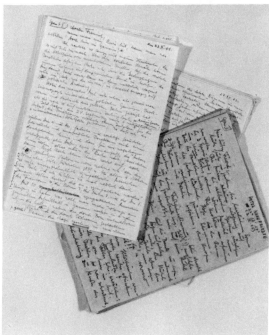

Sollte dieser Weg zur Außenwelt tatsächlich gangbar sein, so hat meine ganze Existenz hier eine neue Dimension gewonnen. In der ganzen bisher vergangenen Zeit bin ich davon ausgegangen, daß es im Gefängnis für mich nur ums Überstehen ginge; etwas Sinnvolles würde ich erst nach den zwanzig Jahren tun können. Jetzt bin ich wie besessen von der Idee, diese Zeit der Abgeschlossenheit für die Niederschrift eines großen Werkes zu nutzen: Eine Biographie Hitlers, eine Schilderung meiner Jahre als Rüstungsminister oder eine Darstellung der apokalyptischen Schlußphase des Krieges. Die Gefängniszelle könnte sich dann in eine Gelehrtenklause verwandeln. Beim Spaziergang im Hof muß ich an mich halten, nicht davon zu reden. Nachts kann ich kaum schlafen.

Aus der Spandauer Perspektive wird mir erst ganz bewußt, wie zwanglos, geradezu familiär die Atmosphäre auf dem Obersalzberg war — dem Sommersitz eines wohlhabenden Industriellen ähnlicher als dem Bergschloß des unzugänglichen, verkrampft ins Staatsmännische stilisierten Führers, der auch in meiner Erinnerung zunehmend die Züge eines historischen Abstraktums annimmt. Auf der Terrasse standen wir ungezwungen herum, während die Damen auf den korbgeflochtenen Liegestühlen mit den dunkelrot gewürfelten Bauernpolstern lagen. Wie in einem Kurhotel sonnten sie sich, denn braun war modern. Diener in Livree, aus der Leibstandarte Sepp Dietrichs ausgewählte SS-Leute, boten mit vollendeten, fast etwas zu vertraulich wirkenden Manieren erfrischende Getränke an. Hitler erschien meist in Zivil, in einem gut geschneiderten Anzug von etwas zu auffallender Farbe; er war recht blaß, und der leicht gewölbte Bauch gab der ganzen Erscheinung etwas Ziviles, fast Behäbiges.

An bestimmten Tagen öffnete die SS die Tore des Obersalzberger Geländes, eine fünf Meter breite Schlange von vielen Tausenden Verehrern und Verehrerinnen defilierte an Hitler vorbei, der für alle gut sichtbar auf einem erhöhten Platz stand. Es wurde gewinkt, Frauen vergossen Tränen der Rührung. Hitler bezeichnete seinem Fahrer Kempka das eine oder andere Kind, das dann von einem SS-Mann sanft aus der Menge gehoben wurde.

Als Hitler sich einmal die Mühe machte und sich von meiner Tochter die ersten Schreibversuche zeigen ließ, schaute unser ältester Sohn zwar zunächst interessiert zu, lief dann aber ohne weitere Umstände weg, als Hitler auch ihn an sich ziehen wollte. So schnell wie möglich versuchten die Kinder, unter sich zu sein; eine normale Reaktion, aber für Hitler eine ungewöhnliche Erfahrung.

Manchmal lud Hitler meine und Bormanns Kinder zu Schokolade und Kuchen ein. Sie wurden sauber gewaschen, feierlich gekleidet und ermahnt, freundlich und herzlich zu sein. Aber sie ließen sich von uns nicht abrichten, traten ganz frei auf, und Hitler fand keinen Anklang bei ihnen. Denn es war ihm nicht gegeben, Kinder an sich zu fesseln; seine Werbungen fielen stets ins Leere.

Es war einer jener unwirtlichen Obersalzberger Tage, in denen westliche Winde tiefliegende Wolken von der oberbayerischen Ebene in das Tal trieben, die sich an den umliegenden Berghängen drängten und zu anhaltenden Schneefällen führten. Trotz der Mittagsstunde war es dunkel, aber wenigstens das Schneegestöber hatte aufgehört. Wir gingen den frisch geräumten Weg hinunter.

:chts und links niedrige hneewälle, im Hintergrund r Untersberg. Die Wolken tten sich aufgelöst, die nne stand bereits niedrig d warf lange Schatten, und r Schäferhund rannte bellend durch den Schnee. Ein alter, eigentlich schon geschlagener Mann ging im Schnee und preßte ohnmächtig seine ganze Verbitterung und seine vergifteten Ressentiments aus sich heraus.

Wie viele Silvester hatte i
mit Hitler im privaten Kr
auf dem Obersalzberg ver
bracht. Von Heinrich Hof

...ann wurde das obligatorische
Gruppenfoto angefertigt, das
gelegentlich auch in den Zeitungen veröffentlicht wurde.

Nach meinem Entwurf und auf Kosten des Stiftungsetats Bormanns wurde 1938 für mich auf dem Obersalzberg, nur einige hundert Meter vom Berghof entfernt, ein Atelierhaus gebaut, in dem Hitler häufig zu Besuch weilte.

Im Juni 1935 wurde in Berlin-Schlachtensee mein eigenes Haus fertig.

Im Gegensatz zu der um sich greifenden Gewohnheit der Spitzen des Reiches, in riesige Villen einzuziehen oder sich Schlösser anzueignen, war unser Haus klein; es hatte eine Wohnfläche von 125 Quadratmetern.

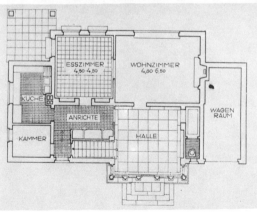

Den Satz vom Tausendjährigen Reich hatte ich lange als leere Formel genommen, als An- spruch, etwas über die eigene Lebenszeit hinaus zu begrün- den. Aber bei der Festlegung, ja fast Kanonisierung des Rituals, wurde mir erstmals bewußt, daß das ganz buchstäb-

Bemerkungen zum

Programm 8./9. November 1936.

Mit den Feiern des 8./9. November 1935, bei denen die Gefallenen von 1923 Ewige Wache am Königlichen Platz bezogen, wurde die Grundlage für die "Nationalsozialistische Prozession" gelegt.
 Die in diesem Jahr – und in allen kommenden Jahren – stattfindenden Feiern anlässlich des 8./9. November müssen aus diesem Grund genau so aufgezogen werden wie die Feiern von 1935 (siehe auch Inhalt des dem Führer zu Weihnachten 1935 übergebenen Werkes).

Im Jahr 1935 geschah folgendes:	Im Jahr 1936 hat folgendes zu geschehen:
8. November.	
12.00 Uhr Aufbahrung der Gefallenen in den Friedhöfen.	**12.00 Uhr** Gedenkstunde an den Gräbern der sechzehn Gefallenen.
19.00 Uhr Treffen der Alten Kämpfer. Der Führer spricht.	**19.00 Uhr** Treffen der Alten Kämpfer. Der Führer spricht.

lich gemeint war. Immer hatte ich geglaubt, daß alle diese Aufmärsche, Umzüge und Weihestunden Teil einer virtuosen propagandistischen Revue seien; jetzt wurde mir klar, daß es für Hitler fast um die Gründung einer Kirche ging.

Wir, die wir das neue Berlin, die Welthauptstadt Germania, entwarfen, liebten unsere Pläne, aber wir nahmen uns und unsere Welt nicht verbiestert ernst, wir ironisierten die eigene Gigantomanie.

Wie übermütig gingen wir der Katastrophe entgegen! Einer meiner nächsten Mitarbeiter zeichnete eine Serie von Karikaturen. Auf einer davon ist inmitten riesiger Tempelbauten eine kleine Wochenendparzelle stehengeblieben, letzter Ausdruck einer idyllischen Vergangenheit.

Haubitzen schießen kurzerhand die Wohnblöcke in Trümmer, die dem Zug der großen Prachtallee im Wege stehen. Zwei Jahre später enthoben die alliierten Bomber uns dieser Sorge.

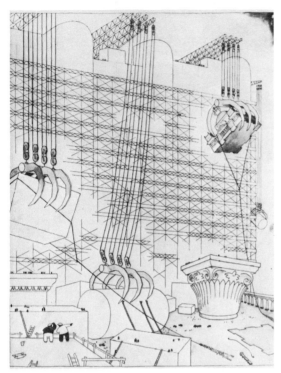

Ein überdimensionierter Kran hebt aus Versehen statt einer riesigen Säulentrommel für den Portikus der großen Halle das Gebäude des Reichstags hoch.

Der Adler auf der Weltkugel steht auf der Spitze der Kuppel in dreihundert Meter Höhe über den Wolken, verrenkt seinen überlangen Hals, um nach unten sehen zu können. Einen Turmfalken fordert er auf, festzustellen, was die Heil-Rufe unter der Wolkendecke schon wieder bedeuten.

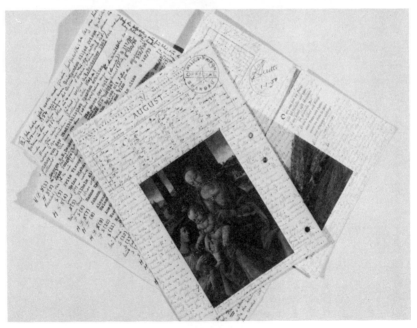

Im Garten fand ich heute einen der Notizzettel, die Heß für seine Unterhaltungen mit Schirach verwendet.

Da ich kein Papier habe, schreibe ich auf einem Blatt des Kalenders, der in der Zelle hängt.

11. Juli 1958
Besuch des sowjetischen Generals. Ein unangenehm höhnisches Lachen war die Antwort, als ich auf seine Frage den Wunsch äußerte, nach Hause entlassen zu werden. An die Inspektion schloß sich ein gemeinsames Mahl der vier Stadtkommandanten in der Offiziersmesse des Gefängnisses an. Solche Veranstaltungen überraschen mich immer aufs Neue. Es kommt mir so vor, als sei ein Diner an solchem Ort aus Gründen der seelischen Delikatesse nicht statthaft.

13. Juli 1958
Heute nacht träumte mir, ich befände mich zwar in Spandau, aber nicht als Gefangener. Vielmehr war ich selber es, der anordnete, entschied und dirigierte. Ungeduldig rief ich die deutsche Botschaft in Moskau an, um auf meine Freilassung zu drängen. Die Zentrale verband mich mit dem zuständigen Bearbeiter. Mit unangenehm blecherner Stimme meldete er sich: »Hier Brinckmann!« Auf mein Vorbringen hin sagte er knapp: »Wir können für Sie nichts tun!« Ich sprach weiter, aber es kam keine Antwort mehr. Brinckmann hatte aufgehängt.

7. September 1958
Wieder zwei Monate der Ereignislosigkeit.

8. September 1958
Heß saß heute, fast hundert Meter von mir entfernt, in der gegenüberliegenden Ecke des Gartens, Schirach machte sich in der Bibliothek nützlich. Ich jätete Unkraut, bewacht von Hardie.
Da kamen aus dem Nebengelände drei Herren und gingen zunächst an mir vorbei. Ich grüßte freundlich, was sie überraschenderweise liebenswürdig erwiderten. Plötzlich blieben sie stehen, besprachen sich kurz und kamen dann heran. Einer der Herren, grauhaarig und mit feingeschnittenem Kopf, nahm seinen Hut ab und ließ sich von seinem Begleiter formell vorstellen: »David Bruce, Ambassador of the United States – Herr Speer.« Der Botschafter streckte mir spontan seine Hand hin, schüttelte lange die meine und richtete mir Grüße von McCloy aus. »You aren't forgotten«, fügte er hinzu. Die Schwierigkeiten, in meinem Fall etwas zu erreichen, hätten mit dem renitenten Verhalten der

Sowjets zu tun. Mit Betonung wiederholte er: »You aren't forgotten, you aren't forgotten!« Ich bat ihn, mein Gnadengesuch zu prüfen, doch zu meinem Erstaunen kannte er es. Er fragte nach meinen Lebensbedingungen, die ich als ertragbar bezeichnete: »Ich kann in Spandau, so hoffe ich, überstehen.« Ihn erschütterten die spärlichen Möglichkeiten, meine Kinder zu sehen. Die Verabschiedung war herzlich, er fragte mich, ob ich McCloy eine Nachricht zu übermitteln hätte. Ich ließ ihm für seine Grüße und für die Gastfreundschaft danken, die er meiner Tochter in Amerika erwiesen habe.

Sonst sind bei solchen Besuchen die vier Direktoren anwesend; aber während sie ungeduldig im Arbeitszimmer warteten, hatte der amerikanische Chefwärter seinen Botschafter durch eine Nebentür unbemerkt in den Garten geleitet. Nun strömte die neugierige Kavalkade aus dem Gebäude: Direktoren, stellvertretende Direktoren, Chefwärter und Wärter. Wie mir Hardie sogleich erzählte, wurde der Botschafter darauf aufmerksam gemacht, daß das Händeschütteln mit den Gefangenen verboten sei; auch die Anrede mit dem Namen sei unstatthaft. Bruce sagte kühl, er habe auch nicht die Absicht. Dann grüßte er mit einem Kopfnicken zu Heß und dem inzwischen herbeigekommenen Schirach hinüber und ging in das Gebäude zurück.

14. September 1958
Beim Besuch von Bruce ist es, wie Hardie mir heute berichtete, noch zu einer makabren Szene gekommen. Als Höhepunkt der Inspektion führte man den Botschafter in das Gefängnisbüro, wo auf einem Tisch eine graue Apparatur stand. Dann nahm Letham ein frisch hereingekommenes Notizheft von Heß und führte es in die Maschine ein, die auf einen Knopfdruck hin zu rattern begann. Triumphierend hielt man dem erstaunten Bruce dann die zerrissenen Schnipsel vor, die von dem Notizheft übrig geblieben waren. Dies ist, wie ich jetzt erst höre, der Weg, den seit zehn Jahren alle unsere Aufzeichnungen nehmen. Für die unheimliche, E. T. A. Hoffmannsche Skurrilität dieses großen, fast leeren Gebäudes kann man kein besseres Symbol finden.

18. September 1958
Jeschurin, der sowjetische Chefwärter, hat die Besuchsdauer erneut von einer halben Stunde auf das Doppelte verlängert. Unter den westlichen Wärtern wird darüber gesprochen. Da Jeschurin das auf eigene Faust veranlaßt hat, bat ich ihn, die offiziellen Zeiten einzuhalten, damit er nicht eines Tages Schwierigkeiten bekomme.

20. September 1958
Hilde hat in der Angelegenheit meiner Freilassung neben Besprechungen mit Adenauers Staatssekretär, Dr. Globke, auch solche mit dem Bankier und Freund des Bundeskanzlers, Pferdmenges, sowie mit dem Ministerialdirektor Berger vom Auswärtigen Amt. Alle sagten ihr jede Unterstützung zu. Der deutsche Botschafter in Moskau, Hans Kroll, will sogar versuchen, den stellvertretenden sowjetischen Ministerpräsidenten Mikojan für meine Sache zu interessieren.
Ich bin bewegt, aber skeptisch.

Das dreizehnte Jahr

10. Oktober 1958
Wieder seit drei Wochen keine Eintragungen. Nur einige Notizen für die Arbeit über das Fenster. Außerdem Fortsetzung der sinnlosen Wanderung. Ich habe inzwischen die chinesische Grenze überschritten.

14. November 1958
Jetzt fünf Wochen ohne Eintragung. Die Zeit wird unwirklich. Mitunter habe ich das Gefühl, schon Jahrzehnte, ja ein ganzes Leben hier verbracht zu haben.

16. November 1958
Mein Knie ist geschwollen, dieses Mal das linke. Liege im Bett, der sowjetische Arzt hat täglich viermal zwei Tabletten Salizyl verordnet. Ich darf mein Essen nicht holen, muß mich im Bett waschen. Die beiden Mitgefangenen helfen. Schirach zeigt beim täglichen Reinigen meiner Zelle regelrechte Putzwut.
Den Russen Badanow, der im Nebenberuf Veterinär ist, fragte ich, wie ein Pferd mit geschwollenem Knie behandelt werde. »Wenn Pferd billig, totschießen«, meinte er. »Wenn gutes Pferd, Salizyl geben.«

17. November 1958
Botschafter Bruce hat vor zwei Monaten die Beleuchtung meiner Zelle moniert, nachdem ihm gemeldet worden war, ich hätte das Zeichnen der Lichtverhältnisse wegen eingestellt. Seit heute habe ich nun eine »Quecksilberdampfmischlichtlampe« mit einer Leistung von über dreihundert Watt. Schirach und Heß lehnten für ihre Zellen die Neuerung ab.

28. November 1958
Rede und Note Chruschtschows über Berlin. Er verlangt von den Westmächten den Rückzug ihrer Truppen innerhalb von sechs Monaten aus Berlin. Das einzig wirklich einwandfreie Abkommen der Vier in Berlin beträfe, so lese ich heute, das Spandauer Gefängnis; für alles andere gäbe es nur unklar formulierte Vereinbarungen. Auf diese Weise wird das Spandauer Gefängnis für die Westalliierten eine Art juristischer »Rocher de Bronze«. Sie können es unter keinen Umständen aufgeben. Schirach meinte denn auch giftig: »Vielleicht macht die Stadt Berlin uns drei sogar noch zu ihren Ehrenbürgern.« Heß setzte hinzu: »Das werden wir ohnehin eines Tages.«

29. November 1958
Trotz der Chruschtschow-Rede bin ich nicht eigentlich verzweifelt. Vielmehr gehe ich seit langem von der Hoffnungslosigkeit der Lage aus. Nicht weil ich Pessimist bin, sondern weil die Skepsis eine Art von Selbstschutz ist: Es würde schwerer sein durchzuhalten, wenn ich gewissermaßen auf dem Sprung in die Freiheit wäre.

14. Dezember 1958
Heute, auf dem Rundgang im Garten, erzählte ich Heß, daß ich seit einiger Zeit Tagebuch führte, inzwischen aber keinen rechten Stoff mehr hätte. Heß bemerkte, für ein Tagebuch hätte ich mir aber nun wirklich auch den falschen Ort ausgesucht. Ich stimmte ihm zu: »Damals, in der Umgebung Hitlers, hätten wir Tagebuch führen sollen! Wir haben damals, in der Reichskanzlei oder auf dem Obersalzberg, auch manchmal davon gesprochen, daß einer es eigentlich tun müßte.« Heß schüttelte lächelnd den Kopf: »Das wäre aber heute eine peinliche Lektüre für Sie. Ihre neuen Freunde hätten bestimmt keinen Spaß daran!« Schirach, der unterdessen bei uns stand, stimmte zu: »Wahrscheinlich hat Sie damals alles beeindruckt, was Sie heute nicht mehr wahrhaben wollen. Sie hätten eifrig gesammelt, was geeignet gewesen wäre, Hitler zu heroisieren.«
Abends. Ich muß zugeben, ich sah Hitler damals durchaus als großen Mann, ganz in der Nähe Friedrichs oder Napoleons.

Aus Eduard Mörikes *Maler Nolten* habe ich mir unlängst zwei Sätze über Napoleon herausgeschrieben, die mir nun wie auf Hitler gemünzt erscheinen: »Er war nüchtern überall, nur nicht im tiefsten Schacht seines Busens. Nehmen Sie ihm nicht vollends die einzige Religion, die er hatte, die Anbetung seiner selbst oder des Schicksals.« Schon ein Jahr vor Beginn der Französischen Revolution hatte Schiller in der *Geschichte des Abfalls der Niederlande* ahnungsvoll geschrieben, daß die Menschen, die das Glück mit einem Lohn überrasche, zu welchem sie keinen natürlichen Grund in ihren Handlungen besäßen, sehr leicht versucht würden, den notwendigen Zusammenhang zwischen Ursache und Wirkung überhaupt zu verlieren und in die natürliche Folge der Dinge jene höhere Wunderkraft einzuschalten, endlich tolldreist wie Cäsar ihrem Glücke zu vertrauen.
Irgendwann, vor einiger Zeit, habe ich mir notiert, daß man solche Sätze immer zu spät lese. Das war falsch. Was ich meinte, war: Man versteht sie zu spät.
15. Dezember 1958
Den Schiller von gestern laß ich gelten. Aber mit Erschrecken sehe ich, daß ich nun doch wiederum Hitler an die Seite Napoleons stellte. Es ist das, was ich vermeiden wollte.
17. Dezember 1958
Vorweggenommener Weihnachtsbesuch meiner Frau. Ich gab mir alle Mühe, einen gelösten Eindruck auf sie zu machen. Es war sehr schwer.
25. Dezember 1958
Weihnachten. Ich sitze seit endlos langer Zeit, so scheint es mir, vor diesem leeren Blatt Papier. Ich weiß nichts zu schreiben. Gedanken habe ich nicht. Gefühle will ich nicht festhalten.
28. Dezember 1958
Hilde sandte mir einen Zeitungsausschnitt der Weihnachtsnummer des Ludwigshafener *Acht-Uhr-Blattes* mit der Balkenüberschrift: »Bürger erbitten für Albert Speer Gnade«. Zweitausendfünfhundert Heidelberger Professoren, Geistliche, Handwerker, Arbeiter, Angestellte und Studenten haben sich in einer

Petition an die vier Staatschefs gewandt und um meine Entlassung gebeten. Sie werden nicht einmal eine Antwort erhalten.

1. Januar 1959
Ich klopfte heute morgen an der Tür von Heß und fragte mit ironischer Förmlichkeit: »Darf ich Ihnen einen Neujahrsbesuch abstatten, Herr Heß?« Er machte eine einladende Geste. »Nehmen Sie bitte Platz.« Wir unterhielten uns angeregt. Wir sprachen über das vergangene Jahr, Heß erzählte einmal mehr von der guten Behandlung in englischer Gefangenschaft und kam von dort auf Wolfgang Wagner, der im Spätherbst 1939 mit durchschossener Hand in polnische Gefangenschaft geraten war; nur deshalb, so wußte Heß zu berichten, sei Wagner vor der Amputation bewahrt worden, weil ihm als Enkel des Komponisten jede erdenkliche medizinische Pflege zuteil wurde.

Und so vom einen zum andern. Dabei zeigte sich, daß Heß, wenn er will, erstaunliche Einzelheiten präsent hat. So erzählte er mir sehr anschaulich, wie Hitler nach Unity Mitfords Selbstmordversuch am Tage des Kriegsausbruchs ihre Verbringung in das beste Münchner Krankenhaus veranlaßt und alle Kosten für die Behandlung aus seiner Privatschatulle beglichen habe; gleich nach dem Polenfeldzug habe er sie einmal sogar am Krankenbett besucht. Dann kam er darauf, wie Hitler einmal, in einer Zeit außenpolitischer Hochspannung, außer sich vor Wut geraten sei, als er bei einer Fahrt durch München entdeckte, daß sein altes Lieblingskino, das »Fern Andra«, den Namen gewechselt habe.

Vielleicht ist seine Amnesie, so denke ich manchmal, nur die bequemste Art, sich der Welt gegenüber taub zu stellen. Mir selbst geht es ja, wenn auch nicht in dieser krassen Form, ganz ähnlich. Im Hinblick auf das düstere, unerfreuliche Spandau ist mein Erinnerungsvermögen ebenfalls stark reduziert, während ich die Ereignisse und Umstände der Jahre mit Hitler lebendig in meinem Gedächtnis bewahre.

Heß gab mir nach rund einer Stunde ein Zeichen, daß die Konversation zu Ende sei. Er war plötzlich wieder der Führer-Stellvertreter, der den Besucher entläßt. Nicht ohne beiderseitiges

Bewußtsein für die Ironie der Situation verabschiedeten wir uns durch eine leicht übertriebene Verbeugung.

17. Januar 1959
Der neue russische Wärter Gromow hat die ein Jahrzehnt alten Regeln gelesen. Er ordnete an, daß wir während der Ruhepause am Tag auf dem Bett nur sitzen dürfen. In der Mittagspause kam er heute in meine Zelle: »Nicht schlafen, Nummer Fünf! Sie müssen sitzen! Hoch! Hoch!« Ich stellte mich dumm: »Wer sagt, daß ich schlafe? Ich habe nur die Augen zu. Aber ich bleibe liegen.« Er schüttelte den Kopf: »Die Regeln verbieten das Liegen.« Ich drehte mich zur Wand: »Lassen Sie mich ruhen! Sie sind zehn Jahre zu spät dran!« Zu meinem Erstaunen verhält er sich seither dennoch liebenswürdig.

18. Januar 1959
In der heutigen *Berliner Zeitung* lese ich staunend einen Artikel unter der Überschrift »Mit neuer Technik badet sich's am besten«. Ein Kohlebadeofen mit, wie es heißt, »innenliegender eingriffiger Mischbatterie, umstellbarer Schlauchbrause und keramischem Dauerbrandunterofen« sei ein konstruktiver Fortschritt im sozialistischen Wettbewerb. Aber bei vielen hundert der ausgelieferten neuntausenddreihundert Badeöfen werde »die Funktionsuntüchtigkeit der eingriffigen Mischbatterie« beklagt. »Im Kopf-an-Kopf-Rennen mit dem deutschen Amt für Material- und Warenprüfung wetteifert das Wärmegerät- und Armaturen-Werk Berlin, wer zuerst die dringendsten technischen Verbesserungen am Kohlebadeofen auf die Tagesordnung setzt.« Am 12. Januar, also vor einer Woche, fand unter der Führung eines Parteisekretärs eine Sitzung zwischen dem Vertreter des Amtes für Material- und Warenprüfung, dem herstellenden Werk und dem Zulieferer der Mischbatterien statt. Es wurde schließlich festgestellt, »daß es an diesem Kohlebadeofen noch eine ganze Menge zu verbessern gibt, sowohl konstruktiv wie auch in der Herstellung. Selbst relative Kleinigkeiten, wie ein besserer Halter für die Handbrause oder eine zweckmäßigere Form für den Bedienungsknopf, sind noch zu erreichen. Eben das ist der wissenschaftlich-technische

Fortschritt, der nicht nur Reklamationen aus der Welt bringt, sondern Erzeugnisse mit technischem Höchststand schaffen hilft.«

Es ist nicht zu glauben: In Betrieben wie diesem wurde vor noch nicht langer Zeit die Tür in ein neues technisches Zeitalter aufgestoßen. Hier liefen die ersten Düsentriebwerke der Welt auf dem Prüfstand; hier wurden die ersten Raketen der Welt erprobt, hier die ersten Kunststoffe entwickelt! Und jetzt schlagen sich an gleicher Stelle Kommissionen mit Problemen herum, die zu Beginn des Jahrhunderts Handwerker lösten: ein Kohlebadeofen mit Mischbatterie!

15. Februar 1959

Die westlichen Stadtkommandanten demonstrieren seit der Aufkündigung der Berliner Vereinbarungen durch die Sowjets regelmäßig ihr Interesse für Spandau. Nach dem amerikanischen und britischen General besichtigte heute auch der französische Stadtkommandant das Gefängnis. Im interalliierten Vergleich stellen die französischen Offiziere alle ihre Kollegen weit in den Schatten. Sie verstehen, eine Atmosphäre nobler Ungezwungenheit herzustellen. Im französisch geführten Gespräch sagte er mir Freundlichkeiten zu meinen Familienfotos, während ich mich mit Komplimenten über die »bonne cuisine française« revanchierte. Der aufmerksam beobachtende sowjetische Direktor machte ein verärgertes Gesicht, da nur die deutsche Sprache in Spandau zugelassen ist. Sein amerikanischer Kollege meinte beim Weggehen: »For that he will give us hell in the next meeting!«

20. Februar 1959

Der französische Direktor Joire eröffnete mir heute verlegen den Beschluß der letzten Direktoren-Konferenz: Ich werde offiziell verwarnt. Durch die Benutzung einer fremden Sprache hätte ich gegen die Gefängnisregeln verstoßen.

21. März 1959

Nun haben wir in Spandau die Ein-Mann-Gemeinde. Seit Wochen läßt sich Schirach beim Pastor entschuldigen, nennt aber keinen Grund. So sitze ich dem Geistlichen allein gegenüber.

Gleichermaßen peinlich ist uns beiden, daß er, zwei Meter vor mir stehend, auf mich herabpredigt. So ging er erleichtert auf meinen heutigen Vorschlag ein, seine Predigt im Sitzen zu halten. Viel ist damit freilich nicht geholfen. Die Feierlichkeit des Gottesdienstes will sich in dieser Situation nicht einstellen.

23. März 1959

In Abständen von mehreren Tagen lese ich die gerade erschienenen Erinnerungen von Dönitz. Interessant und wohl auch zuverlässig sind sie einzig in Einsatz- und Rüstungsfragen. Seine politische Haltung dagegen, seine Beziehung zu Hitler, seinen nationalsozialistischen Kinderglauben – das alles verschweigt er oder umhüllt es mit Seemannsgarn. Es ist das Buch eines Mannes ohne Einsicht. Die Tragödie der Vergangenheit reduziert sich für ihn auf die armselige Frage, welche Fehler den Verlust des Krieges bewirkten.

24. März 1959

Je länger ich in diesen Memoiren lese, um so unbegreiflicher ist mir, daß Dönitz sein persönliches Verhältnis zu Hitler systematisch verschleiert. Er habe nur an Wehrmachtskonferenzen teilgenommen, schreibt er, er sei von Hitler nur in Marinefragen hinzugezogen worden, habe sich überhaupt nie den Kopf über anderes zerbrochen. Das Vertrauen Hitlers habe er nur gewinnen wollen, um seine Forderungen auf stärkere Beachtung der Marine durchzusetzen. Er erwähnt zwar gelegentlich, daß er mit Hitler zu Mittag gegessen habe, aber dann fällt der Vorhang, und über den Inhalt des Gesprächs wird nichts gesagt. Warum hat er sein herzliches Verhältnis zu Hitler verschwiegen? Warum läßt er weg, daß Hitler seinerseits ihn so hoch schätzte wie kaum einen anderen Offizier? Häufig konnte man Hitler äußern hören: »Das ist ein Mann, vor dem habe ich doch wenigstens Respekt! Wie er alle Fragen beherrscht! Beim Heer und bei der Luftwaffe erhalte ich vernebelte Auskünfte. Zum Verzweifeln! Bei Dönitz weiß ich, woran ich bin. Er ist ein Nationalsozialist durch und durch und hält auch die Marine von allen schlechten Einflüssen frei. Die Marine wird nie kapitulieren! Er hat ihr den nationalsozialistischen Ehrbegriff ein-

gepflanzt. Wenn die Generäle des Heeres diesen Geist gehabt hätten, wären nicht Städte kampflos aufgegeben und Fronten zurückgenommen worden, die ich zu halten strikt befohlen hatte.« Nach dem 20. Juli hörte ich Hitler einmal im Führerhauptquartier, nach einem langen Ausbruch gegen die Generalität des Heeres, sagen: »Kein einziger dieser Verbrecher gehörte der Marine an. In der gibt es heute keinen Reichpietsch mehr! Der Großadmiral würde mit eiserner Härte durchgreifen, wenn sich nur der geringste Defaitismus zeigt. Ich halte ihn für meinen besten Mann!«
Von alledem nichts. Selbst in Kleinigkeiten verschönt er das Bild. So behauptet er, er habe sich, weit entfernt vom zentralen Geschehen, immer nur in frontnahen Gefechtsständen aufgehalten. Dabei hat er sein Hauptquartier zunächst in einem Pariser Bürohaus gehabt, dann in Berlin am Steinplatz und später im Oberkommando der Marine. Mit der Behauptung ständiger Nähe zur Front will er seine Entfernung von der Gesamtverantwortung darlegen.

25. März 1959

Heute stieß ich darauf, daß Dönitz in seinen Memoiren also doch behauptet, ich hätte ihn zum Nachfolger Hitlers vorgeschlagen. Am Abend vor seiner Entlassung aus Spandau hatte ich ihm noch einmal das Gegenteil geschildert. Aber wahrscheinlich will er damit seine Behauptung verstärken, er habe zu Hitler eigentlich keine persönliche Beziehung gehabt. Gegen die Version von Dönitz spricht im übrigen auch Hitlers Testament, in dem der Geist der Marine als Vorbild deutschen Soldatentums gefeiert wird. Das war an die Adresse von Dönitz gerichtet.
Und wie er im letzten halben Jahr des Krieges von Hitler behütet wurde! Dönitz behauptet, er habe von Hitlers Sympathie nichts geahnt. Ist ihm denn nicht aufgefallen, daß er als einer der wenigen mit einem fünf Tonnen schweren, gepanzerten Mercedes ausgezeichnet wurde? Daß Hitler es ihm in den letzten Monaten des Krieges verbot, ein Flugzeug zu benutzen? Daß er wegen erhöhter Attentatsgefahr das Reichsgebiet nicht

verlassen durfte? Durchweg Vorsichtsmaßnahmen, die Hitler beispielsweise in meinem Falle nicht für notwendig hielt. Manchmal, wenn ich während der letzten Monate des Krieges bei einem schweren Angriff in Hitlers Bunker war, war ich Zeuge, wie er Dönitz besorgt anrief und fragte, ob er sich schon in seinen Bunker begeben habe.

27. März 1959
Lektüre abgeschlossen. Wahrscheinlich sollte man die Memoiren eines Menschen nicht lesen, den man über zehn Jahre bis in die kleinsten Regungen kennengelernt hat.

14. April 1959
Vor rund zwei Jahren nun habe ich, einer Aufforderung Cuthills nachkommend, systematisch versucht, unseren Garten in eine Parklandschaft umzuwandeln. Unebenheiten habe ich in sanfte, belebende Böschungen verwandelt, Rasen gesät, Forsythien, Lavendelbüsche, Hortensien und Rosenstöcke gesetzt. Dazu pflanzte ich fünfundzwanzig selbstgezogene Fliederbäume. Entlang der Wege habe ich zweieinhalb Meter breite und fünfzig Meter lange Blumenbeete mit Iris angelegt. Heute wurden junge Kiefern, Birken und Linden geliefert. Bei dieser Fülle kann ich beginnen, einen Landschaftsgarten anzulegen.
Man läßt mir freie Hand. Während der letzten Wochen habe ich zahlreiche Skizzen angefertigt, um wenigstens einmal meinen Park im Bild zu sehen. Aber ich weiß, daß kein Landschaftsgärtner je in Natur gesehen hat, was ihm vor Augen stand: Zu lange brauchen die Bäume, die Sträucher, die Blumen und die Gräser, um zu einer Landschaft zusammenzuwachsen. Aber wenigstens ansatzweise will ich sehen, woran ich mit so verbissener Leidenschaft hier Tag für Tag arbeite. Und so muß ich hoffen, noch lange genug hier zu sein, um die Verwirklichung meiner Pläne durch die Natur zu erleben; zugleich aber muß ich das auch fürchten. Spandau ist eine Art Lebensinhalt für mich geworden. Einst mußte ich mein Überleben hier organisieren; das ist nun nicht mehr nötig. Der Garten nimmt mich ganz in Anspruch.
Heute hat sich gegen Ende des Arbeitstages der russische Di-

rektor mit freundlichem Lächeln bei mir erkundigt: »Wollen Sie noch länger draußen bleiben?« So konnte Letham, der schottische Blumen- und Pflanzenlieferant, mit Recht zu mir sagen: »Now, after years you got it.« Ich stimmte zu: »Yes, with years and with defiance.«

15. April 1959

Heute erstmals mit dem neuen Rasenmäher gemäht. Der Widerstand der Maschine entspricht, wie ich errechnet habe, einem Höhenunterschied von vierhundert Metern; es ist also, als ob ich einen mittleren Berg im Schwarzwald hinaufstiege. In Wirklichkeit habe ich viertausend Quadratmeter gemäht.

Schirach beteiligt sich fast gar nicht mehr an der Gartenarbeit. Er möchte auch nicht seinen winzigen Privatgarten vergrößern. Immer noch läuft er ziellos, aber erhobenen Hauptes, mit seinem Stock herum – ein vornehmer Kurgast in einem Park, der von mir als Gärtner in Ordnung gehalten wird. Er wird einsiedlerisch und sonderbar.

30. April 1959

In meinem letzten Brief mußte ich die folgenden Sätze weglassen, weil es gegen die Gefängnisregeln ist, über unseren Alltag zu schreiben: »Und so arbeite ich fleißig im Garten. Ich bin auf den Geschmack gekommen und werde das zu Hause weiterbetreiben.« Schirach, dem ich das erzählte, äußerte hochmütig: »Was, Sie schreiben über derartige Dinge? Meine Briefe handeln nicht von solchen Banalitäten. Mein Leben im Gefängnis erwähne ich grundsätzlich nicht!«

2. Mai 1959

Meine Frau hat mir als nachträgliches Geburtstagsgeschenk ein kräftig blaues Hemd mitgebracht. John Musker erklärte daraufhin heute in Gegenwart von Jeschurin: »Das ist ein Faschistenhemd!« Ich widersprach: »Die waren aber schwarz!« Der Brite beharrte: »Stimmt nicht, ich habe die blauen 1936 selber in Rom gesehen.« Jeschurin schlichtete den Streit: »Blau ist die Hemdenfarbe der FDJ.« Ganz naiv fügte er hinzu: »In unserer DDR.«

8. Juni 1959
Neuerdings entwickelt der sowjetische Direktor einen Sinn, genau im falschen Moment zu erscheinen. Heute servierte der französische Küchenchef eine Hühnerbrust in Mayonnaise, aber der Russe kam hinzu und protestierte. Am Nachmittag saß Schirach im Garten mit Pemberton unter einem der schönen, großen Nußbäume, als wiederum der sowjetische Oberst erschien.

9. Juni 1959
Heute bereits hat der amerikanische Direktor Pemberton seine Mißbilligung ausgesprochen. Er erklärte dabei: Es sei zwar möglich, daß Wärter und Gefangener zusammenstünden; ferner sei auch nichts einzuwenden, wenn der Wärter sitze und der Gefangene vor ihm stehe. Wenn aber der Gefangene sitze und der Wärter vor ihm stehe, sei das als Unverschämtheit seitens des Gefangenen aufzufassen; ganz unmöglich aber und wider jede Ordnung sei es, daß sie beide zusammen auf einer Bank säßen.
Im Grunde hat der Direktor natürlich recht. Aber wenn Gefangene und Wärter ein Jahrzehnt zusammenleben, läßt sich das strenge Reglement nicht aufrecht erhalten.

10. Juni 1959
Ein Paar Wildenten hat im Garten gebrütet und geht mit sechs Jungen in Kiellinie ruhelos im Garten auf und ab. Gelegentlich schwimmen sie im kleinen Wasserbecken, das ich aus einer abgelegten Badewanne schuf, ernähren sich von jungen Trieben der Wasserlilien, die der Berliner Botanische Garten zur Verfügung gestellt hat. Vor einigen Tagen versuchten sie, obwohl die hohen Mauern um das Gebäude die Sicht verstellen, zum Gefängnistor zu wandern, weil der nächste See in dieser Richtung liegt. Niemand hat geöffnet. Nun veranstalten Wärter und Gefangene ein gemeinsames Entendrücken, um sie erneut zum Tor zu leiten und in die Freiheit zu entlassen.

13. Juni 1959
Wie mir der Pastor heute ausrichtete, zeigt sich Karl Barth darüber erfreut, daß ich seine vielbändige Dogmatik lese, die üb-

rigens aus der Bibliothek von Frau Gertrud Staewen, der Schwägerin des ehemaligen Ministers und derzeitigen SPD-Abgeordneten Gustav Heinemann, stammt und mit freundlichen Widmungen des Verfassers versehen ist.
Von Barths *Dogmatik* habe ich inzwischen sechs Bände gelesen. Vieles bleibt mir unverständlich. Das hat vor allem mit der Terminologie und der Schwierigkeit des Themas zu tun. Aber ich habe eine merkwürdige Erfahrung gemacht. Auch von den unverstandenen Passagen geht eine beruhigende Wirkung aus. Mit Barths Hilfe bin ich im Gleichgewicht und eigentlich, trotz aller Bedrängnisse, wie befreit.
Barth verdanke ich die Erkenntnis, daß die Verantwortung des Menschen nicht etwa dadurch aufgehoben wird, daß das Übel Teil seines Wesens ist. Der Mensch ist von Natur aus böse und doch verantwortlich. Wie eine Ergänzung dazu kommt mir der Satz Platons vor, daß es für einen Menschen, der ein Unrecht begangen hat, »nur eine Rettung gäbe: die Strafe. Es ist daher«, fährt Platon fort, »besser für ihn, diese zu erleiden, als ihr zu entgehen; denn sie hält den inneren Menschen.«

13. Juli 1959

Heute in Peking angekommen. Aber als ich zum kaiserlichen Palast kam, fand auf dem großen Platz gerade irgendeine Kundgebung statt. Zwei-, drei-, vierhunderttausend Menschen – wer will das wissen! In der unaufhörlich hin- und herwogenden Menge verlor ich rasch alle Orientierung; auch ängstigte mich die Uniformität der Menschen. Auf schnellstem Wege verließ ich die Stadt.
Die Gartenarbeit hat mir in den letzten Wochen nur wenig Zeit für meine Wanderung gelassen. Für die 2280 Kilometer von Kumning nach Peking habe ich 415 Tage gebraucht, was aber immer noch einen Tagesdurchschnitt von 5,4 Kilometern ausmacht. Seit Beginn meiner Pilgerfahrt in den asiatischen Kontinent vor vier Jahren und zehn Monaten habe ich nun 14 260 Kilometer zurückgelegt. Hätte einer mir damals, bei Beginn der Wanderung nach Heidelberg, gesagt, daß mich mein Weg bis in den Fernen Osten führen würde, so hätte ich ge-

glaubt, jener sei wahnsinnig oder ich würde es werden. Nun habe ich die Entfernung von Peking nach Wladiwostok und Material über die Strecke angefordert.

14. Juli 1959

Der Scherz mit Peking war natürlich kein Scherz. Heute, im Verlauf meines täglichen Rundgangs, versuchte ich mir klar darüber zu werden, wie ich wohl auf den Gedanken gekommen bin, sofort aus Peking zu fliehen. Denn eine Flucht war es natürlich. Sie hat vermutlich mit jener tiefen Irritation zu tun, die mich überkam, als ich im Zuge meiner Vorbereitung las, daß hier in der Tat jene imperiale Metropole entstanden ist, die ich, unter anderen Verhältnissen, nur planen, aber nicht bauen konnte. Der Palast des Himmels, der Riesenplatz, die große Achse, der gewaltige Audienzsaal – momentweise kam mir das alles wie eine ins Ostasiatische gewendete Verwirklichung lange entschwundener Träume vor.

Das war das eine. Es kam aber hinzu, daß hier mit einem untrüglichen Sinn für Proportionen und in klassisch gebändigter Form ein städtebauliches Ensemble entstanden war, das trotz seiner extremen Ausmaße den Eindruck großer Heiterkeit und Leichtigkeit wachrief. Solches Stilgefühl ist immer nur das Ergebnis vielhundertjähriger Tradition. Wir wollten alles erzwingen, setzten uns kurze Fristen, wo die anderen auf die Zeit vertrauten, waren hektisch und großmannssüchtig. Diesem Vergleich wollte ich mich nicht aussetzen.

Aus Peking floh ich, weil ich nicht wissen wollte, daß wir Parvenüs waren.

16. Juli 1959

Vielleicht bin ich zuweit gegangen. Vom Altertum bis in die Zeit der Französischen Revolution zieht sich eine Tradition megalomanen Bauens. Die französische Revolutionsarchitektur der Boullée, Ledoux und Lequeu stellt alles in den Schatten, was je auf meinem Reißbrett entstand. Ein Rathaus beispielsweise hat eine Grundfläche von zweihundertachtzig auf zweihundertachtzig Metern, bei achtzig Meter Höhe. Eine Kirche ist neunhundertzwanzig Meter lang, der Kubus einhundertsiebzig

Meter, die Kuppel fünfhundertfünfzig Meter hoch, sofern man die Menschen in den Perspektiven als ungefähren Maßstab nimmt! Sieht man es also lediglich unter dem Aspekt der Dimensionen, so hatten unsere Planungen durchaus Vorläufer. Vielleicht bin ich vorgestern also wirklich zu weit gegangen. Über den Rang unserer Projekte entscheidet vermutlich doch nicht die bloße Qualität. Ich muß mich auch vor meinem Hang zur Selbstbezichtigung hüten.

15. Juli 1959

Ich baue seit einigen Wochen an einer neuen Straße, zwanzig Meter lang und acht Meter breit. Sie führt vom Gefängnisausgang zu meiner von Blumenbeeten begleiteten Avenue, die in Erinnerung an den geplanten Berliner Prachtboulevard in Nord-Süd-Richtung liegt. Die Straße war schon fertig, als heute ein Sturm ihren Belag wegwehte. Jetzt karre ich noch einmal Sand heran, wässere ihn und stampfe ihn gründlicher fest.

23. Juli 1959

Von zu Hause achthundert Pfeifenreiniger erhalten. Was haben die sich wohl dabei gedacht?

24. Juli 1959

Die Kaninchen fraßen letzte Nacht die ersten Knospen meiner Nelken auf. Eine Zeitungsnotiz hat mich jetzt auf die Idee gebracht, die Kaninchen mit Mottenpulver zu bekämpfen. Das Pulver, denke ich mir, muß auf die feinen Nasen der Tiere höchst abstoßend wirken. Übrigens muß ich es verstecken, denn es ist vom sowjetischen Direktor nicht genehmigt.

12. August 1959

In die Zelle geschmuggelt wurde unlängst das Buch *The Army Air Forces in World War II*, ein halboffizielles Geschichtswerk von Craven und Gate, an dem George Ball mitgewirkt hat. Trotz aller Materialfülle verfehlt es den, wie ich glaube, entscheidenden Aspekt. Gleich allen anderen Darstellungen des Bombenkrieges, die mir bisher zu Gesicht kamen, legt es den Nachdruck auf die Zerstörungen, die die Luftangriffe dem deutschen Industriepotential und damit der Rüstungsproduktion zufügten. In Wirklichkeit waren diese Ausfälle nicht kriegsentscheidend, wenn ich auch 1944 die Produktionsverluste, die die Ostfront erlitt, mit weit über 10 000 schweren Geschützen über 7,5-cm-Kaliber und ungefähr 6000 mittelschweren und schweren Panzern ermittelte.

Die wirkliche Bedeutung des Luftkrieges lag darin, daß er, lange vor der Invasion, schon eine zweite Front errichtete. Sie war gegen den Himmel über Deutschland gerichtet. Jederzeit konnten über jeder großen Stadt oder über jedem wichtigen Werk die Bomberflotten erscheinen. Die Unberechenbarkeit der Angriffe machte diese Front riesenhaft groß, jeder Quadratmeter des von uns beherrschten Gebietes war gleichsam Front. Die Abwehr erforderte die Bereitstellung von Tausenden von Flakgeschützen, die Stapelung ungeheurer Munitionsmengen an unzähligen Orten und die Bereitschaft Hunderttausender von Soldaten, die noch dazu monatelang untätig bei ihren Geschützen in Stellung liegen mußten.

Soweit ich den Berichten entnehmen kann, hat noch niemand gesehen, daß dies die größte verlorene Schlacht auf deutscher Seite war. Die Verluste bei den Rückzügen in Rußland oder bei der Kapitulation von Stalingrad treten demgegenüber zurück. Überdies hätten die fast 20 000 Flakgeschütze, die in der Heimat stationiert waren, die Panzerabwehr an der Ostfront fast verdoppelt; es kam hinzu, daß sie im Reichsgebiet fast nutzlos waren, denn sie veranstalteten über den angegriffenen Städten nur noch eine Art von Beruhigungsfeuerwerk für die Bevölkerung; die unterdes erreichten Flughöhen der Bomber wurden nämlich von den Granaten der 8,8-cm-Flak nur mit einer so geringen Geschwindigkeit erreicht, daß keine Zielgenauigkeit mehr gegeben war.

16. August 1959

Bei großer Hitze schleppe ich jeden zweiten Tag fünfzig Kannen Wasser zu je zehn Liter zu meinen im Frühjahr neu eingesetzten Pflanzen. Das ergibt eine bewegte Last von fünfhundert Litern oder einer halben Tonne. Ich kann zufrieden sein: Von sechzig Pflanzen, die ich im Frühjahr versetzte, sind nur zwei eingegangen.

Unser Wassersprenger, System Brill, der mir für meine Gartenfläche nun jeden zweiten Tag zusteht, dreht sich je nach Wasserdruck schnell oder langsam; aber jedesmal gibt es schöne Bilder von sich bewegenden, überkreuzenden Wasserstrahlen. Man kann ihm auch so wenig Wasser geben, daß er, weitersprengend, stehen bleibt. Badanow hat an diesem Wechsel seine Freude. Er exerziert mit dem Sprenger: »Jetzt langsam! Jetzt schnell! Jetzt das Ganze halt!« Als der Russe gerade mit dem in Spandau besonders hohen Wasserdruck seine Fontäne herumrasen läßt, drehe ich an einer fünfzig Meter entfernten Zapfstelle den Wasserhahn voll auf. Als daraufhin der Sprenger stillsteht, drehe ich meinen Hahn wieder zu. Sofort beginnt der Sprenger zu rasen. Kopfschüttelnd bringt Badanow ihn erneut zum Stehen. Wieder schließe ich, dieses Mal ganz langsam, den Hahn. Ebenso gemächlich fängt der Apparat an, sich zu drehen. Badanow staunt. Ich drehe den Hahn auf, und wieder steht das Ding still. Badanow staunt noch mehr, denn ich drehe zu, der Sprenger dreht sich. Nun stellt Badanow den Rasensprenger auf langsames Drehen, und ich, nicht faul, schließe den Hahn. Der Sprenger rast. Wieder auf. Der Sprenger steht still. Und so weiter, bis Badanow ratlos über die Launen der Technik den Garten verläßt.
Sonderbar, daß dies der Inhalt meiner Tage, Monate und Jahre ist. Zuweilen denke ich, was ich in diesen Jahren hätte schaffen können. Nun sind es Wege im Gefängnisgarten, Meditationen über Schuld und Strafe oder Albernheiten.

17. August 1959
Der amerikanische Direktor, derzeit nur ein Captain, hat regelmäßig für jeden die Frage: »Have you any problems?« Mit derselben Regelmäßigkeit verneine ich. Um nicht unhöflich zu erscheinen, sagte ich heute einige Worte über die Hitze. Er fühlte sich dienstlich angesprochen und reagierte offiziell: »We cant't change that.«

14. September 1959
Sadot sprach heute enthusiastisch über den Erfolg der Russen, die gerade eine Rakete auf dem Mond gelandet haben. »Das

ist um so erstaunlicher«, sagte ich, »als wir gerade Halbmond haben.« Sadot, ohne nachzudenken: »Natürlich, das kommt ja auch noch dazu! Du lieber Gott, daran habe ich ja im Moment gar nicht gedacht! Diese Russen!« Erst als er bereits ein paar Schritte weg war, stutzte er und blieb nachdenklich stehen; dann ging er mit einem Ruck ab.

18. September 1959
Ich habe noch einen Stapel Notizen in der Hosentasche gehabt; alles etwas läppische Episoden wie die mit dem Rasensprenger. Heute habe ich sie verbrannt. Beim Lesen fühlte ich mich unbehaglich. Denn ich gerate damit auf ein Niveau, auf das ich nicht geraten darf.
Aber das doch noch: Das ausgestreute Mottenpulver interessiert die Kaninchen nicht!

Das vierzehnte Jahr

22. Oktober 1959
Der neue sowjetische Direktor macht keinen unangenehmen Eindruck. Ich sagte das Naumow. Aber statt einer Antwort zitierte er ein russisches Sprichwort, nach dem man einen Mann erst kenne, wenn man mit ihm zusammen ein Pud Salz verbraucht habe.
Ich schlug in der Bibliothek nach. Ein russisches Pud wiegt 16,4 Kilo.

12. November 1959
Von der Zensur wird nach wie vor jede Pressenachricht über Spandau unterdrückt; aber die vielen wohlwollenden Wärter informieren uns über alles. Viermal wurde mir in den letzten Tagen von einem Artikel der *Sunday Times* erzählt. Heute morgen ließ mich ein fünfter Wärter unter dem Siegel größter Verschwiegenheit sogar die Zeitung selber lesen. Nach dem Mittagessen wurde sie mir noch einmal gebracht, und mit allen Zeichen freudiger Überraschung, mit lauter »Ah's!« und »Oh's!« mußte ich, um mich nicht zu verraten, das Ganze noch einmal studieren. Der Artikel hat die Überschrift: »Last Nazis may quit Spandau«.

14. November 1959
Unser Pastor wurde überraschend abberufen, ein anderer hat die weite Reise aus Südbaden unternommen, um an diesem Samstag den Spandauer Ein-Mann-Gottesdienst durchzuführen. Aber er kann nur Französisch. Musker unterbrach ihn mitten in der Liturgie: »Entschuldigen Sie, hier darf nur deutsch

gesprochen werden.« Ich übersetzte; der Pastor war ratlos: »Mais je suis Français; je ne sais que dire: ›Guten Tag, guten Abend‹.« Der Gottesdienst wurde trotzdem abgebrochen. Unbeanstandet blieb aber dann das lateinische Tedeum auf Schallplatte. Während der Musik bedeckte der Pastor sein Gesicht mit den Händen: »C'est impossible, impossible!« Beim Abschied suchte er mühsam die deutschen Worte: »Gott mit Ihnen! Bei Tag und ... bei Nacht!«

22. November 1959
Seit einiger Zeit wird Heß von Anfällen geplagt. Er steht im Verdacht, durch kleine Portionen Waschpulver künstlich Magenkrämpfe hervorzurufen. Alle Wasch- und Reinigungsmittel dürfen daher nur noch unter Aufsicht verwendet werden.

23. November 1959
Heß stöhnt und jammert neuerdings Tag und Nacht, er stiert die Wände an, ist ganz und gar apathisch. Innerhalb von sieben Wochen hat er fast vierzehn Kilo verloren, bei 1,75 Meter Körpergröße wiegt er zur Zeit noch fünfundvierzig Kilo. Beim Baden erinnert er an die Schreckensgestalten von Hieronymus Bosch. Selbst die wenigen Schritte zum Waschraum kann er nicht mehr ohne Hilfe gehen. Ich habe seinetwegen heute auf meinem Umweg an den Präsidenten des Deutschen Roten Kreuzes geschrieben.

26. November 1959
Auf dem Gang heute große Unruhe, ständiges Gehen und Kommen bei Heß. Zum ersten Mal seit längerer Zeit muß ich in der Zelle bleiben. Große Ungewißheit.

27. November 1959
Heute vormittag gelang es mir, Heß zu besuchen. Er lag auf seinem Bett, sein Handgelenk war dick verbunden. Mit wächsernem Gesicht sah er, als ich eintraf, müde auf. Dennoch machte er den Eindruck eines Kindes, dem eine Überraschung gelungen ist. Fast aufgeräumt begann er sofort zu erzählen: »Als Sie gestern im Garten waren und kein Wärter in der Gegend, habe ich rasch meine Brille zertrümmert und mir mit einer Scherbe die Pulsadern aufgeschnitten. Drei Stunden lang hat

keiner was bemerkt«, fuhr er fast glücklich fort, »unbeachtet lag ich in der Zelle und hatte richtig schön Zeit, um zu verbluten. Dann wäre ich meine Schmerzen für immer losgewesen. Mir war schon ganz schwach und wohlig. Aber da hörte ich plötzlich wie ganz von weitem Lärm, das war dieser Unglücksmensch, der sowjetische Oberstarzt, bei seiner Runde. Er sah mich hier liegen und nähte sofort den Schnitt.« Er sah mich tieftraurig an: »Bin ich ein Pechvogel! Sagen Sie selbst!« Aber ich gratulierte Heß zum Mißerfolg, was er eher freundlich aufnahm. Mittags verschlang Heß ganze Berge: Milch, Brei, Eierspeisen, Bouillon, Käse, Apfelsinen. Auch abends aß er mit bestem Appetit. Ich habe den Eindruck, daß er eine »Aktion« abgebrochen hat. An Hilde schickte ich über den Freund ein Telegramm, jede Rot-Kreuz-Intervention abzusagen.

11. Dezember 1959

Heß hat in nur zwei Wochen vierzehn Kilo zugenommen. Nur ein robuster Straußenmagen verträgt nach einer mehrwöchigen Hungerperiode eine solche Mastkur. Heß ist fast etwas verlegen: »Hier ist eben alles verrückt, auch die Waage!«
Obwohl einige Russen die Selbstmord-Aktion als Sabotage bezeichnen, wird Heß seither mit großer Zuvorkommenheit behandelt. Alles dreht sich um sein Wohlergehen. Sichtlich ist manchen Wärtern der Schreck in die Glieder gefahren. Offensichtlich sagen sie sich: Zwei Millimeter tiefer, und die Lebensstellung wäre hin gewesen. So ist Heß unverhofft zu einem Kleinod geworden. Das gefällt ihm nicht schlecht.

18. Dezember 1959

Hildes Bemühungen machen Fortschritte. Herbert Wehner und Carlo Schmid befürworten meine Freilassung. Auch der neue Bundespräsident, Heinrich Lübke, hat sie empfangen und versprochen, alles Menschenmögliche zu tun. Dankbar, aber unbeteiligt verfolge ich das.

31. Dezember 1959

Weihnachten liegt hinter mir. Nichts geschehen, nichts empfunden, nichts notiert. War es im letzten Jahr nicht auch so? Das weihnachtliche Sentiment, das ja etwas Andressiertes hat, verliert sich, wenn man einige Zeit kein Weihnachten hat.

1. Januar 1960
Am ersten Februar werde ich zwei Drittel meiner Strafe abgesessen haben.
Den neuen Wandkalender betrachte ich ohne Erregung.

11. Januar 1960
Alberts Besuch war ein guter Beginn des neuen Jahres. Wir behandelten seine Studienprobleme; er will Architekt werden. Bevor wir uns privaten Dingen zuwenden konnten, war die halbe Stunde vorbei.

12. Februar 1960
Einer der neuen russischen Wärter erzählte mir vor zwei Tagen von seiner Frau und daß er zwei Kinder habe. Dann legte er plötzlich erschrocken den Finger auf den Mund. Selbst das darf er also nicht mitteilen!

19. März 1960
Fünfundfünfzigster Geburtstag.
Früher hat Funk an meine Geburtstage erinnert: diesmal gratulierte nur der Pastor. Er brachte mir die Vierte Symphonie von Bruckner als Geschenk. Ich hatte ihm einmal erzählt, daß ich sie im April 1945 für das letzte Konzert der Berliner Philharmoniker erbeten hatte. Zusammen gingen wir in die Kapelle, den »Musikraum« des Gefängnisses. Der Pastor und ich nahmen in fünf Metern Entfernung vom Lautsprecher Platz, jeder an einer anderen Wand, weil der russische Direktor Anstoß nehmen würde, wenn wir uns zu nahe kämen. Schirach blieb bei verschlossener Tür in seiner Zelle: »Ich habe so viele Melodien in mir! Ich brauche keine Konzerte!«, sagte er, als ich ihn zur Teilnahme einlud. Heß lag bei geöffneter Tür auf seinem Bett.

24. März 1960
Hardie hat mich während der letzten Tage die von einem Mitarbeiter Bormanns, Dr. Henry Picker, herausgegebenen *Tischgespräche Hitlers* lesen lassen. Ich erinnere mich flüchtig an Picker, der ein junger, unauffälliger Regierungsrat im FHQu

war; er saß stets an einem Nebentisch mit einigen Adjutanten zusammen, doch gehörte er, so fand ich immer, eigentlich nicht in diesen Kreis. Julius Schaub erzählte mir eines Tages, der junge Mann habe seine Vertrauensstellung bei Hofe nur bekommen, weil sein Vater, ein Wilhelmshavener Senator, früh in die Partei eingetreten war und Hitler schon frühzeitig in sein Haus aufgenommen hatte. Es ist merkwürdig, jetzt zu lesen, was der junge, unbeachtete Mann niederlegte.
Diese Tischgespräche geben kein ganz zutreffendes Bild von Hitler. Damit meine ich nicht nur, daß Picker den Redestrom sozusagen erst einmal filterte und anschließend geglättet und stilisiert hat; vielmehr pflegte Hitler selber sich an der Tafel des Führerhauptquartiers gewissermaßen zu verfälschen. Mir ist immer aufgefallen, wie gewählt er sich im Kreis der Offiziere und anderer gebildeter Gesprächspartner ausdrückte; das reichte manchmal bis zu einer ausgesprochen geschraubten Ausdrucksweise. Das war ein anderer Hitler, als ich ihn aus der privaten Runde kannte, und noch einmal ganz anders muß er in Gesellschaft seiner Gauleiter und Parteifunktionäre gewesen sein, wenn er in den Jargon der Kampfzeit und der Kumpanei zurückfiel. Im Normalgespräch, wenn er sich unverfälscht gab, war er weitaus primitiver als bei Picker, grober und ungehobelter – aber auch eindringlicher. Auch der Duktus der Sprechweise Hitlers war ein ganz anderer. Er hatte eine unbeholfene Ausdrucksweise, seine Sätze kamen abgerissen, nicht geformt oder gar druckreif. Er sprang von einem Thema zum anderen. Oft wiederholte er Worte wie »grundsätzlich, absolut, felsenfest«. Dann liebte er ganz besonders Worte aus der Saalschlachtwelt, Worte wie »niederknüppeln«, »eisern durchstehen«, »brutale Gewalt« oder »zusammendreschen«; ferner Begriffe aus der Fäkalsphäre. Auch neigte er in der Erregung zu Wendungen wie: »Den erledige ich dann selbst«; »dem werde ich persönlich eine Kugel in den Kopf schießen« oder »den mache ich fertig.«
Auch gibt das Pickersche Protokoll nichts von dem mühsamen Entstehungsprozeß wieder, der im Ansetzen der Sätze greifbar

war. Oft begann er einen Satz drei- bis viermal von neuem, immer wieder abbrechend und im fast gleichen Wortlaut ablaufen lassend, zumal wenn er zornig oder erbittert war. Aber gedanklich, inhaltlich ist nichts daran verfälscht. Vieles, fast alles, was Picker Hitler sagen läßt, habe ich in den gleichen oder ähnlichen Wendungen gehört. Nur manches Beiwerk ist weggefallen, und aus quälender Langatmigkeit sind abwechslungsreiche Monologe geworden. So kann ein richtiger Text ein falsches Bild machen.

11. April 1960

Tränen beim Abschied von Hardie, einem der wenigen Freunde.

2. Mai 1960

Noch 139 Kilometer bis Wladiwostok.

6. Mai 1960

Heß ist über einen Artikel in der heutigen Zeitung empört, der die Fähigkeit Feldmarschall Mansteins nach seiner Auffassung allzu hoch einschätzt. Als ich ihm aber erzählte, daß maßgebende Generale Manstein schon während des Krieges für einen hervorragenden Strategen, vielleicht für den besten des Zweiten Weltkrieges überhaupt hielten, verlor Heß vollends die Fassung: »Unsinn! Blomberg hat mir schon vor dem Kriege gesagt, daß Manstein doch nur zweite Wahl sei.« Ich fragte ihn: »Und wer war die erste Wahl?« Nachdem ich von Fritsch über Jodl und Brauchitsch bis zu Halder und Beck alle möglichen Kandidaten durchgegangen war, sagte Heß mit besserwisserischem Lächeln: »Mein Lieber, es hat keinen Zweck! Sie kommen nicht drauf. Ich will es Ihnen verraten: Blomberg hat mir wörtlich erklärt, er verstehe zwar nichts von Kunst, Architektur, Politik; aber er verstehe etwas von Strategie. Und da müsse er nun neidlos sagen, der Führer sei doch der beste, den Deutschland habe, der größte Stratege, der zur Zeit lebe. Auf dem Gebiet der Strategie sei der Führer glattweg ein Genie!«

5. Mai 1960

Man müßte einmal etwas über Hitlers Dilettantismus schreiben. Er hatte die Unbildung, Neugier, den Enthusiasmus und die

Unverfrorenheit des geborenen Dilettanten und dazu Inspiration, Phantasie, Unbefangenheit: kurz, wenn ich eine Formel für ihn finden müßte, die ihn in aller Verknappung, die Formeln eigen ist, am relativ genauesten trifft, würde ich sagen, er war ein Genie des Dilettantismus.

Er hatte auch eine tiefe Sympathie für alle Dilettanten, und wenn ich auch nicht weiß, ob sich das vertreten läßt, so glaube ich doch, daß es an Richard Wagner etwas sehr Dilettantisches gegeben hat. Dann diese »Privatgelehrten« von H. St. Chamberlain bis Walther Darré – es waren alles Dilettanten, Rosenberg nicht zu vergessen. Und den vermutlich größten von allen – Karl May – auch nicht.

Er mußte Hitler als Beweis für alles Mögliche dienen; so insbesondere dafür, daß es nicht notwendig sei, die Wüste zu kennen, um die Truppen auf dem afrikanischen Schauplatz zu dirigieren; daß einem, Phantasie und Einfühlungsgabe vorausgesetzt, ein Volk gänzlich fremd sein könne, so fremd wie Karl May die Beduinen oder Indianer, und man doch von ihnen, ihrer Seele, ihren Gebräuchen und Lebensumständen mehr wissen könne als ein Völkerpsychologe, irgendein Geograph, der das alles an Ort und Stelle studiert habe. Karl May beweise, daß es nicht notwendig sei zu reisen, um die Welt zu kennen. Gerade die Darstellung des Feldherrn Hitler sollte den Hinweis auf Karl May nicht unterlassen. Die Person Winnetous beispielsweise habe ihn, so meinte er einmal, nicht zuletzt in der taktischen Wendigkeit und Umsicht, die Karl May ihr beigegeben habe, immer tief beeindruckt. Er sei geradezu das Musterbeispiel eines Kompanieführers. Noch heute greife er bei seinen nächtlichen Lesestunden in anscheinend aussichtslosen Situationen zu diesen Erzählungen, sie richteten ihn innerlich auf wie andere Menschen ein philosophischer Text oder ältere Leute die Bibel. Winnetou sei zudem seit je sein Vorbild eines edlen Menschen. Es sei ja auch notwendig, durch eine Heldengestalt der Jugend die richtigen Begriffe von Edelmut beizubringen; die Jugend brauche Helden wie das tägliche Brot. Darin liege Karl Mays große Bedeutung. Aber statt dessen hämmerten diese

Idioten von Lehrern die Werke von Goethe oder Schiller den bedauernswerten Schülern ein.

Abends hoffnungsvoller Bericht Hildes. Aber es sind ihre Hoffnungen. Nicht meine.

7. Mai 1960

Sonntag. Eine Amsel badete im Badewannenteich und sang danach über mir im Nußbaum. Ein junger Spatz hatte sich unter die Gartenbank verirrt. Fünf Falken übten unterdessen Kunstflug im Wind. Einer von ihnen setzte sich dann einige Meter von mir entfernt auf einen Wasserhahn, flog auf den Rasen, um aus der Badewanne zu trinken, und da er noch jung und ungeschickt ist, wäre er fast vornüber gefallen. Schließlich kam auch noch eine junge Wildtaube und ließ sich auf dem untersten Ast des Nußbaumes nieder, unter dem Heß und ich schon eine Stunde lang schweigsam saßen. In die Stille hinein sagte Heß fast etwas geniert: »Wie im Paradies!«

Werden mir später diese ruhigen Tage mit den Büchern und der Gartenarbeit ohne Ehrgeiz und ohne Ärger fehlen? Mitunter habe ich den Eindruck, die Zeit stehe still. Wann bin ich hierher gekommen? Bin ich schon immer hier? Im Gleichmaß der Tage, die einfach vorbeifließen, kann die Zeit sich selber vergessen machen. Dies mag das Leben in den Klöstern des Mittelalters gewesen sein. Abgeschieden nicht nur von den Menschen, sondern auch vom Getriebe der Welt. Auf der Bank im Garten heute sah ich mich einen Augenblick lang als Mönch und den Gefängnishof als Klostergarten. Da schien mir, als sei es nur noch die Familie, die mich an das Draußen bindet. Die Teilnahme an allem anderen, was die Welt ausmacht, fällt immer mehr von mir ab; und die Vorstellung, hier den Rest meiner Tage zu verbringen, hat nichts Erschreckendes für mich mehr; im Gegenteil geht davon eine große Ruhe aus.

Ist diese Ergebung Verlockung oder Resignation? Auf jeden Fall macht sie es mir leichter. Auch dachte ich schon, sie sei eine andere und neue Form der Bewältigung meines Geschicks: nach Sprachstudien, Architekturkursen, Buchprojekten und Weltumwanderung die letzte und vielleicht weiseste Art, meinem Los

Sinn zu geben; dem Schicksal nicht in den Rachen zu greifen, sondern sich ihm willig an die Hand zu geben.

10. Mai 1960
Ein amerikanisches Aufklärungsflugzeug, eine sogenannte U 2, ist weit innerhalb der Sowjetunion abgeschossen worden. Heute morgen melden die Zeitungen, daß Chruschtschow daraufhin die Pariser Gipfelkonferenz als gescheitert betrachte, noch bevor sie begonnen hat. Schirach wieder verzweifelt.
Ich nahm die Nachricht ohne alle Emotion hin; fast erreichte sie mich schon nicht mehr. Mir fällt auf, daß die Anstrengung des Hoffens geringer geworden ist. All diese fünfzehn Jahre lang habe ich durchstehen wollen und mich und mein Leben auf eine Zukunft hin organisiert. Aber mit dem Ablauf der Zeit ist die Zukunft ganz buchstäblich weniger geworden, und die Gegenwart hat sich gedehnt. In früheren Jahren war mir kaum je faßbar, wie Karl V. auf dem Höhepunkt der Macht der Welt entsagen und ein mönchisches Dasein wählen konnte. Heute ist mir der Gedanke vertraut wie kein anderer. Der Tag der Entlassung, dem ich mich entgegensehne, ist für mich inzwischen auch mit Gefühlen wie Unsicherheit und Angst verbunden. Werde ich der Welt noch gewachsen sein? Oder statt dessen wie jener Papst Coelestin, den sie aus der Eremitenklause nach Rom geholt hatten, rufen: »Gebt mir meine Wüste wieder!«

12. Mai 1960
Mein Notizheft herausgeholt und nachgelesen, was ich mir aus den *Wahlverwandtschaften* Goethes herausgeschrieben habe: »Es gibt Lagen, in denen Furcht und Hoffnung eins werden, sich wechselseitig aufheben und in eine dunkle Fühllosigkeit verlieren.«

2. Juni 1960
Besuch meiner Frau, mit Familiensorgen ausgefüllt. Für anderes hatten wir keine Zeit.
Kurz nach dem Besuch ließ sich der russische Direktor meine Zelle aufschließen: »Als ich in den Besuchsraum gekommen bin, sind Sie beim Grüßen sitzengeblieben. Das ist ungehörig! Sie

haben aufzustehen, wenn ich eintrete. Ich erteile Ihnen eine offizielle Verwarnung.« Ich lächelte ihn an.

4. Juli 1960
Ein Gesuch an die Direktoren mußte ich wieder einmal neu schreiben, weil ich die Anrede: »An die Direktion des Allied Prison« vergessen hatte. Der sowjetische Direktor fuhr mich ungehalten an: »Das ist das letzte Mal!« Welche Maßnahmen er damit androht, bleibt sein Geheimnis. Aber einige Stunden später im Garten gab er sich wieder leutselig. Ich pflückte Lavendelblüten, die ich den mir sympathischen Wärtern schenken wollte. Der Direktor roch an dem mit Blüten gefüllten Sack, ließ durch seinen Dolmetscher fragen, ob sie dem Haarwuchs förderlich seien, lüftete dabei lächelnd seine Uniformmütze, um anzudeuten, wie notwendig er solche Mittel habe. Ich lüftete ebenso freundlich meine Skimütze, um ihm die Unwirksamkeit von Lavendel zu beweisen.

5. Juli 1960
Zusammen mit Schirach läuft Heß, der sich noch vor Monaten über akute Kreislaufschwäche mit unerträglichen Herzschmerzen beschwert hat, jeden Tag stundenlang in scharfem Tempo und ohne Pause durch den Garten. Beide haben wieder Kontakt zueinander gefunden, und Schirach wirkt seither etwas gelockerter; bei Heß fühlt er sich überlegen, Heß zu führen, entspricht seinem Naturell. Aber auch Heß wirkt ausgeglichener. Manchmal meine ich, da entwickele sich langsam so etwas wie eine Art Freundschaft; es wäre die erste, die in Spandau zustande käme.

6. Juli 1960
Auf den Grund meines Wasserbeckens, der alten Badewanne, war aus Versehen die Wurzel einer Goldraute geraten. Wenn ich das Wasser abließ, neigte sich der Stengel mit sinkendem Wasserspiegel. Die Pflanze hat also die Stabilität ihres Stengels nur nach der fürs Wasser erforderlichen Stärke ausgebildet. Ich verpflanzte sie, und nach ein paar Tagen war sie so kräftig wie andere Goldrauten auch und stand aufrecht im Winde. Ähnlich mag es sich mit der seelischen Stabilität der Menschen

verhalten; sie paßt sich den Umständen an. Dies läßt auch schwache Naturen extreme Belastungen überstehen.

7. Juli 1960
Seit Wochen bin ich mit einem sinnlosen Straßenprojekt beschäftigt. Ich will die Nord-Süd-Allee bis zum nördlichen Ende des Gartens fortsetzen. Nachdem ich mich einmal darauf versteift habe, die Straße horizontal zu führen, habe ich bereits einen halben Meter über dem normalen Niveau erreicht, also eine Art Hochstraße gebaut. Der Damm ist erwünschter Vorwand, um einen fortlaufenden Steingarten an der Ostseite der Straße zu errichten. Ich muß bei vier Meter Breite große Mengen Sand und Ofenschlacke heranfahren.
Es sind arbeitsreiche Tage. Der Erfolg in medizinischen Zahlen: Mein Blutdruck, in den letzten Jahren 110, ist auf 130/75 gestiegen, während meine beiden sitzenden oder promenierenden Mitgefangenen nur auf 100/65 kommen. Zwar beschäftigen sich Schirach und Heß neuerdings wieder im Garten, aber nur wenn die Anwesenheit des russischen Direktors droht. Ihre Gartenfläche macht allerdings nur ein Dreißigstel meines Anteils aus. Zur Zeit planieren sie dort eine kleine Rasenfläche. Heute vormittag behauptete Schirach, ein neues Nivelliergerät erfunden zu haben. Wir folgten gespannt seinem Beginnen, als er durch Ausspreizen von drei zusammengebundenen Tomatenstöcken ein dreibeiniges Stativ errichtete: »So! Die Schnur etwas kürzer und unten ein Stein angebunden!« Wir folgten aufmerksam. »Was nun?«, fragte Heß mit gerunzelter Stirn. »Nun«, sagte Schirach stolz zu uns, »jetzt bringe ich den Stein zum Pendeln.« Wir sahen ihn verblüfft an, und Heß murmelte ein ermutigendes: »Aha! So ist das!« Erst wackelte er, dann nickte er geradezu eifrig mit dem Kopf. Schirach fuhr fort: »Ja, und dadurch stelle ich dann die Horizontale fest, und schon kann ich nivellieren. Ganz einfach!«
Bald danach blieben sie auf ihrem Spaziergang mit herablassenden Mienen bei mir stehen. »Was ist los? Was habt ihr zu reden?«, fragte ich Heß. Heß druckste etwas herum, dann rückte er mit der Sprache heraus: »Schirach meinte soeben, daß Gar-

tenarbeit in Nervenheilanstalten meist den Schwachsinnigen verordnet wird...«

10. Juli 1960

Heß kam heute morgen stacksend auf mich zu. Offensichtlich wollte er mir eine wichtige Mitteilung machen: »Heute ist Sonntag. Ich habe mich soeben entschlossen, in Zukunft jeden Sonntag eine halbe Stunde mit Ihnen unterhaltend zu verbringen.«[1])

Also gehen wir zusammen! Sein Lauftempo ist atemberaubend, es scheint ihm Vergnügen zu bereiten, seine Leistungsfähigkeit zu demonstrieren. Es freut ihn, als ich außer Atem komme. »Dabei sind Sie doch rund zehn Jahre jünger, Herr Speer!«, sagt er befriedigt.

12. Juli 1960

In den vergangenen Monaten habe ich an einem Essay über »Hitler als Feldherr« geschrieben. Aber schließlich hatte ich das Gefühl, ins Leere zu arbeiten. Ich verliere mehr und mehr die Lust, das Gewesene festzuhalten. Auch merke ich zu meiner Überraschung, daß es mich eigentlich überhaupt nicht mehr interessiert, ob Hitler oder seine Marschälle oder wer sonst für Fehlentscheidungen verantwortlich waren.

4. August 1960

Anhaltende Gleichgültigkeit. Schlachten und Blumenbeete – beides ist mir unwichtig geworden.

18. August 1960

Große Aufregung im Gefängnis. Heute war zum ersten Mal die Russin, die vor einiger Zeit nach Spandau kam, im Zellenblock. Sie steht im Rang eines Kapitäns und ist für die Zensur verantwortlich. »Auf keinen Fall darf sie erfahren«, meinte Schirach heute, »daß wir sie häßlich finden.« Dabei kann ich seinem Urteil gar nicht zustimmen, denn sie sieht reizvoll aus. Heß und ich nennen sie »die hübsche Margret«. Wir vermuten, daß sie unseren russischen Direktor zur scharfen Einhaltung

---

1 Diese Abmachung wurde über sechs Jahre bis zum Ende meiner Gefangenschaft durchgehalten.

des seit längerem nur leger gehandhabten Reglements anhält. Schon vor Wochen hatten die Direktoren die Vorführung von Mozarts *Don Giovanni* genehmigt. Aber als es so weit war, kam die hübsche Margret hinzu und protestierte: »Das ist eine Liebesoper, und alles, was mit Liebe zu tun hat, ist den Gefangenen nicht gestattet!« Die Gefängnisverwaltung schickte als Ersatz die Neunte Sinfonie von Beethoven. Mir war jedoch die Freude, jener schöne Götterfunken, verdorben.

20. August 1960

Die wöchentliche Konferenz der Direktoren, die sonst routinemäßig nur wenige Minuten dauert, zog sich gestern über Stunden hin. Jetzt ist die Auseinandersetzung abgeschlossen. Der amerikanische Direktor hat mir heute mitgeteilt, daß »apparently« Opern wegen »some technical difficulties« nicht gespielt werden könnten. Auf meine erstaunte Miene hin erläuterte er etwas zusammenhanglos, daß die Musik in Opern ja eine sekundäre Sache sei. Im Vordergrund stehe doch immer die Handlung, und unglücklicherweise habe die meist mit Themen zu tun, die – da war das Wort wieder! – »apparently« zu unserer Beunruhigung beitrügen.

21. August 1960

Pedantisch, wie ich bin, errechnete ich heute, wieviel Schallplattenmusik wir besitzen: Beethoven steht an der Spitze mit zweihundertneunzig Minuten, es folgt Mozart mit hundertneunzig, Schubert mit hundertfünfzig, Bach mit hundertzehn Minuten. Tschaikowski behauptet immerhin neunzig Minuten, Haydn dagegen nur fünfzig, es folgen Chopin und Verdi mit vierzig, Händel, Schumann und Prokofieff mit dreißig Minuten, Reger, Bruch und Strawinski bringen es auf fünfundzwanzig, während weit abgeschlagen, im hinteren Felde, Brahms, Hugo Wolf, Richard Strauss und Frank Martin mit lediglich kleinen Kompositionen enden. Rechnet man es zusammen, dann sind das zwanzig Stunden. Drei Stunden monatlich dürfen wir jetzt hören, benötigen infolgedessen sieben Monate, um unseren Vorrat durchzuspielen.

22. August 1960
Neue Absage Globkes. In einem Brief teilt er mit, daß der amerikanische Botschafter zwar Verständnis für den Wunsch der Bundesregierung gezeigt habe, in meiner Angelegenheit vorwärts zu kommen, doch halte er den Zeitpunkt für denkbar ungeeignet. Der Fall Eichmann habe die Aufmerksamkeit der Weltöffentlichkeit im Augenblick allzusehr auf die Untaten des Dritten Reiches gelenkt. In der Tat kommt mir das Verlangen nach Entlassung nahezu absurd vor.

24. August 1960
Wenn ich es bedenke, bezeichnet Eichmann genau das Problem. Oft war ich in den letzten Jahren, zumal wenn Raeder oder Dönitz langatmig über das Unrecht ihrer Verurteilung klagten, an Napoleon erinnert, der mit seinem unersättlichen Machthunger Europa ebenfalls ein Blutbad bereitet hatte und doch zwanzig Jahre nach seinem Tode der Heros einer Nation war. Würde es Hitler wohl ähnlich ergehen? So frage ich mich dann. Die Unrechtsakte bei der Eroberung und Festigung seiner Macht, die Morde an Röhm und anderen, der Bruch so vieler Verträge, der Krieg und sogar der Wille zur Unterwerfung Europas – all das lag in der Tradition der europäischen Geschichte; Machtwille und moralische Skrupellosigkeit können keinen in den Verhältnissen dieses Erdteils wirklich Bewanderten überraschen. Sogar noch der Antisemitismus des Regimes war nichts Ungewöhnliches, die Regierungen in Petersburg oder Wien lieferten während des ganzen 19. Jahrhunderts Belege dafür, und in Paris hat die Affäre Dreyfus gezeigt, daß es selbst in Westeuropa so etwas wie einen »offiziellen« Antisemitismus gab. Mit all dem brach Hitler nicht aus der Tradition aus.

Womit er wirklich ausbrach, war die Radikalität, mit der er seinen verrückten Judenhaß ernst nahm und zu einer Sache auf Leben und Tod machte. Ich habe, wie wir nahezu alle, den Antisemitismus Hitlers für ein etwas vulgäres Beiwerk, ein Relikt aus Wiener Tagen gehalten, und Gott mochte wissen, weshalb er davon nicht loskam. Die antisemitischen Parolen schienen mir darüber hinaus auch taktisches Mittel zur Aufpeitschung

von Masseninstinkten, aber für wirklich wichtig, beispielsweise gemessen an den Eroberungsplänen oder selbst an unseren monumentalen Neubauprojekten, hielt ich sie nie.
Dabei war der Judenhaß der Motor und Zentralpunkt Hitlers; ja mitunter kommt es mir heute sogar so vor, als sei alles andere nur Verbrämung dieses eigentlichen bewegenden Elements gewesen.Der Gedanke dämmerte mir erstmals, als ich in Nürnberg die Filme von den Vernichtungsstätten sah und die Dokumente kennenlernte; als ich erfuhr, daß Hitler sogar bereit war, seine Eroberungspläne aufs Spiel zu setzen jener Ausrottungsmanie wegen.
Nachgrübelnd in Spandau habe ich erst allmählich vollends begriffen, daß ich nicht einem wohlmeinenden Massentribunen, nicht dem Neubegründer deutscher Größe und auch nicht dem gescheiterten Eroberer eines europäischen Großreiches gedient habe, sondern einem krankhaften Hasser. Das Volk, das ihn liebte, die deutsche Größe, die er im Munde führte, das Reich, dessen Vision er beschwor – das alles bedeutete ihm im letzten nichts. Ich erinnere mich noch der Bestürzung, mit der ich den Schlußsatz seines Testaments las, der uns alle inmitten eines apokalyptischen Untergangs auf einen erbärmlichen Judenhaß festlegen wollte.
Alles kann ich mir vielleicht verzeihen: Sein Architekt gewesen zu sein, das läßt sich vertreten; daß ich als sein Rüstungsminister tätig war, dafür könnte ich mich rechtfertigen. Es ist auch eine Position denkbar, von der aus sich die Beschäftigung von Millionen von Kriegsgefangenen oder Zwangsarbeitern in der Industrie verteidigen läßt, auch wenn es nie meine Position gewesen ist. Aber schlechterdings ohne Schutz stehe ich da, wenn ein Name wie der von Eichmann fällt. Niemals werde ich darüber hinwegkommen, an führender Stelle einem Regime gedient zu haben, dessen eigentliche Energie auf die Menschenausrottung gerichtet war.
Wie das einem klarmachen? Ich spreche nicht von Schirach und Heß. Aber wie könnte ich es meiner Frau erklären? Wie meiner Tochter Hilde, die mit dem ganzen Feuer ihrer zwanzig Jahre

Briefe und Appelle verfaßt, Sympathien zu mobilisieren versucht, Reisen unternimmt und interveniert, um den Vater freizubekommen? Werden sie je verstehen können, daß man hier heraus will und doch einen Sinn darin sieht, hier zu sein?

26. August 1960
Nachdem vor einiger Zeit ein Brite mit einem schweren Leberleiden im Krankenhaus verschwand und von dort in eine Heilanstalt kam, ist nun auch der liebenswürdige Terray zusammengebrochen. Er hat ebenfalls ein schweres Leberleiden. Beide hatten die Aufgabe, während des englischen oder französischen Monats die Messe für die Wärter und Direktoren zu leiten sowie die Spirituosen zu verwalten. Viele Aufseher haben gesundheitliche Schäden erlitten. Einer ist schwerer Diabetiker, ein anderer leidet unter Zirkulationsstörungen, zwei sind durch Bluthochdruck gefährdet, die meisten von Fettsucht befallen. Mehrere starben schon. Die Ursachen: Zu bequemes Leben, billiger Alkohol, steuerfreie Zigaretten, zu gutes, zu schweres Essen. Wir Gefangenen sind demgegenüber vergleichsweise gesund, die meisten unserer Krankheiten haben vermutlich psychische Ursachen. *15. September 1960*
Als der sowjetische Direktor unlängst in den Garten kam, sah er das gewohnte Spandauer Idyll: Schirach und Heß saßen bei Sommerglut im Schatten eines Nußbaumes, Pease mähte den Rasen. Während der Brite sich verlegen seinen Dienstrock anzog, forderte der Russe die beiden anderen auf, an die Arbeit zu gehen. Obwohl die Regel besagt, daß unsere dicken Cordjacken nicht abgelegt werden dürften, stand ich in Hemd und Hose vor dem Direktor. Er drehte sich aber taktvoll ab, bis ich die Jacke angezogen hatte; dann erst erwiderte er freundlich meinen Gruß; sowie der Direktor aber verschwunden war, machte sich der Brite wieder ans Mähen, ich legte die Jacke beiseite, Schirach und Heß setzten die gestörte Unterhaltung unter dem Nußbaum fort. Mir fiel die, wenn auch anders gemeinte Bemerkung ein, die der amerikanische Stadtkommandant neulich nach seiner Besichtigung gemacht hatte: »Spandau, das ist eine große Farce!«

Das fünfzehnte Jahr

1. Oktober 1960
Nach dem heutigen Gottesdienst saß Heß auf seiner Bank im Garten und las in der Zeitung. Als ich ihn fragte, was er so eifrig studiere, antwortete er: »Die Kirchenzeitung! Aber behalten Sie das für sich!« Kurz darauf trat auch Schirach hinzu und, angeregt durch seine Lektüre, fragte Heß, ob wir eigentlich die Zehn Gebote aufsagen könnten. Ich brachte es auf fünf, Schirach kam mit Mühe auf acht; nur Heß sagte alle zehn fließend her. Soweit ich mich erinnere, war es das erste Mal in all den dreizehn Jahren, daß wir drei auf einer Bank zusammensaßen.

22. Oktober 1960
Die *Welt* hat unlängst eine Notiz gebracht, wonach ein zweites Buch von Hitler aufgefunden worden sei, es werde demnächst veröffentlicht. Schirach lachte höhnisch und meinte, auf diesen Schwindel sei man ja wirklich etwas spät gekommen. Auch Heß bestritt, daß es eine Art Fortsetzung zu *Mein Kampf* gäbe, als Sekretär Hitlers müsse er das schließlich wissen. Ich selber erinnerte mich aber, wie Hitler beim Neubau des Berghofs das Geld ausgegangen war und er sich daraufhin vom Verlag auf ein vorliegendes Manuskript, das er aus außenpolitischen Gründen noch nicht veröffentlicht sehen wollte, einige hunderttausend Mark Vorschuß hatte geben lassen. Heß blieb bei seinem Widerspruch. Allenfalls, so räumte er schließlich ein, könne es sich um eine längere Denkschrift handeln, vielleicht anläßlich der Vorbereitung der Harzburger Front. Schirach wies

auch das zurück. Um unsere seltene Harmonie nicht zu stören, brachen wir das Thema ab.

30. November 1960

Der Besuch Alberts gab mir Auftrieb: Mit einem Händedruck gratulierte ich ihm zum Diplomingenieur, denn niemand saß dabei und wachte über das Reglement. Gewohnt, ständig beobachtet zu werden, wußte ich nicht mehr, wie es ist, sich ungezwungen zu unterhalten.

Wie ich hinterher hörte, wurde Albert ohne die Unterschrift des sowjetischen Direktors auf dem Passierschein vorgelassen. Als er das Gebäude verließ, begegnete er ihm. »Was ist mit dem da? Wartet er?« fragte der Russe den amerikanischen Aufseher. »Nein, der Besuch ist gerade beendet.« Der Oberst soll ein verblüfftes Gesicht gemacht haben und wortlos abgegangen sein.

6. Dezember 1960

Der deutsche Botschafter in Moskau, Kroll, hat Hilde offen gesagt, daß er kaum eine Aussicht für meine vorzeitige Entlassung sehe.

12. Dezember 1960

Heute kam von sowjetischer Seite ein formeller Protest gegen die Verletzung der Regel, wonach alle vier Direktoren den Passierschein zu unterzeichnen haben. Die sowjetische Zensorin Margret findet meine Schrift unleserlich; sie verlangt, daß ich meinen letzten Brief noch einmal abschreibe.

25. Dezember 1960

Wie ein Wärter erzählt, haben gestern, am Heiligabend, drei Männer am Gefängnistor Päckchen für uns abgegeben, die wir natürlich nicht erhalten werden. Dann hätten sie ein Tonbandgerät aufgestellt, doch bevor sie es in Betrieb genommen hätten, seien sie in das Wachlokal gebracht, ihre Personalien festgestellt und das Gerät beschlagnahmt worden. Das Tonband habe mit dem »Gefangenenchor« aus Verdis *Nabucco* begonnen, dann Weihnachtslieder gebracht und mit einer nationalistischen Ansprache an die drei Gefangenen geendet. Der Wachhabende habe die drei jungen Leute schließlich laufen lassen.

Pease brachte Heß und mir die Weihnachtsgeschenke der Familie. Nur Schirach ging leer aus. Im November hatte er in einer Aufwallung von Trotz nach Hause geschrieben, daß er dieses Jahr keine Geschenke haben wolle. Nun ist er, wie er zugibt, verblüfft, daß seine Kinder sich daran gehalten haben.

Keine Weihnachtsgrüße von Dönitz, dem einzigen Überlebenden der bisher Entlassenen. Denn nachdem Funk Ende Mai verstarb, ist vor sechs Wochen auch Raeder, unbeachtet von der Welt wie von uns, gestorben.

1. Januar 1961

Für zwölf Uhr nachts hatte ich mir gestern abend mein Trinkgefäß mit Pommard füllen lassen. Unter Glockengeläut, Böllerschüssen und hochgehenden Raketen trank ich jedem der Familie und den Freunden einzeln zu. Dann stieg ich auf das Bett, stützte meine Ellenbogen auf das Fensterbrett und betrachtete das Feuerwerk über der Stadt: ohne Schmerz, eher neugierig, was die Außenwelt treibt.

Noch nie habe ich den kritischen November, die Festtage und den Beginn des neuen Jahres so unberührt überwunden.

2. März 1961

Manchmal saß ich in den zwei letzten Monaten vor dem Papier, schrieb einige Sätze. Aber die Sinnlosigkeit all dieser Notizen durch fünfzehn Jahre lähmte mich. Ich brach dann ab und verbrannte das Geschriebene.

6. März 1961

Neuer russischer Direktor, etwa fünfunddreißig Jahre alt, aber schon Oberstleutnant. Er war Schullehrer, spricht fließend deutsch und ist zu Schirach und mir betont zuvorkommend. Er ist schon seit einigen Wochen hier. Das ganze Ausmaß meiner Verdrossenheit, die Unlust zu schreiben, wird daran deutlich, daß ich nicht einmal bereit war, das bloße Faktum dieses Wechsels zu vermerken.

12. März 1961

Vor einer Stunde Besuch meiner Frau. Nun nahmen wieder drei Aufsichtspersonen im Besuchszimmer Platz. Auf meinem neuen tiefbraunen Cordanzug habe ich die Wirkung der auf beiden

Knien weißleuchtenden »5« durch leichtes Auftragen von brauner Schuhcreme gemildert.

17. März 1961

Immer wieder lese ich in den Zeitungen von den »goldenen« zwanziger Jahren, dies scheint eines der Modethemen dieser Tage zu sein. Dabei ist meine Erinnerung ganz anders. Ich fand jene Jahre überdreht, exzentrisch, ausschweifend und auch verrückt, aber »golden« wäre das letzte Adjektiv, auf das ich käme, wenn ich danach gefragt würde. Das mag damit zu tun haben, daß ich einerseits Student und dann eine Art arbeitsloser Architekt war, andererseits aber hängt es wohl damit zusammen, daß jene Welt, wo das Gold dieser Jahre besonders glänzte, mir relativ fremd war. Ich ging nicht in die Ausstellungen der Avantgarde, nicht in die Mitternachtsrevuen und spektakulären Premieren, auch hatte ich kein besonderes Organ für die ätzende Brillanz des hauptstädtischen Journalismus – überhaupt war mir der vife, clevere, zynische Witz der Epoche zutiefst fremd, ich empfand mich als verspätet. Aber ich sah darin keine Schwäche – im Gegenteil, mein ganzes Selbstbewußtsein kam aus dem Gefühl, einer anderen Zeit verwandt zu sein. Nicht daß ich Abneigung oder Ressentiments gegen jene andere Welt gehabt hätte, zur Aversion kam es gar nicht, so fremd war sie mir. Sicherlich war mir ihre Modernität bewußt, und ich glaube, daß ich sogar damals ein Gefühl dafür hatte, daß der Geist der Epoche mit ihnen war. Aber folgte daraus notwendig, daß meine Position illegitim war? Hat der Nachzügler, der Erbe, keinen Anspruch auf Zeitgenossenschaft? Und was rechtfertigt ihn?

28. März 1961

Ein eiliger Brief Hildes erreichte mich heute. Vor sechs Tagen war sie mit Frau Kempf, meiner Sekretärin, in der amerikanischen Botschaft eingeladen, wo George Ball sie erwartete. Ball hat erklärt, er wolle mit Nitze und McCloy sowie mit Bohlen besprechen, was zu tun sei. Er habe sich bereits die Zustimmung der Briten besorgt, die der Franzosen wolle er bei seinen anschließenden Besprechungen in Paris einholen. Notfalls werde

er auch den amerikanischen Präsidenten auf meinen Fall aufmerksam machen.
Ach ja!

30. März 1961

Noch einmal mein Nachzüglertum. Natürlich sind mir die beiden großen Formen Klassizismus und Romantik, die ich immer liebte und in aller Unbefangenheit als Architekt aufgriff, in zusehends stärkerem Maße zum Problem geworden. Deutlicher als je sehe ich ihre Gefahren – die der Perversion sowie die der epigonalen Verkümmerung. Das Romantische ist am Ende ins pure Ressentiment gegen die Zivilisation, ins Lagerfeuerhafte abgerutscht, das Klassische ins leere, heroische Pathos. Aber ist damit bewiesen, daß sie ihr Recht endgültig verloren haben? Vergegenwärtige ich mir heute die eigenen Entwürfe, so erkenne ich, daß auch ich beiden Gefahren nicht entgangen bin. Ich fühle die Anstrengung, deren es bedurfte, an der großen Form festzuhalten; der forcierte Charakter dieses Anknüpfens an ehrwürdige Traditionen ist ja nicht zu übersehen. Aber ich habe immer eine Vorliebe für Renaissancen gehabt, und meine Sympathie für das Wiederaufnehmen, das Neugründen des scheinbar Abgetanen war so stark, daß ich bei meiner Italienreise, die ich im Kreis einiger Freunde unternahm, von der hohenstaufischen Renaissance in Apulien und Sizilien über die florentinische Renaissance bis zu Palladios Entdeckung der Antike nicht dem Frühen und Ursprünglichen, sondern dem Späten und Erinnerungsgesättigten nachreiste. Der Führer-Palast, dessen erste Vorstellung auf dieser Reise entstand, wollte pompejanische Architektur mit dem Voluminösen des Palazzo Pitti verbinden. Das Eklektizistische, das unseren Bauten, wie ich immer wieder lese, heute vorgeworfen wird, war mir auch damals durchaus bewußt. Aber das widerlegt doch nichts. Nach wie vor scheint mir Schinkel recht zu haben mit seinem freizügigen Heranholen von Antikem, Gotischem und Byzantinischem. Auch aus der Verbindung verschiedener historischer Elemente kann ein unverwechselbarer, eigener Stil entstehen.
Wenn man mich fragte, warum ich auf dieses Formenreservoir

zurückgriff, so wüßte ich keine zureichende Antwort. Man kann und muß auch nicht eine Liebe begründen. Aber im Rückblick, aus historischer Perspektive wird es wohl so sein, daß dies alles ein letzter Versuch war, den Stil gegenüber der industriellen Form zu verteidigen. Die Übertreibungen, sein megalomaner Charakter, bringen zum Vorschein, wie vergeblich und zum Scheitern verurteilt dieses Bemühen war.

Aus ähnlichen Gründen galt unsere Liebe der Plastik. Mein Ehrgeiz war, der Skulptur, die so lange in die Säle der Museen und die Häuser der Sammler verbannt gewesen war, wieder zu ihrem Recht auf den Plätzen und Alleen der Städte zu verhelfen. Es überrascht mich manchmal, daß heute in diesen Läufern, Bogenschützen und Fackelträgern nur die martialische Geste gesehen wird. Uns kam es damals so vor, als holten wir die menschliche Figur zurück in die Städte, die unter dem Ansturm des Technischen ihren Charakter zu verlieren drohten. Deshalb der Figurenbrunnen auf meinem großen »Runden Platz«, deshalb die Skulpturenallee im Park gewordenen Grunewald.

Auch da bevorzugte ich klassizistische Formen. Zu der Malerei, die Hitlers Berater, Heinrich Hoffmann, alljährlich im Haus der Deutschen Kunst zusammentrug, hatte ich eher das Verhältnis amüsierten Wohlwollens. Nie wäre ich auf die Idee gekommen, mir einen Ziegler, einen Padua für das eigene Haus zu kaufen; das Genrehafte dieses süddeutschen Akademismus war mir denkbar fern und eher peinlich. Den neuen Arbeiten der Bildhauer dagegen, von denen ich vielen auch persönlich nahestand, galt mein größtes Interesse. Ich erinnere mich noch, wie oft ich beim gemeinsamen Rundgang mit Hitler durch das Haus der Deutschen Kunst vor einem neuen Breker, Klimsch oder Thorak stehenblieb. Es war mir sogar, ohne zu großes Bemühen, gelungen, Georg Kolbe und Richard Scheibe zu rehabilitieren, die nach der Machtübernahme beide in Ungnade gefallen waren – Scheibe, weil er bekanntermaßen ein Liberaler war und zudem in der Frankfurter Paulskirche die Figur zum Andenken an Friedrich Ebert geschaffen hatte; Kolbe, weil er der Schöpfer

des Heinrich-Heine-Denkmals in Düsseldorf und des Rathenau-Mahnmals war, die beide nach 1933 von der SA zerschlagen worden waren.
Wenn ich heute die Kulturseiten der Zeitungen lese, sehe ich, daß alle diese Bemühungen tatsächlich vergeblich waren. Aber täusche ich mich wirklich, wenn ich mitunter glaube, daß sie nicht um ihrer selbst willen, auch nicht ihrer Unzeitgemäßheit wegen verurteilt werden? Die Untaten des Regimes werden den Künstlern angelastet, die es protegierte. Im Verdikt über meine Bauten, über die Skulpturen von Breker und Klimsch oder die Bilder von Peiner ist immer auch das Verdikt über Hitler enthalten. Es ist falsch und ungerecht; aber ich verstehe es.

3. April 1961

Seit Monaten wächst, nur einige zwanzig Meter von uns entfernt, jenseits der Nordmauer ein Neubau hoch. Folglich dürfen wir wieder nur an den Samstagen und Sonntagen oder werktags nach Feierabend in den Garten. Es soll verhindert werden, daß die Arbeiter unser Leben beobachten und darüber an Reporter berichten. Heute erstmals im Frühdunkel im Garten. Ich konnte die Venus sehen!

4. April 1961

Die Vorsichtsmaßnahmen waren nutzlos, denn im *Daily Express* sind gut gelungene Photos veröffentlicht, die vom Baugerüst aus aufgenommen wurden. Eine strenge Verfügung der Direktoren untersagt den Wärtern, uns die Aufnahmen zu zeigen – mit dem Erfolg, daß sich die Zahl der Informanten von elf auf sechs reduziert.
In den wenigen Gartenstunden, die verbleiben, versuche ich, meine Beete in Ordnung zu halten. Der amerikanische Direktor beanstandete heute, daß ich länger als eine Stunde im Freien war: »Today is Sunday schedule.« Trotz des schönen Wetters muß ich in die Zelle zurück. Dies ist die Realität, nicht die Fürsprache von Ministern und Staatssekretären ...

29. Mai 1961

In einigen Wochen angestrengter Arbeit habe ich den Garten wieder in Ordnung gebracht. Wofür?

30. Mai 1961
Oft setze ich mich in die Nähe des wilden Rosenbuschs, der im Laufe der Jahre viele Quadratmeter groß wurde. Darin ist eine Art Nische, in der sich heute unser neuer russischer Wärter Scharkow auf einem Schemel niedergelassen hat. Versunken liest er, ohne auf uns zu achten, Gogols *Tote Seelen*. »Ein Idyll«, meinte ich zu ihm. »Ah! Russisch Idyllia. Ja, Idyllia«, antwortete er versonnen.

10. Juni 1961
Meine Frau hat mir vor Tagen eine neue Unterhose geschickt. Der russische Direktor Nadysew sagte streng: »Das geht nicht so einfach! Das muß in der Direktorenkonferenz entschieden werden!« Heute teilte mir endlich der französische Direktor Joire mit: »Ihre zerlöcherte alte und die neue Unterhose lagen als Beweisstücke auf dem Konferenztisch. Es ist entschieden, daß Sie die neue bekommen können.« Ich deutete militärische Haltung an.

14. Juni 1961
Ganz mitgenommen. Vorhin sortierte ich die zahlreichen schwarzen Briefe an die Familie und vermißte dabei den an Hans, den Verlobten von Margret. Ich sortierte ein zweites Mal, dann ein drittes Mal; ohne Erfolg. Unruhig suchte ich alle Taschen durch, entfaltete die Taschentücher, nichts zu finden. Nervös durchfuhr mich der Gedanke, ob ich den Brief vielleicht im Garten verloren hätte. Ich stellte mir vor, daß man ihn finden und den Direktoren vorlegen würde. Ich suchte zwischen den Matratzen, weil ich dort manchmal Kassiber ablege, schüttelte dann die Decken aus. Immer noch nichts. Vielleicht im Kunstbuch zwischen den Seiten? Ich blätterte es aufgeregt durch, nichts fiel heraus. Meine Angst wuchs. Noch einmal sortierte ich die Zettel, suchte alles durch. Vielleicht war der Bogen unter das Bett gefallen? Oder hinter die Heizrohre? Nichts zu finden. Ich nahm die Matratze vom Bett, suchte in der Unterwäsche, die am Wandschrank hängt, ging erneut das Buch durch, schüttelte wie in Panik die Decken zum dritten Mal und saß schließlich klopfenden Herzens auf den zusammengeworfenen Einzel-

teilen von Bett und Bekleidung. Erschöpft und verzweifelt, wie ich war, kamen mir die Tränen. Ich warf mich aufs Bett – und sah den Brief neben dem Hocker liegen.
In Abständen von vielleicht fünf oder sechs Monaten überfällt mich solche grundlose Panik. Ich weiß nach solchen Anfällen, wie es zugehen muß, wenn jemand in Irrsinn verfällt.
Morgen beginne ich daher eine meiner dreiwöchigen Schlafkuren. Der Vorgang zeigt, daß ich mit meinen Nerven am Ende bin.

1. Juli 1961

Nach Ablauf meiner Ferien fühle ich mich wieder wohler. Ich habe Romain Rollands *Michelangelo* gelesen, ein Buch, das mich mit achtzehn Jahren begeistert hatte. Ferner einen Band über die deutsche Malerei des neunzehnten Jahrhunderts mit guten Reproduktionen; Wiederbegegnung mit einigen meiner Lieblingsmaler wie Joseph Anton Koch, Philipp Otto Runge, Marées, Feuerbach und Kobell.

3. Juli 1961

Mein »Projekt 1961«, der zweite versenkte Steingarten, macht Fortschritte. Ich habe eine Grube von zehn Metern Länge und sechs Metern Breite eineinhalb Meter tief ausgehoben und Muttererde angefahren. Etwa zweitausend Backsteine, die ich für die Blumenterrasse des Steingartens brauche, gewinne ich aus den Trümmern eines kleinen Nebengebäudes, das gerade abgerissen wurde. Auf einem Hocker sitzend, schlug ich wie eine Trümmerfrau den Mörtel von den Backsteinen.

5. Juli 1961

Ein Igel muß das Gefängnistor, die einzige Öffnung zur Außenwelt, durchquert haben. Er läßt mich nahe herankommen. Die Wildkaninchen wurden vor Wochen von einer Seuche befallen; die Blumen sind gerettet.

19. Juli 1961

Neuer Anstrich der Gefängnisräume. Selbst die Totenhalle im Kellergeschoß wurde renoviert.

20. Juli 1961

Noch dreitausenddreihundert Kilometer bis zur Beringstraße und noch vierhundertdreiundvierzig Kilometer bis Ochotsk.

Aber in letzter Zeit bin ich etwas in Rückstand gekommen, im Durchschnitt lege ich nur noch drei Kilometer täglich zurück. Über ein Jahr wandere ich nun schon von Wladiwostok aus nordwärts. Endlose Lärchen- und Fichtenwälder, in den Höhen krummgewachsene Steinbirken. Gras von oft zwei Meter Höhe, das das Vorwärtsgehen erschwert. Polarfüchse, Biber und Robben begegnen mir gelegentlich freundlich; wahrscheinlich haben sie mit den Menschen noch keine Erfahrung gemacht.

22. Juli 1961

Auch die zweite Verlobung in unserer Familie, die Hildes mit einem jungen Germanisten, wird von den Direktoren nicht als Familienbindung im Sinne des Reglements anerkannt. Aber selbstverständlich könne ich eine Woche vor der Hochzeit einen Brief an den neuen Schwiegersohn schreiben, erklärte mir heute, zuständigkeitshalber, die hübsche Margret. Er käme dann noch rechtzeitig zur Hochzeit an.

Noch nie habe ich einen Hochzeitsbrief geschrieben. Ich blätterte Briefsammlungen von Klassikern und Romantikern durch, um Anregungen zu finden, aber ich entdeckte nichts. Als ich dann mit dem Schreiben begann, schrieb ich ohne Stocken, wenn auch mit getrübten Augen.

5. August 1961

Unter einem Decknamen habe ich über meine Coburger Privatkasse meiner Frau einen Strauß roter Rosen und meiner Tochter zur Trauung dreißig hellrote Rosen schicken lassen.

10. August 1961

Der amerikanische Direktor beanstandet das ungeschnittene Gras. Als ich ab Mai wieder regelmäßig im Garten arbeiten durfte, war es für meinen Handmäher bereits zu lang. Mißgelaunt und übelwollend wie immer, besteht er nun darauf, daß ich den Rasen, gleichgültig wie, unverzüglich in Ordnung bringe. Aber ich komme, so sehr ich mich auch mühe, nicht durch. Darauf gibt er Rostlam, der von Gestalt ein Hüne ist, dazu bedeutend jünger, die Order zu beweisen, daß es nur an meinem schlechten Willen liege. Rostlam geriet in Schweiß, machte häufige Pausen, erklärte dann aber seinem Direktor keuchend, daß es möglich sei. Pease meinte nur achselzuckend: »So geht's, wenn ein General einmal gesagt hat, daß der Garten sehr schön sei. Mit Ihrer Mühe haben Sie sich das selbst eingebrockt.«

11. August 1961

Mit Pease bin ich die Eigenschaften aller Wärter durchgegangen; wir waren einer Meinung. Von den sechs Wärtern sind bei den Franzosen vier, bei den Russen und Briten jeweils drei und bei den Amerikanern zwei sympathisch und hilfsbereit.

12. August 1961

Mein Antrag, daß Hilde mit ihrem Mann ein zusätzlicher Besuch genehmigt werde, ist abgelehnt. Das teilte mir mürrisch heute der amerikanische Direktor mit. Ich erinnerte ihn daran, daß in den Regeln für Sonderfälle Extrabesuche vorgesehen seien. Er fühlte sich von meinem Einwand belästigt und meinte abweisend: »No, marriage is no unusual event!« Als ich ironisch beharrte, was denn dann außergewöhnlich sei, murmelte er vor sich hin: »I don't know.«

30. August 1961

Zwei Wochen ohne Eintrag. Die Tage schleppen sich hin. Sehr apathisch.

1. September 1961

Ulf, der neue Schwiegersohn, war gestern hier. Schon nach zwanzig Minuten waren wir miteinander vertraut.
Hilde kam heute. Als erstes fragte sie mich, wie mir Ulf gefallen habe. Zu ihrem Besuch hatte sie ihr schlichtes Hochzeitskleid angezogen.

16. September 1961

Der zweite Steingarten ist fertig. Ein regelmäßiges, fast symmetrisches System von Blumenkästen. Schirach im Vorbeigehen: »Wie die Mauern von Ninive. Oder ein Parteitagsgelände für Gartenzwerge. Kolossal!«

26. September 1961

Seit Tagen wollten die Gerüchte nicht verstummen, daß der russische Direktor zusammen mit seinem amerikanischen Kollegen einen verschärften Arbeitsplan ausarbeite. Heute nun ließ mich

Pease in das Chefwärterzimmer, wo der neue Arbeitsplan aushängt, kommen: Wie das Minutenprogramm eines Staatsbesuches. Für Schirach und Heß ist es unangenehm, weil sie nun arbeiten müssen; für mich, weil sich durch zusätzliche Reinigungsarbeiten im Innern des Gefängnisses die Gartenarbeit künftig von vierundzwanzig auf siebzehn Stunden in der Woche reduziert.

27. September 1961
Schlagartig verstärkt Schirach seine Leiden, während Heß lakonisch erklärte: »Ein Arbeitsplan? Daß ich nicht lache! Die Ärzte haben meine Krankheiten alle bestätigt. Das geht mich überhaupt nichts mehr an.«

30. September 1961
Wir drei beraten und kommen zu dem Ergebnis, daß der amerikanische Direktor vielleicht gerade unseren Widerstand wachrufen will, um ein strengeres Regiment einführen zu können... Nach fünfzehn Jahren!

Das sechzehnte Jahr

28. Oktober 1961
In den vier Wochen nach Erlaß der Arbeitsverordnung hat sich herausgestellt, daß nur die amerikanischen Wärter auf ihre Durchführung drängen. Heute saß Scharkow breit im Wärtersessel und hörte zu, wie Rostlam uns die Prinzipien der Gefängnissauberkeit erklärte. Schließlich fragte Scharkow trocken: »Warum? Kommt heute General?«
Gestern spielte sich ähnliches ab. Der russische Oberst Nadysew stellte sich zu Schirach, der gerade unlustig mit der Harke im Laub herumstocherte, und meinte leutselig: »Ein bißchen Arbeit? Ja?« Zehn Minuten später wurde Schirach von Kargin aufgefordert, doch endlich mal spazieren zu gehen. Mich fragte Kargin kurz danach verwundert, warum ich so eifrig arbeite: »Zu viel, zu viel! Deutsche immer arbeiten. Ich sage: zu viel!« Der Amerikaner war sichtlich verärgert.
Da auch die Engländer und Franzosen den neuen Plan ignorieren, bleiben wir während der festgelegten Reinigungszeiten unbelästigt in unseren Zellen sitzen. Nur wenn ein Amerikaner im Dienst ist, wird gesäubert.

30. Oktober 1961
Eben, vor dem Schlafengehen, sagte Heß mit etwas übertreibender Höflichkeit: »Gute Nacht, Gospodin Scharkow.« Der Russe lachte. Ich sagte darauf zu Heß: »Gute Nacht, Gospodin Heß.« Der Russe lachte noch lauter: »Guter Spaß! Gospodin Heß immer viel Spaß!«

1. November 1961
Heute lösten die sowjetischen Soldaten die französischen ab. Begleitet von einem großen Stab von Offizieren, nahm der sowjetische Kommandant von Ost-Berlin, Solowjew, am Zeremoniell teil. Umgeben von seinen Beratern, fand sich auch der französische Stadtkommandant ein. Anschließend speisten sie, trotz oder vielleicht gerade wegen der Spannungen, die durch den Bau der Mauer entstanden sind, in der Offiziersmesse des Gefängnisses.

2. November 1961
Unser sowjetischer Direktor Andrysew wurde von uns auf einem Foto erkannt, wie er am »Checkpoint Charly« Verhandlungen mit amerikanischen Offizieren führte, während beiderseits aufgefahrene Panzer die Zuspitzung der Situation deutlich machten. Aus der Unterschrift des Bildes geht hervor, daß er eigentlich Chef der Militärpolizei von Ost-Berlin ist. Den wechselseitigen Erklärungen zufolge stehen wir fast vor einem Krieg; in der Gefängnismesse aber treffen sich die Kontrahenten alle paar Tage und prosten sich zu.

4. November 1961
Unsere russischen Wärter sind ängstlich. Kargin unterbrach mich heute: »Wenn Krieg, alles kaputt! Frau kaputt, Kinder kaputt, Häuser kaputt, Kargin kaputt!« Schadenfroh fuhr er fort: »Auch Kennedy kaputt, Chruschtschow kaputt! Ha, ha, ha!«, lachte er. Ich lachte mit. Plötzlich ernst werdend, fragte er: »Warum Sie lachen?« Ich sagte: »Auch Gefängnis kaputt!«

12. November 1961
Heute Besuch meiner Frau. Margret, die sowjetische Zensorin, war nicht erschienen, und Sadot, der wachhabende Franzose, entfernte sich diskret aus dem Besuchszimmer. Zum ersten Mal war ich mit meiner Frau allein. Nach über sechzehn Jahren. Die Trennung dauert jetzt fast genauso lang wie die Zeit unserer Ehe. Wir waren beide so ratlos und so verblüfft, daß ich automatisch alle Regeln befolgte. Ich hätte ihre Hand halten, sie umarmen können. Ich tat es nicht.

Sadot hat mehr als seine Stellung riskiert. Es hätte nur zufällig ein Direktor vorbeikommen müssen.

13. November 1961

Heute erzählte mir Schirach, er habe gestern seiner Tochter gesagt, daß keiner seiner Söhne in der NATO dienen dürfe. Deutschland müsse schnellstens aus der NATO austreten. Seine Söhne sollten auch Russisch lernen. »Das habe ich«, schloß Schirach mit vielsagender Miene, »in Gegenwart der hübschen Margret, wie Sie sie nennen, gesagt.« Die habe gelächelt und der Tochter genehmigt, ihrem Vater einige Maiglöckchen zu überreichen; aber Long, der anwesende Brite, habe das verboten. Verkehrte Welt!

27. November 1961

Oberst Solowjew, der, wie die Zeitungen schreiben, grundsätzlich nicht die Westsektoren betreten kann, war heute in Spandau. Vor drei Wochen hatte ich in einem Gesuch um vermehrte Besuchsmöglichkeiten und die Vorführung von Kulturfilmen gebeten. Solowjew fragte freundlich: »Haben Sie denn schon einmal Filme gehabt?« Nadysew verneinte an meiner Stelle. Hinterher ließ er mir ausrichten, kein anderer als er habe den Oberst auf mein Gesuch aufmerksam gemacht. Schirach bemerkte zu dem Oberst: »Ich bin mit der Behandlung, insbesondere von seiten der Sowjetunion, durchaus zufrieden und habe keine Wünsche.«

18. Dezember 1961

Vor einigen Tagen war Albert zu Besuch. Nach der Verabschiedung schaltete die sowjetische Zensorin das Licht aus und verließ zusammen mit Pease den Raum. Albert nutzte die Gelegenheit und hielt mir rasch seine Hand hin. In diesem Augenblick öffnete die hübsche Margret wieder die Tür und ertappte uns. Natürlich meldete sie den Vorfall. Der sowjetische Direktor fragte Pease, der jedoch vorgab, nichts gesehen zu haben, da es dunkel gewesen sei. Heute erschien nun der amerikanische Direktor, gefolgt von seinem Dolmetscher: »Sie haben Ihrem Besucher die Hand gegeben. Diese Verletzung der Regeln ist um so schwerwiegender, als Sie die Initiative dazu ergriffen haben, wie mir von Zeugen bestätigt worden ist. Vor vier Jahren bereits wurden Sie wegen des gleichen Delikts schon einmal verwarnt, dieses Mal werden Sie bestraft. Am Sonntag erhalten Sie keinen Brief und dürfen auch keinen nach Hause schreiben. Wenn es noch einmal geschieht, werden Ihnen vier Besuche gestrichen.« Ich antworte erregt: »Eine Bestrafung der Familie verstößt gegen die Regeln.« Aber der Direktor ließ mich einfach stehen.

Am Abend reichte mir Jack die Abschrift eines Briefes herein, den Charles de Gaulle an Kirchenpräsident Niemöller geschickt hat. Es war die Antwort auf dessen Ersuchen, sich besonders für meine Freilassung einzusetzen. Er sei, so führt de Gaulle aus, durchaus bereit, meine Freilassung zu unterstützen, aber alle Versuche seien noch kürzlich bei den Sowjets ohne Gehör geblieben.

21. Dezember 1961

Der neue Arbeitsplan wurde unterdes endgültig aufgegeben. Aber der Versuch des amerikanischen Direktors brachte einen unerwarteten Vorteil: Während in den letzten Jahren vom 1. November bis zum Frühjahr die Gartenarbeit ruhte, ist sie nun wieder im Winter zugelassen. Ich habe mir die Genehmigung geben lassen, die verwahrlosten Nußbäume zu schneiden.

24. Dezember 1961

Heiligabend. Seit Wochen haben wir strenges Winterwetter. Knirschender Schnee, blauer Himmel und Rauhreif. Nachtfröste haben große Kristalle auf der Schneedecke gebildet, die bei der schrägen Wintersonne in rötlich getönten Farben erscheinen. Die Spandauer Mauern sind mit Rauhreif überzogen, der auch über Gesträuch und Gebüsch liegt. Selbst unser Gefängnis sieht durch einen weißen Überzug der Wände und Gesimse märchenhaft aus. Die Baumstämme heben sich tiefschwarz vom schneeigen Hintergrund ab.

Gerade als die Glocken der Stadt zu läuten begannen, löschte ein Kurzschluß der Zentralsicherung für eine Stunde die Lichter des Gebäudes aus. Es war ein ungewohnter Genuß, bei völliger Dunkelheit zu liegen. Mein Weihnachtsgeschenk.

26. Dezember 1961
Die Zensorin hat in meinem Weihnachtsbrief den Satz gestrichen: »Mein Brief vom 17. Dezember fiel leider aus, weil ich Albert die Hand gegeben habe.«

31. Dezember 1961
Letzter Tag des amerikanischen Gefängnisdirektors. Er kommt mit seinem Nachfolger, einem Oberstleutnant, zum Rundgang. Bei Gefangenen wie bei den meisten Wärtern herrscht große Erleichterung.

1. Januar 1962
Fast verschlief ich den Übergang zum neuen Jahr; aber der Donnerschlag einer geballten Ladung im angrenzenden britischen Militärgelände hat mich aufgeweckt.
Vor Jahren, zu Beginn unserer Gefangenschaft, beneideten wir Vierzigjährigen oft die Älteren unter uns, weil es ihnen leichter fiel, die Zumutungen und mancherlei Askesen der Haft zu ertragen. Nun bin ich selber in wenigen Jahren sechzig und spüre, wie ich gleichmütiger werde. So las ich neulich Jules Romains Roman *Le dieu des corps* und hatte angesichts der leidenschaftlichen Szenen den Eindruck, daß sie mich nicht beträfen. Ich betrachte diesen neuen Gleichmut als Gewinn, obwohl ich ihn immer gefürchtet habe. Ich weiß aber auch, wieviel er an Verlust bedeutet.
Am Abend bringt Jack geschmuggelten Hummer mit Mayonnaise und britisches Ale.

2. Januar 1962
Ich dachte heute wieder einmal, wie Hitler nicht nur den Klassizismus, sondern alles, was er berührte, verdorben hat: ein umgekehrter König Midas, der die Dinge nicht in Gold, sondern in Kadaver verwandelte. Nur eine Ausnahme, so bemerke ich mit Erstaunen, gibt es von dieser Regel: Richard Wagner. Der Enthusiasmus für das Werk des Bayreuther Meisters scheint mir so groß wie eh und je, wenn es wohl auch ein anders präsentierter Wagner sein mag, als wir ihn kannten. Diese verblüffende Vitalität hat zuletzt vermutlich doch mit dem schillernden, vielgesichtigen, immer neu und anders adaptier-

baren Charakter dieses Werkes zu tun. Ich erinnere mich an den letzten Besuch mit Hitler in Bayreuth. Der junge Wieland erzählte, daß er sich entschlossen habe, Maler zu werden und nach München zu gehen. Auf eine entsprechende Frage Hitlers hin begann er von jener Kunst zu schwärmen, die damals als »entartet« galt. Hitler nahm dieses Bekenntnis mit kaum verhülltem Unmut hin, und auf der Rückfahrt dann entlud sich im Wagen sein ganzer Zorn, der halb Enttäuschung war über den Jungen, der ihm als Kind auf dem Schoß gesessen hatte, halb Verzweiflung über den Niedergang dieser Familie. Er konnte nicht ahnen, daß hier schon zu seinen Lebzeiten der Grund für eine Wagner-Renaissance gelegt wurde, die heute das Werk – wie ich den Zeitungen entnehme – glanzvoll wiedererstehen läßt.

21. Januar 1962

Wieder viel gelesen. Darunter zum zweiten Mal eines der großen Lese-Erlebnisse meiner jungen Jahre: *Die Buddenbrooks* von Thomas Mann. Der literarische Eindruck ist unverändert groß. Dennoch lese ich den Roman anders als früher. Das Künstlerproblem, das im Christian wie in Hanno angelegt ist, tritt mir heute zurück; wichtiger und ganz und gar in den Vordergrund gerückt ist statt dessen das Dekadenzproblem. Zwar behandelt das Buch die Geschichte vom Erschöpfungsprozeß einer Familie, ihren biologischen Niedergang über drei Generationen. Aber während ich las, wollte mir diesmal scheinen, als könne man die Erzählung auch als Parabel lesen – als Bericht über die Zersetzung der moralischen Lebenskraft des deutschen Bürgertums.

Ich denke an den eigenen Vater; und an dessen Vater. Für sie gab es noch ganz unverbrüchliche Werte. Unzweifelhaft war ihnen, was Recht und Unrecht, Gut und Böse sei. Nicht vorstellbar ist, sich den Vater oder Großvater im Kreise Hitlers und seiner Kamarilla auf dem Obersalzberg an einem der öden Kinoabende zu denken. Wie brüchig mußten alle ästhetischen und moralischen Normen geworden sein, bis Hitler möglich wurde. Ich erinnere mich noch der Reaktion meines Vaters, der als Architekt mit großem Interesse die Pläne für die neue Reichshauptstadt betrachtete. Nach einigem Schweigen sagte er nur: »Ihr seid ja komplett verrückt geworden!« und ging.

28. Januar 1962

Dies schreibe ich als Bekenntnis: Ich glaube an eine Vorsehung Gottes, ich glaube auch an seine Weisheit und Güte, vertraue auf seine Wege, auch wenn sie wie zufällig erscheinen mögen. Der Ablauf der Geschichte ist nicht das Werk der Mächtigen. Die glauben nur zu bewegen und werden bewegt.

2. März 1962

Während des gestrigen Besuchs meiner Frau erschienen der sowjetische und der amerikanische Direktor gemeinsam. Ich erhob mich wie immer zu halber Höhe und wünschte »Guten Tag«. Zwanzig Minuten nachdem ich wieder in die Zelle zurückgebracht war, kam der neue amerikanische Direktor und meinte nicht unfreundlich: »Leider haben Sie nicht korrekt gegrüßt.« Ich sah ihn verständnislos an: »Aber ich bin aufgestanden.« Er schüttelte den Kopf: »Sie wissen, wie ich darüber denke. Aber ich gebe Ihnen den guten Rat: Stehen Sie das nächste Mal auf wie ein Soldat!« Fast etwas verzweifelt erwiderte ich: »Aber ich war nie Soldat.« Er sah mich ein wenig besorgt an: »Sie müssen verstehen, dies ist ein Militärgefängnis.«

4. März 1962

Sadot las mir heute aus dem Tagesjournal vor: »Nummer fünf wird wegen unkorrekten Verhaltens bei einem Besuch bestraft, eine Woche keine Bücher und keine Zeitung zu lesen. Bei Wiederholung wird eine schärfere Strafe verhängt.« Schirach bemerkte hämisch: »Bestimmt hat Ihnen der amerikanische und nicht der russische Direktor diese Strafe besorgt.« Pease dagegen sagte teilnehmend: »Ich verstehe das nicht. Sie haben doch wie immer in den letzten Jahren gegrüßt. Aber das hat wohl mit Schirach zu tun, der mit seiner Mütze immer bis zur Erde geht.«

5. März 1962

Ohne Bücher und ohne Zeitungen. Aber die Wärter kommen einer nach dem anderen zu mir in die Zelle und erzählen mir, was die Zeitungen berichten. Keiner nimmt die Strafe ganz ernst.

6. März 1962

Nach seinem Bericht über das Neueste erzählte mir Scharkow heute von seinen Erfahrungen mit SED-Funktionären: Sie scheinen ihm durch ihre Disziplin und ihre Enthaltsamkeit einen echten Schrecken eingejagt zu haben. »Deutsche unter Hitler unheimlich«, sagte er, »und Deutsche unter Ulbricht auch. Immer alles perfekt. Immer alles ordentlich.« Und dann mit einer überraschenden Wendung zu mir: »Sie mit Ihrem Garten auch.«

9. März 1962

Beziehungen zu Schirach wieder einmal auf dem Nullpunkt. Wir reiben uns ständig aneinander, und ich frage mich seit langem schon, was an ihm mich so irritiert. Es sind gewiß nicht nur die Unterschiede in Temperament und Charakter, auch nicht nur die Meinungsverschiedenheiten über die Vergangenheit, was uns trennt; entscheidender ist wohl, daß er nicht besitzt, was ich einmal die Rückzugslinie nennen möchte, ohne die kein Mensch in sich selbst ruhen kann. Bei mir war und ist es die Architektur, bei Dönitz und Raeder war es das militärische Handwerk, bei Neurath die Herkunft und der diplomatische Beruf. Schirach hat eigentlich nichts. Als Schüler mit fünfzehn oder sechzehn Jahren lernte er Hitler kennen, und wenig später, mit Beginn seines Studiums, stellte er seine Existenz ganz auf Hitler. Er lernte keinen Beruf, hat auch nie einen ausgeübt, er war nur Funktionär.

Manchmal denke ich darüber nach, welche Bedeutung die Literatur, sein Dichten für ihn hatte. Immerhin galt er im Dritten Reich als einer der führenden Lyriker. Aber schreibt er hier überhaupt noch etwas? Ich habe ihn niemals davon reden hören. Dabei macht doch, wie die europäische Literaturgeschichte lehrt, Gefangenschaft produktiv: Wie viele große Werke bis hin zu Dostojewski verdanken der Haft ihre Entstehung! In Schirachs Fall scheint mir aber, daß seine Lyrik nur Dienstleistung war; daß nicht ein künstlerisches Temperament und ein

Formwille dahinterstanden, sondern Verehrungsbedürfnis. Und mit dem einen mußte das andere enden; mit Hitler seine Produktivität.
Wenn ich es recht bedenke, muß es das sein, was zwischen uns steht. Beide verstehen wir uns doch als Künstler. Aber im strengeren Sinn gilt wohl, daß er keiner ist.

10. März 1962

Mit Betroffenheit gelesen, was ich gestern geschrieben habe. Trifft das alles nicht am Ende auch mich? Warum zeichne ich nicht? Der Einwand, daß alle Entwürfe, die ich hier anfertigte, nicht gebaut werden könnten, zieht nicht. Auch Boullée, Ledoux und sogar mein geliebter Gilly arbeiteten häufig nur für den Zeichenblock. Was für ein Werk hätte ich in diesen siebzehn Jahren der Haft schaffen können? Wo ich schon nicht mit Gebäuden in die Architekturgeschichte eingehe, hätte ich mir zumindest mit großgedachten Plänen einen Platz ertrotzen können. Fehlt es auch mir an ursprünglichem Formwillen? An Leidenschaft, etwas aus mir herauszustellen? Hat auch mich nur Hitler produktiv gemacht?

12. März 1962

Die Strafwoche ist vorbei. Die sowjetischen Wärter waren zu Anfang zurückhaltend, zeigten sich aber bald überaus hilfsbereit. Der amerikanische und der britische Direktor statteten mir gemeinsam einen Besuch ab. Selbst Andrysew ist heute, nach Beendigung der Strafe, in der Zelle erschienen. Gerade aß ich, auf dem Bett liegend, ein Stück illegaler Schokolade. »Bleiben Sie liegen, bleiben Sie bitte liegen!«, forderte er mich auf, die Schokolade übersah er einfach. Vor acht Tagen wurde ich bestraft, weil ich nicht aufgestanden bin. Nur Rostlam reagierte bissig: »Es gibt so wenige Regeln in Spandau, die könnten Sie schon befolgen.«
Während der Strafzeit habe ich festgestellt, daß das Lesen von vier Zeitungen eine unnötige Belastung der Nerven und eine Zeitverschwendung darstellt. Den *Kurier* und die *Berliner Zeitung* werde ich abbestellen und mich auf die *Welt* und die *Frankfurter Allgemeine* beschränken.

14. März 1962
Doch noch einmal zu Schirach und mir: Vermutlich liegt es doch an der Lähmung durch die Haft, daß außer ein paar Landhäusern für Wärter kein Entwurf entstanden ist: kein Theater, keine Schule, kein Verwaltungsgebäude. Ich muß eingestehen, daß es nicht die äußeren Bedingungen sind, die mich hemmen, denn immerhin habe ich hier ja Tausende, wenn nicht Zehntausende von Zetteln vollgeschrieben. Es muß der innere, der seelische Druck sein, dem ich hier in Spandau ausgesetzt bin und der weniger mit meiner Strafe zu tun hat als mit dem Bewußtsein der Schuld.
Wenn es aber so ist, dann spreche ich, in gewissem Sinne jedenfalls, mit mir zusammen auch Schirach frei. Habe ich Verständnis immer nur für mich?

19. März 1962
Heute zum Frühstück Gebäck von Hilde, das Ulf nicht rechtzeitig aus dem Ofen genommen hat. Es ist entsetzlich hart und kracht dermaßen, daß ich es nur beim Überfliegen eines Flugzeuges zu kauen wage.

25. März 1962
Vor einigen Tagen hat Freund Jack einen Taschentransistor gebracht. In der Zelle stecke ich ihn in die Rocktasche, den Kopfhörer verberge ich unter meiner Zipfelmütze. Nur einige Zentimeter weißer Draht sind zu sehen; da ich aber auf dem Bett liegend gleichzeitig die Zeitung ausbreite, bin ich abgedeckt.
Das Taschengerät, ein japanischer »Sony«, ist technisch hervorragend. Stuttgart, mein »Heimatsender«, nur eine Autostunde von zu Hause entfernt, ist sehr gut zu hören. Zum erstenmal seit siebzehn Jahren nahm ich heute an einem musikalischen Ereignis teil, hörte das Raunen des Publikums, das Stimmen der Instrumente, diese wohltuende Aura von Feierlichkeit und Erwartung, die einem musikalischen Ereignis vorangeht. Ich dachte, es sei der Berliner Sender, aber es meldete sich Salzburg. Laute Gespräche im Gang. Schnell packte ich das Gerät weg.
Der amerikanische Direktor ließ die Zellentür öffnen: »Die Direktoren haben entschieden, daß Sie die Schuhe, die Sie zum

Geburtstag erhielten, zurückgeben müssen. Sie passen nicht zur Uniform. Wir werden ein anderes Paar für Sie kaufen.« Die Wirklichkeit.

3. April 1962

Seit zwei Monaten bin ich bei schlechtem Wetter immer wieder mit der Renovierung unserer Kapelle beschäftigt. Ich wollte sie tief dunkelblau wie die Mosaiken beim Grabmal der Galla Placidia in Ravenna, mit satt-ockerfarbener Decke, dunkelroten Möbeln und fast schwarzem Fußboden – eine Art Katakombe, in der die Kerzen das Licht geben sollten. Meine Konzeption ist aber heute gescheitert. Direktor Adrysew befahl eine himmelblaue Farbe.

12. April 1962

Im Traum turnte ich heute nacht über die hohe Gefängnismauer und befand mich inmitten einer wundervollen Gartenarchitektur, die der im Palacio del Generalife in Granada nicht nachsteht. Rosengalerien, Blumenbeete und Springbrunnen. Nie hätte ich erwartet, auf der anderen Seite der Mauer solche Gartenwunder anzutreffen. Beim Dämmern des Morgens wollte ich ins Gefängnis zurück, verirrte mich aber in einem System von Gängen und befand mich plötzlich völlig unbeobachtet im Freien. Voller Unsicherheit und Angst suchte ich den Rückweg ins Gefängnis, verlor mich aber immer weiter. Voller Panik begann ich zu laufen. Schließlich fand ich die Mauer, aber sie war unübersteigbar. Mit Herzklopfen wachte ich auf.

16. April 1962

Eine von mir in rötlichem Gelb ausgesuchte Samtdecke harmonisiert mit den gelben Kerzen eines Paares schwerer Leuchter, die Präses Scharf, der Vorsitzende der deutschen evangelischen Kirche, für unsere neu hergerichtete Kapelle gestiftet hat. Auch zwei schöne Vasen sind angekommen, die ich im Sommer mit Blumen füllen kann.

Die Kapelle ist zum Prunkstück des Gefängnisses geworden. Kein Direktor versäumt bei seinem Besuch, sich meine architektonische Leistung anzusehen.

17. April 1962
Einsamkeit, tiefer Schnee, Taiga. Ich bin einige hundert Kilometer nördlich von Ochotsk. Endlose Wälder umgeben mich, in der Ferne rauchende Berge mit Gletscherzungen. Ich passiere heiße Quellen, um die bereits Veilchen blühen. Noch rund zweitausend Kilometer bis zum Übersetzen an der Beringstraße, wo ich in etwa sechzig Wochen eintreffen sollte.

20. April 1962
Margret, unsere zweite Tochter, hat heute einen jungen Orientalisten geheiratet. Ich höre die Krönungsmesse von Mozart und darauf das Tedeum von Bruckner. Pünktlich um zehn Minuten nach fünf Uhr erscheint Law mit einem großen Glas Rum und erklärt, daß er auf eigene Faust nach Heidelberg geschrieben habe: sie sollten dort alle pünktlich um fünf Uhr fünfzehn auf das neue Paar toasten. Ich würde mittun.

30. Mai 1962
Nach über zweimonatiger Pause lese ich wieder alle vier Zeitungen. Ich entbehre die Theater- und Konzertberichte, die Neuigkeiten über Wiederaufbau und Städteplanung. Die *Berliner Zeitung* ist eine traurige, wenn auch heilsame Ergänzung.

12. Juli 1962
In der *Frankfurter Allgemeinen* zeigt die Familie Schirach die Verlobung eines ihrer Söhne an. Unser Mitgefangener zeichnet mit »Baldur Benedict von Schirach«. Heß meinte: »Schirach sagte mir, daß alle männlichen Nachkommen der Familie seit je den Vornamen Benedict erhalten, alle weiblichen heißen Benedicta.« Dann fügte er sarkastisch hinzu: »Wußten Sie das? Diesen katholischen Zusatz zum arischen ›Baldur‹ hat er uns früher vorenthalten.«

9. August 1962
Ein amerikanischer Soldat rief heute vom Turm herunter: »Mr. Speer! I like your garden. It's wonderful.«

14. August 1962
Vor Monaten hatte Heß eine heftige Auseinandersetzung mit dem britischen Zahnarzt. Der Arzt wollte seine letzten sechs Zähne ziehen, da es zuviel Mühe mache, bei jedem weiteren

Zahnverlust neue Hilfskonstruktionen und Brücken zu bauen. Diese Absicht veranlaßte Heß, sich mit einer Eingabe an die Direktoren zu wenden: Ohne schriftliches Einverständnis dürfe bei einem Gefangenen kein körperlicher Eingriff vorgenommen werden, machte er geltend.

Nachdem auch ein französischer Zahnarzt erklärt hatte, daß alle Zähne gezogen werden müßten, inspizierte eine junge sowjetische Zahnärztin das Gebiß. Auch ihr Urteil lautete: »Die Zähne müssen raus!« Nun verlangte Heß die Hinzuziehung eines amerikanischen Zahnarztes. Begleitet von drei Gehilfen, kam dieser vorgestern mit einer transportablen Röntgeneinrichtung in den Sanitätsraum. Er stellte schließlich fest, daß die sechs Zähne gesund seien und erklärte: »Grundsätzlich nehme ich nur Zähne heraus, wenn es notwendig ist.« Jetzt übernimmt dieser Arzt unsere Zahnarbeiten. Heß hat gesiegt. Er zeigte sich stolz und sagte triumphierend: »Ein Arzt für anderthalb Zähne!«

13. September 1962
Merkwürdiger Traum! Kurz bevor Hitler zu einer Inspektion kommt, nehme ich als Minister selbst den Besen in die Hand, um mitzuhelfen, den Dreck einer Fabrik zusammenzufegen. Im Anschluß daran befinde ich mich in seinem Auto und bemühe mich vergeblich, mit dem Arm in den Ärmel der Jacke zu kommen, die ich beim Fegen ausgezogen hatte; meine Hand landet immer wieder in der Tasche. Die Fahrt endet auf einem größeren, mit Staatsgebäuden umgebenen Platz. An einer Seite befindet sich ein Gedächtnismal. Hitler geht darauf zu und legt einen Kranz nieder. Wir betreten die marmorne Vorhalle eines der Gebäude. Hitler sagt zu seinem Adjutanten: »Wo sind die Kränze?« Der Adjutant wendet sich vorwurfsvoll an einen Offizier: »Sie wissen doch, daß er jetzt überall Kränze niederlegt.« Der Offizier trägt eine helle, fast weiße Uniform aus einer Art Handschuhleder; über der Jacke, etwa wie ein Meßknabe, einen mit Spitzen und Stickereien versehenen Überwurf. Der Kranz kommt. Hitler geht in der Halle nach rechts, wo sich wieder ein Gedächtnismal befindet, vor dem schon zahl-

reiche Kränze liegen. Er kniet nieder und stimmt, in der Art gregorianischer Choräle, einen klagenden Gesang an, wobei er immerfort lang gedehnt »Jesus Maria« wiederholt. Zahlreiche weitere Gedächtnisplatten reihen sich an der Wand der langen, hohen Marmorhalle aneinander. In immer schnellerer Folge legt Hitler Kranz auf Kranz nieder, die ihm von geschäftigen Adjutanten gereicht werden. Sein klagender Singsang wird immer monotoner, die Reihe der Gedächtnisstätten scheint kein Ende zu nehmen. Ein Offizier wagt zu lächeln und wird von der Begleitung zurechtgewiesen.[1])

19. September 1962

Meine Apfelernte, etwa dreißig Äpfel, wurde vor dem Reifwerden gestohlen.

---

1 Vergleiche die Interpretation dieses Traumes bei Erich Fromm: *Anatomie der menschlichen Destruktivität*, Stuttgart 1974, Seite 303.

Das siebzehnte Jahr

1. Oktober 1962

Henry James in *A most extraordinary case*: »Nächst großer Freude gibt es keine Gemütsverfassung von so großer Heiterkeit wie tiefe Verzweiflung.« Den Satz hätte ich vor zwanzig Jahren nicht oder allenfalls als literarischen Zynismus verstanden. Ich hätte immer geglaubt, das eigentliche Unglück eines Gefangenen bestehe im Entzug der Freiheit, in der Omnipotenz subalterner Wärter, im ständigen Erlebnis der eigenen Ohnmacht. Es überrascht mich jetzt, daß die äußere wie innere Ereignislosigkeit der eigentliche Quell der Verzweiflung sind. Für die Schikanen subalterner Wärter ist man, einigen Abstand vorausgesetzt, schließlich sogar dankbar: denn sie mobilisieren Gefühle und schaffen immerhin Erlebnismöglichkeiten. Die freundlich-laue Atmosphäre, wie sie zur Zeit hier im ganzen herrscht, führt zur allmählichen psychischen Versandung. Ich bemerke, wie nötig der Mensch seine Emotionen hat. Die tiefste Verzweiflung ist voll von heimlichen Genugtuungen. Das ist die Wahrheit des Satzes von Henry James.

26. Oktober 1962

Kennedy hat die totale Blockade Kubas angeordnet; eine Armee von hunderttausend Soldaten wird in den amerikanischen Häfen zusammengezogen.

Auch diese Krise interessiert uns nur in ihrer Auswirkung auf Spandau – das machte ein Gespräch mit Schirach und Heß heute morgen deutlich. Die Weltgeschichte, die wir einst be-

wegen wollten, hat sich für uns auf das Schicksal eines Gefängnisses reduziert. Unsere Sorge ist: In einigen Tagen übernehmen die Sowjets die Bewachung Spandaus. Schirach malte uns heute aus, was dann passieren könnte. Eines Nachts brechen sie die Gartentür zum Zellenblock auf, ein kleiner Kommandotrupp unter Führung eines Leutnants überwältigt die westlichen Wärter. In Minutenschnelle sind wir in einen russischen Omnibus verladen, die Fahrt geht durch ein Waldstück zum zweitausend Meter entfernten Übergang nach der russischen Zone bei Staaken. Im Handumdrehen wäre alles erledigt, und die westlichen Regierungen mit ihren Sorgen wegen Kuba und Berlin würden kaum mehr als eine schwache Protestnote nach Moskau senden.
Anschließend besprachen wir diese Angstvorstellung auch mit einigen westlichen Wärtern. Long, den wir als ersten in unsere Befürchtungen einweihten, erbleichte. Als ich ihn unter Hinweis auf Telefon und Alarmanlage zu beruhigen versuchte, lachte er nur verstört: »Alarm?«, meinte er. »Die Glocke klingelt in den Wachstuben. Da kommen nur noch mehr Russen!« Sadot, inzwischen hinzugetreten, fragte ich: »Was machen Sie, wenn zwei russische Soldaten in der Halle erscheinen und ihre Maschinenpistolen auf Sie richten?« Sadot grinste. »Daran habe ich auch schon gedacht! Wissen Sie, ich werde wie de Gaulle bei seiner Versammlung in Algerien beide Hände hochwerfen und rufen: ›Je vous ai compris‹!«
Einer der wohlmeinenden Russen hatte offenbar unsere Bekümmerung erkannt und sagte: »Politik nix gut, was?«

28. Oktober 1962
Obwohl alle hier sich bemühen, kaum etwas bemerken zu lassen, ist doch der Hochdruck, unter dem jeder einzelne steht, mit Händen greifbar. Die Eintönigkeit der letzten Wochen ist wie weggewischt, es gibt wieder anderes als Aufstehen, Frühstück, Zellenreinigung, Gartenarbeit, Spaziergang und so weiter bis zum Schlafengehen, das ewige Einerlei. Ich habe wieder an Henry James gedacht. Diese Kuba-Affäre, die für die Welt lebensbedrohend ist, schafft uns gewissermaßen ein Stück

Leben. Natürlich sind auch wir über den Konflikt aufs äußerste beunruhigt. Aber diese Beunruhigung gibt uns gerade den Schwerpunkt.

So war ich heute bei allem Aufatmen doch ein wenig enttäuscht, als ich, unter meiner Decke liegend, durch den Transistor hörte, daß Chruschtschow sich bereit erklärte habe, die Raketen von Kuba abzuziehen. Kurz danach stieß ich auf dem Gang auf Gromow, der mir sagte: »Sehr gute Nachrichten in Radio. Friede! Sehr gut!« Am Abend hörte ich Schumanns Vierte Symphonie, von Furtwängler dirigiert, durch den Kopfhörer.

1. November 1962

Gestern war Ernst zu Besuch, aber es wurde ein Fehlschlag. Wie vor Jahren antwortete er, von einigen Halbsätzen abgesehen, nur immer lakonisch mit: »Ja«, »Nein« oder »Ich weiß nicht.« Ganz leise, fast unverständlich. Es war offenbar weniger Gleichgültigkeit als eine Art Lähmung. Heute erzählte ich meiner Frau, wie überraschend gesprächig Ernst gewesen sei. Wollte ich damit ihm oder mir über die Enttäuschung hinweghelfen? Und was wird er sich denken, wenn er das hört?

3. November 1962

Willy Brandt hat Hilde empfangen. Er hat seine Hilfe zugesagt.

17. November 1962

Vor einigen Tagen habe ich Kargin Dudinzews Roman empfohlen: *Der Mensch lebt nicht vom Brot allein*. Heute erst las ich im Nachwort, daß das Buch inzwischen in der Sowjetunion verboten worden ist. Ich korrigierte mich daher bei Kargin: »Bitte nicht Dudinzew aus Bibliothek holen.« Unwillkürlich selber in das eigentümliche Russendeutsch verfallend, sagte ich: »In Moskau große Diskussion! Jetzt Resultat: Buch nix gut.« Man sah geradezu, wie meine Fürsorge Kargin bewegte. Er machte unwillkürlich eine Bewegung, als wolle er mir die Hand drücken, unterließ es aber im letzten Augenblick. Gerührt sagte er: »Vielen, vielen Dank! Wenn Buch nix gut, lesen nix gut!« Er schüttelte den Kopf und ging schnell weg.

20. November 1962
Ich mußte noch einmal an Kargins Erschrecken und Dankbarkeit denken, als ich ihn vor Dudinzew bewahrte. Es war eine der seltenen Gelegenheiten, wo ich, sonst seit Jahren immer nur auf Hilfe angewiesen, selber helfen konnte. Das verschaffte mir eine merkwürdige Befriedigung. Zugleich amüsierte mich ein wenig das ganz und gar unverhohlene Entsetzen, mit dem er auf die Gefahr, der er entgangen war, reagiert hatte.
Es steckt in solchen Erlebnissen ein Element der Herablassung, wozu in diesem Falle kommen mag, daß der Gefangene paradoxerweise der Freiere ist. Sonderbar genug fällt mir erst jetzt, während ich dies schreibe, auf, daß ich die Beschränkung gar nicht empfunden habe, als im Dritten Reich Autoren und Bücher in Acht und Bann getan waren: Thomas Mann, Franz Kafka, Sigmund Freud, Stefan Zweig und viele andere. Ganz im Gegenteil, verschaffte es vielen geradezu ein Gefühl elitärer Besonderheit, solche Beschränkungen hinzunehmen. Etwas von jener Verzichtshaltung, die aller Moral wesentlich zugrundeliegt, ist dabei im Spiel. Das Geheimnis der Diktaturen von Stalin bis Hitler liegt nicht zuletzt darin, daß sie den Zwang moralisch dekorieren und auf diese Weise in Befriedigungserlebnisse umwandeln. So läßt sich annehmen, daß Goebbels, der Liebhaber der literarischen Moderne, als er der Kunstpolitik des Regimes Folge leistete und seinen Göttern von gestern abschwor, keine wirkliche Einbuße empfand. Er gab literarischen Genuß für moralische Rigorositätserfahrungen hin.

21. November 1962
Oberst Nadysew verbietet die Benutzung bunter Pullover und der seidenen Hemden, die Schirach und ich besitzen. Er selbst hat sie vor einigen Monaten genehmigt; jetzt erklärt er: »Schreiben Sie nach Hause, daß Geschenke wie Hemden, Pullover, Pfeifen, teure Seife und so weiter zurückgeschickt werden. Nur noch einfache Ausführungen sind von jetzt an gestattet.«

22. November 1962
Oberst Nadysew setzte heute seine Verschärfungs-Politik fort. Er drohte strenge Bestrafung an, weil ich mit einem Wärter gesprochen hatte. Ich empfinde das als unlogisch, denn schließlich repräsentiert der Wärter die Vollzugsgewalt; er brauchte die Unterhaltung einfach nicht zuzulassen.
Nachmittags schloß sich der Amerikaner Bray meinem Spaziergang im Garten an. Eine halbe Runde lang bemühte ich mich, ihm zu erklären, daß er besser allein gehe, weil die russischen Soldaten auf den Wachtürmen sein Verhalten telefonisch melden könnten. In der Tat schrie Oberst Nadysew einige Stunden später den Wärter so laut an, daß wir alle es hören konnten: »Für Wärter ist es verboten, mit den Gefangenen zu sprechen! Das wissen Sie doch! Sie sind kein Gefangener! Was fällt Ihnen ein! Wie kommen Sie dazu, mit ihnen zu sprechen?!« Der amerikanische Wärter, sonst durchaus beherzt, wich aus: »Er hatte sich mir angeschlossen. Was sollte ich da machen?« Auch Sadot wurde vom russischen Direktor angegriffen: »Sie sprachen mit den Gefangenen!« Er zeigte sich beherzter: »Tout le monde parle ici!«

24. November 1962
Und weiter. Heute befahl Nadysew, daß die Türen von Heß und Schirach während des Gottesdienstes verschlossen bleiben müssen: Nur wer in die Kapelle gehe, dürfe in Zukunft Musik hören.
Nach dem Gottesdienst wollte der vom Urlaub zurückgekehrte Scharkow im Garten von seinen Eindrücken in Kiew erzählen. Ich ließ ihn aber unfreundlich stehen, und er war über diese Reaktion fast erschrocken. Nach einer Stunde in die Halle zurückgekehrt, erklärte ich ihm mein Verhalten: »Soldat auf Turm gucken, Telefon! Schon kommt Direktor!« Er bedankte sich herzlich.

26. November 1962
Weil die Sowjetkommandantur in Ost-Berlin aufgegeben worden ist, inspizierten anstelle des sowjetischen Stadtkommandanten zwei Oberste im Gardemaß, die vom Hauptquartier

in Karlshorst kamen. Sie zeigten sich jovial, tadelten aber unser neues, gekacheltes Bad als zu luxuriös.
Welche Marionette selbst ein Oberst ist, zeigte Nadysew noch am gleichen Tag. Aufgrund der Freundlichkeit der Karlshorster Besucher ist er plötzlich wie umgewandelt. Leutselig erkundigte er sich bei mir: »Das Essen ist doch gut, nicht wahr?« Reserviert antwortete ich: »Das kann ich nicht gerade sagen.« Schon das Abendessen wurde aufgebessert.

2. Dezember 1962

Schirach ist seit einigen Tagen krank, und so machte ich mit Heß täglich längere Spaziergänge. Aber bald stellt sich heraus, daß wir Mangel an akutem Gesprächsstoff haben. Wovon sollen wir schließlich noch reden – nach sechzehn Jahren. Vom täglichen Kleinkram ausgehend, gelangen wir, über lange Pausen, fast stets in die Vergangenheit. Heute erzählte ich ihm von meinen gelegentlichen Eigenmächtigkeiten als Minister; nur harmlose Begebenheiten natürlich, um ihn zu schonen und die mühsam harmonische Stimmung nicht zu gefährden: von der Tragikomödie der Strahljäger, dem einzigen Flugzeug, das die Luftoffensive der Amerikaner auf unsere Treibstoffwerke hätte zum Erliegen bringen können, oder von der Umschaltung unserer Atomforschung auf eine Uranmaschine, weil die Fertigstellung der Bombe von Heisenberg nicht vor drei bis fünf Jahren zugesagt werden konnte. Meine Eigenmächtigkeiten regten Heß auf: »Sie haben wegen der Atombombe oben nicht nachgefragt?«, warf er entgeistert ein. Ich verneinte: »Das habe ich allein entschieden. Mit Hitler konnte man zuletzt nicht mehr reden!« Im Stile eines parteiamtlichen Verweises rügte Heß: »Herr Speer, das ist ein unmögliches Verfahren. Ich muß schon sagen! Der Führer mußte in Kenntnis gesetzt werden, um selber entscheiden zu können.« Und nach einer Pause: »Wohin ist es nur gekommen, nachdem ich weg war!« Ich sagte: »Aber erzählen Sie das bitte nicht Schirach! Das schafft nur Verstimmungen.« Heß war einverstanden, meinte aber, auch Schirach habe er gestern ein Versprechen leisten müssen, mir einen Vorgang zu verschweigen. Ich fuhr fort:

»Mich wundert, daß ausgerechnet Sie so überrascht sind! Schließlich sind doch auch in der Partei genug Eigenmächtigkeiten vorgekommen.« Heß dachte nach. »Ja, ja«, gab er dann zu, »aber ich behielt es doch unter Kontrolle.« So einfach wollte ich ihn aber jetzt nicht davonkommen lassen. »Sie schon!«, sagte ich. »Aber nicht Hitler!« Heß sah mich erstaunt an. »Oder haben Sie ihn etwa gefragt«, setzte ich pointiert hinzu, »bevor Sie nach Schottland flogen?« Heß war tatsächlich verblüfft. »Dieser Einwand scheint mir nicht ganz unberechtigt. Aber von einem höheren Standpunkt aus gesehen habe ich, das werden Sie doch zugeben, völlig nationalsozialistisch gehandelt.« Heß machte ein undurchdringliches Gesicht. Täuschte ich mich, als ich vermeinte, einen kurzen Augenblick lang ein Lächeln darin zu entdecken?

4. Dezember 1962

Schirach wurde heute morgen im Auftrag des britischen Direktors von Letham offiziell gefragt, warum er dem Gottesdienst fernbleibe. »Das sind meine privaten Angelegenheiten. Ich rede nicht darüber. Niemand hat ein Recht, mich danach zu fragen«, sagte er scharf.

20. Dezember 1962

Vor ein paar Tagen hatte ich die etwas besorgniserregende Idee, die dunklen Backsteine der Mauerleibung vor meinem Fenster weiß zu streichen; die eisernen Gitterstäbe sollten himmelblau, die Zellentür wiederum weiß, das Bettgestell wie die Möbel dunkelrot, der Fußboden fast schwarz, die Wände bis zu halber Höhe resedagrün mit dunkelgrünem Abschlußstrich, die obere Leimfarbe in nach ocker gebrochenem Weiß werden. Ich könnte mir dann zwei gelbe Frottiertücher schikken lassen, die als Tischtuch recht effektvoll zu dieser etwas sonderbaren Farbausschweifung kontrastierten. Vielleicht würden die Direktoren sogar eine Vase für bunte Blumen aus dem Garten genehmigen. »Wenn Sie mich machen ließen, sähe es bald aus wie ein Zimmer im Hilton«, meinte ich vor drei Tagen zum amerikanischen Direktor. Jetzt aber brachte er den Bescheid, daß mein Antrag abgelehnt sei; die Direktoren hätten Bedenken, meine Zelle könnte auf inspizierende Besucher einen allzu lärmenden Eindruck machen.

Merkwürdig! Den Begriff »Hilton« kenne ich nur aus den Zeitungen. Wie meine Vorstellung sich ihr Material aus einer Welt holt, die ich nicht kenne! Es sind alles unscheinbare kleine Fetzen, Partikel, die ich aus Zeitungen, Gesprächen, Büchern und Briefen zu einem Bild der Außenwelt zusammentrage, das ganz dicht und geschlossen ist. Mir fällt seit ein paar Jahren auf, wie dieses Bild die mir vertraute Realität allmählich selbst in meinen Träumen verdrängt. Ich sehe nicht mehr die Ruinen, die ich verließ, sondern die Hochhäuser, die ich nicht kenne. Wie mag sich, wenn ich entlassen werde, die imaginäre Wirklichkeit zur tatsächlichen verhalten?

24. Dezember 1962

Ein Pullover, ein Hemd, ein Stück Pears-Teerseife und eine Pfeife haben, vielleicht wegen des Festes, die Luxusschwelle passiert. Allerdings hatte Albert von der teuren Stanwell zuvor die Politur abgelaugt; die Hausschuhe sind jedoch zu vornehm gewesen. Heß erhielt einen Schlafanzug und einen Weihnachtsstern aus Lärchenholz, der auf Tannenzweigen lag. Schirachs Pullover, von seiner Schwiegertochter gestrickt, wurde ebenso als zu luxuriös empfunden wie ein Paar Unterhosen; die waren nun wieder aus zu feiner Wolle. Ihm blieben neben einem Miniatur-Weihnachtsbaum ein Paar Socken und ein Stück Seife.

Um sechs Uhr abends mit Heß in der Halle auf und ab gewandert, uns über Alltäglichkeiten unterhalten und Weihnachten nicht erwähnt. Um halb neun Uhr zu Bett.

31. Dezember 1962

Über Nacht hatte es geschneit. Es ist weiterhin kalt, minus sechs Grad und Ostwind. Im Garten nahm ich die Schneeschaufel und schippte für die beiden anderen den Rundenweg frei. »Was sagen Sie zu meinem Eifer, Herr Heß?«, fragte ich, als er mit Schirach herankam. »Den kann man nur loben«, erwiderte er. »Aber ich habe eine Idee, wie man den Schnee leichter wegbekommt. Ich habe mir schon ein Gesuchspapier

geben lassen: Vielleicht helfen Sie mir bei der Zeichnung. Man stellt ganz einfach zwei Bretter im Winkel zueinander, damit der Schnee auf beide Seiten geschoben wird; vorn befestigt man ein Seil und hinten eine Steuerstange.« Heß betrachtete mich triumphierend, als habe er etwas so Epochales wie das Rad erfunden. Ganz in Feuer und Erfinderlaune fuhr er, aufs Praktische kommend, fort: »Vorn, an dem Seil, werden Schirach und Sie ziehen. Ich gehe hinterher und betätige die Steuerung.« Als Schirach und ich lachten, tat er pikiert und sagte: »Ganz wie Sie wünschen! Dann werde ich eben das Gesuch nicht stellen.«
Gegen Mittag kamen nacheinander alle Direktoren durch die Zellen und wünschten uns ein gutes neues Jahr. Um halb drei Uhr ging ich dann in den Garten. Ich nahm mir vor, noch etwa zehn Kilometer zu marschieren, aber bis Viertel nach vier Uhr hatte ich sechsunddreißig Runden, also 16,1 Kilometer, zurückgelegt. Es war zugleich der Jahresrekord 1962, und ich freute mich. Noch fünfhundert Kilometer durch die Schneewüsten zur Beringstraße habe ich vor mir, alles bei fast völliger Dunkelheit. Wunderbare Nordlichter, wie ich sie um die Jahreswende 1943/44 in Nordlappland gesehen habe, verwandelten unablässig die Szenerie. Ich verlor mich, konzentriert vor mich hinstarrend, im Verlauf der Runden so sehr in meinen Phantasmagorien von Schnee, Licht und glitzernder Leere, daß ich am Ende ganz überrascht war, die düstere Fassade des Gefängnisses vor mir zu haben.
Ich bin, wenn ich zurückblicke, mit diesem Jahr nicht ganz unzufrieden. Albert hat als Architekt seinen ersten Erfolg in einem Wettbewerb gehabt, Hilde eine gute Note im Philosophikum erreicht, Fritz die Vorprüfung in Physik bestanden, Margret hat ihre Doktorarbeit begonnen, Arnold kommt im Studium gut voran, und Ernst überraschte uns zum Jahresende mit einer ganzen Anzahl vorzüglicher Noten.

19. Januar 1963

Die vom sowjetischen Direktor vor zwei Monaten erlassene Anordnung, daß nur Kirchgänger Musik hören dürften, ist aufgehoben. Gromow hatte heute Befehl, vor Beginn des Schallplattenkonzerts alle Türen zu öffnen.

7. Februar 1963

Bei minus zwölf Grad schaufelte ich heute den Rundweg frei. Um mich abzuhärten, arbeitete ich ohne Mantel. Da Schirach und Heß sich wieder sehr hochmütig aufführten, legte ich den Weg nur eine Spur breit an; um die zweite Spur sollten sie sich selber kümmern. Aber lieber zogen sie hintereinander als Tandem durch den Schnee; dick vermummt, der Schal hing bei Schirach unter der Mütze an beiden Seiten wie ein Burnus herab.

8. Februar 1963

Heß wird immer unfreundlicher. Als wir uns heute im Garten begegneten, hielt ich an und fragte ihn: »Na, Herr Heß, sollten wir uns nicht ein wenig unterhalten?« Heß runzelte die Stirn: »Wissen Sie«, sagte er, »ich bin zur Zeit ziemlich streitsüchtig. Aber wenn Sie Bedarf haben, stehe ich gerne zur Verfügung.« Ernsthaft fuhr er fort: »Überhaupt, da hätten wir ja schon einen Streitpunkt: Warum machen Sie eigentlich jeden Morgen einen Bogen um mich?« Ich erwiderte, ich machte keinen Bogen um ihn, aber ich hätte bemerkt, daß er seit neuestem meinen Gruß nicht mehr beantwortete, und da unterließe ich es eben, er sei ja schließlich nicht Ludwig XIV. »Aber Sie stellen morgens nicht mehr den Besen vor meine Tür«, entgegnete Heß. »Sie müssen zugeben, daß das ein Bogen ist!« Darauf war nicht viel zu antworten. Ich wurde daher etwas grundsätzlicher: »Herr Heß, wir leben in zwei verschiedenen Welten. Das ist der wirkliche Grund. Und daher ist jede Diskussion zwischen uns mit Mißverständnissen und Kränkungen verbunden. Lassen wir es besser!« Heß blieb hartnäckig: »Aber zu einigen Wärtern sind Sie doch freundlich!« Ich versuchte ihm klar zu machen, daß jeder Mensch einige Kontakte benötige, um nicht an Vereinsamung zugrunde zu gehen. Wie in einem plötzlichen Anfall fuhr Heß auf: »Aber es sind unsere Wärter! Ich hasse sie! Alle! Ich hasse sie alle!« Er wiederholte das noch einige Male. »Und Bray, der Ihnen zu Weihnachten Schokolade gegeben hat?«, fragte ich. »Auch ihn«, sagte er. »Vielleicht etwas weniger, aber auch ihn. Jawohl!«

Ich ließ ihn stehen. Genau um eine halbe Runde versetzt, folgte er mir schließlich mit raschem Schritt. Ich hatte das Gefühl, er wolle zu mir aufschließen, um mir noch etwas zu sagen. Aber ich hatte keine Lust und steigerte das Tempo. Auch Heß beschleunigte seinen Schritt, und am Ende liefen wir fast, jeder den anderen jagend und selber gejagt. So legte ich in einer Stunde 7,8 Kilometer zurück. Erst in der Zelle fiel mir ein, daß Heß, hätte er mir wirklich noch etwas sagen wollen, nur hätte stehenbleiben müssen.

9. Februar 1963

Heute morgen kam dann Heß auf mich zu: »Herr Speer, ich habe es mir überlegt, ich hatte Unrecht. Ich möchte mich formell bei Ihnen entschuldigen.« Ich ging, erleichtert und irritiert zugleich, darauf ein. »Dann entschuldige ich mich bei Ihnen auch, falls ich in der Hitze des Gefechts ausfallend geworden sein sollte.« Gemeinsam legten wir dann in eineinhalb Stunden achteinhalb Kilometer zurück. Dabei hatte Heß erst kürzlich ein Herzleiden geltend gemacht.

14. Februar 1963

Die Unterhaltungen zwischen Heß und Schirach sind, sofern ich die Bruchstücke zutreffend interpretiere, typische Emigrantengespräche; das heißt, alles, was sich in der zurückgelassenen Welt ereignet, alle politischen und gesellschaftlichen Entwicklungen bis in den Geschmack, die Mode oder das Familienleben hinein, wird als schlecht und verderblich angesehen, jeder Fehler mit eifriger Genugtuung registriert.

Wenn Heß im Gespräch mit mir das bei Schirach gewohnte Echo nicht erhält, beginnt er augenblicklich, schrill und unmelodisch zu pfeifen, um anzudeuten, daß ihn eine Fortsetzung des Gespräches nicht interessiert. »Warum pfeifen Sie eigentlich, Herr Heß?«, unterbrach ich ihn heute mit gespielter Naivität. »Ja«, sagte er gedehnt, »richtig. Das ist mir in der letzten Zeit so zu einer Art Gewohnheit geworden. Ja, ja!

Und stellen Sie sich vor: Ich merke es selbst nicht, wenn ich pfeife.« Ich erwiderte: »Ich will mir gern die Freiheit nehmen und Sie von Fall zu Fall darauf aufmerksam machen.« Heß blickte ins Leere und lächelte undurchdringlich.

23. Februar 1963
Das Auswärtige Amt hat sich bereit erklärt, die Kosten einer Reise meiner Frau nach Moskau zu tragen. Eine freundliche Geste. Wenn keine Pressenotiz erscheint, wird die Reise nicht schaden und nichts verderben.

24. Februar 1963
In nächster Nähe der Beringstraße immer noch steiniges Hügelland, endlose Sicht auf baumlose Felslandschaft, so rauh, wie die Stürme, die hier herrschen. Manchmal sehe ich einen jener Polarfüchse vorbeischleichen, über deren Lebensgewohnheiten ich mich unlängst informiert habe. Aber auch Bärenrobben und die Kalan genannten Kamtschatka-Biber begegneten mir.
Die Beringstraße ist zweiundsiebzig Kilometer breit und bis Mitte März zugefroren. Seit ich das von dem aus Alaska stammenden Bray gehört habe, erhöhte ich mein wöchentliches Pensum von fünfzig auf sechzig Kilometer; bei rechtzeitigem Eintreffen könnte ich dann die Beringstraße noch überqueren. Voraussichtlich wäre ich der erste Mitteleuropäer, der zu Fuß nach Amerika gelangt ist.
Heute, an einem Sonntag, näherte ich mich dem Ziel. Die letzten Kilometer legte ich mit Heß zusammen zurück. Während der zweiten Runde sagte ich in die Stille hinein: »Noch eine Stunde bis zur Beringstraße. In zwanzig Minuten müssen wir die Küste sehen.« Heß blickte mich erstaunt an: »Was reden Sie da?« Ich wiederholte, was ich gesagt hatte, aber er begriff mich nicht. »Dann will ich Ihnen auf die Sprünge helfen, Herr Heß«, sagte ich. »Ich gebe Ihnen das Stichwort ›Bohnen‹!« Er sah mich noch eine Spur verständnisloser an. »Aber ich begreife nicht«, sagte er fast besorgt, »wovon reden Sie?« Ich erinnerte ihn, wie er mir einst vor Jahren geraten hatte, die zurückgelegten Runden dadurch zu zählen, daß ich jeweils eine Bohne von einer Tasche in die andere tat. Damals hätten wir doch darüber gesprochen,

den täglichen Spaziergang als eine Art Wanderung zu organisieren, Runde um Runde. »Jetzt eben«, so fuhr ich fort, »sind wir auf der 78 514. Runde, dort im Dunst erscheint schon die Beringstraße.« Heß blieb fast ruckartig stehen. Seine Miene nahm jetzt einen wirklich besorgten Ausdruck an. »Und das haben Sie die ganze Zeit durchgehalten?«, fragte er. »Die Schaltjahre mitgerechnet, heute seit genau acht Jahren, fünf Monaten und zehn Tagen«, entgegnete ich. »Im ganzen sind es 21 201 Kilometer bisher.« Heß schien sichtlich erleichtert, bei einem anderen auf eine offenbare Verrücktheit gestoßen zu sein, aber auch leicht irritiert, seine eigene Hartnäckigkeit noch übertrumpft zu sehen. »Respekt! Respekt!«, sagte er nachdenklich. »Ich bedaure nur«, ergänzte ich, »daß ich die Strecke von Juli 1947 bis September 1954 gewissermaßen verloren habe. Das hätte bei gleichem Durchschnitt 17 767 Kilometer ausgemacht und mir damit die Chance eröffnet, mit den rund neuntausend Kilometern, die ich vielleicht noch ableisten werde, 47 000 Kilometer zurückzulegen, die Erde also am Äquator einmal zu umrunden.« Heß blickte jetzt fast gequält und sagte: »Halten Sie das nicht für beängstigend? Das ist doch geradezu eine Manie!« Ich verneinte: »Ich lese gerade die Geschichte der Elisabeth von Österreich. Da wird über Ludwig II. berichtet, daß er manchmal abends in seinen Marstall ging, sich auf einer Karte die Straßenentfernung von München nach Schloß Linderhof ausrechnen ließ, sich aufs Pferd setzte und Runde auf Runde die ganze Nacht über die Bahn abritt. Der Adjutant mußte ihm zurufen: ›Jetzt sind Eure Majestät in Murnau, jetzt in Oberammergau, gerade treffen Euer Majestät in Linderhof ein!‹ Sie sehen also, lieber Herr Heß«, so fuhr ich fort, »wenn es eine Manie ist, so ist es doch eine königliche, die ich mir da erwählt habe.« Heß schüttelte den Kopf. »So, so! So also sehen Sie das! Aber haben Sie vergessen, daß Ludwig II. kurz darauf verrückt wurde?« Ich erwiderte, das sei erst ein Jahr später gewesen. »Und Sie machen das schon acht Jahre! Sagen Sie, wie geht es Ihnen eigentlich?« Ich lachte und gab ihm spontan die Hand: »Gerade erreichen wir die Küste der Beringstraße.

Gleich beginnt die Überquerung.« Heß sah sich fast ängstlich um, ob jemand unser Gespräch gehört haben könnte. Dann sagte er witzig: »Gratuliere, Euer Majestät!«
Wie ich soeben in meiner Zelle, bei einer genauen Kontrollberechnung, feststellte, habe ich mich um einen Kilometer verrechnet. Ich befand mich also, als ich ganz ahnungslos mit Heß plauderte, schon auf dem Eis der Beringsee. Man muß wirklich höllisch achtgeben!

3. März 1963

Heß hat bei den letzten Inspektionen die Lieferung von politischer Literatur, insbesondere auch von Memoiren bedeutender Politiker, verlangt und eine Liste von zwanzig Büchern eingereicht. Vierzehn davon sind ihm jetzt geliefert worden. Heß war verblüfft: »Wieder so eine Gemeinheit! Mir so viele Bücher auf einmal zu geben«, klagte er. Doch ich bemerkte: »Sie ärgern sich nur, weil Sie keinen Grund zum Ärgern mehr haben.« Heß ist tief beeindruckt von den Exerzitien Loyolas, die er im Anhang einer Biographie des Ordensgründers gefunden hat.

6. März 1963

Vom Wachturm grüßte mich heute lachend ein blonder Muschik, obwohl ihm das streng verboten ist: »Nicht zu kalt?«, rief er herunter, weil ich ohne Mantel arbeitete. Er erzählte, daß er noch zwei Jahre Soldat sein müsse, aber lieber schon jetzt nach Hause gehen würde.

7. März 1963

Der Amerikaner Bray übergab mir heute einen Reiseführer durch Alaska. Darin sind Hotels und Gaststätten mit ihren Spezialitäten wie Rentiersteaks, Bärenkoteletts und geräuchertem Lachs verzeichnet. Ich begann, mir eine Route zurechtzulegen.

9. März 1963

Heute früh rechnete ich mir aus, daß ich – wenn ich meine über einundzwanzigjährige Haftzeit mit einem Jahr gleichsetze – heute am 27. Oktober angelangt bin.
Würde ich sie auf die vierundzwanzig Stunden eines Tages

beziehen, verstreichen täglich 11,1 Sekunden. So ist es jetzt erst 19.58 Uhr und acht Sekunden. Das heißt, der Tag ist zwar vorüber, aber der Abend und die Nacht liegen noch vor mir.

11. März 1963

Ich lese bei Turgenjew in *Väter und Söhne*, was meine Rechnerei von neulich eigentümlich paraphrasiert: »Im Gefängnis soll die Zeit noch schneller dahinfließen als in Rußland.« Wie mag sich die Zeit damals in Rußland gestaut haben!

19. März 1963

Aufwachend, vergegenwärtigte ich mir heute morgen, daß dies mein Geburtstag sei. Ich lag wohl gut eine Stunde wach und kam, ziellos meine Gedanken treiben lassend, in die Kindheit zurück. Ich stellte mir als eine Art Aufgabe, die frühesten beherrschenden Eindrücke wiederaufzufinden. Ich dachte an unser Kindermädchen und ein paar volksliedhafte Melodien, die es uns beigebracht hatte; an einen vagen Geruch von Kaffee und Zigarren; ich sah meine Mutter in großer Toilette über mein Kinderbett gebeugt. Einige Gedichte hob ich auch aus der Erinnerung hervor. Und dann die ersten konkret bewahrten Erlebnisse. Es war, so glaube ich, im Jahre 1912, als ich mit meinen Eltern auf der Mitteltribüne der Mannheimer Pferderennbahn saß; meine Mutter war in großem Staat erschienen, mein Vater im würdevollen, dunklen Anzug, wir Kinder waren mit modischen Wolljacken gekleidet und hatten merkwürdige hellbraune Filzhüte auf, wie ich noch von einer Photographie her weiß, die sich erhalten hat. Ein französischer Pilot und der deutsche Flieger Hellmuth Hirth, Inhaber des Höhenweltrekordes seit 1911 mit 2475 Meter, führten ihre Flugkünste vor. Ihre Maschinen sahen aus wie Heuschrecken aus dem Paläolithikum, sie zitterten und bebten beim Start in allen Teilen und Drähten, die die Stabilität sichern sollten, bevor sie sich vom Boden lösen konnten, um in der Luft ihre Kurven zu drehen. Und diese Helden der Luftfahrt bewegten sich nach ihrem Abenteuer wie normale Menschen auf der Erde, scherzten und lachten nur einige Meter von unserer Tribüne entfernt! Und kaum ein Jahr später standen meine Eltern mit mir und meinen zwei Brüdern unter dem Heidelberger Schloß bei der Station der Bergbahn; ich könnte noch heute die Stelle bezeichnen. Der große weiße Zeppelin, über hundert Meter lang, zog bei seinem Flug von Baden-Baden nach Frankfurt im Sonnenschein und vor blauem Himmel vorüber. Sein geräuschloses Dahingleiten wirkte auf mich Siebenjährigen überwältigend und eigentlich unirdisch. Und dann ein Theaterabend, *Die Jungfrau von Orleans*, ich weiß keinen der Mitwirkenden mehr, aber es war groß und ungeheuer. Und die Arie des Max aus dem *Freischütz*, wir waren mit den Eltern im neuen Benz-Tourenwagen (16/40 PS) an der Oper vorgefahren, und dazwischen immer wieder das Haus beim Schloß in Heidelberg, und tief unter uns das Neckartal.

Als ich, immer noch auf meiner Pritsche liegend, aus den ungeordnet herandrängenden Erinnerungsbildern die bestimmenden Eindrücke herauszufinden versuchte, kam ich auf zweierlei: immer war es ein Nebeneinander von romantischen und technischen Elementen. Wenn ich es bedenke, sind sie es auch, die mit allen Widersprüchen und Reibungen, aber auch allen Verbindungen mein Leben im ganzen beherrscht haben. Dabei denke ich weniger an den doppelbödigen Charakter meiner Stellung im Dritten Reich, das meinen romantischen wie technizistischen Bedürfnissen so sehr entgegenkam. Ich meine vielmehr den ganz alltäglichen Zwiespalt, den ich noch immer bei jeder Zeitungslektüre empfinde. Einerseits fasziniert mich aller neue technische Erfolg, ich bewundere jenen Geist, der sich die Erde untertan gemacht hat und nun in den Weltraum auszugreifen beginnt, und bin doch andererseits, angesichts der unaufhaltsamen Verwandlung der Welt ins Technische, Moderne, Häßliche, voll von Panik und Schmerz. Umgekehrt habe ich alle Gefahren des romantischen Verhältnisses zur Welt, das Blinde, Eingetrübte, Schwärmerisch-Unmenschliche an mir erfahren – und liebe es doch und kann mich davon nicht trennen.

Der Widerspruch reicht noch weiter. Ich dachte daran, daß meine beiden Welten, die romantische und die technische, von

einigen Künstlern ungefähr meiner Generation in einer Art Synthese zusammengebunden worden sind: von Lyonel Feininger beispielsweise, von Moholy-Nagy, Oskar Schlemmer oder Fernand Leger bis hin zu manchen der Kubisten – und ich habe ihnen allen dennoch nie etwas abgewinnen können, sondern mich weiter zu meinen Waldeseinsamkeiten, Burgruinen und Quellnymphen des frühen 19. Jahrhunderts hingezogen gefühlt.
Was für ein Dickicht!

4. April 1963

Schirach und Heß weigern sich heute, zum Frühstück Eier zu essen, die einen Sprung haben. Sie verlangen Ersatz, der erstaunlicherweise geliefert wird. Heß belehrt mich auf meine neugierige Frage:»Wasser im Inneren von Eiern ist unhygienisch. Stellen Sie sich vor, wer das Ei alles angefaßt hat! Das dringt dann durch die Bruchstelle in das Ei, gelangt bei der Nahrungsaufnahme in den Magen und richtet dort natürlich Verheerendes an. Verstehen Sie?« Ich nicke dankbar und eingeschüchtert zugleich. Mittags werden, wie mir Long hinter vorgehaltener Hand erzählt, die zurückgegebenen Eier auf dem Salat zerhackt serviert und – von Schirach und Heß mit Genuß verzehrt.

24. April 1963

Leider verlieren wir Badanow und Kargin, zwei der umgänglichsten Russen; sie wollten schon lange nach Hause. Einer der beiden Nachfolger ist inzwischen eingetroffen. Ich fragte heute Kargin, wie der Neue sei. Ohne zu zögern, gab er Auskunft: »Gut, guter Mann. Nix Schikanen!« Auf dieses Urteil kann ich mich offenbar verlassen; denn als der zweite Ersatzmann eine Stunde später erscheint, zuckt Kargin bei der gleichen Frage nur mit den Achseln.

12. Mai 1963

Es wäre ein verheißungsvolles Symptom gewesen, wenn die sowjetische Botschaft meiner Frau für die Reise nach Moskau ein Visum gegeben hätte. Sie hat aber abgelehnt.

13. Mai 1963
Heß erteilt mir heute das erste Lob für meine Gartenarbeit: »Das alles in Ordnung zu halten, ist schon eine Leistung. Aber für mich bleibt Löwenzahn doch die einzig schöne Blume hier! Neben den Brennesseln natürlich, aber gerade die haben Sie ja letztes Jahr ausreißen müssen.« Er lachte mit abgewandtem Kopf.

14. Mai 1963
Vor ein paar Tagen habe ich gegen den Einspruch des russischen Direktors die Erlaubnis erhalten, morgens schon um halb neun Uhr und nachmittags um halb zwei Uhr in den Garten zu gehen. Schirach und Heß sind dazu allerdings nicht zu bewegen. Als ich heute um halb zwei Uhr mit der Arbeit beginnen wollte, herrschte Pelerin mich an: »Sie wollen uns nur Ihren Willen aufzwingen! Nichts ist im Buch eingetragen! Da könnte ja jeder kommen!« Ich berief mich auf die erteilte Erlaubnis und drohte mit dem Direktor. Er lief rot an: »Sie haben mir nichts zu drohen! In welchem Ton reden Sie mit mir!« Zu meinem Glück kam, als wir uns wütend gegenüberstanden, Monsieur Joire, der französische Direktor, vorbei und entschied nach kurzer Anhörung, daß ich recht hätte. Pelerin meinte gerade eben vor meiner Tür empört zu Rostlam: »Jetzt beherrscht er den ganzen Laden hier! Er treibt es immer schlimmer! Die Direktoren erfüllen ihm jeden Willen. Nächstens wird er die Schlüssel bekommen!«

16. Mai 1963
Nach achtzehn Jahren heute das Rauchen eingestellt. Ich tat es, um meine Energie zu erproben. Vielleicht auch, um Kondition für das Leben draußen zu sammeln, an das ich bis auf drei Jahre herangekommen bin.

3. Juni 1963
Pfingstsonntag. Opern werden nicht mehr beanstandet, die hübsche Margret läßt sie, wenn auch mit grimmiger Miene, passieren. Heute wurde Mozarts *Cosi fan tutte*, vor Jahren erworben, zum ersten Mal gespielt.

12. Juni 1963
Gegen die Monotonie eine Änderung langjähriger Schlafgewohnheit beschlossen. Ich liege jetzt wieder mit dem Kopf an der Fensterseite, sehe morgens nicht mehr in das helle Licht, das mich bislang immer aufgeweckt hat. Von oben trifft mich ein Strom frischer Luft zum Einatmen. Der ständige Zug auf den Kopf allerdings wird auf Dauer nicht zuträglich sein. Ich werde also eine Sommer- und eine Winterschlaflage einführen.

16. Juni 1963
Sommerwetter. Braungebrannt wie ein Feriengast. Manchmal habe ich jetzt in der Sonnenhitze nur eine Turnhose an; vor Jahren war das streng verboten – jetzt beachtet es niemand. Der Rasensprenger läuft Tag und Nacht; alle sind zu phlegmatisch, ihn abzustellen.

18. Juni 1963
Nach der selbstgestellten Frist von nun reichlich vier Wochen gebe ich heute Pfeifen plus Tabaksbeutel in das Gepäckverlies, wo sie mit meinen vierhunderteinundachtzig Pfeifenreinigern liegen, die mir vor Jahren geschickt wurden. Meine ursprüngliche Absicht, alle sieben Pfeifen sogleich in das Gepäck zurückzugeben, hatte ich verworfen, weil ich mir dann meinen Verzicht für meinen Geschmack etwas zu leicht gemacht hätte.

Ende des sechzehnten Jahrhunderts schrieb ein mißgelaunter Beobachter über das von Sir Walter Raleigh eingeführte Pfeifenrauchen: »Ein widerlich stinkender Rauch, der Nase widerwärtig, dem Gehirn abträglich, den Lungen schädlich, macht weibisch, führt zur Weichlichkeit und Schwächlichkeit, zerstört den Mut.« Vielleicht werden Raucher von Damen besonders gern gesehen, weil ihnen ein Teil ihrer Widerstandskraft genommen ist?

19. Juni 1963
Die Listen der Neuerwerbungen der Spandauer Bibliothek wurden abends ausgehändigt. Wir sollen unsere Wünsche aufschreiben. Heß fordert mich auf: »Kreuzen Sie für mich an, damit ich nicht alles durchlesen muß.« Ich suche Heß einige

Titel aus wie: »Leitfaden zur Redekunst«, »Wie werde ich Politiker«, »Lais, die Liebeskunst der korinthischen Frauen«.

26. Juli 1963

Im Garten heute heiße Glut. Kaum ein Windhauch. Gelegentlich gehe ich durch die Wasserwolke des Gartensprengers. Einige Stunden schleppte ich heute Wasser für die Obstbäume, den größeren werden drei Kannen, den kleineren ein bis zwei zugebilligt. Sechsundfünfzig Kannen trug ich im Durchschnitt vierzig Meter weit; das ergibt, wie ich in meiner Rechenmanie feststellte, 2,2 Kilometer.

Abends im Gebäude 29 Grad Celsius.

3. August 1963

Da der Pastor auf Urlaub ist, bekommen wir statt der Gottesdienste zweistündige Schallplattenkonzerte. Für heute hatte ich ein Brahms-Konzert und die 7. Sinfonie von Schubert erbeten. Felner teilte mir bei der Aushändigung des Apparates mit, daß nach einer neuen Entscheidung der Direktoren nur noch ganz leise, in verminderter Zimmerlautstärke, gespielt werden dürfe.

»Das ist Unsinn!«, erregte ich mich. »Dann verzichte ich lieber!« Bray sah mich durch seine Hornbrille gutmütig, gleichzeitig belustigt an: »Nur keinen Streik! Machen Sie einen positiven Vorschlag! Beantragen Sie Kopfhörer! Sie müssen guten Willen zeigen.« Er ist eben doch ein alter Gefängnispraktiker.

Abends hörte ich Schirach triumphierend zu Heß sagen, daß die neue Anordnung auf seine Beschwerde hin befohlen worden sei. Er sagte das so laut, daß ich es hören mußte.

12. August 1963

In Fairbanks angekommen. Nun geht es über die große Polarstraße nach Süden.

16. August 1963

Auf meinen Antrag hat die Direktion auf dem Regler eine Markierung anbringen lassen, bis zu der ich aufdrehen darf, ohne die Anordnung zu verletzen. Sie entspricht der seit je eingestellten Lautstärke. Die Aktion Schirachs ist gescheitert.

Abends erhielt ich die Nachricht, daß die erste Enkelin, Annegret, von Margret geboren, zur Welt kam. Vor fast genau zwanzig Jahren wurde das jüngste meiner Kinder geboren.

2. September 1963

Beitz hat die Familie wissen lassen, man müsse über den sowjetischen Botschafter das direkte Gespräch mit Chruschtschow suchen; alles andere habe keinen Sinn. Es muß Herrn Smirnow merkwürdig berühren, wenn er nun nacheinander von so verschiedenen Seiten wie Lübke, Brandt, Mommsen, Carlo Schmid, Kroll, Niemöller, Beitz, Carstens und anderen auf meinen Fall angesprochen wird.

28. September 1963

Mich beschäftigt zur Zeit eine merkwürdige Kette von Unglücksfällen, die Rostlam seit kurzem verfolgt: Es begann damit, daß vor einigen Wochen sein Sohn bei regenglatter Straße im Auto verunglückte. Doch kam er ohne schwerere Verletzungen davon. Kurz darauf ging Rostlam mit seiner Frau einige Besorgungen machen, weil die Familie Tage später auf dem US-Schiff »America« nach Hause fahren wollte. Als Rostlam mit seiner Frau zurückkehrte, lag ihr Sohn tot auf dem Bett, anscheinend hatte er sich verschluckt und war erstickt. Die Reise fand folglich mit dem eingesargten Leichnam statt. Kaum in Amerika angekommen, hörten sie, daß ein Neffe vom Baugerüst gefallen und tot sei. Wenige Tage darauf starb plötzlich Rostlams Schwiegervater. Ein Bruder Rostlams wiederum war vor einiger Zeit durch einen Jagdunfall ums Leben gekommen, ein weiterer Bruder hatte daraufhin die Vaterstelle an dem verwaisten Neffen eingenommen und wurde nun, kurz nach dem Eintreffen Rostlams in den USA, von zwei ausgebrochenen Gefangenen ermordet, als sie ihm den Lastwagen zu stehlen versuchten. Rostlams ermordeter Bruder wurde erst nach vielen Tagen gefunden, Rostlam selber als einer der Sargträger bestellt, doch brach der Sarg auf dem Wege zum Grabe auf, weil einer der Leichenträger einen Hitzschlag bekam.

Was mich an solchen Geschehnissen betroffen macht, ist das

Fehlen jedes kausalen Zusammenhangs; nicht einmal ein moralischer Sinn ist darin auffindbar; es gibt keine Schuld. Anders als bei den Atriden, wo immerhin ein vergeltendes Prinzip am Werke scheint und dem Geschehen den Charakter moralischer Notwendigkeit verleiht, ereignet sich hier die nahezu gänzliche Ausrottung eines Geschlechts durch nichts als den blinden Zufall. Solch sinnloses Geschehen kann nur ertragen werden, wenn Schuld, die im moralischen Bereich nicht erkennbar ist, in der metaphysischen Sphäre angenommen wird.

Das achtzehnte Jahr

1. Oktober 1963
Gestern eine halbe Stunde mit Ulf, heute mit Hilde. Solche Besuche nach einer Pause von einem Jahr bleiben seltsam unwirklich und quälend zugleich. Durch strenge Zurückhaltung versuche ich, keine Gefühlsäußerung aufkommen zu lassen, denn das würde mich aus der Fassung bringen. Hinterher, wenn die Kinder gegangen sind, bin ich jedesmal trotz des stockenden Verlaufs der Unterhaltungen wie berauscht. Ein wahrer Redeschwall ergießt sich über die Wärter. Ich registriere das mit Verwunderung.

5. Oktober 1963
Dem Pastor erzählte ich heute von meiner Sorge, schon jetzt die Kinder auf immer verloren zu haben. Als er mich fragte, wie oft ich die Kinder sehen könne, kamen mir vor Schmerz die Tränen. Ich sagte ihm, das Schlimmste sei, sich nach jedem Zusammensein sagen zu müssen, daß ich mein Kind ein ganzes Jahr nicht mehr sehen werde. Dann ging ich rasch.

7. Oktober 1963
Im Garten fand ich heute einen der Notizzettel, die Heß für seine Unterhaltungen mit Schirach verwendet: »Bantu produzierten mehr Kinder als Güter«, stand darauf. Und weiter: »Lübke gratuliert der SU zum Jahrestag der Oktoberrevolution.« Schließlich noch: »Ultraschall (englisch) 250 g Entfernung. Harte oder weiche Oberfläche. Der schleswig-holsteinische Ministerpräsident setzt sich für Sonderabgaben auf Tabak und Alkohol ein.«

Anfangs amüsierte mich dieser Zettel mit der kuriosen Themenmischung. Dann war ich betroffen. Wie bedrückend muß die Leere unserer Gefängniswelt sein, wenn man sich dergleichen Belanglosigkeiten notieren muß. In der Tat ist es auch meine Erfahrung, daß die Ereignislosigkeit das Gewicht der wenigen Themen nicht erhöht, sondern mindert.

20. Oktober 1963
Solin, der sympathische neue Russe, pflückte heute einige Himbeeren, die noch vereinzelt hängengeblieben waren, und brachte sie mir auf einem Rhabarberblatt.
Letham gab Schirach dessen Gesuch zum Kauf der Romane von Fontane und Hamsun sowie von Dramen Hebbels zurück. »›Sobald als möglich‹ können Sie nicht schreiben!«, belehrte er ihn, »und dazu auch noch unterstrichen. Das ist nun wirklich zu anmaßend!« Auf Schirachs Protest hin forderte er ihn auf, das Gesuch noch einmal abzufassen. »Aber ich bin doch derjenige, der den Direktoren immer am freundlichsten schreibt«, meinte Schirach betroffen. Mein Blick auf sein Gesuch zeigte, daß er »mit vorzüglicher Hochachtung« unterzeichnet hatte. Heß dagegen unterschreibt meist mit »Nummer sieben«, womit er ausdrücken möchte, daß ihm für Anträge dieser Art sein bürgerlicher Name zu schade sei.

22. Oktober 1963
Hilde übermittelte mir ein Angebot des Berliner Propyläen Verlags für einen Vorvertrag über meine Erinnerungen. Zwar liegen etwa ein- bis zweitausend Buchseiten der Erinnerungen und dazu annähernd die gleiche Seitenzahl ergänzender Essays und Einschübe vor, aber habe ich wirklich ein Interesse daran, ins Gerede zu kommen? Sicher ist doch, daß meine Absicht, als Architekt oder Organisator eine neue Karriere zu beginnen, darunter leiden müßte. Infolgedessen enthält die Antwort auf die Anfrage des Propyläen Verlags so etwas wie die Entscheidung über meinen künftigen Weg.
Daher veranlasse ich die Familie, den Verlag zunächst freundlich hinzuhalten. Immerhin reizt mich der Gedanke, meine Memoiren unter einem Signet erscheinen zu lassen, das mir

seit Assistententagen, als ich die Propyläen Kunstgeschichte las, wohlvertraut ist. Im übrigen müßte der Verlag, der die Memoiren haben wollte, auch die geplanten Arbeiten über die Architektur des Dritten Reiches, über die Rüstung sowie das Werk über die gemalte Architektur und vielleicht sogar über das Fenster herausbringen.
Welche Pläne! Läuft es doch auf eine schreibende Existenz als dritte Lebensphase hinaus?

2. November 1963
Fabian von Schlabrendorff, einer der wenigen überlebenden Offiziere aus dem aktiven Widerstand, hat sich bereiterklärt, meinen Fall zu übernehmen. Er sollte unterrichtet werden, daß nach dem neuen Strafgesetzbuch der Sowjetunion die Höchststrafe auf zehn, in besonders schweren Fällen auf fünfzehn Jahre festgelegt ist, wie ich der *Berliner Zeitung* entnahm. Das Gesetz sieht ausdrücklich vor, daß die neuen Höchststrafen auch auf Personen Anwendung finden, die zu höheren Strafen verurteilt worden sind. Die fünfzehn Jahre sind in meinem Fall vor zwei Jahren abgelaufen.

15. November 1963
Heß pflanzt Erdbeeren. »Zu spät, Herr Heß«, bemerkte ich. »Die fassen keine Wurzeln mehr.« Während Schirach in den westlichen Monaten zugeschaut hat, hilft er seit Beginn des russischen Monats eifrig mit.

19. November 1963
Schirachs Antrag wurde heute genehmigt: Hebbels gesammelte Werke, Cervantes' *Don Quixote*, Romane von Theodor Fontane sowie von Knut Hamsun sind für die Bücherei gekauft worden. Ich begreife bis heute nicht, was die Anschaffung eigentlich soll, da wir ohnehin jedes gewünschte Buch aus der Stadtbücherei beziehen können. Die Beschaffung eines Nachschlagewerks wäre mir weit sinnvoller erschienen.
Ich lese unterdessen Jean Paul Sartres *L'Age de Raison*. Wie vieles von dem, was heute geschrieben wird, bestürzt und beunruhigt mich die Lektüre. Was geht da vor? Vielleicht lebe ich im Gefängnis behüteter, abgeschirmter als die Menschen

draußen? Sartres Figuren sind in ihrer Einsamkeit offenbar noch stärker isoliert als wir hier in unseren Zellen. Zudem ist ihr Eingeschlossensein unaufhebbar, sie werden nie frei sein. Ich habe zumindest eine Hoffnung, vielleicht ist es nur eine Illusion, aber es ist etwas, woran ich mich klammern kann. Auch frage ich mich, ob dieser Roman konkrete Verhältnisse schildert, oder ob er die Beschreibung eines Angstzustandes ist. Auffallend ist mir überhaupt, wie wenig an Realität des äußeren Lebens die moderne Literatur spiegelt. Aus den Romanen Balzacs oder Tolstois oder der großen englischen Romanciers des 19. Jahrhunderts kann man sich ein recht genaues Bild der Menschen und der Gesellschaft machen, in der sie leben. Heute, so scheint mir, sind die literarischen Figuren wie Phantome, und die Gesellschaft ist nur im Gerede vorhanden, aber selber nicht präsent.

25. November 1963

Kennedys Ermordung empfinde ich nicht nur als eine amerikanische Tragödie, sondern als Tragödie für die Welt. Und ich mußte daran denken, daß hier nur, wie es aussieht, ein wirrer Einzeltäter am Werke war; er faßte den Plan, und das Attentat gelang. Damals, gegen Hitler jedoch: Wie viele generalstabsmäßig geplante, von umsichtigen, kaltblütigen Leuten ausgearbeitete Unternehmungen, Jahr für Jahr, und niemals Erfolg – das ist die eigentliche Tragödie.

1. Dezember 1963

Während der Gartenzeit unterhielt ich mich eine volle Stunde lang mit Heß über die Familie, über Ausgrabungen in Bagdad und, wie immer mit ihm, über die Vergangenheit. Er schwärmte insbesondere über die kulturell-sozialen Leistungen des Regimes, über die Mischwaldideen Professor Biers, über Görings Jagd- und Naturschutzgesetze sowie über die von Todt entwickelte »Philosophie von der Schönheit der Straße«, die dann in den Autobahnen verwirklicht wurde. Dabei erzählte er Einzelheiten, so beispielsweise, daß die Autobahnen frei bleiben mußten von allem störenden Bauwerk, daß die Brücken aus dem Naturstein der jeweiligen Region errichtet und die Hin-

weisschilder möglichst klein gehalten werden sollten. Auch seien Gartenarchitekten beauftragt worden, die makellose Einfügung des Streckenverlaufs in die Landschaft zu gewährleisten. Als wir kurz nach vier Uhr auseinandergingen, kündigte ein tief orangeroter Himmel eine kalte Nacht an. Ich ließ im Garten das Wasser ab.
Jetzt, am Abend in der Zelle, denke ich über das tatsächlich auffällige Schönheitsbedürfnis des Regimes nach. Die Rücksichtslosigkeit und Inhumanität des Regimes ging mit einem bemerkenswerten Sinn für das Schöne, Unberührte, Unversehrte einher, auch wenn es manchmal zum bloßen Sentiment für die Postkartenidylle entartete. Heute lese ich gelegentlich, daß all dies nur Camouflage gewesen sei, kalkuliertes Ablenkungsmanöver für die unterdrückten Massen. Aber so war es nicht. Natürlich hatte das Schönheitsbedürfnis des Regimes mit dem ganz persönlichen Geschmack Hitlers zu tun, mit seinem Haß auf die moderne Welt. Aber es war auch ein uneigennützig sozialer Impuls am Werke, der die unvermeidliche Häßlichkeit der technischen Welt mit der Schönheit, mit vertrauten ästhetischen Formen versöhnen wollte. Deshalb das Verbot der Wellblechdächer für Bauernhöfe, darum die Autobahnmeistereien im Fachwerkstil, die Birkenwälder und künstlichen Seen in den Kasernenanlagen. Als Leiter des Amtes »Schönheit der Arbeit« war ich für einen Teil dieser Programme verantwortlich, und ich verschweige nicht, daß mich alles, was ich in dieser Eigenschaft unternahm, noch heute mit ungebrochener Genugtuung erfüllt.
Den problematischen Aspekt solcher Bestrebungen sehe ich freilich auch. Noch erinnere ich mich, wie Himmler im Jahre 1943 nach einem gemeinsamen Mittagessen im Rastenburger Bunker über die zukünftigen Wehrbauerndörfer im deutschen Osten schwärmte. Dorfweiher, Rasenflächen, Geranien in Blumenkästen an den Fenstern der Bauernhäuser, die Dorflinden dürften nicht fehlen, und Eichen müßten in den Straßen gepflanzt werden. Der Neusiedler solle sich sofort zu Hause, in einer Art idealen deutschen Landschaft, fühlen. Hitler war

damit ganz einverstanden. Auch wählte er, wie mir dabei einfällt, unter den für die Münchner Kunstausstellung eingereichten Bildern mit Vorliebe die im traditionellen Sinne »schönen« Arbeiten aus und nahm nur widerwillig von den Pflichtmalereien Kenntnis, in denen das Regime verherrlicht wurde.

2. Dezember 1963
Die sowjetische Zensorin Margret hat gestern bei den Direktoren ihren Abschiedsbesuch gemacht. Ob ihr Nachfolger besser sein wird? Sie war nicht unangenehm, nicht schikanös, hatte aber das übertriebene Gebaren, den Mangel an Gelassenheit, den Frauen in verantwortlicher Stellung häufig zeigen.

3. Dezember 1963
Die Monotonie meiner Tage ist durch diese Aufzeichnungen kaum einzufangen. Das immer gleichbleibende Einerlei von über sechstausend Tagen läßt sich durch Beschreibung nicht fassen. Das Gedicht eines großen Lyrikers könnte wahrscheinlich das lähmende Gleichmaß, die Inhaltsleere und Ohnmacht, kurz, den schwer greifbaren Terror des Gefangenendaseins authentischer zur Anschauung bringen. Das Tagebuch bleibt demgegenüber immer nur Registratur, noch dazu meist von Trivialem.

4. Dezember 1963
Um halb drei ging ich heute in den Garten, um Kastanienzweige zu schneiden. Als ich mit der großen Gartenschere daherkam, meinte Heß: »Was wollen Sie mit der Mordwaffe! Lassen Sie die ja nicht irgendwo liegen! Das Ding übt auf mich eine suggestive Wirkung aus.«

Schirach hinkte heute stark, für nachmittags war der amerikanische Arzt angesagt. Gegen Abend kam Pease mit der Nachricht, daß Schirach einen Blutpfropfen in einer Vene habe. Er habe bereits eine Injektion zur Blutverdünnung erhalten. Jetzt ist er für die Nacht, von Mees bewacht, im Sanitätsraum untergebracht. Alle vier Stunden, so hörte ich soeben, werden Temperatur und Blutdruck gemessen. Der Arzt steht im Hospital auf Abruf bereit. Morgen früh soll Schirach geröntgt werden. Der neue Wärter George Reiner, ein Deutschamerikaner, sowie Long kommen des öfteren zu mir, um den Krankheitsfall zu besprechen.

5. Dezember 1963

Lese seit einigen Tagen, teilweise schon zum zweiten Mal in diesen Jahren, die Werke Schillers. Trotz der immer hochgestimmten, jünglingshaften Pathetik seiner Sprache, über die ich manchmal lächeln muß, nimmt mich die Welt der großen Gedanken und der starken Gefühle immer aufs Neue gefangen. Darin scheint er mir ganz und gar undeutsch zu sein. Unter seinem Zugriff bleibt nichts eng und provinziell, nichts behält jene Behaglichkeit, die der deutschen Literatur so häufig eigen ist; vielmehr wird alles groß. Selbst wo er sich in kleine Verhältnisse begibt wie in *Kabale und Liebe* oder auch in den *Räubern*, geht er immer ins Unbedingte. Die Entehrung eines jungen Mädchens beispielsweise bleibt eben nicht im Vordergründigen und Privaten stecken, sondern weitet sich sogleich zu einem sittlichen Problem der ganzen Menschheit.

Mir fällt dabei auf, daß mich am Theater immer nur dieser Ton und die Problematik wahrhaft interessiert haben. Wo die Szene sich nicht zur Staats- oder Menschheitsaktion öffnet, war sie mir immer so gut wie belanglos. *Wallenstein* hat mir stets mehr bedeutet als *Rose Bernd*, der *Hamlet* mehr als Gorkis *Nachtasyl*. Täusche ich mich, wenn sich mir die Theaterliteratur der letzten hundert Jahre immer mehr auf das kleine familiäre Ungemach zusammenzuziehen scheint? All diese kleinbürgerlichen Trauerspiele um uneheliche Kinder und Trinkernaturen haben im Sozialen meine ganze Teilnahme, im Theatralischen dagegen nichts als meine Langeweile. Ein Kindergeld von dreißig Mark oder eine Entziehungskur auf Krankenkasse – und die ganze schöne Tragödie wird zum Rührstück. Morgen beginne ich die Lektüre der *Maria Stuart*.

6. Dezember 1963

Gestern um halb sechs Uhr, kurz nach dem Essen, stürzte Godeaux mit der Nachricht in meine Zelle, daß Schirach sofort ins Krankenhaus komme. Ich fragte Heß, ob ich zu Schirach gehen und mich von ihm verabschieden solle. »Der nimmt bei

so unerwarteten Gesten glatterdings an, daß seine letzte Stunde geschlagen hat«, antwortete er. »Außerdem freut ihn Ihr Besuch nicht.« Heß aber besuchte Schirach und brachte ihm die Nachricht von der bevorstehenden Verlegung mit. Tatsächlich hatte Schirach noch nichts davon gewußt. Einige Minuten später aber dementierte Godeaux: »Noch nichts ist entschieden. Der Russe hat nicht ja gesagt.« Wahrscheinlich aber wollte Godeaux lediglich seine Spur verwischen.
Um neunzehn Uhr teilte mir Bray mit, daß Schirach mit dem Aufwand eines Potentaten abgefahren sei. Seit Funks Fahrt ins Hospital gibt es so etwas wie protokollarische Formen: Die vier Direktoren geben den Kranken gemeinsam ab und erscheinen im Hospital wieder, wenn er geheilt zurückgeschickt wird.

8. Dezember 1963
Kalte Nebelluft. Zwölf Runden mit Heß. »Heute sehen wir, wie wunderbar ruhig ein Leben zu zweit in Spandau wäre!«, meinte Heß. »Kein lautes Sprechen, kein Singen, kein Pfeifen.«

9. Dezember 1963
Das Schirach-Bulletin von gestern in der *Frankfurter Allgemeinen*: »Zufriedenstellend«. Pease zeigte mir den *Daily Telegraph*: »Satisfactory«.

14. Dezember 1963
Gestern und heute der traditionelle Vorweihnachtsbesuch meiner Frau. Kurz vor ihrem Eintreffen belehrte mich der wachhabende Russe: »Sie dürfen nicht sagen, daß Numero Eins im Hospital ist und auch nichts von seiner Krankheit erzählen.« Ich war zu müde, um ihm auseinanderzusetzen, wie unsinnig sein Hinweis war. Wahrscheinlich weiß er nicht, daß alle Zeitungen voll davon sind.

17. Dezember 1963
Im Sanitätsraum begrüßte ich heute morgen den zurückgekehrten, noch bettlägerigen Schirach. Seit Jahren gaben wir uns das erste Mal die Hand. Er reichte mir die seine, als ob er eine Huld gewähre.

20. Dezember 1963
Heß hat sich in den letzten Tagen oft stundenlang im Sanitätsraum aufgehalten. Nun wurde ihm von Schirach schroff bedeutet, nicht mehr zu kommen. Heß war verstimmt: »Das ist ja noch schöner! Wenn er das Bedürfnis hat, will er mich in Zukunft rufen lassen! Wer ist er denn!« Charles Pease bemerkte: »Wirklich! Er hat ihn glatt rausgeschmissen.«
An drei Abenden Schillers *Wallenstein*, der mir schon als Schüler so nachhaltigen Eindruck machte, gelesen. Damals kannte ich noch nicht die banalen Verhältnisse im Umkreis der Mächtigen. Wieder: Welche unerhörten Steigerungen der Wirklichkeit! Aller unansehnlichen und zufälligen Züge entkleidet, treten die Charaktere wie die Konflikte weitaus schärfer hervor. Als Schüler nahm ich Partei für Wallenstein, den halben Aufrührer. Heute weiß ich, wie unreif das war. In Wirklichkeit imponierte mir wohl auch weniger Wallenstein als vielmehr Schiller, der die Gestirne mobilisierte, um der Entscheidungsunfähigkeit eines zerrissenen Menschen Größe und Hintergrund zu geben.

25. Dezember 1963
Heß bemüht sich seit Tagen, durch Zugabe von täglich vier bis sechs Koliken ärztlich ebenfalls gewürdigt zu werden. Mees erklärte dem Arzt: »Suchen Sie Heß bitte nicht auf, sonst fühlt er sich beachtet und wird noch kränker.« Gestern nacht, am Heiligabend, gegen zwölf Uhr, kam es zu einem langandauernden Anfall von Heß. Aus seiner Zelle war Jammern und Stöhnen wie vor Jahren zu vernehmen. Der Sanitäter wurde aus einer Weihnachtsfeier geholt. Wie immer schlief Heß nach einer Injektion von Aqua destillata ein.
Der amerikanische Direktor trug nachmittags persönlich die Geschenke der Familien in die Zellen, sie waren zum ersten Mal noch in Weihnachtspapier verpackt. Ich erhielt vier Schallplatten, ein Hemd, ein Paar Handschuhe, Socken, Seife und ein schwarzes Stirnband, wie es die Skiläufer tragen.
Aus dem Sanitätsraum, in dem Schirach noch immer liegt, plärrte, während ich meine Geschenke auspackte, eine Musik-

truhe, die er offenbar geschenkt bekam, unentwegt »Stille Nacht«. Zwanzig Mal vielleicht. Ich dachte an »Lili Marlen«.

1. Januar 1964

Pelliot kam bei der Ablösung um acht Uhr singend in den Zellblock. Bald tauchte Heß bei mir auf und meinte: »Bei mir war er jetzt viermal, um mir ein ›Gutes Neues Jahr‹ zu wünschen.« Während sich Pelliot im Zimmer der Chefwärter ausschlief, übernahm es Scharkow, die Gefangenen in den Garten zu führen. Amüsiert sagte er: »Kamerad ist krank.«

In den letzten Wochen hatte ich einen rund zwei Meter hohen Stoß aus abgeschnittenen Zweigen aufgeschichtet, darauf legte ich heute den Adventskranz. In der Dämmerung um halb vier zündete ich den Scheiterhaufen an, die Flamme schlug mehrere Meter hoch. Gegen Abend wurde Schirach in seine Zelle zurückverlegt. Rostlam bemerkte spöttisch: »Back home again!«

2. Januar 1964

Heute gab es zwanzig Zentimeter knirschenden Pulverschnee, Sonnenschein, trockene Luft, verschneite Bäume. In der letzten Woche hatten einige Wärter rebelliert, wenn ich die Arbeitszeit von dreieinhalb Stunden voll ausnutzen wollte. Natürlich verstehe ich, daß es die Wärter vorziehen, im Warmen ihre Zeitungen zu lesen. Aber heute war Solin Chefwärter; ohne Mitleid mit seinem frierenden Kollegen Rostlam ließ er mich bei fünfzehn Grad Kälte im Garten arbeiten.

Abends das Buch von Kantorowicz: *Kaiser Friedrich II.* abgeschlossen. Ich erinnerte mich der Reise, die ich auf seinen Spuren wenige Monate vor Kriegsausbruch durch Sizilien und Apulien unternommen hatte. Zusammen mit meiner Frau besuchte ich die Schlösser, Festungen und Kapellen aus der Zeit des großen Hohenstaufen. Mit einiger Absicht schien die faschistische Regierung diese Denkmale der Erinnerung an den bedeutenden Deutschen verwahrlosen und verfallen zu lassen. Auch die berühmte Grabstätte Friedrichs II. im Dom von Palermo machte einen ungepflegten Eindruck; Überreste von Papier und Zigaretten lagen allenthalben herum. Zurückgekehrt, schlug ich Hitler vor, die Gebeine Friedrichs II. in dem

schönen, antiken Marmorsarkophag unter dem großartigen Tabernakel in unsere Berliner »Soldatenhalle« zu verlegen. Der Duce sei vielleicht nicht unglücklich, wenn er diese Mahnung an eine Schwächeperiode des italienischen Imperiums außer Landes wisse. Außerdem habe er Göring doch immerhin den viel wertvolleren Sterzinger Altar geschenkt.
Hitler hörte wohlwollend lächelnd zu.

5. Januar 1964
Die Tausend-Tage-Barriere ist durchbrochen. Es verbleiben nur noch neunhundertneunundneunzig Tage, vorausgesetzt, daß ich bis zur letzten Stunde hierbleiben muß. Ich habe versucht, aus diesem Anlaß ein kleines Fest zu arrangieren. Ich hatte mir eine halbe Flasche Sekt besorgen lassen und trank sie, auf meinem Bett liegend, leer. Im Transistor hörte ich anschließend eine Festaufführung der *Ariadne auf Naxos* von Richard Strauss.

8. Januar 1964
Heß lief heute in schnellem Tempo mit Pelerin, dem ehemaligen Boxer der Leichtgewichtsklasse, der sich in einigen Jahren Spandauer Nichtstuns zum Schwergewicht hochgesessen hat. Pelerin bringt nun hundert Kilo auf die Waage und ist ständig besorgt, diese Grenze zu überschreiten. Bald gibt der Franzose atemlos auf. Heß meinte in Siegesstimmung: »Nach acht Runden hatte ich ihn moralisch und physisch fertiggemacht.« Ich entgegnete: »Aber Sie wiegen etwas über fünfzig Kilo, Pelerin muß soviel mehr mit sich herumtragen, wie dieser Sack mit Düngemitteln wiegt.« Wir probierten aus, was dieses Mehrgewicht bedeutet, indem wir den Sack zu den Beeten trugen. Nach hundert Metern waren auch wir atemlos.

30. Januar 1964
Heute vor einunddreißig Jahren übernahm Hitler die Macht. Damals verfolgte ich in unserer kleinen Mannheimer Wohnung im Rundfunk den historischen Fackelzug, der vor Hindenburg und Hitler vorbeizog, nicht ahnend, daß ich in der neuen Ära eine Rolle spielen könnte. Nicht einmal an der kleinen Siegesfeier der Mannheimer Parteiorganisation nahm ich teil.

Wenige Monate später lernte ich durch einen Zufall Hitler kennen. Und von diesem Augenblick an verwandelte sich alles, mein ganzes Leben stand ständig wie unter Hochspannung. Sonderbar, wie schnell ich alles aufgegeben habe, was mir bis dahin wichtig gewesen war: das private Leben mit meiner Familie, meine Neigungen, die architektonischen Grundsätze. Dabei hatte ich nie das Gefühl eines Bruchs oder gar Verrats, sondern das von Befreiung und Steigerung; als wenn ich jetzt erst zu meinem Eigentlichen gekommen wäre. Hitler hat mir in der folgenden Zeit viele Triumphe, Erlebnisse von Macht und Ruhm gewährt – er hat mir aber auch alles zerstört. Nicht nur ein Lebenswerk als Architekt und meinen Namen, sondern vor allem die moralische Integrität. Als Kriegsverbrecher verurteilt, meiner Freiheit ein halbes Leben lang beraubt und mit dem immerwährenden Gefühl der Schuld belastet, muß ich zudem noch in dem Bewußtsein leben, meine ganze Existenz auf einen Irrtum gegründet zu haben. Alle anderen Erfahrungen teile ich mit vielen; diese ist die eigene.

Aber ist es überhaupt richtig, daß Hitler für mein Leben die große zerstörerische Kraft war? Mitunter will mir scheinen, als ob ich ihm ebenso auch alle Zuschübe an Vitalität, Dynamik und Phantasie verdankte, die mir das Gefühl verschafften, als löste ich mich vom Boden, auf dem alle sind. Und was soll das heißen, er habe mir meinen Namen genommen? Hätte ich ohne ihn überhaupt einen? Paradoxerweise kann man gerade sagen, dies sei das einzige, was er mir gegeben hat und nie mehr wird nehmen können. Man kann einen Menschen in die Geschichte stoßen, aber nie mehr daraus verdrängen. Daran mußte ich neulich denken, als ich Grabbes *Hannibal* las, wo der punische Feldherr, ebenfalls am Ende aller Hoffnungen, von seinem Negersklaven, bevor er den Giftbecher nimmt, gefragt wird, was denn nach dem Trunk sein werde: »Aus der Welt werden wir nicht fallen, wir sind einmal drin.«

Möchte ich, so frage ich mich da, aus der Geschichte herausfallen? Was bedeutet mir der Platz darin, wie gering er auch sein mag? Wenn ich heute vor einunddreißig Jahren vor die

Am 8. Februar 1942 stürzte die Maschine ab, die meinen Vorgänger im Amt des Rüstungsministeriums, Dr. Fritz Todt, vom Führerhauptquartier nach Berlin bringen sollte. Für mich änderte dieser 8. Februar alles. Als Architekt Hitlers wäre mir nach einem verlorenen Krieg nichts geschehen, noch nicht einmal ein ernsthaftes Verfahren durch die deutschen Entnazifizierungsbehörden hätte mir bevorgestanden. Niemand hätte einen Architekten vor Gericht gestellt.

Hitler erkundigte sich häufig über die Fortschritte beim Bau von neuen Waffen. Von den Vorzügen des siebzig Tonnen schweren Porsche-Tigers war er so überzeugt, daß er sich von wenigen Dutzend Exemplaren die Wende im Sommerfeldzug 1943, und damit in diesem größten aller Kriege, versprach.

Meine Tätigkeit als Rüstungsminister forderte alle Reserven von mir. Nur durch ein Übermaß persönlichen Einsatzes konnte ich den fehlenden Überblick, die unzureichenden Kenntnisse ersetzen. Von morgens bis in die Nacht, selbst während der hastigen Mahlzeiten, hielt ich wichtige Unterredungen ab, diktierte, beriet, entschied. Von Besprechung zu Besprechung sprangen die Themen von einem Problem zum anderen, oft waren Augenblickslösungen, oft Entscheidungen von größter Tragweite zu treffen. Ich überstand diesen Hexenkessel wohl nur, weil ich alle zwei Wochen für einige Tage in bombengeschädigte Betriebe, zu Frontstäben oder Baustellen fuhr, um neue Eindrücke zu sammeln, an die Praxis heranzukommen. Das vermehrte zwar die Arbeitsleistung, gab mir aber frische Energie. Im ganzen liebte ich es, mich zu verausgaben, bis an die Grenzen der Kraft zu gehen. Darin unterschied ich mich im Wesen von Hitler, der die durch den Krieg erzwungene Dauertätigkeit für ein schreckliches Joch hielt, aus dem er sich immer wieder in die Bequemlichkeit früherer Jahre zurücksehnte.

Bei unseren Rüstungsbesprechungen wurde Großindustriellen lediglich zu technischen Spezialproblemen das Wort erteilt. Militärische oder gar politische Fragen kamen in ihrer Gegenwart gar nicht erst zur Sprache.

Obwohl ich den fatalen, verbrecherischen Charakter des Regimes inzwischen eingesehen, mich auch dazu bekannt habe, werde ich in dieser armseligen Zelle immer wieder von Gedanken heimgesucht, in denen ich mir ausmale, wie ich in Hitlers Weltregierung einer der angesehensten Männer gewesen wäre. Wenn ich mir vergegenwärtige, daß unter meiner Leitung als Rüstungs-

-minister bürokratische Fesseln, die die Produktion von 1942 behinderten, entfernt wurden und daraufhin in nur zwei Jahren die Zahl der gepanzerten Fahrzeuge fast auf das Dreifache, der Geschütze auf das Vierfache stieg, wir die Zahl der Flugzeuge mehr als verdoppelten – dann wird mir schwindlig.

Mitte August 1942 waren einige Industrielle mit mir zum Hauptquartier Hitlers gefahren. Es war die Zeit des stürmischen deutschen Vormarschs auf Baku und Astrachan. Das ganze Hauptquartier war blendender Laune. Nach einer dieser Besprechungen saß Hitler im Schatten der Bäume, die seinen Holzbungalow umgaben, an einem einfachen Holztisch auf einer Bank. Es war ein friedlicher Abend, wir waren allein. Hitler begann mit seiner tiefen, durch vieles Reden rauhen Stimme: »Seit langem habe ich alles vorbereiten lassen: als nächsten Schritt werden wir südlich des Kaukasus vorstoßen und dann den Aufständischen im Iran und Irak gegen die Engländer helfen. Ein anderer Stoß wird am Kaspischen Meer entlang gegen Afghanistan und gegen Indien geführt. Dann geht den Engländern das Öl aus. In zwei Jahren sind wir an der Grenze Indiens. Zwanzig bis dreißig deutsche Elite-Divisionen genügen. Dann bricht auch das britische Weltreich zusammen. Singapur haben sie bereits an die Japaner verloren. Ohnmächtig müssen die Engländer zusehen, wie ihr Kolonialreich zusammenbricht!«

Augsburg/Obersmmergau,
den 31.1.45

Stt./Le.

Geheime Kommandosache!

Herrn Hauptdienstleiter Saur
EHK Flugzeuge
B e r l i n   W 35
Friesenstr. 16

Sehr geehrter Herr Saur!

Ich habe Herrn Urban beauftragt, Ihnen in der Beilage die versprochenen Unterlagen über den Fernbomber bezw. Aufklärer unter der Projektbezeichnung P 1107 zu überreichen.

Ich bin überzeugt, daß die beschleunigte Durchziehung dieser Entwicklungsaufgabe und des Serienanlaufes von unerhörter Bedeutung für die Kriegsführung sein wird. Bei richtigem Einsatz muss es möglich sein für eine bestimmte Zeit die wichtigsten Verbindungen des Gegners über See empfindlich zu stören. Ausserdem handelt es sich um eine einmalige Gelegenheit ein Flugzeug zu bringen, in dessen Bereich sämtliche Startplätze der feindlichen Bomber liegen, sodaß diese angegriffen werden können, bevor sie gestartet sind; ja, es besteht sogar die Möglichkeit durch entsprechende Bewaffnung dieses Flugzeug als Jäger oder Zerstörer gegenüber Führungsflugzeugen einzusetzen. Selbstverständlich darf man sich nicht der Hoffnung hingeben, daß ein solches Flugzeug für die Ewigkeit unangreifbar sein wird. Es muss vielmehr mit aller Dringlichkeit durchgezogen und weiterentwickelt werden und rechtzeitig erneut mit noch besseren Leistungen durchgezogen werden. Ich bedaure, daß die Aufgabe erst jetzt angepackt wird, denn an sich ist die Lösbarkeit der Aufgabe seit vielen Monaten bekannt.

Bei normaler Besetzung eines Konstruktionsbüros läßt sich die Konstruktion in etwa 8 Wochen durchziehen. Der schnelle Bau der 1.Flugzeuge und der gleichzeitige Anlauf der Serie hängt von der Tatkraft eines besonders tüchtigen Anlaufbeauftragten ab.

Ich bin überzeugt, daß sich dieser finden läßt, sodaß die Flugzeuge in ähnlich kurzer Zeit erstellt werden können, wie seinerzeit der Lastensegler 321 oder jetzt die 162.

Selbstverständlich ist ein gewisses Risiko, wie in jeder Neuentwicklung, auch hier enthalten. Das Risiko ist aber nicht so gross, daß Schwierigkeiten zu erwarten wären, die nicht oder erst in längerer Zeit zu überwinden wären. Es kann also höchstens sein, daß Schwierigkeiten auftauchen, die zu verhältnismässig geringfügigen Terminverzögerungen führen würden. Es ist aber immer noch besser, man fängt heute diese Aufgabe an, denn einmal müssen ja diese Schwierigkeiten so wie so überwunden werden.

Wie Sie aus beiliegender Baubeschreibung ersehen, ist der Aufwand an Material und Arbeitsstunden geringfügig, sodaß nötigenfalls verhältnismässig grosse Stückzahlen erstellt werden können. Daß bei Konstruktion des Flugzeuges streng darauf geachtet wird, die Anwendung von Sparstoffen zu vermeiden und für alle Werkstoffe, deren Beschaffung ein Risiko ist, eine Ausweichlösung erstellt wird, soweit dies möglich ist, ist selbstverständlich.

Ich wäre Ihnen dankbar, wenn Sie mir bald Ihre endgültige Entscheidung bekanntgeben würden.

Mit freundlichen Grüssen und

Heil Hitler!
Ihr ganz ergebener

1 Beilage

gez.Messerschmitt

Verteiler:
H.Oberst Knemeyer
H.Gen.St.Ing. Lucht
H.Urban
H.Fröhlich - E3

Im Sommer 1944 saßen Keitel, der Generalstabschef des Heeres, Zeitzler, der Rüstungsindustrielle Röchling, Porsche und ich mit Hitler zusammen, um die Notlage nach dem Ausfall der deutschen Treibstoffwerke zu besprechen: »Bald können wir die Angriffe auf London mit der V 1 und der V 2 beginnen«, äußerte Hitler auftrumpfend, »eine V 3 und V 4 werden folgen, bis London ein einziger Trümmerhaufen ist. Den Engländern werden die Augen übergehen. Die sollen sehen, was Vergeltung heißt!«

Donaho hat mir endlich die gewünschte Zeitschrift mit den neuesten Flugzeugtypen eingeschmuggelt. Zu meiner großen Überraschung sehe ich, daß auf dem Gebiet der Jagdflugzeuge seit 1945 nichts grundsätzlich Neues entstanden ist, wenn ich an das ›Nur-Flügel‹-Projekt von Lippisch denke, das die Amerikaner in Kranzberg so faszinierte und das nun von den Engländern in einem vierstrahligen Bomber verwirklicht wurde. Im Januar 1945 besprach ich mit Messerschmitt die Möglichkeit eines Überschall-Flugzeuges, und er meinte, daß wir nicht mehr weit von ihrer technischen Verwirklichung entfernt sein dürften. Jetzt ist man, wie ich lese, schon bei zweitausendzweihundert Kilometern angelangt. Sieben Jahre ist das nun her! Sonderbar, hier in der Zelle den alten Projekten zu begegnen, mit denen ich mich Jahre herumschlug, und die andere nun verwirklichen.

In düsterer Stimmung sinniere ich über die letzten drei Weihnachtsfeste im Kriege. Damals hielt ich es für meine Pflicht, den Tag bei der Organisation Todt zu verbringen, 1942 an der Biskaya, wo Bunker gebaut wurden, 1943 im Norden Lapplands am Eismeer und das letzte Mal an der deutsch-belgischen Grenze, die Ardennen-Offensive war noch im Gange, und die OT hatte den Auftrag, zerstörte Brücken herzurichten.

Meine Liebe gehörte der Architektur. Aber mein eigentliches Werk bestand in der Organisation eines gewaltigen technischen Apparats. Seither bleibt mein Leben mit einer Sache verbunden, die ich im Grunde nicht mochte.

Unschwer hätte Hitler Mitte 1941 eine doppelt so stark armierte Armee haben können. Denn die Produktion jener Grundindustrien, die das Rüstungsvolumen bestimmen, war im Jahre 1941 kaum höher als 1944. Was hätte uns gehindert, die späteren Produktionszahlen schon im Frühjahr 1942 zu erreichen? Selbst die Rekrutierung von rund drei Millionen aus jüngeren Jahrgängen wäre schon vor 1942 ohne Produktionseinbuße möglich gewesen.

Als es zwölf schlug, wurden beide Flügel des Tores geöffnet. Gewohnheitsmäßig wollte ich vorn neben dem Fahrer Platz nehmen. Flächsner schob mich zur Hintertür; ich müsse schließlich an der Seite meiner Frau das Gefängnis verlassen.

Im Berliner Hotel »Gerhus« angekommen, stand ich erstaunt vor zahllosen Kameras und Mikrophonen. Ich gab bereitwillig Auskunft und fühlte mich bald wieder in meinem Element.

Jedem Brief aus Heidelberg hatten Familienphotos beigelegen. Immer wieder hielt ich sie in der Hand und verglich sie mit älteren Bildern, um die Entwicklung der Kinder wenigstens auf diese Weise verfolgen zu können. Früher hatte ich mich darauf gefreut, diese Jahre mitzuerleben. Doch dann hatte ich das Gefühl, daß ich die Kinder nicht nur für die Dauer der Haft, sondern für immer verloren hatte. Wie sollten sich nach zwanzig Jahren die natürlichen Gefühle einstellen? Über solchen Grübeleien geriet ich mitunter an den Gedanken, ob es nicht besser wäre, wenn ich erst gar nicht mehr nach Hause käme. Was sollten sie mit einem mehr als sechzigjährigen Fremden?

Vierzehn ruhige Tage in Schleswig-Holstein. Wir hatten am Kellersee ein Haus gemietet, und zum ersten Mal war die ganze Familie beisammen. Jeden Tag wachte ich zur gewohnten Zeit auf, und noch immer drängte es mich, meine Kilometer abzuwandern. Es herrschte eine harmonische Stimmung, und alle bemühten sich um mich, aber mit ein wenig Überraschung bemerkten sie meine Eigenarten.

Manchmal stieg bereits eine Ahnung in mir auf, Unüberwindliches nicht beiseite räumen zu können.

Wahl gestellt worden wäre, entweder als Stadtbaurat in Augsburg oder Göttingen ein ruhiges und angesehenes Leben zu führen, mit einem Haus vor der Stadt, zwei, drei ordentlichen Bauten im Jahr, und in den Ferien mit der Familie nach Hahnenklee oder Norderney – dies also, oder aber alles noch einmal, der Ruhm und die Schuld, die Welthauptstadt und Spandau sowie das Gefühl des fehlgeschlagenen Lebens: wofür würde ich mich entscheiden? Wäre ich bereit, den Preis noch einmal zu zahlen? Mir schwindelt bei dieser Frage. Ich wage kaum, sie zu stellen. Beantworten kann ich sie nicht.

19. Februar 1964
Seit mehr als zwei Wochen keine Eintragungen. Aber immer wieder der neulich formulierten Frage nachgegangen. Sie hat sich mir inzwischen etwas verschoben. War es denn wirklich, so frage ich mich jetzt, der Ehrgeiz, in die Geschichte zu kommen, der mich vorwärtstrieb? Was war eigentlich der bestimmende Antrieb meines Lebens, der Motor allen Handelns? Eines weiß ich ganz sicher: Ungleich den meisten aus der engsten Umgebung Hitlers hatte ich kein ramponiertes Gemüt, ich war frei von Ressentiments. Das hat mich auch untauglich für Hitlers Ideologie gemacht. Ich war kein Antisemit, das Rassedenken schien mir stets eine Schrulle; ich hielt auch nie etwas von der darwinistischen Totschlagstheorie, die Hitler so wichtig war, und schließlich war mir auch das ganze Lebensraumprogramm fremd, so sehr ich Deutschland auch groß und mächtig sehen wollte.

Was aber war es dann tatsächlich? Zu allererst war da die Person Hitlers, die auf mich lange Zeit eine suggestive und bezwingende Macht ausübte. Aber dies war es nicht allein. Fast stärker noch war das Rauschempfinden, das Hitler in mir erzeugte, die ungeheuren Selbststeigerungen, zu denen er mich befähigte und die ich bald benötigte wie der Süchtige die Droge. Während des Krieges dann, als Rüstungsminister, habe ich erst bemerkt, daß mir auch die Macht etwas bedeutete, der gewöhnliche Ehrgeiz, zu den Tätern historischer Vorgänge zu gehören. Ich weiß noch, wie Hitler mir den Auftrag gab, den

Atlantikwall, ein Festungssystem vom Nordkap bis zu den Pyrenäen, zu bauen, und welche Höhengefühle mich erfüllten, als ich durch meine Unterschrift über Milliarden verfügte und Hunderttausende von Menschen an die Baustellen dirigierte. Erst im nachhinein wird mir deutlich, daß ich als Architekt an Hitlers Seite auch den Genuß von Macht suchte.
Aber ich bin doch ziemlich sicher, daß ich alle Macht der Welt leichten Herzens hingegeben hätte, dazu war ich Künstler genug, wenn mir dafür nur ein einziger vollkommener Bau vergönnt gewesen wäre, vollkommen wie das Pantheon, die Kuppel der Peterskirche oder eine der tempelartigen Villen Palladios. Damit in die Geschichte zu kommen – das war es, was mich vorantrieb. Deshalb sagte ich Hitler auf dem Höhepunkt des Krieges, auf dem Höhepunkt auch meiner Erfolge als Rüstungsminister, daß ich nichts verlangte, als wieder ein Architekt zu sein.

27. Februar 1964
Immer wieder Musik in der Rocktasche! Heute hörte ich, dirigiert von Karl Böhm, *Die Frau ohne Schatten*. Außerdem vor einigen Tagen eine Wiedergabe des *Parsifal* unter Knappertsbusch, die mich tief bewegte.

3. März 1964
Mein Antrag auf Lieferung von Rittersporn, Levkojen und Clematis sowie auf fünfzehn Vogelkästen ist genehmigt worden. Letham freilich meinte: »Sind fünfzehn Kästen nicht zuviel?« Offengestanden hatte ich damit gerechnet, daß die Direktoren nur einem Teil meiner Forderung zustimmen werden. Wir einigten uns auf fünf.

16. März 1964
Heß hat mehrere hundert Titel von Büchern aufgezählt, die er besorgt haben möchte. Heute wird ihm mitgeteilt, daß er nicht mehr als hundert Titel aufführen dürfe. Sein Interesse konzentriert sich ganz allgemein auf Soziologie und Nationalökonomie, im besonderen aber auf Zivilisationsschäden. Er spürt seit langem den Zusammenhängen nach, die zwischen diesen Erscheinungen und der liberalen Demokratie bestehen. Immer

wieder kommt er mir mit angeblichen Konsumexzessen in den Vereinigten Staaten, er registriert begeistert alle Berichte über Fehlinvestitionen in der Marktwirtschaft, notiert emsig Nachrichten über Bodenspekulation, Kriminalität, Haltungsschäden bei Kindern und gesundheitliche Störungen durch Konserven. Aus häufig lachhaften Randmeldungen baut er sich eine Untergangsvision zusammen, vor der er vermutlich dann wieder einmal die Gestalt des Retters erstehen sieht.

19. März 1964

Mein neunundfünfzigster Geburtstag, der neunzehnte in Gefangenschaft übrigens, begann mit verschüttetem Salz. Das war beim Frühstück. Hinterher ließ ich mir die Haare schneiden. Dann alles wie gewöhnlich.

24. März 1964

Seit Beginn des Russenmonats März habe ich mir notiert, wie oft wir welches Gericht bekamen. Das Ergebnis: Krautsalat zehnmal, Rote Rüben zwanzigmal, eingemachte Tomaten achtmal. Gulasch vierzigmal, Salzkartoffeln achtundvierzigmal, Karotten fünfunddreißigmal und schließlich Butter, Brot sowie Ersatzkaffee fünfzigmal.

Ich weiß, eine sinnlose Statistik. Sinnlos auch, daß ich sie hier niederschreibe. Was läßt es mich dennoch tun?

26. März 1964

Heute ab fünf Uhr morgens Amselkonzert. Ich erwachte davon. Als ich ans Fenster stieg, um mir den Vogel anzusehen, kam mir der Gedanke, daß dies die gleichen Töne sind, die schon die Menschen der Vorzeit, die Neandertaler oder die Höhlenmaler der Dordogne vernommen haben. Was für eine sonderbare Verbindung quer durch die Weltzeitalter!

Um sechs Uhr wurde dann das Vogelkonzert von Schirach abgelöst. Wieder einmal erregte er sich beim Waschen über das Entschwinden von »Martha, Martha«, gelangte aber bald von den trügerischen Weiberherzen zu der Saale hellem Strande, wo ihn im gedehnten »Morgenrooot« der »frühe Toooood« erlöste.

Neun Uhr. Heß hatte einige Bücher von seiner Frau geschickt

bekommen, doch will er eines davon wieder zurückschicken. »Es war auf meiner Liste, aber es ist ein technischer Roman, und Romane lese ich grundsätzlich nicht«, erklärte er. Dann wies er den russischen Chefwärter an: »Das Buch geht zurück an meine Frau! Ich bringe es Ihnen gleich vorbei.« Er wirkte dabei merkwürdig exaltiert; seine Erregung steigerte sich noch, als er mit dem Buch in der Hand an meine offene Tür klopfte: »Ist dieses Buch gelesen oder nicht?«, fragte er hastig. »Sehen Sie es sich an: Ist es gelesen oder nicht? Ich frage Sie: Bis hier habe ich es gelesen. Das sieht man den Seiten auch an! Aber von hier ab ist es ungelesen. Meine Frau aber hat mir geschrieben – so hören Sie doch endlich zu, Herr Speer! –, daß sie und mein Sohn das Buch gelesen hätten. Ferner muß es ja auch der Zensor gelesen haben, im ganzen also drei Personen. Und wissen Sie, was daraus folgt?«, fragte er nervös und mit flatterndem Blick. »Jetzt ist es endlich bewiesen! Ha, ha!« Er schlug mit dem Fingerknöchel an die Zellenwand: »Ha, ha! Es ist gar nicht das Buch, das meine Frau geschickt hat! Man hat es einfach ausgetauscht! Ha, ha!« Ich sah ihn, wie er da aufgeregt vor mir herumtanzte, sprachlos an. »Verstehen Sie nicht?«, rief er. »Die Direktion hat das gleiche Buch noch einmal gekauft. Was sagen Sie dazu?« Ich schüttelte stumm und irritiert den Kopf. Der Siebzigjährige erstarrte, richtete sich stolz auf und sagte über mich hinweg: »Ich verstehe, Sie ziehen es vor zu schweigen.« Dann drehte er sich abrupt um und verließ steifen Schritts die Zelle.

4. April 1964
Schlabrendorff ist von Washington zurück. Er wurde vom sowjetischen Botschafter Dobrinyn empfangen, der mit ihm offen gesprochen haben soll. An detaillierten Bedingungen seien für meine Entlassung von russischer Seite genannt worden: Garantien, daß ich mich politisch künftig nicht betätigen werde, was ich gern bestätigen werde; Gewißheit, daß ich finanziell gesichert sei; Freilassung von kommunistischen Häftlingen in der Bundesrepublik; und dann eine Exportverpflichtung der Firma Krupp an die UdSSR.

26. April 1964
Heß hatte heute siebzigsten Geburtstag. Ich habe ihm alles Gute gewünscht. Der Koch hatte davon Notiz genommen und äußerte, als er Platte um Platte auf dem Anrichtetisch absetzte, mit gespieltem Unwillen: »Und das noch, und das noch, und das noch, für die Herren Häftlinge!« Es war wirklich eine Art Festessen: Gebratene Forellen, Perlhuhn, Kuchen mit Schlagsahne, Obst, Schokoladencreme und dazu alkoholfreie Getränke. Am Nachmittag kamen der amerikanische und britische Direktor gemeinsam zur Gratulation in die Zelle von Heß. Doch bevor sie zu Wort kommen konnten, sagte Heß steif: »Ich danke für den Zufall mit dem Essen.«

12. Juni 1964
Zum hundertsten Geburtstag von Richard Strauss wurde heute ein Festkonzert der Dresdner Staatskapelle gesendet, mit der der Komponist seine größten Triumphe gefeiert hat. Zum erstenmal hörte ich die *Metamorphosen für Streichorchester* F-Dur, die 1945, kurz vor Kriegsende, entstanden. Ein erschütterndes Tondokument aus den Tagen des Zusammenbruchs, nach dem Trauermarsch der *Eroica* komponiert. Klage, Verzweiflung, Jammer angesichts der Apokalypse, die über das Vaterland hereingebrochen ist, und am Ende dann eine unsicher und fragend angedeutete Hoffnung. Der Achtzigjährige, der sich dem Dritten Reich als Präsident der Reichsmusikkammer zur Verfügung gestellt und manche der verbreiteten Illusionen geteilt hatte, schrieb sich, so scheint mir, mit diesem Werk von der Seele, was ihn bedrückte: das Gefühl der Ausweglosigkeit, die Ahnung der eigenen Schuld, das Wissen von Unwiederbringlichem. Dann das Konzert für Horn und Orchester Nr. 1 und schließlich die sinfonische Dichtung *Also sprach Zarathustra*, jene pathetisch hochgezogene Musik mit Assoziationen an Hochgebirgseinsamkeit, Prophetenlyrik und Sils Maria. Das Publikum wahrte einige Sekunden nach den Schlußakkorden ergriffene Stille. Dann kam der Beifall.

22. Juni 1964
Einer der Wärter hat heute eine Minox-Kamera eingeschmuggelt, mit der ich drei Rollen Farbaufnahmen vor allem im Garten gemacht habe. Die kleine Kamera schirmte ich dabei bis auf das Objektiv durch die Handfläche ab. Zu Hause sollen sie einen Eindruck davon bekommen, wie meine Welt jenseits des Besuchsraumes aussieht. Am häufigsten habe ich meine Blumenkulturen fotografiert, und sie werden daran erkennen, wie stolz ich darauf bin. Schließlich sind sie neben diesen Notizen das einzige, was über all diese zwanzig Jahre hin mich unvermindert beschäftigt hat. Meine Frau und die Kinder werden, falls die Aufnahmen gelungen sind, wunderschöne Bilder von Iris, Nelken, Levkojen und Lupinen sehen – alles, was sie in der Gärtnerei um die Ecke auch finden können.

23. Juni 1964
Immer häufiger messe ich die verbleibende Haftzeit an meiner »Spandauer Uhr«. Es ist unterdessen 21.26 Uhr und 27 Sekunden. Ich bin enttäuscht, denn ich dachte, es sei bedeutend später. Die kleinste Zeiteinheit, eine Sekunde, entspricht übrigens zwei Stunden und zehn Minuten in Spandau.

24. Juni 1964
Heute morgen mit starken Zahnschmerzen erwacht. Scharkow sah sich meinen Zustand an, denn er sollte den Passierschein für den amerikanischen Zahnarzt unterschreiben. Lakonisch erklärte er: »Zahnschmerzen keine Katastrophe.« Er werde aber, so fügte er hinzu, seinen Direktor auf dem direkten Draht zwischen Gefängnis und Karlshorst anrufen.
Der Zahnarzt im Rang eines Obersten röntgt mich einige Stunden später; nachmittags hat er einen Zahn gezogen, einen weiteren abgebrochen. Der Kiefer verwandelte sich in ein Bergwerk: mit Hammer, Meißel und Bohrer wurden in über einer Stunde die Reste beseitigt. Für alle Fälle war ein französischer Internist anwesend.

23. Juli 1964
Wieder fünf Wochen ohne Eintragung. Viel im Garten gearbeitet, wenig gelesen. Lustlos.

25. Juli 1964
Als ich Bray vor Tagen nach dem Titel eines brauchbaren amerikanischen Dictionaire fragte, kam er einige Tage später mit einem dicken neuen Webster an. »Der ist für Sie! Mein Abschiedsgeschenk.« Er verläßt uns in einigen Wochen, weil ihm die Atmosphäre des Gefängnisses zuwider ist. »Ich stelle das Buch«, sagte Bray, »gleich in die Bibliothek, da merkt es niemand. Aber es ist für Sie!«
Ich hatte eine bessere Idee und stellte Antrag auf Übersendung eines französischen und amerikanischen Dictionaires durch die Familie. Nachdem das genehmigt war, gab Hilde Brays Webster und einen Petit Larousse bei der Verwaltung ab. Nun blätterte Scharkow einen Nachtdienst lang die beiden Wälzer durch, um festzustellen, ob nicht etwa eine geheime Botschaft verzeichnet ist. Ich finde diese Besorgnis etwas lächerlich und beruhigend zugleich. Denn sie würden sich diese Mühe nicht machen, wenn sie von meiner illegalen Verbindung nach draußen wüßten. Andrysew erschien nun heute morgen und sagte freundlich: »Einige Stellen müssen leider aus den Wörterbüchern herausgeschnitten werden. Sind Sie damit einverstanden?« Ich bejahte.
Einige Stunden später erhielt ich die beiden Bände. Fünf bis sechs Stellen waren herausgeschnitten, darunter drei beim Buchstaben H.

27. Juli 1964
Sieben Achtel der Gesamtstrafe sind abgegolten. Ich rechne aus, daß Ernst beispielsweise nach seinem nächsten Besuch im Oktober nur noch einmal kommen wird. Ich werde auch darauf verzichten, im Herbst einen Komposthaufen anzulegen. Das Laub werde ich diesmal verbrennen und die Asche zur Verbesserung des Bodens verwenden. Wäsche und Hemden will ich auftragen und zu Hause darum bitten, mir zu Weihnachten und zum Geburtstag nur noch Aufnahmen mit Einzelinstrumenten zu schicken, denn zu Hause gibt es einen Stereoapparat, und nur die Aufnahmen mit Einzelinstrumenten werden nichts vom Klang verlieren.

4. August 1964
Der Besuch Schlabrendorffs bei Chruschtschows Schwiegersohn Adschubej, der gerade die Bundesrepublik besuchte, ist erfreulich verlaufen. Der Russe hat für meinen Fall verheißungsvolle Andeutungen gemacht. Nach seiner Rückkehr steht in der *Iswestija*, deren Chefredakteur er ist, etwas über die »Beseitigung einiger Reste von Kriegsfolgen«, falls die deutsche Seite sich entgegenkommend zeige.

9. August 1964
Ich lese in letzter Zeit wieder viele Fachbücher. Wenn ich entlassen werde und wieder arbeiten will, muß ich auf dem laufenden sein.
Bei der etwas gründlicheren Beschäftigung mit dem Wiederaufbau seit 1945 fällt mir auf, wie sehr sich das Gesicht des Landes verwandelt hat. Ich werde nicht nur die Städte, die ich als Ruinen verließ, weitgehend wiederaufgebaut, sondern auch verwandelt vorfinden. Nach den Berichten und Zeitungsbildern scheint mir, daß der früher so unverwechselbare Charakter der deutschen Städte im Fieber des Wiederaufbaus abhanden gekommen ist. Die immer gleiche Rasterarchitektur der Geschäfts- wie der Wohnbauten hat offenbar nicht nur die Unterschiede zwischen einer norddeutschen Handelsmetropole und einer süddeutschen Bischofsresidenz eingeebnet, sondern auch dem Profil deutscher Städte etwas von internationaler Gesichtslosigkeit verschafft.
Vor allem überrascht mich aber der unterschiedslose Triumph der Hochhausarchitektur von den Innenstädten bis aufs flache Land. Zu meiner Zeit galt die Regel, daß das Hochhaus nur für Citygebiete ästhetisch zulässig und wirtschaftlich zweckmäßig sei. Die außerordentlichen Fundamentierungskosten sowie die Aufwendungen für Bau und Unterhalt machten das Hochhaus nur dort rentabel, wo – wie in New York, in der Londoner Innenstadt oder in Berlin C 1 – extreme Quadratmeterpreise verlangt und höchste Mieten erzielt wurden. Jetzt sehe ich in den Zeitungen, daß Hochhäuser nicht nur in den mittelgroßen Städten wie Ulm, Freiburg oder Gießen entstehen,

sondern auch in den malerischen Städtchen in der Lüneburger Heide oder an der Bergstraße. Manchmal kommt es mir so vor, als finde hier eine zweite und von eigener Hand ausgeführte Verwüstung Deutschlands statt. Wer bedenkt, wie eifersüchtig das Land immer über seine nationale Individualität gewacht, wie viel ihm, bis in den Exzeß hinein, sein Sonderbewußtsein als Kulturnation bedeutet hat, wird erst ermessen, was an Abschied und Selbstaufgabe in solchen Erscheinungen sichtbar wird. Meinem Naturell und meinem sentimentbestimmten Sinn für Tradition wäre schmerzlich genug angekommen, wenn diese zweite und sicherlich endgültige Umwandlung des gebauten Deutschlands durch Mies van der Rohe, Taut, Hilbersheimer oder Gropius vorgenommen worden wäre; es haben aber wie immer die subalternen Konfektionäre das Feld behauptet. Es fällt mir überhaupt auf, daß – von wenigen Leuten wie Eiermann, Scharoun oder Schwippert abgesehen – kein starkes Temperament der Bauentwicklung dieser zwanzig Jahre das Gepräge zu geben vermochte, während doch das eine Jahrzehnt nach dem Ersten Weltkrieg ein Ausbruch von Genie ist. Mir scheint, daß darin ein tieferer Gedanke zum Ausdruck kommt. Ich habe in all diesen Jahren immer wieder gelesen, mit welcher Genugtuung man den Abschied von der Baugesinnung des Dritten Reiches begrüßt. Aber ist nicht vielleicht mehr vergangen als unser forcierter Klassizismus? Es könnte doch sein, daß aller Formwille aufgehört hat. Dann wären nicht nur ein oder mehrere Stile, vielmehr die Architektur selber wäre dann am Ende.
In solcher Perspektive sehe ich, nicht ohne Überraschung, Scharoun und Corbusier, Poelzig und Mendelsohn neben mir – und auf der anderen Seite die Ingenieure der Fließbandbauweise des 21. Jahrhunderts. Und wir alle, wie sehr wir auch gegeneinanderstanden, wären dann die Figuren einer abtretenden Epoche.

15. August 1964
Eine zweite Enkelin ist angekommen. Draußen geht die Zeit weiter.

18. September 1964
Fünf Wochen ohne Eintrag. Heute feiere ich den Abschluß des zehnten Jahres gezählter Kilometer. 25 471 Kilometer habe ich zurückgelegt!

30. September 1964
Fast während des ganzen vergangenen Jahres, des achtzehnten meiner Haft, war ich verzweifelt und geängstigt. Das immer näher kommende Ende gab mir weder Gleichmut noch Erleichterung.

Das neunzehnte Jahr

1. Oktober 1964

Vor einigen Tagen, zu Ende des britischen Monats, konnte Musker seinen Morning-Tea nicht zubereiten. Aufgebracht trug er ins Gefängnis-Journal ein: »Über Nacht wurde der Tee gestohlen. Im Dienst waren die Russen Scharkow und Solin.« Diese Beschuldigung wurde von den Russen übel aufgenommen. Seit gestern haben sie das Grüßen eingestellt, ihr Direktor ist angeblich erkrankt. Die westlichen Direktoren beschlossen daraufhin, ihrem kranken Kollegen einen Blumenstrauß zu schicken. Aber sein Vertreter Scharkow wies die Geste eisig zurück: »Dafür ist er nicht krank genug!«
Heute nun hat sich der Vorfall aufgeklärt. Als Pelliot in jener Nacht feststellte, daß die britische Torwache keinen Tee hatte, brachte er den Soldaten Muskers Teedose. Das war alles. Im Zellenblock heute darüber großes Gelächter.
Und morgen wird wohl auch der russische Direktor wieder gesund sein.

2. Oktober 1964

Karl Piepenburg, mein ehemaliger Oberbauleiter, der im Jahre 1938 zur pünktlichen Fertigstellung der Reichskanzlei wesentlich beigetragen hat, besitzt ein großes Baubüro in Düsseldorf. Er hat ausrichten lassen, daß er mir gern zur Verfügung stünde, wenn ich nach meiner Entlassung Aufträge suchte. Auch Otto Apel, einst mein engster Mitarbeiter, zählt zu den arrivierten Architekten, vor kurzem hat er den Gebäudekomplex der amerikanischen Botschaft in Bonn gebaut. Auch er erklärte sich bereit, nach meiner Freilassung mit mir zusammenzuarbeiten. Die Nachrichten beruhigen mich zwar; gleichzeitig aber verstärken sie den Zweifel, den ich unlängst zu formulieren versuchte. Damit meine ich nicht nur, daß es schwer sein wird, als Sechzigjähriger in den Ateliers meiner inzwischen etablierten ehemaligen Mitarbeiter Fuß zu fassen; ihre Pläne und Bauten, die ich im ganzen sehr anständig finde, bestätigen doch mein Gefühl, daß meine Zeit eigentlich abgelaufen ist. Auch frage ich mich, ob ich mich dareinschicken kann, eine Turnhalle in Detmold, eine Autowäscherei für Ingolstadt zu bauen. Luxuriöse Zweifel, weiß Gott!

3. Oktober 1964

In der *Welt* las ich einen Bericht über den kürzlichen Berlin-Besuch Mies van der Rohes. Der Achtundsiebzigjährige soll die »Galerie des zwanzigsten Jahrhunderts« am Landwehrkanal bauen, nicht weit von der Stelle, an der ich die »Soldatenhalle«, unser Pantheon, vorgesehen hatte. Der Senat scheint ein wenig beunruhigt, daß der Architekt für Kostenerwägungen so wenig Interesse zeigt. Ich lese das mit Erheiterung, stelle mich aber in Gedanken ganz auf die Seite Mies van der Rohes. Es ist in der Tat eine Binsenwahrheit, daß große Architektur große Mittel verlangt. Ich habe mich immer gefragt, ob die hausväterische Demokratie in der Lage sein kann, dem Staat einen angemessenen architektonischen Ausdruck zu geben. Noch heute verstehe ich Hitlers Empörung, daß in den zwanziger Jahren jede Bank und jede Versicherungsgesellschaft für ihre Verwaltungsgebäude höhere Mittel zur Verfügung hatte als der Staat für seine Repräsentationsbauten. Mies hat auch erklärt, daß er sich in dem zerstörten Berlin kaum mehr zurechtgefunden habe. Wie wird es mir ergehen?

15. Oktober 1964

Chruschtschow ist gestürzt. Zu Hause wird man enttäuscht sein, weil wieder ein Faden gerissen ist. Ich selbst bin nahezu empfindungslos. In früheren Jahren hatte ich mir eine skeptische Allüre gegeben; aber dahinter hegte ich wie alle hier meine Illusionen. Jetzt sind sie wirklich dahin. Die Franzosen kennen das Wort ›assommer‹, es bedeutet sowohl »jemanden töten« als auch »durch exzessive Langeweile erschüttern«. Dieses Wort kennzeichnet meinen Zustand.

24. Oktober 1964

Seit einigen Monaten kämpft Heß hartnäckig um die Möglichkeit, umfangreiche Auszüge aus seinen Büchern anzufertigen. Er beantragte dafür größere Mengen Schreibpapier, doch wurden seine Anträge bislang abgelehnt. Heute hat er dem französischen General seinen Wunsch nahezu ultimativ vorgetragen: »Gegen eine Zensur meiner Notizen habe ich nichts einzuwenden«, erklärte er mit einiger Schärfe, »auch würde ich mich damit abfinden, daß die Auszüge später verbrannt werden. Aber ich möchte meine Niederschriften über einen größeren Zeitraum zusammenhalten, um rekapitulieren zu können. Das ist mit diesen wenigen kleinen Heften nicht möglich.« Als Heß heftig und unkontrolliert wurde, verließ der General abrupt die Zelle. Er starrte jedoch nahezu fassungslos den Direktor an, als der ihm bestätigte, daß alle unsere Aufzeichnungen von Zeit zu Zeit eingesammelt und maschinell vernichtet würden. »Das ist so?«, fragte er befremdet und drehte sich kopfschüttelnd ab.

10. November 1964

Heute die Rosen zurückgeschnitten und Laub gesammelt. Nutall fachte mit einigen Nummern des *Daily Telegraph* ein Feuer an, das ich mit Rosenholz und Laub in Gang hielt. Die Sonne schien, unsere neu angebrachten Thermometer zeigten minus ein Grad im Schatten, in der Sonne an der Südmauer aber plus acht Grad. Das Sonnenthermometer hilft verschiedenen Wärtern, die Kälte nicht so sehr zu empfinden. Schirach lief unterdessen die Runde und pfiff »Ol' man river...«.

11. November 1964

Der langjährige Direktor der Amerikaner verabschiedete sich und stellte seinen Nachfolger vor: Eugene Bird. Der Neue versicherte, daß alles seinen Gang weitergehen werde; er ist übrigens nebenbei für »clubs and entertainments« der in Berlin stationierten amerikanischen Truppen verantwortlich. Im *Kurier* war kürzlich zu sehen, wie er auf einem Podium dem Publikum die Schönheitskönigin des amerikanischen Volksfestes vorführte. Bereits 1947 war er als Leutnant zum Spandauer Wachdienst eingeteilt, ich kann mich jedoch nicht an ihn erinnern.

12. November 1964
Heute unterhielt ich mich in der Mittagspause eine Stunde lang angeregt mit Godeaux, als Schirach plötzlich seine Signalklappe fallen ließ. Empört verlangte er Ruhe, er wolle schlafen. Sein blaublütig hochmütiger Ton verletzte den Franzosen, und er belehrte ihn, daß es nicht Sache der Gefangenen sei zu entscheiden, wann und wie sich die Wärter unterhielten. Schirach wies Godeaux rechthaberisch auf die Gefängnisordnung hin, die das Sprechen mit den Gefangenen verbiete. »Na also! Dann halten Sie doch endlich den Mund!«, erwiderte Godeaux und fügte hinzu, daß übrigens auch das Singen und Pfeifen nicht erlaubt sei. Aber Schirach ließ sich nicht einschüchtern: »Wenn Sie nicht sofort aufhören, mit Nummer fünf zu sprechen, werde ich Sie dem russischen Direktor melden«, drohte er. Wir ließen uns gleichwohl nicht abschrecken, aber die Lust war uns vergangen. Bald beendeten wir unsere Konversation.

18. November 1964
Heß wurde heute erstmals seit Nürnberg von seinem Anwalt, Dr. Alfred Seidl, besucht. Da er sich alle Familienbesuche verbeten hat, ist es sein erster Besuch in den fast zwanzig Spandauer Jahren überhaupt. Anschließend wirkte Heß aufgerüttelt. Er war für Stunden lebhaft und zugänglich. »Seidl hat sich gefreut, daß ich einen frischen Eindruck mache«, meinte er strahlend. »Aber da kam er bei mir an den Richtigen. Ich habe ihm erst einmal aufgezählt, an welchen Krankheiten ich alles leide.« Unbekümmert fuhr Heß fort: »Und dann möchte mein Sohn mich endlich einmal sehen. Würden Sie das verstehen?« fragte er mich. Als ich nickte, fuhr er fort: »Ja, als Belohnung. Als Belohnung, falls er das Examen

des Regierungsbaumeisters mit ›gut‹ besteht, soll er seinen Vater sehen.« Ich war verblüfft: »Als Belohnung?«, erwiderte ich. »Er ist kein kleines Kind mehr, das belohnt wird.« Heß lächelte hochmütig, wie es seine Art ist, in sich hinein. »Auch Schirach ist Ihrer Meinung. Aber es bleibt dabei, ich habe bereits eins, zwei, drei gezählt!« Ich begriff nicht. »Eins, zwei, drei – was soll denn das nun wieder?«, fragte ich. »Wenn ich die Zahl ›drei‹ ausgesprochen habe«, sagte Heß, »ist ein Entschluß unwiderruflich, müssen Sie wissen. Dann ist nichts mehr zu machen.« Ich erwidere ihm, an der Stelle seines Sohnes würde ich ihn hereinzulegen versuchen. Ich würde ihm notfalls eine falsche Note mitteilen und mir einen Besuch genehmigen lassen. »An diese Möglichkeit habe ich auch schon gedacht«, wandte Heß ein. Deshalb habe er seinem Sohn auch schon vor einiger Zeit geschrieben, er könne in diesem Falle sicher sein, seinen Vater nicht zu sehen. Die Reisekosten wären glatt umsonst ausgegeben! – »Und auch früher«, fragte ich dann, »konnten Sie einen ›Eins-zwei-drei-Entschluß‹ bei einer neuen Lage nicht revidieren?« Heß schüttelte finster den Kopf: »Nein, niemals! Das geht nicht.«
Erst hinterher fiel mir ein, von Hitler gelegentlich gehört zu haben, daß Heß bereits auf der Festung Landsberg im Verlauf einer Diskussion mitunter jedes Zugeständnis durch diese Formel ausgeschlossen hatte.

18. November 1964

Als ich heute, während ich einen Brief schrieb, auf dem Gang Letham herankommen hörte, stopfte ich schnell und nervös alles Papier in meine Unterhose. Beim Essenholen hatte ich dann das unangenehme Gefühl, daß Letham genau auf die ausgebuchtete Stelle sah. In der Zelle zurück, verstaute ich beunruhigt das Schreibzeug zwischen den Matratzen und schob an die ausgebuchtete Stelle des Beins ein Taschentuch. Als ich mein Geschirr zurückgab, beachtete Letham mich überhaupt nicht. Fast tat mir das leid. Denn ich hatte mir schon ausgemalt, wie er mißtrauisch, aber mit falscher Leutseligkeit, auf die Ausbuchtung hinweisen würde, wie ich nachfühlen, hineingreifen und mein Taschentuch mit dem Ausruf: »Das habe ich doch gesucht!« herausziehen würde.

19. November 1964

Die Beschwerden von Heß beim französischen General hatten wider Erwarten Erfolg. Durch Direktionsbeschluß wurde jedem von uns für unsere Notizen ein hundertneunzig Seiten starkes Buch zur Verfügung gestellt; es entspricht, wie Heß ausrechnet, zwölf bisherigen Notizheften. Er schreibt nun jeden Tag stundenlang die Seiten aus seinem alten Schreibheft ab, die ihrerseits Exzerpte aus früheren Niederschriften sind.

20. November 1964

Ein Blatt mit der Dienstvorschrift für die Wachmannschaften der vier Nationen wurde durch einen Sturm vom Wachturm in den Garten geweht. Der Schußwaffengebrauch ist nur bei einem gewaltsamen Eindringen Fremder in den Garten gestattet; im Falle der Selbstverteidigung lediglich, wenn der Gefangene und seine Helfershelfer den Soldaten mit Gefahr für Leib oder Leben bedrohen; bei einem Fluchtversuch, sofern er sich nicht durch andere Mittel verhindern läßt; selbst dann soll versucht werden, den Gefangenen lediglich bewegungsunfähig zu machen, keinesfalls dürfe er getötet werden.

22. November 1964

Ich lese Petronius: *Die Abenteuer des Encolp*, eine Satire aus dem ersten nachchristlichen Jahrhundert. Ich frage mich, ob dieses Gemälde von Ausschweifung, Korruption und Niedertracht ein einigermaßen zutreffendes Bild der römischen Sitten zur Zeit Kaiser Neros gibt. Denn immerhin hatte das Reich bis zum endgültigen Zerfall noch zweihundert Jahre lang glanzvoll Bestand. Der gleiche abgrundtiefe Pessimismus und das gleiche absprechende Urteil über die jeweils eigene Zeit finden sich auch bei Horaz, Martial, Persius, Juvenal und Apulejus. Es scheint eine Art Gesetz zu geben, wonach jede Generation ihre eigenen Sitten als verderbt ansieht und die der vergangenen verklärt. Über Generationen hin betrachtet, müßte die Verderbnis inzwischen unfaßbare Ausmaße angenommen haben. Dies muß man wissen. Es gilt doppelt in meinem Falle, der ich keine Außenwelt kenne. So frage ich mich, ob mir die zeitgenössischen Romane, die ich in diesen Jahren las, die Lamento-Literatur von Böll bis Walser, ein annähernd verläßliches Bild der gegenwärtigen Zustände vermittelt hat und ob dort draußen tatsächlich dieser Sumpf von Raffgier, Laster, Konformismus, Nazigesinnung und Mittelmäßigkeit herrscht, der sich mir als Vorstellung aufgedrängt hat.

24. November 1964

Heute las ich in der *Welt* einen Bericht, wonach der hessische Generalstaatsanwalt Bauer 100 000 DM auf die Ergreifung Bormanns ausgesetzt habe; es gäbe Hnweise, daß er sich in Südamerika aufhalte. Während ich mir noch überlegte, wie es wohl wäre, wenn ich Bormann, meinem erbitterten Gegner von ehemals, in einem Prozeß gegenübertreten müßte, schloß der kleine, rundgesichtige und untersetzte Sadot meine Zelle auf und fragte mit deutlich hörbarem Hinterhalt in der Stimme: »Wie lange haben Sie eigentlich noch?« Sadot weiß das natürlich genau. Als ich nicht reagierte, fuhr er fort: »In den Zeitungen steht, daß Ihr Freund Bormann noch lebt und daß neue Verbrechen bekanntgeworden sind. Wie sah er eigentlich aus?« Das Bild Bormanns zusammensuchend, sah ich Sadot nachdenklich an. Auf einmal hatte ich einen Einfall. Als käme mir plötzlich eine Erleuchtung, sagte ich mit gespielter Aufregung: »Ja, ist sowas möglich? Das – das ist doch gar nicht zu glauben! ›Sadot‹ sagen Sie?« Er sah mich verständnislos an. Dann gewann er seine Fassung zurück: »Jawohl, Sadot ist mein Name, Nummer fünf. Was soll das alles?!« Ich versuchte ein wissendes, etwas irres Lächeln. »Aber natürlich. Genau das Gesicht, die untersetzte Figur, die Größe. Stimmt ja! Nur die Haare, die sind gefärbt.« Nach einer kurzen Pause, in der er mich erwartungsvoll und nun schon etwas verschüchtert ansah: »Mensch, eine geniale Idee! Wie sind Sie darauf gekommen?« Sadot sah mich bestürzt an: »Worauf denn, um Gottes willen!« Jetzt rückte ich heraus: »Sie sind Bormann! Immer kamen Sie mir bekannt vor! Ich muß schon sagen: Einfach genial! Hier vermutet Sie wirklich keiner! In Spandau!«

Momentweise schien es fast, als gerate Sadot in Panik; aber dann lief er rot an und schlug die Zellentür zu. Von seinen Scherzen werde ich wohl für einige Zeit verschont bleiben.

1. Dezember 1964

Besuch meiner Frau. Nur noch zwei Weihnachten werden wir getrennt sein.

16. Dezember 1964

Beim Umsetzen eines meiner Komposthaufen habe ich einen Igel gefunden, der sich zum Winterschlaf in Blätter und Gräser eingerollt hat. Sorgfältig lege ich ihn auf die Schubkarre und hülle ihn mit Laub in einem anderen Komposthaufen am entgegengesetzten Ende des Gartens ein.

19. Dezember 1964

Heute wurde mir ein Foto ausgehändigt. Ich wurde ganz verwirrt, als ich nicht herausfinden konnte, um welchen meiner Söhne es sich handelte. Dann las ich im Brief von Ernst, daß es sich um ein Jugendfoto von mir handele.

21. Dezember 1964

Heute habe ich Seattle an der Westküste Amerikas passiert. In sechzig Tagen habe ich bei Wind und Wetter 560 Kilometer zurückgelegt. Neulich habe ich meinen Tagesrekord gebrochen und in fünf Stunden und vierzig Minuten achtundzwanzig Kilometer zurückgelegt.

Meine Rundendreherei hat inzwischen einige Wärter angesteckt. An manchen Tagen kann man vier oder fünf Personen mit verbissenem Gesicht auf dem Weg sehen. »Ich will Ihnen mal sagen«, erklärte Heß mir heute, »was der Unterschied zwischen uns ist. Ihre Narreteien stecken an.«

24. Dezember 1964

Vor einigen Tagen hat Colonel Bird sich wie beiläufig nach dem in unserer Familie üblichen Weihnachtsessen erkundigt. Heute abend gab es daraufhin gekochten Schinken, Kartoffelsalat mit Majonnaise, Meerrettich und Spargel. Danach, wie zu Hause auch, Schokoladeneis. Der Spargel war zwar ein Irrtum, aber einer, den ich vielleicht in der Familie einführen werde. Der Oberst war bei der Essensausgabe anwesend. Er hat, wie ich später am Abend hörte, alles selbst besorgt und aus seiner Tasche bezahlt.

12. Januar 1965
In der *Welt* las ich mit Betroffenheit einen Artikel, in dem bedauert wird, daß alle ehemaligen Angeklagten alliierter Militärgerichte durch den »Überleitungsvertrag« zwischen den drei Mächten und der Bundesregierung von weiterer Verfolgung freigestellt seien. Gleichzeitig sind die Zeitungen voll von Berichten über den Auschwitz-Prozeß, und ich habe den Eindruck, als stehe die Vergangenheit, die schon so ins Vergessen abgesunken schien, noch einmal auf. Plötzlich empfinde ich so etwas wie Angst vor der Welt da draußen, die ich nicht mehr kenne und die mit so viel neuer Leidenschaft hervorzuziehen beginnt, was für mich doch seit Nürnberg und der bewußt übernommenen Sühne langsam blasser wird. Und unversehens erscheint dieses Spandau mir nicht mehr so sehr als Ort meiner Haft, sondern als der meines Schutzes.
Es würde sicherlich schwerer für mich werden, wenn ich mich noch einmal der Anklage oder auch nur der Klage stellen müßte. Damals, in Nürnberg, war alles überschaubar; Gut und Böse waren eindeutig voneinander geschieden; die Verbrechen waren so himmelschreiend und die Täter, entweder in den Selbstmord oder in die Ausrederei geflohen, so jämmerlich, daß bei nur einigem Gefühl für Recht, Humanität und Würde meine Haltung sich von selbst ergab.
Inzwischen sind zwanzig Jahre vergangen. In diesen zwanzig Jahren haben die Gerichtsmächte alle einmal oder öfter auf imaginären Anklagebänken gesessen: russische Panzer in Ost-Berlin, das brennende Indochina, die Straßenkämpfe in Budapest, Suez, Algerien und wieder Indochina, das jetzt Vietnam heißt, und dann Millionen von Zwangsarbeitern in vielen Gegenden der Welt – wieviel schwieriger ist es geworden, den Schuldspruch jener Richter innerlich zu akzeptieren. Auch haben die vielen Jahre des Grübelns, der Dialoge mit sich selbst, das Schuldgefühl von einst gebrochen; denn im Grunde ist wohl jede Auseinandersetzung mit der eigenen Schuld eine

uneingestandene Suche nach Rechtfertigung, und selbst wenn es anders wäre – kein Mensch könnte über so viele Jahre hin immer nur die eigene Schuld beteuern und dabei aufrichtig sein.
Und nun dieser Prozeß! Ich muß, was jetzt in den Zeitungen über Auschwitz steht, als eine Art Halt ergreifen. Es kann diesen Spandauer Jahren den fast schon verlorenen Sinn zurückgeben und mir gleichzeitig wieder zu moralischer Eindeutigkeit verhelfen.

27. Januar 1965
Heute vormittag erklärte Schirach dem britischen Direktor Procter, daß er auf dem rechten Auge nichts mehr wahrnähme. Einige Stunden später zeichnete der britische Chefarzt in das Krankenbuch eine Skizze, nach der zwei Drittel der Netzhaut keine Reaktion zeigten. Ein Augenspezialist vom Hauptquartier in Mönchengladbach bestätigte die Diagnose; es handelt sich um eine Ablösung der Netzhaut. Vor einer Stunde wurde Schirach in das Sanitätszimmer verlegt.

28. Januar 1965
Noch gestern abend wurde Schirach in das Hospital verbracht. Oberst Nadysew war schockiert, weil trotz aller Geheimhaltung das Fernsehen genau zur Minute des Abtransports mit aufgebauten Scheinwerfern vor dem Tor erschienen war.

29. Januar 1965
Schöner Wintertag, Schnee und Sonne. Im Garten haben wir Meisenringe aufgehängt, Erdnüsse an einem Draht aufgespießt. Pease zog einige Mandeln an einem Zwirnsfaden auf und befestigte das Ganze an einem Ast. Zunächst versuchten die Meisen daraufhin, den Faden mit dem Schnabel durchzuhauen. Als das nicht gelang, zog eine von ihnen den Faden einige Zentimeter hoch und stellte ihren Fuß darauf; noch zweimal das gleiche Manöver, und die erste Mandel war in Reichweite. Auf der Mauer sitzend, betrachteten die Krähen die Meisen wie wir die Krähen. Wer sah uns?
Abends erzählte Mees, daß Schirach mit Spandau abgeschlossen habe. Er werde nicht mehr zurückkommen. In der Tat

kommt es auch mir so vor, als wäre der Verlust eines Auges auch für die Sowjetunion ein Grund zur Entlassung. Schirach, so meinte Mees, sei der Preis nicht zu hoch.

3. Februar 1965

Die Stille im Zellenblock wird zunehmend unheimlicher. Fast beginne ich, Schirachs Nervosität, seine Unruhe, sein Singen und Pfeifen zu vermissen. Öfter ging ich mit Heß spazieren; aber ich fand bald heraus, daß ich Schirach nicht ersetzen kann. Einmal vergaß er sogar, daß er eine andere Begleitung hatte: »Haben Sie gelesen«, fragte er triumphierend, »daß sie Hakenkreuze an einen SPD-Laden gemalt haben?«

7. Februar 1965

Dr. Seidl hat mit zehnwöchiger Verspätung der Presse einen Bericht übergeben, daß er Heß besucht und in gutem Zustand vorgefunden habe. Von geistiger Verwirrung könne keine Rede sein. Diese Erklärung soll vermutlich alle Pläne konterkarieren, Heß in eine Irrenanstalt zu verbringen. Der Anwalt hat gleichzeitig bekanntgegeben, daß sein Klient ausdrücklich jedes Gnadengesuch ablehne, weil sein Urteil rechtsungültig sei. Damit wird für mein Empfinden auch allen Bestrebungen zur Freilassung von Heß ein Riegel vorgeschoben. Besonders die Russen werden die Erklärung als einen Affront betrachten. Heß, unser Don Quixote, ist mit der Äußerung seines Anwalts jedoch sehr zufrieden.

10. Februar 1965

Heß hat gestern dem französischen und dem britischen Direktor offiziell mitgeteilt, daß er in Zukunft keine Krämpfe und keine Schmerzen mehr haben werde. Auch den Arzt hat er davon in Kenntnis gesetzt.

Inzwischen hat sein Sohn das Examen bestanden, aber das Zeugnis hat er nicht geschickt. Ich fragte Heß, ob der Sohn wisse, welche »Belohnung« ihm winke. Heß verneinte; er habe nichts davon nach Hause geschrieben, weil ihm sonst nur etwas vorgeschwindelt werde.

11. Februar 1965
Heute nacht kam ein unerwarteter Schneefall. Aus purem Beschäftigungsdrang schaufelte ich bis abends einen Weg von 482 Meter Länge aus. In der Zelle stellte ich dann folgende Rechnung auf: Bei einer Wegbreite von 55 cm, einer Schneehöhe von 20 cm und der gegebenen Weglänge habe ich 50 820 Liter Schnee bewegt. Zur Probe taute ich einen Liter Schnee auf. Er ergab rund 25 Prozent Wasser. Also bewegte ich annähernd zwölf Tonnen! Erstaunlich!

21. Februar 1965
Heute habe ich mit genau 27 000 Kilometern meine hunderttausendste Runde zurückgelegt. Abends, in der Zelle, fiel mir unvermittelt der Satz ein, den Funk vor vielleicht zehn Jahren zu mir gesagt hatte: »Willst du denn später einmal Landbriefträger werden?«

23. Februar 1965
Auch Arnold hat geheiratet; Renate kommt bald zu Besuch. Immer wieder dieses Gefühl der Entfernung!

18. März 1965
Vor einigen Tagen machte Heß Pelerin eine Szene, weil der Wärter nicht unverzüglich kam, als Heß das Zeichen herausgeklappt hatte. Andere Wärter zeigen Verständnis für solche nervösen Reaktionen, aber Pelerin hat Heß angezeigt, obwohl er seit langem bei ihm Privatunterricht in deutscher Sprache nimmt und mit seiner Hilfe erst kürzlich das Dolmetscher-Examen bestanden hat.
Die Strafe lautete auf zwei Tage Zeitungsentzug. Sie wurde aber nicht wirksam, weil Pease sich einfach nicht darum kümmerte und Heß alle Zeitungen aushändigte.

19. März 1965
Im Garten die ersten Krokusse. Ein bescheidenes Freudenfeuer anläßlich des Eintritts in das siebte Lebensjahrzehnt. Ich erhalte sieben Schallplatten als Geschenk, dazu ein Physikreferat von Fritz: »Ortho- und Paratritium«. Anschließend Laub verbrannt.

25. März 1965
Gestern ist Schirach zurückgekehrt. Trotz aller Streitereien stattete ich ihm im Sanitätsraum einen Besuch ab. Schirach war erfreut und bedankte sich steif für meine guten Wünsche. In halbstündiger, ununterbrochener Rede erzählte er, daß das Personal Anweisung gehabt habe, ihn mit »Herr von Schirach« anzureden. Das Essen hätte er sich täglich à la carte aussuchen können, da er zur Offiziersklasse gerechnet worden sei. Er habe Radio und Fernsehen gehabt. In seine Erzählung flicht er gelegentlich unauffällig ein: »Meine Suite mit Bad« oder »Ich setzte mich dazu in meinen Sessel im Salon«.
Höhepunkt seiner Erzählung war das Auftreten einer österreichischen Gräfin, die ihm mit einem Blumenarrangement einen schriftlichen Heiratsantrag gemacht habe. Täglich sei sie mit ihrem Mercedes-Sport vor seinem Fenster vorgefahren. Am allermeisten hatte ihn aber das gewöhnliche Alltagsleben auf der Straße aufgeregt, er konnte sich gar nicht beruhigen, als er mir den Verkehr auf der Straße schilderte und die gut gekleideten Menschen beschrieb.
Auf einem Auge ist er so gut wie blind, nach Ansicht des Augenarztes besteht eine Gefahr von fünfundzwanzig Prozent, daß eines Tages auch das gesunde Auge die Sehfähigkeit verliert. Von seinem beklagenswerten Zustand berührt, verabschiedete ich mich mit einem herzlichen: »Sie sagen mir doch, wenn ich Ihnen helfen kann. Ich würde es gern tun.« Er dankte mit gesetzten Worten. Schirach machte einen energielosen, schlaffen Eindruck.
Abends korrigierte Pease: »Sie kennen ja Schirach. Er hat natürlich ein ganz normales Krankenzimmer gehabt, der Vorraum war für die Militärpolizei bestimmt, und auf keinen Fall fuhr diese Dame da einen Mercedes; es war ein Fiat-Topolino.«
10. April 1965
Schirach wurde heute vom Sanitätsraum wieder in die Zelle verlegt. Er hatte sich zwar in den letzten Wochen bereits mehr bei uns als im Krankenraum aufgehalten, war auch mit uns

im Garten spazierengegangen, aber die Rückkehr demonstrierte ihm doch, daß seine Entlassungshoffnungen vergeblich waren. Die akute Erkrankung ist damit offiziell als beendet erklärt.

28. April 1965

Die Berichte über den Auschwitz-Prozeß haben völlig zurückgedrängt, daß in diesen Tagen vor zwanzig Jahren der Zweite Weltkrieg und das Reich Hitlers zu Ende gingen. Und während die Bilder von brennenden Städten, Flüchtlingstrecks, Panzersperren und versprengten Wehrmachtseinheiten vor meinem Auge auftauchen, ist auch die Figur Hitlers wieder da. Eine greisenhaft gewordene Erscheinung, gebeugt und mit matter Stimme sprechend; aber doch noch das Zentrum all dessen, was geschah. Mitunter habe ich gelesen, daß er in diesen letzten Wochen vor Wut, vor Ohnmacht und Verzweiflung über seine gescheiterten Pläne wahnsinnig gewesen sei, aber das ist falsch. Wahnsinnig oder doch nicht mehr ganz bei Sinnen ist mir stets viel eher seine Umgebung damals erschienen; der General Busse beispielsweise, der nach dem letzten Frontbesuch Hitlers in Schloß Freienwalde von der Hinfälligkeit der Erscheinung des Führers geradezu geschwärmt und dann ausgerufen haben soll: »So habe ich mir immer Friedrich den Großen nach Kunersdorf vorgestellt!« Oder Ley, der Hitler feierlich versichert hatte: »Mein Führer, alle Parteifunktionäre werden weiterkämpfen, auch wenn die Armee kapituliert, sie werden wie die Löwen, wie die Helden, ja«, er schnappte nach Luft, »geradezu wie die russischen Partisanen kämpfen. Mit Fahrrädern werden sie lautlos durch die Wälder fahren und die Feinde unbarmherzig anfallen!« Oder Keitel und mein Vertreter Saur, die im Frühjahr 1945 Pläne für eine Flotte von vierstrahligen Bombern entwickelt hatten, die über den Städten Amerikas auftauchen und das Land kapitulationsreif bombardieren sollten. Nie hörte ich einen im Bunker sagen: »Der Krieg ist verloren. In vier Wochen ist alles aus! Gibt es denn niemanden hier, der darüber hinausdenkt!«

Es gab nur einen, der das tat: Hitler selbst. Er war inmitten all dieser Kopflosigkeit der einzige, der eine Vorstellung hatte, wie es weitergehen sollte – und wenn schon nicht mit dem Reich, so doch mit seiner Person. Ich glaube, all die scheinbar widersprüchlichen Verhaltensweisen, die Vernichtungs- wie die Durchhaltebefehle, alles, was er tat und sagte, war mit erstaunlicher Konsequenz ausschließlich auf den einen Gedanken gerichtet, welche Figur er in der Geschichte machen werde. Vor ein paar Tagen hat man mir das von dem englischen Historiker Hugh R. Trevor-Roper herausgegebene »Politische Testament« Hitlers zukommen lassen, das ich tatsächlich – ich kann es nicht anders sagen – mit sprachlosem Widerwillen gelesen habe. Während er also in den Lagebesprechungen Zuversicht verbreitete, Zehntausende von Hitler-Jungen gegen russische Panzer schickte und unbefestigte Städte zu Festungen erklärte, begründete er für die Nachwelt kühl, nüchtern und mit einer Art geschichtsphilosophischer Überlegenheit, warum Deutschland den Krieg verlieren mußte. Nichts von dem also, was er sagte, hat er selber geglaubt; seine beschwörende, fast flehentliche Ansprache an mich, ich müsse doch an den Sieg glauben – alles Lüge, alles Zynismus. Während der Lektüre meinte ich manchmal, dies sei nicht Hitlers Diktion, sondern der geschliffene, raffinierte Stil von Goebbels. Aber eben doch nur der Stil. Die Gedanken, die großen Perspektiven, die assoziative Argumentation – das alles war Hitler selbst. Wie Schuppen fiel es mir von den Augen. Das war der Hitler, den ich immer nur facettenweise gekannt hatte. Er war kein Wahnsinniger. Vielleicht hatte er keine Beziehung zur Wirklichkeit mehr; zur Geschichte hatte er sie.

4. Mai 1965

Letzthin, in diesen Tagen voller Erinnerung, habe ich überlegt, wie ich Hitler wohl heute, nach zwanzig Jahren, charakterisieren würde. Ich glaube, ich weiß es weniger denn je. Alles Nachdenken vergrößert die Schwierigkeiten, macht ihn unfaßbarer. Natürlich bin ich mir über die historische Beurteilung klar. Aber ich wüßte nicht, wie ich den Menschen zu schildern hätte. Wohl könnte ich sagen, daß er grausam, ungerecht, unnahbar, kalt, unbeherrscht, wehleidig und ordinär gewesen sei, und tatsächlich war er das alles auch. Zugleich jedoch war er von fast allem auch das genaue Gegenteil. Er konnte ein fürsorglicher Hausvater, ein nachsichtiger Vorgesetzter, liebenswürdig, selbstkontrolliert, stolz und begeisterungsfähig für alles Schöne, Große sein. Nur zwei Begriffe fallen mir ein, die alle seine Charaktereigenschaften decken und der gemeinsame Nenner dieser vielen Gegensätze sind: undurchschaubar und unaufrichtig. Heute, in der Rückschau, bin ich mir ganz unsicher, wann und wo er einmal wirklich ganz er selbst war, durch keine Schauspielerei, keine taktische Erwägung, keine Lust an der Lüge verstellt. Ich wüßte noch nicht einmal zu sagen, was sein Gefühl mir gegenüber war – wirkliche Sympathie oder nur Erwägungen der Benutzbarkeit.

Selbst was er für Deutschland empfand, weiß ich nicht. Liebte er dieses Land auch nur ein klein wenig, oder war es nur Instrument für seine Pläne? Und was, so habe ich mich seit unseren Auseinandersetzungen über meine Denkschriften häufig gefragt, hat er beim Untergang des Reiches empfunden? Hat er darunter gelitten? Vor Jahren fiel mir ein Satz Oscar Wildes in die Hände, den ich mir herausschrieb. Er lautet: »Es ist ein weit verbreiteter Irrtum anzunehmen, daß Menschen, welche Ursache oder Anlaß großer Tragödien werden, auch Gefühle besitzen, die der Tragik angemessen sind.«

6. Mai 1965

Eines unklar in der Erinnerung haftenden Wortes wegen habe ich heute noch einmal Schillers *Braut von Messina* gelesen. Schließlich fand ich die gesuchte Stelle:

»Doch nur der Augenblick hat sie geboren. / Ihres Laufes furchtbare Spur / Geht verrinnend im Sande verloren / Die Zerstörung verkündet sie nur.«

8. Mai 1965

Wie ich heute in der *Berliner Zeitung* anläßlich des Jahrestages der Kapitulation las, erklärte das oberste Präsidium der

Sowjetunion, daß es »kein Vergeben und Vergessen (gibt), auch nicht nach zwanzig Jahren«. Ich stellte mir diese Männer vor, hervorgegangen aus den Stalinschen Säuberungen, von Ribbentrop so kameradenhaft empfunden wie »alte Parteigenossen«, Millionen in ihren Lagern, halb Europa unterjocht und große Teile Deutschlands, Polens, Finnlands, Rumäniens annektiert – redend von keiner Vergebung.

10. Mai 1965

Gestern wieder im imaginären Theater. Anouilh läßt Jeanne d'Arc in seinem Stück *L'Alouette* zu König Charles sagen: »Ich habe immerzu Angst gehabt! Wenn Du etwas Unübersteigbares vor Dir siehst, sage Dir: ›Sei es. Ich habe Angst. Los also! Habe Angst.‹ Und es wird gelingen, weil Du die Angst vorher hattest. Das ist mein ganzes Geheimnis. Im Augenblick, wo Du aller Angst entgegensiehst, kommt Gott Dir zu Hilfe. Nur mußt Du den ersten Schritt machen.«

Ich holte, nachdem ich das gelesen hatte, wieder die Zeichnung hervor, mit der ich im zweiten Spandauer Jahr meine Angst und meine Einsamkeit ausgedrückt hatte – der verlorene Mensch auf dem Gipfel eines eisigen Dreitausenders.

13. Mai 1965

Der Fall Schirach war erneut kritisch; auch das linke Auge zeigte nun Symptome einer beginnenden Netzhautablösung. Gestern kam die Nachricht, daß die drei westlichen Botschafter und ihr sowjetischer Kollege einer Operation durch Professor Meyer-Schwickerath zugestimmt hätten. Procter, der britische Direktor, und ein Kommando Militärpolizei begleiteten Schirach, der die Gefängniskleidung mit der Nummer auf dem Rücken und den beiden Hosenbeinen trug, in das deutsche Krankenhaus zum Operationssaal. Noch am Abend wurde die Retina an acht bis zehn Punkten mit der Rückwand verschweißt. Nach kurzer Ruhepause wurde Schirach in das britische Militärhospital verbracht.

6. Juni 1965

Vor einigen Tagen ist Schirach aus dem Hospital zurückgekehrt. Er berichtete von seiner ersten Begegnung mit Deutschen seit achtzehn Jahren. Die Ärzte seien sehr zurückhaltend gewesen, auf den Gängen hätten neugierige Schwestern und anderes Personal gestanden, man habe ihn eher wie ein Weltwunder als mit Teilnahme betrachtet.

25. Juni 1965
Vor einigen Tagen hat der französische General Binoche bei einer Inspektion, auf die Bilder meiner Familie deutend, geäußert: »Bientôt vous les verrez!« Heute wurden mir Grüße von George Ball ausgerichtet. Aber ich knüpfe auch weiterhin nichts daran. Im Gegenteil spüre ich eine wachsende Nervosität bei dem Gedanken an die noch bevorstehenden fünfzehn Monate. Als sei eine Krise im Anzug.

7. Juli 1965
George Reiner hat eine Sightseeing-Tour durch Berlin mitgemacht. Als der Bus über die Ost-West-Achse fuhr, machte der Guide darauf aufmerksam, daß diese Lampen von Albert Speer entworfen seien, der jetzt in Spandau inhaftiert sei. Diese Laternen sind die einzigen Überreste meiner Berliner Tätigkeit, nachdem die Reichskanzlei von den Russen abgerissen worden ist.

9. Juli 1965
Ich schloß heute das Buch von August Koehler über Lichttechnik ab, in dem ich als einer der Väter der Lichtarchitektur genannt werde. Wenn ich es richtig sehe, habe ich den ersten Schritt in diese Richtung anläßlich der Weltausstellung in Paris getan, als ich den deutschen Pavillon nachts durch kunstvoll gruppierte Scheinwerfer in blendende Helle tauchte. Die Architektur des Bauwerks selber wurde dadurch zugleich scharf aus der Nacht herausgeschnitten und unwirklich gemacht. Immerhin war es noch die Kombination von Architektur und Licht. Wenig später verzichtete ich dann ganz auf gebaute Architektur. Auf dem Reichsparteitag ließ ich erstmals 150 Flakscheinwerfer, senkrecht zum Nachthimmel gerichtet, ein Rechteck aus Licht formen. Im Innern fand das Ritual des Parteitags statt – eine märchenhafte Kulisse, gleich einem der kristallenen Phantasieschlösser des Mittelalters. Der britische Botschafter, Sir

Nevil Henderson, hat diesen sogenannten Lichtdom, hingerissen von der unirdischen Wirkung, »Kathedrale aus Eis« genannt.
Merkwürdig berührt mich der Gedanke, daß die gelungenste architektonische Schöpfung meines Lebens eine Chimäre ist, eine immaterielle Erscheinung.

25. Juli 1965
Benutzte den Sonntag, ein Paket Notizen zur Kulturgeschichte des Fensters abzuschreiben. Seitdem eine ehemalige Mitarbeiterin in der Berliner Zentralbibliothek festgestellt hat, welche Bücher meiner Arbeit nützlich sein könnten, überhäuft sie mich mit Material. Zur Zeit beschäftigt mich vor allem die Relation der Kosten zwischen Glas und anderen Baumaterialien in der Zeit vom Mittelalter bis zur Hochrenaissance. Daneben will ich auf dem Weg über die Lohnkosten herausfinden, welche Kosten, in Arbeitsstunden gemessen, der Quadratmeter Licht in den einzelnen Epochen verursachte. Von zu Hause erhielt ich neulich die Nachricht, daß sich bereits mehr als 600 Seiten an Unterlagen angesammelt haben.

18. August 1965
Heß war heute mit dem zweiten Besuch seines Anwalts Dr. Seidl sehr zufrieden: »Seidl hat genickt, als ich am Schluß festhielt, daß ich also nicht aus juristischen Gründen, sondern ohne jeden Grund hier festgehalten werde. Nicht einmal der anwesende Nadysew erhob Einspruch.« Heß wertete den Vorgang wie einen Triumph.

4. September 1965
Heß liegt seit zwei Tagen zu Bett. Der Arzt konnte nichts feststellen. Schirach meinte zu den Wärtern, es handele sich um die Vorbereitung eines neuerlichen Selbstmordversuchs. Zufällig hörte ich, wie Pease ihn knapp zurechtwies: »Schließlich ist es das letzte Recht, das Heß nicht genommen werden sollte, falls er sich dafür entscheidet.«

5. September 1965
Heute habe ich Los Angeles passiert und bin südwärts in Richtung der mexikanischen Grenze weitergegangen. Gnaden-

lose Sonne auf staubigen Wegen. Die Sohlen brannten auf der heißen Erde, die seit Monaten keinen Regen gesehen hat. Unheimliche Wanderung von Europa über Asien bis zur Behringstraße und nach Amerika – mit Kilometersteinen als Leidenszeichen.

17. September 1965
In den letzten Tagen wird der Herz-Rhythmus durch körperliche Anstrengungen nicht mehr beschleunigt, sondern fünfzehn bis zwanzig sehr langsamen Schlägen folgen drei bis fünf sehr schnelle; erst bei längerer Ruhe normalisiert sich der Puls wieder. Nachts sind die Herzbeschwerden fast unerträglich.
Wie die *Frankfurter Allgemeine* kürzlich schrieb, hat die britische Regierung vor einiger Zeit eine Untersuchung darüber in Auftrag gegeben, wie lange Menschen ohne körperliche oder seelische Schäden in Haft gehalten werden können. Dahinter stand die rechtspolitische Erwägung, daß ein Mensch durch Haft zwar bestraft, aber nicht auf Dauer gesundheitlich ruiniert werden dürfe. Dem Ergebnis zufolge sind neun Jahre das Maximum dessen, was ein Mensch ertragen kann, danach sei er bleibend geschädigt.
Die Grausamkeit des Spandauer Strafvollzugs stand mir, als ich das las, plötzlich und nackt vor Augen. Im Nürnberger Prozeß sind hohe moralische und humanitäre Grundsätze deklariert worden. Ich wurde danach abgeurteilt und habe sie innerlich angenommen; ich habe mich sogar zu ihrem Anwalt gemacht – meinen Mithäftlingen, meinen Angehörigen gegenüber, wenn sie unglücklich waren. Aber ich habe das getan, ohne meine Kräfte zu kennen. Heute weiß ich, daß sie lange aufgebraucht sind. Ich bin ein alter Mann.
In den vergangenen zwanzig Jahren habe ich alle Energie darauf verwendet, immer neue Durchhaltetechniken zu entwickeln. Aber diese Anstrengung verzehrte sich immer selbst. Sie hat auch mich verbraucht. Diese idiotische Organisation der Leere war enervierender, als die Leere selbst je hätte sein können. Was mir am Ende bleibt, ist nichts als die öde Befriedigung, ein paar Vorsätze durchgehalten zu haben. Mehr als

zehn Jahre lang habe ich Material zusammengetragen und abseitige Berechnungen zur Geschichte des Fensters aufgehäuft; ich habe in diesem riesigen Hof Blumenkulturen angelegt, Terrassen aus Ziegeln geschichtet und ein breites Straßensystem hindurchgezogen; und schließlich habe ich eine Weltwanderung unternommen, Europa, Asien und jetzt Amerika, aber alles immer nur im Kreis, inzwischen mehr als hunderttausend Runden, sinnlos und mit vorgestellten Zielen. Ist das nicht schon der Ausdruck jenes Wahnsinns, dem ich mit all dem entgehen wollte? Immer habe ich auf die Mitgefangenen herabgesehen, die sich nicht beschäftigen, sich keine Ziele setzen konnten. Aber welches Ziel hatte ich eigentlich? Ist der Anblick eines verbissen jahrzehntelang im Kreis Marschierenden nicht viel absurder und unheimlicher? Nicht einmal die läppische Genugtuung, meine physischen Kräfte trainiert zu haben, bleibt mir; denn ich habe Kreislaufbeschwerden, und Heß, der immer nur in der Zelle hockte, ist gesünder als in den ersten Jahren.

Ich mache mir nichts vor: Ich bin deformiert. Man hat mich zwar, um deutlich zu machen, daß ich keine lebenslängliche Strafe verdiente, nur zu zwanzig Jahren Haft verurteilt. Aber in Wirklichkeit hat man mich physisch und seelisch zerstört. Ach, diese Menschheitsadvokaten! Nur zwanzig Jahre! Es ist ja das Leben gewesen! Nun unwiederbringlich. Und die Freiheit wird mir nichts davon zurückgeben. Ich werde ein Sonderling sein, auf exzentrische Ideen fixiert, alten Träumen nachhängend und nie mehr dazugehörend. Eine Art Häftling auf Urlaub. Ich sage mir: Mach dir keine Illusionen! Du bist ein Lebenslänglicher.

22. September 1965

Das wunderschöne Lied: »Ich hab im Traum geweinet« – das gibt es. Heute früh bin ich tränenden Auges aufgewacht. Erst jetzt verstehe ich, warum der nervenstarke Dönitz in seinen letzten Monaten immer stiller und melancholischer wurde und warum er in den letzten Stunden seiner Gefangenschaft vor sich hinweinte.

25. September 1965
Anhaltende Verzweiflung. Atemnot und Herzbeschwerden. Ich bin ganz ratlos, was werden soll, wenn ich draußen bin. Zum erstenmal habe ich richtige Angst. Die Zellenwände kommen auf mich zu. Um etwas zu tun, setzte ich mich hin und machte weitere Exzerpte über das Fenster. Den ganzen Tag über nahm ich Meprobromat und Miltaunetten; abends dann noch reichlich Bellergal. Ich hoffe auf eine ruhige Nacht.

28. September 1965
Erstmals nach Tagen hatte ich heute das Gefühl, als beginne das Herz wieder regelmäßig zu schlagen. Dazwischen war mir kurz wie einem, der eine Krankheit überstanden hat.

30. September 1965
Dieser Zusammenbruch mußte kommen. Ich habe vieles abgeworfen. War das schon die Krise? Oder war es ihr Beginn? Immer noch bin ich wie benommen. Ich fühle keine Erleichterung darüber, daß morgen das letzte Jahr beginnt.

Das zwanzigste Jahr

1. Oktober 1965
Diesen Tag des Jahres wird es hier nicht mehr geben. Das habe ich mir heute immer wieder gesagt. Es hatte etwas von einer Beschwörung. Nach dem Kollaps der letzten Tage halte ich mir vor, daß ich einen 1. Oktober in Spandau nicht mehr erleben werde.

4. Oktober 1965
George Reiner wollte mich heute auf seine Weise trösten, indem er mir von Psychosen erzählte, die gegen Ende langjähriger Haftzeiten, mitunter sogar in den letzten Stunden vor der Entlassung ausbrächen. Nach einer alten Erfahrung, so habe er gehört, bemächtigte sich der Gefangenen oft eine eigentümliche Erregung, manche hätten schwere Kreislaufstörungen mit ungewöhnlichen Ausbrüchen kalten Schweißes, die selbst ihre Anzüge noch durchnäßten, anderen versagten die Beine, wieder andere wehrten sich verzweifelt gegen das Verlassen der Zelle. Ich mußte wieder an Dönitz denken. Heß hörte bleich und mit angespannter Aufmerksamkeit zu, dann sagte er: »Nicht gerade ein Trost für mich, daß mir solche Schwierigkeiten erspart bleiben.« Dann drehte er sich um und ging in seine Zelle. Er tat mir sehr leid.

7. Oktober 1965
Bei Mexicalis die mexikanische Grenze überschritten. Es ist eine trostlose Gegend mit zuweilen geradezu absurden kakteenartigen Gebilden wie Bäumen aus expressionistischen Filmkulissen, die die Eingeborenen Boogums nennen. Ab und

zu betrat ich in kleinen primitiven Dörfern Kirchen, die von Jesuiten zur Zeit der spanischen Kolonisation gebaut worden sind. Willkommene Haltepunkte, um Schatten zu suchen und die vom gleißenden Licht angestrengten Augen auszuruhen. Eine der Kirchen ist zu Ehren »Unserer Jungfrau von Guadalupe« errichtet.

Im Stammkloster Guadalupe im Westen Spaniens war es doch, so erinnere ich mich, wo die Franziskaner mich im Herbst 1941 mit mönchischer Gastfreundschaft aufnahmen. Sie holten die unglaublichen Schätze an perlen- und edelsteinbesetzten Gewändern ihrer »Jungfrau« aus alten Laden in der Sakristei hervor. »Das verdanken wir Euch«, erzählte einer der Mönche. »Da oben auf dem Kamm des Berges«, und er wies dazu gravitätisch aus dem Fenster, »da standen schon die Roten. Wir waren verloren, unser Abt rief uns zum gemeinsamen Gebet, mit dem wir Kraft für die Qualen der Tortur erflehen wollten. Viele unserer Brüder waren bereits umgekommen. Die Roten berannten schon das Kloster, hier können Sie noch die Einschüsse sehen, und gerade als sie die ersten Geschütze einsetzten, kamen die Flugzeuge. Zwei Stunden später waren dann auch die Unsrigen da und schlugen die Roten zurück. Es war wirklich im letzten Augenblick.«

Dies alles ging mir auf meinem Rundgang durch den Kopf, als mich plötzlich Scharkow ansprach: »Na«, sagte er, »Sie machen glückliches Gesicht. Woran denken?« Ich sagte es ihm nicht.

18. Oktober 1965

Seit einigen Tagen sind drei neue russische Wärter hier, die im Zellblock ein Fernstudium absolvieren: einer von ihnen lernt vorderasiatische Geschichte und Arabisch, ein anderer Maschinenbau, beim dritten konnte ich das Studiengebiet bisher nicht feststellen. Alle drei kommen täglich mit Büchern beladen an, setzen sich an ihren Platz und lernen.

John Musker, mit der übertriebenen Korrektheit der Briten, richtete vor einigen Tagen eine Beschwerde an die Direktoren: ein Russe pflege sich außerhalb seiner Dienstzeit in unserem Garten aufzuhalten; offenbar studiere er dort. Aber außerhalb der Dienststunden dürfe sich ein Wärter nicht im Gefangenenbereich aufhalten. Ich bat heute Colonel Bird, die Anzeige nicht zu verfolgen; denn das müsse zu einer Vergiftung der Atmosphäre führen. Bird stimmt zu.

23. Oktober 1965

Der französische Arzt hatte mir für sieben Tage zur Erprobung Lucidril verschrieben. Ich soll, ein befriedigendes Ergebnis vorausgesetzt, das Mittel die letzten zwei Monate vor meiner Entlassung einnehmen. In der Tat fühlte ich mich bereits nach einigen Tagen gleichmütiger und seelisch stabilisiert.

25. Oktober 1965

Schirach erzählte ich, daß Dönitz sich zur Entlassung einen Anzug habe machen lassen, der in das Gefängnis gebracht worden sei; sein Schneider hätte die Maße aufgehoben. »Gute Idee!« meinte er. »Meine Kinder müssen sofort feststellen, ob Knize in Wien die meinen auch noch hat. Hat er sicherlich!« Ich hätte mich schon nach den Preisen erkundigt, sagte ich; vier- bis sechshundert Mark müsse man wohl ansetzen. »Ich rechne mit achthundert bis tausend«, erwiderte Schirach. »Angenommen tausend, und dann fünf Anzüge und Smoking und drei Mäntel und meine Hausanzüge dazu, Hausjacken, maßgeschneiderte Hemden natürlich! Also zusammen vielleicht so um zwölftausend. Was sage ich! Frack, Abendmantel und das alles kommt ja auch noch dazu, also fünfzehntausend, und dann die Budapester Schuhe, die Unterwäsche, nur immer das Beste, sagen wir mal grob gerechnet zwanzig.« Ich konnte mich vor Staunen kaum fassen. »Aber«, sagte ich, um ihm einen Gefallen zu tun, »mit Ihrer Million für das Buch können Sie sich das ja bequem leisten.« Schirach starrte mich bedauernd an: »Eine Million, sagen Sie? Das wäre ja gelacht! Das wird viel mehr. Ich schreibe nämlich drei Bücher.«

4. November 1965

Einer der letzten Besuche meiner Frau. Ich wollte ihr das sagen und etwas vom Nachhausekommen hinzufügen, aber mir versagte die Stimme. Dann war ich nur noch wortkarg und steif, aus Angst vor meinen Gefühlen. Gleichzeitig fürchtete ich, daß es »Schluß!« heißen würde und wir auseinandergehen müßten, ohne etwas gesagt zu haben.

5. November 1965
Heute abend erste Erwägungen zur Rückkehr. Am besten verschwinde ich am 1. Oktober für zehn bis vierzehn Tage auf ein Jagdhaus, wo ich nachts eintreffen könnte. Dort sollte die ganze Familie versammelt sein; wir haben Ruhe, sind in frischer Luft, können ungestört Wanderungen machen, in der Sonne sitzen oder in der Dämmerung Wild betrachten. In der Nähe sollte es für die großgewordene Familie einen kleinen Gasthof geben. Nach vierzehn Tagen wäre dann meine Entlassung für die Sensationspresse nicht mehr aktuell. Ich könnte in Ruhe nach Hause.

4. Dezember 1965
Wieder über vier Wochen ohne Notizen. Ich mache diese Eintragungen nur noch mit Widerwillen, mehr, um auch dieses Geschäft, an das ich gewöhnt bin, richtig zu Ende zu bringen. Aber ich mache es interesselos und mechanisch.
Professor Meyer-Schwickerath, der vor sechs Monaten Schirachs Netzhaut operierte, wurde gestern nach längerem Hin und Her erlaubt, das Ergebnis seines Eingriffs zu kontrollieren. Im Sanitätsraum waren nicht nur die vier Direktoren anwesend, sondern auch zwei amerikanische Ärzte, Dolmetscher und der Sanitäter Mees. Schwickerath stellte fest, daß die Narben gut verheilt seien und das Augenlicht erhalten bleiben werde. Schirach war überglücklich und gerührt zugleich. Spontan ergriff er die Hand des Arztes und bedankte sich überschwenglich.

5. Dezember 1965
Heute ließ ich Hilde wissen, daß mir der Gedanke nicht mehr gefalle, mich bei der Entlassung aus dem Staub zu machen. Lieber nähme ich einige Unbequemlichkeiten und einige Unruhe in Kauf, als rätselhaft vom Erdboden zu verschwinden. Besser also, ich stellte mich gleich der Presse und brächte alles hinter mich. Dann werde die Öffentlichkeit eher respektieren, wenn wir uns einige Zeit in aller Stille erholen.

6. Dezember 1965
Auch Ernst ist jetzt Student. Wir hatten ein lebhaftes Gespräch, obwohl wir uns, abgesehen von den ersten neunzehn Monaten seines Lebens, nur etwa fünfzehn Mal für je dreißig Minuten sehen und sprechen durften, also nicht länger als einen ausgedehnten Nachmittag. Es war sein letzter Besuch; das nächstemal sind wir im Jagdhaus oder sonstwo zusammen.

7. Dezember 1965
Auf dem Coburger Konto, so erfuhr ich heute, stehen noch einige tausend Mark. Rechne ich alles zusammen, so haben Freunde und Bekannte, die sich mir verpflichtet fühlten, in diesen Jahren über 150 000 DM auf das »Schulgeldkonto« einbezahlt. Auf ungefähr einhundertneunzig Monate verteilt, sind das immerhin fast 700 DM. Ich habe Uhrenprospekte angefordert. Dabei malte ich mir aus, wie ich meiner Frau die Uhr überreichen werde: erste Pläne für die Zeit draußen.

8. Dezember 1965
Heute sagte ich zu Heß, dessen Herz bei der gestrigen Untersuchung für gesund befunden wurde: »Viele Wärter werden durch ihr unvernünftiges Leben in den nächsten Jahren dahinschwinden, und Sie werden übrigbleiben.« Zweideutig meinte er: »Schade drum!« Aber in gewissem Sinne genießt er es bereits jetzt, daß ein aufgeblähter Apparat mit vier Obersten unterhalten werden wird. Schirach behauptete, daß er sich wie Napoleon vorkomme; wenn auch nur auf St. Helena.

10. Dezember 1695
Heute teilte Bird mit, daß die Direktoren-Konferenz Schirach für den Händedruck mit Schwickerath bestraft habe: Er dürfe den nächsten Brief nicht schreiben. Der russische Direktor habe darüber hinaus noch weitere Maßnahmen verlangt, sei aber damit nicht durchgedrungen.

12. Dezember 1965
Jetzt ist es auf der Spandauer Uhr immerhin schon dreiundzwanzig Uhr, zwei Minuten und neununddreißig Sekunden. Die letzte Stunde ist angebrochen!

14. Dezember 1965
Was finde ich vor, wenn ich zurückkomme? Was wird meine Zukunft sein? Werde ich wieder als Architekt arbeiten? Ist ein neuer Anfang denkbar? Ich habe meine Zweifel!
Meine zwei Enkelkinder kenne ich nicht. Wie wird sich alles ergeben? Wie soll ich mit meinen Kindern zurecht kommen? Wie mit meiner Frau?
Viele Fragen, immer neue Versuche, mir ein Bild zu machen. Mitunter träume ich, daß ich außerhalb des Gefängnisses verloren bin.

18. Dezember 1965
Viel Papier verbraucht für weitere Exzerpte über die »Geschichte des Fensters«. Reiche Ernte aus vielen Chroniken des Mittelalters. Bei dieser Gelegenheit erstmals wieder Notker gelesen, ferner die Jahrbücher Einhards. Mir fiel auf, wie sehr diese Lebensbilder Karls des Großen eigentlich eine Art Tugendspiegel sind. Merkwürdig mischen sich antike und christliche Ansprüche zum Idealbild des großen Herrschers. Welche Fülle und welche Strenge im Auftakt zum frühen Mittelalter!

19. Dezember 1965
Abends brachte Nadysew überraschend und gegen jede Regel ein Telegramm Alberts. Er hat den mit 25 000 DM dotierten ersten Preis in einem Wettbewerb zur Planung einer Satellitenstadt gewonnen, an dem siebenundvierzig Architekten teilnahmen. »Ich habe aber noch eine andere Überraschung mitgebracht«, meinte der russische Oberst und händigte mir eine gedruckte Einladung zu einem Vortrag Alberts im Frankfurter Amerikahaus sowie einige Modellphotos von dem preisgekrönten Entwurf aus. »Sind Sie glücklich?«, fragte Nadysew.

20. Dezember 1965
George Reiner kam heute von einer Reise nach London zurück und erzählte, er habe im Tower einen Raum besichtigt, der mit der Erklärung gezeigt werde, daß auch Heß dort einige Zeit gefangen gewesen sei: »Was, er war im Tower?!«, reagierte Schirach. »Was für eine Ehre! Nur Staatsgefangene und Hoch-

verräter sind dort zugelassen.« Nach einer Denkpause fuhr er fort: »Was würde ich darum geben, dort vierzehn Tage gesessen zu haben!«

22. Dezember 1965
Heute habe ich die westlichen Direktoren gebeten, den Beginn der Schlafenszeit von 22 auf 23 Uhr zu verlegen. Meine Absicht ist, von dem jahrelang gewohnten, immer genau gleichen Tagesrhythmus abzukommen. Sofern kein Russe im Dienst ist, erklären die westlichen Direktoren, könne so verfahren werden. Es fällt mir schon nach einigen Tagen schwer, bis elf Uhr wachzubleiben.

27. Dezember 1965
Verständnisvolle Wärter ermöglichten mir, den Transistor über vier Tage lang bei mir zu haben. Außerdem war über die Weihnachtstage der Schallplattenapparat häufig in Betrieb. So habe ich in vier Tagen siebzehn Stunden Musik gehört. Merkwürdiger Selbstbetäubungszwang!

31. Dezember 1965
Seit Tagen habe ich Bäume gestutzt, Birken ausgeästet, Obstbäume zurückgeschnitten, alles als Material für einen hohen Holzstoß. Es brennt großartig.

1. Januar 1966
Um zwölf Uhr nachts betrachtete ich, auf meinem Hocker stehend, durch das hochliegende Fenster meiner Zelle das kümmerliche Feuerwerk der britischen Garnison. Seltsamerweise vergaß ich dabei ganz, daß dies für mich das letzte Spandauer Neujahrsschießen gewesen ist.
Rostlam kam heute morgen, als wir gemeinsam unsere Runden drehten, quer durch den Garten auf Schirach und mich zu und wünschte uns ein gutes neues Jahr. Dann fügte er wie nebensächlich hinzu: »Das war ja vielleicht Ihr letzter Jahreswechsel in Gefangenschaft. Wer weiß?« Als er gegangen war, wandte sich Schirach besorgt zu mir: »Haben Sie das gehört? Irgendwas geht hier vor.« Er fügte hinzu, auch der amerikanische Arzt habe neulich gemeint, er mache sich ernsthaft Sorgen, wie wir den Übergang ins normale Leben überstehen würden.

Schirach wurde zunehmend erregter. »Wissen Sie, was ich glaube? Die wollen uns für immer hinter Schloß und Riegel halten. Man sagt einfach, das sei in unserem Interesse. Unsere Gesundheit stehe auf dem Spiel. Man müsse uns zunächst beobachten. Vielleicht in einer psychiatrischen Klinik.« Momentweise ließ ich mich von seiner Hysterie anstecken. Hinterher fragte ich mich, was Rostlam wohl bezweckt haben mochte. Oder war es nur die sadistische Gefühlskälte eines langjährigen Professionals?
Alle diese Jahre begleitete mich das Gefühl, auf schwankendem Boden zu gehen. Nie habe ich mehr als ahnen können, was ehrlich und was heuchlerisch gemeint war. In dieser Gefängniswelt wird die Verstellung auf beiden Seiten zur Natur. Was alles habe ich allein an Heuchelei aufwenden müssen, um meine Kontakte zur Außenwelt zu unterhalten! Irgendwo las ich einmal, daß das Gefängnis die hohe Schule des Verbrechens sei; auf jeden Fall ist es die hohe Schule der moralischen Korruption.

2. Januar 1966

Gestern nacht kurz nach zwei Uhr kam einer meiner »Freunde« und spielte mir auf einem kleinen Diktiergerät ein Tonband ab, das die Familie für mich aufgenommen hatte. Es war eine nicht für möglich gehaltene, große Erfahrung. Nicht die Stimmen, die ich doch kannte, bewegten mich so. Es war das akustische Erlebnis der Normalität: eine Familie plaudernd und lachend, Kindergeschrei, das Klappern von Kaffeetassen, Alltagsscherze. In diesem Moment erst ging mir auf, wie unnatürlich, gestellt wir uns im Besuchszimmer jeweils gegenüber getreten waren. In achtzehn Jahren hatte hier nie jemand gelacht, immer hatte die Angst zwischen uns gestanden, gefühlvoll, banal oder auch fröhlich zu erscheinen. Und plötzlich kam mir aller Ehrgeiz, den ich manchmal für die Zeit draußen entwickle, schal vor angesichts dieser belanglosen, von knackenden Geräuschen unterbrochenen Familienszene. Das Glück des Alltags.

5. Januar 1966
Beim Frühstück begann Nutall heute bei Heß und legte dabei eine längere Pause ein. Dreimal hatte er mich in den letzten Tagen auf diese Weise bereits warten lassen, aber heute drückte ich den Signalknopf. Obwohl er sich genau denken konnte, was ich wohl wollte, fragte er mit mürrischer Amtsmiene: »What d'you want?« »Nur mein Frühstück«, erwiderte ich. Als er daraufhin etwas von »Wartenkönnen« brummte, ging ich kurzerhand an ihm vorbei und bediente mich. Eine erregte Diskussion war die Folge, die mit der lautstark gewechselten Drohung einer Meldung bei den Direktoren endete. Nutall wurde noch aufgeregter, als ich ihm sagte, er solle nun endlich seiner Pflicht nachkommen und auch bei Schirach aufschließen. Er schnappte geradezu nach Luft. »Was?! Sie wollen mir sagen, was ich zu tun habe! Was glauben Sie denn, wer Sie sind? Was wollen Sie überhaupt?!« Ich griff nach der Tür. »Ich will in Ruhe frühstücken«, sagte ich und zog sie vor seiner Nase zu. Merkwürdigerweise ernüchterte das den Briten. Wortlos ging er zu Schirach hinüber.
6. Januar 1966
Soeben erreichte mich die Nachricht vom plötzlichen Tod Karl Piepenburgs, mit dem zusammen ich ein Büro aufbauen wollte. Meine Hoffnungen auf eine berufliche Zukunft rechneten sehr auf seine Freundschaft und Treue.
7. Februar 1966
Vor dem angesagten Besuch des britischen Botschafters, Sir Frank Roberts, machte Colonel Procter heute vormittag einen Kontrollgang. In der Kirche sah er den alten, großen Wecker, der dazu dient, das Ende der Konzertzeiten anzuzeigen. Zu seinem Stellvertreter äußerte er: »We better avoid unnecessary things. Take it away!«
9. Februar 1966
Seit über vierzehn Tagen bringt die *Berliner Zeitung* eine Serie massiver Angriffe gegen Bundespräsident Lübke. In Ost-Berlin fand eine internationale Pressekonferenz statt, der Generalstaatsanwalt der DDR schaltete sich ein, und am Ende steht

Heinrich Lübke als einer der Hauptkonstrukteure des Systems der Konzentrationslager da.

In Wirklichkeit war Lübke in untergeordneter Stellung bei einem Baubüro tätig, das durch reinen Zufall mit dem Bau von Baracken beauftragt wurde, von denen einige auch für Konzentrationslager bestimmt waren. In der Presse des Ostens sowie teilweise auch im Westen erscheint er als mein Mitarbeiter. Aber ich kannte ihn nur flüchtig.

11. Februar 1966

Gestern hat Musker mit der Schneeschaufel seine Initialen vier Meter groß in den neu gefallenen Schnee geschrieben. Ich riet ihm, das Zeichen zu beseitigen, denn er werde nur Scherereien damit haben. Aus Trotz schaufelte er daraufhin seinen vollen Namen in den Schnee, und schon heute bekam er einen schriftlichen Verweis. Der Pilot eines amerikanischen Hubschraubers, der mehrmals am Tage die Berlin-Grenze abfliegt, kontrolliert auch unser Gelände. Da man illegale Botschaften hinter den Buchstaben im Schnee vermutete, wurden sogar die Geheimdienste informiert.

12. Februar 1966

Nachdem ich viele weitere Prospekte geprüft hatte, habe ich mich für eine Armbanduhr von Jaeger-LeCoultre entschieden. Den Coburger Freund bat ich, eine Widmung eingravieren zu lassen.

13. Februar 1966

Lange nicht mehr an Hitler gedacht – wie lange eigentlich nicht? Aber im Traum hat er mich jetzt eingeholt. Heute nacht träumte ich von den Tagen des Kriegsbeginns. Ich bin in der Reichskanzlei und verabschiede mich von ihm, der zur Fahrt in sein Hauptquartier aufbricht. Jeder der Zurückbleibenden äußert ein paar Abschiedsworte. Ich überlege, was ich am besten, ohne devot zu wirken, sagen könnte. Als Hitler sich zu mir wendet, beschränke ich mich auf den Satz: »Ich wünsche Ihnen, daß Sie gut schlafen können.« Hitler scheint überrascht, er sieht mich wortlos an, und da erst bemerke ich, daß er vom Rasieren noch Spuren von getrocknetem Seifenschaum im

Gesicht hat. Und während er so dasteht, breitet sich der Seifenschaum aus, bedeckt schon bald Nase und Stirn; verlegen mache ich Hitler darauf aufmerksam, und als fast das ganze Gesicht im Schaum verschwunden ist, gibt er mir kühl die Hand. Dann wendet er sich den wartenden Generalen zu.

In der Tat war Hitler schlechter Laune und verschlossen, als er sich im September 1939, einige Tage nach der Kriegserklärung, nachts in seiner Berliner Wohnung von uns verabschiedete. Beim Nachdenken über den Traum wurde mir deutlich, daß an diesem Tage unser privater Umgang abriß. Als Minister hatte ich viel mehr Macht, war aber nur noch Minister.

16. Februar 1966

Godeaux brachte mir einen Artikel, den der britische Hauptankläger im Nürnberger Prozeß, Lord Hardley W. Shawcross, verfaßt hat und der im *Stern* veröffentlicht wurde. Shawcross erklärt darin: »Herr Speer, der immer noch in Spandau gefangengehalten wird, hätte schon längst entlassen werden müssen. Zusammen mit John McCloy, dem früheren amerikanischen Hochkommissar in Deutschland, habe ich mehr als einmal Vorstöße in dieser Richtung unternommen. Allein die Sowjetregierung war dagegen.« Eine melancholische und zu späte Genugtuung.

17. März 1966

Scharkow, der bisher immer freundlich und hilfsbereit war, ist seit einigen Wochen unzugänglich und sogar feindselig, ohne daß ich mir einen Grund zu nennen weiß. Auffällig ist, daß seine Animosität offenbar nur mir gilt. Heute beanstandete er, daß ich ein Buch zuviel in der Zelle hätte; Schirach dagegen erlaubte er sogar zwei zusätzliche Bücher. Die übrigen Russen sind um so freundlicher. Einer von ihnen grüßte mich heute vom Turm her, indem er die Mütze in die Luft warf und mit breitem Lachen laut »General!« rief.

Heß und Schirach gingen nach dem Mittagsspaziergang wieder zurück in den Zellblock; ich dagegen wollte weiterarbeiten. Scharkow forderte Reiner auf: »Alle drei rein!« Der Amerikaner glaubte zunächst an einen Hörfehler: »Zwei rein.« Der

Russe sagte heftiger: »Nein. Alle drei! Fünf hat heute nicht genug gearbeitet. Nur ein Drittel der Zeit. Muß auch rein!« Ich mischte mich ein und wies darauf hin, daß ich mehr als üblich gearbeitet hätte. »Macht nix!«, beharrte Scharkow. »Muß auch rein!«
Nicht nur die Gefangenen, auch die Wärter werden deformiert. Am meisten deformiert sie das Recht zu jeder schlechten Laune.

19. März 1966

Schönes Geburtstagswetter. Die gelben Krokusse machten mir Freude. Merkwürdiger Gedanke, daß ich sie nie mehr sehen soll. Eine Art Abschiedsgefühl erfüllte mich heute vor dem Beet.
Und noch eine Freude: ein Telegramm von Albert informiert mich, daß er bei einem städtebaulichen Wettbewerb für Ludwigshafen den zweiten Preis mit 25 000 DM gewonnen hat.

21. März 1966

In den letzten Monaten erhielt Heß nach und nach siebzig Fachbücher, die ihm seine Frau geschickt hat. Als Schirach sich über die Bücherberge lustig machte, erwiderte Heß, ohne auf den Hohn einzugehen, bedrückt: »Mir ist es im Augenblick auch zu viel, aber sie sind für mich eine Reserve.« Nach einer kurzen Pause fügte er hinzu: »Wenn ich hier allein bin.«

26. März 1966

Otto Apel ist gestorben! Am 19. März, meinem Geburtstag. Er war neben Piepenburg der andere meiner ehemaligen Mitarbeiter, der mir hatte sagen lassen, daß ich auf ihn zählen könne. Wiederholt wurde meine Karriere durch Todesfälle bestimmt. Denn nie wäre ich Hitlers Architekt geworden ohne den Tod seines bewunderten Baumeisters Troost. Und sicherlich hätte er mich nie zu seinem Rüstungsminister gemacht, wenn mein Vorgänger Todt nicht durch einen Flugzeugunfall ums Leben gekommen wäre. Und nun das! Es soll also nicht sein. Jedenfalls verstehe ich es so. Alle Kontakte, die ich anknüpfte, alle Gedanken, die ich mir machte, alle Zukunftsvorstellungen sind durch den Tod der beiden zerschlagen.

29. März 1966
Heute langer Spaziergang im Garten. Fast alles im Leben, so dachte ich, ist mir zugefallen. Immer kam der Erfolg mir entgegen. Ich brauchte ihm nie nachzulaufen. Nie habe ich wie Albert mich an einem Wettbewerb beteiligt. Jetzt bin ich zu alt dazu. Sind die zwanzig Jahre, in denen ich auf dem laufenden zu bleiben versuchte, doch vertan? Aus Eigenem kann ich mir kein neues Büro aufbauen. Wie bloß weiter? Die alte Angst vor dem Nichts.

9. April 1966
Ostersamstag und ein neues Telegramm. Albert hat in Rothenburg wieder den ersten Preis gewonnen. Nadysew sagte lachend: »Bei Ihrem Sohn muß man bald die Monopolgesetze anwenden!«

10. April 1966
Von einigen Wärtern wurden uns nach dem Mittagessen kleine Ostergeschenke überreicht. Heß jedoch verweigerte die Annahme. Später erklärte er uns: »In letzter Zeit habe ich manchmal auf solche kleinen Freundlichkeiten gewartet. Aber ich will nicht von meinen Wünschen abhängig werden. Deshalb habe ich mich auch entschlossen, nur noch zu essen, was ich vom Gefängnis erhalte. Eins, zwei, drei!«

24. April 1966
Das Fernsehen beabsichtigt, mich in einem Interview mit Esser zusammenzubringen. Furchtbarer Gedanke: Diese spießige bayrische Hitlergefolgschaft aus der Frühzeit der Partei habe ich immer auf Abstand gehalten; sie übrigens, die Uraltkämpfer von vor 1923, in ihrer unbeschreiblichen Einbildung mich auch. Das soll Schirach machen.

28. April 1966
Immer häufiger bemerke ich, daß ich von Spandau in Formen und Vorstellungen der Vergangenheit denke. Heute passierte mir das sogar in einem Brief nach Hause. Als ob die Zeit schon abgelaufen sei.

29. April 1966
Wenn ich an die zwanzig Jahre zurückdenke: Hätte ich die Zeit überstehen können, wenn ich nicht eine Zeile hätte schreiben dürfen?

30. April 1966
Endgültig Abstand genommen von allen Architekturgedanken. – Wirklich endgültig? Auf jeden Fall ließ ich den Propyläen Verlag wissen, daß ich an einer Verbindung nicht uninteressiert sei. Ich würde nach der Entlassung von mir hören lassen.

10. Mai 1966
Heute kam Heß den ganzen Tag nicht aus seiner Zelle, das Essen schickte er zurück. Ich war ein paar Mal an seiner Tür, aber er saß kerzengerade vor seinem Tisch und schien auf die nahe Wand zu starren. Ich fragte Pease, ob Heß krank sei, aber der winkte nur ab: »It's his spleen again!« Schirach war beleidigt über das Maß an Aufmerksamkeit, das Heß wieder einmal für sich mobilisiert hatte. Aus seiner Zelle hörte man ihn rufen: »Alles nur Angabe! Alles nur Angabe! Wahrscheinlich wieder die Magenkrämpfe! Der Koch ist ein Giftmischer, ha, ha!«

11. Mai 1966
Nachts, als alles ruhig war, fiel mir ein, daß Heß gestern vor fünfundzwanzig Jahren nach England geflogen war. Jetzt hatte er ein Vierteljahrhundert in der Zelle hinter sich. Wieviel noch vor sich?

14. Mai 1966
Heute erhielt ich für vier Tage Leseverbot, weil ich in kurzem Abstand das zweite Mal zu einem Engländer ausfallend gewesen sei. Ich hatte mich über das eintönige Essen beklagt. Procter gegenüber erklärte ich mein Verhalten mit der Nervosität dieser letzten Monate.

22. Mai 1966
Heute kam ein motorisierter Rasenmäher: Einige Wärter wollen später für Heß den Garten in Ordnung halten. Außerdem erhielten wir neue blaue Jacken; eine Art Teenager-

Modell mit bronzenem Reißverschluß und seitlichen Schlaufen. Ich lasse sie unbenutzt im Schrank hängen, denn ich will nichts Neues mehr hier anfangen.
28. Mai 1966
Wie ich höre, wurde die tausendste Direktorensitzung in der Messe mit Champagner gefeiert.
1. Juni 1966
Heute begann, als Procter und Letham die Zelle betraten, plötzlich mein Zettelzeug durch die Hose nach unten zu rutschen. Nur indem ich die Waden krampfhaft gegeneinanderpreßte, konnte ich das Schlimmste verhüten. Kaum waren sie weg, warf ich das Kleingerissene in die Toilette.
Ich bin in der letzten Zeit nervöser als in all den Jahren zuvor. Wiederholt habe ich, auch den wohlwollenden Wärtern gegenüber, ausfallend und aggressiv reagiert, einmal bin ich sogar dafür bestraft worden. Am meisten belastet mich der illegale Verkehr mit der Außenwelt – das Schreiben dieser Notizen, das Abwerfen, die Entgegennahme der Post, das hastige Lesen und Beseitigen, die tausend Heimlichkeiten und Versteckspielereien, die jahrelang nur ein aufregendes Abenteuer waren und jetzt eine Nervenbelastung sind. Ich kann es nicht mehr.
Ganz spontan habe ich heute beschlossen, diese Aufzeichnungen einzustellen. Mich verfolgt der Gedanke, eine Entdeckung dieser langjährigen Kontakte könnte zu allen möglichen Strafmaßnahmen führen, am Ende sogar den Entlassungstermin gefährden. Ich weiß natürlich, daß das absurd ist, aber meine Nerven sind schwächer als mein Verstand. Ich will nichts mehr gefährden.
Ich lasse mir daher auch den Transistor nicht mehr geben, die zu Hause bat ich um Einstellung aller Korrespondenz, die Kontaktleute, meine Freunde hier, sind schon verständigt.
Ein merkwürdiges Gefühl: die letzte Eintragung. Manchmal meine ich, das Schreiben sei nur eine Art Lebensersatz geworden, so daß ich auch draußen ein Tagebuch führen werde. Dann wiederum denke ich, daß dies immer ein Surrogat bleibt, Kom-

pensation für verhindertes Leben. In solchen Augenblicken schwöre ich mir, draußen keinen Satz mehr zu schreiben.
Dann wäre dies also der letzte Absatz meines Tagebuchs. Zwanzig Jahre! Was denke ich in diesem Augenblick? Ich darf jetzt nicht feierlich werden! Wie beschließt man so etwas? Und was für Gefühle hat man? Erleichterung, Dankbarkeit, Angst, Neugier, Leere...? Ich weiß es nicht.

---

22. Juli 1966
Ich breche nun doch nach acht Wochen meinen Vorsatz. Denn ich habe heute nacht einen Traum gehabt, der mich den ganzen Tag über verfolgte. Zwei Monate lang habe ich dieses Tagebuch nicht vermißt; im Gegenteil, ich war eher erleichtert. Heute nacht träumte ich, daß ich nie mehr nach Hause zurückkehren werde.
Ich bin soeben in Heidelberg angekommen. Etwas verloren mache ich einige Schritte im Garten, präge mir wieder das vertraute und zugleich fremde Bild ein, das Haus mit den niedrigen Giebeln, die Eichen und Buchen am Hang und unten der Fluß. Von irgendwoher dringt ein dumpfes Grollen herüber, und plötzlich, während der Himmel unversehens schwarz wird, geht ein betäubender Donner über uns weg. Gleich darauf ergießt sich rotglühende Lava von der Gegend des Hohlen Kästenbaums her talwärts. Ein zweiter Strom wälzt sich vom Königstuhl her unhaltbar auf Heidelberg zu. Diesseits und jenseits des Flusses bricht das Inferno herein. Trotz der Entfernung spüre ich die Hitze, sie brennt auf dem Gesicht, Funken stieben über den Himmel, die Bäume beginnen wie Fackeln zu brennen. Dazwischen immer neue Donnerschläge. Die Erde scheint zu wanken, aber ich stehe auf meinem Berg vor dem Haus und habe das Gefühl, geborgen zu sein. Angespannt betrachte ich das Naturschauspiel, überwältigt sehe ich Häuser zusammenstürzen, Menschen fliehen und von der Lava eingeholt werden, brodelnd das feurige Gestein in den aufkochenden Strom fließen. Das Geschehen nimmt alle meine

Sinne aufs höchste gefangen, aber meine Gefühle nicht. In diesem Augenblick spüre ich plötzlich, wie die Katastrophe auch auf meinen Hügel übergreift. Schon wird es unerträglich heiß um mich. Das Laub der Bäume bräunt sich und schrumpft zusammen, Hitze und Funkenflug entzünden den Wald am Hang, die Stämme bersten mit lautem Knall, und ein Sturm reißt die brennenden Äste in die rot lodernden Wolken. Plötzlich brennt es auf allen Seiten. Ich wage nicht, mich umzudrehen. Aber die Hitze im Rücken wird unerträglich. Ich weiß, das elterliche Haus, in dem ich meine Jugend verbrachte, in das ich gerade zurückkehren wollte, geht in Flammen auf.

18. September 1966
Noch dreizehn Tage bis zu meiner Entlassung. Heute habe ich das letzte Jahr meiner Erdumwanderung abgeschlossen. Wahrscheinlich war es die größte sportliche Leistung meines Lebens. Und zugleich der einzig greifbare Ertrag der Spandauer Jahre. Am Ende meines letzten Lebensabschnitts stand eine Statistik, eine über Produktionszahlen. Auch hier soll eine stehen:

1954/55 2 367 Kilometer, 1955/56 3 326 Kilometer, 1956/57 3 868 Kilometer, 1957/58 2 865 Kilometer, 1958/59 2 168 Kilometer, 1959/60 1 633 Kilometer, 1960/61 1 832 Kilometer, 1961/62 1 954 Kilometer, 1962/63 2 664 Kilometer, 1963/64 2 794 Kilometer, 1964/65 3 258 Kilometer, 1965/66 3 087 Kilometer: im ganzen sind das 31 816 Kilometer.

Die vier Direktoren haben, wie mir mitgeteilt wird, beschlossen, daß ich vor Schirach aus dem Tor fahre. Ein Vorteil von Sekunden, wo ich auf Jahre gehofft hatte.

Heute, sieben Tage vor der Entlassung, habe ich den letzten offiziellen Gefängnisbrief an meine Frau geschrieben. »Es ist nur gut, daß wir über diese Jahre immer Hoffnungen hatten.

Hätte ich gewußt, daß ich bis zur letzten Stunde durchhalten muß – woher hätte ich die Kraft genommen? Und wie so oft, schiebt sich nun, nachdem alles überstanden ist, die Zeit, die Entfernung von Euch, zu einem Nichts zusammen... Zum Abschluß dieses letzten Briefes und dieser langen Zeit noch einmal einen Dank an Dich.«

Drei Tage vor der Entlassung haben nun zahlreiche Vorbereitungen begonnen. Noch einmal jätete ich den Garten, denn ich möchte alles in Ordnung zurücklassen. Hilde hat einen Koffer für meine Habseligkeiten gebracht. Heute zum letzten Mal Waschtag. Heß sieht all den Vorbereitungen reaktionslos zu, seine Haltung ist erstaunlich. Keine bittere Bemerkung.

Fast während des ganzen Tages, des vorletzten, gingen Heß und Schirach im Garten spazieren. Heß formulierte offensichtlich die Botschaften, die seiner Familie übermittelt werden sollen. Bei meiner Arbeit in den Blumenbeeten konnte ich mir aus den Bruchstücken leicht den Inhalt zusammenreimen. Schirach versuchte Heß einzureden, daß seine einzige Entlassungschance darin liege, für unzurechnungsfähig erklärt zu werden; er müsse konsequent Verrücktheit demonstrieren.
Kaum war Schirach in den Zellblock zurückgekehrt, ging ich zu Heß und fragte ihn, ob er für mich irgendwelche Aufträge habe. Aber er winkte ab; einer reiche aus. Als ich meinen Zweifel äußerte, daß Schirach die Botschaften tatsächlich der Familie überbringen werde[1]), geriet Heß völlig aus der Fassung. Zornig beschuldigte er mich: »Wie können Sie unsern Kameraden Schirach so verdächtigen! Eine Unverschämtheit von Ihnen, so etwas zu sagen. Danke! Ich danke für Ihr Angebot!« Heß ließ mich einfach stehen.
Abends klopfte ich bei ihm an die Zellentür und bat um eine

---

1 Schirach hat in den folgenden Jahren weder Frau Heß aufgesucht noch mit dem Sohn Kontakt aufgenommen, wie ich von Wolf Rüdiger Heß hörte.

Aussprache. Ich sagte ihm, ich hielte es für falsch, sich durch eine vorgetäuschte Verrücktheit die Freilassung erkaufen zu wollen. Er untergrabe damit, sagte ich weiter, sein eigenes Bild. Heute besitze er dank seiner Konsequenz einen gewissen Respekt selbst bei seinen Gegnern. Den zerstöre er nur, wenn er unwürdigerweise den Wahnsinnigen spiele. Seine Haltung in all den zurückliegenden Jahrzehnten degradiere er selber damit zur fixen Idee. Das hätte ich ihm zum Abschluß in allem Freimut sagen wollen. Heß sah mich groß und eine Weile stumm an; dann sagte er bestimmt: »Sie haben völlig recht. Auch ich habe bei alledem kein gutes Gefühl gehabt!«

Der letzte Tag ist angebrochen. Seit ich die Statistik aufgestellt habe, bin ich einhundertvierzehn Kilometer gelaufen. Gleich will ich in den Garten gehen und noch einmal zehn Kilometer zurücklegen, so daß ich bei Kilometer 31 936 meine Wanderung abbrechen werde. Und heute abend dann ein letzter Verstoß gegen die Gefängnisregeln: um dreiundzwanzig Uhr wird ein Telegramm an meinen langjährigen Freund abgehen, das er um Mitternacht erhalten soll: »Bitte fünfunddreißig Kilometer südlich Guadalajara in Mexiko abholen. Holzwege.«[2])

Und noch ein Letztes: Als ich vorhin in den Garten kam, sah ich Heß am Seitenhof stehen. Er hatte mir den Rücken zugewandt. Ich ging zu ihm und stellte mich, nur um eine Geste zu machen, neben ihn. Im Hof wurden gerade Berge von Kohlen für das Gefängnis abgeladen. Eine Weile standen wir wortlos nebeneinander. Dann sagte Heß: »So viele Kohlen. Und von morgen an nur für mich.«

---

2 Ich hatte Martin Heideggers *Holzwege* gelesen und seither den Titel als Pseudonym meiner Geheimkorrespondenz benutzt.

Epilog

Der letzte Gefängnistag, der 30. September 1966, unterschied sich in nichts von den vorhergegangenen. Mit geradezu demonstrativer Korrektheit wurde die tägliche Routine eingehalten. Nur einmal herrschte einige Aufregung, einiges Gewisper, als ein Wärter die Nachricht brachte, daß Willy Brandt meiner Tochter einen Nelkenstrauß geschickt habe.
Am Nachmittag ließ Heß sich einschließen. Das Zeremoniell der Verabschiedung hatte offenbar seine Nervenkraft erschöpft. Durch die Wärter ließ er uns ausrichten, daß er allein zu bleiben wünsche. Nach dem Abendessen nähme er ein starkes Schlafmittel.
Nach den Runden im Garten, es wurden sechs Kilometer, wurde ich wieder eingeschlossen; dann Mittagessen, Zeitunglesen, aufgeschlossen, wieder Runden im Garten, vier Kilometer, wieder eingeschlossen. Die Ungewißheit des Kommenden verdrängte alles Sentiment. Mit einem Male war ich auch nicht mehr ungeduldig. An die Direktoren richtete ich das Gesuch, Heß meine Schallplatten zu überlassen. Schon nach einigen Minuten kam der positive Bescheid.
Heß kam auch zum Abendessen nicht aus der Zelle. Ich ging zu ihm, aber er winkte ab. Ich faßte seine Hand, sie war so leblos wie sein Gesicht. »Machen Sie es kurz«, sagte er. Ich sagte: »Leben Sie wohl, Herr Heß. Sie wissen...« Er unterbrach: »Nein! Nein! Nein! Es ist... Ach, lassen Sie schon!« Einige Zeit später bat Heß den Chefwärter, das Licht in seiner Zelle gelöscht zu lassen.

Ich legte mich auf meine Pritsche. Als letzte Lektüre hatte ich mir von der Bibliothek Heinrich Tessenows *Handwerk und Kleinstadt* besorgt. Ich wollte noch einmal die Sätze lesen, mit denen mein Lehrer 1920, kurz nach dem Ersten Weltkrieg, sein Buch abgeschlossen hatte; ich hatte nie recht begriffen, worauf er eigentlich gezielt hatte: »Vielleicht sind ringsum überall unverstandene wirklich ›größte‹ Helden, die ... auch Allergrausigstes als unbedeutende Nebenerscheinung gut sein lassen und belachen. Vielleicht, bevor Handwerk und Kleinstadt wieder blühen können, muß es zunächst noch so etwas wie Schwefel regnen, ihre nächste Blüte will vielleicht Völker, die durch Höllen gegangen sind.« Ich, sein Lieblingsschüler, ging aus seinem Atelier geradewegs in die Nähe Hitlers, der Schwefel wirklich regnen ließ.
Resigniert legte ich mich hin, um die letzten Stunden vor Mitternacht auszuruhen. Im Halbschlaf hörte ich vor der Zelle sagen: »Und der kann schlafen! Er hat wohl eine Pille genommen!« Aber darauf hatte ich verzichtet, schon um meine Reaktionsfähigkeit vor der Presse nicht zu mindern. Dann aber auch, um in voller Bewußtheit den Augenblick zu erleben, in dem ich durch das Tor fahren würde.
Eine Turmuhr schlug viele Stunden, dann gab es einige Unruhe vor der Zelle. Mir wurde die alte Skijacke gebracht, mit der ich vor neunzehn Jahren in Spandau eingeliefert worden war, dazu ein alter Schlips, ein Hemd und die Cordhose.
Anschließend wurde ich zu den Direktoren geführt. Es war halb zwölf Uhr. Noch nie war ich in diesen Räumen gewesen; ich wurde freundlich vom amtierenden britischen Direktor gebeten, Platz zu nehmen. Schirach kam, er machte einen erschöpften Eindruck. Die einzige Formalität wurde erledigt: ich erhielt 2 778 verfallene Reichsmark, die mir im Mai 1945 abgenommen worden waren. Anderes besaß ich nicht. Dann wurde mir noch eine ununterschriebene, undatierte Empfangsbescheinigung übergeben: »Übernommen von F. C. Teich jr., Major, Direktor des Nürnberger Gefängnisses, der Häftling *Alfred* Speer Ser. No. 32 G 350 037.« Auch erhielt ich, weil

mein Personalausweis verlorengegangen war, ein provisorisches Papier: »Herr Albert Speer kann Berlin einmalig auf dem Luftweg verlassen. Die Personalien sind nicht nachgewiesen. Gültig bis zum 5. Oktober 1966. (Stempel) Der Polizeipräsident, Abteilung II.«
Es folgte eine Unterhaltung von gekünstelter Natürlichkeit. Alle vier gaben sich offenkundig Mühe, die Schwierigkeit dieser letzten Minuten zu überbrücken. Auch sie haben Mitgefühl mit dem zurückbleibenden Heß. Die Autos, sagte einer dann, warteten bereits im Hof hinter dem Tor – dem kleinen Hof, in dem ich, durch Handschellen an einen amerikanischen Soldaten gefesselt, das Spandauer Gebäude am 18. Juli 1947 betreten hatte.
Dann war es eine Minute vor zwölf. Die Direktoren erhoben sich und begleiteten uns zur Ausgangstür. Ich sagte: »Tun Sie alles, um Heß das Leben nicht zu schwer zu machen.« Draußen sah ich als erstes meine Frau. Sie kam schnell die wenigen Stufen herauf, gefolgt von meinem Anwalt.
Schirach gab mir die Hand zum Abschied; wir wünschten uns für die Zukunft alles Gute. Ein schwarzer Mercedes wartete. Gewohnheitsmäßig wollte ich, wie früher immer, auf dem Vordersitz neben dem Fahrer Platz nehmen. Flächsner schob mich zur Hintertür; ich müsse schließlich an der Seite meiner Frau das Gefängnis verlassen.

Als es zwölf schlug, wurden beide Flügel des Tores geöffnet. Mit einem Schlag waren wir in blendende Helle getaucht. Zahlreiche Fernseh-Scheinwerfer waren auf uns gerichtet. Vor uns sah ich, geisterhaft im Licht, wie britische Soldaten um uns herumliefen. Einen Augenblick glaubte ich, im Gewühl Pease zu erkennen und winkte ihm zu. Wir passierten ein Gewitter von Blitzlichtern, dann bogen wir ab. Hinter uns lag das Gefängnis. Ich wagte keinen Blick zurück.

Vierzehn ruhige Tage in Schleswig-Holstein. Wir hatten am Kellersee ein Haus gemietet, und zum erstenmal war die ganze

Familie beisammen. Jeden Tag wachte ich zur gewohnten Zeit auf, und noch immer drängte es mich, meine Kilometer abzuwandern. Es herrschte eine harmonische Stimmung, und alle bemühten sich um mich, aber mit ein wenig Überraschung bemerkten sie meine Eigenarten. Manchmal stieg bereits eine Ahnung in mir auf, Unüberwindliches nicht beiseiteräumen zu können.

Ich denke, während ich dies einige Zeit später schreibe, daß ich jene Befangenheit nicht auf Spandau zurückführen darf. Vielleicht war sogar die Sprödigkeit, mit der wir uns im Besuchszimmer gegenübersaßen, die mir gegebene Art des Kontakts. Ist nicht immer so etwas wie eine Wand zwischen mir und den andern gewesen und alle Ungezwungenheit nur ein Versuch, sie unmerkbar zu machen? Fremd war ich schon in der Umgebung Hitlers, fremd unter den Mithäftlingen – wie wird es nun sein?

Sonderbar fremd erscheint mir sogar mein eigenes Leben. Meine Liebe gehörte der Architektur, und die Leistung, mit der ich in die Geschichte eingehen wollte, war das Bauen. Aber mein eigentliches Werk bestand in der Organisation eines gewaltigen technischen Apparats. Seither bleibt mein Leben mit einer Sache verbunden, die ich im Grunde nicht mochte.

Aber täusche ich mich nicht? Werde ich, seit nichts von mir übrigblieb, als Architekt überhaupt fortleben? Und ist meine Leistung als Organisator nicht lange tausendfach überholt? Dann wären vielleicht die Jahre im Gefängnis die Leiter, über die ich am Ende doch noch in den einst so begehrten Himmel der Geschichte einginge. Die halb erotische Beziehung zu Spandau, die Tatsache, daß ich vielleicht nie wirklich von dort wegwollte, hat möglicherweise damit zu tun. Worauf wohl, wenn nun die ersten Menschen zu mir kommen, werde ich lieber angesprochen sein – auf die Bauten, die eine Gewaltherrschaft verklärten, auf die Maschinerie, die den Krieg so erfolgreich verlängerte, oder auf Spandau, das ich einfach bestand?

Träume wie diesen habe ich jetzt häufig: Um jemanden zu besuchen, kehre ich nach Spandau zurück, Wärter und Direktoren empfangen mich freundlich wie einen lange Vermißten. Mit Erschrecken sehe ich den verwilderten Garten und die ungepflegten Wege. Täglich gehe ich wieder meine Runden, lese in meiner Zelle oder lasse die Signalklappe fallen. Als ich nach einigen Tagen nach Hause möchte, wird mir auf höfliche Weise bedeutet, daß ich hierbleiben müsse. Ich sei nur durch einen Irrtum entlassen worden. Meine Strafe sei keineswegs beendet. Ich weise auf die zwanzig Jahre hin, die ich bis zum letzten Tag ausgeharrt hätte, doch die Wärter zucken die Achseln und sagen, bleiben Sie hier, wir können es nicht ändern. Ein General kommt zur Inspektion, aber ich erwähne noch nicht einmal, daß mich ein Irrtum festhält. Ich sage, daß die Behandlung zufriedenstellend sei. Der General lächelt.

Register

Abetz, Otto 224
Adenauer, Konrad 212 f., 319, 335, 349, 351 f., 390, 399, 424, 446, 499
Adschubej, Alexej Iwanowitsch 616
Alexander der Große 100
Anouilh, Jean 635
Apel, Otto 619, 652
Apulejus 624
Arent, Benno von 154 f., 199
Attila 311
Augustus 100

Bach, Johann Sebastian 134, 406, 529
Badoglio, Pietro 198
Ball, George Wildmann 513, 536, 636
Balzac, Honoré de 584
Barth, Karl 194, 467, 510 f.
Bauer, Fritz 625
Baumgarten, Paul 141
Baur, Hans 263
Beck, Ludwig 522
Beethoven, Ludwig van 134, 435, 529
Beitz, Berthold 579
Berger 499
Bergmann, Gustav von 217
Bernauer, Rudolf 162
Bier, August 584
Binoche, François 636
Bird, Eugen K. 64
Bismarck, Otto von 222, 226, 364
Blechen, Carl 452
Blomberg, Werner von 283, 522
Blond, George 322

Blücher, Gerhard Leberecht von 32
Blunck, Hans Friedrich 464
Böhm, Karl 610
Böll, Heinrich 625
Bohlen, Charles Eustis 536
Bormann, Martin 20, 24, 101, 146 f., 157, 172 f., 204 f., 207, 213, 220, 222, 251, 286, 325, 342, 354, 358, 520, 625
Bosch, Hieronymus 518
Boullée, Etienne L. 512, 553
Boveri, Margret 82
Brahms, Johannes 529, 578
Brandt, Karl 44, 204, 279
Brandt, Willy 561, 579, 660
Brauchitsch, Walter von 522
Braun, Eva 127, 156, 198, 204 f., 211, 354 f.
Braun, Wernher von 470
Breker, Arno 197 f., 224, 234, 260, 401, 464, 538 f.
Brentano, Heinrich von 460
Breuer, Marcel 417
Brochungoff 425
Bruce, David 497 f., 500
Bruch, Max 529
Bruckner, Anton 262, 399, 520, 556
Brückner, Wilhelm 139 f., 144, 204
Brunelleschi, Filippo 151
Buber, Martin 432
Buddha 476
Busse, Theodor 632

Cäsar, Gajus Julius 100, 502

665

Carlyle, Thomas 207
Carnot, Lazare Nicolas 273
Carstens, Karl 579
Carter, Howard 287
Casalis, George 119, 122, 125, 158, 194 f., 232, 249
Casanova, Giacomo Girolamo 348
Caulaincourt, Armand Augustin Louis 139
Cellini, Benvenuto 341
Cervantes, Miguel de 583
Chamberlain, Houston Stewart 523
Charmatz, Jan 53 f., 58, 82
Chesterton, Gilbert Keith 459 f.
Chopin, Frédéric 224, 529
Chruschtschow, Nikita S. 501, 525, 546, 561, 579, 616, 620
Churchill, Winston Leonard Spencer 54, 104
Cocteau, Jean 225, 476
Coelestin I. 525
Cortot, Alfred 224 f.
Coudenhove-Kalergi, Richard Nikolaus von 306
Coué, Emile 118
Cranach, Lucas 287

Dante Alighieri 211
Darré, Walther 523
Dauthendey, Max 287
Debussy, Claude 224
De l'Ormes, Philibert 230
Derain, André 225
Despiau, Charles 225
Deterding, Henri 288
Dibrowa, Pawel T. 388, 427 ff., 433, 437
Dickens, Charles 409
Dietrich, Otto 204
Dietrich, Sepp 32 f., 204
Dietterlin, Wendel 230
Dix, Otto 452
Dobrynin, Anatoli Fjodorowitsch 612
Dönitz, Karl 16 f., 28, 42, 83, 94, 104, 127 ff., 131, 176, 193 242, 251, 273, 328, 331, 334 f., 335, 337 f., 340, 342 ff., 349, 359, 367, 390, 397, 401, 410, 419, 438, 444 ff., 506 ff.

Dorpmüller, Julius 239 f.
Dostojewski, Fjodor Michailowitsch 151, 400, 552
Dreiser, Theodore 263
Dreyfus, Alfred 530
Dschingis Khan 47, 287
Dudinzew, Wladimir 561 f.

Ebert, Friedrich 538
Ebinghaus, Hugo 416
Eden, Anthony 450
Eggers 50, 63, 94 f.
Eichmann, Karl Adolf 530 f.
Eiermann, Egon 617
Eigruber, August 260
Eisenhower, Dwight David 98, 312
Einhard 646
Elisabeth von Österreich 571
Engel, Gerhard 204
Engels, Friedrich 52
Esser, Hermann 653
Eugen, Franz E., Prinz von Savoyen 100, 328

Feininger, Lyonel 575
Fellner, Ferdinand 140 f.
Feuerbach, Anselm 541
Fischer von Erlach, Johann Bernhard 477
Flächsner, Hans 15, 57 f., 121, 158, 425, 443, 451, 466, 472, 662
Flick, Friedrich 121 f.
Florian, Friedrich Karl 310
Förster-Nietzsche, Elisabeth 206
Fontane, Theodor 96, 582 f.
Forster, Albert 88
François-Poncet, André 229
Frank, Hans 22 f., 58, 91, 104
Franz I. 100
Frazer, Merill 58
Freud, Sigmund 562
Freytag-Loringhoven, Wessel von 282
Frick, Wilhelm 22
Friedrich II. 590
Friedrich II., der Große 35, 100, 103, 311, 328, 364, 501, 632
Friedrich, Caspar David 452

Friedrich 455
Fritsch, Werner von 522
Fritzsche, Hans 16 f., 42, 97, 104 f.
Fromm, Erich 558
Fromm, Friedrich 90, 283
Funk, Walter 16, 28, 42, 104 f., 131, 170 ff., 237, 251, 276, 286, 353 f., 358, 362, 409 f., 429, 450
Furtwängler, Wilhelm 156, 401, 561

Galland, Adolf 320
Gaulle, Charles de 548, 560
Gaxotte, Pierre 273
Giessler, Hermann 147, 200, 217, 234, 257
Gilbert, G. M. 16 f., 22, 27 f., 57, 312
Gilly, Friedrich 166, 478, 553
Giotto di Bondone 151, 436
Glasmeier, Heinrich 262
Globke, Hans 499, 530
Goebbels, Joseph 24, 105, 138, 156, 159, 172, 196 f., 199, 220, 251, 334, 353 f., 401, 463, 562, 633
Goebbels, Magda 196
Goerdeler, Karl Friedrich 213
Göring, Hermann 16, 21, 24, 44, 54, 57 f., 81, 83, 92, 96 f., 102–106, 122, 138, 156, 158, 167, 170, 172, 220, 235, 261, 283, 286 ff., 342, 365, 445, 463, 584, 591
Goethe, Johann Wolfgang 26, 37, 39, 52, 91, 97 f., 174, 281, 319, 524 f.
Gogol, Nikolai 540
Gorki, Maxim 587
Grabbe, Christian Friedrich 592
Greber, Jacques 225
Greiser, Arthur Karl 88
Grimm, Hans 464
Gropius, Walter 113, 219, 417, 617
Grosz, George 452
Guderian, Heinz 59, 62, 260, 328

Händel, Georg Friedrich 102, 529
Halder, Franz 522
Hamilton, Duke of 386
Hamsun, Knut 582 f.

Harris, Arthur Travers 47
Haspel 123
Hauff, Wilhelm 465
Hauptmann, Gerhart 263, 364
Haydn, Joseph 529
Hebbel, Friedrich 582 f.
Hedin, Sven Anders 108
Heesters, Johannes 101
Heidegger, Martin 659
Heine, Heinrich 539
Heinemann, Gustav 511
Heinrich IV. 100
Heisenberg, Werner 564
Hellmer, Hermann 140 f.
Hemingway, Ernest 124, 281
Henderson, Nevil 637
Henkell, Anneliese 219
Henselmann, Hermann 393
Hentrich, Helmut 416
Heß, Rudolf Walter Richard 15 f., 24 f., 28, 31, 57, 63 f., 102, 104, 131, 138, 172, 246, 253 f., 306 f., 330 f., 342, 349, 359, 386, 503, 522, 564 f., 584, 637
Heß, Wolf Rüdiger 658
Hesse, Hermann 247
Hettlage, Karl Maria 216
Heusinger, Adolf 351
Heuß, Theodor 335, 399
Heydekampf, Stieler von 174, 454
Hilbersheimer, Ludwig 617
Hilz, Sepp 401
Himmler, Heinrich 20, 24, 36, 56, 86, 88, 92, 123, 138, 171, 220, 237, 240, 251, 283, 354, 463, 585
Hindenburg, Paul von Beneckendorff und H. 278, 591
Hipp, Emil 213
Hirth, Hellmuth 573
Hitler, Adolf 17, 20 ff., 28–36, 39 f., 44–48, 52, 59–63, 84–90, 92, 98–104, 113, 122 f., 126–129, 131, 133, 136, 139–147, 150, 154–159, 161, 166, 171–174, 196–200, 202, 205–208, 211 ff., 216–222, 225, 234 f., 237–240, 247, 251 ff., 255–263, 265 f., 279 f., 283–286, 308–311, 324–329, 342, 354 f., 357, 360,

667

401–404, 445 f., 452, 460, 463 ff.,
501 ff., 506 ff., 521 ff., 528, 530 f.,
533, 549 f., 552 f., 557 f., 562,
564 f., 585, 590 ff., 620, 632 f.,
650 f.
Hölderlin, Friedrich 287
Höss, Rudolf 92
Hoetger, Bernhard 280
Hoffmann, Ernst Theodor Amadeus
454, 498
Hoffmann, Heinrich 99, 157, 464,
538
Holl, Elias 143
Hommel, Hildebrecht 195, 219
Horaz 624

Iktinos 207

Jackson, Robert H. 43, 58, 242
James, Henry 559 f.
Jaspers, Karl 360
Jean Paul 287
Jefferson, Thomas 390
Jochum, Eugen 257, 401
Jodl, Alfred 17, 21, 25, 27 f., 92,
365, 522
Jordan, Rudolf 161
Jünger, Ernst 233
Juvenal 624

Kafka, Franz 562
Kaltenbrunner, Ernst 22
Kannenberg, Artur 40, 265
Kantorowicz, Alfred 590
Karajan, Herbert von 156
Karl der Große 100, 646
Karl V. 525
Kaufmann, Erich 349
Keitel, Wilhelm 16 f., 21, 24, 28, 57,
84, 104, 251 f., 283, 632
Kellermann, Bernhard 460
Kelley, Douglas M. 102 f., 108
Kempf, Annemarie 163, 263
Kempff, Wilhelm 250
Kempka, Erich 208
Kennedy, John F. 546, 559, 584
Kesselring, Albert 283, 360 f.
Kirchner, Ernst Ludwig 452

Kirdorf, Emil 122 f.
Kissel, Wilhelm 123
Kleist, Heinrich von 37, 266
Klimsch, Franz 280, 538 f.
Klopfer, Otto 455
Kluge, Hans Günther von 283
Knappertsbusch, Hans 156, 610
Knopf, Alfred A. 169, 233
Kobell, Wilhelm von 541
Koch, Joseph Anton 541
Koehler, August 636
Körner, Paul 170
Kolbe, Georg 538
Kolbenheyer, Erwin Guido 464
Kollwitz, Käthe 452
Kranzbühler, Otto 53, 281, 331, 367,
438, 444, 446 f.
Kraus, Herbert 53
Krause 140
Kreis, Wilhelm 237
Krenker, Daniel 452
Kroll, Hans 499, 534, 579
Krupp, Alfried 38, 163
Krupp, Gustav 122

Lammers, Hans-Heinrich 146
Lawrence, David Herbert 263
Le Bon, Gustave 460
Le Corbusier, Charles 113, 617
Ledoux, Claude-Nicolas 512, 553
Leger, Fernand 575
Lehár, Franz 101, 159
Leitgen 456
Lenin, Wladimir Iljitsch 52, 342, 460
Leonardo da Vinci 429
Lequeu, Jean Jacques 512
Leviné, Eugen 364
Ley, Robert 19, 136, 138, 172, 357,
632
Liebel, Willy 172 f., 212, 477
Liebermann, Max 452
Lippisch 320
Lloyd George, David 278, 460
Lochner, Louis P. 480
Lodovico 429
Lörzer, Bruno 170
London, Jack 409
Louis-Ferdinand 335

668

Loyola, Ignatius von 572
Ludwig XIV. 100, 568
Ludwig II. 571
Lübke, Heinrich 519, 579, 581, 649 f.
Luther, Martin 220

Macchiavelli, Nicolo 149
Maillol, Aristide 197, 225
Malenkow, Georgij Maximilianowitsch 341, 352
Manceau-Demiau, Pierre 337
Manet, Edouard 287
Mann, Thomas 169, 368, 550, 562
Manstein, Fritz Erich von 283, 522
Marées, Hans von 541
Maritain, Jacques 282
Martial 624
Martin, Frank 529
Marx, Karl 52
Mary (Queen Mary) 285
Maupassant, Guy de 263
May, Karl 259, 465, 523
Mayr 146 f.
McCloy, John 307, 311, 319, 335, 435, 455, 497 f., 536, 651
Mendelssohn Erich 417, 617
Messerschmitt, Willy 127, 320, 351
Meyer- Schwickerath, Gerhard 635, 644 f.
Mies van der Rohe, Ludwig 113, 219, 417, f., 479, 617, 620
Mikojan, Anastas 499
Milch, Erhard 54, 61 f., 81, 90, 96 f., 105, 170, 328
Mitford, Unity 159, 503
Mitscherlich, Alexander 29, 49
Mittag, Martin 341
Mörike, Eduard 502
Moholy-Nagy, Ladislaus 575
Mollet, Guy 450
Molotow, Wjatscheslaw 362, 410
Moltke, Helmuth von 221
Mommsen, Ernst Wolf 454, 579
Montgomery, Bernard Law 327
Morell, Theodor 324
Morgenthau, Henry 36
Mozart, Wolfgang Amadeus 102, 529, 556, 576

Murphy, Robert 454
Musmano, Michael A. 61, 81
Mussolini, Benito 52, 198, 199 ff., 278, 334, 365, 460, 591
Mutschmann, Martin 323

Napoleon I. Bonaparte 52, 86, 91, 100, 103, 139, 258, 392, 501 f., 530, 645
Naumann, Werner 334
Neckermann, Josef 454
Nero 624
Nestroy, Johann Nepomuk 263
Neurath, Constantin von 16, 131, 265 f., 285 ff., 399, 439
Neutra, Richard Josef 417
Niemöller, Martin 548, 579
Nimitz, Chester W. 94
Nitze, Paul H. 263 f., 536
Notker der Stammler 646

Pakenham, Francis Augnier 83
Palladio, Andrea 339, 537, 610
Palucca, Greta 159
Papen, Franz von 16 f., 104, 440
Pappenheim, Friedrich Ferdinand zu 195
Parker, John J. 58
Paulus 432
Pechstein, Max 452
Peiner, Werner 401, 539
Perikles 100, 207
Persius 624
Peter I. 103
Petronius Arbiter 624
Pferdmenges, Robert 499
Pflücker, Hans 16, 23 f.
Piacentini, Marcello 200
Picker, Henry 520 ff.
Piepenburg, Karl 619, 649, 652
Platon 511
Plettenberg, Bernhard von 256 f.
Plivier, Theodor 386
Poelzig, Hans 617
Polyklet 200
Porsche, Ferdinand 59, 84, 174, 239, 262
Poser, Manfred von 412
Preetorius, Emil 154

669

Preller, Friedrich 287
Prokofieff, Serge 529
Prokosch, Frederic 85
Puschkin, Georgij Maximowitsch 397

Quandt, Günter 122

Radek, Karl 364
Raeder, Erich 16 f., 42, 131, 176, 193 331, 343 f., 386, 401
Raleigh, Walter 577
Rathenau, Walter 539
Raubal, Angela 198
Reger, Max 529
Reichpietsch, Max 507
Reitsch, Hanna 57
Ribbentrop, Joachim von 16, 21, 24, 28, 57, 91, 139, 172, 219 ff., 225, 251, 306, 635
Richter, Hans 158
Robert, Frank 649
Robinson, Donald 312 f.
Rudigier 258
Rodin, Auguste 311
Röchling, Hermann 84, 122
Röhm, Ernst 530
Rolland, Romain 541
Romain, Jules 549
Rommel, Erwin 279, 342 f.
Rosenberg, Alfred 22, 30, 91, 138, 220, 226, 523
Rottmann, Karl 355, 452
Ruge, Friedrich Oskar 438
Rundstedt, Gerd von 357
Runge, Philipp Otto 541
Russell, Bertrand 282

Sartre, Jean Paul 583 f.
Sauckel, Fritz 22, 62, 64, 81, 83, 94, 121, 284
Saur, Karl Otto 59 f., 99, 127, 163 f., 632
Schacht, Hjalmar 16 f., 53, 104, 342
Scharf, Kurt 555
Scharoun, Hans 53, 617
Schaub, Julius 156, 161, 521
Scheel, Gustav Adolf 334
Scheibe, Richard 538

Schieber, Walter 244
Schieder 50
Schiller, Friedrich 82, 91, 390, 502, 524, 587, 589, 634
Schinkel, Karl Friedrich 17, 166, 200, 339, 417, 451, 537
Schirach, Baldur von 16, 42, 104 f., 131, 154, 161, 236, 286, 342, 349, 362, 367, 397, 409, 419, 450, 463 ff., 547, 552
Schlabrendorff, Fabian von 583, 612, 616
Schlemmer, Oskar 575
Schliecker, Willy H. 454
Schlüter, Andreas 339
Schmid, Carlo 519, 579
Schmitz, Bruno 260
Schmundt, Rudolf 204
Schnitzler, Arthur 263, 287
Schönkopf, Kätchen 319
Schreck, Julius 198
Schubert, Franz 453, 529, 578
Schumann, Robert 529, 561
Schwarz, Franz Xaver 123
Schweniger, Ernst 226
Schwippert, Hans 617
Seidl, Alfred 622, 629, 637
Semjonow, Wladimir 362
Severing, Karl 330
Seyss-Inquart, Arthur 22 f., 25, 27 f., 58, 104
Shawcross, Hardley W. 651
Siebenhaar 240 f.
Simon, John 278
Skorzeny, Otto 334 f.
Smirnow, Andrej Andrejewitsch 579
Sohl, Hans Günther 454
Solowjew, Andrej J. 546 f.
Soschtschenko, Michail 222
Speidel, Hans 429 f.
Sperrle, Hugo 343
Staewen, Gertrud 511
Stalin, Josef Wissarionowitsch 34, 47 f., 104, 340, 342, 363 f., 562, 635
Stauffenberg, Claus Schenk von 283 f.
Stendhal, Frédéric 114
Stennes, Walter 133

Stephan, Hans 223, 392
Stieff, Helmut 283
Storey, Dean Robert G. 58
Strauss, Richard 529, 591, 613
Strawinski, Igor 529
Streicher, Julius 20, 22, 24, 28, 40, 42, 138, 172 f.
Strindberg, August 114, 151
Sündermann, Helmut 334
Swift, Jonathan 263

Taut, Bruno 479, 617
Taylor, Telford 479
Terboven, Josef 358
Tessenow, Heinrich 58, 113, 219, 417, 661
Thälmann, Ernst 330
Thorak, Joseph 401 f., 538
Thorwald, Jürgen 272
Thyssen, Fritz 121
Timmermann, Felix 52
Tito, Josip Broz 357
Todt, Fritz 145, 251, 261, 584, 652
Tolstoi, Leo Nikolajewitsch 151, 409, 584
Trevor-Roper, Hugh Redwald 109, 633
Troost, Ludwig 166, 260, 464, 652
Trott zu Solz, Adam von 282
Truman, Harry S. 168
Tschaikowski, Peter Iljitsch 529
Tschamow, Andrej S. 437
Tuaillon, Louis 280
Turgenjew, Iwan 573
Tut-ench-Amon 287

Ulbricht, Walter 390, 552

Ury, Lesser 452

Vallentin, Antonina 429
Verdi, Giuseppe 529, 534
Vlaminck, Maurice de 225
Vögler, Albert 122
Vuillemin, Joseph 62

Wagner, Adolf 159, 402
Wagner, Richard 140, 146, 154–159, 213, 465, 523, 549 f.
Wagner, Wieland 550
Wagner, Winifred 136, 155, 157
Wagner, Wolfgang 503
Wahl, Karl 141, 143, 146 f.
Waldteufel, Emil 32 f.
Walser, Martin 625
Wankel, Felix 320
Wehner, Herbert 519
Weisenborn, Günter 215 f.
Weizmann, Chaim 45
Wigman, Mary 159
Wilde, Oscar 217, 634
Wirnt von Gravenberg 478
Wolf, Hugo 529
Wolff, Karl 201

Yorck von Wartenburg, Ludwig 364

Zeitzler, Kurt 59, 84
Ziegler, Adolf 538
Zinner, Ernst 162
Zola, Emile 151
Zuckmayer, Carl 263, 281
Zweig, Stefan 341, 562

Bildnachweis
Bildarchiv Preußischer Kulturbesitz, Berlin (11), Bundesarchiv, Koblenz (3), Deutsche Presseagentur, Frankfurt/M.-Berlin (2), Leslie Frewin Publishers, London (5), Hubmann Archiv, Ambach (5), Institut für Zeitgeschichte, München (3), Robert M. Peck, Washington (1), Privatsammlung Tiefenthäler, München (1), Oskar Prokosch, Linz/Donau (1), Andy Southard jr., Salinas/Kalifornien (1), Speer Archiv, Heidelberg (74), Hans Stephan, Berlin (4), »stern«, Hamburg (1), Sven Simon (1), Ullstein Bilderdienst, Berlin (37), United Press International, New York (1), Zeitgeschichtliches Bildarchiv Heinrich Hoffmann, München (3).

Die Deutsche Bibliothek – CIP-Einheitsaufnahme

Speer, Albert:
Spandauer Tagebücher / Albert Speer. – Unveränd. Neuausg. der
1975 erschienenen Erstausgabe. – Frankfurt/M ; Berlin : Propyläen,
1994
ISBN 3-549-05214-6
NE: Speer, Albert: [Sammlung]